프로그래밍
오브젝티브-C 2.0

PROGRAMMING IN OBJECTIVE-C 5/E

by STEPHEN G. KOCHAN

Authorized translation from the English language edition, entitled PROGRAMMING IN OBJECTIVE-C 5th Edition by KOCHAN, STEPHEN G., published by Pearson Education, Inc, publishing as Addison-Wesley Professional, Copyright ⓒ 2012

All rights reserved. No part of this book may be reproduced or transmitted in any form or by any means, electronic or mechanical, including photocopying, recording or by any information storage retrieval system, without permission from Pearson Education, Inc.

Korean language edition published by INSIGHT PRESS, Copyright ⓒ 2013

이 책의 한국어판 저작권은 에이전시 원을 통해 저작권자와의 독점 계약으로 인사이트 출판사에 있습니다. 저작권법에 의해 한국 내에서 보호를 받는 저작물이므로 무단전재와 무단복제를 금합니다.

프로그래밍 오브젝티브 C 2.0 개정2판

초판 1쇄 발행 2009년 9월 14일 **개정판 1쇄 발행** 2012년 7월 16일 **개정2판 1쇄 발행** 2013년 12월 17일 **개정2판 3쇄 발행** 2016년 9월 5일 **지은이** 스티븐 코찬 **옮긴이** 김현태, 박세현 **펴낸이** 한기성 **펴낸곳** 인사이트 **제작·관리** 박미경 **표지출력** 소다미디어 **본문출력** 현문인쇄 **용지** 월드페이퍼 **인쇄** 현문인쇄 **후가공** 이지앤비 **제본** 자현제책 **등록번호** 제10-2313호 **등록일자** 2002년 2월 19일 **주소** 서울시 마포구 잔다리로 119 석우빌딩 3층 **전화** 02-322-5143 **팩스** 02-3143-5579 **블로그** http://www.insightbook.co.kr **이메일** insight@insightbook.co.kr **ISBN** 978-89-6626-094-2 책값은 뒤표지에 있습니다. 잘못 만든 책은 바꾸어 드립니다. 이 책의 정오표는 http://www.insightbook.co.kr/587114에서 확인하실 수 있습니다. 이 도서의 국립중앙도서관 출판예정도서목록(CIP)은 서지정보유통지원시스템 홈페이지(http://seoji.nl.go.kr)와 국가자료공동목록시스템(http://www.nl.go.kr/kolisnet)에서 이용하실 수 있습니다.(CIP제어번호: CIP2013026010)

프로그래밍
오브젝티브-C 2.0

Programming in
Objective-C 2.0 5/E

스티븐 코찬 지음 | 김현태 · 박세현 옮김

차례

개정2판 옮긴이의 글 ·· xiv
개정판 옮긴이의 글 ·· xvi

1장 소개   1

1.1 이 책에서 배울거리 ·· 3
1.2 이 책의 정리 방식 ·· 4
1.3 지원 ··· 6
1.4 감사의 글 ·· 7
1.5 5판 서문 ·· 8

2장 Objective-C로 프로그래밍하기   9

2.1 프로그램 컴파일하고 실행하기 ·· 10
   2.1.1 Xcode 사용하기 ·· 10
   2.1.2 터미널 사용하기 ·· 18
2.2 첫 프로그램 설명하기 ·· 22
2.3 변수의 값 표시하기 ··· 27
2.4 요약 ··· 29
2.5 연습문제 ··· 30

3장 클래스, 객체, 메서드 ... 33

- 3.1 대체 객체가 뭔데? ... 33
- 3.2 인스턴스와 메서드 ... 34
- 3.3 분수를 처리하는 Objective-C 클래스 ... 37
- 3.4 @interface 부분 ... 40
  - 3.4.1 이름 정하기 ... 41
  - 3.4.2 클래스 메서드와 인스턴스 메서드 ... 43
  - 3.4.3 반환 값 ... 43
  - 3.4.4 메서드 인수 ... 44
- 3.5 @implementation 부분 ... 45
- 3.6 program 부분 ... 47
- 3.7 인스턴스 변수 접근과 데이터 캡슐화 ... 55
- 3.8 요약 ... 59
- 3.9 연습문제 ... 60

4장 데이터 형과 표현식 ... 63

- 4.1 데이터 형과 상수 ... 63
  - 4.1.1 int 형 ... 64
  - 4.1.2 float 형 ... 64
  - 4.1.3 char 형 ... 64
  - 4.1.4 수식어: long, long long, short, unsigned, signed ... 66
  - 4.1.5 id 형 ... 67
- 4.2 산술 표현식 ... 68
  - 4.2.1 연산자 우선순위 ... 68
  - 4.2.2 정수 산술과 단항 빼기 연산자 ... 71
  - 4.2.3 나머지 연산자 ... 74
  - 4.2.4 정수와 부동소수점 변환 ... 75
  - 4.2.5 형 변환 연산자 ... 77
- 4.3 대입 연산자 ... 78
- 4.4 Calculator 클래스 ... 80
- 4.5 연습문제 ... 82

5장 프로그램 반복문   87

    5.1 for 문 ··· 89
        5.1.1 키보드 입력 ·· 96
        5.1.2 중첩 for 문 ·· 98
        5.1.3 for 문 변형 ··· 100
    5.2 while 문 ·· 102
    5.3 do 반복문 ··· 107
    5.4 break 문 ·· 108
    5.5 continue 문 ··· 109
    5.6 요약 ·· 109
    5.7 연습문제 ·· 110

6장 의사결정하기   113

    6.1 if 문 ··· 113
        6.1.1 if-else 구문 ··· 118
        6.1.2 복합 관계 테스트 ··· 121
        6.1.3 중첩 if 문 ·· 125
        6.1.4 else if 구문 ··· 127
    6.2 switch 문 ··· 137
    6.3 불리언 변수 ··· 140
    6.4 조건 연산자 ··· 146
    6.5 연습문제 ·· 148

7장 클래스에 대해서   151

    7.1 인터페이스와 구현 파일 나누기 ·· 151
    7.2 자동 생성 접근자 메서드 ··· 157
    7.3 점 연산자(.)를 사용하여 프로퍼티 접근하기 ································· 159
    7.4 메서드에 여러 인수 넘겨주기 ··· 162
        7.4.1 인수 이름 없는 메서드 ··· 164
        7.4.2 분수 계산하기 ·· 165
    7.5 지역 변수 ··· 168

　　　　7.5.1 메서드 인자··170
　　　　7.5.2 static 키워드··170
　7.6 self 키워드··174
　7.7 메서드에서 객체를 생성하고 반환하기·······························175
　　　　7.7.1 클래스 정의 확장과 인터페이스 파일······················178
　7.8 연습문제···178

8장 상속　　　　　　　　　　　　　　　　　　　　　　　　181

　8.1 모든 것은 루트에서 시작된다··181
　　　　8.1.1 알맞은 메서드 찾기···186
　8.2 상속으로 확장하기 - 새 메서드 추가································187
　　　　8.2.1 포인트 클래스와 객체 할당··································192
　　　　8.2.2 @class 지시어···193
　　　　8.2.3 자신의 객체를 소유하는 클래스····························197
　8.3 메서드 재정의하기··202
　　　　8.3.1 어떤 메서드가 선택되었을까?·······························204
　8.4 추상클래스···206
　8.5 연습문제···207

9장 다형성, 동적 타이핑, 동적 바인딩　　　　　　　　　　　211

　9.1 다형성 - 동일한 이름, 다른 클래스··································211
　9.2 동적 바인딩과 id 형···215
　9.3 컴파일 시기와 런타임 확인···217
　9.4 id 데이터 형과 정적 타이핑··218
　　　　9.4.1 동적 타이핑과 인수, 반환 형································220
　9.5 클래스에 대해 질문하기··221
　9.6 @try를 사용해 예외 처리하기·······································226
　9.7 연습문제···229

10장 변수와 데이터 형에 대하여 233

- 10.1 객체 초기화하기 · 233
- 10.2 범위 다시 살펴보기 · 237
  - 10.2.1 인스턴스 변수의 범위를 조절하는 지시어 · 237
  - 10.2.2 프로퍼티, 자동 생성 접근자 메서드, 인스턴스 변수에 대하여 · 239
  - 10.2.3 전역 변수 · 240
  - 10.2.4 정적 변수 · 243
- 10.3 열거 데이터 형 · 246
- 10.4 typedef 명령문 · 251
- 10.5 데이터 형 변환 · 252
  - 10.5.1 변환 규칙 · 252
- 10.6 비트 연산자 · 254
  - 10.6.1 비트 AND 연산자 · 255
  - 10.6.2 비트 포함 OR 연산자 · 257
  - 10.6.3 비트 배타적 OR 연산자 · 258
  - 10.6.4 1의 보수 연산자 · 258
  - 10.6.5 왼쪽 시프트 연산자 · 260
  - 10.6.6 오른쪽 시프트 연산자 · 261
- 10.7 연습문제 · 262

11장 카테고리와 프로토콜 265

- 11.1 카테고리 · 265
- 11.2 클래스 확장 · 271
  - 11.2.1 카테고리에 대한 부연 · 272
- 11.3 프로토콜과 델리게이션 · 273
  - 11.3.1 델리게이션 · 277
  - 11.3.2 비공식 프로토콜 · 277
- 11.4 복합 객체 · 279
- 11.5 연습문제 · 280

12장 전처리기   283

- 12.1 #define 명령문 ··· 283
  - 12.1.1 디파인의 고급 형태 ··· 286
- 12.2 #import 명령문 ··· 292
- 12.3 조건 컴파일 ··· 294
  - 12.3.1 #ifdef, #endif, #else, #ifndef 문 ··· 294
  - 12.3.2 #if와 #elif 전처리 명령문 ··· 297
  - 12.3.3 #undef 명령문 ··· 298
- 12.4 연습문제 ·· 299

13장 하부 C 언어 기능   301

- 13.1 배열 ··· 302
  - 13.1.1 배열 원소 초기화하기 ··· 305
  - 13.1.2 문자 배열 ·· 306
  - 13.1.3 다차원 배열 ··· 307
- 13.2 함수 ··· 309
  - 13.2.1 인수와 지역 변수 ·· 311
  - 13.2.2 함수 결과 반환하기 ··· 313
  - 13.2.3 함수, 메서드, 배열 ·· 317
- 13.3 블록 ··· 319
- 13.4 구조체 ·· 324
  - 13.4.1 구조체 초기화하기 ·· 327
  - 13.4.2 구조체 내의 구조체 ··· 328
  - 13.4.3 구조체에 대한 추가 설명 ··· 331
  - 13.4.4 객체 지향 프로그래밍을 잊지 말자! ··· 332
- 13.5 포인터 ·· 332
  - 13.5.1 포인터와 구조체 ··· 337
  - 13.5.2 포인터, 메서드, 함수 ·· 340
  - 13.5.3 포인터와 배열 ·· 341
  - 13.5.4 포인터 연산 ··· 354
  - 13.5.5 포인터와 메모리 주소 ··· 356
- 13.6 이것들은 객체가 아니다! ··· 357
- 13.7 기타 언어 기능 ·· 358

13.7.1 복합 리터럴 ·· 358
13.7.2 goto 문 ·· 359
13.7.3 null 문 ·· 359
13.7.4 콤마 연산자 ·· 360
13.7.5 sizeof 연산자 ·· 360
13.7.6 커맨드라인 인수 ·· 362
13.8 Objective-C가 동작하는 방식 ·· 365
13.8.1 사실 1: 인스턴스 변수는 구조체에 저장된다 ·································· 365
13.8.2 사실 2: 객체 변수는 사실 포인터다 ·· 366
13.8.3 사실 3: 메서드는 함수고, 메시지 표현식은 함수 호출이다 ···················· 366
13.8.4 사실 4: id 형은 일반 포인터 형이다 ·· 367
13.9 연습문제 ·· 367

14장 Foundation 프레임워크 소개   371

14.1 Foundation 문서 ·· 372

15장 숫자, 스트링, 컬렉션   375

15.1 숫자 객체 ·· 376
15.2 스트링 객체 ·· 382
　15.2.1 NSLog 함수에 대하여 ·· 383
　15.2.2 description 메서드 ·· 384
　15.2.3 수정 가능한 객체와 수정 불가능한 객체 ······································ 385
　15.2.4 수정 가능한 스트링 ·· 392
15.3 배열 객체 ·· 399
　15.3.1 주소록 만들기 ·· 404
　15.3.2 배열 정렬하기 ·· 422
15.4 딕셔너리 객체 ·· 429
　15.4.1 딕셔너리 열거하기 ·· 432
15.5 세트 객체 ·· 435
　15.5.1 NSIndexSet ·· 439
15.6 연습문제 ·· 441

16장 파일 다루기　445

- 16.1 파일과 디렉터리 다루기-NSFileManager ········ 446
  - 16.1.1 NSData 클래스 사용하기 ········ 452
  - 16.1.2 디렉터리 다루기 ········ 453
  - 16.1.3 디렉터리 내용 열거하기 ········ 456
- 16.2 경로 다루기- NSPathUtilities.h ········ 458
  - 16.2.1 경로 작업에 자주 사용되는 메서드 ········ 461
  - 16.2.2 파일 복사하기와 NSProcessInfo 클래스 사용하기 ········ 463
- 16.3 기본 파일 작업-NSFileHandle ········ 467
- 16.4 NSURL 클래스 ········ 473
- 16.5 NSBundle 클래스 ········ 474
- 16.6 연습문제 ········ 475

17장 메모리 관리와 ARC　477

- 17.1 자동 가비지 컬렉션 ········ 479
- 17.2 수동 레퍼런스 카운팅 ········ 480
  - 17.2.1 객체 참조와 오토릴리스 풀 ········ 481
- 17.3 이벤트 루프와 메모리 할당 ········ 484
- 17.4 수동 메모리 관리 규칙 요약 ········ 487
- 17.5 자동 레퍼런스 카운팅 (ARC) ········ 488
- 17.6 Strong 변수 ········ 488
- 17.7 Weak 변수 ········ 489
- 17.8 @autoreleasepool 블록 ········ 491
- 17.9 메서드 이름과 ARC 없이 컴파일한 코드 ········ 492

18장 객체 복사하기　493

- 18.1 copy와 mutableCopy 메서드 ········ 494
- 18.2 얕은 복사와 깊은 복사 ········ 496
- 18.3 NSCopying 프로토콜 구현하기 ········ 499
- 18.4 세터 메서드와 게터 메서드에서 객체 복사하기 ········ 502
- 18.5 연습문제 ········ 505

19장 아카이빙 507

19.1 XML 프로퍼티 리스트로 아카이빙하기 507
19.2 NSKeyedArchiver로 아카이빙하기 510
19.3 인코딩 메서드와 디코딩 메서드 작성하기 512
19.4 NSData를 사용하여 커스텀 아카이브 만들기 520
19.5 아카이버를 사용하여 객체 복사하기 524
19.6 연습문제 525

20장 코코아와 코코아 터치 소개 527

20.1 프레임워크 계층도 528
20.2 코코아 터치 529

21장 iOS 애플리케이션 만들기 531

21.1 iOS SDK 531
21.2 첫 번째 아이폰 애플리케이션 532
21.2.1 아이폰 애플리케이션 프로젝트 새로 만들기 534
21.2.2 코드 입력하기 537
21.2.3 인터페이스 디자인하기 540
21.3 아이폰 분수 계산기 548
21.3.1 Fraction_Calculator 프로젝트 새로 시작하기 549
21.3.2 뷰 컨트롤러 정의하기 549
21.3.3 Fraction 클래스 555
21.3.4 분수를 다루는 Calculator 클래스 558
21.3.5 UI 디자인하기 559
21.4 요약 560
21.5 연습문제 561

부록A 용어집 ·· 563
부록B Address Book 애플리케이션 소스코드 ·· 575
부록C iOS 7에 새로 도입된 기능 ·· 581
찾아보기 ·· 593

개정 2판 옮긴이의 글

TIOBE 소프트웨어 인덱스*라는 것이 있다. 이 지수는 구글, MSN, 야후, Baidu, 위키피디아 그리고 유튜브 등에서 사용자들이 프로그래밍 언어의 이름을 넣어 검색한 횟수를 계산해서 현재 인기 있는 프로그래밍 언어가 무엇인지 순위로 보여주는 수치다. 역자가 작업하고 있는 2013년 10월 현재, Objective-C는 C++와 3위의 자리를 두고 엎치락뒤치락하고 있다. 몇 년 사이에 많은 개발자가 Objective-C를 사용하고 있음을 알 수 있다.

　Objective-C는 전통적인 프로그래밍 언어인 C에서 발전한 객체 지향 프로그래밍 언어다. 흔히 우리가 객체 지향 언어라고 하면 C++나 자바를 떠올리고, 디자인 패턴을 다루는 상당수 도서 역시 두 언어를 중심으로 설명하고 있다. Objective-C는 이름만 들어도 객체 지향 언어라는 것을 쉽게 알 수 있지만, C에서 나온 언어이기 때문에 복잡한 포인터를 사용해야 하거나, 가비지 컬렉션도 없으므로 메모리 관리에도 어려움이 있으리라 예상한다. 하지만 Objective-C를 처음 배우는 분이고, 포인터라는 개념을 전혀 모르고 시작하더라도 전혀 문제없다. 비록 Objective-C가 기본적으로 객체를 사용하면서 포인터 메커니즘을 사용하고 있지만, 객체 지향 프로그래밍 방식의 계층으로 한 단계 더 감싸고 있기 때문에 초반에는 포인터의 개념이 없어도 개발하는데 전혀 상관없다. (물론 더 나은 소프트웨어를 만들고자 한다면 포인터의 개념에 익숙해야 할 것이다.) 또한 자바처럼 가비지 컬렉션을 쓰진 않더라도 ARC 같은 메모리 관리에 유용한 기법이 포함되어 있기 때문에 특별히 부러울 게 없다고 할 수 있다. (Mac OS X용 애플리케이션을 만들 때는 가비지 컬렉션을 사용했으나, 최근 애플에서는 ARC를 쓰길 권장하고 있으며, 새 버전인 OS X 10.9 SDK부터는 새로 개발되는 프로젝트에 한해서 가비지 컬렉션 자체를 지원하지 않는다.)

　Objective-C는 프로토콜(Protocol), 카테고리(Category) 등과 같은 객체 지향적 특징을 가진 파일을 만들 수 있다. 그뿐 아니라 애플에서 만든 Foundation

---

* http://www.tiobe.com/index.php/content/paperinfo/tpci/index.html

프레임워크의 대다수 클래스는 객체 지향 프로그래밍을 할 수 있도록 지원하고 있다. 예를 들어 옵저버 패턴 방식을 도입하길 원한다면, NSNotification 클래스를 통해 쉽게 구현할 수 있으며, 템플릿 메서드 패턴을 사용하고 싶다면, NSInvocation 클래스를 통해 편리하게 작업할 수 있다. 또한 코어 데이터(Core-Data)라는 강력한 메커니즘을 통해 더욱 깔끔하고 쉽게 데이터를 관리 및 사용할 수 있다.

WWDC 2013에서 iOS 7 SDK와 함께 향상된 Objective-C와 Foundation 프레임워크에 추가된 몇 가지 새로운 클래스를 발표하였다(물론 새로운 Xcode도 함께 말이다). 비록 이 책은 2013년 6월에 발표한 iOS 7이 발표되기 전에 쓰인 것이기 때문에 새로운 기능과 추가된 클래스에 관한 내용을 깊이 다루지는 못하였다. 하지만 부록에서 iOS 7에 새로 도입된 기능을 간략하게 소개할 것이다. 라이브러리를 임포트할 때 사용되는 모듈(Modules)과 새로운 데이터 형인 instancetype 그리고 Foundation 프레임워크에 향상된 클래스들에 대해 설명하겠다.

마지막으로 너무나도 부족한 나에게 이런 멋진 기회를 주신 하나님 아버지께 영광을 돌리고 싶다. 그뿐만 아니라 인사이트의 한기성 님과 편집을 도와주신 김민희 님께도 감사드린다. 그리고 아침마다 불을 켜고 작업을 할 때면 항상 지켜봐 주고 함께 해준 사랑하는 아내 진이와 아직 태어나지 않았으나 엄마 뱃속에서 꿈틀꿈틀 잘 놀고 있는 우리 '어찌'에게도 감사를 표한다.

2013년 10월
김현태

개정판 옮긴이의 글

2009년 8월에 Programming in Objective-C 2/E을 번역하고 2년 반 이상이 지났습니다. 처음 이 책을 번역한 시기는 아이폰의 인기에 힘입어 Objective-C가 막 떠오르기 시작할 때였죠. 이제 Objective-C는 TIOBE 인덱스의 전체 언어 순위 4위에 오를 정도로 입지를 확고히 다졌습니다. 2년 전에 10위에 그쳤던 것에 비하면 비약적인 성장이라 할 수 있습니다. 이런 엄청난 상승은 아이폰과 아이패드의 폭발적인 인기와 이 기기들을 살아 숨 쉬게 만드는 iOS의 눈부신 발전에 그 이유가 있다고 할 수 있습니다.

iOS와 OS X의 발전에 힘입어 Objective-C 변화 속도도 그 전과는 비교할 수 없을 정도로 빨라지고 있습니다. 사실 2/E에서 처음 설명한 Objective-C 2.0은 버전이 변경될 정도의 큰 변화였습니다. 눈에 띄는 큰 변화로는 프로퍼티(@property)로 멤버 변수 정의하기와 @synthesize로 접근자 메서드 자동 생성하기, 가비지 컬렉터, for...in 반복문 정도였습니다.

이번에 번역한 4/E에서 설명하는 Objective-C는 Block, ARC 등 완전히 새로 추가된 개념뿐 아니라 구현 부분 변수 선언이나 빈 카테고리와 같이 기존 사용 방식이 바뀐 내용도 포함합니다. 특히, 새로 추가된 Block과 ARC는 앞으로 개발할 모든 프로그램에서 반드시 사용할 중요한 기능입니다. 애플이 제공하는 프레임워크에 Block만 지원하는 API가 많이 추가되고 있고, (이 책에서 설명하지는 않지만) GCD라는 훌륭한 분산 처리 시스템을 사용하기 위해서도 Block의 학습이 필수입니다. 게다가 ARC는 Objective-C의 메모리 관리 방식을 송두리째 바꾸는 매우 중요한 개념입니다. 또 애플은 iOS/OS X 양쪽 모두 미래의 메모리 관리방식으로 ARC를 명시하기까지 했습니다. ARC의 등장으로 인해 책의 3/E을 번역하던 도중 중단하고 4/E의 집필을 기다려야 할 정도였으니까요.

저자는 4/E을 집필하면서 생각보다 많은 내용을 변경했습니다. 프로그래밍을 처음 배우는 독자들이 부담스럽게 여길 내용들을 과감히 줄이고, 이해를 돕기 위한 도표도 많이 추가했습니다. 위에서 언급한 ARC로 인해 수동으로 메모리를 관리하는 방법이 익숙해지기까지 골치 아픈 긴 시간을 버텨야 할 필요도 없어졌습니다. 그 덕택에 지난 번 2/E 번역본에 비해 Objective-C의 기초를 더 쉽게 배울 수 있습니다. 코코아와 코코아 터치 프레임워크를 설명하는 다른 입문서와 함께 하면 iOS/OS X용 애플리케이션 개발의 첫 발을 내딛기에 부족함이 전혀 없을 것입니다.

책이 나오기까지 많은 분의 수고와 도움이 있었습니다. 먼저 언제나 좋은 책 만들기에 여념이 없으신 인사이트의 한기성 사장님께 감사 드립니다. 특히 이 책이 번역되는 동안 직접 지휘하시느라 더욱 수고하셨습니다. 조연희 님, 조인영 님, 그리고 리뷰를 봐주신 김성안 님께 고마운 마음을 전합니다. 이 분들이 아니었다면 굉장히 지루하고 읽기 불편한 책이 되었을 것입니다.

늘 많은 도움을 주시는 민트기술 왕수용 님, 오로라플래닛 김정 님, 링고스타 윤성관 님께 감사의 마음을 전합니다. 그리고 험난한 IT 바다에 함께 뛰어든 인배, 성욱. 앱포미의 진형, 민석. 우리 멋진 거 하나 해야지?

번역하고 일하느라 연애하는 내내 바빴던 저를 잘 이해해주던 여자 친구가 이제는 제 아내가 되었습니다. 사랑하는 아내 소영이에게 고마움과 사랑을 전합니다.

마지막으로 이 책을 들고 계신 독자 분들께 감사를 드립니다. 궁금하신 사항이 있다면, i2workshop@gmail.com으로 메일 보내주시길 바랍니다. 멋진 맥/iOS 용 애플리케이션을 많이 만들어 주세요!!

2012년 5월
박세현

1장

Programming in Objective-C

소개

1970년대 초, AT&T Bell 연구소의 데니스 리치(Dennis Ritchie)는 C 프로그래밍 언어를 창시하였다. 그러나 이 언어는 1970년대 후반에서야 인기를 얻고 널리 사용 되기 시작했다. 그 전에는 벨 연구소 밖에서 C 컴파일러를 상업 용도로 손쉽게 구할 수 없었기 때문이었다. 거의 C로만 짜인 운영체제인 유닉스(UNIX)가 급속도로 인기를 얻으면서 C 언어 역시 빠른 속도로 대중에 널리 퍼지게 되었다.

브래드 콕스(Brad J. Cox)는 1980년대 초에 Objective-C 언어를 설계하였다. 이 언어는 SmallTalk-80라는 언어를 기반으로 만들어졌다. Objective-C는 C 언어 위에 올려져 있는 '계층적(layered)'인 구조다. 즉, C 언어를 확장하여 '객체'를 생성하고 다룰 수 있는 언어를 새로 만들어낸 것이다.

넥스트 소프트웨어(NeXT Software)는 1988년에 Objective-C의 라이선스를 받아 NEXTSTEP이라는 개발 환경과 라이브러리를 개발하였다. 1992년에는 자유 소프트웨어 재단(Free Software Foundation, FSF)의 GNU 개발 환경에 Objective-C 지원이 추가되었다. 자유 소프트웨어 재단의 모든 제품의 저작권은 재단이 소유하며 GNU General Public License(GPL)로 배포된다.

1994년에 넥스트 컴퓨터(NeXT Computer)와 썬 마이크로시스템즈(Sun Microsystems)는 NEXTSTEP 시스템의 표준 규격을 발표하고, 이를 OPENSTEP이라고 명명하였다. 자유 소프트웨어 재단이 구현한 OPENSTEP은 GNUstep이라고 불렸다. 리눅스 버전은 리눅스 커널과 GNUStep 개발 환경을 포함하고 여기에 LinuxSTEP이라는 어울리는 이름을 붙였다.

1996년 12월 20일, 애플 컴퓨터(Apple Computer)는 넥스트 소프트웨어를 인수하고, NEXTSTEP/OPENSTEP 환경이 애플의 차세대 운영체제인 OS X의 근간이 될 것이라고 발표하였다. 애플 버전의 이 개발 환경은 코코아(Cocoa)라고 칭했다. 애플은 Objective-C 언어를 지원하고 프로젝트 빌더(Project Builder, 나중에 Xcode로 바뀐다)와 인터페이스 빌더(Interface Builder) 같은 개발 도구로 Mac OS X용 응용프로그램을 제작할 강력한 개발 환경을 만들어 낸 것이다.

2007년, 애플은 Objective-C를 Objective-C 2.0으로 업데이트하였다. 이 책의 2판은 이 버전에 맞추어 작성되었다.

아이폰(iPhone)이 처음 출시된 2007년, 개발자들이 이 혁신적인 장치에서 돌아가는 프로그램을 개발할 기회를 강하게 요구했다. 애플은 처음에는 써드파티 애플리케이션 개발을 환영하지 않았다. 웹 기반 프로그램을 개발하는 것으로 아이폰 개발자 지망생들을 달래려 했다. 웹 기반 애플리케이션은 아이폰에 내장된 사파리(Safari) 브라우저에서 실행되는데, 사용자가 해당 프로그램을 제공하는 웹사이트에 접속해야만 프로그램을 쓸 수 있었다. 개발자들은 웹 기반 프로그램에 있는 태생적인 한계에 만족하지 못했고, 결국 애플은 개발자들이 아이폰용 네이티브 애플리케이션을 개발하도록 곧 허용하였다.

네이티브 애플리케이션은 아이폰 안에 거주하고 아이폰의 운영체제 위에서 다른 기본 애플리케이션(연락처, 주식, 날씨 등)과 동일한 방식으로 동작한다. 아이폰의 운영체제는 Mac OS X의 한 버전이기 때문에 맥(예컨대 맥북 프로)에서 애플리케이션들을 개발하고 디버깅할 수 있다. 실제로 애플은 얼마 지나지 않아 강력한 소프트웨어 개발 킷(Software Development Kit, SDK)을 내놓았고, 그 덕분에 개발자들이 빠르게 아이폰 개발과 디버깅 작업을 할 수 있게 되었다. 아이폰 시뮬레이터를 이용하면 아이폰이나 아이팟 터치(iPod Touch)에 프로그램을 다운로드해서 테스트하지 않고도 자신의 개발 장비에서 직접 디버깅할 수 있다.

2010년 아이패드의 등장으로, 애플은 이제 물리적인 크기와 해상도가 다른 디바이스를 지원하는 운영체제와 SDK에서 사용되는 용어를 일반화하기 시작했다. iOS SDK는 모든 iOS 디바이스용 애플리케이션을 개발할 수 있도록 하며,

이 글을 쓰는 시점에서 iOS 6가 공식 배포 버전이다.

1.1 이 책에서 배울거리

나는 Objective-C의 튜토리얼 작성에 대해 고심하며, 아주 중요한 결정을 내려야 했다. 시중에 나온 다른 Objective-C 책들은 전부 C 언어 지식을 전제로 했던 터였다. 나 역시 독자들이 C 언어로 프로그램 짜는 법을 안다는 가정하에 글을 쓸 수도 있다. 또한, Foundation과 UIKit 프레임워크 같은 풍부한 라이브러리를 사용하는 측면에서 언어를 가르칠 수도 있다. 맥의 Xcode와 기존에 인터페이스 빌더로 알려진 UI 개발 도구를 사용하는 방법을 가르치는 교재도 이미 나와 있다.

하지만 이런 방법은 모두 조금씩 문제가 있어 보였다. 먼저, Objective-C를 배우기 전에 C 언어 전체를 배우는 것은 옳지 않다. C라는 절차적 언어에 포함된 많은 특징은 Objective-C로 프로그래밍하는 데 필요하지 않으며, 초급 단계에서는 더욱 그렇다. 사실, 이런 특징들은 올바른 객체 지향 프로그래밍 방법론에 따르는 데 오히려 방해가 된다. 또한, 객체 지향 언어를 배우기 전에 절차적 언어의 세세한 부분을 모두 학습하는 방식은 그리 좋은 생각이 아니다. 이는 좋은 객체 지향 프로그래밍 스타일을 키우는 올바른 시작점이라 할 수 없고, 프로그래머가 잘못된 동기와 사고 방식을 갖게 되기 때문이다. Objective-C가 C에서 확장된 언어라는 사실 때문에 C를 먼저 배울 필요는 없다.

그래서 이 책에서는 C 언어부터 가르치지도 않고 C 언어에 대한 지식을 기대하지도 않는다. 그대신 객체 지향 프로그래밍의 관점에서 Objective-C 언어와 하부에 있는 C 언어를 통합된 하나의 언어로 보고 가르치는 새로운 접근법을 취하기로 하였다. 이 책의 목적은 제목 그대로, Objective-C 2.0으로 프로그래밍하는 법을 가르치는 것이다. 프로그램을 짜고 디버깅하는 데 사용하는 개발 도구의 사용법을 상세히 가르치지 않으며, 코코아로 인터랙티브한 그래픽 애플리케이션을 만드는 방법을 깊이 있게 설명하지도 않는다. 이런 것은 일단 Objective-C로 프로그램을 짜는 방법을 배운 뒤에, 다른 자료들로 상세히 공부할 수 있다. 사실, Objective-C로 프로그래밍하는 방법을 온전히 알고 나면 이런 것들을 배우기가 훨씬 쉬워진다. 또한 독자에게 프로그래밍 경험이 있을 거라고 가정하지도 않았다. 사실, 여러분이 막 프로그래밍을 시작했다면, 얼마간의 집중과 노력으로 Objective-C를 최초의 프로그래밍 언어로 배울 수 있다. 이 책의 이전 판에서 받은 피드백에 의하면 이를 성공한 독자들이 꽤 있다.

이 책은 예제를 통해 Objective-C를 가르친다. 언어의 새 특징을 제시할 때마다 그 특징을 설명하는 작은 완성된 프로그램을 선보일 것이다. 백문이 불여일견이다. 많은 설명보다 적절한 예제 프로그램 하나가 더 효과적이다. 온라인에서 제공 되는 모든 프로그램을 돌려 보고 책에 나온 결과와 직접 작업한 결과를 비교해보자. 이렇게 해야 언어와 문법을 배울 수 있고, Objective-C 프로그램을 컴파일하고 돌리는 과정에 더 친숙해진다.

1.2 이 책의 정리 방식

이 책은 크게 세 부분으로 나뉘어 있다. 1부 「Objective-C 언어」에서는 이 언어의 필수 부분에 대해 설명한다. 2부 「Foundation 프레임워크」에서는 Foundation 프레임워크를 구성하는 풍부한 클래스들을 사용하는 방법을 공부한다. 3부 「코코아, 코코아 터치와 iOS SDK」에서는 코코아와 코코아 터치 프레임워크의 개요를 살펴본 후, iOS SDK를 사용해 간단한 아이폰 애플리케이션 만드는 과정을 설명한다.

프레임워크란, 프로그램을 개발하기 쉽도록 클래스와 루틴을 논리적인 그룹별로 모아놓은 것이다. Objective-C 프로그래밍의 강점은 상당 부분 방대한 프레임워크에서 나온다.

2장 「Objective-C로 프로그래밍하기」는 Objective-C로 첫 번째 프로그램을 만드는 방법을 설명하며 시작한다.

이 책은 코코아나 iOS 프로그래밍을 공부하는 책이 아니기 때문에, 그래픽 유저 인터페이스(GUI)를 깊이 다루지는 않으며 3부 전까지는 거의 언급도 하지 않는다. 따라서, 프로그램에 입력을 받고 출력을 내보내는 방법이 필요하다. 이 책에 나오는 대부분의 예제에서는 키보드로 입력을 받고 창 영역(window pane)에 출력을 내보낸다. 만일 커맨드라인에서 gcc를 사용한다면 터미널(terminal) 창이 될 것이고, Xcode를 사용한다면 디버그 출력 영역(pane)이 될 것이다.

3장 「클래스, 객체, 메서드」에서는 객체 지향 프로그래밍의 기초를 다룬다. 이 장에서 새로운 용어가 아주 약간 등장한다. 또한 클래스를 정의하는 방법을 소개하고 인스턴스나 객체에 메시지를 보내는 방법을 설명한다. 만일 강사나 노련한 Objective-C 프로그래머라면, 객체 선언 시에 정적(static) 타이핑을 사용한다는 점을 눈치챌 것이다. 이 방식으로 학습을 시작하는 것이 학생들에게 최선이라고 생각하기 때문이다. 이렇게 하면 컴파일러가 더 많은 오류를 잡아낼 수 있고, 프로그램 자체가 문서화된다. 그리고 초보 프로그래머들이 알고 있는 데이터 형을 명시적으로 선언하게 한다. 따라서 id 형과 그 강점은 9장 「다형성, 동적타이핑, 동적 바인딩」 전까지는 깊이 다루지 않는다.

4장 「데이터 형과 표현식」에서는 Objective-C의 기본 데이터 형과, 프로그램에서 이 데이터 형들을 사용하는 방법을 설명한다.

5장 「프로그램 반복문」에서는 프로그램에서 사용할 수 있는 세 가지 반복문(for, while, do)을 소개한다.

어느 프로그래밍 언어에서든 결정을 내리는 일은 중요하다. 6장 「의사결정하기」에서는 Objective-C의 if 문과 switch 문을 상세히 다룬다.

7장 「클래스에 대해서」에서는 클래스와 객체에 대해 더 깊이 파고든다. 메서드, 다중 인수, 지역 변수가 이 장에서 논의된다.

8장 「상속」에서는 상속의 핵심 요소를 설명한다. 상속 받은 것을 활용하면 프로그램을 더 쉽게 개발할 수 있다. 상속과 서브클래스의 개념이 있으면 기존 클래스 정의를 쉽게 수정하거나 확장할 수 있다.

9장은 Objective-C 언어의 기본적인 특징 세 가지를 설명한다. 이 장에서는 세 가지 핵심 개념인 다형성, 동적 타이핑, 동적 바인딩에 대해 설명한다.

10장부터 13장까지는 Objective-C에 대한 논의를 마무리한다. 객체의 초기화, 블록(block), 프로토콜, 카테고리, 전처리기 그리고 함수, 배열, 구조체, 포인터를 포함한 하부를 이루는 C 특징 등을 다룬다. 이 하부 특징들은 보통 객체 지향 프로그램을 처음 개발할 때는 필요하지 않으며, 어쩌면 피하는 것이 최선일지도 모른다. 13장 「하부 C 언어 기능」은 처음에는 간단히 훑어보고 언어의 특정 기능을 더 학습해야 할 때만 다시 살펴볼 것을 권한다. 이 장에서는 최근에 C 언어에 추가된 블록(block)도 소개한다. 이 기능은 함수의 문법에서부터 파생되었기에, 일단 함수를 작성하는 방법을 배운 후 학습하는 것이 좋다.

2부는 14장 「Foundation 프레임워크 소개」에서 시작한다. 이 장에서는 이 프레임워크를 소개하고 프레임워크의 방대한 문서에 접근하는 방법을 알려준다.

15장부터 19장까지는 Foundation 프레임워크의 중요한 특징을 다룬다. 여기에는 숫자와 문자 객체, 컬렉션, 파일 시스템, 메모리 관리, 객체 복사와 저장 과정이 포함된다.

2부를 마칠 때쯤에는 Foundation 프레임워크를 사용해서 꽤 복잡한 Objective-C 프로그램을 개발할 수 있을 것이다.

3부는 20장 「코코아와 코코아 터치 소개」로 시작한다. 여기서 맥과 iOS 디바이스에서 복잡한 그래픽 애플리케이션을 개발하는 데 필요한 클래스를 제공하는 프레임워크들을 짧게 정리한다.

21장 「iOS 애플리케이션 만들기」에서는 iOS SDK와 UIKit 프레임워크를 소개한다. 이 장에서는 간단한 iOS 애플리케이션을 작성하는 방법을 단계별로 설명하고, 분수 계산 기능을 지원하는 아이폰용 계산기 프로그램을 만들어 본다.

객체 지향 프로그래밍에 대해 말하려면 용어를 상당히 많이 알아야 하기 때문에 부록 A 「용어집」에서 일반적으로 널리 쓰는 용어의 뜻을 설명해놓았다.

부록 B 「Address Book 소스 코드」에는 2부에서 개발하고 사용한 두 클래스의 소스 코드를 담았다. 이 클래스들은 주소 카드와 주소록 클래스를 정의한다. 주소록에 주소 카드를 생성하거나 삭제하고, 사람을 찾고, 주소록의 내용을 표시하는 등 간단한 기능을 수행하는 메서드도 들어있다.

Objective-C 프로그램을 작성하는 법을 배운 후 여러 방향으로 계속 학습할 수 있다. 하부의 C 프로그래밍 언어에 대해 더 배우거나 Mac OS X용 코코아 프로그램을 작성해도 된다. 아니면 복잡한 iOS 애플리케이션을 만들 수도 있다.

1.3 지원

classroomM.com/objective-c에서 풍부한 자료를 갖춘 포럼을 만날 수 있다. 이 곳에서 소스 코드(물론 이곳에 있는 소스 코드가 예제의 '공식' 소스 코드는 아니다. 나는 여러분이 프로그램 예제를 직접 입력하는 과정 자체가 배움의 큰 부분을 차지하며, 이 과정에서 오류를 찾고 수정하는 법을 배울 수 있다고 믿는다), 연습문제의 답, 오타, 퀴즈를 찾을 수 있고, 저자와 포럼 회원들에게 질문을 던질 수 있다. 포럼에서 다른 회원들이 문제를 해결할 수 있도록 즐겁게 도와주는 활발한 회원들로 인해 풍성한 커뮤니티가 형성되었다. 여러분도 이 포럼에 와서 적극적으로 참가하길 바란다.

1.4 감사의 글

이 책의 초판을 준비할 때 도움을 준 사람들에게 감사를 표한다. 먼저, 원고를 살펴봐 준 Tony Iannino와 Steven Levy에게 감사를 표하고 싶다. 또한 여러 가지 의견을 준 Mike Gaines에게도 감사한다.

기술 편집자인 Jack Purdum(초판), Wendy Mui(3판), Mike Trent(초판, 2판, 5판)에게도 감사의 말을 전한다. 초판, 2판 모두 Mike의 검토를 받을 수 있던 것은 정말 큰 행운이었다. 그는 내가 썼던 어떤 책에서보다 더 철저하게 검토해 주었다. 원고의 약점을 지적해 준 것은 물론이거니와 더 나은 방향까지 친절하게 제시해 주었다. 초판에서 Mike의 충고 덕택에 메모리 관리를 가르치는 방식을 변경하였고 모든 예제에서 '메모리 누수'가 발생하지 않도록 노력하였다. 4판 전에는 이 메모리 관리에 대한 내용이 매우 중요하게 다뤄졌는데, 이제 ARC의 등장으로 시대에 뒤쳐진 개념이 되었다. 또, Mike는 아이폰 프로그래밍 장에서도 아주 귀중한 의견을 내주었다.

초판 때에도 함께한 Catherine Babin은 표지 사진뿐 아니라 많은 사진을 찍어 주어서 멋진 사진을 고를 수 있었다. 그가 준 표지 사진 때문에 내 책이 더 특별해졌다.

피어슨 출판사의 Mark Taber는 작업하는 내내 원고 마감을 (1판부터 5판까지 모두) 어긴 나를 이해해 주었다. 원고가 늦을 때마다 항상 참아 준 그에게 깊은 감사를 표한다. 또한, 원고가 늦어지는 이 책의 여러 에디션을 시간 내에 작업해 준 피어슨 출판사의 Mandie Frank에게도 같은 영광을 돌린다. 2판을 탁월하게 교정해준 Michael de Haan과 Wendy Mui에게도 무한한 감사를 표한다.

소개에서 언급한 C 언어를 만든 데니스 리치는 OS X와 iOS의 기본이 되는 유닉스 운영체제의 공동 창시자이다. 그런데 안타깝게도 스티브 잡스와 데니스 리치는 2011년 어느 같은 주에 세상을 떠났다. 이 두 사람은 내 경력에 지대한 영향을 미쳤으며, 이 책도 그들이 없었으면 존재하지 않았을 것이다.

마지막으로 classroomM.com/objective-c 포럼 회원들의 피드백과 지원, 친절한 말에 감사드린다.

1.5 5판 서문

2012년 6월, 애플은 몇 가지 Objective-C 문법 변화에 대해 발표했다. 해당하는 문법적 변화는 대부분 숫자, 배열 그리고 딕셔너리 객체의 초기화나 접근과 관련되어 있다. 이러한 변화는 5판을 쓰게 된 동기다.

Stephen G. Kochan
2012년 11월

2장

Programming in Objective-C

Objective-C로 프로그래밍하기

이 장에서는 첫 번째 Objective-C 프로그램을 작성하는 방법을 알아보고자 한다. 아직은 객체를 다루지 않는다. 객체는 다음 장의 주제로 다룬다. 일단, 프로그램을 입력하고, 컴파일하고, 실행하는 과정을 이해해야 한다.

시작 단계이니 단순한 예제가 좋겠다. 'Programming is fun!'이라는 문구를 화면에 띄워 보자. 프로그램 2.1은 이 작업을 수행하는 Objective-C 프로그램을 보여 준다.

프로그램 2.1

```
// 첫 번째 예제 프로그램

#import <Foundation/Foundation.h>

int main (int argc, const char * argv[])
{
    @autoreleasepool
    {
        NSLog (@"Programming is fun!");
    }
    return 0;
}
```

2.1 프로그램 컴파일하고 실행하기

이 프로그램에 대해 상세하게 설명하기 전에, 컴파일과 실행에 관련된 절차를 살펴보아야 한다. Xcode를 사용하거나, 터미널 창에서 Clang Objective-C 컴파일러를 사용하여 프로그램을 컴파일하고 실행할 수 있다. 이 두 가지 방법을 단계별로 알아보자. 그 다음에 어느 방법을 사용하여 계속 학습할지 결정할 수 있을 것이다.

> **노트**
>
> Mac App Store에서 Xcode를 받을 수 있다. 애플 개발자 가입을 하게 되면, 베타 버전의 Xcode도 받을 수 있다.(무료) http://developer.apple.com 사이트에 방문해서 Xcode 개발 툴의 최신 버전을 설치하도록 하자. 이곳에서 Xcode와 iOS SDK를 무료로 다운받을 수 있다.

2.1.1 Xcode 사용하기

Xcode는 프로그램 입력, 컴파일, 디버그, 실행을 쉽게 해주는 복잡한 애플리케이션이다. 맥에서 중요한 애플리케이션을 개발할 계획이라면, 이 강력한 도구를 배워 두는 것이 좋다. 지금은 시작하는 단계이니, Xcode를 사용하여 그래픽 프로그램을 개발하는 과정은 나중에 다시 살펴볼 것이다.

> **노트**
>
> 이미 언급한 대로, Xcode는 원래 복잡한 도구인데, Xcode 4의 등장으로 기능이 더 추가되었다. 이 툴을 쓰다보면 사용법을 깜빡하기 쉽다. 여러분도 사용법이 갑자기 헷갈린다면, 잠시 쉬면서 Xcode User Guide를 읽어보는 것을 추천한다. Xcode의 Help 메뉴에서 이 가이드를 찾을 수 있다.

Xcode는 Developer 폴더 안에 있는 Applications 폴더에 있다. 그림 2.1과 같이 생긴 아이콘이 Xcode다.

그림 2.1 Xcode 아이콘

Xcode를 실행하자. (Xcode를 처음 실행하는 거라면, 라이선스 동의서에 동의하기와 같은 과정을 걸쳐야 할 것이다.) 시작 화면에서 Create a New Xcode Project를 선택하자. 혹은, File 메뉴에서 New 〉 New Project를 선택하자(그림 2.2 참고).

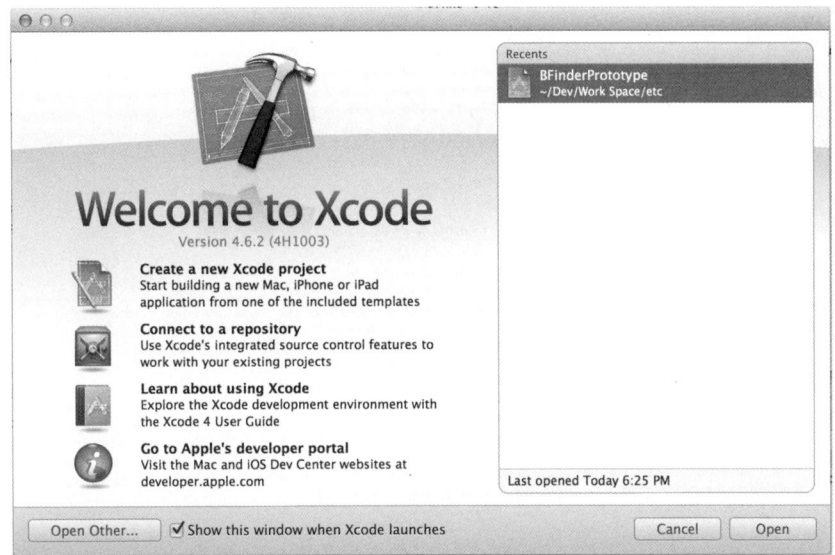

그림 2.2 새 프로젝트 시작하기

그림 2.3과 같은 창이 뜰 것이다.

왼쪽 구획에서 Mac OS X이라는 이름이 붙은 부분이 보일 것이다. 여기서 Application을 선택하자. 그림 2.3과 같이 우상단에서 Command Line Tool을 선택하자. 그다음 나타나는 창에서 애플리케이션의 이름을 입력할 수 있다. Product Name으로 prog1을 입력하고, Company Identifier와 Bundle Identifier 칸에 아무거나 입력한다. 이 정보는 iOS 앱을 생성할 때 사용되는 것이므로 지금 단계에서 무엇을 넣을지 고민하지 않아도 된다. Type은 Foundation이 선택되어 있는지 확인하자. 또 Use Automatic Reference Counting 박스에 체크하는 것도 잊지 말자. 여기까지 하면 여러분의 화면은 그림 2.4처럼 되어 있어야 한다.

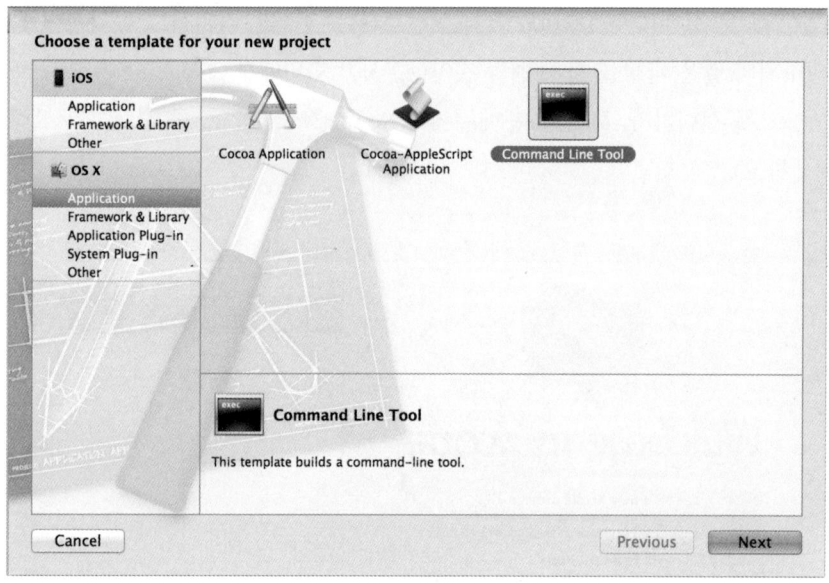

그림 2.3 새 프로젝트 시작하기: 애플리케이션 종류 선택하기

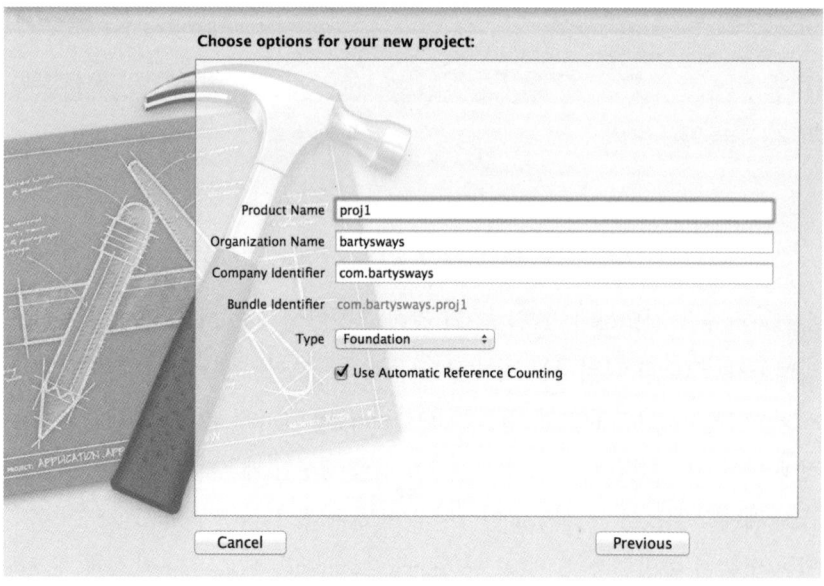

그림 2.4 새 프로젝트 시작하기: 제품 명과 종류 지정하기

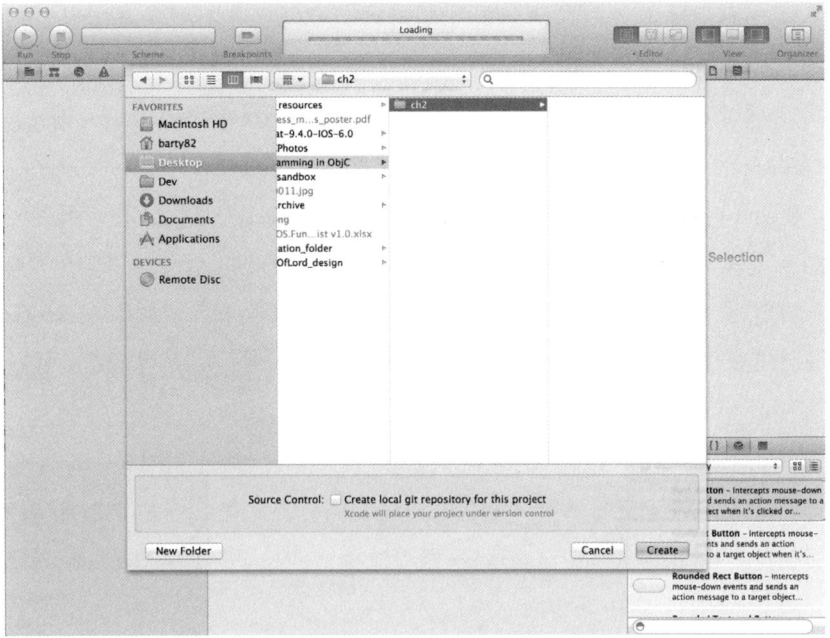

그림 2.5 프로젝트 폴더의 이름과 위치 선택하기

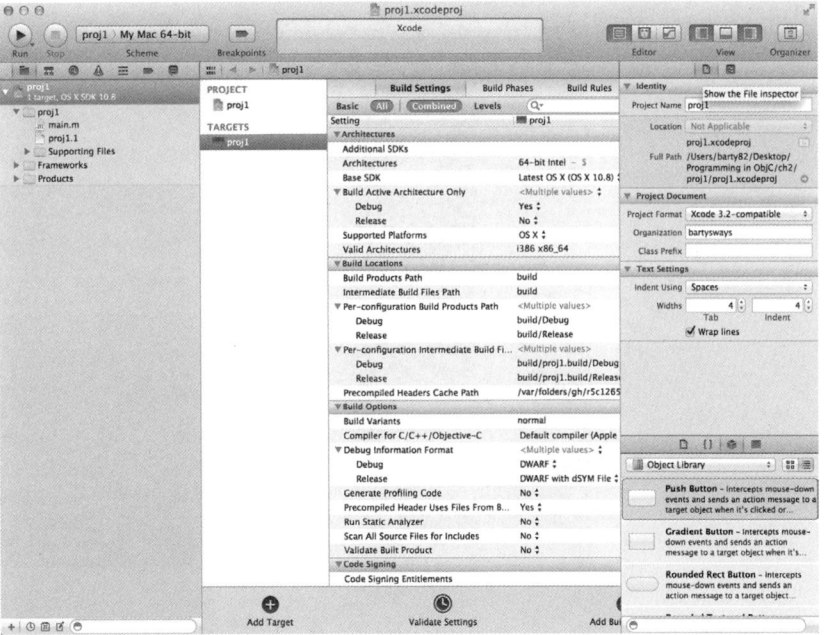

그림 2.6 Xcode proj1 프로젝트 창

Next를 누르자. 드롭다운 메뉴가 나타나 프로젝트에 관련된 파일이 저장될 폴더의 이름을 입력해주길 기다리고 있을 것이다. 여기서 이 프로젝트 폴더가 어디에 저장될지도 지정할 수 있다. 그림 2.5에서는 우리의 프로젝트를 Desktop에 prog1이라는 폴더에 저장한다.

Create 버튼을 눌러 새 프로젝트를 생성하자. Xcode는 그림 2.6과 같이 프로젝트 창을 띄울 것이다. Xcode를 전에 사용한 적이 있거나, 설정을 변경한 적이 있다면, 창이 달라 보일 수도 있다. 이 그림은 유틸리티 창을 보여준다. Xcode 툴바의 오른쪽 상단에 있는 View category의 3번째 아이콘을 선택 해제하여 창을 닫을 수 있다.

이제 첫 프로그램에 코드를 입력해 넣을 시간이다. 좌측 구획에서 main.m을 선택하자. (프로젝트에 속한 파일을 보이게 하려면 프로젝트 이름 좌측에 있는 보이기 삼각형(disclosure triangle)을 클릭해야 할 수도 있다.) 이제 Xcode 창은 그림 2.7과 같이 보일 것이다.

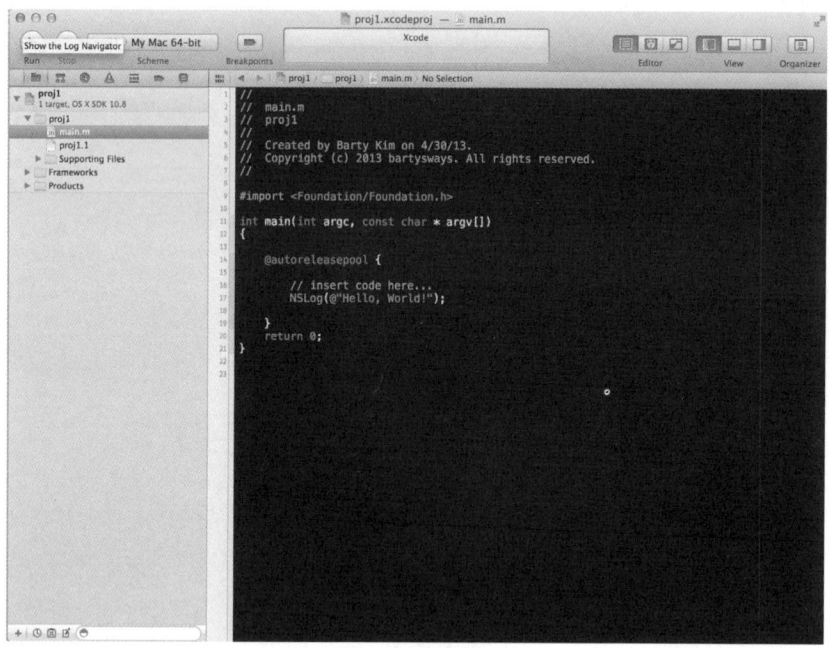

그림 2.7 main.m 파일과 편집 창

Objective-C 소스 파일은 .m을 파일 이름의 맨 마지막 글자(확장자)로 한다. 표 2.1은 자주 사용되는 파일 확장자 목록이다.

확장자	의미
.c	C 언어 소스 파일
.cc, .cpp	C++ 언어 소스 파일
.h	헤더 파일
.m	Objective-C 소스 파일
.mm	Objective-C++ 소스 파일
.pl	Perl 소스 파일
.o	(컴파일된) 오브젝트 파일

표 2.1 자주 사용되는 파일 확장자

다시 Xcode 프로젝트 창으로 돌아와, 창의 우측에서 main.m이라는 파일의 내용을 보자. 이 파일은 Xocde가 자동으로 생성한 템플릿 파일인데 다음과 같은 코드를 담고 있다.

```
//
// main.m
// proj1
//
// Created by Steve Kochan on 9/3/12
// Copyright (c) 2012 Steve Kochan. All rights reserved.
//

#import <Foundation/Foundation.h>

int main (int argc, const char * argv[])
{
    @autoreleasepool {
        
        // insert code here...
        NSLog (@"Programming is fun!");
    }
    
    return 0;
}
```

현재 창에서 여러분의 파일을 편집할 수 있다. 프로그램 2.1과 같이 되도록 편집 창에 나타난 파일을 수정하자. 슬래시 문자 두 개(//)로 시작하는 줄을 '주석'이라고 부른다. 주석에 대해서는 곧 상세히 설명할 것이다.

편집 창 내의 프로그램은 이제 다음과 같아야 한다. (주석이 일치하지 않더라도 걱정할 필요가 없다.)

프로그램 2.1

```
// 첫 번째 예제 프로그램

#import <Foundation/Foundation.h>

int main (int argc, const char * argv[])
{
    @autoreleasepool {
        NSLog (@"Programming is fun!");
    }
    return 0;
}
```

노트

화면에 나타나는 텍스트의 색상에 대해서는 걱정할 필요가 없다. Xcode가 값, 예약어 등을 다른 색으로 표시한 것이다. 이 기능은 잠재적인 에러의 원인 등을 보여줄 수 있어서, 프로그래밍을 하다 보면, 매우 유용하게 느껴질 것이다.

이제 여러분의 첫 프로그램을 컴파일하고 실행해 볼 시간이 왔다. Xcode 용어로는 빌드하고 실행하기(building and running)라고 한다. 그전에 먼저 프로그램의 결과를 보여줄 창 영역을 보이게 해야 한다. 가장 쉬운 방법은 툴바의 View에서 가운데 아이콘을 선택하는 것이다. 이 아이콘 위에 마우스를 올리면, '디버그 영역 숨기거나 보이기(Hide or show the Debug area'라는 툴팁이 뜰 것이다. 아이콘을 클릭하면 창이 그림 2.8과 같이 바뀔 것이다. Xcode는 보통 디버그 영역에 데이터가 기록되면 이 영역을 자동으로 표시해준다.

이제 툴바의 좌상단에서 Run 버튼을 누르거나, Product 메뉴에서 Run을 선택하자. Xcode는 먼저 빌드하고 프로그램을 실행시키는 두 단계의 과정을 수행할 것이다. 후자는 여러분의 프로그램에서 오류가 발생하지 않을 때만 처리된다.

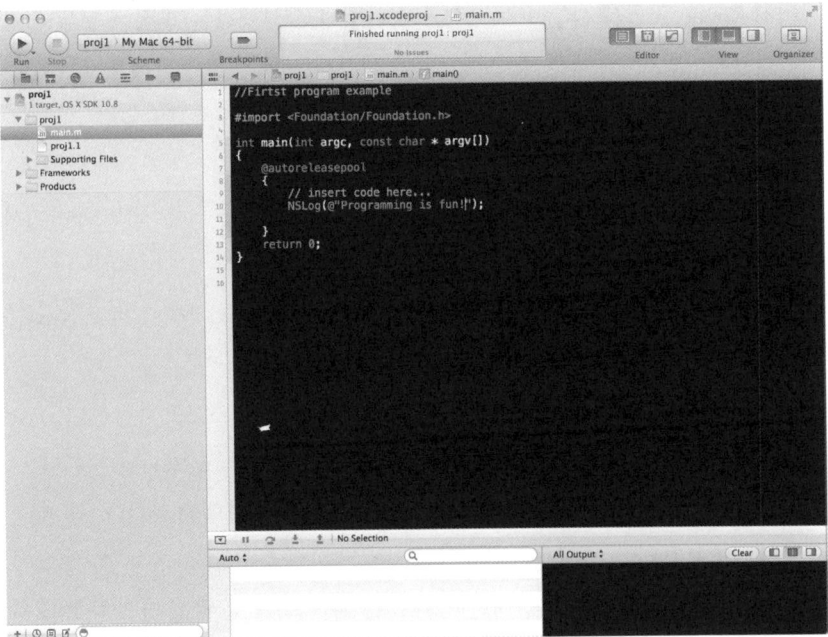

그림 2.8 Xcode 디버그 영역이 보인다.

노트

Run 버튼을 처음 클릭하면, Xcode는 자신의 맥에서 개발자 모드 'Developer mode'를 사용할 것인지를 묻는 창이 뜬다. 허용(Enable) 버튼을 클릭하고 관리자 비밀번호를 입력하여 진행한다.

만일 프로그램 작성에 실수한 것이 있다면, 이 과정에서 느낌표가 있는 빨간 정지 신호의 오류 표시를 만나게 된다. 이들은 치명적인 오류(fatal errors)라고 불리며, 이들을 고치기 전에는 프로그램을 실행시킬 수 없다. 경고(Warning)는 느낌표가 있는 노란 삼각형으로 표시된다. 경고가 있어도 프로그램을 실행시킬 수 있지만, 일반적으로 이들도 살펴보고 고쳐야 한다. 에러를 모두 제거하고 프로그램을 실행시키면, 우측 하단 영역에서 여러분의 프로그램 실행 결과가 보일 것이다. 이는 그림 2.9와 유사할 것이다.

그림 2.9 Xcode 디버그 출력

이제 Xcode로 처음 짜는 프로그램을 컴파일하고 실행하는 과정을 모두 완료하였다. (후아!) Xcode에서 새 프로그램을 생성하는 단계를 정리해보자.

1. Xcode 애플리케이션을 시작한다.
2. 새 프로젝트라면 메뉴에서 File 〉 New 〉 New Project… 나 시작 화면에서 Create a New Xcode Project를 선택한다.
3. 애플리케이션 타입에는 Application, Command Line Tool을 고르고 Next를 누른다.
4. 애플리케이션 이름을 지정하고, Type은 Foundation으로 지정한다. Use Automatic Reference Counting이 체크되었는지 확인하고, Next를 누른다.
5. 프로젝트 폴더 이름과, 프로젝트 파일을 저장할 디렉터리를 선택한다. Create를 누른다.
6. 좌측 영역에서 main.m을 선택한다. (프로젝트 이름으로 된 폴더의 내용을 드러내야 할 수도 있다.) 우측 영역에 보이는 편집 창에 프로그램을 입력한다.
7. 툴바에서 View의 가운데 아이콘을 선택한다. 이제 Debug 영역이 나타나는데, 여기에 출력 결과가 나타난다.
8. 툴바의 Run 버튼을 누르거나 Product 메뉴에서 Run을 선택하여 애플리케이션을 빌드하고 실행시킨다.

> **노트**
>
> Xcode는 스태틱 애널라이저로 알려진 강력한 도구를 내장하고 있다. 이 도구는 여러분의 코드를 분석하고 프로그램 논리 오류를 찾아낼 수 있다. Product 〉 Analyze를 선택하거나 툴바에서 Run 버튼을 눌러 사용할 수 있다.

9. 컴파일러 오류를 발견하거나 출력 결과가 예상과 다르다면, 프로그램 코드를 변경하고 다시 실행시킨다

2.1.2 터미널 사용하기

Objective-C 프로그래밍을 시작하기 위해 Xcode를 배우는 것이 꺼려지는 사람들도 있을 것이다. 만일 UNIX 셸과 커맨드라인에 익숙한 사람이라면, 터미널 프로그램을 사용하여 프로그램을 편집, 컴파일, 실행하고 싶을 수도 있다. 어떻

게 해야 하는지 살펴보자.

커맨드라인에서 프로그램 컴파일을 시도하기 전에 자신의 시스템에 Xcode의 Command Line Tools가 설치되어 있는지 확인해야 한다. Xcode의 속성을 열고, 다운로드(Downloads)를 선택한 다음, 컴포넌트(Components) 탭을 선택한다. 그러면 그림 2.10과 유사한 모습을 보게 될 것이다. 이 그림은 커맨드라인 도구가 설치된 모습인데, 만약 설치하기를 원한다면 설치 버튼을 클릭한다.

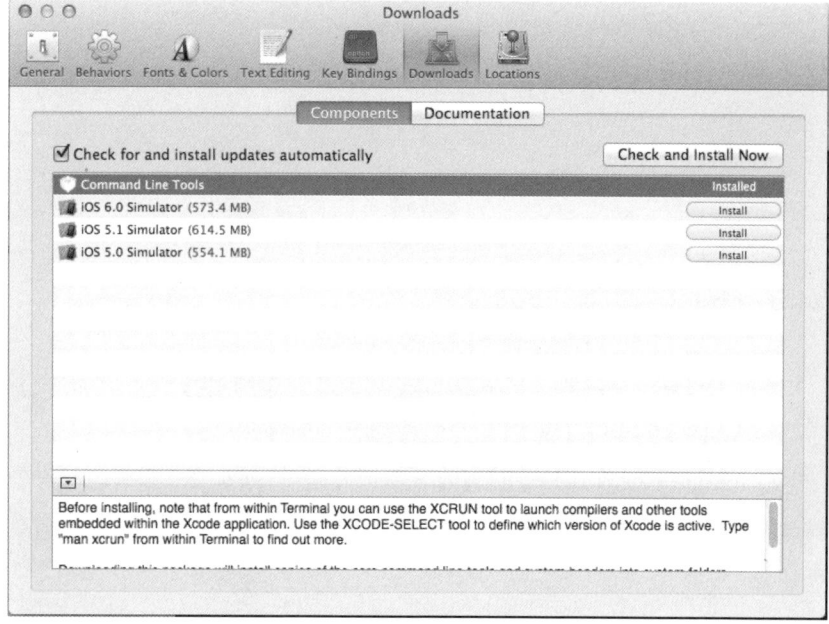

그림 2.10 커맨드라인 도구 설치하기

커맨드라인 도구의 설치가 끝났으면, 다음 단계로는 맥의 터미널 애플리케이션을 실행하는 것이다. 터미널 애플리케이션은 Applications 폴더 내의 Utilities 폴더에서 찾을 수 있다. 그림 2.11은 터미널 프로그램의 아이콘이다.

그림 2.11 터미널 프로그램 아이콘

이 프로그램을 실행하면 그림 2.12과 같은 창이 뜰 것이다.

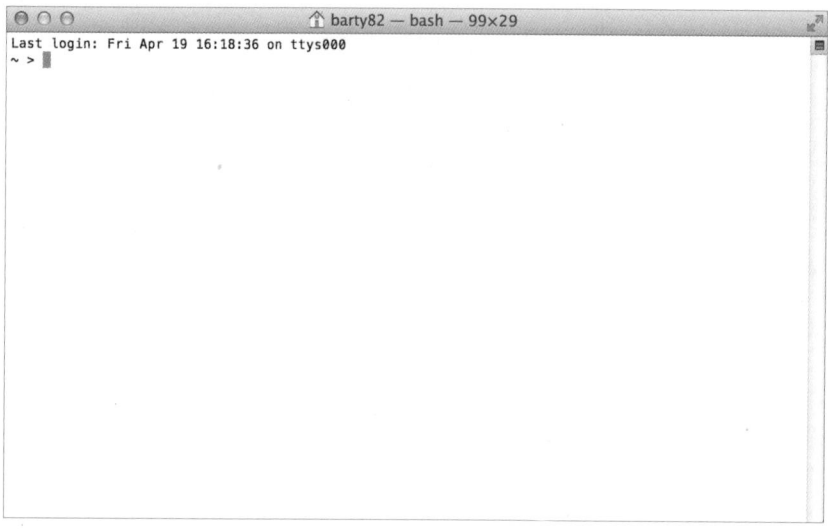

그림 2.11 터미널 창

$(혹은 터미널 프로그램의 설정에 따라 % 또는 >) 뒤에 명령어를 한 줄씩 입력한다. UNIX에 익숙하다면, 이 방식이 수월할 것이다.

먼저 프로그램 2.1의 코드를 파일에 입력해야 한다. 예제 프로그램을 저장할 디렉터리를 생성하고, vi나 emacs 같은 텍스트 편집기를 사용해서 코드를 입력한다.

```
sh-2.05a$ mkdir Progs    Create a directory to store programs in
sh-2.05a$ cd Progs       Change to the new directory
sh-2.05a$ vi main.m      Start up a text editor to enter program
..
```

노트

이전 예제와 앞으로 나올 본문에서 사용자가 입력하는 명령어는 볼드체로 표시했다.

Objective-C 파일의 이름은 원하는 대로 아무렇게나 지어도 좋다. 다만, 마지막 두 글자를 .m으로 끝내서 컴파일러에게 Objective-C 프로그램을 작성한다고 알려야 한다.

파일에 프로그램 코드를 입력한 뒤에(텍스트를 입력하고 저장하기 위해 커맨드라인 명령을 입력하는 것을 살펴보지 않는다) LLVM Clang Objective-C 컴파일러인 clang을 사용하여 프로그램을 컴파일하고 링크할 수 있다. 보통 다음과 같은 clang 명령으로 컴파일한다.

```
clang -fobjc-arc files -o programe
```

files는 컴파일할 파일의 목록이다. 우리 예제에서는 딱 하나의 파일만 해당하는데, 이를 main.m라 하기로 정했다. program은 프로그램이 오류 없이 컴파일되었을 경우, 실행 코드를 담게 될 파일의 이름이다.

여기서는 프로그램을 prog1이라고 부르기 때문에, 첫 Objective-C 프로그램을 컴파일할 커맨드라인은 다음과 같다.

```
$ clang -fobjc-arc main.m -o prog1      // main.m을 컴파일 하고 prog1 호출하기
$
```

이 명령 프롬프트의 결과로 아무 메시지도 뜨지 않는다면 프로그램에서 오류가 발생하지 않았다는 의미이다. 이제 명령 프롬프트에서 **prog1**을 입력하여 프로그램을 실행해보자.

```
$ prog1   // prog1 실행하기
sh: prog1: command not found
```

이전에 터미널을 사용한 적이 없다면, 위와 같은 결과를 보게 될 것이다. UNIX 셸(만든 프로그램을 실행시키는 애플리케이션)은 prog1이 어디에 있는지(이에 대한 상세한 내용은 다루지 않을 것이다) 알지 못한다. 우리가 할 수 있는 방법은 두 가지다. 하나는 프로그램 이름 앞에 ./를 붙여 셸이 현재 디렉터리에서 프로그램을 찾도록 하는 것이다. 다른 하나는, 프로그램이 저장된 디렉터리(혹은 현재 디렉터리)를 셸의 PATH 변수에 저장하는 것이다. 일단 첫 번째 방법을 택하자.

```
$ ./prog1     // prog1 실행하기
2012-09-03 18:48:44.210 prog1[7985:10b] Programming is fun!
$
```

Objective-C 프로그램을 터미널에서 작성하고 디버깅하는 것도 유효한 방법이다. 그러나 장기적으로 볼 때 현명한 전략이라고 할 수 없다. Mac OS X이나 iOS용 애플리케이션을 만들고자 한다면, 애플리케이션 번들에 실행 파일 외에 다른 것들도 '패키지로' 넣어야 한다. 이 작업은 터미널 프로그램에서 수행하기는 쉽지 않으며, Xcode에 특화된 분야 중 하나다. 따라서 Xcode를 사용하여 프로그램을 개발하는 방법을 추천한다. 학습하는 데 시간이 걸리겠지만 결국은 배울 가치가 있을 것이다.

2.2 첫 프로그램 설명하기

이제 Objective-C 프로그램을 컴파일하고 실행하는 데 필요한 과정에 익숙해졌으니 프로그램 자체를 살펴보자. 다시 코드를 본다.

```objc
// 첫 번째 프로그램 예제

#import <Foundation/Foundation.h>

int main (int argc, const char * argv[])
{
    @autoreleasepool {
        // insert code here...
        NSLog (@"Programming is fun!");
    }
    return 0;
}
```

Objective-C는 대소문자를 구별한다. 또한 입력이 시작되는 위치에 대해 신경쓰지 않는다. 즉, 해당 줄의 맨 처음에 입력을 시작하거나 중간에서 입력을 시작해도 상관없다. 이런 특징을 사용해 개발하는 프로그램의 코드를 더 읽기 쉽게 만들 수 있다.

프로그램의 첫 일곱 줄은 주석이다. 프로그램 코드에 주석문을 쓰면 프로그램을 문서화하며 가독성을 높인다. 주석은 프로그램을 읽는 사람, 즉 프로그래머 또는 프로그램 관리 책임자에게 프로그래머가 특정 프로그램이나 코드를 어떤 생각으로 작성했는지를 말해 준다

Objective-C 프로그램에 주석을 입력하는 방법은 두 가지다. 하나는 슬래시 문자 두개를 연속(//)으로 쓰는 것이다. 컴파일러는 이 슬래시가 있는 줄에 나오는 모든 문자를 무시한다.

또한 슬래시(/)와 별표(*)를 사용하여 주석을 시작할 수도 있다. 이것으로 주석의 시작을 표시한다. 이런 종류의 주석은 따로 주석의 끝을 표시해야 한다. 주석을 종료하려면 *와 /를 여백 없이 이어 사용해야 한다. 주석을 시작하는 '/*'와 종료하는 '*/'사이에 나오는 모든 내용은 주석문으로 처리되어 Objective-C 컴파일러에서 무시한다. 이 형식은 다음 예제처럼 코드에서 여러 줄로 나누어 주석을 쓰고자 할 때 사용된다.

```
/*
This file implements a class called Fraction, which represents fractional
numbers. Methods allow manipulation of fractions, such as addition,
subtraction, etc.

For more information, consult the document:
/usr/docs/classes/Fraction.pdf
*/
```

어느 형식의 주석을 사용할지는 프로그래머에게 달려 있다. /* 스타일은 중첩해서 사용할 수 없으니, 주의하자.

프로그램에 코딩하면서 주석문을 추가하는 습관을 들이면 좋은 이유가 세 가지 있다. 먼저, 머릿속에 특정 프로그램의 로직이 분명할 때 문서화하는 것이 프로그램을 완성한 후에 문서화하는 것보다 훨씬 쉽다. 둘째로, 이른 시기에 주석을 달면, 프로그램 로직 오류를 따로 떼어 고치는 디버그 단계에서 주석의 혜택을 받을 수 있다. 주석은 프로그램 코드를 읽고 이해하는 것을 도와줄 뿐 아니라, 로직에서 실수한 원인을 찾는 데도 도움이 된다. 마지막으로, 내가 아직까지 정말 문서화 자체를 즐기는 프로그래머를 만난 적이 없다는 것도 한 가지 이유다. 누구나 프로그램 디버그를 끝낸 후에 프로그램 코드로 되돌아가 주석을 입력하는 짓을 하고 싶지 않을 것이다. 프로그램을 개발하는 동안 주석을 입력하여 이런 지겨운 작업을 좀 더 쉽게 처리해 버리는 것이다.

프로그램 2.1의 다음 줄은 컴파일러에게 Foundation.h를 찾아 처리하도록 지시한다.

```
#import <Foundation/Foundation.h>
```

이 파일은 시스템 파일이다(당신이 만든 파일이 아니다). #import는 이 파일에 있는 정보를 마치 프로그램의 그 위치에 그대로 입력된 것처럼 가져오거나 포함시키라는 의미다. Foundation.h 파일을 불러들인 이유는 프로그램에서 사용할 다른 클래스와 함수에 대한 정보가 들어있기 때문이다.

프로그램 2.1에서 다음 줄은 프로그램의 이름이 main이라고 지정한다.

```
int main (int argc, const char * argv[])
```

main은 프로그램 실행이 시작되는 위치를 나타내는 특별한 이름이다. main 앞에 등장하는 예약어 int는 main이 반환하는 값이 정수임을 나타낸다. 일단 지금은 대괄호([ ])를 무시하자. 이것들은 커맨드라인 인수와 관련 있는데, 13장 「하부 C 언어 기능」에서 본격적으로 다룬다.

이제 main을 시스템에 알려 주었으므로 이 루틴에서 정확히 무엇을 할지 기술할 준비가 된것이다. 모든 프로그램 명령문을 여는 중괄호({)와 닫는 중괄호(}) 사이에 입력하여 루틴에서 할 일을 지정한다. 가장 간단한 경우, 명령문은 세미콜론(;)으로 끝나는 표현식 하나로 이루어질 수 있다. 시스템은 중괄호 안에 포함된 모든 명령문을 main 루틴의 일부로 처리한다.

여는 중괄호에 이어 다음 명령문이 있다.

```
@autoreleasepool {
```

여는 중괄호와 닫는 중괄호 사이에 나타나는 프로그램 명령문은 모두 오토릴리스 풀(autorelease pool)이라는 컨텍스트 내에서 실행되어야 한다. 오토릴리스 풀은 여러분의 애플리케이션이 객체를 생성하며 사용하는 메모리를 시스템이 효과적으로 관리하도록 하는 기법이다. 이에 대해서는 17장 「메모리 관리와 자동 레퍼런스 카운팅」에서 상세히 다룬다. 여기서는 @autoreleasepool 컨텍스트 내에 하나의 명령문만 존재한다.

다음 명령문은 NSLog라는 루틴이 호출되도록 지시한다. NSLog 루틴에 넘겨지는 매개변수 혹은 인수는 다음 '문자열'이다.

```
@"Programming is fun!"
```

위 코드에서 문자들은 큰따옴표로 둘러싸였고 @ 부호가 맨 앞에 있다. 이것들을 통틀어 NSString 객체라고 한다.

노트
C 프로그래밍을 해본 사람이라면 @문자가 헷갈릴 수도 있다. @ 문자가 없다면 C 스타일의 스트링 상수를 작성하는 것이고, @을 쓰면 NSString 스트링 객체를 작성하는 것이다. 이에 대해서는 15장에서 더 상세히 다룬다.

NSLog 루틴은 간단히 인수를 표시하거나 로깅하는 Objective-C 라이브러리 함수다. 그러나 그전에 자신이 실행된 날짜와 시간, 프로그램 이름, 아직 설명하지 않은 다른 숫자를 표시한다. 이 책에서는 우리가 원하는 출력물 외에 NSLog가 출력하는 내용에 대해 따로 표시하지 않는다.

Objective-C의 모든 프로그램 명령문은 세미콜론(;)으로 끝나야 한다. 그래서 예제 코드에서 NSLog 호출 시 닫는 괄호 ')' 뒤에 세미콜론이 바로 나온다.

main의 마지막 명령문은 다음과 같다.

```
return 0;
```

이 명령문은 main의 실행을 종료하고 상태값 0을 돌려주거나 혹은 '반환'하도록 한다. 관례적으로 0은 프로그램이 정상 종료되었다는 의미다. 0이 아닌 다른 값은 대개 프로그램이 필요한 파일을 찾지 못했다는 등의 이유로 문제가 발생했음을 뜻한다.

첫 프로그램에 대한 설명이 끝났으니 이 프로그램을 수정해 "And programming in Objective-C is even more fun!"도 표시해보자. 프로그램 2.2와 같이 NSLog 루틴을 하나 추가하여 간단히 완성할 수 있다. Objective-C 프로그램 명령문은 세미콜론으로 마쳐야 한다는 것을 잊지 말자. 다음 코드 예제에서는 앞부분에 등장하는 주석을 삭제하였다.

프로그램 2.2

```
#import <Foundation/Foundation.h>
```

```
int main (int argc, const char * argv[])
{
    @autoreleasepool {
        // insert code here...
        NSLog (@"Programming is fun!");
        NSLog (@"Programming in Objective-C is even more fun!");
    }
    return 0;
}
```

프로그램 2.2의 코드를 입력한 후, 컴파일하고 실행하면 출력 결과가 다음처럼 뜰 것이다(여기서도 NSLog가 일반적으로 추가하는 내용은 표시하지 않았다).

프로그램 2.2 출력 결과

```
Programming is fun!
Programming in Objective-C is even more fun!
```

다음 예제 프로그램에서 보겠지만, NSLog의 출력을 여러 줄로 나누려고 NSLog 루틴을 따로 호출해 줄 필요는 없다.

먼저, 특수한 두 문자 시퀀스에 대해 얘기해보자. 역슬래시(\)와 n을 합쳐 '새줄 문자'라고 부른다. 새줄 문자는 시스템에게 자신의 이름이 뜻하는 동작을 지시한다. 즉, 새줄 문자 다음에 나오는 문자는 화면의 다음 줄에 표시된다. 사실, 새줄 문자는 타자기에 있는 캐리지 리턴키와 거의 유사한 개념이다.

프로그램 2.3의 코드를 보고 출력 결과가 실제로 어떻게 나올지 생각해보자 (프로그램을 돌려보기 전에 지금 바로 추측해보자).

프로그램 2.3

```
#import <Foundation/Foundation.h>

int main (int argc, const char *argv[])
{
    @autoreleasepool {
        NSLog (@"Testing...\n..1\n...2\n....3");
    }

    return 0;
}
```

프로그램 2.3 출력 결과

```
Testing...
..1
...2
....3
```

2.3 변수의 값 표시하기

NSLog를 사용하여 간단한 문장 외에도 변수의 값과 계산 결과도 표시할 수 있다. 프로그램 2.4는 NSLog 루틴을 사용하여 50과 25를 더한 결과를 표시한다.

프로그램 2.4

```
#import <Foundation/Foundation.h>

int main (int argc, const char *argv[])
{
    @autoreleasepool {
        int sum;

        sum = 50 + 25;

        NSLog (@"The sum of 50 and 25 is %i", sum);
    }
    return 0;
}
```

프로그램 2.4 출력 결과

```
The sum of 50 and 25 is 75
```

main 안에 오토릴리스 풀이 설정된 다음, 첫 프로그램 명령문은 변수 sum이 정수(integer) 형이 되도록 선언한다. 변수는 사용하기 전에 선언해야 한다. 변수 선언은 프로그램 내에서 그 변수를 어떻게 사용해야 할지를 Objective-C 컴파일러에게 지정해 주는 것을 말한다. 컴파일러는 이 정보를 사용하여 변수에 값을 담거나 찾아오는 올바른 인스트럭션을 생성한다. int 형으로 정의된 변수는 소수점이 없는 정수 값만 저장할 수 있다. 정수 값의 예는 3, 5, -20, 0 등이 있다. 2.14, 2.455, 27.0 같이 소수점이 있는 수는 부동소수점 수와 실수다.

정수 변수 sum는 두 정수 50과 25를 더한 결과를 저장한다. 이 변수를 정의한 다음 줄을 일부러 비워서 프로그램 명령문의 루틴에서 변수 선언을 시각적으로 처리하였다. 이는 프로그래밍 스타일의 문제이니, 원하는 대로 해도 좋다. 때로 빈줄을 추가하여 가독성을 높이기도 한다.

덧셈을 수행하는 프로그램 명령문은 대다수 프로그래밍 언어와 거의 유사하다.

```
sum = 50 + 25;
```

50은 25에 더하고(덧셈 기호) 그 결과는 변수 sum에 저장(=, 대입 연산자)된다.

프로그램 2.4의 NSLog 루틴 호출에서는 괄호 안에 인수가 두 개 있다. 이 인수들은 쉼표로 분리한다. 첫 인수는 언제나 화면에 드러날 문자열이다. 문자 스트링이 표시될 때, 이따금 프로그램의 변수 값도 표시하고 싶을 것이다. 지금 예제에서는 변수 sum의 값을 다음 문자들 뒤에 표시하려 할 것이다.

```
The sum of 50 and 25 is
```

첫 인수 내의 퍼센트(%) 문자는 NSLog 함수가 이해하는 특수 문자다. 퍼센트 문자 바로 뒤에 나오는 문자는 그 지점에 표시될 값의 데이터 형을 지정한다. 앞 예제에서 NSLog 루틴은 정수 값이 표시됨을 나타내는 문자 i를 인식한다.

NSLog 루틴이 문자 스트링에서 %i 문자를 찾으면, 자동으로 루틴의 다음 인수 값이 표시된다. sum이 NSLog의 다음 인수이기 때문에, 그 값이 자동으로 "The sum of 50 and 25 is" 다음에 표시된다.

이제 프로그램 2.5의 출력 결과를 추측해보자.

프로그램 2.5

```
#import <Foundation/Foundation.h>

int main (int argc, const char *argv[])
{
    @autoreleasepool {
        int value1, value2, sum;

        value1 = 50;
        value2 = 25;
```

```
        sum = value1 + value2;

        NSLog (@"The sum of %i and %i is %i", value1, value2, sum);
    }

    return 0;
}
```

프로그램 2.5 출력 결과

```
The sum of 50 and 25 is 75
```

main 내의 두 번째 프로그램 명령문은 value1, value2, sum이라는 정수형 변수 세 개를 정의한다. 이것은 다음처럼 세 명령문으로 나누어 표현해도 동일하다.

```
int value1;
int value2;
int sum;
```

세 변수를 정의한 뒤, 프로그램은 변수 value1에는 50을, 변수 value2에는 25를 대입한다. 그 후, 이 두 변수의 합이 계산된 결과가 변수 sum에 대입된다.

이제 NSLog 루틴을 호출하면 인수가 네 개 포함된다. 첫 번째 인수는 보통 '형식 문자열'이라고 부르며 시스템에 나머지 인수가 어떻게 표시되어야 하는지 설명한다. value1의 값은 'The sum of' 다음에 바로 표시된다. 이런 식으로 value2와 sum의 값도 형식 문자열에서 다음 %i 문자로 지시한 위치에 표시된다.

2.4 요약

이 장에서는 Objective-C로 프로그램을 개발하는 과정을 간단히 소개했다. 여기까지 봤다면 아마 Objective-C로 프로그램을 짜는 과정이 꽤 괜찮다고 느꼈을 것이다. 이제 혼자서도 작은 프로그램 정도는 개발할 수 있을 것이다. 다음 장에서는 강력하고도 유연한 이 언어의 좀 더 복잡한 면을 살펴본다. 그러나 다음장으로 가기 전에, 연습문제를 풀며 이 장에서 배운 개념을 분명히 익히자.

2.5 연습문제

1. 이번 장에 나온 프로그램 다섯 개를 입력하고 실행해보라. 각 프로그램의 실제 출력 결과를 책에 나온 결과와 비교하라.

2. 다음 텍스트를 표시하는 프로그램을 작성하라.

   ```
   In Objective-C, lowercase letters are significant.
   main is where program execution begins.
   Open and closed braces enclose program statements in a routine.
   All program statements must be terminated by a semicolon.
   ```

3. 다음 프로그램의 출력 결과는 어떻게 나올까?

   ```objc
   #import <Foundation/Foundation.h>

   int main (int argc, const char * argv[])
   {
     @autoreleasepool {
        int i;
        i = 1;
        NSLog (@"Testing...");
        NSLog (@"....%i", i);
        NSLog (@"...%i",  i + 1);
        NSLog (@"..%i", i + 2);
     }
     return 0;
   }
   ```

4. 87에서 15를 빼고 그 결과를 적절한 메시지와 함께 표시하는 프로그램을 작성하라.

5. 다음 프로그램에서 구문 오류(syntatic error)를 찾아내라. 그 다음에는 오류를 수정하여 프로그램을 작성하고 실행하라.

   ```objc
   #import <Foundation/Foundation.h>

   int main (int argc, const char *argv[]);
   (
     @autoreleasepool {
   ```

```
      INT sum;
      /* COMPUTE RESULT //
      sum = 25 + 37 - 19
      / DISPLAY RESULTS /
      NSLog (@'The answer is %i' sum);
   }
   return 0;
}
```

6. 다음 프로그램의 출력 결과는 어떻게 나올까?

```
#import <Foundation/Foundation.h>

int main (int argc, const char *argv[])
{
   @autoreleasepool {
      int answer, result;

      answer = 100;
      result = answer - 10;

      NSLog (@"The result is %i\n", result + 5);
   }
   return 0;
}
```

3장

Programming in Objective-C

클래스, 객체, 메서드

이 장에서는 객체 지향 프로그래밍의 핵심 요소들을 배우고 Objective-C의 클래스들을 다룰 것이다. 알아야 하는 용어가 몇 개 있는데, 알기 쉽게 설명하겠다. 또, 방대한 양에 질리지 않도록 기본 용어만 다룬다. 부록 A「용어집」에서 이 용어들을 더 자세히 설명한다.

3.1 대체 객체가 뭔데?

'객체'는 어떤 것이다. 객체 지향 프로그래밍을 '어떤 것이 있고 당신이 그것에 취하고 싶은 행동을 정하는 활동'이라고 생각해 보자. 이것은 C같은 절차적 프로그래밍 언어와 대조된다. C 언어에서는 객체 지향과 정반대로, 보통 하고 싶은 일이 무엇인지부터 생각하고, 객체에 대해 고민한다.

일상을 예로 들어보자. 집에 있는 자동차는 분명히 객체이고, 당신이 소유한 것이다. 아무 차나 소유하는 것이 아니라, 디트로이트나 울산 또는 다른 어딘가에 있는 어떤 공장에서 생산된 특정한 차를 소유한다. 또한 차는 등록번호가 부여되어 그 차를 다른 차와 구별하여 인식할 수 있다.

객체 지향의 세계에서 당신의 차는 차의 '인스턴스'다. 더 자세히 설명하자면, car는 그 인스턴스가 생성된 클래스의 이름이다. 따라서 새로운 차가 생산될 때마다, 자동차 클래스에서 새로운 인스턴스가 생성되고 자동차의 각 인스턴스는 객체라고 부른다.

당신의 자동차는 은색 외부에 내장은 검은색이고, 컨버터블이나 하드 탑 같은 특징이 있을 수 있다. 게다가 당신이 소유한 자동차에 특정한 행동을 취할 수 있다. 예를 들어 자동차를 타거나, 기름을 채우거나, (바라건대) 세차도 하고, 수리하는 일을 할 수 있다. 자동차에 취할 수 있는 행동을 표3.1에 나열했다.

객체	객체에 행하는 작업
당신의 자동차	운전한다
	기름을 채운다
	세차한다
	수리한다

표 3.1 객체에 취하는 행동

표 3.1에 나온 행동은 당신이 당신 차에 하는 행동도 되고, 다른 사람들이 그들의 차에 취하는 행동도 된다. 예를 들어 당신 여동생이 자신의 차를 운전하거나 세차하고 또는 기름을 채우는 등의 일을 할 수도 있다.

3.2 인스턴스와 메서드

클래스로부터 나온 것을 인스턴스라고 부르고, 이 인스턴스가 수행하는 행동을 '메서드'라고 한다. 메서드는 클래스 인스턴스나 클래스 자체에 적용된다. 예를 들어, 당신의 차를 세차한다면, 이는 인스턴스에 적용되는 행동이다(사실, 표 3.1에 나온 모든 메서드는 인스턴스 메서드다). 반면, 자동차 제조사가 만드는 차종을 알아내는 행동은 클래스에 적용되어야 하므로 클래스 메서드다.

조립 공정에서 완전히 똑같아 보이는 차가 두 대 나왔다고 해보자. 차내 장식, 색상 등이 모두 동일하다. 이처럼 처음에는 동일할 수 있지만, 각 차의 구매자가 차를 사용하면서 자신만의 특색이 생길 것이다. 예를 들어, 한 차는 옆에 흠집이 나고 다른 차는 주행 거리가 더 많을 수 있다. 각 인스턴스나 객체는 공장에서 만든 초기 특징뿐 아니라 현재 특성까지 포함한다. 이 특성들은 동적으로 변할 수 있다. 차를 운전하면서 연료가 바닥나고 차가 더러워지고 타이어가

닮을 것이다.

객체에 메서드를 적용하면 객체의 '상태'에 영향을 미치게 된다. 만일 메서드가 '기름을 가득 채우다'라면 이 메서드가 수행된 후에 자동차 연료통이 다 채워질 것이다. 즉, 이 메서드는 자동차 연료통의 상태에 영향을 미친다.

여기서 핵심은 객체가 클래스의 고유한 표현이고 각 객체는 보통 객체 자신만 접근 가능한(private) 정보(데이터)를 포함한다는 것이다. 메서드는 이 데이터들에 접근하고 수정하는 방법을 제공해 준다.

Objective-C 프로그래밍 언어는 클래스와 인스턴스에 메서드를 적용할 때 다음 문법(syntax)을 사용한다.

```
[ ClassOrInstance method ];
```

이 문법에서는 여는 대괄호 ([ ) 다음에 클래스나 그 클래스의 인스턴스 이름이 나오고 그 다음 공백이 나온 후, 수행할 메서드가 나온다. 마지막으로 대괄호를 닫아 주고( ]), 명령문을 끝내는 세미콜론(;)을 단다. 클래스나 인스턴스에 행동을 수행하도록 할 때는 '메시지'를 보낸다고 표현한다. 이 메시지를 받는 응답자를 '수신자'라고 한다. 따라서, 메서드를 호출하는 일반적인 형태는 다음과 같이 정의할 수도 있다.

```
[ receiver message ];
```

앞 목록에 있던 모든 행동을 이 새로운 문법에 맞춰 작성해 보자. 맨 먼저 무엇이 필요할까? 당연히 무슨 행동을 취하기 위해 차가 필요하다. 공장에서 새로 차를 구하자.

```
yourCar = [Car new];   // 새 차를 구하자
```

Car 클래스(메시지의 수신자)에게 new 메시지를 보내 새 차를 요청한다. 결과로 받는 객체(당신의 고유한 차를 나타낸다)는 yourCar라는 변수에 저장된다. 이제부터 yourCar를 사용하여 공장에서 받은 당신의 자동차 인스턴스를 부를 수 있다.

공장에서 차를 얻어 오기 때문에, 메서드 new는 팩토리 혹은 클래스 메서드 라고 부른다. 나머지 메서드들은 당신의 차에 적용되는 인스턴스 메서드다. 자동차에 적용되는 메시지 표현 예제를 살펴보자.

```
[yourCar prep];            최초 사용을 위해 준비한다
[yourCar drive];           운전한다
[yourCar wash];            세차한다
[yourCar getGas];          필요하면 기름을 채운다
[yourCar service];         수리한다

[yourCar topDown];         컨버터블 차량의 경우
[yourCar topUp];
currentMileage = [yourCar odometer];
```

이 코드의 마지막 줄에는 현재 주행기록계에 나와 있는 주행거리 정보를 반환하는 메서드가 있다. 이 정보를 프로그램 내의 currentMileage 변수에 저장한다.

다음 예제는 인수를 받는 메서드를 보여주는데, 인수는 메서드 호출마다 다른 값일 수 있다.

```
[yourCar setSpeed: 55];    // 시속 55마일로 속도를 조절한다
```

여동생 수(Sue) 역시 동일한 메서드를 자신의 자동차 인스턴스에 사용할 수 있다.

```
[suesCar drive];
[suesCar wash];
[suesCar getGas];
```

다른 객체에 동일한 메서드를 사용할 수 있는 것이 객체 지향 프로그래밍의 핵심 요소 중 하나다. 이에 대해서는 나중에 상세히 다룬다.

프로그램에서 자동차를 가지고 작업할 일은 별로 없다. 여러분의 객체들은 창이나 사각형, 텍스트 조각 혹은 계산기, 재생목록처럼 컴퓨터와 관련된 것이다. 자동차에 사용한 메서드와 유사하게 실제로 만들 메서드들도 다음과 같이 표현될 것이다.

`[myWindow erase];`	창의 내용을 삭제한다.
`theArea = [myRect area];`	사각형 영역을 계산한다.
`[userText spellCheck];`	텍스트의 철자를 검사한다.
`[deskCalculator clearEntry];`	마지막 입력 내용을 삭제한다.
`[favoritePlaylist showSongs];`	선호하는 곡 목록에서 곡을 보여준다.
`[phoneNumber dial];`	전화번호로 전화를 건다.
`[myTable reloadData];`	갱신된 표의 데이터를 보여준다.
`n = [aTouch tapCount];`	화면이 눌린 횟수를 저장한다.

3.3 분수를 처리하는 Objective-C 클래스

실제로 Objective-C 클래스를 정의하고 클래스의 인스턴스를 다루는 방법을 배울 때가 되었다.

이번에도 절차부터 배운다. 그 결과 실제 프로그램은 별로 실용적이지 않게 보일지 모른다. 실용적인 프로그램을 만드는 내용은 나중에 나온다.

분수를 다루는 프로그램을 만들어보자. 덧셈, 뺄셈, 곱셈 등을 처리 할 수 있어야 한다. 클래스에 대해 모르는 상태였다면 다음과 같이 단순한 프로그램에서 시작했을 것이다.

프로그램 3.1

```
// 분수를 다루는 간단한 프로그램

#import <Foundation/Foundation.h>

int main (int argc, char * argv[])
{
    @autoreleasepool {
        int numerator = 1;
        int denominator = 3;
        NSLog (@"The fraction is %i/%i", numerator, denominator);
    }
    return 0;
}
```

프로그램 3.1 출력 결과

```
The fraction is 1/3
```

프로그램 3.1에서 분수는 분자와 분모로 표시된다. main 안에서, @autoreleasepool 지시어 다음의 명령문 두 줄에서 numerator와 denominator 변수를 정수로 선언하고 초깃값으로 각각 1과 3을 할당한다. 이것은 다음과 같이 표현할 수도 있다.

```
int numerator, denominator;

numerator = 1;
denominator = 3;
```

분수 1/3을 표시할 때 변수 numerator(분자)에 1을 저장하고 denominator(분모)에 3을 저장하는 방식을 사용하였다. 만일 분수를 프로그램에 아주 많이 저장해야 한다면, 이런 방식은 상당히 귀찮다. 분수를 찾고 싶을 때마다 해당하는 분자와 분모를 찾아야 한다. 또한 이 분수들을 연산하는 일 역시 틀림없이 귀찮을 것이다.

분수를 단일 개체로 정의하여 분모와 분자를 myFraction과 같은 하나의 이름으로 부를 수 있다면 더 좋을 것이다. Objective-C에서는 클래스를 새로 정의하여 이렇게 할 수 있다.

프로그램 3.2는 프로그램 3.1의 기능을 Fraction이라는 새 클래스를 이용해 구현한다. 먼저 프로그램 코드를 보고 어떻게 동작하는지 상세히 알아보자.

프로그램 3.2

```objc
// 분수를 다루는 프로그램 - 클래스 버전

#import <Foundation/Foundation.h>

//---- @interface 부분 ----

@interface Fraction: NSObject

-(void)    print;
-(void)    setNumerator: (int) n;
-(void)    setDenominator: (int) d;

@end

//---- @implementation 부분 ----

@implementation Fraction
{
  int   numerator;
```

```
    int  denominator;
}

-(void) print
{
   NSLog (@"%i/%i", numerator, denominator);
}

-(void) setNumerator: (int) n
{
   numerator = n;
}

-(void) setDenominator: (int) d
{
   denominator = d;
}

@end


//---- 프로그램 부분 ----

int main (int argc, char * argv[])
{
   @autoreleasepool {
      Fraction   *myFraction;

      // Fraction 인스턴스를 생성한다
      myFraction = [Fraction alloc];
      myFraction = [myFraction init];

      // 1/3로 분수의 값을 설정한다
      [myFraction setNumerator: 1];
      [myFraction setDenominator: 3];

      // print 메서드로 분수의 값을 표시한다
      NSLog (@"The value of myFraction is:");
      [myFraction print];
   }
   return 0;
}
```

프로그램 3.2 출력 결과

```
The value of myFraction is:
1/3
```

프로그램 3.2의 주석에서 보듯이 이 프로그램은 논리적으로 세 부분으로 나뉜다.

- @interface 부분
- @implementation 부분
- 프로그램 부분

@interface 부분은 클래스, 메서드를 선언하고 @implementation 부분은 데이터 요소(클래스에 담을 인스턴스 변수)와 메서드들을 구현하는 실제 코드가 담겨 있다. 마지막으로 program 부분에는 프로그램이 달성하려는 목적을 실행하는 프로그램 코드가 들어있다.

> **노트**
>
> 인터페이스 부분에서 인스턴스 변수를 선언할 수도 있다. 구현 부분에서 인스턴스 변수를 선언하는 기능은 Xcode 4.2에 추가되었고, 클래스를 선언하는 더 나은 방법으로 여겨진다. 그 이유는 뒤에서 설명한다.

비록 직접 각 부분을 작성하지 않더라도 모든 Objective-C 프로그램에는 이 세 부분이 전부 포함되어 있다. 앞으로 보겠지만 각 부분은 보통 다른 파일에 따로 저장된다. 그러나 지금은 한 파일에 이 세 부분이 함께 들어있다.

3.4 @interface 부분

클래스를 새로 정의할 때 해야 할 일이 몇 가지 있다. 먼저, Objective-C 컴파일러에게 클래스가 어디서 왔는지 알려준다. 이는 '부모(parent)' 클래스를 알려주어야 한다는 뜻이다. 둘째로, 이 클래스의 객체를 다룰 때 사용할 작업 혹은 메서드를 정의한다. 마지막으로 뒤에서 배우게 될 프로퍼티라는 항목을 나열한다. 이 모든 작업은 프로그램의 @interface라는 특별한 부분에서 수행된다. 이 부분은 보통 다음과 같은 형태다.

```
@interface NewClassName: ParentClassName
    propertyAndMethodDeclarations;
@end
```

반드시 지켜야 하는 것은 아니지만, 클래스 이름은 대문자로 시작하는 것이 관례다. 이 관례를 지키면 프로그램의 소스 코드를 볼 때, 첫 자만으로도 클래스인지 변수인지 쉽게 구별할 수 있다. Objective-C에서 이름 짓기에 대해 잠시 살펴보자.

3.4.1 이름 정하기

2장 「Objective-C로 프로그래밍하기」에서 정수 값을 저장하는 변수를 몇 개 사용했다. 예를 들어 프로그램 2.4에서 sum을 정수 50과 25의 합을 저장하는 데 사용하였다.

Objective-C 언어에서는 프로그램에서 변수를 사용하기 전에 선언만 제대로 해 준다면 정수가 아닌 데이터 형도 저장 가능하다. 변수는 부동소수점 수, 문자, 객체(좀 더 정확히는 객체의 참조)를 저장할 수 있다.

이름을 정하는 규칙은 꽤 단순하다. 문자나 언더스코어(_)로 시작하고 그 후에는 아무 문자(대소문자 상관없음), 언더스코어, 숫자 0부터 9까지의 조합이 나오면 된다. 다음은 사용 가능한 이름이다.

- sum
- pieceFlag
- i
- myLocation
- numberOfMoves
- sysFlag
- chessBoard

반면에 다음 이름은 사용하지 못한다.

- sum$value - $는 사용할 수 없다.
- piece flag - 빈칸은 사용할 수 없다.
- 3Spencer - 이름은 숫자로 시작할 수 없다.
- int - 예약어는 이름으로 쓸 수 없다.

int는 Objective-C 컴파일러에서 특별한 의미로 사용되기 때문에 변수 이름으로 쓰지 못한다. 이런 단어들을 '예약어'라고 한다. 보통 Objective-C 컴파일러에게 특별한 의미가 있는 이름은 변수 이름으로 쓸 수 없다.

Objective-C는 대소문자를 구분한다는 점을 주의해야 한다. 따라서 변수 이름 sum, Sum, SUM은 제각기 다른 변수를 지칭한다. 조금 전에 말했듯이 클래스 이름은 대문자로 시작한다. 반면 인스턴스 변수, 객체, 메서드의 이름은 보통 소문자로 시작한다. 가독성을 높이기 위해, 이름 중간에 새로운 단어가 시작될 경우, 이 단어의 첫 자도 대문자로 표시한다.

- AddressBook - 클래스 이름으로 사용
- currentEntry - 객체 이름으로 사용
- current_entry - 어떤 이들은 언더스코어로 단어를 분리한다
- addNewEntry - 메서드 이름으로 사용

이름을 정할 때는 '게으름을 피우지 말아라.'라는 조언을 늘 염두에 두어야 한다. 변수나 객체가 어떻게 사용될지 생각하고 목적에 맞는 이름을 골라야 한다. 그 이유는 너무나 당연하다. 주석문과 마찬가지로 의미 있는 이름은 프로그램의 가독성을 엄청나게 높여 주고 디버그와 문서화 단계에서 진가를 발휘하게 된다. 실제로 프로그램 코드가 자명해지면 문서화 작업은 매우 쉬워진다.

다시 프로그램 3.2의 @interface 부분을 보자.

```
//---- @interface 부분 ----

@interface Fraction: NSObject

-(void)    print;
-(void)    setNumerator: (int) n;
-(void)    setDenominator: (int) d;

@end
```

새 클래스의 이름은 Fraction이고, 부모 클래스는 NSObject다(부모 클래스에 대해서는 8장 「상속」에서 더 상세하게 다룬다). NSObject 클래스는 NSObject.h 파일에 정의되어 있고, 이 파일은 Foundation.h을 임포트하면 자동으로 프로그

램에 포함된다.

3.4.2 클래스 메서드와 인스턴스 메서드

Fraction 객체를 다룰 메서드를 정의해야 한다. 분수의 값을 원하는 대로 설정할 수 있어야 하기 때문이다. 분수 객체의 내부 표현에 직접 접근할 수 없으므로(달리 말하면, 내부 변수에 직접 접근할 수 없으므로) 분자와 분모를 설정해 줄 메서드를 작성하는 메서드를 작성해야 한다. 또, 분수의 값을 표시해 줄 print라는 메서드를 작성해야 한다. 인터페이스 파일 내에서 print 메서드를 다음과 같이 선언한다.

```
-(void) print;
```

맨 앞에 있는 빼기 부호(-)는 Objective-C 컴파일러에게 이 메서드가 인스턴스 메서드라고 알려준다. 더하기 부호(+)는 클래스 메서드를 나타낸다. 클래스 메서드는 클래스의 새로운 인스턴스를 만드는 것과 같이 클래스 자체에 작업을 수행한다.

인스턴스 메서드는 클래스의 특정 인스턴스에 작업을 수행한다. 예를 들어, 인스턴스 값을 설정하거나, 값을 받아 오거나 표시하는 등의 일이다. 자동차를 예로 설명하면, 차를 생산한 뒤에 기름을 채워야 할 것이다. 기름을 채우는 일은 특정한 차에 하는 일이다. 인스턴스 메서드도 이와 유사하다.

3.4.3 반환 값

새 메서드를 선언할 때 Objective-C 컴파일러에게 그 메서드가 값을 반환하는지, 또 반환한다면 반환하는 값의 종류가 무엇인지 알려 주어야 한다. 맨 처음 등장하는 더하기 기호나 빼기 부호 뒤에 나오는 괄호 안에 반환형을 적어서 값의 종류를 표시한다. 따라서 다음 선언은 인스턴스 메서드 currentAge가 정수 값을 반환한다는 지시다.

```
-(int) currentAge;
```

다음 선언도 비슷하게 2배의 정밀도를 갖는 값(double 값)을 반환하는 메서드를 선언한다(이 데이터 형에 대해서는 4장 「데이터 형과 표현식」에서 좀 더 상세히 배울 것이다).

    -(double) retrieveDoubleValue;

앞에 나온 예제 main에서 값을 반환할 때처럼, Objective-C의 return 명령문을 사용하여 메서드에서 값을 반환한다. 만일 메서드가 아무 값도 반환하지 않는다면 다음과 같이 void 형을 사용한다.

    -(void) print;

이 선언은 인스턴스 메서드 print가 아무런 값도 반환하지 않음을 나타낸다. 이런 경우, 메서드의 맨 마지막에 return 명령문을 실행할 필요가 없다. 혹은 return에 아무 값도 붙이지 않고 다음과 같이 실행해도 된다.

    return;

3.4.4 메서드 인수

프로그램 3.2의 @interface 부분에 다음 두 메서드도 선언되어 있다.

    -(void) setNumerator: (int) n;
    -(void) setDenominator: (int) d;

이 두 메서드는 모두 아무 값도 반환하지 않는다. 그대신 인수를 받는데, 인수 이름 앞에 (int)라고 지시된 대로 정수형 인수를 받는다. setNumerator의 경우, 인수 이름이 n이다. 이 이름은 아무렇게나 지어줄 수 있으며, 이 이름을 사용해서 메서드 내에서 해당 인수에 접근한다. 따라서, setNumerator 선언에서는 n이라는 하나의 정수 인수가 메서드에 넘겨지고, 메서드는 아무 값도 반환하지 않음을 지정한다. 이것은 setDenominator에서 인수 이름이 d인 것을 제외하고 거의 유사하다.

이 메서드들을 선언하는 문법에 주의하자. 각 메서드 이름은 콜론(:)으로 끝나는데, 이것은 Objective-C 컴파일러에게 메서드가 인수를 받는다는 것을 알리는 의미다. 그다음에는 메서드의 반환 값을 표시하는 것과 마찬가지로, 인수의 형이 괄호 안에 나타난다. 마지막으로 메서드에서 사용할 인수를 나타내는 이름이 나온다. 이 전체 선언은 세미콜론으로 종료된다. 그림 3.1은 이 문법을 나타낸다.

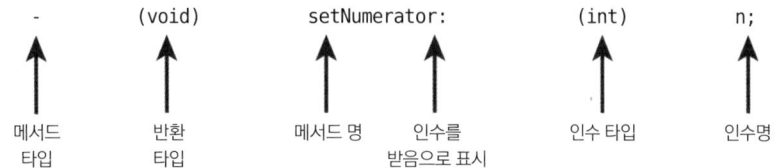

그림 3.1 메서드 선언

메서드가 인수를 받는다면, 그 메서드를 부를 때 콜론까지 붙여야 한다. 따라서, 인수를 하나만 받는 이 두 메서드를 setNumerator:와 setDenominator:라고 지칭한다. 인수를 받지 않는 print 메서드의 경우, 콜론 없이 print라고 부른다. 7장 「클래스에 대해서」에서 인수를 여러 개 받는 메서드를 부르는 방법을 배운다.

3.5 @implementation 부분

앞에서 언급한 대로, @implementation 부분은 @interface 부분에서 선언한 메서드의 실제 코드를 담고 있다. 이 클래스의 객체가 담을 데이터의 종류도 이곳에서 지정한다. 이 말은, 이 클래스가 담을 멤버인 데이터를 설명해 주어야 한다는 것이다. 이들 멤버를 인스턴스 변수라고 부른다. 용어 측면에서 보면, 메서드를 @interface 부분에서 '선언'하고, @implementation 부분에서 '구현' 즉 실제 코드 작성을 하는 것이다. @implementation 부분은 대개 다음과 같은 형태다.

```
@implementation NewClassName
{
  memberDeclarations;
}
  methodDefinitions;
@end
```

NewClassName은 @interface 부분에서 사용한 클래스의 이름과 동일하다. @interface와 동일하게 클래스 이름 뒤에 콜론을 붙이고 부모 클래스의 이름을 써 줄 수 있다.

```
@implementation Fraction: NSObject
```

그러나 구현 파일에 부모 클래스를 적을지는 프로그래머 마음대로 선택할 수 있으며, 보통 생략된다.

memberDeclarations 부분은 Fraction에 저장될 데이터의 형식과 이름을 지정해준다. 소스에서 볼 수 있듯, 이 영역은 중괄호로 감싸여 있다. 여러분의 Fraction 클래스에는 이 선언부에서 Fraction 객체가 두 개의 정수 멤버, numerator와 denominator를 갖는다고 정의하였다.

```
int numerator;
int denominator;
```

이 부분에서 선언된 멤버는 '인스턴수 변수'라고 한다. 새 객체를 생성할 때마다 이 인스턴스 변수들도 새로 생성된다. 따라서 Fraction 객체가 두 개인데, 하나는 fracA이고 다른 하나는 fracB라면, 이 두 객체는 각각 자신만의 인스턴스 변수 모음을 가지고 있을 것이다. 다시 말해서, fracA와 fracB는 각기 자신만의 numerator와 denominator를 갖는다. Objective-C 시스템은 자동으로 이것들을 관리해 주기 때문에 프로그래머가 직접 관리할 필요가 없다. 이것도 객체를 다루는 작업이 지닌 장점 중 하나다.

@implementation의 methodDefinitions 부분은 @interface 부분에서 지정한 각 메서드의 코드를 담고 있다. @interface 부분과 유사하게 각 메서드의 정의는 메서드 종류(클래스 메서드인지 인스턴스 메서드인지)를 나타내는 것에서 시작하여, 반환 형, 인수 형과 인수까지 이어진다. 그러나 세미콜론으로 각 줄이 끝나는 것과 달리 메서드의 코드가 중괄호 안에 포함되어 있다. 특별 지시어 @synthesize를 사용하면 컴파일러가 자동으로 메서드를 생성해 줄 수도 있다. 이에 대해서는 7장에서 상세히 다룬다.

프로그램 3.2의 @implementation 부분을 살펴보자.

```
//---- @implementation 부분----
@implementation Fraction
{
  int   numerator;
  int   denominator;
}

-(void) print
{
   NSLog (@"%i/%i", numerator, denominator);
}

-(void) setNumerator: (int) n
{
   numerator = n;
}

-(void) setDenominator: (int) d
{
   denominator = d;
}

@end
```

print 메서드는 NSLog를 사용하여 인스턴스 변수 numerator와 denominator의 값을 표시한다. 그런데 대체 어떤 분자와 분모를 참조하여 표시하는 것일까? print 메시지의 수신자인 객체에 포함된 인스턴스 변수를 참조한다. 이것은 중요한 개념이므로, 곧 다시 설명하겠다.

setNumerator: 메서드는 n이라고 부르는 정수 인수를 인스턴스 변수 numerator 에 저장한다. 이와 비슷하게 setDenominator: 메서드도 인수 d의 값을 인스턴스 변수 denominator에 저장한다.

3.6 program 부분

program 부분은 당신의 독특한 문제를 해결할 코드를 (필요하다면 여러 파일에 나눠서) 담고 있다. 앞에서 설명했던 것처럼 어디엔가 main 루틴이 있어야 한다. 프로그램은 언제나 그곳에서 시작한다. 프로그램 3.2의 program 부분을 살펴보자.

```
//---- 프로그램 부분 ----

int main (int argc, char * argv[])
{
  @autoreleasepool {
     Fraction   *myFraction;

     // Fraction의 인스턴스를 하나 생성하고 초기화한다.

     myFraction = [Fraction alloc];
     myFraction = [myFraction init];

     // 분수의 값을 1/3로 지정한다.

     [myFraction setNumerator: 1];
     [myFraction setDenominator: 3];

     // print 메서드를 사용하여 fraction을 표시한다.

     NSLog (@"The value of myFraction is:");
     [myFraction print];
  }

  return 0;
}
```

main 내부에서 다음과 같이 myFraction이라는 변수를 정의한다.

```
Fraction *myFraction;
```

이 줄은 myFraction이 Fraction 형의 객체라는 의미다. 즉, myFraction이 새 클래스인 Fraction의 값을 저장하는 데 사용된다는 뜻이다. 변수명 앞의 별표(*)는 아래에서 더 상세히 설명하도록 하겠다.

이제, Fraction을 저장할 객체가 생겼으니 자동차를 공장에서 새로 만드는 것처럼 실제로 만들 차례가 되었다. 이것은 다음 코드로 수행할 수 있다.

```
myFraction = [Fraction alloc];
```

alloc은 allocate(할당하다)의 줄임말이다. 새로운 분수에 필요한 메모리 공간을 할당하는 것이다. 이 표현식은 새로 생성한 Fraction 클래스에 메시지를 보낸다.

```
[Fraction alloc]
```

Fraction 클래스에 alloc 메서드를 적용하도록 요청하는데, 직접 alloc 메서드를 구현한 적이 없다. 이 메서드는 어디서 온 것일까? 부모 클래스에서 이 메서드를 상속 받은 것이다. 8장 「상속」에서 이 주제에 대해 상세히 다룬다.

클래스에 alloc 메시지를 보내, 그 클래스의 새로운 인스턴스를 받는다. 프로그램 3.2에서 반환된 값은 변수 myFraction에 저장된다. alloc 메서드는 객체의 모든 인스턴스 변수를 0으로 초기화한다. 그러나 이것으로 객체가 충분히 초기화되어 사용할 준비가 되었다고 볼 수는 없다. 따라서 객체를 생성(allocate, 메모리에 할당)한 후, 초기화(initialize)해 주어야 한다.

이것은 프로그램 3.2의 다음 명령문으로 수행할 수 있다.

```
myFraction = [myFraction init];
```

이번에도 직접 작성하지 않은 메서드를 사용하였다. init 메서드는 클래스의 인스턴스를 초기화한다. myFraction 변수에 init 메시지를 보내는 것에 주목하자. 이것은 클래스가 아니라 특정한 Fraction 객체를 초기화하는 것을 뜻한다. 초기화 메시지를 클래스의 인스턴스에게 보내는 것이다. 진도를 더 나가기 전에 이 점을 명확히 이해하자.

init 메서드는 초기화된 객체를 반환한다. 이 반환 값을 Fraction 형의 변수인 myFraction에 저장한다.

새 인스턴스를 생성하고, 생성된 객체를 초기화하는 이 연속적인 명령은 Objective-C에서 자주 사용되는데, 보통은 다음과 같이 결합하여 한 줄로 쓴다.

```
myFraction = [[Fraction alloc] init];
```

안쪽의 메시지 표현이 먼저 실행된다.

```
[Fraction alloc]
```

앞서 말한 대로 이 메시지 표현의 결과 값은 생성된 실제 Fraction이다. 이 생성된 객체를 변수에 저장하는 대신, 바로 init 메서드를 적용한다. 다시 정리하면, 새 Fraction 객체를 생성하고 그 후 초기화하는 것이다. 초기화한 결과가 myFraction 변수에 할당된다.

다음과 같이 줄여쓰기 기법을 사용하여 선언과 동시에 생성과 초기화를 할 수도 있다.

```
Fraction *myFraction = [[Fraction alloc] init];
```

프로그램 3.2로 돌아가서 분수의 값을 설정하자. 다음 코드에서 분수의 값을 설정한다.

```
// 분수의 값을 1/3로 지정한다.

[myFraction setNumerator: 1];
[myFraction setDenominator: 3];
```

첫 명령문은 myFraction에 setNumerator: 메시지를 보낸다. 인수로 넘어가는 값은 1이다. 그 후 컨트롤은 Fraction 클래스에 정의한 setNumerator:로 넘어간다. Objective-C 시스템은 myFraction이 Fraction의 객체이기 때문에 이 클래스의 메서드인 setNumerator:를 사용해야 한다는 것을 안다.

setNumerator: 메서드로 넘긴 값 1은 변수 n에 저장된다. 이 메서드 안에 있는 단 한 줄이 이 값을 인스턴스 변수 numerator에 저장한다. 따라서 myFraction의 분자는 1이 된다.

그 다음으로 myFraction의 setDenominator:를 호출하는 메시지가 이어진다. 넘겨진 인수 3은 setDenominator: 내 변수 d에 저장된다. 그 후, denominator 인스턴스 변수에 이 값이 저장되면, 값 1/3이 myFraction에 할당된다. 이제 분수의 값을 표시할 준비가 다 되었으므로 프로그램 3.2의 다음 코드로 넘어가자.

```
// print 메서드를 사용하여 fraction을 표시한다.

NSLog (@"The value of myFraction is:");
[myFraction print];
```

NSLog를 호출하여 다음 텍스트를 표시한다.

```
The value of myFraction is:
```

다음 메시지는 print 메서드를 호출한다.

```
[myFraction print];
```

print 메서드 내에서 인스턴스 변수 numerator, 슬래시 문자(/), 인스턴스 변수 denominator가 표시된다.

> **노트**
>
> 과거에는 생성한 객체의 사용이 끝나면 iOS 개발자들이 그것을 시스템에 release 메시지를 보내 사용이 끝났다는 것을 알려주어야 했다. 이는 수동 레퍼런스 카운팅(manual reference counting)이라고 불리는 메모리 관리 시스템을 지켜주기 위함이었다. Xcode 4.2부터는, 시스템이 필요에 따라 메모리를 릴리스 해주는 작업을 처리하여 프로그래머가 더 이상 이를 신경 쓸 필요가 없어졌다. 이것은 자동 레퍼런스 카운팅(Automatic Reference Counting) 혹은 줄여서 ARC라는 기법이다. ARC는 Xcode 4.2나 그 이후 버전에서 새 애플리케이션을 컴파일할 때, 기본으로 활성화된다.

아마 지금은 프로그램 3.2에서 프로그램 3.1과 동일한 기능을 수행하기 위해 더 많은 코드를 중복 작성하는 것처럼 보일 것이다. 이 단순한 예제에서 코드를 중복 작성하고 있는 것은 사실이다. 그러나 객체를 다루는 궁극적인 목적은 프로그램을 쉽게 작성, 관리, 확장하도록 만드는 것이다. 나중에 객체의 이런 장점을 이해하게 될 것이다.

myFraction 인스턴스를 선언하는 부분으로 잠시 돌아가보자.

```
Fraction *myFraction;
```

myFraction 선언 앞의 별표(*)는 myFraction이 사실 Fraction 객체의 참조(포인터)임을 의미한다. 변수 myFraction은 실제 분수 데이터(분자와 분모 값)를 저장하지 않는다. 대신, 객체의 데이터가 메모리에서 어디에 위치하고 있는지 지시하는 참조(메모리 주소)를 담고있다. 위와 같이 myFraction을 처음 선언하면, 아직 아무 값도 설정되지 않았고 기본 값이 없으므로 그 값은 미정인 상태다. myFraction이 값을 갖는 박스라고 개념화해보자. 최초에 이 박스는 값이 설정되지 않아 미정인 값을 갖고있다. 그림 3.2를 보자.

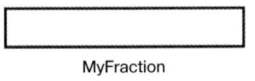

그림 3.2 Fraction *myFraction; 선언하기

새로 객체를 (alloc을 사용하여) 생성하면 그 객체의 데이터를 저장하기에 충분한 메모리 공간이 예약된다. 이 공간은 객체의 인스턴스 변수가 저장될 공간과 약간의 추가 공간을 포함한다. 객체가 저장될 위치(데이터를 가리키는 참조)가 alloc 루틴에서 반환되고, myFraction 변수에 지정된다. 프로그램 3.2의 다음 명령문이 이 작업을 수행한다.

```
myFraction = [Fraction alloc];
```

새로 생성한 객체와 myFraction에서 이 객체를 참조하는 저장소가 그림 3.3에 나타나 있다.

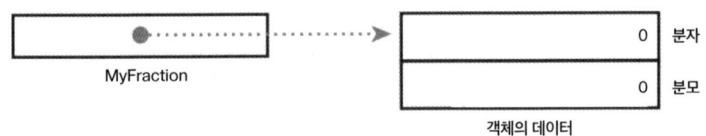

그림 3.3 myFraction과 데이터 사이의 관계

> **노트**
>
> 객체에 저장되는 데이터가 표시한 것보다 더 많이 저장되는데, 여기서 그것까지 염두에 둘 필요는 없다. 인스턴스 변수가 0으로 설정되어 있는 것이 보일 것이다. 이것은 alloc 메서드에 의해 처리된다. 그러나, 객체들이 제대로 초기화 된 것은 아니다. 새로 생성된 객체에는 init 메서드를 사용해야 한다.

그림 3.3에서 화살표와 점선으로 표시된 부분을 보자. 이 선은 myFraction 변수와 생성된 객체 사이의 연결을 나타낸다. (myFraction에 저장된 값은 사실 메모리 주소다. 객체의 데이터가 저장된 메모리의 주소가 저장된다.)

프로그램 3.2의 다음 부분에서, 분수의 분자와 분모가 설정된다. 그림 3.4는 분자는 1로 분모는 3으로 완전히 초기화된 Fraction 객체를 보여준다.

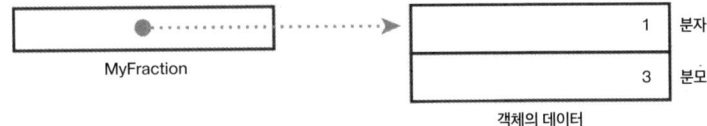

그림 3.4 분수의 분모와 분자 설정하기

다음 예제는 프로그램에서 분수를 하나 이상 다루는 방법을 보여준다. 프로그램 3.3에서는 분수 하나는 2/3로, 다른 하나는 3/7로 설정하고 두 분수를 모두 표시한다.

프로그램 3.3

```objectivec
// 분수를 다루는 프로그램 - 계속

#import <Foundation/Foundation.h>

//---- @interface 부분 ----
@interface Fraction: NSObject

-(void) print;
-(void) setNumerator: (int) n;
-(void) setDenominator: (int) d;

@end

//---- @implementation 부분 ----

@implementation Fraction
{
  int   numerator;
  int   denominator;
}

-(void) print
{
  NSLog (@"%i/%i", numerator, denominator);
}

-(void) setNumerator: (int) n
{
  numerator = n;
}

-(void) setDenominator: (int) d
{
```

```
        denominator = d;
    }

@end

//---- program 부분 ----

int main (int argc, char *argv[])
{
    @autoreleasepool
    {
        Fraction   *frac1 = [[Fraction alloc] init];
        Fraction   *frac2 = [[Fraction alloc] init];

        // 첫 번째 분수의 값을 2/3로 설정한다.
        [frac1 setNumerator: 2];
        [frac1 setDenominator: 3];

        // 두 번째 분수의 값을 3/7로 설정한다.
        [frac2 setNumerator: 3];
        [frac2 setDenominator: 7];

        // 분수를 표시한다.
        NSLog (@"First fraction is:");

        [frac1 print];

        NSLog (@"Second fraction is:");
        [frac2 print];

    }
    return 0;
}
```

프로그램 3.3 출력 결과

```
First fraction is:
2/3
Second fraction is:
3/7
```

 @interface와 @implementation 부분은 프로그램 3.2와 동일하다. 프로그램은 Fraction 객체를 두 개 생성하고 각각 frac1과 frac2라고 이름 지은 다음, 첫 번째 분수에는 2/3를, 두 번째에는 3/7을 대입한다. setNumerator: 메서드가 frac1에 적용되어 분자의 값을 2로 설정하면, 인스턴스 변수 frac1은 자신의 인스턴스 변수 numerator의 값을 2로 설정하게 된다. 마찬가지로 frac2도 동일한 메서드를 사용하여 자신의 분자 값을 3으로 설정하면, 인스턴스 변수

numerator의 값이 3으로 설정된다. 새 객체를 생성할 때마다 그 객체는 자신의 인스턴스 변수를 갖는다. 그림 3.5는 이것을 나타낸다.

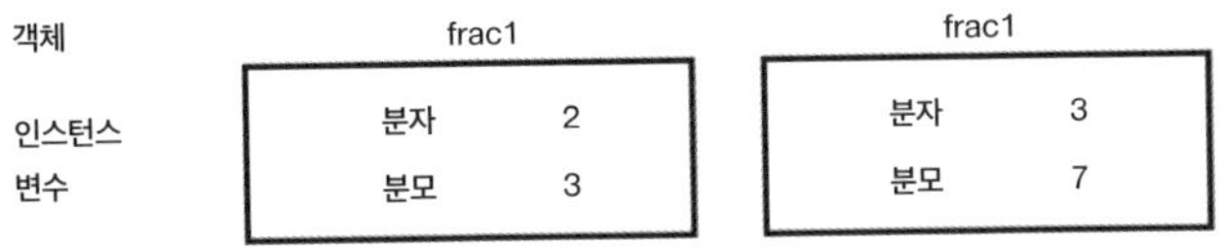

객체	frac1		frac1	
인스턴스 변수	분자	2	분자	3
	분모	3	분모	7

그림 3.5 객체 고유의 인스턴스 변수

어떤 객체가 메시지를 받는지에 따라 그에 맞는 정확한 인스턴스 변수가 참조된다. 따라서, 다음 코드에서는 setNumerator: 메서드 내부에서 numerator라는 이름을 사용할 때마다 frac1의 numerator가 참조된다.

```
[frac1 setNumerator: 2];
```

이것은 frac1이 메시지의 수신자이기 때문이다.

3.7 인스턴스 변수 접근과 데이터 캡슐화

우리는 앞서 분수를 처리하는 메서드가 두 인스턴스 변수 numerator와 denominator에 이름으로 직접 접근하는 것을 보았다. 사실, 인스턴스 메서드는 언제나 자신의 인스턴스 변수에 직접 접근할 수 있다. 그러나 클래스 메서드는 클래스의 인스턴스가 아닌 클래스 자신만 다루기 때문에(이 점에 대해 잠시 생각해 보자) 이 변수들에 직접 접근하지 못한다. 만일 다른 곳, 예를 들어 main 루틴 안에서 인스턴스 변수에 접근하고 싶다면 어떻게 해야 할까? 변수는 숨겨져 있기 때문에 직접 접근할 수는 없다. 변수가 숨겨져 있다는 개념은 '데이터 캡슐화'의 핵심 요소다. 클래스 정의를 작성하는 사람은 데이터를 캡슐화해 프로그래머(클래스의 사용자)가 클래스 내부 정보를 수정할지 말지를 걱정하지 않고 클래스 정의를 확장하거나 수정하도록 해줄 수 있다. 데이터 캡슐화를 함으로써 프로그래머와 클래스 개발자 사이에 적절한 분리층이 생기는 것이다.

인스턴스 변수의 값을 설정하고 가져오는 특별한 메서드를 작성한다면 깔끔한 방식으로 인스턴스 변수에 접근할 수 있다. Fraction 클래스에서

setNumerator:와 setDenominator: 메서드를 작성하여 두 개의 인스턴스 변수의 값을 설정하도록 하였다. 이 인스턴스 변수의 값을 가져오려면, 두 개의 새 메서드를 정의해야 한다. 예를 들어, 자연스런 이름인 numerator와 denominator라는 메서드를 생성하여 메시지 수신자인 Fraction의 각 인스턴스 변수에 접근한다. 반환 값은 해당하는 정수 값이다. 새로운 두 메서드는 다음과 같이 선언한다.

```
-(int) numerator;
-(int) denominator;
```

메서드는 다음과 같이 정의한다.

```
-(int) numerator
{
    return numerator;
}

-(int) denominator
{
    return denominator;
}
```

메서드 이름이 접근하는 인스턴스 변수의 이름과 동일하다는 점에 주목하자. (처음에는 좀 이상해 보일 수도 있지만) 이렇게 해도 아무 문제 없으며 오히려 널리 사용되는 방식이다. 프로그램 3.4는 이 두 메서드를 테스트한다.

프로그램 3.4

```
// 인스턴스 변수에 접근하는 프로그램 - 계속

#import <Foundation/Foundation.h>

//---- @interface 부분 ----

@interface Fraction: NSObject

-(void) print;
-(void) setNumerator: (int) n;
-(void) setDenominator: (int) d;
-(int) numerator;
-(int) denominator;
```

@end

//---- @implementation 부분 ----

```objc
@implementation Fraction
{
   int   numerator;
   int   denominator;
}

-(void) print
{
   NSLog (@"%i/%i", numerator, denominator);
}

-(void) setNumerator: (int) n
{
    numerator = n;
}

-(void) setDenominator: (int) d
{
    denominator = d;
}

-(int) numerator
{
    return numerator;
}

-(int) denominator
{
    return denominator;
}

@end
```

//---- program 부분 ----

```objc
int main (int argc, char *argv[])
{
   @autoreleasepool
   {
      Fraction  *myFraction = [[Fraction alloc] init];

      // 분수의 값을 1/3로 지정한다.
      [myFraction setNumerator: 1];
      [myFraction setDenominator: 3];

      // 새로 만든 두 메서드를 사용하여 분수를 표시한다.
      NSLog (@"The value of myFraction is: %i/%i",
          [myFraction numerator], [myFraction denominator]);
```

            }
        return 0;
    }

프로그램 3.4 출력 결과

```
The value of myFraction is 1/3
```

다음 NSLog 명령문은 myFraction 객체에 메시지를 두 개 보내 numerator와 denominator의 값을 받아 표시한다.

```
NSLog (@"The value of myFraction is: %i/%i",
    [myFraction numerator], [myFraction denominator]);
```

따라서, 첫 번째 메시지 호출에서 numerator 메시지가 Fraction 객체인 myFraction에 보내진다. 이 메서드에서 코드는 해당하는 분수의 numerator 인스턴스 변수의 값을 반환할 것이다. 메서드가 실행되는 동안의 컨텍스트가 메시지의 수신자의 객체임을 기억하자. 그러므로, numerator 메서드가 numerator 인스턴스 변수에 접근하여 값을 반환할 때, myFractions의 분자에 접근해서 반환하는 것이다. 반환된 정수 값이 NSLog에 넘겨지고 표시된다.

두 번째 메시지 호출에서, denominator 메서드가 호출되어 myFraction의 분모 값에 접근해서 반환하게 되고, NSLog에 넘겨져 표시된다.

덧붙여 말하자면, 인스턴스 변수의 값을 설정하는 메서드는 보통 세터(setter)라 부르고, 인스턴스 변수의 값을 받아오는 메서드는 게터(getter)라 부른다. Fraction 클래스의 경우 setNumerator:와 setDenominator:는 세터이며 numerator와 denominator는 게터이다. 세터와 게터를 합쳐 접근자(accessor) 메서드라고 부른다.

세터와 게터의 차이를 명확히 이해하도록 하자. 세터는 인자를 받아 해당하는 인스턴스 변수에 이 인자의 값을 대입하는 것이 목적이므로 값을 반환하지 않는다. 이 경우 값을 반환할 필요가 없다. 인스턴스 변수의 값을 받아 설정하는 것이 세터의 용도이므로 일반적으로 세터는 값을 반환하지 않는다. 반면, 게터의 목적은 객체 내 저장된 인스턴스 변수의 값을 가져오는 것이므로, 프로그램에 그 값을 보낸다. 그러기 위해서는 게터는 반드시 인스턴스 변수의 값을 return 문을 사용해 반환해야 한다.

다시 말하지만, 클래스에 작성된 메서드 바깥에서 인스턴스 변수의 값에 직접 접근해서 설정하거나 값을 받아오는 것이 불가능하고, 세터와 게터 메서드를 작성해야한다는 것이 개념이 데이터 캡슐화의 핵심이다. 그러므로 보통 '바깥 세상'에는 숨겨진 이 데이터에 접근하려면 메서드를 사용해야 한다. 이를 통해, 인스턴스 변수에 접근하는 방법을 일원화시키고, 다른 코드에서 간접적으로 값을 바꿀 수 없게 하여 프로그램을 이해하고, 디버그하고, 수정하기 어렵게 만드는 일을 최소화시킨다.

또한 alloc과 init을 결합한 new라는 메서드가 있는데, 이 메서드는 이 두 가지 일을 한 번에 수행한다. 따라서 새 Fraction 객체를 생성(메모리 할당)하고 초기화 하는 일을 다음 한 줄로 처리할 수 있다.

```
Fraction *myFraction = [Fraction new];
```

일반적으로는 생성과 초기화, 이 두 단계로 나눠 접근하여 두 가지 처리를 개념적으로 구별해 이해하는 편이 좋다. 즉, 먼저 새 객체를 생성한 후에 초기화 하는 것이다.

3.8 요약

이 장에서는 자신만의 클래스를 정의하고, 그 클래스의 객체 혹은 인스턴스를 생성하여, 메시지를 보내는 방법을 배웠다. Fraction 클래스는 앞으로 다시 다루게 된다. 이제 여러 인수를 메서드에 넘기고, 클래스 정의를 여러 파일로 나누고, 상속과 동적 바인딩 같은 핵심 요소를 사용하는 방법을 배울 것이다. 그러나 그에 앞서 Objective-C 데이터 형과 명령문을 작성하는 법부터 더 배워야 한다. 먼저 다음 연습문제를 풀며 이 장에서 다룬 중요 요점을 제대로 이해했는지 테스트해 보자.

3.9 연습문제

1. 다음 중 사용할 수 없는 이름은 무엇인가? 그 이유는 무엇인가?

   ```
   Int              playNextSong     6_05
   _calloc          Xx               alphaBetaRoutine
   clearScreen      _1312            z
   ReInitialize     _                A$
   ```

2. 이 장의 자동차 예제를 기반으로 해서 매일 사용하는 객체를 하나 생각해 보라. 그 객체의 클래스를 정의하고 그 객체로 하는 일을 다섯가지 적어보자.

3. 연습문제 2의 목록을 다음 문법으로 다시 작성해 보자.

   ```
   [instance method];
   ```

4. 자동차 외에도 보트와 오토바이를 소유하고 있다. 보트와 오토바이로 할 수 있는 일을 나열해 보자. 이 가운데 겹쳐지는 부분이 있는가?

5. 연습문제 4를 기초로 하여 Vehicle 클래스와 Car, Motorcycle, Boat 가운데 하나가 될 수 있는 myVehicle이라는 객체가 있다고 가정한다. 다음을 작성했다고 해보자.

   ```
   [myVehicle prep];
   [myVehicle getGas];
   [myVehicle service];
   ```

   몇몇 클래스 중 하나일 가능성이 있는 어떤 객체에 동일한 액션을 적용하면 어떤 장점이 있을까?

6. C와 같은 절차적 언어에서는 액션을 생각한 후, 그 액션을 다양한 객체가 수행하도록 코드를 작성한다. 자동차 예제의 경우, C 언어에서는 교통수단을 청소하는 프로시저를 만들고, 그 프로시저 안에서 차를 세차하고, 배를 청소

하고, 오토바이를 닦는 등의 코드를 작성한다. 이 접근법을 사용해 나중에 새로운 교통수단을 추가하려 한다고 해보자(앞 연습문제를 참고하자). 이때 객체 지향 접근법과 비교해서 절차적 접근법에는 어떤 장단점이 있는지 설명하라.

7. x와 y가 정수인 데카르트 좌표 (x, y)를 담는 XYPoint라는 클래스를 정의 하라. 한 지점의 x와 y 좌표를 각각 설정하는 메서드와 그 값을 받아 오는 메서드를 정의하라. 당신의 새 클래스를 구현하고 테스트하는 Objective-C 프로그램을 작성해 보라.

4장

Programming in Objective-C

데이터 형과 표현식

이 장에서는 Objective-C의 기본 데이터 형을 살펴보고 산술 표현식을 구성하는 데 어떤 기본 규칙이 있는지 설명한다.

4.1 데이터 형과 상수

앞에서 이미 Objective-C 기본 데이터 형인 int를 다뤘다. 기억하겠지만 int 형으로 선언된 변수는 정수 값만 저장할 수 있다.

Objective-C 프로그래밍 언어는 기본 데이터 형 세 가지를 더 지원한다. 바로 float 형, double 형, char 형이다. float 데이터 형으로 선언된 변수는 부동소수점수(소수점을 포함하는 값)를 저장하는 데 사용한다. double 형은 float 형과 동일하나, 정밀도가 두 배다. 마지막으로 char 데이터 형은 문자 a와 같은 단일 문자, 6과 같은 숫자 문자, 혹은 세미콜론(이에 대해서는 나중에 설명한다)을 저장하는데 쓴다.

Objective-C에서 어떤 수, 단일 문자, 혹은 문자 스트링은 '상수(constant)'라고 한다. 예를 들어 숫자 58은 상수 정수 값을 나타낸다. 스트링 @"Programming in Objective-C is fun.\n"은 문자열 상수 객체의 한 예다. 상수 값으로만 구성된 표현식은 '상수 표현식(constant expression)'이라고 부른다. 다음 표현식은 각 항이 상수 값으로 구성되었기 때문에 상수 표현식이다.

4.1.1 int 형

Objective-C에서 정수 상수는 하나 이상의 연속된 숫자로 구성된다. 연속된 숫자 앞에 빼기 부호가 붙으면 이 값이 음수라는 뜻이다. 158, -10, 0 모두 유효한 정수 상수 값의 예가 된다. 숫자 사이에는 띄어쓰기가 있어서는 안 되며, 천 단위 구분자 쉼표(,)도 허용되지 않는다(따라서 값 12,000은 유효한 정수 상수 값이 아니며 12000으로 써야 한다).

캐릭터(character)이건, 정수이건, 부동소수점 수이건 상관없이 모든 값에는 표현가능한 범위가 있다. 이 범위는 특정한 데이터의 형을 저장하는데 할당되는 저장소의 크기와 관련 있다. 보통, 언어 자체에서 이 크기를 정해놓지는 않는다. 이는 프로그램이 실행되는 컴퓨터에 달려 있다. 이 때문에 이 범위는 '구현 종속적' 혹은 '기계 종속적'이라고도 한다. 예를 들어, 컴퓨터에서 정수는 32비트를 차지 할 수도, 64비트를 차지할 수도 있다. 64비트가 사용되면, 32비트보다 더 큰 숫자가 정수 변수에 저장될 수 있다.

4.1.2 float 형

float 형으로 선언한 변수는 소수점이 있는 값을 저장할 수 있다. 부동소수점 상수는 소수점의 유무로 구별한다. 소수점 앞뒤에 있는 정수를 생략할 수 있지만 당연히 둘 다 생략할 수는 없다. 3., 125.8, -.0001은 모두 유효한 부동소수점 상수다. 부동소수점 값을 표시할 때는 NSLog에서 변환 문자인 %f나 %g를 사용하면 된다.

부동소수점 상수는 '과학적 기수법(scientific notation)'이라는 방식으로 표현해도 된다. 1.7e4는 이 방식으로 표현한 부동소수점 값으로, 1.7×10^4을 나타낸다.

이미 언급한 대로 double 형은 float과 동일한데, 그 범위가 거의 두 배라는 차이점만 존재한다.

4.1.3 char 형

char 변수를 사용하여 문자 하나를 저장할 수 있다. 문자 상수는 작은 따옴표로 둘러싸인 문자로 형성된다. 따라서 'a'와 ';', '0'은 모두 유효한 문자 상수다. 첫 상수는 문자 a를 나타내며, 두 번째는 세미콜론을, 세 번째는 숫자 0이 아닌 문자 0을 나타낸다. 작은따옴표로 감싼 문자 상수를, 큰 따옴표로 감싸서 여러 문자를 표현하는 C 스타일의 문자열(character string)과 구분하자. 앞 장에서 언급했듯이 @ 문자 다음에 큰따옴표로 감싼 문자열은 NSString 문자열 객체다.

문자 상수 '\n'은 새줄 문자다. 앞에서 설명한 규칙에는 맞지 않는듯 보이지만 유효한 문자 상수다. 역슬래시(\)는 Objective-C 시스템에서 특별한 문자로, 그 자체로는 한 문자로 취급되지 않는다. 다시 말해, Objective-C 컴파일러는 '\n'이 두 문자로 구성되었지만, 이를 한 문자로 여긴다. 다른 특수 문자도 역슬래시로 시작한다. 포맷 문자 %c를 쓰면 NSLog 호출에서 char 변수 값을 표시할 수 있다.

프로그램 4.1에서는 Objective-C 기본 데이터 형을 사용한다.

프로그램 4.1

```
#import <Foundation/Foundation.h>

int main (int argc, char *argv[])
{
  @autoreleasepool
  {
     int    integerVar = 100;
     float  floatingVar = 331.79;
     double doubleVar = 8.44e+11;
     char   charVar = 'W';

     NSLog (@"integerVar = %i", integerVar);
     NSLog (@"floatingVar = %f", floatingVar);
     NSLog (@"doubleVar = %e", doubleVar);
     NSLog (@"doubleVar = %g", doubleVar);
     NSLog (@"charVar = %c", charVar);
  }
  return 0;
}
```

프로그램 4.1 출력 결과

```
integerVar = 100
floatingVar = 331.790009
doubleVar = 8.440000e+11
doubleVar = 8.44e+11
charVar = W
```

프로그램 출력 결과의 두 번째 줄을 보자. 331.79가 floatingVar에 할당될 때는 결과가 331.790009로 표시된다. 그 이유는 컴퓨터 내부에서 숫자를 표현하는 방식의 부정확성 때문이다. 계산기를 다뤄봤다면 이와 비슷한 부정확성을 발견한 적이 있을 것이다. 계산기에서 1을 3으로 나누면 결과는 0.33333333처럼 나온다. 이런 결과는 계산기가 1을 3으로 나눈 근사값을 표현하는 방식이다. 이론적으로는 3이 무한대로 계속 이어져야하지만 계산기는 제한된 수만 담을 수 있다. 즉, 계산기는 태생적으로 부정확한 기계인 것이다. 동일한 부정확성이 컴퓨터에도 적용된다. 특정 부동소수점 값은 컴퓨터 메모리에 정확히 표시될 수 없다.

4.1.4 수식어: long, long long, short, unsigned, signed

수식어 long이 int 선언 바로 앞에 자리 잡으면, 선언된 정수 변수는 몇몇 컴퓨터 시스템에서 범위가 확장된다. 예를 들어 long int 선언은 다음과 같을 것이다.

```
long int factorial;
```

이 코드는 변수 factorial이 long 정수 변수가 되도록 선언한다. float 형과 double 형처럼 long 변수의 정확도는 컴퓨터 시스템에 따라 달라진다.

NSLog를 사용하여 long int의 값을 표시하려면 정수 포맷 문자 앞에 수식어 l을 사용한다. 이는 포맷 문자 %li를 사용하여 long int 형 값을 십진법으로 표시할 수 있다는 뜻이다.

또, long long int 변수나, 더 큰 범위의 부동소수점 수를 담는 long double 변수를 사용할 수도 있다.

수식어 short는 int 선언 앞에 자리 잡을 때, Objective-C 컴파일러에게 해당 변수가 상당히 작은 정수 값을 저장할 거라고 알려준다. short 변수는 메모리 공간 사용을 줄이려는 목적으로 쓴다. 메모리를 많이 쓰는 프로그램이나 사용 가능한 메모리가 적은 경우 short 변수가 매우 중요할 수 있다.

int 앞에 나올 마지막 수식어는 int 변수가 양수 값만 저장할 때 사용한다. 다음과 같이 선언하면 변수 counter를 양수 값만 저장하는데 쓴다고 컴파일러에게 알려 주게 된다.

```
unsigned int counter;
```

정수 변수를 양수 값만 저장하도록 제한하면 정수 값의 정확도를 높일 수 있다.

4.1.5 id 형

id 데이터 형은 어느 형태의 객체든 저장할 수 있다. 한마디로, 일반 객체 형인 셈이다.

예를 들어 보자. 다음 줄은 graphicsObject가 id 형 변수가 되도록 선언한다.

```
id graphicObject;
```

메서드도 id 형을 반환할 수 있다.

```
-(id) newObject: (int) type;
```

이 선언은 newObject라는 인스턴스 메서드가 type이라는 정수 인수를 하나 받고, id 형 값을 반환한다는 뜻이다.

id 형은 중요한 데이터 형이라서 이 책에서 자주 사용된다. 이 형은 뒤에서 자세히 살펴보겠지만, 일단 데이터 형을 모두 다룬다는 의미로 이곳에서 간단히 언급하였다. id 형은 (다형성과 동적 바인딩으로 알려진) Objective-C의 매우 중요한 기능을 이루는 근간이다. 이 기능들은 9장 「다형성, 동적 타이핑, 동적 바인딩」에서 상세히 살펴본다.

표 4.1은 기본 데이터 형과 수식어를 요약한 것이다.

데이터 형	상수 예	NSLog 포맷 문자
char	'a', '\n'	%c
short int	—	%hi, %hx, %ho
unsigned short int	—	%hu, %hx, %ho
Int	12, -97, 0xFFE0, 0177	%i, %x, %o
unsigned int	12u, 100U, 0XFFu	%u, %x, %o
long int	12L, -2001, 0xffffL	%li, %lx, %lo
unsigned long int	12UL, 100ul, 0xffeeUL	%lu, %lx, %lo

Float	12.34f, 3.1e-5f, 0x1.5p10, 0x1P-1	%f, %e, %g, %a
Double	12.34, 3.1e-5, 0x.1p3	%f, %e, %g, %a
long double	12.34L, 3.1e-5l	%Lf, $Le, %Lg
Id	nil	%p

표 4.1 기본 데이터 형

노트

이 표에서, 정수 상수 앞의 0은 이 상수가 8진수의 수임을 나타낸다. 반면, 0x(혹은 0X)는 이 상수가 16진수임을 나타낸다. 0x1.p3은 16진수 부동소수점 상수를 나타낸다. 내용을 충실히 반영하기 위해 이 표에 요약한 것이므로 이들 형식을 크게 고민할 필요는 없다. 추가로, f, l(L), u(U), ll(LL)을 상수 뒤에 붙이면 이 수가 각각 float, long, unsigned, long long 상수임을 명시적으로 표시해준다.

4.2 산술 표현식

거의 모든 프로그래밍 언어와 마찬가지로 Objective-C에서도 더하기 부호(+)는 두 값을 더하는 데 사용하고, 빼기 부호(-)는 두 값을 빼는 데, 별표(*)는 두 값을 곱하는데, 슬래시(/)는 두 값을 나누는데 사용한다. 이 연산자들은 두 값 혹은 두 항을 연산하기 때문에 '이항' 산술 연산자로 알려져 있다.

4.2.1 연산자 우선순위

지금까지 Objective-C로 덧셈 같은 단순한 연산을 어떻게 수행하는지 보았다. 다음 프로그램은 빼기, 곱하기, 나누기 연산을 설명한다. 이 프로그램에서 수행되는 마지막 연산 두 개는 연산자 사이에 우선순위가 있음을 알려준다. 사실 Objective-C의 각 연산자는 우선순위가 있다.

 이 우선순위에 따라 연산자가 하나 이상 있는 표현식이 어떤 식으로 계산될지 결정된다. 우선순위가 높은 연산자가 먼저 계산된다. 우선순위가 동일한 연산자일 경우, 연산자에 따라 왼쪽에서 오른쪽으로, 혹은 그 반대 방향으로 계산된다. 이것을 연산자의 '결합' 속성이라고 한다.

프로그램 4.2

```
// 다양한 산술 연산의 사용을 보여준다.

#import <Foundation/Foundation.h>

int main (int argc, char *argv[])
{
  @autoreleasepool {
     int a = 100;
     int b = 2;
     int c = 25;
     int d = 4;
     int result;

     result = a - b;      // 뺄셈
     NSLog (@"a - b = %i", result);

     result = b * c;      // 곱셈
     NSLog (@"b * c = %i", result);

     result = a / c;      // 나눗셈
     NSLog (@"a / c = %i", result);

     result = a + b * c;  // 우선순위
     NSLog (@"a + b * c = %i", result);

     NSLog (@"a * b + c * d = %i", a * b + c * d);
  }
  return 0;
}
```

프로그램 4.2 출력 결과

```
a - b = 98
b * c = 50
a / c = 4
a + b * c = 150
a * b + c * d = 300
```

어떻게 처리되었는지 살펴보자. 정수 변수 a, b, c, d, result를 선언한 후, 프로그램은 b에서 a를 뺀 값의 결과를 result에 대입하고 나서 적절히 NSLog를 호출해 그 값을 표시한다.

다음 명령문은 b의 값과 c의 값을 곱하여 그 결과를 result에 대입한다.

```
result = b * c;
```

이제 꽤나 익숙해졌을 NSLog를 호출해 이 곱셈의 결과를 표시한다.

프로그램의 다음 명령문은 나눗셈 연산자인 슬래시(/)를 소개한다. NSLog 명령문은 a를 c로 나눈 직후, 즉 100을 25로 나눈 결과 값인 4를 표시해준다.

수를 0으로 나누려고 시도하면 프로그램이 비정상 종료되거나 예외가 발생한다. 만일 프로그램이 비정상 종료되지 않더라도 아무 의미가 없는 결과 값을 받게 될 것이다. 6장 「의사결정하기」에서 나눗셈 연산을 하기에 앞서 분모가 0인지부터 검사하는 방법을 배울 것이다. 만일 나누는 수가 0이라면 적절히 대처하고 나눗셈을 수행하지 않아야 한다.

다음 표현식을 실행하면 결과 값 2550(102×25)를 생성하지 않는다. 대신, 해당하는 NSLog 명령문의 결과 값이 150으로 표시된다.

```
a + b * c
```

이것은 대부분의 프로그래밍 언어와 마찬가지로 Objective-C 역시 한 표현식에 연산자 혹은 항이 여러 개 있을 때 계산하는 순서 규칙이 있기 때문이다. 표현식은 보통 왼쪽에서 오른쪽으로 평가된다. 그러나 곱셈과 나눗셈은 덧셈과 뺄셈보다 우선순위가 높다. 다음 표현식을 보자.

```
a + b * c
```

시스템은 이 표현식을 다음과 같이 계산한다.

```
a + (b * c)
```

(대수의 기본 규칙과 동일한 방식이 표현식에 적용된다.)

표현식에 있는 항을 계산하는 순서를 바꾸고 싶다면 괄호를 사용한다. 사실 위 표현식들은 모두 Objective-C에서 유효하다. 따라서, 프로그램 4.2의 명령문을 다음 명령문으로 대체해도 결과는 동일하다.

```
result = a + (b * c);
```

그러나, 다음 표현식이 사용되었다면, result에는 2550이라는 값이 대입되었을 것이다.

```
result = (a + b) * c;
```

이것은 a의 값(100)과 b의 값(2)의 덧셈이 먼저 진행된 다음 c의 값(25)에 곱해지기 때문이다. 괄호는 중첩해서 사용할 수 있으며, 그 경우 가장 안쪽 괄호부터 계산이 시작된다. 괄호를 쓸 때는, 꼭 여는 괄호의 갯수와 닫는 괄호의 갯수가 일치해야 한다는 것을 잊지 말도록 하자.

프로그램 4.2의 마지막 명령문에서 표현식의 결과 값을 변수에 할당하지 않고 NSLog에 인수로 넘겨도 완벽히 유효하다는 점에 유의하자. 다음 표현식을 보자.

```
a * b + c * d
```

이 표현식은 위에서 설명한 규칙에 따라 다음과 같이 계산된다.

```
(a * b) + (c * d)
```

혹은

```
(100 * 2) + (25 * 4)
```

계산이 끝나면 결과 값 300이 NSLog 루틴에 넘겨진다.

4.2.2 정수 산술과 단항 빼기 연산자

프로그램 4.3에서는 방금 전에 논의한 사항을 보강하고 정수 연산의 개념을 소개한다.

프로그램 4.3

```objc
// 더 많은 산술 표현식을 살펴보자.

#import <Foundation/Foundation.h>
```

```
int main (int argc, char *argv[])
{
    @autoreleasepool {
        int    a = 25;
        int    b = 2;
        float  c = 25.0;
        float  d = 2.0;

        NSLog (@"6 + a / 5 * b = %i", 6 + a / 5 * b);
        NSLog (@"a / b * b = %i", a / b * b);
        NSLog (@"c / d * d = %f", c / d * d);
        NSLog (@"-a = %i", -a);
    }
    return 0;
}
```

프로그램 4.3 출력 결과

```
6 + a / 5 * b = 16
a / b * b = 24
c / d * d = 25.000000
-a = -25
```

첫 명령문 세 줄에서 int와 a, b, result 선언 사이에 추가 공백을 넣어 각 변수를 선언한 문장의 열을 맞추었다. 이렇게 하여 프로그램의 가독성을 더 높일 수 있다. 혹시 눈치챘을지 모르겠지만 지금껏 나온 예제 프로그램에서도 각 연산자 앞뒤로 공백이 있다. 이것 역시 꼭 해야 하는 건 아니지만, 알아보기 쉽게 하려고 넣은 것이다. 일반적으로 어디든 공백이 하나라도 허락된다면 공백을 더 추가해도 된다. 스페이스 바를 몇 번 더 눌러서 프로그램이 읽기 쉬워진다면 그 정도 노력은 들일 만하지 않은가.

프로그램 4.3의 첫 NSLog 호출에 있는 표현식은 연산자 우선순위의 개념을 보강한다. 이 표현식은 다음과 같이 계산된다.

1. 덧셈보다 나눗셈의 우선순위가 높기 때문에 a의 값 25는 먼저 5로 나뉜다. 그 결과는 5다.
2. 곱셈 또한 덧셈보다 우선순위가 높으므로 나눗셈의 결과 5가 b의 값 2와 곱해져서 결과는 10이 된다.
3. 마지막으로 6과 10의 덧셈이 계산되어 최종 결과는 16이 된다.

두 번째 NSLog 명령문에서는 새로운 기법을 썼다. a를 b로 나눈 뒤 다시 b로 곱하면 a의 값이 결과가 되므로 25일 거라고 추측했을 것이다. 그러나 출력 결과에 나타나듯이 결과 값은 24다. 컴퓨터가 어디선가 비트 하나를 잃어버린 것일까? 그럴 가능성은 거의 없다. 이 표현식이 정수 계산이었다는데 문제가 있다.

변수 a, b를 선언한 부분으로 돌아가 보자. 둘 모두 int 형으로 선언되었음을 기억할 것이다. 정수 두 개로 이루어진 표현식에서 항이 계산될 때마다 Objective-C 시스템은 정수 계산을 사용해 연산을 수행한다. 그런 경우, 소수점 이하의 값은 모두 없어진다. 따라서 a의 값을 b의 값으로 나눌 때, 다시 말해 25를 2로 나눌 때 결과값은 12.5가 아니라 12가 된다. 이 중간 결과에 2를 곱하면 최종결과가 24가 되어 잃어버린 숫자가 발생하는 것이다.

프로그램 4.3을 다시 보자. 마지막에서 두 번째 NSLog 명령문에서 볼 수 있듯이 동일한 연산을 정수 대신 부동소수점 값으로 수행하면 예상대로 결과가 나온다.

float 변수를 쓸지 int 변수를 쓸지는 변수를 사용하는 목적에 따라 결정해야 한다. 만일 소수점 아래 정보가 필요 없다면, 정수 변수를 사용하자. 그 결과, 프로그램이 더 효율적으로 실행될 것이다. 쉽게 말해 많은 컴퓨터에서 프로그램이 더 빠르게 돌아갈 것이다. 반면에, 소수 자리까지 정확도가 필요하다면 선택은 명백하다. 이때 정해야 할 것은 float이냐 아니면 double이냐. 이 질문에 대한 답은 정확도를 어느 정도로 요구하는지와, 얼마나 큰 수를 다루는지에 달려 있다.

마지막 NSLog 명령문에서 변수 a의 값은 마이너스 단항 연산자를 사용해서 음수가 되었다. 이항 연산자가 두 값으로 연산하는 것과 달리 단항연산자는 하나의 값에 연산을 수행한다. 이때 뺄셈 부호는 두 가지 역할을 맡는다. 이항 연산자일 때는 두 값을 빼는 역할을, 단항 연산자일 때는 값을 음수로 바꾸는 역할을 한다 (값이 음수일 때는 양수로 바꾼다).

단항 뺄셈 연산자는 우선순위가 동일한 단항 덧셈 연산자(+)를 제외하고, 나머지 다른 산술 연산자보다는 우선순위가 높다. 따라서 다음 표현식은 -a와 b의 곱셈이다.

```
c = -a * b;
```

4.2.3 나머지 연산자

이 장에서 다룰 마지막 산술 연산자는 나머지 연산자로, 퍼센트 기호(%)로 표시한다. 프로그램 4.4의 출력 결과를 분석하여 이 연산자가 어떻게 동작하는지 알아보자.

프로그램 4.4

```
// 나머지 연산자

#import <Foundation/Foundation.h>

int main (int argc, char *argv[])
{
  @autoreleasepool {
     int a = 25, b = 5, c = 10, d = 7;
     
     NSLog (@"a %% b = %i", a % b);
     NSLog (@"a %% c = %i", a % c);
     NSLog (@"a %% d = %i", a % d);
     NSLog (@"a / d * d + a %% d = %i", a / d * d + a % d);
  }
  return 0;
}
```

프로그램 4.4 출력 결과

```
a % b = 0
a % c = 5
a % d = 4
a / d * d + a % d = 25
```

main 내의 한 명령문에서 변수 a, b, c, d를 한 번에 정의하고 초기화했다.

이미 잘 알고 있듯이 NSLog는 퍼센트 기호 바로 뒤 문자를 사용하여 다음 인수를 어떻게 출력해야 하는지 결정한다. 그러나 그 뒤에 퍼센트 기호가 또 이어서 나오면, NSLog 루틴은 퍼센트 기호 자체를 출력할 것으로 인식하고 출력 결과의 적절한 위치에 퍼센트 기호를 삽입한다.

나머지 연산자 %가 첫 값을 둘째 값으로 나눈 나머지를 나타낸다고 짐작했다면 제대로 맞춘 것이다. 첫 번째 예에서, 25를 5로 나눈 나머지는 0이므로 0

이 표시되었다. 만일 25를 10으로 나눈다면 나머지는 5이고, 이는 출력 결과의 둘째 줄에서 확인된다. 25를 7로 나눈 나머지는 4이고, 이 역시 출력 결과 세 번째 줄에서 확인할 수 있다.

이제 마지막 명령문의 산술 표현식을 살펴보자. Objective-C에서 두 정수 값에 수행되는 연산은 어느 연산이든 정수로 계산됨을 기억할 것이다. 따라서, 두 정수 값을 나눈 나머지는 버려질 뿐이다. 표현식 'a / d', 즉 25를 7로 나누면 중간 결과 값은 3이 된다. 이 값과 d의 값 7을 곱한 중간 값은 21이 된다. 마지막으로 표현식 'a % d', 즉 a를 d로 나눈 나머지를 더하면 결과 값은 25가 된다. 당연히 변수 a의 값과 이 결과 값이 동일해진다. 일반적으로 다음 표현식에서 a, b가 모두 정수 값이라고 가정하면 결과 값이 a의 값과 동일할 것이다.

```
a / b * b + a % b
```

사실 나머지 연산자 %는 정수 값에서만 사용할 수 있도록 정의되었다.

나머지 연산자는 곱셈 연산자와 나눗셈 연산자와 우선순위가 같다. 한 예로 다음 표현식을 보자.

```
table + value % TABLE_SIZE
```

이 표현식도 다음과 같이 계산됨을 의미한다.

```
table + (value % TABLE_SIZE)
```

4.2.4 정수와 부동소수점 변환

Objective-C 프로그램을 효과적으로 개발하려면, 부동소수점과 정수 값이 암묵적으로 변환되는 규칙을 이해해야 한다. 프로그램 4.5는 숫자 데이터 형 간의 간단한 변환 예를 보여 준다.

프로그램 4.5

```
// Objective-C의 기본 데이터 변환

#import <Foundation/Foundation.h>
```

```
int main (int argc, char *argv[])
{
  @autoreleasepool {

    float   f1 = 123.125, f2;
    int     i1, i2 = -150;

    i1 = f1;     // 부동소수점 수에서 정수로 변환
    NSLog (@"%f assigned to an int produces %i", f1, i1);

    f1 = i2;     // 정수에서 부동소수점 수로 변환
    NSLog (@"%i assigned to a float produces %f", i2, f1);

    f1 = i2 / 100;     // 정수로 정수 나누기
    NSLog (@"%i divided by 100 produces %f", i2, f1);

    f2 = i2 / 100.0;     // 부동소수점 수로 정수 나누기
    NSLog (@"%i divided by 100.0 produces %f", i2, f2);

    f2 = (float) i2 / 100;     // 형 변환 연산자
    NSLog (@"(float) %i divided by 100 produces %f", i2, f2);
  }
  return 0;
}
```

프로그램 4.5 출력 결과

```
123.125000 assigned to an int produces 123
-150 assigned to a float produces -150.000000
-150 divided by 100 produces -1.000000
-150 divided by 100.0 produces -1.500000
(float) -150 divided by 100 produces -1.500000
```

Objective-C 내에 있는 정수 변수에 부동소수점 값이 대입되면 소수점 이하 부분은 잘려 나간다. 따라서 프로그램 4.5에서 f1의 값이 i1에 대입될 때, 숫자 123.125는 축소되어 정수 부분 123만이 i1에 저장되었다. 프로그램 출력 결과에서 첫 줄을 보면 이를 확인할 수 있다.

반면 정수 변수를 부동소수점 변수에 대입해도 숫자 값에 아무런 변화가 생기지 않는다. 시스템은 그저 값을 부동소수점으로 변환하여 변수에 저장한다. 프로그램 출력 결과의 둘째 줄에서 i2 (-150)의 값이 정상적으로 float 변수 f1에 저장되었음을 확인할 수 있다.

프로그램 출력 결과에서 둘째 줄 다음의 두 줄은 산술 표현식을 쓸 때 주의해야 할 점을 다시 상기시킨다. 그 첫 번째 줄은 이 장에서 이미 다룬 정수 산술과

관련되어 있다. 한 표현식 내 피연산자 두 개가 정수라면(short, unsigned, long 정수도 포함된다) 이 연산은 정수 산술 법칙을 따른다. 따라서, (프로그램에서 했듯이) 계산 결과가 부동소수점 변수에 대입되더라도 나눗셈 연산 결과로 발생한 소수점 이하 수는 전부 버려진다. 정수 변수 i2가 정수 상수 100으로 나누어지면 시스템은 정수 나눗셈을 수행한다. 그 결과, -150 ÷ 100의 결과로 -1이 나오고 float 형 변수 f1에 결과 값이 저장된다.

그 다음에 나오는 나눗셈 연산은 정수 변수와 부동소수점 상수 간에 이뤄진다. Objective-C에서 두 값을 연산할 때 둘 중 하나만 부동소수점 변수 혹은 상수여도 부동소수점 연산을 수행한다. 따라서, i2의 값을 100.0으로 나누면 이 나눗셈은 부동소수점 나누기로 처리되어 결과가 -1.5가 되고, float 변수 f1에 대입된다.

4.2.5 형 변환 연산자

앞서 메서드를 선언하고 정의할 경우, 반환 값이나 인수 형을 선언할 때 괄호로 둘러쌓인 형 이름을 사용한다고 배웠다. 그런데 이것을 표현식 안에서 사용하면 전혀 다른 용도로 쓰인다.

다음에 나오는 프로그램 4.5의 마지막 연산은 형 변환 연산자를 소개한다.

```
f2 = (float) i2 / 100;  // 형 변환 연산자
```

이 형 변환 연산자는 표현식을 계산하고자 변수 i2의 값을 float 형으로 변환한다. 이 연산자가 변수 i2에 계속 영향을 끼치지는 못한다. 이 연산자는 단항 연산자로, 다른 단항 연산자와 마찬가지로 동작한다. 표현식 -a가 a의 값에 지속적인 영향을 미치지 않는 것과 마찬가지로 표현식 (float) a도 그 영향력이 지속되지 않는다.

형 변환 연산자는 단항 연산자 +, -를 제외한 모든 산술 연산자보다 우선순위가 높다. 물론, 필요하다면 괄호를 씌워 원하는 대로 연산 순서를 지정할 수 있다.

형 변환 연산자의 다른 예로 다음 표현식을 보자.

```
(int) 29.55 + (int) 21.99
```

이 식은 부동소수점 값을 정수로 형 변환하였으므로, Objective-C에서 다음과 같이 계산된다.

```
29 + 21
```

또, 다음 표현식을 보자.

```
(float) 6 / (float) 4
```

이 식은 다음 표현식과 동일하게 결과가 1.5이다.

```
(float) 6 / 4
```

형 변환 연산자는 대체로 id 형 객체를 특정 클래스의 객체로 강제로 변환하는데 사용된다. 예를 들어 다음 코드는 id 형 변수 myNumber를 Fraction 객체로 변환한다.

```
id myNumber;
Fraction *myFraction;
...
myFraction = (Fraction *) myNumber;
```

변환 결과가 Fraction 변수인 myFraction에 대입된다.

4.3 대입 연산자

Objective-C에서는 일반적으로 다음 형태를 써서 산술 연산자와 대입 연산자를 결합해 사용할 수 있다.

```
op =
```

이 형태에서 op에는 +, -, *, /, % 중 어느 연산자든 들어갈 수 있다. 추가로 op에는 이후에 설명할 시프트와 마스킹 비트 연산자도 사용할 수 있다.

다음 명령문을 살펴보자.

count += 10;

+=는 '상수 값만큼 증가'시키는 연산자다. 연산자 오른쪽에 있는 표현식을 연산자 왼쪽의 표현식에 더하여 그 결과를 연산자 왼쪽의 변수에 저장한다. 따라서 이 명령문은 다음 명령문과 동일하다.

count = count + 10;

다음 표현식은 '상수 값만큼 감소'시키는 대입 연산자를 사용하여 counter의 값에서 5를 뺀다.

counter -= 5

이 역시 다음 표현식과 동일하다.

counter = counter - 5

다음은 좀 더 복잡한 표현식이다.

a /= b + c

이 표현식은 등호 오른쪽에 있는 값(혹은 b와 c의 합)으로 a를 나눈 다음, 그 결과 값을 a에 저장한다. 여기서 덧셈부터 실행하는 이유는 대입 연산자의 우선순위가 더하기 연산자보다 낮기 때문이다. 사실 쉼표 연산자(,)를 제외하고는 모든 연산자는 대입 연산자보다 우선순위가 높다.

이 표현식은 다음과 동일하다.

a = a / (b + c)

대입 연산자를 사용하는 이유는 세 가지다. 첫째, 연산자 왼쪽에 나타나는 것이 오른쪽에 또 나타날 필요가 없으므로 프로그램을 작성하기가 쉽다. 둘째, 일반적으로 표현식이 더 읽기 쉬워진다. 셋째, 대입 연산자들을 사용하면 프로그램 실행이 좀 더 빨라질 수 있다. 컴파일러가 표현식을 계산하기 위해 더 적은 코드를 생성하는 경우도 있기 때문이다.

4.4 Calculator 클래스

이제 새로운 클래스를 정의할 때가 되었다. 간단한 덧셈, 뺄셈, 곱셈, 나눗셈을 수행할 수 있는 Calculator 클래스를 만들어 보자. 보통 계산기와 마찬가지로, 누계 혹은 보통 누산기를 유지해야 한다. 따라서 누산기를 특정 값으로 설정하고, 값을 없애고(혹은 0으로 설정하고), 작업을 마쳤을 때 값을 받아 오는 메서드들이 필요하다. 프로그램 4.6에는 새 클래스를 정의하고, 계산기를 시도해 볼 테스트 프로그램이 담겨 있다.

프로그램 4.6

```
// Calculator 클래스 구현

#import <Foundation/Foundation.h>

@interface Calculator: NSObject

// 누산기 메서드
-(void)    setAccumulator: (double) value;
-(void)    clear;
-(double)  accumulator;

// 산술 연산 메서드
-(void) add: (double) value;
-(void) subtract: (double) value;
-(void) multiply: (double) value;
-(void) divide: (double) value;
@end

@implementation Calculator
{
  double accumulator;
}

-(void) setAccumulator: (double) value
{
  accumulator = value;
}
```

```
-(void) clear
{
  accumulator = 0;
}

-(double) accumulator
{
  return accumulator;
}

-(void) add: (double) value
{
  accumulator += value;
}

-(void) subtract: (double) value
{
  accumulator -= value;
}

-(void) multiply: (double) value
{
  accumulator *= value;
}

-(void) divide: (double) value
{
  accumulator /= value;
}
@end

int main (int argc, char *argv[])
{
  @autoreleasepool {
    Calculator *deskCalc = [[Calculator alloc] init];

    [deskCalc setAccumulator: 100.0];
    [deskCalc add: 200.];
    [deskCalc divide: 15.0];
    [deskCalc subtract: 10.0];
    [deskCalc multiply: 5];
    NSLog (@"The result is %g", [deskCalc accumulator]);
  }
  return 0;
}
```

프로그램 4.6 출력 결과

```
The result is 50
```

Calculator 클래스에는 누산기의 값을 double 형 값으로 저장하는 인스턴스 변수 하나만 있다. 메서드 정의는 그 자체로 충분히 직관적이므로 쉽게 이해할 수 있을 것이다.

multiply 메서드를 호출하는 메시지를 살펴보자.

```
[deskCalc multiply: 5];
```

인수로 정수가 건네지는데, 이 메서드는 double 값을 예상하고 있다. 그러나 메서드로 넘겨지는 숫자 인수는 자동으로 예상되는 형에 맞춰 변환되기 때문에 아무런 문제도 발생하지 않는다. multiply:에서는 double을 예상하므로, 정수 값 5는 함수가 호출될 때 자동으로 배정밀도 부동소수점 값으로 변환된다. 이런 자동 변환이 있지만, 메서드를 호출할 때 정확한 인수 형을 건네주는 편이 더 좋은 프로그래밍 습관이다.

객체를 여러 개 만들어 사용하는 Fraction 클래스와는 달리, Calculator는 프로그램 내에서 객체를 단 하나만 만들어 사용한다. 그렇지만 이 객체를 더 쉽게 다루기 위해 새로 클래스를 정의해도 된다. 언젠가는 이 계산기에 그래픽 유저 인터페이스를 추가하여 사용자가 직접 스크린의 버튼을 눌러 사용하게끔 하고 싶을 수도 있다. 시스템이나 휴대전화에 설치된 계산기 프로그램처럼 말이다.

10장 「변수와 데이터 형에 대하여」에서 데이터 형 변환과 비트 연산자에 대해 더 깊이 알아볼 것이다.

이제 아래의 연습문제를 풀다보면, Calculator 클래스를 정의하는 또 다른 장점인 쉬운 확장성을 발견하게 될 것이다.

4.5 연습문제

1. 다음 중 유효하지 않은 상수는 무엇인가? 그 이유는 무엇인가?

```
123.456      0x10.5       0X0G1
0001         0xFFFF       123L
0Xab05       0L           -597.25
123.5e2      .0001        +12
98.6F        98.7U        17777s
0996         -12E-12      07777
```

```
1234uL        1.2Fe-7      15,000
1.234L        197u         100U
0XABCDEFL     0xabcu       +123
```

2. 다음 식을 사용하여 화씨 27도를 섭씨로 바꾸는 프로그램을 작성하라.

   ```
   C = (F - 32) / 1.8
   ```

   이 계산을 위해 클래스를 정의할 필요는 없다. 표현식을 계산하는 것이면 충분하다.

3. 다음 프로그램의 출력 결과를 예상해 보라.

   ```objc
   #import <Foundation/Foundation.h>

   int main (int argc, char *argv[])
   {
     @autoreleasepool {
        char c, d;

        c = 'd';
        d = c;

        NSLog(@"d = %c", d);
     }
     return 0;
   }
   ```

4. 다음 다항식을 계산하는 프로그램을 작성하라. (지수 계산은 그냥 곱셈으로 처리하라. Objective-C 에는 지수 연산자가 존재하지 않는다.)

   $$3x^3 - 5x^2 + 6$$
   for $x = 2.55$

5. 다음 표현식을 계산하고 결과를 표시하는 프로그램을 작성하라. (지수 표기법으로 표시하자.)

   $$(3.31 \times 10^{-8} + 2.01 \times 10^{-7}) / (7.16 \times 10^{-6} + 2.01 \times 10^{-8})$$

6. 복소수는 실수와 허수로 구성된다. 만일 a가 실수이고 b가 허수라면 다음 표기법을 이용하여 이 수를 표현할 수 있다.

```
a + b i
```

Complex라는 새로운 클래스를 정의하는 Objective-C 프로그램을 작성하라. Fraction 클래스에 맞춰 세워진 패러다임을 따라 새로운 클래스를 위한 다음 메서드를 정의하라.

```
-(void) setReal: (double) a;
-(void) setImaginary: (double) b;
-(void) print;   // a+bi 형식으로 표시
-(double) real;
-(double) imaginary;
```

새 클래스와 메서드를 시험해 볼 테스트 프로그램을 작성하라.

7. 그래픽 객체를 다루는 루틴의 라이브러리를 개발하고 있다고 하자. 먼저 Rectangle 클래스를 새로 정의하자. 일단, 사각형의 너비와 높이만 가지고 있자. 너비와 높이 값을 설정하고, 받아오고, 사각형의 넓이와 둘레를 계산하는 메서드를 개발하라. 이 사각형 객체가 컴퓨터 화면 같은 정수 그리드에서 나타나는 사각형을 묘사한다고 가정하자. 이런 경우, 이 사각형의 너비와 높이는 정수 값이다.

여기 Rectangle 클래스의 @interface 부분이 있다.

```
@interface Rectangle: NSObject

-(void) setWidth: (int) w;
-(void) setHeight: (int) h;
-(int) width;
-(int) height;
-(int) area;
-(int) perimeter;
@end
```

구현 부분(@implementation)을 작성하고 테스트 프로그램을 사용하여 새 클래스와 메서드를 시험해보자.

8. 프로그램 4.6의 add:, subtract:, multiply:, divide: 메서드를 수정하여 누산기의 결과 값을 반환하도록 만들자. 새 메서드를 시험해 본다.

9. 연습문제 8을 마친 다음, 다음 메서드를 Calculator 클래스에 추가하고 시험해보자.

```
-(double) changeSign;      // 누산기의 부호를 바꾼다.
-(double) reciprocal;      // 1/누산기
-(double) xSquared;        // 누산기를 제곱한다.
```

10. 프로그램 4.6의 Calculator 클래스에 메모리 기능을 추가하자. 다음 메서드 선언을 구현하고 테스트하라.

```
-(double) memoryClear;                       // 메모리의 값을 정리한다.
-(double) memoryStore;                       // 누산기 값을 메모리에 저장한다.
-(double) memoryRecall;                      // 메모리의 값을 누산기에 지정한다.
-(double) memoryAdd: (double) value;         // 메모리에 값을 더한다.
-(double) memorySubtract: (double) value;    // 메모리에서 값을 뺀다.
```

마지막 두 메서드는 지정한 연산을 메모리에 수행할 뿐만 아니라, 누산기에 값을 지정한다. 각 메서드가 누산기의 값을 반환하도록 만들자.

5장

Programming in Objective-C

프로그램 반복문

Objective-C에서 코드를 반복 실행하는 방법이 몇 가지 있다. 이 장의 주제인 '반복하기'를 하는 방법은 다음과 같이 세 가지다.

- for 문
- while 문
- do 문

숫자를 세는 간단한 예제부터 해보자.

구슬 열다섯 개를 삼각형 모양으로 정렬하려면, 그림 5.1과 같은 모양으로 정렬할 수 있다.

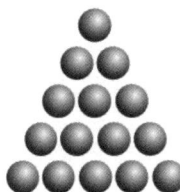

그림 5.1 삼각형 정렬의 예

삼각형의 첫째 줄에 구슬이 하나, 둘째 줄에 둘, 이런 식으로 계속 정렬된다. 정리하자면 n개의 줄로 구성된 삼각형을 만들기 위해서 구슬이 정수 1부터 n까지의 합만큼 필요하다. 이 합을 '삼각수(triangular number)'라고 부른다.

1에서 시작하면 넷째 삼각수는 연속되는 정수 1부터 4까지의 합(1 + 2 + 3 + 4), 즉 10이 된다.

여덟 번째 삼각수의 값을 계산하여 터미널에 결과를 표시해 주는 프로그램을 만든다고 해보자. 물론 머릿속에서 계산하는 게 어렵지는 않지만, Objective-C 프로그램을 작성해서 이 일을 처리하고 싶다고 하자. 프로그램 5.1은 이 프로그램의 예제다.

프로그램 5.1

```
#import <Foundation/Foundation.h>

// 여덟 번째 삼각수를 계산하는 프로그램

int main (int argc, char * argv[])
{
  @autoreleasepool
  {
    int triangularNumber;

    triangularNumber = 1 + 2 + 3 + 4 + 5 + 6 + 7 + 8;

    NSLog (@"The eighth triangular number is %i", triangularNumber);
  }
  return 0;
}
```

프로그램 5.1 출력 결과

```
The eighth triangular number is 36
```

프로그램 5.1에서 사용한 방법으로 간단한 삼각수는 계산할 수 있지만, 200번째 삼각수를 찾고자 한다면 어떨까? 프로그램 5.1을 수정해서 1부터 200까지 정수를 하나하나 더한다면 매우 지겨울 것이다. 다행히 쉬운 방법이 있다.

반복 수행하는 능력이 컴퓨터의 기본적인 특징을 이룬다. 이 반복 기능을 써서 프로그래머는 코드를 수천, 수백만 줄 작성해서 수행할 작업을 매우 짧은 코드로 수행할 수 있다. Objective-C에는 프로그램을 반복하는 명령문이 세 가지 있다.

5.1 for 문

이제 for 문을 사용하는 프로그램을 하나 살펴보자. 프로그램 5.2는 200번째 삼각수를 계산한다. 다음 코드에서 for 문이 어떻게 동작하는지 이해해보자.

프로그램 5.2

```objectivec
// 200번째 삼각수를 계산하는 프로그램

#import <Foundation/Foundation.h>

int main (int argc, char *argv[])
{
  @autoreleasepool {
    int n, triangularNumber;

    triangularNumber = 0;

    for ( n = 1; n <= 200; n = n + 1 )
      triangularNumber += n;

    NSLog (@"The 200th triangular number is %i", triangularNumber);
  }
  return 0;
}
```

프로그램 5.2 출력 결과

```
The 200th triangular number is 20100
```

프로그램 5.2에는 설명이 좀 필요하다. 200번째 삼각수를 계산하는 방법은 8번째 삼각수를 계산할 때와 동일하다. 정수 1부터 200까지 다 더해 주자.

변수 triangularNumber는 for 문이 시작되기 전에 0으로 설정된다. 보통, 모든 변수는 프로그램에서 사용되기 전에 특정 값으로 초기화해 주어야 한다. 나중에 배우겠지만, 특정 형의 변수들은 기본 초깃값을 갖는데, 여기에 의존하기보다는 직접 초기화하는 편이 좋다.

for 문에서는 명시적으로 정수 1부터 200을 작성해 줄 필요가 없다. 어떤 의미에서는 이 코드가 이 숫자를 직접 만들어 준다고도 볼 수 있다.

for 문은 일반적으로 다음과 같은 형태다.

```
for ( init_expression; loop_condition; loop_expression )
    program statement
```

괄호 안에는 표현식이 세 가지 있다. 바로 init_expression, loop_condition, loop_expression인데, 이것들을 이용해서 프로그램의 반복문이 작동하는 환경을 설정한다. 바로 뒤이어 나오는 명령문이 반복문의 몸체를 구성한다. 여기에는 유효한 (당연히 세미콜론으로 끝나는) Objective-C '프로그램 명령문'이면 무엇이든 사용할 수 있다. 이 명령문은 for 문의 인자로 지정된 횟수만큼 수행된다.

init_expression이라고 이름 붙은 for 문의 첫 구성 요소는 반복문이 시작될 때 초깃값을 설정해 준다. 프로그램 5.2에서 이 부분은 n의 초깃값을 1로 설정하는데 사용했다. 코드에서 볼 수 있듯 대입은 유효한 표현식이다.

for 문의 두 번째 구성 요소로 반복문이 계속되는 조건을 지정한다. 다른 말로 하면, 이 조건이 만족되는 동안에는 계속 반복이 진행된다. 프로그램 5.2를 다시 보면 for 문의 loop_condition은 다음 비교 표현식이다.

```
n <= 200
```

이 표현식은 "n이 200보다 작거나 같다"라고 읽어도 된다. 이 '작거나 같다' 연산자(<=)는 Objective-C 언어가 지원하는 몇몇 비교 연산자 중 하나다. 이 연산자들은 조건을 테스트하는 용도로 쓴다. 만일 조건이 만족되면 테스트 결과는 참(혹은 true)이고, 조건이 만족되지 못하면 결과는 거짓(혹은 false)이다.

표 5.1에 Objective-C의 비교 연산자를 모두 나열했다.

연산자	의미	예제
==	같음	count == 10
!=	같지 않음	flag != DONE
<	보다 작음	a < b
<=	보다 작거나 같음	low <= high
>	보다 큼	points > POINT_MAX
>=	보다 크거나 같음	j >= 0

표 5.1 비교 연산자

이 비교 연산자들은 모든 산술 연산자보다 우선순위가 낮다. 다음 표현식을 보자.

```
a < b + c
```

이것은 다음과 같이 계산된다.

```
a < (b + c)
```

이 코드는 예상대로 동작한다. a가 b와 c를 더한 값보다 작다면 결과 값은 참(true)이고, 그 외에는 거짓(false)이 된다.

'같음' 연산자(==)에 주의를 기울이자. 대입 연산자(=)와 헷갈리지 말아야 한다. 다음 표현식을 보자.

```
a == 2
```

이 식은 a의 값이 2와 같은지 비교하지만, 다음 표현식은 이와 다르다.

```
a = 2
```

이 식을 실행하면 변수 a에 숫자 2가 대입된다.

어떤 비교 연산자를 사용할지는 어떤 테스트인지에 달려 있다. 때로는 사용자의 선호에 따라 달라지기도 한다. 다음 비교 표현식을 보자.

```
n <= 200
```

이 식은 다음 표현식과 동일하다.

```
n < 201
```

앞 예제로 돌아가서 for 문의 몸체를 살펴보자. triangularNumber += n;은 비교 테스트의 값이 참인 동안, 혹은 n의 값이 200 이하인 동안에는 반복 실행된다. 이 프로그램 명령문은 triangularNumber의 값에 n의 값을 더한다.

loop_condition에 있는 조건이 맞지 않을 때가 되면, 프로그램의 실행은 for 문 바로 다음 명령문으로 넘어간다. 이 프로그램에서 반복문이 종료되고 나면 NSLog로 프로그램의 실행이 넘어간다.

for 문의 마지막 구성 요소는 반복문의 몸체가 실행되고 나서 계산된다. 프로그램 5.2에서 이 loop_expression은 n의 값에 1을 더한다. 따라서 triangularNumber의 값에 n의 값이 더해질 때마다 그 다음에 n의 값을 1씩 증가시킨다. 이는 n이 201이 될 때까지 수행된다.

n에 들어갈 수 있는 마지막 값인 201은 triangularNumber에 추가되지 않는다. 이것은 반복 조건이 충족되지 않는 순간, 혹은 n이 201이 되는 순간에 반복문이 종료되기 때문이다.

요약하면, for 문은 다음 순서대로 실행된다.

1. 초기화 표현식이 먼저 평가된다. 이 표현식은 반복문 내에 사용되는 변수를 (0과 1 같은 초깃값으로) 설정하는데, 보통 '인덱스' 변수라고 부른다.
2. 반복 조건이 평가된다. 만일 조건이 충족되지 못하면 (즉, 표현식이 거짓이면) 반복문은 즉시 종료된다. 실행은 반복문 다음 명령문으로 넘어간다.
3. 반복문에서 몸체를 구성하는 명령문이 실행된다.
4. 반복 표현식이 평가된다. 보통 이 표현식은 인덱스 변수에 1을 더하거나 1을 뺀다.
5. 2단계로 돌아간다.

반복문에 들어가면 반복문의 몸체가 실행되기 전에 반복 조건부터 평가된다는 사실을 기억하라. 또한, 반복문 괄호 뒤에 세미콜론을 넣지 않도록 주의한다. 만일 반복문 괄호 뒤에 세미콜론을 넣는다면 반복문이 바로 종료될 것이다.

프로그램 5.2는 첫 번째 삼각수부터 200번째 삼각수까지 모두 계산한다. 따라서 이 숫자들로 표를 만들 수 있다. 공간을 절약하기 위해 처음 10번째까지의 삼각수만 표로 만들어 보자. 프로그램 5.3은 이 작업을 수행한다.

프로그램 5.3

```
// 삼각수 표를 생성하는 프로그램

#import <Foundation/Foundation.h>

int main (int argc, char *argv[])
{
  @autoreleasepool {
    int n, triangularNumber;

    NSLog (@"TABLE OF TRIANGULAR NUMBERS");
    NSLog (@" n   Sum from 1 to n");
    NSLog (@"--   --------");

    triangularNumber = 0;

    for ( n = 1; n <= 10; ++n ) {
      triangularNumber += n;
      NSLog (@" %i          %i", n, triangularNumber);
    }
  }

  return 0;
}
```

프로그램 5.3 출력 결과

```
TABLE OF TRIANGULAR NUMBERS
N  Sum from 1 to n
--  ------------------
1       1
2       3
3       6
4       10
5       15
6       21
7       28
8       36
9       45
10      55
```

프로그램 5.3에서 맨 앞에 있는 NSLog 세 개는 그저 일반적인 제목과 각 컬럼의 이름표를 붙이는 데에만 사용했다.

적절한 제목을 달고 나서, 프로그램은 맨 앞부터 10개까지의 삼각수를 계산한다. 변수 n을 사용하여 현재 숫자를 세고, 1에서 n까지 이르는 합을 계산하여 n번째 삼각수의 값을 변수 triangularNumber에 저장한다.

for 문은 변수 n의 값을 1로 설정하는 것에서 실행되기 시작한다. 앞에서 언급했듯이, for 문 바로 다음에 나오는 명령문이 반복문의 몸체를 구성한다. 그런데 반복 실행하고 싶은 프로그램 명령문이 한 줄이 아니라 여러 줄이라면 어떻게 해야 할까? 그때는 반복 실행하기를 원하는 프로그램 명령문 전부를 중괄호({ })로 감싸면 된다. 시스템은 이 명령문 그룹 혹은 '블록'을 단일 엔터티로 처리한다. 블록을 중괄호로 열고 닫기만 잘 해준다면 Objective-C 프로그램 내에 명령문을 허용하는 어느 곳에서든 명령문 블록을 실행시킬 수 있다.

따라서 프로그램 5.3에서는 triangularNumber에 n을 더하는 코드와 그다음 NSLog 모두 반복문의 몸체다. 프로그램 명령문이 들여쓰기된 방식에 주의를 기울이자. 한눈에 어느 부분이 for 문인지 알아볼 수 있다. 프로그래머마다 코딩 스타일이 다른데, 어떤 사람들은 다음 방식으로 반복문을 작성하는 것을 선호한다.

```
for ( n = 1; n <= 10; ++n )
{
    triangularNumber += n;
    NSLog (@" %i %i", n, triangularNumber);
}
```

이 코드에서 여는 중괄호({)는 for 다음 줄에 자리 잡았다. 여는 중괄호가 어디에 있는지는 취향의 문제이며 프로그램 자체에는 아무런 영향을 끼치지 않는다.

이전 삼각수에 n의 값을 더하면 다음 삼각수가 간단히 계산된다. 맨 처음 for 문이 시작될 때, 이전 삼각수의 값은 0이므로 n의 값이 1일 때, triangularNumber의 새 값은 n 값, 즉 1이다. 그 후 형식 문자열에 빈칸이 적절한 수만큼 추가되어 n과 triangularNumber의 값이 각 컬럼 제목 아래에 줄 맞춰 표시된다.

반복문의 몸체가 실행된 후 반복 표현식이 평가된다. 그런데 이 for 문 안의 표현식이 약간 이상해 보일 수 있다. n = n + 1을 입력하려다가 실수로 다음처럼 웃기게 생긴 코드를 작성했다는 생각마저 들지 모른다.

```
++n
```

그러나 ++n은 아무 문제 없는 유효한 Objective-C 표현식이다. 이 표현식에서는 '증가 연산자'라는 새로운 연산자를 소개한다. ++ 기호, 즉 증가 연산자는 피연산자에 1을 더해 준다. 프로그램에서 1을 더하는 연산이 하도 자주 사용되기 때문에 이를 위해 특별한 연산자가 만들어진 것이다. ++n은 n = n + 1과 동일하다. 처음에는 n = n + 1이 더 눈에 잘 들어오겠지만 익숙해지면 이런 간결한 표현이 있다는 것에 감사를 표하게 될 것이다. 그렇다면 1을 더하는 연산자만 제공할까?

당연히 값에서 1을 빼는 연산자도 있다. 쉽게 짐작할 수 있듯이 이 연산자의 이름은 '감소 연산자'이고, 뺄셈 부호 두 개로 표시한다. 다음 Objective-C 표현식을 보자.

```
bean_counter = bean_counter - 1
```

감소 연산자를 써서 이 식은 작성해 보면 다음과 같다. 결과는 동일하다.

```
--bean_counter
```

n++나 bean_counter--같이 ++나 --를 변수 뒤에 쓰는 것을 선호하는 프로그래머도 있다. 이 방법도 사용 가능하며, for 문에서 무엇을 사용할지는 개인이 선호하는 쪽을 선택하면 된다. 그런데, 복잡한 표현식에서는 이 연산자를 앞에 붙이는 것과 뒤에 붙이는 것에 따라 결과가 달라질 수 있다. 이에 대해서는 13장 「하부 C 언어 기능」에서 다룬다.

프로그램 5.3의 출력 결과를 보자. 마지막 줄이 위와 맞지 않는다. 이 작은 골칫거리는 프로그램 5.3에서 해당하는 NSLog 명령문을 다음 명령문으로 대체하면 고칠 수 있다.

```
NSLog ("%2i %i", n, triangularNumber);
```

이렇게 코드를 변경하여 문제가 해결되었는지 알아보기 위해 수정한 프로그램(프로그램 5.3A)을 출력해보자.

프로그램 5.3.A 출력 결과

```
TABLE OF TRIANGULAR NUMBERS

n   Sum from 1 to n
--- -----------------
 1     1
 2     3
 3     6
 4    10
 5    15
 6    21
 7    28
 8    36
 9    45
10    55
```

NSLog 명령문에 필드 너비 설명이 추가되었다. %2i는 정수 값을 특정 위치에 표시하고 싶다는 의미만이 아니라 최소 두 컬럼을 차지하여 표시하겠다는 뜻도 된다. 컬럼만 한 칸 차지하는 정수 값(0~9)은 빈칸 다음에 나타난다. 이런 방식을 '오른쪽 정렬'이라고 한다.

따라서 %2i로 필드 너비를 지정하면 n의 값을 표시하는데 최소 두 컬럼이 사용되고 triangularNumber의 값도 정렬되어 표시될 것이다.

5.1.1 키보드 입력

프로그램 5.2는 200번째 삼각수를 계산하는 일만 한다. 만일 50번째, 100번째 삼각수를 계산해야 한다면 어떻게 해야 할까? 그럴 때는, for 문이 적절한 횟수만큼 반복하도록 프로그램을 수정해야 할 것이다. 또한 NSLog 명령문도 수정하여 적절한 메시지를 표시하게 해야 한다.

더 쉬운 방법은 사용자가 계산하고 싶은 삼각수가 무엇인지 프로그램이 물어보도록 하는 것이다. 답을 받고 나면, 프로그램은 원하는 삼각수를 계산할 수 있을 것이다. scanf라는 루틴을 사용하여 이 방법을 쓸 수 있다. scanf는 개념 측면에서는 NSLog와 유사하다. NSLog 루틴이 값을 표시하는데 사용되는 반면, scanf 루틴은 프로그램에 값을 입력해 넣을 수 있도록 한다. 물론 코코아 혹은 아이폰 애플리케이션 같은 GUI를 사용하는 Objective-C 프로그램에서는 NSLog나 scanf가 사용되지 않을 것이다.

프로그램 5.4는 사용자에게 어떤 삼각수를 계산할지 물어보고, 삼각수를 계산하고 결과를 표시한다.

프로그램 5.4

```
#import <Foundation/Foundation.h>

int main (int argc, char * argv[])
{
   @autoreleasepool {
      int n, number, triangularNumber;

      NSLog (@"What triangular number do you want?");
      scanf ("%i", &number);

      triangularNumber = 0;

      for ( n = 1; n <= number; ++n )
         triangularNumber += n;

      NSLog (@"Triangular number %i is %i\ n", number, triangularNumber);
   }

   return 0;
}
```

출력 결과에서 사용자가 입력한 값(100)은 프로그램이 출력한 결과와 구분하기 위해 볼드체로 표시했다.

프로그램 5.4 출력 결과

```
What triangular number do you want?
100
Triangular number 100 is 5050
```

출력 결과에 따르면, 사용자는 숫자 100을 입력하였다. 그 후, 프로그램은 100번째 삼각수를 계산하고 결과 값 5050을 터미널에 표시한다. 사용자가 원하는 삼각수가 무엇이든 입력만 하면 결과값을 얻을 수 있다.

프로그램 5.4에서 첫 NSLog 명령문은 사용자에게 숫자를 입력해 달라고 요청한다. 물론, 사용자에게 입력해 주길 원하는 값을 알려주는 편이 좋다. 이 메시지가 표시된 뒤 scanf 루틴이 호출된다. scanf의 첫 번째 인수는 포맷 스트링인데 @으로 시작하지 않는다. NSLog의 첫 번째 인수가 언제나 NSString인 것과 달리, scanf는 첫 인수가 C 스타일의 스트링이다. 이 책의 앞부분에서 언급했듯이 C 스타일 캐릭터는 @ 문자로 시작하지 않는다.

포맷 스트링은 scanf가 어떤 종류의 값을 콘솔(터미널 프로그램으로 프로그램을 컴파일하는 경우라면 터미널 창)에서 입력받을 것인지 지정한다. NSLog의 경우와 마찬가지로, %i 문자는 정수 값을 지정하는 데 쓴다.

scanf 루틴의 두 번째 인수는 사용자가 입력한 값이 어디에 저장될지 지정한다. 변수 number 앞에는 & 문자가 반드시 붙어야 한다. 변수 number의 값을 제공하는 대신, 그 값이 어디에 저장되어야 하는지를 지정하는 것이다. 일단 지금은 &의 기능에 대해 크게 걱정하지 말자. 연산자의 일종인 이 문자는 13장 「하부 C 언어 기능」에서 포인터를 다룰 때 상세히 설명한다.

이제 프로그램 5.4에서 scanf 호출이 정수 값을 읽어 변수 number에 저장함을 이해할 수 있을 것이다. 이 값은 사용자가 계산하고 싶은 특정 삼각수다.

사용자가 이 숫자를 입력하고 (입력이 끝났다는 의미로 엔터 키를 누르면) 프로그램은 요청된 삼각수의 값을 계산한다. 삼각수의 값은 프로그램 5.2와 동일한 방식으로 계산되는데, 다른 점은 200 대신 number를 한계 값으로 사용한다는 것이다.

> **노트**
> 숫자 키가 있는 키보드에서 Enter 키를 누르면 프로그램에 입력한 숫자가 입력되지 않을 수도 있다. 이런 경우 Return 키를 사용하도록 하자.

원하는 삼각수를 계산하고 나서 결과가 표시된다. 그런 다음, 프로그램의 실행이 종료된다.

5.1.2 중첩 for 문

프로그램 5.4에서 사용자가 원하는 삼각수를 계산할 수 있도록 하였다. 그러나 사용자가 삼각수 다섯 개를 계산하고 싶다면 어떻게 해야 할까? 이럴 때는 사용자가 프로그램을 다섯 번 실행해서 매번 원하는 삼각수를 입력할 수 있다.

동일한 목적을 달성하면서도 Objective-C 학습 측면에서 훨씬 흥미로운 방법이 있다. 프로그램이 이 상황을 처리하도록 하는 것이다. 프로그램에 반복문을 추가하여 전체 계산을 다섯 번 반복하도록 한다. 이 반복문에는 for 문을 사용할 수 있다. 프로그램 5.5와 출력 결과에서 이 기법을 설명한다.

프로그램 5.5

```objc
#import <Foundation/Foundation.h>

int main (int argc, char *argv[])
{
  @autoreleasepool {
     int n, number, triangularNumber, counter;

     for ( counter = 1; counter <= 5; ++counter ) {
        NSLog (@"What triangular number do you want?");
        scanf ("%i", &number);

        triangularNumber = 0;

        for ( n = 1; n <= number; ++n )
           triangularNumber += n;

        NSLog (@"Triangular number %i is %i", number, triangularNumber);
     }
  }

  return 0;
}
```

프로그램 5.5 출력 결과

```
What triangular number do you want?
12
Triangular number 12 is 78

What triangular number do you want?
25
Triangular number 25 is 325

What triangular number do you want?
50
Triangular number 50 is 1275

What triangular number do you want?
75
Triangular number 75 is 2850

What triangular number do you want?
83
Triangular number 83 is 3486
```

프로그램에는 for 문이 두 단계로 들어가 있다. 다음은 바깥쪽 for 문이다.

```
for ( counter = 1; counter <= 5; ++counter )
```

이 코드는 프로그램 반복문을 정확히 다섯 번 수행한다. counter의 값은 처음에 1로 설정되고, 5와 같거나 작은 동안에만(다른 말로 하면, 6에 도달할 때까지) 1씩 증가된다.

앞 예제들과 달리, 변수 counter는 프로그램 내의 어디에서도 사용되지 않는다. 오로지 for 문의 반복 횟수 계산용으로만 사용된다. 그러나 이 역시 변수이기 때문에 프로그램 내에서 선언해 주어야만 한다.

남은 프로그램 코드가 이 프로그램 반복문에 다 들어가 있고, 이를 괄호로 감쌌다. 이 프로그램이 동작하는 방식을 다음과 같이 개념적으로 설명하면 더 쉽게 이해할 수 있을 것이다.

```
5번 반복한다.
{
    사용자에게 숫자 입력을 받는다.
    요청받은 삼각수를 표시한다.
    결과를 표시한다.
}
```

반복문의 '요청받은 삼각수를 계산한다' 부분에서는 변수 triangularNumber를 0으로 설정하고, '삼각수를 계산하는 for 문'을 포함한다. 따라서 for 문이 실제로 다른 for 문 내에 들어가 있는 것이다. 이렇게 반복문을 중첩해서 쓰는 방식은 Objective-C에서 아무 문제 없이 사용할 수 있고, 유효하다. 중첩하는 단계는 원하는 만큼 깊어질 수 있다.

중첩된 for 문처럼 복잡한 프로그램 구조를 다룰 때는 들여쓰기의 중요성이 더욱 커진다. 들여쓰기를 하면 한눈에 어느 명령문이 어느 for 문에 속한지를 알 수 있다.

5.1.3 for 문 변형

for 문에 대한 논의를 끝내기 전에 이 반복문이 허용하는 문법 형태에 대해 조금 더 짚어보고 가자. for 문을 작성할 때, 반복문 시작점에서 변수를 둘 이상 초기화 하고 싶을 때도 있고, 반복문이 돌 때마다 표현식을 둘 이상 실행시키고 싶을 때도 있다. for 문에 있는 어느 필드에든 콤마(,)로 구분 지어 여러 표현식을 포함시킬 수 있다. 다음 for 문을 보자.

```
for ( i = 0, j = 0; i < 10; ++i )
    ...
```

i와 j의 값은 반복문이 시작되기 전에 0으로 설정된다. i = 0과 j = 0는 콤마로 구분되지만 둘 다 반복문 안에 있는 init_expression 필드의 일부다. 다른 예로, 다음 for 문을 보자.

```
for ( i = 0, j = 100; i < 10; ++i, j -= 10 )
    ...
```

반복문의 시작 전에 변수 i와 j는 각각 0, 100으로 초기화한다. 반복문의 몸체가 매번 실행되고 나면, i값은 1씩 증가하고, j값은 10씩 감소한다.

for 문에 있는 특정 필드에 표현식을 둘 이상 넣고 싶을 때도 있겠지만, 때로는 필드를 생략하고 싶기도 할 것이다. 그때는 그저 필드를 생략하고 그곳에 바로 세미콜론을 넣어주면 된다. for 문 안에 있는 필드 중 초깃값을 설정하는 부분이 가장 흔히 생략된다. 초기 표현식을 계산할 필요가 없을 때는 init_expression 필드를 그냥 빈칸으로 두고 세미콜론만 입력하면 된다.

```
for ( ; j != 100; ++j )
    ...
```

반복문이 시작되기 전에 이미 j의 값이 특정 초깃값으로 설정되어 있다면 위 코드처럼 초깃값을 설정하는 필드를 생략해도 된다.

loop_condition이 생략된 for 문은 무한 반복된다. 이런 반복문은 반복문을 종료할 다른 방법(return, break, 혹은 goto와 같은 명령문)이 있을 때 사용해야 한다.

또한 for 문의 초기 표현식에서 변수를 정의할 수도 있다. 앞에서 변수를 정의하는 일반적인 방식과 동일하다. 예를 들어, 다음처럼 for 문에서 정수 변수 counter를 선언하고 동시에 값 1을 설정해도 된다.

```
for ( int counter = 1; counter <= 5; ++counter )
```

변수 counter는 for 문이 실행되는 동안에만 사용할 수 있고 반복문 외부에서는 접근할 수 없다(이런 변수를 '지역 변수'라고 부른다).

마지막으로 볼 for 문의 변형은 '빠른 열거(fast enumeration)'로 객체 컬렉션에서 사용한다. 이에 대해서는 15장 「숫자, 스트링, 컬렉션」에서 다룬다.

5.2 while 문

while 문은 Objective-C가 지닌 반복 기능을 확장한다. 이 문법은 보통 다음과 같이 작성한다.

```
while ( expression )
    program statement
```

괄호 안에 있는 expression을 평가해서 참(true)이면 바로 따라오는 program statement가 실행된다. 이 명령문(중괄호로 둘러싸여 있다면 명령문들)이 실행된 다음, 다시 expression이 평가된다. 이 과정은 expression의 값이 거짓(false)으로 평가될 때까지 되풀이된다. 그 후 프로그램의 실행은 program statement 다음 명령문으로 이어진다.

어떻게 사용하는지 예를 살펴보자. 다음 프로그램은 while 반복문을 사용하여 1에서 5까지 센다.

프로그램 5.6

```
// while 문을 소개하는 프로그램

#import <Foundation/Foundation.h>

int main (int argc, char *argv[])
{
  @autoreleasepool {
    int count = 1;

    while ( count <= 5 )
    {
      NSLog(@"%i", count);
      ++count;
    }
  }
```

```
    return 0;
}
```

프로그램 5.6 출력 결과

```
1
2
3
4
5
```

프로그램은 count의 초깃값으로 1을 설정한다. 그 후 while 문이 수행된다. count의 값이 5보다 작거나 5와 같기 때문에, 바로 while 문의 몸체가 실행된다. 중 괄호로 감싼 NSLog 문과 count의 값을 증가시키는 명령문 모두 while 문의 몸체다. 프로그램의 출력 결과를 보면, 이 반복문은 count의 값이 5가 될 때까지 다섯 번 수행되었다.

이미 눈치챘겠지만 동일한 기능을 for 문으로도 구현할 수 있다. 사실 for 문과 while 문은 언제든 서로 동등하게 바꿔 써도 된다. 그 예로, 다음 for 문을 보자.

```
for ( init_expression; loop_condition; loop_expression )
    program statement
```

이것은 다음과 같이 while 문으로 동등하게 표현할 수 있다.

```
init_expression;
while ( loop_condition )
{
    program statement
    loop_expression;
}
```

일단 while 문에 익숙해지고 나면, for 문이 적합할 때와 while 문이 적합할 때를 구분할 수 있다. 정해진 횟수만큼 반복하는 상황에는 대개 for 문이 적합하다. 또한 초기 표현식, 반복 표현식, 반복 조건이 모두 동일한 변수를 사용한다면 for 문이 더 나은 선택일 것이다.

while 문을 사용하는 다음 프로그램은 두 정수의 최대공약수(gcd)를 계산한다. 두 정수의 최대공약수는 두 정수를 모두 나눌 수 있는 가장 큰 정수다. 예를 들어 10과 15의 최대공약수는 5다.

두 정수의 최대공약수를 계산하는 절차 혹은 알고리즘은 기원전 300년경에 유클리드가 만든 절차를 바탕으로 한다. 다음과 같이 표현할 수 있다.

문제: 양의 정수 u와 v의 최대공약수를 찾는다.
과정 1: v가 0이면, 최대공약수는 u다.
과정 2: temp = u % v 와 u = v, v = temp 를 계산한 다음, 과정 1로 돌아간다.

이 알고리즘이 어떻게 동작하는지에 따른 상세한 사항은 신경 쓰지 말고 일단 믿고 사용하자. 지금은 알고리즘을 분석하기보다 최대공약수를 찾는 프로그램을 개발하는 일이 더 중요하다.

최대공약수를 찾는 문제에 대한 해결책의 알고리즘을 표현하고 나면 프로그램을 개발하는 작업이 훨씬 쉬워진다. 알고리즘의 과정을 분석해 보면 v 값이 0이 될 때까지 과정 2가 계속 반복됨을 알 수 있다. 이 사실을 알고 나면 자연스레 while 문을 사용하여 Objective-C 프로그램을 구현하게 된다.

프로그램 5.7은 사용자가 입력한 두 양의 정수에서 최대공약수를 찾는다.

프로그램 5.7

```
// 두 개의 양의 정수에서 최대공약수를 찾는 프로그램

#import <Foundation/Foundation.h>

int main (int argc, char * argv[])
{
  @autoreleasepool {
    unsigned int u, v, temp;

    NSLog (@"Please type in two nonnegative integers.");
    scanf ("%u%u", &u, &v);

    while ( v != 0 )
    {
      temp = u % v;
      u = v;
      v = temp;
    }

    NSLog (@"Their greatest common divisor is %u", u);
```

```
    }
    return 0;
}
```

프로그램 5.7 출력 결과

```
Please type in two nonnegative integers.
150 35
Their greatest common divisor is 5
```

프로그램 5.7A 출력 결과 (재실행)

```
Please type in two nonnegative integers.
1026 540
Their greatest common divisor is 54
```

두 정수 값이 입력되어 변수 u, v에 저장된 후, 프로그램은 while 문에 들어가 최대공약수를 계산한다(부호 없는 정수 값을 읽으려면 %u 포맷 문자를 사용한다). while 문이 종료된 다음, 원래 u와 v의 최대공약수인 u의 값이 적절한 메시지와 함께 표시된다.

7장 「클래스에 대해서」에서 분수를 기약분수로 약분하기 위해 최대공약수를 찾는 이 알고리즘을 다시 사용할 것이다.

이번에는 while 문을 사용하여 터미널에서 입력받은 정수를 거꾸로 표시하는 프로그램을 생각해보자. 예를 들어, 사용자가 1234를 입력하면 프로그램은 이 숫자를 뒤집어 4321을 표시한다.

> **노트**
> NSLog를 사용하면, 각 자릿수가 매번 새로운 줄에 출력될 것이다. printf 함수에 익숙한 C 프로그래머는 숫자를 연속해서 표시하는 데 이 함수를 사용하는 편이 좋겠다.

이런 프로그램을 작성하려면 앞서 말한 작업을 수행할 알고리즘을 먼저 고안해야 한다. 숫자 자리를 반대로 뒤집는 작업은 간단히 '오른쪽에서 왼쪽으로 연속해서 각 자릿수를 읽는다'로 표현할 수 있다. 그러면 맨 오른쪽부터 자릿수를 계속 추출해 내는 처리 절차를 만들어 내어 프로그램이 각 자리에 있는 수를 읽게 하면 된다. 추출된 수는 터미널에 반대 순서로 연속해서 표시된다.

정수의 맨 오른쪽 자리 수는 10으로 나눈 나머지로 뽑아낼 수 있다. 예를 들어 1234 % 10의 값은 4이다. 이것은 1234에서 맨 오른쪽 자리의 수이고, 뒤집힌 수에서 첫째(가장 왼쪽) 자리에 올 숫자다. 다음 자리의 수도 정수를 10으로 나눈 다음(정수의 나눗셈이 어떻게 동작하는지 기억해보자), 동일한 방식으로 처리하면 된다. 따라서 1234 / 10의 결과는 123이 되고 123 % 10의 결과인 3이 뒤집힌 수의 다음 자리에 있게 된다.

마지막 자리에 놓일 수를 추출할 때까지 이 절차를 되풀이한다. 보통 10으로 나눈 정수 나눗셈의 값이 0이 되면, 나머지 연산의 결과가 마지막 자리에 들어갈 수이다.

프로그램 5.8은 사용자에게 숫자를 입력해 달라고 요청한 후, 숫자를 오른쪽에서 왼쪽으로 자릿수를 읽어 변환한 결과를 표시한다.

프로그램 5.8

```
// 자릿수를 뒤집는 프로그램

#import <Foundation/Foundation.h>

int main (int argc, char * argv[])
{
  @autoreleasepool {
    int    number, right_digit;

    NSLog (@"Enter your number.");
    scanf ("%i", &number);

    while ( number != 0 )
    {
      right_digit = number % 10;
      NSLog (@"%i", right_digit);
      number /= 10;
    }
  }

  return 0;
}
```

프로그램 5.8 출력 결과

```
Enter your number.
13579
9
```

```
7
5
3
1
```

5.3 do 반복문

지금껏 논의했던 두 가지 반복문 구조는 모두 반복문 실행 전에 조건부터 확인한다. 따라서 조건이 만족되지 않으면 반복문의 몸체가 단 한 번도 실행되지 않을 수 있다. 프로그램을 개발하다 보면, 반복문의 맨 마지막에서 반복 조건을 확인해야 할 때가 있다. Objective-C는 이런 상황에 쓸 수 있도록 do 구문을 제공한다. do 구문은 다음과 같은 형태다.

```
do
    program statement
while ( expression );
```

do 문은 다음과 같이 실행된다. 먼저 program statement가 실행된다. 그 후 괄호 안의 expression이 평가된다. 평가 결과, 표현식이 참이면 반복되어 program statement가 한 번 더 실행된다. expression가 참인 동안에는 program statement가 계속 반복된다. 표현식을 평가한 결과가 거짓이면, 반복문이 종료되고 프로그램은 반복문 다음을 이어서 실행한다.

do 구문은 while 문의 순서를 바꾸어 놓고, 반복 조건이 반복문의 앞이 아니라 뒤에서 평가되도록 한 것이다.

프로그램 5.8에서는 while 문을 사용하여 숫자 자리를 반대로 변경하였다. 이 프로그램으로 돌아가서 만일 사용자가 13579 대신 0을 입력하면 어떻게 되는지 시도해보자. while 문의 몸체는 한 번도 실행되지 않으므로 결과로 아무것도 표시되지 않을 것이다. 여기서 while 대신 do 구문을 사용한다면, 반복문의 몸체가 적어도 한 번은 실행되어 한 자릿수가 입력되더라도 결과가 표시된다. 프로그램 5.9는 이와 같은 do 문을 사용하는 법을 보여 준다.

프로그램 5.9

```
// 자릿수를 뒤집는 프로그램

#import <Foundation/Foundation.h>

int main (int argc, char *argv[])
{
  @autoreleasepool {
    int number, right_digit;
    
    NSLog (@"Enter your number.");
    scanf ("%i", &number);
    
    do{
      right_digit = number % 10;
      NSLog (@"%i", right_digit);
      number /= 10;
    }
    while ( number != 0 );
  }
  
  return 0;
}
```

프로그램 5.9 출력 결과

```
Enter your number.
135
5 3 1
```

프로그램 5.9 출력 결과 (재실행)

```
Enter your number.
0
0
```

프로그램을 출력해 본 결과에서 알 수 있듯이 0이 입력되더라도 프로그램은 정상적으로 0을 표시한다.

5.4 break 문

반복문이 수행되고 있을 때, 특정 조건에 따라 반복문을 빠져나오게 만들어야 할 때가 있다. 예를 들어, 오류가 발생하거나 목록에서 원하는 데이터를 예상보다 빨리 찾는 경우가 있을 것이다. 이때 break 문을 사용하면 된다. break 문은 프로그램이 어떤 반복문(for, while, do)을 실행하든 그에 상관없이 즉시 실행 중인 반복문에서 빠져 나오도록 해준다. 반복문 내에 있는 다른 명령문은 건너뛰고 바로 반복문이 종료된다. 프로그램의 실행은 반복문 다음에 있는 명령문으로 넘어간다.

만일 break 문이 중첩된 반복문에서 실행되었다면, break를 갖고 있는 가장 내부 반복문만 종료된다.

break 문은 다음과 같이 키워드 break에 세미콜론만 추가해 실행시킨다.

```
break;
```

5.5 continue 문

continue 문은 break 문과 유사하지만, 반복문을 종료하지는 않는다. continue 문이 실행되면 그다음에 있는 모든 명령문을 건너뛰고 반복문의 맨 앞으로 되돌아간다. 그 후 다시 반복문을 평상시와 마찬가지로 정상 실행한다.

continue 문은 특정 조건에 따라 반복문 내의 명령문 그룹을 건너뛰려 하지만 반복문을 종료하고 싶지는 않을 때 주로 사용한다. continue 문은 다음처럼 쓴다.

```
continue;
```

프로그램 반복문을 작성하고 적시에 종료하는 일에 매우 능숙해지기 전까지는 break나 continue를 사용하지 말자. 이 구문들은 오남용되기 쉽고, 잘못하면 프로그램 흐름을 따라가기 어렵게 된다.

5.6 요약

이제 Objective-C 언어의 기본적인 반복 구조를 모두 배웠다. 앞으로는 프로그램이 실행되는 동안 의사 결정하도록 해주는 구문들을 배울 것이다. 다음 장은 이 의사 결정에 대해 좀 더 상세히 다룬다.

5.7 연습문제

1. 정수 n이 1과 10 사이의 값일때, n과 n2을 나열하는 표를 생성하는 프로그램을 작성하라. 적절한 컬럼 제목을 달아보라.

2. 삼각수는 정수 값 n을 다음 식으로 생성할 수 있다.

   triangularNumber = n (n + 1) / 2

   예를 들어 10번째 삼각수인 55는 이 식에서 n에 10을 대입하여 계산해 낸다. 이 식을 사용하여 삼각수 표를 생성하는 프로그램을 작성하라. 5와 50 사이에서 다섯 번째 숫자마다 삼각수를 생성하라(5, 10, 15, ... , 50).

3. n!로 표현되는 정수 n의 팩토리얼은 1부터 n까지 숫자를 전부 곱한 결과다. 예컨대, 5 팩토리얼은 다음과 같이 계산한다.

   5! = 5 x 4 x 3 x 2 x 1 = 120

   1 팩토리얼에서 10 팩토리얼까지 계산하고 표에 결과를 표시하는 프로그램을 작성하라.

4. 필드 폭 지정자 앞에 뺄셈 부호(-)를 붙이면 해당 필드가 왼쪽으로 정렬된다. 프로그램 5.3에서 다음 NSLog 문에 대응하는 부분을 대체하여 실행시킨 다음, 두 출력 결과의 차이점을 비교해 보라.

   NSLog (@"%-2i %i", n, triangularNumber);

5. 프로그램 5.5에서는 사용자가 숫자를 다섯 개 입력해야 한다. 이 프로그램을 수정하여, 사용자가 계산할 삼각수의 개수를 입력할 수 있도록 하라.

6. 프로그램 5.2부터 5.5까지 for 문을 동일한 결과를 내는 while 문으로 수정하

라. 각 프로그램을 실행하여 두 버전이 동일한지 확인하라.

7. 프로그램 5.8에 음수를 입력하면 어떤 일이 발생하는가? 시도해 보고 결과를 관찰하라.

8. 정수의 각 자릿수를 더하는 프로그램을 작성하라. 예를 들어 2155의 각 자릿수 합은 2 + 1 + 5 + 5, 즉 13이다. 이 프로그램은 사용자가 아무 정수나 입력할 수 있도록 해야 한다.

6장

Programming in Objective-C

의사결정하기

의사결정 능력은 모든 프로그래밍 언어의 기본적인 기능이다. 반복문의 실행 중에 종료 시점을 정할 때, 의사결정을 하게 된다. 이 장에서 Objective-C 언어가 제공하는 몇 가지 의사결정 구문을 다룬다.

- if 문
- switch 문
- conditional 연산자

6.1 if 문

Objective-C에서는 대개 if 문이라는 구조를 써서 의사결정을 한다. if 문의 일반적인 형태는 다음과 같다.

```
if ( expression )
    program statement
```

"비가 오지 않으면, 수영하러 가겠다"와 같은 문장을 Objective-C로 번역한다고 해보자. if 문을 써서 이 문장을 나타내려면 Objective-C에서는 다음처럼 '작성'한다.

```
if ( it is not raining )
    I will go swimming
```

if 문은 특정 조건에 따라 프로그램 명령문(중괄호를 사용하는 경우 명령문들)의 실행 여부를 결정한다. 비가 오지 않으면, 수영하러 가는 것이다. 다음 명령문도 비슷하다.

```
if ( count > MAXIMUM_SONGS )
    [playlist maxExceeded];
```

count 값이 MAXIMUM_SONGS보다 클 때에만 maxExceeded 메시지가 playlist에 보내지고 그 외에는 실행이 무시된다.

실제 프로그램 예제를 보면서 좀 더 이해해 보자. 키보드에서 정수 값을 입력받아 그 정수의 절댓값을 표시하는 프로그램을 작성하고 싶다고 가정하자. 절댓값을 얻는 가장 간단한 방법은 값이 0보다 작다면 빼기 기호(-)를 붙이는 것이다. 즉, 여기서 '값이 0보다 작다면'이라는 말은 프로그램이 어떤 결정을 해야함을 의미한다. 다음 프로그램처럼 if 문을 사용하여 이 결정을 내릴 수 있다.

프로그램 6.1

```
// 정수의 절댓값을 계산한다.

#import <Foundation/Foundation.h>

int main (int argc, char * argv[])
{
  @autoreleasepool {
    int number;

    NSLog (@"Type in your number: ");
    scanf ("%i", &number);

    if ( number < 0 )
      number = -number;

    NSLog (@"The absolute value is %i", number);
  }
  return 0;
}
```

프로그램 6.1 출력 결과

```
Type in your number:
-100
The absolute value is 100
```

프로그램 6.1 출력 결과 (재실행)

```
Type in your number:
2000
The absolute value is 2000
```

프로그램을 두 번 실행해서 제대로 동작하는지 확인해 보았다. 물론 좀 더 높은 신뢰도를 얻으려면 테스트 횟수를 늘려야겠지만, 이 정도로도 프로그램의 의사결정에 따라 다른 두 가지 결과를 확인할 수 있다.

사용자에게 메시지를 보여 주고 number에 정수 값을 입력받은 후, 프로그램은 number 값이 0보다 작은지 확인한다. 0보다 작다면 number의 부호를 바꾸는 명령문이 실행된다. 만일 0보다 작지 않다면, 프로그램 명령문을 자동으로 건너뛴다(만일 양수가 입력되었다면 부호를 바꿀 필요가 없다). 그 후 number의 절댓값이 표시되고 프로그램 실행은 종료된다.

if 문을 실행하는 다른 프로그램을 살펴보자. Fraction 클래스에 추가하는 convertToNum이라는 이 메서드는 실수로 표시된 분수의 값을 반환한다. 다른 말로 하면, 분자를 분모로 나눠 그 값을 2배 정밀도 부동소수점 값으로 반환할 것이다. 따라서 분수 1/2가 있을 때, 이 메서드를 사용하면 반환 값은 0.5가 될 것이다.

이 메서드는 다음과 같이 선언한다.

```
-(double) convertToNum;
```

다음은 이 메서드의 정의 부분이다.

```
-(double) convertToNum
{
    return numerator / denominator;
}
```

음, 아주 잘 되었다고 할 수는 없겠다. 앞 정의대로라면 이 메서드는 두 가지 문제가 있다. 문제점이 보이는가? 먼저 산술 변환이다. numerator와 denominator가 모두 정수 인스턴스 변수임을 기억하는가? 두 정수를 나누면 어떻게 될까? 맞다, 정수 나눗셈이 진행된다. 만일 1/2을 변환하려 한다면, 위 코드에서는 0이 반환될 것이다. 이 문제는 형 변환 연산자를 사용하여, 두 항 가운데 하나를 부동소수점으로 변경하여 나눗셈을 수행하면 손쉽게 해결할 수 있다.

```
(double) numerator / denominator
```

형 변환 연산자의 우선순위가 높다는 사실을 기억하자. 먼저 numerator의 값을 먼저 double 형으로 바꾸고 나눗셈이 수행된다. 산술 연산의 변환 법칙이 알아서 denominator를 변환해 주므로 직접 할 필요는 없다.

두 번째 문제는 0으로 나누는 경우를 확인하지 않는다는 것이다(0으로 나누는지는 언제나 확인해야 한다). 이 메서드를 부르는 사람이 의도하지 않게 분모 설정을 까먹었다거나 0으로 설정했을 수도 있다. 그럼에도 프로그램은 비정상 종료되지 않아야 할 것이다.

다음은 수정된 convertToNum 메서드다.

```
-(double) convertToNum
{
  if (denominator != 0)
     return (double) numerator / denominator;
  else
     return NAN;
}
```

만일 분수의 denominator가 0일 때는 특수한 값인 NAN(Not A Number)을 반환하도록 결정하였다. 이 심벌은 math.h라는 시스템 헤더 파일에 정의되어 있는데, 이 헤더 파일은 자동으로 프로그램에 임포트된다.

이 새 메서드를 프로그램 6.2에서 사용해 보자.

프로그램 6.2

```
#import <Foundation/Foundation.h>
```

```objc
@interface Fraction: NSObject

-(void)   print;
-(void)   setNumerator: (int) n;
-(void)   setDenominator: (int) d;
-(int)    numerator;
-(int)    denominator;
-(double) convertToNum;

@end

@implementation Fraction
{
  int   numerator;
  int   denominator;
}

-(void) print
{
   NSLog (@" %i/%i ", numerator, denominator);
}

-(void) setNumerator: (int) n
{
   numerator = n;
}

-(void) setDenominator: (int) d
{
   denominator = d;
}

-(int) numerator
{
   return numerator;
}

-(int) denominator
{
   return denominator;
}

-(double) convertToNum
{
   if (denominator != 0)
       return (double) numerator / denominator;
   else
       return NAN;
}
@end

int main (int argc, char * argv[])
```

```
{
  @autoreleasepool {
    Fraction *aFraction = [[Fraction alloc] init];
    Fraction *bFraction = [[Fraction alloc] init];

    [aFraction setNumerator: 1];    // 첫 번째 분수는 1/4
    [aFraction setDenominator: 4];

    [aFraction print];
    NSLog (@" =");
    NSLog (@"%g", [aFraction convertToNum]);

    [bFraction print];         // bFraction에 값을 할당하지 않는다.
    NSLog (@" =");
    NSLog (@"%g", [bFraction convertToNum]);
  }
  return 0;
}
```

프로그램 6.2 출력 결과

```
1/4
 =
0.25
0/0
 =
nan
```

aFraction을 1/4로 설정한 후, 프로그램은 convertToNum 메서드를 사용하여 분수를 소수로 변환한다. 그러면 이 값은 0.25로 표시된다.

두 번째 경우에 bFraction의 값이 명시적으로 설정되지 않았기 때문에 분자, 분모가 0으로 초기화된다. 이 때문에 print 메서드의 결과가 위와 같이 나타나게 된다. convertToNum메서드에 있는 if 문도 출력 결과에서 보듯이 NAN(출력 결과에서 보이듯이 NSLog에서는 nan)을 반환한다.

6.1.1 if-else 구문

만일 누군가 당신에게 특정 숫자가 홀수인지 짝수인지 묻는다면, 수의 마지막 자릿수를 보고 대답할 것이다. 만일 0, 2, 4, 6, 8이라면 짝수라고, 아니라면 홀수라고 말할 것이다.

컴퓨터에게는 특정한 수가 홀수인지 짝수인지 알아내기 위해 마지막 자릿수를 확인하는 것보다 쉬운 방법이 있다. 바로 그 수가 2로 나누어떨어지는지 알아보는 것이다. 나누어떨어지면 짝수이고 아니면 홀수다.

이미 나머지 연산자 %를 사용하여 정수 나눗셈의 나머지를 계산해 보았다. 이 연산자를 사용하면 특정 정수가 2로 나누어떨어지는지 손쉽게 알아낼 수 있다. 만일 2로 나눈 나머지가 0이라면 짝수이고 그렇지 않다면 홀수다.

이제 사용자가 입력한 정수가 홀수인지 짝수인지 알아내고, 터미널에 적절한 메시지를 표시하는 프로그램을 작성하자.

프로그램 6.3

```
// 숫자가 홀수인지 짝수인지 알아내는 프로그램

#import <Foundation/Foundation.h>

int main (int argc, char * argv[])
{
  @autoreleasepool {
    int number_to_test, remainder;

    NSLog (@"Enter your number to be tested: ");
    scanf ("%i", &number_to_test);

    remainder = number_to_test % 2;

    if ( remainder == 0 )
      NSLog (@"The number is even.");

    if ( remainder != 0 )
      NSLog (@"The number is odd.");
  }
  return 0;
}
```

프로그램 6.3 출력 결과

```
Enter your number to be tested:
2455
The number is odd.
```

프로그램 6.3 출력 결과 (재실행)

```
Enter your number to be tested:
1210
The number is even.
```

숫자를 입력받은 후 2로 나눈 나머지가 계산된다. 첫 if 문은 나머지 값이 0과 같은지 확인한다. 만일 참이라면 "The number is even."이라는 메시지가 표시된다.

두 번째 if 문은 나머지가 0과 같지 않은지 확인하고, 그런 경우에는 숫자가 홀수라는 메시지를 표시한다.

첫 번째 if 문이 성립하면 두 번째 if 문은 반드시 성립하지 않아야 하고, 반대 경우도 마찬가지다. 이 절의 앞에서 홀수, 짝수에 대해 논의했던 것을 기억하는가? 수를 2로 나누어떨어지면 짝수이고 그렇지 않으면 홀수다.

프로그램을 작성할 때 이 '그렇지 않으면(else)'이라는 개념은 매우 자주 사용된다. 대부분의 현대 프로그래밍 언어에서는 else 상황을 다루는 특별한 구조를 제공한다. Objective-C에서는 이를 if-else 구문이라고 하며, 그 형태는 다음과 같다.

```
if ( expression )
        program statement 1
else
        program statement 2
```

if-else 구문은 사실 일반 if 문을 확장한 버전이다. 표현식을 평가한 결과가 참이면 program statement 1이 실행되고 그렇지 않으면 program statement 2가 실행된다. 어느 경우든 program statement 1과 program statement 2 가운데 하나가 실행되고 두 개가 모두 실행되지는 않는다.

앞 프로그램에 if-else 문을 한 개 사용하면 if 문 두 개를 대치할 수 있다. 이렇게 새로 작성한 프로그램을 보면 복잡성은 줄어든 반면, 가독성은 높아졌다.

프로그램 6.4

```
// 숫자가 홀수인지 짝수인지 알아내는 프로그램 (Ver. 2)

#import <Foundation/Foundation.h>

int main (int argc, char * argv[])
{
  @autoreleasepool {
    int number_to_test, remainder;

    NSLog (@"Enter your number to be tested:");
```

```
        scanf ("%i", &number_to_test);

        remainder = number_to_test % 2;

        if ( remainder == 0 )
            NSLog (@"The number is even.");
        else
            NSLog (@"The number is odd.");
    }

    return 0;
}
```

프로그램 6.4 출력 결과

```
Enter your number to be tested:
1234
The number is even.
```

프로그램 6.4 출력 결과 (재실행)

```
Enter your number to be tested:
6551
The number is odd.
```

= 부호는 대입 연산자이고, == 부호는 두 항이 같은지 확인한다는 것을 잊지 말자. 이것을 깜빡하고 if 문에서 비교 연산자 대신 대입 연산자를 실수로 사용하면 매우 골치 아픈 문제가 발생하기도 한다.

6.1.2 복합 관계 테스트

지금껏 if 문을 사용하여 두 숫자의 관계를 간단히 테스트해 보았다. 프로그램 6.1은 number를 0과 비교했고, 프로그램 6.2는 분수의 분모를 0과 비교했다. 그런데 좀 더 복잡한 테스트가 필수는 아니더라도 바람직한 경우가 있다. 예를 들어, 시험 점수가 70점에서 79점 사이인 과목의 수를 세고자 한다고 해보자. 이런 경우, 시험 점수 값을 한쪽 경계를 기준으로 비교할 뿐 아니라 70점과 79점 양쪽 경계를 기준으로 비교해야 할 것이다.

Objective-C는 이런 복합 관계 테스트를 수행할 기법을 제공한다. 복합 관계 테스트란, 그저 하나 이상의 단일 관계 테스트가 논리 AND 혹은 논리 OR 연산자로 이어진 테스트를 말한다. 이 연산자들은 각각 &&와 ||로 표시된다. 예를

들어, 다음 Objective-C 명령문은 grade의 값이 70보다 크거나 같고, 동시에 79보다 작거나 같을 때만 grades_70_to_79의 값을 증가시킨다.

```
if ( grade >= 70 && grade <= 79 )
    ++grades_70_to_79;
```

이와 유사하게 다음 명령문은, index의 값이 0보다 작거나, 혹은 99보다 클 때 NSLog 명령문을 실행한다.

```
if ( index < 0 || index > 99 )
    NSLog (@"Error - index out of range");
```

Objective-C에서는 복합 연산자를 사용하면 매우 복잡한 표현식을 생성할 수 있다. Objective-C는 표현식을 만드는 데 뛰어난 유연성을 주는데, 이런 특징을 프로그래머들이 자주 오남용한다. 대개 간단한 표현식이 읽기에도 디버깅하기에도 쉽다.

복합 관계 표현식을 작성할 때는, 자유로이 괄호를 사용하자. 가독성도 높이고 연산자의 우선순위를 잘못 사용할 때 생기는 문제도 피할 수 있다(&& 연산자는 모든 산술 연산자나 관계 연산자보다 우선순위가 낮지만 ||보다는 우선순위가 높다). 빈칸을 넣어 표현식의 가독성을 더 높일 수 있다. &&와 || 연산자 앞뒤로 빈칸을 넣어 주면 이 연산자가 결합하는 다른 표현식과 시각적으로 구분할 수 있다.

복합 관계 테스트의 실제 윤년을 확인하는 프로그램을 작성해 보자. 흔히 윤년이 4로 나누어떨어진다고 알고 있다. 그러나 100으로 나누어떨어지는 해가 400으로 나누어떨어지지 않는다면, 그해는 윤년이 아니라는 것은 몰랐을 수도 있다.

이런 조건을 어떻게 테스트해야 할지 생각해 보자. 먼저 연도를 4, 100, 400으로 나눈 나머지를 각각 rem_4, rem_100, rem_400이라는 변수에 저장한다. 이 나머지 값으로 윤년이 될 조건인지를 확인할 수 있다.

윤년의 정의를 다시 보자. 윤년은 4로 나누어떨어지지만 100으로 나누어떨어지지 않거나, 400으로 나누어떨어져야 한다. 이 문장을 좀 생각해 보고 앞에서 언급 한 정의와 맞는지 살펴보라. 이제 윤년을 이러한 용어로 다시 정의했으므로, 다음과 같은 프로그램 명령문으로 바꾸는 일은 꽤 간단해진다.

```
if ( (rem_4 == 0 && rem_100 != 0) || rem_400 == 0 )
    NSLog (@"It's a leap year.");
```

다음 내부 표현식 주변에는 괄호가 필요 없다.

```
rem_4 == 0 && rem_100 != 0
```

&&가 ||보다 우선순위가 높아서 괄호 없이도 원하는 순서대로 동작하기 때문이다. 물론 이 예에서는 다음 코드도 아무 문제 없이 잘 동작한다.

```
if ( rem_4 == 0 && ( rem_100 != 0 || rem_400 == 0 ) )
```

이 테스트 앞에 변수를 선언하고 사용자에게서 키보드 입력을 받는 코드를 추가한다. 프로그램 6.5와 같이 입력받은 해가 윤년인지 테스트하는 프로그램이 완성되었다.

프로그램 6.5

```
// 주어진 해가 윤년인지 알아내는 프로그램

#import <Foundation/Foundation.h>

int main (int argc, char * argv[])
{
  @autoreleasepool {
    int year, rem_4, rem_100, rem_400;

    NSLog (@"Enter the year to be tested: ");
    scanf ("%i", &year);

    rem_4 = year % 4;
    rem_100 = year % 100;
    rem_400 = year % 400;

    if ( (rem_4 == 0 && rem_100 != 0) || rem_400 == 0 )
        NSLog (@"It's a leap year.");
    else
        NSLog (@"Nope, it's not a leap year.");
  }
```

```
        return 0;
    }
```

프로그램 6.5 출력 결과

```
Enter the year to be tested:
1955
Nope, it's not a leap year.
```

프로그램 6.5 출력 결과 (재실행)

```
Enter the year to be tested:
2000
It's a leap year.
```

프로그램 6.5 출력 결과 (재실행)

```
Enter the year to be tested:
1800
Nope, it's not a leap year.
```

이 예제에서는 4로 나누어떨어지지 않는 해(1955년), 400으로 나누어떨어져서 윤년이 되는 해(2000년), 100으로 나누어떨어지지만 400으로는 나누어떨어지지 않기 때문에 윤년이 아닌 해(1800년)를 사용하였다. 테스트를 완성하려면 4로 나누어떨어지지만 100으로는 나누어떨어지지 않는 해도 테스트해야 할 것이다. 마지막 경우는 연습문제로 남겨두었다.

앞서 말한 대로 Objective-C는 개발자가 표현식을 작성할 때 엄청난 유연성을 지원해 준다. 예를 들어, 프로그램 6.5에서 중간 결과로 rem_4, rem_100, rem_400를 사용할 필요 없이 바로 다음과 같이 if 문에서 계산해도 된다.

```
if ( ( year % 4 == 0 && year % 100 != 0 ) || year % 400 == 0 )
```

다양한 연산자 사이에 적절히 빈칸을 넣으면 이런 복잡한 수식도 읽기 편하다. 만일 빈칸과 괄호 없이 이 표현식을 쓰면 다음과 같을 것이다.

```
if(year%4==0&&year%100!=0||year%400==0)
```

이 표현식도 완벽히 유효하며, 이 앞의 표현식과 동일하게 동작한다. 빈칸은 복잡한 표현식을 우리가 이해하기 쉽게 해준다.

6.1.3 중첩 if 문

일반적인 if 문의 형태에서, 괄호 안의 표현식이 참이면 바로 뒤따르는 명령문이 바로 실행된다. 다음과 같이 그 명령문이 또 다른 if 문이어도 아무 문제 없다.

```
if ( [chessGame isOver] == NO )
    if ( [chessGame whoseTurn] == YOU )
        [chessGame yourMove];
```

만일 chessGame에 isOver 메시지를 보내 반환된 값이 NO라면, 다음 명령문이 실행된다. 그 명령문도 if 문이다. 이 if 문은 YOU의 값을 whoseTurn과 비교한다. 만일 두 값이 동일하면, chessGame 객체에 yourMove 메시지가 보내진다. 따라서 yourMove 메시지는 게임이 끝나지 않았고 당신 차례가 되었을 때만 보내진다. 사실 이 코드는 복합 관계를 사용하여 다음과 같이 표현할 수도 있다.

```
if ( [chessGame isOver] == NO && [chessGame whoseTurn] == YOU )
    [chessGame yourMove];
```

좀 더 실용적인 중첩 if 문을 예로 들어보자. 이 예제에 else 문을 추가한다.

```
if ( [chessGame isOver] == NO )
    if ( [chessGame whoseTurn] == YOU )
        [chessGame yourMove];
    else
        [chessGame myMove];
```

이 명령문을 실행하면 위에서 설명한 내용과 동일하게 동작한다. 그러나 게임이 끝나지 않고 당신 차례가 아니라면 else 문이 실행되어 chessGame에 myMove 메시지가 보내진다. 게임이 종료되면 if 문과 거기에 속한 else 문까지 포함해 전체를 건너뛰게 된다.

여기서 else 문이 게임 종료 여부를 테스트하는 if 문이 아니라 whoseTurn 메서드의 반환 값을 가지고 테스트하는 if와 연계되어 있음에 주의하자. else 문은 일반적으로 else를 포함하지 않는 가장 마지막 if에 연계된다.

한 단계 더 나아가 가장 바깥의 if 문에 else 문을 추가할 수도 있다. 만일 게임이 끝났다면 이 else 문이 실행된다.

```
if ( [chessGame isOver] == NO )
   if ( [chessGame whoseTurn] == YOU )
      [chessGame yourMove];
   else
      [chessGame myMove];
else
   [chessGame finish];
```

들여쓰기를 했으니 Objective-C가 명령문을 프로그래머의 의도대로 해석할 거라고 생각할 수도 있으나, 사실은 그렇지 않다. 예를 하나 들어 보자. 다음 코드처럼 안쪽 else 문을 제거한다고 해서, 들여쓰기된 모양대로 프로그램이 실행되지는 않는다.

```
if ( [chessGame isOver] == NO )
   if ( [chessGame whoseTurn] == YOU )
      [chessGame yourMove];
else
   [chessGame finish];
```

오히려 프로그램은 다음과 같이 해석되어 실행된다.

```
if ( [chessGame isOver] == NO )
   if ( [chessGame whoseTurn] == YOU )
      [chessGame yourMove];
   else
      [chessGame finish];
```

왜 이렇게 되는 것일까? else 문이 else가 붙지 않은 마지막 if에 연계되기 때문이다. 중괄호를 사용하면, else가 붙지 않은 안쪽 if 문이 있더라도 바깥쪽 if에 else를 연계시킬 수 있다. 중괄호는 if 문을 닫는 효과가 있으므로, 다음 코드는 원하는 대로 동작하게 된다.

```
if ( [chessGame isOver] == NO ) {
   if ( [chessGame whoseTurn] == YOU )
      [chessGame yourMove];
}
```

```
else
    [chessGame finish];
```

6.1.4 else if 구문

지금까지 숫자가 홀수인지 짝수인지를 테스트하거나, 윤년 여부를 테스트하는 등 가능한 조건 값 두 개를 테스트해야 할 때 else 문을 어떻게 사용하는지 알아보았다. 그러나 프로그래밍에서 의사결정이 언제나 흑백 중 하나를 고르는 문제일 수는 없다. 예를 들어, 사용자가 입력한 값이 0보다 작으면 -1 을, 0이면 0 을, 0보다 크면 1을 표시하는 프로그램을 작성한다고 생각해 보자(부호 함수가 보통 이렇게 구현되어 있다). 당연히 입력받은 숫자가 음수인지 0인지 양수인지를 확인하는 테스트를 세 개 작성해야 할 것이다. 간단한 if-else 구문으로는 문제를 해결할 수 없다. 물론 if 문 세 개를 따로 작성하여 이 문제를 해결해도 되겠지만, 테스트가 상호 배타적일 때는 이런 방법을 쓰지 못할 것이다.

else 문에 if 문을 추가하여 이 문제를 처리하는 방법을 생각해 볼 수도 있다. else 뒤에 붙는 명령문은 유효한 Objective-C 명령문이기만 하면 된다. 그러므로 다른 if 문을 쓰는 방법도 가능할 것이다. 따라서, 일반적인 경우에는 다음과 같이 작성할 수 있다.

```
if ( expression 1 )
    program statement 1
else
    if ( expression 2 )
        program statement 2
    else
        program statement 3
```

이 코드는 if 문으로 논리 의사결정을 할 때 두 값 가운데 선택하는 상황을 세 가지 값 중에서 택하는 상황으로 확장해 준다. 이 방식과 마찬가지로 if 문을 else 문에 보태 값을 n가지로 구분하는 논리 의사결정으로 확장할 수 있다.

else if 구문으로 부르는 이런 구조는 매우 많이 사용되며 다음 형태로 작성한다.

```
if ( expression 1 )
    program statement 1
else if ( expression 2 )
    program statement 2
else
    program statement 3
```

이 방법을 쓰면 코드를 읽기도 쉽고 셋 가운데 하나를 고르는 의사결정임이 더 분명해진다.

다음 프로그램은 앞에서 잠깐 언급한 부호 함수에서 else if 구문을 사용하는 예다.

프로그램 6.6

```
// 부호 함수를 구현하는 프로그램

#import <Foundation/Foundation.h>

int main (int argc, char * argv[])
{
  @autoreleasepool {
    int number, sign;

    NSLog (@"Please type in a number: ");
    scanf ("%i", &number);

    if ( number < 0 )
      sign = -1;
    else if ( number == 0 )
      sign = 0;
    else           // 반드시 양수가 되어야 함
      sign = 1;

    NSLog (@"Sign = %i", sign);
  }

  return 0;
}
```

프로그램 6.6 출력 결과

```
Please type in a number:
1121
Sign = 1
```

프로그램 6.6 출력 결과 (재실행)

```
Please type in a number:
-158
Sign = -1
```

프로그램 6.6 출력 결과 (재실행)

```
Please type in a number:
0
Sign = 0
```

입력된 수가 0보다 작으면 sign에 -1이 대입되고, 0과 같으면 sign에 0이 대입된다. 이 두 경우에 해당하지 않으면 입력된 수가 0보다 큰 값이므로 sign에 1이 대입된다.

프로그램 6.7은 터미널에서 입력된 문자를 분석하여 알파벳(a~z, A~Z)인지, 숫자(0~9)인지, 혹은 특수문자(그 외 모든 것)인지 구분한다. 터미널에서 문자 하나를 입력받기 위해 scanf 호출에서 %c를 사용한다.

프로그램 6.7

```objectivec
// 이 프로그램은 키보드에서 입력받은
//    문자 하나를 분류한다.

#import <Foundation/Foundation.h>

int main (int argc, char *argv[])
{
  @autoreleasepool {
    char c;

    NSLog (@"Enter a single character:");
    scanf (" %c", &c);

    if ( (c >= 'a' && c <= 'z') || (c >= 'A' && c <= 'Z') )
       NSLog (@"It's an alphabetic character.");
    else if ( c >= '0' && c <= '9' )
       NSLog (@"It's a digit.");
    else
       NSLog (@"It's a special character.");
  }

  return 0;
}
```

프로그램 6.7 출력 결과

```
Enter a single character:
&
It's a special character.
```

프로그램 6.7 출력 결과 (재실행)

```
Enter a single character:
8
It's a digit.
```

프로그램 6.7 출력 결과 (재실행)

```
Enter a single character:
B
It's an alphabetic character.
```

노트

프로그램 예제에서 보듯이, scanf 포맷 스트링의 %c 앞에 (" %c"와 같이) 공백을 넣어주는 것이 좋다. 이는 scanf가 입력 중에 공백 문자라 불리는 문자들(새줄문자, 리턴, 탭, 라인피드 등)을 무시하게 한다. 공백을 넣지 않으면, scanf가 예상치 못했던 문자를 입력 받게 된다. 이 예제에서는 문제가 되지 않을 수도 있지만, 이를 염두에 두고 이 장의 다른 예제와 연습문제에서 문자 한 개를 읽을 때 주의하도록 하자.

문자를 읽은 후, 첫 테스트는 char 형 변수 c가 알파벳 문자인지 확인한다. 문자가 소문자인지, 혹은 대문자인지를 테스트한다. 먼저 소문자는 다음 표현식으로 확인한다.

```
( c >= 'a' && c <= 'z' )
```

만일 c가 문자 a부터 z 사이에 있다면 표현식의 결과 값은 참이 된다. 이 말은 c가 소문자라는 뜻이다. 대문자인지는 다음 표현식으로 확인한다.

```
( c >= 'A' && c <= 'Z' )
```

c가 문자 A에서 Z 사이에 있을 때 결과 값은 참이 된다. 이 말은 c가 대문자임을 의미한다. 이 테스트는 문자를 ASCII 포맷으로 저장하는 컴퓨터 시스템에서 정상 동작한다.

변수 c가 알파벳 문자라면 첫 if 문의 테스트 결과가 성공하여 "It's an alphabetic character."가 표시된다. 만일 테스트 결과가 실패한다면 else if 문이 실행된다. 이 구문은 입력받은 문자가 숫자인지 확인한다. 이 테스트에서는 터미널에서 입력받은 문자가 정수 0과 9 사이가 아니라 문자 '0'과 '9' 사이에 있는지를 확인한다. 그 이유는 터미널에서 문자를 입력받았고 문자 '0'부터 '9'까지는 숫자 0부터 9까지와 다르기 때문이다. 사실 ASCII에서 문자 '0'은 내부적으로 시스템 혹은 메모리상에는 숫자 48로 저장되고 문자 '1'은 숫자 49로 저장되며 그 다음 문자들도 숫자 형태로 바뀌어 저장된다.

만일 c가 숫자라면 "It's a digit."라는 문장이 표시된다. 그 외에는 c가 문자도 아니고 숫자도 아니라는 뜻이 된다. 결국 마지막 else 문이 실행되어 "It's a special character."라는 문장을 터미널에 표시한다.

scanf를 사용하여 한 문자만 입력받았지만 여전히 엔터 키를 눌러야 입력한 문자가 프로그램에 전송되니, 주의하자. 대개 터미널에서 데이터를 입력받을 때 프로그램은 엔터 키를 누르기 전까지 입력된 데이터를 전혀 알지 못한다.

한 예로, 사용자가 다음 형태로 간단한 표현식을 입력할 수 있는 프로그램을 작성해 보자.

숫자 연산자 숫자

이 프로그램은 표현식을 계산하여 결과를 터미널이 표시할 것이다. 인식 가능한 연산자는 일반적인 덧셈, 뺄셈, 곱셈, 나눗셈이다. 4장 「데이터 형과 표현식」의 프로그램 4.6에서 Calculator 클래스를 가져와 사용하자. 각 표현식은 Calculator 클래스를 사용해 계산할 것이다.

이 프로그램은 거대한 if 문과 많은 else if 문을 써서 어떤 연산이 수행될지 판단할 것이다.

노트
islower와 isupper라는 표준 라이브러리 내 루틴을 사용하여 내부 표현 방식 문제를 아예 피하는 것이 좋다. 이를 위해서 프로그램에 #import <ctype.h> 를 추가해 주어야 한다. 우리 예제는 설명을 위해 일부러 이 루틴을 사용하지 않았다.

프로그램 6.8

```
// 아래 형식의 표현식을 평가하는 프로그램
//     숫자 연산자 숫자
```

```objc
// Calculator 클래스 구현

#import <Foundation/Foundation.h>

@interface Calculator: NSObject

// 누산기 메서드
-(void)   setAccumulator: (double) value;
-(void)   clear;
-(double) accumulator;

// 산술 연산 메서드
-(void)   add: (double) value;
-(void)   subtract: (double) value;
-(void)   multiply: (double) value;
-(void)   divide: (double) value;
@end

@implementation Calculator
{
    double accumulator;
}

-(void) setAccumulator: (double) value
{
    accumulator = value;
}

-(void) clear
{
    accumulator = 0;
}

-(double) accumulator
{
    return accumulator;
}

-(void) add: (double) value
{
    accumulator += value;
}

-(void) subtract: (double) value
{
    accumulator -= value;
}

-(void) multiply: (double) value
{
    accumulator *= value;
}
```

```
-(void) divide: (double) value
{
    accumulator /= value;
}
@end

int main (int argc, char * argv[])
{
  @autoreleasepool {
      double     value1, value2;
      char       operator;
      Calculator *deskCalc = [[Calculator alloc] init];

      NSLog (@"Type in your expression.");
      scanf ("%lf %c %lf", &value1, &operator, &value2);

      [deskCalc setAccumulator: value1];
      if ( operator == '+' )
         [deskCalc add: value2];
      else if ( operator == '-' )
         [deskCalc subtract: value2];
      else if ( operator == '*' )
         [deskCalc multiply: value2];
      else if ( operator == '/' )
         [deskCalc divide: value2];

      NSLog (@"%.2f", [deskCalc accumulator]);
  }

   return 0;
}
```

프로그램 6.8 출력 결과

```
Type in your expression.
123.5 + 59.3
182.80
```

프로그램 6.8 출력 결과 (재실행)

```
Type in your expression.
198.7 / 26
7.64
```

프로그램 6.8 출력 결과 (재실행)

```
Type in your expression.
89.3 * 2.5
223.25
```

scanf 호출은 값을 세 개 읽어서 변수 value1, operator, value2에 저장한다. %lf 포맷 문자를 사용하여 double 값을 읽을 수 있다. 이 포맷은 사용자가 입력한 표현식의 첫째 항인 변수 value1의 값을 읽을 때도 사용된다.

다음으로 연산자를 읽는다. 연산자는 숫자가 아니라 문자(+, -, *, /)이므로 문자 변수로 읽어 저장한다. %c 포맷 문자는 시스템에게 터미널에서 다음 문자를 읽어오도록 지시한다. 포맷 스트링에 빈칸이 있으면 입력 시에 빈칸(들)을 사용할 수 있다. 이를 통해 사용자는 빈칸으로 연산자와 항을 구분해서 입력할 수 있다.

두 값과 연산자를 읽은 후, 프로그램은 첫 번째 값을 계산기의 누산기에 저장한다. 그 후 operator의 값이 가능한 연산자 네 개 중에서 무엇인지 확인한다. 어떤 연산자인지 찾아내면, 그에 해당하는 적절한 메시지가 계산기에 보내져 연산을 수행한다. 마지막 NSLog에서 누산기의 값을 받아 표시한다. 그 후 프로그램 실행이 완료된다.

이 시점에서 프로그램의 완전성에 대해 몇 마디 하겠다. 우리가 수행하고자 했던 작업을 잘 진행하고 있지만, 사용자가 실수할 경우에 대해서는 전혀 대처하지 않았다. 예를 들어 사용자가 연산자로 '?'를 입력하면 어떻게 될까? 프로그램은 아마 if 문을 건너뛰고, 터미널에 사용자가 표현식을 잘못 입력했다는 경고 메시지를 띄우지도 않을 것이다.

또 하나 빠뜨린 사항은 사용자가 0으로 나누었을 경우다. Objective-C에서 수를 0으로 나눠서는 안 된다는 것을 이미 알고 있을 것이다. 이 경우를 대비해 나누는 값을 확인해야 한다.

프로그램이 오작동하거나 원치 않는 결과가 발생하는 상황을 예상하고, 이를 예방하는 조치를 취하는 과정은 안정되고 만족스러운 프로그램을 개발하기 위해 반드시 거쳐야 한다. 프로그램에 대해 충분한 횟수로 테스트 케이스를 진행하면, 예상치 못했던 상황을 일부 발견할 수 있을 것이다. 그러나 그 이상이 필요하다. 프로그램을 작성할 때 언제나 "만약 이렇게 되면 어떻게 되지?"라는 질문을 해야 한다. 그리고 문제를 적절히 해결하는 코드를 추가하는 습관을 들여야 한다.

프로그램 6.8A는 프로그램 6.8에서 '0으로 나누는 문제'와 '알 수 없는 연산자 입력 문제'를 처리한 버전이다.

프로그램 6.8A

```
// 아래 형식의 표현식을 평가하는 프로그램
//      값 연산자 값

#import <Foundation/Foundation.h>

// Calculator 클래스의 인터페이스 및 구현 부분을 이곳에 추가하라.

int main (int argc, char * argv[])
{
  @autoreleasepool {
      double     value1, value2;
      char       operator;
      Calculator *deskCalc = [[Calculator alloc] init];

      NSLog (@"Type in your expression.");
      scanf ("%lf %c %lf", &value1, &operator, &value2);

      [deskCalc setAccumulator: value1];

      if ( operator == '+' )
         [deskCalc add: value2];
      else if ( operator == '-' )
         [deskCalc subtract: value2];
      else if ( operator == '*' )
         [deskCalc multiply: value2];
      else if ( operator == '/' )
         if ( value2 == 0 )
             NSLog (@"Division by zero.");
         else
             [deskCalc divide: value2];
      else
         NSLog (@"Unknown operator.");

      NSLog (@"%.2f", [deskCalc accumulator]);
  }

  return 0;
}
```

프로그램 6.8A 출력 결과

```
Type in your expression.
123.5 + 59.3
182.80
```

프로그램 6.8A 출력 결과 (재실행)

```
Type in your expression.
198.7 / 0
```

```
Division by zero.
198.7
```

프로그램 6.8A 출력 결과 (재실행)

```
Type in your expression.
125 $ 28
Unknown operator.
125
```

연산자가 슬래시(/, 나눗셈)라면 value2의 값이 0인지 검사하는 테스트가 추가로 진행된다. 만일 0이라면 적절한 메시지가 터미널에 표시된다. 0이 아닐 때는, 나눗셈 연산이 실행되고 결과가 표시된다. if 문이 어떻게 중첩되었는지, 또 else 문은 어느 if 문에 연계되었는지 주의하여 살펴보자.

프로그램 맨 마지막 부분에 있는 else 문은 앞의 코드를 모두 건너뛴 경우에 실행된다. 따라서 operator의 값이 네 문자 가운데 어느 것과도 동일하지 않다면 이 else 문이 실행되어 "Unknown operator."가 터미널에 표시된다.

0으로 나누는 문제의 경우, 더 좋은 해결 방법은 나눗셈을 처리하는 메서드 내에서 처리하는 것이다. divide: 메서드를 다음과 같이 수정하자.

```
-(void) divide: (double) value
{
  if (value != 0.0)
    accumulator /= value;
  else
  {
    NSLog (@"Division by zero.");
    accumulator = NAN;
  }
}
```

value가 0이 아니라면, 나눗셈을 수행한다. 그 외의 경우에는 메시지를 표시하고 누산기를 NAN으로 설정한다. 메서드가 예외 상황을 처리하는 편이 그 메서드를 사용하는 개발자가 알아서 처리하는 것보다 대개 나은 방법이다.

6.2 switch 문

이전 예제에서 연쇄된 if-else 문을 사용해 한 변수의 값을 다른 값들과 비교했다. 프로그램 개발 시에 이런 식으로 if-else 문을 사용해야 하는 경우가 매우 많다. 그래서 Objective-C에서는 이런 작업을 처리하는 프로그램 명령문을 따로 제공한다. 이 명령문은 switch 문이라 하고 형태는 다음과 같다.

```
switch ( expression )
{
    case value1:
        program statement
        program statement
            ...
        break;
    case value2:
        program statement
        program statement
            ...
        break;
    ...
    case valuen:
        program statement
        program statement
            ...
        break;
    default:
        program statement
        program statement
            ...
        break;
}
```

괄호로 둘러싸인 expression은 단순한 상수이거나 상수 표현식인 value1, value2, ... , valuen 값과 연속해서 비교된다. expression의 값과 비교하는 값이 같은 경우 (case)가 발견되면, 해당 case 문 다음에 오는 명령문이 실행된다. 이런 명령문이 여러 개 와도 중괄호를 쓰지 않아도 된다.

break 문은 특정 case가 끝났음을 알리고 switch 문을 종료시킨다. 모든 case 끝에 break 문을 넣어야 한다. 깜빡 잊고 빠뜨리면 해당 case가 실행될 때마다 다음 case도 실행되는 문제가 발생한다. 때로는 일부러 break 문을 사용하지 않는다. 이때는 주석을 달아 의도를 분명히 밝혀 두자.

선택적으로 사용할 수 있는, 특수한 case인 default는 expression 값이 어느 case의 값과도 일치하지 않을 때 실행된다. 개념상으로 이 코드는 이전 예제에서 모든 경우에 해당하지 않았을 때 실행되는 else와 동일하다. 사실 switch 문의 일반적인 형태는 다음과 같이 if 문으로 동일하게 표현할 수 있다.

```
if ( expression == value1 )
{
    program statement
    program statement
        ...
}
else if ( expression == value2 )
{
    program statement
    program statement
        ...
}
    ...
else if ( expression == valuen )
{
    program statement
    program statement
        ...
}
else
{
    program statement
    program statement
        ...
}
```

이전의 코드를 염두에 두고, 프로그램 6.8A의 거대한 if 문을 동일한 switch 문으로 변경할 수 있다. 프로그램 6.9를 보자.

프로그램 6.9

```
// 아래 형태의 간단한 표현식을 평가하는 프로그램
//     값 연산자 값

#import <Foundation/Foundation.h>

// Calculator 클래스의 인터페이스와
// 구현 부분을 이곳에 추가한다.

int main (int argc, char * argv[])
{
```

```
    @autoreleasepool {
        double   value1, value2;
        char     operator;
        Calculator *deskCalc = [[Calculator alloc] init];

        NSLog (@"Type in your expression.");
        scanf ("%lf %c %lf", &value1, &operator, &value2);

        [deskCalc setAccumulator: value1];

        switch ( operator ) {
           case '+':
              [deskCalc add: value2];
              break;
           case '-':
              [deskCalc subtract: value2];
              break;
           case '*':
              [deskCalc multiply: value2];
              break;
           case '/':
              [deskCalc divide: value2];
              break;
           default:
              NSLog (@"Unknown operator.");
              break;
        }

        NSLog (@"%.2f", [deskCalc accumulator]);
    }

    return 0;
}
```

프로그램 6.9 출력 결과

```
Type in your expression.
178.99 - 326.8
-147.81
```

사용자가 입력한 표현식을 읽은 뒤 operator의 값은 각 case에 지정된 값에 대해 연속 비교된다. 일치하는 값이 발견되면, 해당 case에 포함된 명령문이 실행된다. 그 후 break 문으로 switch 문을 빠져나오고 프로그램 실행이 종료된다. 만일 연산자의 값 중 일치하는 것이 없다면 default case가 실행되어 "Unknown operator."가 표시된다.

뒤이어 나오는 case가 없기 때문에 default case에서는 보통 break 문이 필요 없다. 그럼에도 모든 case 마지막에 break을 추가하는 습관을 들이는 것이 좋다.
　　switch 문을 작성할 때, case 값 두 개가 동일할 수 없다는 사실을 기억해야 한다. 그러나 특정 프로그램 명령문에 case 값을 하나 이상 연계시킬 수는 있다. 그저 여러 case 값을 (case마다, case 키워드와 값, 세미콜론을 함께 사용하여) 연달아 나열하고 공통으로 사용할 프로그램 명령문을 입력하면 된다. 다음 예제 코드를 보자. operator의 값이 별표(*)나 소문자 x와 동일하면 multiply: 메서드가 실행된다.

```
switch ( operator )
{
  ...
  case '*':
  case 'x':
    [deskCalc multiply: value2];
    break;
  ...
}
```

6.3 불리언 변수

프로그래밍을 배우는 사람들은 거의 모두 오래 지나지 않아 소수(素數, prime number)의 표를 만드는 프로그램을 작성한다. 새로 상기하는 차원에서 설명하면, 양의 정수 p가 1과 자기 자신을 제외한 어떤 정수로도 나누어떨어지지 않는 경우, 그 정수를 소수라고 한다. 맨 처음 소수는 2다. 그 다음 소수는 3이다. 4는 2로 나누어떨어지므로 소수가 아니다.
　　소수를 표로 만드는 방법은 몇 가지가 있다. 예를 들어 1부터 50 사이에 있는 소수를 찾는다고 해보자. 가장 분명한 (그리고 단순한) 알고리즘은 각 정수 p를 2에서 p-1 사이의 모든 숫자로 나누어떨어지는지 확인해 보는 것이다. 만일 정수 p를 나누어떨어지는 수가 있다면, p는 소수가 아니다. 만일 나누어떨어지지 않는다면 p는 소수다.
　　프로그램 6.10은 2부터 50 사이에 있는 소수를 나열한다.

프로그램 6.10

```
// 소수 표를 생성하는 프로그램
```

```
#import <Foundation/Foundation.h>

int main (int argc, char * argv[])
{
  @autoreleasepool {
     int    p, d, isPrime;

     for ( p = 2; p <= 50; ++p ) {
        isPrime = 1;

        for ( d = 2; d < p; ++d )
           if ( p % d == 0 )
              isPrime = 0;

        if ( isPrime != 0 )
           NSLog (@"%i ", p);
     }
  }

  return 0;
}
```

프로그램 6.10 출력 결과

```
2
3
5
7
11
13
17
19
23
29
31
37
41
43
47
```

프로그램 6.10에서 몇 가지를 주의하여 살펴봐야 한다. 먼저, 가장 바깥 for문은 정수 2부터 50 사이를 도는 반복문을 설정한다. 반복 변수 p는 지금 수가 소수인지를 확인하는 값이다. 반복문에 있는 첫 명령문에서는 변수 isPrime에 1을 할당한다. 이 변수의 용도는 곧 밝혀진다.

두 번째 반복문은 p를 정수 2에서 p-1 사이의 정수로 나눈다. 반복문 내에서 p를 d로 나눈 나머지가 0인지 확인하는 테스트가 수행된다. 만일 나머지가 0이라면, p는 자기 자신과 1 외에도 나누어떨어지는 수가 있는 셈이므로 소수가 아니다. p가 소수 후보가 아님을 나타내기 위해 변수 isPrime의 값이 0으로 설정된다.

안쪽 반복문의 실행이 끝나면, 변수 isPrime의 값을 확인한다. 만일 값이 0과 같지 않다면 p를 나누어 나머지가 0으로 떨어지는 정수가 발견되지 않았다는 의미다. 즉, p는 소수이고, 해당 값이 표시된다.

눈치챘겠지만 변수 isPrime은 값을 0과 1 중 하나만 받는다. p가 소수가 되면 isPrime의 값은 1이 되지만, 나누어떨어지는 정수가 발견되는 순간 값이 0으로 설정된다. 그리고 p가 더는 소수가 아님을 나타낸다. 이런 식으로 사용되는 변수는 보통 '불리언' 변수라고 한다. 플래그는 보통 두 값 가운데 하나만 존재한다고 가정한다. 또한 플래그의 값은 보통 켜져 있는지(true 혹은 YES), 아니면 꺼져 있는지(false 혹은 NO) 확인하는데, 한 번 이상 테스트된다. 그리고 결과에 따라 특정한 액션을 취한다.

Objective-C에서는 참(true)과 거짓(false)을 나타내는 플래그를 각각 1과 0으로 해석한다. 따라서 프로그램 6.10의 반복문에서 isPrime의 값을 1로 지정하면 p는 '소수다(is prime)'라고 설정하는 것이다. 안쪽 for 문을 실행하다 나누어떨어지는 수가 발견되면 isPrime의 값은 false로 지정되어 p가 더는 '소수가 아니다'를 나타낸다.

값 1이 보통 참(true)이나 켜진 상태를 나타내는 데 사용되고, 0이 거짓(false)이나 꺼진 상태를 나타냄은 우연이 아니다. 이 표현은 컴퓨터의 비트 하나에 해당한다. 그 비트가 켜져 있으면 값은 1이고, 꺼져 있으면 값이 0이다. 그런데 Objective-C에서는 이런 논리 값을 사용하는 데 좀 더 설득력 있는 이유가 있다. 그것은 Objective-C 언어가 참과 거짓의 개념을 다루는 방식에 관련된다.

이 장을 시작하면서 if 문에 있는 조건이 만족되면, 바로 뒤따르는 명령문이 실행된다고 하였다. 그런데 '만족되면'이라는 말이 정확히 무엇을 의미하는 것일까? Objective-C에서 '만족되면'은 0이 아님을 뜻한다. 다음 코드를 보자.

```
if ( 100 )
    NSLog (@"This will always be printed.");
```

이 코드는 NSLog 문을 실행시킨다. 그 이유는 if 문의 값이 0이 아니므로, 조건을 충족하기 때문이다.

이 장의 각 프로그램 예제에서는 '0이 아니면 조건을 충족한다'와 '0이면 조건이 충족되지 않는다'라는 개념을 사용하였다. 그 이유는, Objective-C에서 관계 표현식이 평가될 때마다, 충족하면 결과가 1이고 충족하지 않으면 결과가 0이기 때문이다. 이를 염두에 두고 다음 코드를 살펴보자.

```
if ( number < 0 )
    number = -number;
```

이 코드는 다음과 같이 동작한다. 'number < 0'이 평가된다. 이 조건이 만족되면 (즉, number가 0보다 작으면) 이 표현식의 값은 1이다. 그 외 상황에서는 0이다.

if 문은 이 표현식을 평가한 결과를 테스트한다. 만일 값이 0이 아니라면 바로 뒤따르는 명령문이 실행되고, 0일 경우에는 해당 명령문을 건너뛴다.

바로 앞에서 설명한 내용은 for 문, while 문, do 문에서 조건을 평가할 때도 동일하게 적용된다. 다음과 같은 복합 관계 표현식도 앞서 설명한 대로 평가된다.

```
while ( char != 'e' && count != 80 )
```

만일 지정한 두 조건이 모두 유효하다면 결과는 1이 된다. 한 조건이라도 성립하지 않으면 결과는 0이 된다. 그 후 평가 결과가 확인된다. 결과가 0이면 while 문은 종료되고 0이 아닐 때는 계속 실행된다.

프로그램 6.10과 플래그의 개념으로 돌아가자. Objective-C에서 다음 표현식을 사용해서 플래그의 값이 참인지 확인할 수 있다.

```
if ( isPrime )
```

이 표현식은 다음 식과 동일하다.

```
if ( isPrime != 0 )
```

플래그의 값이 거짓(false)인지 확인하려면 논리 부정 연산자 (!)를 사용한다. 다음 표현식에서 이 연산자를 써서 isPrime의 값이 false인지 확인한다("만일 isPrime이 아니라면"이라고 읽는다).

```
if ( ! isPrime )
```

일반적으로 이런 표현식은 expression의 논리 값을 부정한다.

```
! expression
```

따라서 expression 값이 0이라면 논리 부정 연산의 결과는 1이다. 또, 값이 0이 아니면 논리 부정 연산의 결과는 0이다.

논리 부정 연산자를 사용하여 플래그의 값을 다음 표현식처럼 손쉽게 바꿀 수 있다.

```
my_move = ! my_move;
```

예상했겠지만, 이 연산자는 단항 뺄셈 연산자와 우선순위가 같다. 이 말은, 모든 이항 산술 연산자와 관계 연산자보다 우선순위가 높다는 이야기다. 예컨대 변수 x의 값이 변수 y의 값보다 작지 않음을 확인하려 한다고 해보자.

```
! ( x < y )
```

이처럼 괄호를 사용해야 표현식이 제대로 평가된다. 물론 위 표현식을 다음과 같이 써도 의미가 동일하다.

```
x >= y
```

Objective-C는 몇 가지 기능으로 불리언 변수를 좀 더 쉽게 사용하도록 지원한다. 그 가운데 하나는 특수 형인 BOOL이다. BOOL 형 변수는 참과 거짓의 값을 담는데 사용한다. 다른 기능은 YES와 NO 값이다. 이 값은 미리 정의되어 있어서, 이를 이용하면 프로그램을 작성하기도, 읽기도 모두 쉬워진다. 이 기능들을 사용해 프로그램 6.10을 프로그램 6.10A로 다시 작성해 보았다.

> **노트**
> BOOL 형은 '전처리기'라는 기법으로 추가되었다.

프로그램 6.10A

// 소수 표를 생성하는 프로그램
// BOOL 형과 이미 선언된 값들을 사용하는 두 번째 버전

```
#import <Foundation/Foundation.h>

int main (int argc, char *argv[])
{
  @autoreleasepool {
     int    p, d;
     BOOL   isPrime;

     for ( p = 2; p <= 50; ++p ) {
        isPrime = YES;

        for ( d = 2; d < p; ++d )
           if ( p % d == 0 )
              isPrime = NO;

        if ( isPrime == YES )
           NSLog (@"%i ", p);
     }
  }
  return 0;
}
```

프로그램 6.10A 출력 결과

```
2
3
5
7
11
13
17
19
23
29
31
37
41
43
47
```

시스템 라이브러리 내 많은 메서드들이 BOOL 형 값을 반환하거나, 하나 혹은 그 이상의 인자로 BOOL 형 값을 받는다. 이 책의 뒷부분에서 예들을 볼 것이다.

6.4 조건 연산자

Objective-C 언어에서 가장 보기 드문 연산자는 아마도 조건 연산자일 것이다. 다른 연산자와 달리, 조건 연산자는 삼항 연산자다. 즉, 단항 혹은 이항 연산자와 달리 항을 세 개 받는다는 이야기다. 이 연산자를 나타내는 기호는 두 가지가 있는데, 바로 물음표(?)와 콜론(:)이다. 첫 항은 ? 앞에 있고 둘째 항은 ?와 : 사이에, 마지막 항은 : 뒤에 있다.

조건 연산자는 대개 다음과 같은 형태다.

```
condition ? expression1 : expression2
```

이 문법에서 condition은 보통 관계 표현식이다. Objective-C 언어가 조건 연산자를 만날 때 맨 먼저 평가한다. 만일 condition의 결과가 참이면(즉, 0이 아니면) 표현식 expression1이 실행되고, 이 표현식의 결과가 이 연산의 결과가 된다. 만일 condition이 거짓(즉, 0)으로 평가되면, expression2가 실행된다. 그리고 그 결과가 이 연산의 결과가 된다.

조건 표현식은 특정 조건에 따라 두 값 중 하나를 변수에 할당할 때 가장 많이 사용한다. 예를 들어, 정수 변수 x와 s가 있다고 하자. x가 0보다 작으면 s에 -1을 대입하고, 그 외에는 x^2을 s에 대입하고 싶다고 하자. 명령문은 다음과 같이 작성하면 된다.

```
s = ( x < 0 ) ? -1 : x * x;
```

이 표현식에서는 조건 x < 0이 먼저 테스트된다. 명령문의 가독성을 높이기 위해 보통 조건 표현식에 괄호를 치는 편이 좋다. 하지만 조건 연산자의 우선순위가 매우 낮기 때문에(대입 연산자와 콤마 연산자를 제외한 모든 연산자보다 우선순위가 낮다) 반드시 해야 하는 건 아니다.

만일 x의 값이 0보다 작다면, ? 바로 뒤의 표현식이 평가된다. 이 경우는 정수 상수 값 -1 이고, x가 0보다 작다면 변수 s에 이 값이 대입된다.

만일 변수 x의 값이 0보다 작지 않으면, : 바로 뒤의 표현식이 평가되어 s에 대입된다. 따라서, x가 0보다 크거나 같다면, x*x의 값이 s에 대입된다.

조건 연산자의 다른 예를 살펴보자. 다음 표현식은 a, b 가운데 큰 값을 변수 max_value에 담는다.

```
max_value = ( a > b ) ? a : b;
```

만일 콜론(:) 뒤의 표현식('그렇지 않으면'에 해당하는 부분)에 다른 조건 연산자를 넣어 else if 구문과 동일한 효과를 낼 수도 있다. 예를 들어, 프로그램 6.6의 부호 함수는 조건 연산자 두 개를 쓰면 딱 한 줄로도 구현할 수 있다.

```
sign = ( number < 0 ) ? -1 : (( number == 0 ) ? 0 : 1);
```

number가 0보다 작다면 sign에는 -1이 들어간다. 만일 number가 0이라면 sign에는 0이 대입된다. 그 외의 경우에는 1이 대입된다. 앞의 표현식에서 '그렇지 않으면' 부분에 씌운 괄호가 실제로 필요하지는 않다. 조건 연산자는 오른쪽에서 왼쪽으로 결합되어 나간다. 다음과 같이 조건 연산자를 여러 개 사용할 경우를 보자.

```
e1 ? e2 : e3 ? e4 : e5
```

이 식은 오른쪽에서 왼쪽으로 그룹 지어져 다음과 같이 평가된다.

```
e1 ? e2 : ( e3 ? e4 : e5 )
```

조건 연산자를 꼭 대입 연산자 우측에서만 사용해야 하는 것은 아니다. 표현식을 쓸 수 있는 곳이라면 어디서든 사용 가능하다. 다음 코드처럼 number의 부호를 다른 변수에 대입하지 않고도 NSLog를 사용하여 표시할 수 있다.

```
NSLog (@"Sign = %i", ( number < 0 ) ? -1
                   : ( number == 0 ) ? 0 : 1);
```

조건 연산자는 Objective-C의 전처리기 매크로를 작성할 때 매우 유용하다. 이에 대해서는 12장 「전처리기」에서 상세히 다룰 것이다.

6.5 연습문제

1. 사용자가 정수 값을 두 개 입력하는 프로그램을 작성하라. 첫 번째 숫자가 두 번째 숫자로 나누어떨어지는지 테스트하고 터미널에 적절한 메시지를 표시하라.

2. 프로그램 6.8A는 부적절한 연산자가 입력되거나 0으로 나누는 문제가 생겨도 누산기의 값을 표시한다. 이 문제를 고쳐 보라.

3. Fraction 클래스의 print 메서드를 고쳐 정수는 정수로 표시되게 하라(예 : 분수 5/1는 5로 표시). 또한, 분모가 0인 분수는 0으로 표시하도록 수정하라.

4. 간단한 출력 계산기 프로그램을 작성하라. 이 프로그램에서는 사용자가 다음 형태로 표현식을 입력할 수 있어야 한다.

    number operator

    또 프로그램은 다음 연산자를 인식할 수 있어야 한다.

    +   -   *   /   S   E

    S 연산자는 누산기의 값을 입력한 숫자로 설정하고, E 연산자는 프로그램 실행을 종료시킨다. 산술 연산은 누산기의 값과 입력받은 두 번째 항으로 계산된다. 다음은 이 프로그램이 어떻게 동작할지를 보여주는 예다.

    ```
    계산 시작
    10    S          누산기를 10으로 설정
    =  10.000000     누산기의 내용
    2     /          2로 나누기
    =  5.000000      누산기의 내용
    55    -          55를 빼기
    =  -50.000000
    100.25 S         누산기를 100.25로 설정
    =  100.250000
    4     *          4로 곱하기
    ```

```
= 401.000000
0 E          프로그램 끝
= 401.000000
계산 끝
```

프로그램이 0으로 나누는 경우와 알 수 없는 연산자를 받는 경우를 처리하라. 프로그램 6.8에서 개발한 Calculator 클래스를 사용해 계산하라. 노트: scanf 포맷 스트링에 공백 문자를 사용하여(예. "%f %c") 입력시 공백문자를 무시하도록 처리하자.

5. 프로그램 5.9는 터미널에 입력한 정수의 자리를 거꾸로 뒤집는다. 그러나 사용자가 음수를 입력하면 이 프로그램은 작동하지 않는다. 이럴 때 어떤 문제가 발생하는지 알아보고, 음수가 정상 처리되도록 프로그램을 수정하라. 만일 - 8645가 입력되었다면, 프로그램의 출력 결과는 5468-가 되어야 한다.

6. 터미널에서 정수 값을 입력받아 각 자리의 정수 값을 영어로 표시하는 프로그램을 작성하라. 예컨대, 사용자가 932를 입력하면 프로그램은 다음처럼 표시해야 한다(사용자가 0을 입력하면 zero를 표시해야 한다).

```
nine
three
two
```

주의: 이 연습문제는 어렵다.

7. 프로그램 6.10은 불충분한 점이 몇 가지 있다. 그 중 하나는 짝수를 확인할 때다. 2보다 큰 짝수는 모두 소수가 될 수 없다. 그러므로 모든 짝수는 가능한 한 소수나 나누는 수로 처리하지 않아도 된다. 내부 for 문 역시 p 값을 언제나 2에서 p-1 사이에 있는 모든 d로 나누는데, 이 역시 비효율적이다. 만일 for 문의 조건에 isPrime의 값을 테스트한다면, 이런 비효율성을 제거할 수 있다. 이런 방식으로, 나누어떨어지는 수를 찾지 못하고 d가 p보다 작은 동안에는 for 문이 반복되도록 설정할 수 있다. 프로그램 6.10을 수정하여 이 두 가지를 바꿔보고 프로그램을 실행시켜 정상 작동하는지 확인하라.

7장

Programming in Objective-C

클래스에 대해서

이 장에서도 클래스를 사용하고 메서드를 작성하는 방법을 살펴본다. 또한 프로그램을 반복하기, 의사결정하기, 표현식 사용하기 등 이전에 배운 개념을 적용한다. 먼저 더 큰 프로그램을 손쉽게 다룰 수 있도록 프로그램을 여러 파일로 나눠보자.

7.1 인터페이스와 구현 파일 나누기

클래스 선언과 정의를 다른 파일에 나누는 일에 익숙해져야 할 때가 왔다.
　만일 Xcode를 사용한다면 FractionTest라는 프로젝트를 새로 생성하자. 다음 프로그램 코드를 main.m 파일에 입력하자.

프로그램 7.1 메인 테스트 프로그램: main.m

```
#import "Fraction.h"

int main (int argc, char * argv[])
{
  @autoreleasepool {
    Fraction  *myFraction = [[Fraction alloc] init];

    // 분수를 1/3로 설정한다.

    [myFraction setNumerator: 1];
```

```
        [myFraction setDenominator: 3];

        // 분수를 표시한다.

        NSLog (@"The value of myFraction is:");
        [myFraction print];
    }

    return 0;
}
```

이 파일에 Fraction 클래스의 정의가 포함되지 않았음에 주의하자. 그대신에, Fraction.h 파일을 임포트한다.

보통 클래스 선언(@interface 부분)은 '정해 둔 클래스명'.h라는 파일에 저장한다. 클래스 정의(@implementation 부분)는 대개 동일한 이름에 확장자가 .m인 파일에 저장한다. 따라서 Fraction 클래스는 Fraction.h에서 선언하고, Fraction.m에서 정의한다.

Xcode에서 이를 수행하려면 File 메뉴에서 New File을 선택한다. 왼쪽에서 Cocoa Touch를 선택하고 오른쪽 상단에서 Objective-C class를 고른다(그림 7.1).

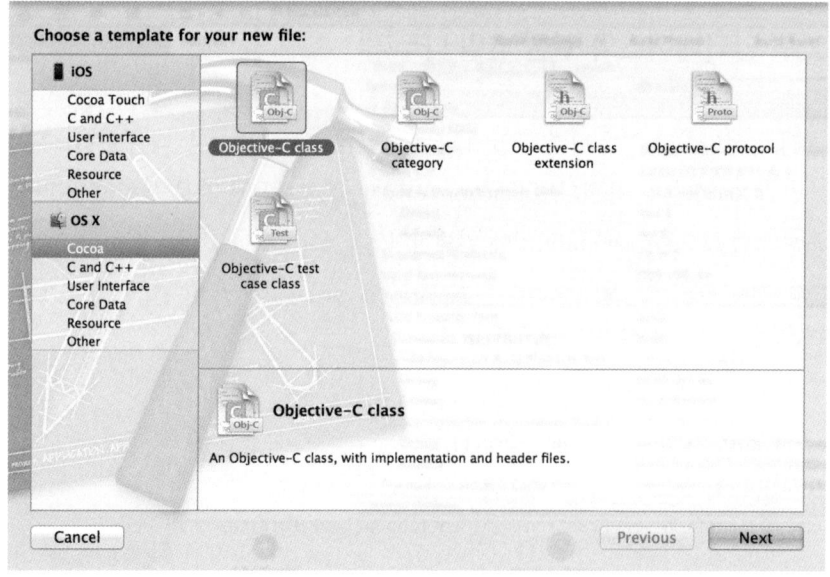

그림 7.1 XCode new 파일 메뉴

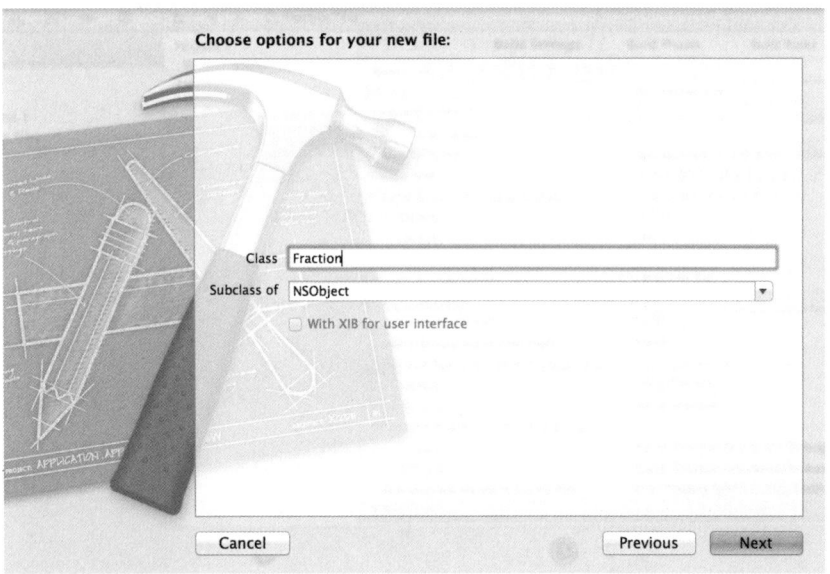

그림 7.2 프로젝트에 신규 클래스 추가하기

Next 버튼을 누르자. 클래스 이름을 입력하고 NSObject의 서브클래스를 고른다. Next버튼을 다시 클릭한다.

그림 7.3과 비슷한 화면이 보여야 한다. 화면에 보이는 모든 것을 그대로 둔 다음 Create를 클릭한다.

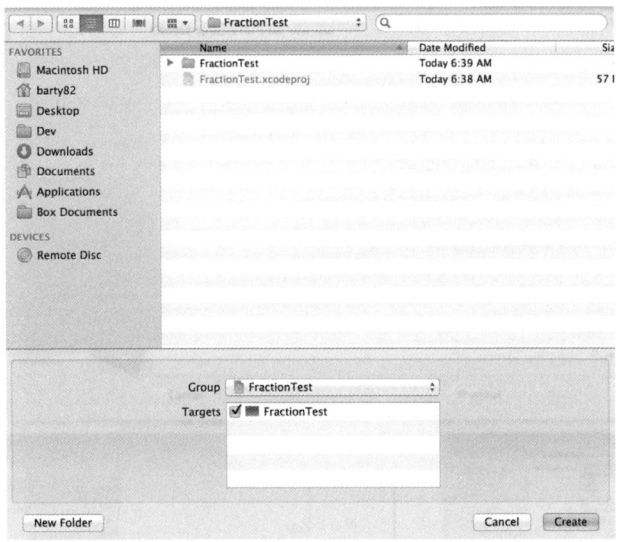

그림 7.3 프로젝트에 신규 클래스 추가하기

Xcode는 프로젝트에 Fraction.h와 Fraction.m이라는 두 파일을 추가할 것이다. 그림 7.4은 그것을 보여준다.

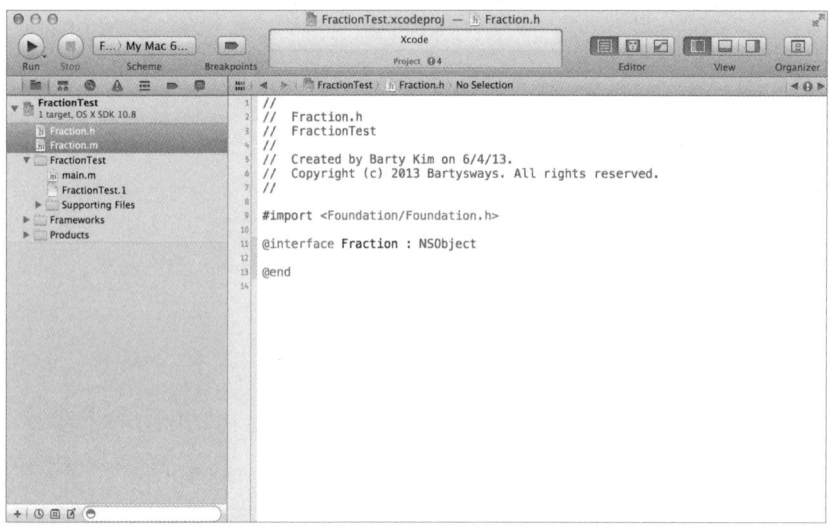

그림 7.4 XCode가 프로젝트에 신규 파일을 생성한 모습

Fraction.h 파일에 Fraction 클래스의 인터페이스 부분을 입력한다.

프로그램 7.1 Fraction.h 인터페이스 파일

```
//
// Fraction.h
// FractionTest
//
// Created by Steve Kochan on 9/3/12
// Copyright (c) Classroom, Inc. All rights reserved.
//

#import <Foundation/Foundation.h>

// Fraction 클래스

@interface Fraction : NSObject

-(void)    print;
-(void)    setNumerator: (int) n;
-(void)    setDenominator: (int) d;
-(int)     numerator;
-(int)     denominator;
-(double)  convertToNum;
```

@end

이 인터페이스 파일은 컴파일러(와 다른 프로그래머들)에게 Fraction 클래스가 어떻게 생겼는지를 알려준다. 정수 인스턴스 변수 두 개(numerator, denominator)를 포함하며, print, setNumerator:, setDenominator:, numerator, denominator, convertToNum 등 인스턴스 메서드를 여섯 개 보유한다. 앞의 메서드 셋은 반환 값이 없고, 그다음 두 개는 int를, 마지막 메서드는 double을 반환한다. 메서드 setNumerator:와 setDenominator:는 각각 정수 인수를 받는다.

Fraction 클래스의 구현은 Fraction.m에 작성한다.

프로그램 7.1 Fraction.m 구현 파일

```
//
// Fraction.m
// FractionTest
//
// Created by Steve Kochan on 9/3/12
// Copyright (c) Classroom, Inc. All rights reserved.
//

#import "Fraction.h"

@implementation Fraction
{
  int numerator;
  int denominator;
}

-(void) print
{
  NSLog (@"%i/%i", numerator, denominator);
}

-(void) setNumerator: (int) n
{
  numerator = n;
}

-(void) setDenominator: (int) d
{
  denominator = d;
}

-(int) numerator
{
```

```
    return numerator;
}

-(int) denominator
{
    return denominator;
}

-(double) convertToNum
{
    if (denominator != 0)
        return (double) numerator / denominator;
    else
        return NAN;
}
@end
```

다음 명령문으로 인터페이스 파일을 구현 파일에 임포트한다는 사실을 잊지 말자.

```
#import "Fraction.h"
```

이 명령문은 우리가 인터페이스와 구현 부분을 두 개의 다른 파일로 분리했기 때문에 필요해졌다. 컴파일러는 두 개의 파일을 개별적으로 컴파일한다. 컴파일러가 구현 부분을 담고 있는 파일(Fraction.m)을 컴파일 할 때, 클래스의 인터페이스 부분에서 필요한 정보들(메서드의 이름과 인자 형 등)을 필요로 한다. .h 파일을 임포트하는 것으로 컴파일러는 Fraction 클래스에 선언된 클래스와 메서드에 대한 정보를 알게 되고, 두 파일 사이에 일관성을 보장할 수 있게 된다.

이 파일에서 살펴봐야 할 사항이 또 있다. 바로 임포트한 파일이 〈Foundation/Foundation.h〉처럼 꺾쇠(〈 〉)가 아닌 큰따옴표(" ")로 둘러싸여 있다는 점이다. 큰따옴표는 시스템 파일이 아닌 로컬 파일(여러분이 만든 파일)에 사용되며 시스템에게 그 파일을 어디서 찾아야 하는지를 알려준다. 큰따옴표를 쓰면 컴파일러는 먼저 현재 디렉터리에서 지시한 파일을 찾는다. 그 후 다른 곳들에서 찾게 된다. 필요하다면 컴파일러가 검색할 실제 위치를 지정해줄 수 있다.

다시 한 번 주의하자. 테스트 프로그램인 main.m에 구현 파일 Fraction.m이 아닌 인터페이스 파일 Fraction.h가 임포트되어 있다. (이 장의 시작부를 보자.) 인터페이스 부분은 클래스를 다른 파일에서 사용할 때 컴파일러가 필요로 하는 모든 정보를 담고 있다. 구현 부분은 메서드의 실제 코드를 담고 있고, Xcode는 여러분의 애플리케이션을 빌드할 때 작성한 다른 코드와 함께 이 코드들을 포함시켜준다. 인터페이스 파일을 클래스를 사용하는 다른 이들과 공유할 수 있도록 공개된(public) 정보를 담고 있다고 생각하자. 반면, 구현 부분은 숨겨진(private) 정보, 즉 인스턴스 변수와 코드를 담고 있는 것이다.

> **노트**
>
> 사실, 실제 코드는 프레임워크 라이브러리와 같이 다른 곳에 존재할 수도 있다.

이제 프로그램을 세 파일에 분리해서 저장했다. 규모가 작은 프로그램에서는 괜히 일만 늘어나는 듯 보이겠지만, 큰 프로그램을 다루고 다른 프로그래머와 클래스 선언을 공유하기 시작하면 이 방식의 유용함을 바로 깨닫게 될 것이다.

이제 이전과 동일한 방식으로 프로그램을 컴파일하고 실행하자. Product 메뉴에서 Run을 선택하거나 툴바에서 Run 버튼을 클릭하자.

커맨드라인에서 프로그램을 컴파일한다면 Objective-C 컴파일러에 '.m' 파일 두 개를 모두 알려야 한다. Clang을 사용하면 다음과 같이 작성한다.

```
clang -fobjc-arc Fraction.m main.m -o FractionTest
```

빌드 결과, FractionTest 실행 파일이 생긴다. 다음은 이 프로그램의 출력 결과다.

프로그램 7.1 FactionTest 출력 결과

```
The value of myFraction is:
1/3
```

7.2 자동 생성 접근자 메서드

Objective-C 2.0부터는 세터와 게터 메서드(둘을 합쳐 '접근자 메서드'라고 한다)를 자동으로 생성할 수 있다. 지금까지는 이 방법을 일부러 설명하지 않았다. 일단 이 메서드들을 직접 작성하는 방법을 배우는 게 중요하기 때문이었다. 그러나 이는 프로그래밍 언어가 제공하는 매우 편리한 기능임이 분명하다. 자동 생성 방법을 배워 보자.

첫 단계는 인터페이스 부분에서 @property 지시어를 사용하여 프로퍼티를 지정해 주는 것이다. 이 프로퍼티들은 보통 인스턴스 변수와 같은 이름을 갖는데, 필수는 아니다. Fraction 클래스의 경우, numerator와 denominator가 여기에 해당된다. 다음은 @property 지시어를 추가한 새로운 인터페이스다.

```
@interface Fraction : NSObject

@property int numerator, denominator;
-(void)   print;
-(double) convertToNum;
@end
```

이제 numerator, denominator, setNumerator:, setDenominator: 같은 게터와 세터 메서드에 대한 정의는 포함하지 않는다. 이 점에 유의하자. 이것들은 Objective-C 컴파일러가 자동으로 생성(synthesize)해 줄 것이다. 어떻게 자동 생성이 가능한 걸까? 다음 코드처럼 구현 부분에 간단히 @synthesize 지시어를 사용해 주면 된다.

```
#import "Fraction.h"

@implementation Fraction

@synthesize numerator, denominator;

-(void) print
{
    NSLog (@"%i/%i", numerator, denominator);
}

-(double) convertToNum
{
    if (denominator != 0)
        return (double) numerator / denominator;
    else
        return NAN;
}
@end
```

@property 지시어를 사용하면, 구현 부분에서 해당하는 인스턴스 부분을 더 이상 선언할 필요가 없다. 원한다면 해도 무방하지만, 컴파일러가 알아서 처리

하므로 이제 더 이상 필수는 아니다.

다음 줄은 Objective-C 컴파일러에게 두 프로퍼티 numerator와 denominator에 해당하는 게터와 세터 메서드를 생성하도록 지시한다.

```
@synthesize numerator, denominator;
```

일반적으로 x라는 프로퍼티가 있을 때, 구현 부분에 다음 코드를 추가하면 컴파일러가 자동으로 x라는 게터 메서드와 setX:라는 세터 메서드를 생성한다.

```
@synthesize x;
```

여기서는 이것이 대수롭지 않게 보일지 모른다. 그러나 컴파일러가 작성한 접근자 메서드는 효율적일 뿐 아니라 다중 스레드, 다양한 시스템, 다중 코어 환경에서 좀 더 안전하게 돌아간다.

> **노트**
> XCode 4.5부터는 더 이상 @synthesize 지시어를 사용하지 않아도 된다. @property 지시어만으로도 충분하다. 컴파일러는 자동으로 세터와 게터를 생성해 줄 것이다. 이 주제에 대해서는 해당 장의 뒷부분에서 다시 다루기로 하자.

이제 프로그램 7.1로 돌아가서 인터페이스와 구현 부분을 변경하여 접근자 메서드를 자동으로 생성하자. main.m 파일은 손대지 않고, 프로그램이 정상적으로 돌아가는지 확인하자.

7.3 점 연산자(.)를 사용하여 프로퍼티 접근하기

Objective-C는 프로퍼티에 좀 더 쉽게 접근할 수 있는 문법을 제공한다. myFraction에 저장된 분모의 값을 가져오려면 다음과 같이 코드를 작성할 것이다.

```
[myFraction numerator]
```

이 코드는 myFraction 객체에 numerator 메시지를 보내고, 그 결과로 원하는 값이 반환된다. 다음 표현식을 사용해도 동일한 결과를 얻을 수 있다.

```
myFraction.numerator
```

일반적인 사용법은 다음과 같다.

```
instance.property
```

다음 문법을 사용하여 값을 할당해 줄 수도 있다.

```
instance.property = value
```

이것은 다음 표현식을 사용하는 것과 동일하다.

```
[instance setProperty: value]
```

프로그램 7.1에서 분수의 값을 1/3로 설정하려면 다음 코드 두 줄을 사용한다.

```
[myFraction setNumerator: 1];
[myFraction setDenominator: 3];
```

이 표현식을 다음처럼 작성해도 동일하게 동작한다.

```
myFraction.numerator = 1;
myFraction.denominator = 3;
```

앞으로 메서드를 자동 생성하고 프로퍼티에 접근하는 이 새로운 기능을 자주 보게 될 것이다.

프로그램 7.2에서는 . 연산자 사용사례를 보여준다.

프로그램 7.2 메인 테스트 프로그램: main.m . 연산자 사용하기

```
#import "Fraction.h"

int main (int argc, char * argv[])
```

```
{
    @autoreleasepool {
        Fraction *myFraction = [[Fraction alloc] init];

        // '점' 연산자를 사용하여 분수 1/3 설정

        myFraction.numerator = 1;
        myFraction.denominator = 3;

        // 분수의 분모와 분자 보여주기

        NSLog (@"The numerator is %i, and the denominator is %i",
            myFraction.numerator, myFraction.denominator);
    }

    return 0;
}
```

프로그램 7.2 FractionTest 출력 결과

```
The numerator is 1, and the denominator is 3
```

. 연산자를 쓸 때 자동 생성 메서드 대신 직접 작성한 메서드를 사용할 수도 있다. 뿐만 아니라 numerator라는 게터 메서드가 있으면 numerator를 프로퍼티로 선언하지 않았더라도 myFraction.numerator와 같은 표현식을 사용하는 것도 가능하다.

> **노트**
> 앞에서 언급한 바 대로 myFraction.print와 같은 명령문을 작성하는 것도 문법적으로는 가능하다. 그러나 이는 좋은 프로그래밍 스타일로 여겨지진 않는다. . 연산자는 프로퍼티에 사용하도록 만들어졌다. 보통 인스턴스 변수의 값을 설정하고 가져오는 데 사용한다. 일(두 분수의 합을 계산하거나 객체를 릴리스 하는 등)을 수행하는 메서드는 보통 애플의 문서에서 "작업(Tasks)"이라고 부른다. 작업은 보통 . 연산자로 실행되지 않고, 대괄호를 사용한 메시지 표현식을 쓰는 것이 바람직하다.

> **노트**
> 접근자 메서드를 자동 생성하는 경우, 프로퍼티 이름을 new, alloc, copy, init으로 시작하면 안 된다. 이는 컴파일러가 생성하는 메서드의 이름으로 가정하는 사항들이 존재하기 때문이다. 이에 대해서는 17장 「메모리 관리와 ARC」에서 상세히 설명한다.

7.4 메서드에 여러 인수 넘겨주기

Fraction 클래스에 몇 가지를 추가해보자. 지금까지 여섯 메서드를 정의했다. 만일 한 메시지로 분자와 분모를 설정할 수 있다면 매우 편리할 것이다. 인수를 여러 개 받는 메서드를 정의할 때는, 그저 콜론 뒤에 인수를 연속으로 나열하면 된다. 이 인수들이 메서드 이름을 구성한다. 예를 들어, 메서드 이름이 addEntryWithName: andEmail:이라면 이 메서드는 이름과 전자우편 주소라는 두 가지 인수를 받는다. addEntryWithName:andEmail:andPhone: 메서드는 이름, 이메일 주소, 전화번호까지 세 인수를 받는다.

따라서 분자와 분모를 동시에 설정하는 메서드의 이름은 setNumerator: andDenominator:가 될 테고, 다음과 같이 사용할 것이다.

```
[myFraction setNumerator: 1 andDenominator: 3];
```

이렇게 사용하는 것도 나름대로 괜찮다. 사실, 메서드명으로 가장 먼저 떠오를 만한 이름이다. 그런데 좀 더 읽기 편한 이름을 생각해 볼 수는 없을까? 예를 들어 setTo:over:는 어떨까? 첫눈에는 매력적인 이름 같아 보이지 않을 수도 있다. 그러나 myFraction을 1/3로 설정하는 다음 메시지를 위 메시지와 비교해보자.

```
[myFraction setTo: 1 over: 3];
```

내 생각에는 이 방식이 더 읽기 쉬운 것 같다. 선택은 당신에게 달려 있다(어떤 이들에게는 첫 번째 이름이 더 좋게 여겨질 수도 있다. 첫 번째 이름은 클래스에 포함된 인스턴스 변수 이름을 사용하기 때문이다). 다시 말하지만, 프로그램의 가독성을 높이는 좋은 메서드 이름을 사용하는 것은 중요하다. 실제 메시지 표현문을 작성해 보면 좋은 이름을 고르는데 도움이 많이 된다.

이 새로운 메서드를 동작시켜 보자. 먼저 프로그램 7.2처럼 인터페이스 파일에 setTo:over:의 선언을 추가하자.

프로그램 7.2 Fraction.h 인터페이스 파일

```
#import <Foundation/Foundation.h>
```

```
// Fraction 클래스를 선언한다.

@interface Fraction : NSObject

@property int numerator, denominator;

-(void)    print;
-(void)    setTo: (int) n over: (int) d;
-(double)  convertToNum;
@end
```

이제 구현 파일에 새 메서드 정의를 추가한다.

프로그램 7.2 Fraction.m 구현 파일

```
#import "Fraction.h"

@implementation Fraction

@synthesize numerator, denominator;

-(void) print
{
  NSLog (@"%i/%i", numerator, denominator);
}

-(double) convertToNum
{
  if (denominator != 0)
    return (double) numerator / denominator;
  else
    return NAN;
}

-(void) setTo:(int)n over:(int)d
{
  numerator = n;
  denominator = d;
}
@end
```

새로 추가한 setTo:over: 메서드는 그저 정수 인수 n과 d를 분수에서 해당하는 인스턴스 변수 numerator, denominator에 대입할 뿐이다. 다음 테스트 프로그램으로 새 메서드를 테스트해보자.

프로그램 7.2 main.m 테스트 파일

```
#import "Fraction.h"

int main (int argc, char * argv[])
{
    @autoreleasepool {
        Fraction *aFraction = [[Fraction alloc] init];

        [aFraction setTo:100 over:200];
        [aFraction print];

        [aFraction setTo:1 over:3];
        [aFraction print];
    }

    return 0;
}
```

프로그램 7.2 출력 결과

```
100/200
1/3
```

7.4.1 인수 이름 없는 메서드

메서드 이름을 지을 때 인수 이름은 보통 옵션이다. 예를 들어, 다음과 같은 메서드도 선언할 수 있다.

```
-(int) set: (int) n: (int) d;
```

이전의 예제와 달리 두 번째 인수의 이름이 주어지지 않았다. 이 메서드 이름은 set::이다. 비록 인수에 이름은 붙어 있지 않지만 콜론 두 개는 이 메서드가 인수를 두 개 받는다고 알려준다.
set:: 메서드를 부르려면 다음과 같이 콜론을 인수 구분자로 사용한다.

```
[aFraction set:1 :3];
```

인수 이름을 생략하는 것은 대개 좋은 프로그래밍 스타일이 아니다. 프로그램을 이해하기 어려워지고 메서드가 보유한 실제 매개변수의 목적이 덜 직관적으로 보이기 때문이다.

7.4.2 분수 계산하기

Fraction 클래스에 작업을 계속해보자. 먼저, 분수를 더하는 메서드를 작성해보자. 이 메서드에 add:라는 이름을 붙이고, 분수를 인수로 받게 만든다. 여기 새 메서드를 선언한 부분이 있다.

```
-(void) add: (Fraction *) f;
```

인수 f의 선언을 보자.

```
(Fraction *) f
```

이 부분은 add: 메서드의 인수가 Fraction 형임을 나타낸다. 여기서 별표는 반드시 있어야 하기 때문에 다음 선언은 제대로 동작하지 않는다.

```
(Fraction) f
```

add: 메서드에 분수 하나를 인수로 넘기고, 메서드가 이 메시지의 수신자에게 그 인수를 더하도록 할 것이다. 다음 표현식은 Fraction bFraction을 Fraction aFraction에 더한다.

```
[aFraction add: bFraction];
```

어릴 적 배운 수학을 돌아보자는 의미로, 분수 a/b와 c/d의 덧셈을 다음과 같이 계산해 본다.

$$\frac{a}{b} + \frac{c}{d} = \frac{ad+bc}{bd}$$

@implementation 부분에 다음 코드로 새 메서드를 추가하자.

```
- (void) add: (Fraction *) f
{
    // 두 분수를 더하려면:
    // a/b + c/d = ((a*d)+(b*c)) / (b * d)

    numerator = numerator * f.denominator + denominator * f.numerator;
```

```
            denominator = denominator * f.denominator;
    }
```

이 메시지의 수신자인 Fraction 객체는 자신의 필드 numerator와 denominator를 이름으로 바로 참조할 수 있음을 잊지 말자. 다시 말하면, add: 메서드 안에서는 메시지를 보낸 객체의 인스턴스 변수를 이름으로 참조할 수 있다.

그러나 인수 f의 인스턴스 변수는 이런 식으로 참조할 수 없다. 그 대신 f에 . 연산자를 사용해야(혹은, f에 적절한 메시지를 보내야) 변수를 얻을 수 있다.

add: 메서드의 첫 명령문은 다음과 같다.

```
nuumerator = numerator * f.denominator + denominator * f.numerator;
```

첫 번째 분수(메시지의 수신자)의 분자를 인수의 분모와 곱하고(numerator * f.denominator) 그 결과를 수신자의 분모와 인수의 분자와 곱한 결과(denominator * f.numerator)에 더한다. 덧셈의 최종 결과 값은 수신자의 분자에 저장된다.

앞 문단을 다시 한 번 읽고 수행할 작업을 완벽히 이해하자. 여기서 중요한 것은, 수신자가 참조될 때와 인수가 참조될 때를 잘 구분하는 것이다.

인터페이스 파일과 구현 파일에 add: 메서드의 선언과 정의를 추가하고 테스트 프로그램 7.3을 작성하여 출력 결과를 보자.

프로그램 7.3 Fraction.h 인터페이스 파일

```
#import <Foundation/Foundation.h>

// Fraction 클래스 정의

@interface Fraction : NSObject

@property int numerator, denominator;

-(void) print;
-(void) setTo: (int) n over: (int) d;   -(double) convertToNum;
-(void) add: (Fraction *) f;
@end
```

프로그램 7.3 Fraction.m 구현 파일

```objc
#import "Fraction.h"

@implementation Fraction

@synthesize numerator, denominator;

-(void) print
{
    NSLog (@"%i/%i", numerator, denominator);
}

-(double) convertToNum
{
    if (denominator != 0)
        return (double) numerator / denominator;
    else
        return NAN;
}

-(void) setTo: (int) n over: (int) d
{
    numerator = n;
    denominator = d;
}

// 분수 더하기

- (void) add: (Fraction *) f
{
    // 두 분수를 더하려면:
    // a/b + c/d = ((a*d) + (b*c)) / (b * d)

    numerator = numerator * f.denominator + denominator * f.numerator;
    denominator = denominator * f.denominator;
}

@end
```

프로그램 7.3 FractionTest.m 테스트 파일

```objc
#import "Fraction.h"

int main (int argc, char * argv[])
{
  @autoreleasepool {
      Fraction *aFraction = [[Fraction alloc] init];
      Fraction *bFraction = [[Fraction alloc] init];

      // 두 분수를 1/4과 1/2로 설정하고 둘을 더한다.
```

```
        [aFraction setTo: 1 over: 4];
        [bFraction setTo: 1 over: 2];

        // 결과를 표시한다.

        [aFraction print];
        NSLog (@"+");
        [bFraction print];
        NSLog (@"=");

        [aFraction add: bFraction];
        [aFraction print];
    }

    return 0;
}
```

프로그램 7.3 출력 결과

```
1/4
+
1/2
=
6/8
```

테스트 프로그램은 의도한 대로 작동한다. Fraction 객체 두 개, 즉 aFraction과 bFraction이 생성되고 초기화된다. 그 후 각각 1/4, 1/2로 값이 설정된다. 그 다음 Fraction bFraction이 Fraction aFraction에 더해지고, 이 덧셈의 결과가 표시된다. add: 메서드는 인수를 메시지의 객체에 더하므로, 값이 변하는 것은 메시지의 수신자임을 다시 한 번 기억하자. main의 마지막에 aFraction의 값을 출력하여 이 사실을 확인할 수 있다. aFraction의 값을 add: 메서드가 호출되기 전에 출력해 줘야 값이 변하기 전의 값을 표시해 줄 수 있다. 이 장의 후반부에 add: 메서드를 재정의하여 메서드가 수신자의 값에 영향을 미치지 않도록 할 것이다.

7.5 지역 변수

앞의 출력 결과를 보면 1/4과 1/2을 더한 결과가 3/4이 아니라 6/8으로 나왔다. 덧셈 루틴에서 덧셈만 해주고 결과를 약분하지 않았기 때문이다. 분수를 약분해 주는 reduce 메서드를 추가해보자.

다시 어릴 적에 배운 수학으로 돌아가 보자. 분수를 약분하려면 분자와 분모를 나누어 맞아떨어지는 가장 큰 수를 찾고, 그 수로 분자와 분모를 나누어야 한다. 전문용어를 쓰자면, 분자와 분모의 최대공약수(gcd)를 찾아야 하는 것이다. 이미 프로그램 5.7에서 최대공약수를 찾는 방법을 알아보았다. 잘 기억 나지 않는다면 앞으로 가서 예제를 살펴보자.

이 알고리즘을 사용하여 reduce 메서드를 작성하면 된다.

```
- (void) reduce
{
  int u = numerator;
  int v = denominator;
  int temp;

  while (v != 0) {
     temp = u % v;
     u = v;
     v = temp;
  }

  numerator /= u;
  denominator /= u;
}
```

이 reduce 메서드에는 이전에 보지 못했던 새로운 형태가 나와 있다. 메서드 내에서 정수 변수 u, v, temp를 선언하는 것이다. 이 변수들은 '지역' 변수라고 부르며, 이것들의 값은 reduce 메서드를 실행하는 동안에만 유효하다. 즉, '자신이 정의된 메서드 안에서만 접근 가능'하다. 이런 면은 main 루틴에서 정의한 변수와 유사하다. 이 변수들도 main 안에서만 유효하며 main 루틴 안에서만 직접 접근할 수 있다. 여러분이 만들어 낸 어떤 메서드도 main에 적용된 이 변수들에는 직접 접근하지 못한다.

지역 변수 중 기본 C 데이터 형은 기본 초깃값이 없으므로, 사용하기 전에 특정한 값을 설정해 주어야만 한다. reduce 메서드에 있는 지역 변수 세 개는 사용하기 전에 값을 할당받으므로 여기서는 아무런 문제가 발생하지 않는다. 지역 객체 변수는 기본적으로 nil로 초기화된다. 또한 메서드 호출로 값을 리테인하는 인스턴스 변수와 달리, 지역 변수는 메모리가 없다. 따라서 이 메서드가 변수들을 반환하고 나면(즉, 끝난 뒤라면), 이 변수의 값은 사라진다. 메서드가 호출될 때마다, 메서드 안에서 정의된 지역 변수는 선언할 때 지정했던 값으로 초기화된다.

7.5.1 메서드 인자

메서드 인자를 호출하는 이름 역시 지역 변수다. 메서드가 실행될 때 건네지는 인자가 이 변수에 복사된다. 메서드가 인자의 사본을 다루기 때문에, '메서드에 건네진 원래 값을 변경할 수는 없다.' 이것은 매우 중요한 개념이다. 다음과 같은 calculate:라는 메서드가 정의되어 있다고 하자.

```
-(void) calculate: (double) x
{
    x *= 2;
    ...
}
```

이 메서드를 다음 표현식으로 호출한다고 하자.

```
[myData calculate: ptVal];
```

calculate: 메서드가 실행될 때 변수 ptVal의 값은 지역 변수 x에 복사된다. calculate: 내에서 x의 값을 바꾸더라도 ptVal의 값에는 아무런 영향을 미치지 않는다.

덧붙여 말하자면, 인수가 객체일 때는 객체 내에 저장된 인스턴스 변수를 바꿀 수도 있다. 이는 인수로 객체를 건네면 실제 데이터가 저장된 위치를 참조로 보내는 것이기 때문이다. 이 때문에, 그 데이터를 수정할 수 있게 된다. 이에 대해서는 다음 장에서 배운다.

7.5.2 static 키워드

메서드 내에서 지역 변수를 선언할 때 앞에 static 키워드를 적어 두면, 메서드를 여러 번 호출하는 동안 그 값을 유지할 수 있다. 예를 들어, 다음은 정수 hitCount를 정적 변수로 선언한다.

```
static int hitCount = 0;
```

일반적인 지역 변수와 다르게, 정적 변수는 초깃값이 0이다. 따라서, 앞서 보여준 선언에서의 초기화 과정은 중복이다. 게다가, 정적 변수는 프로그램을 실행하는 동안 단 한 번만 초기화되고, 메서드가 호출되는 동안 자신의 값을 계속 유지한다.

showPage 메서드에 있는 다음 코드는 메서드가 몇 번 호출되었는지 알아낸다(혹은 이 경우, 출력된 페이지 수를 알아낼 것이다).

```
-(int) showPage
{
  static int pageCount = 0;
  ...
  ++pageCount;
  ...
  return pageCount;
}
```

정적 지역 변수는 프로그램이 시작되면 한 번 0으로 설정되고 showPage 메서드가 호출되는 동안 값을 유지한다.

pageCount를 정적 지역 변수로 만드는 것과 인스턴스 변수로 만드는 것 사이의 차이점에 유의하자. 정적 지역 변수, pageCount는 showPage 메서드를 실행시키는 모든 객체가 인쇄한 페이지 수를 센다. 후자, 즉 인스턴스 변수의 경우에는 각 객체가 자신만의 pageCount 사본이 있으므로 각 객체가 인쇄한 페이지 수를 센다.

정적 변수나 지역 변수는 자신이 정의된 메서드 내에서만 접근할 수 있다는 사실을 기억하자. 심지어 정적 변수 pageCount도 showPage 내에서만 접근할 수 있다. 만일, 변수를 선언한 부분을 메서드 선언 바깥으로(보통 구현 파일 앞부분에) 옮기면 다른 메서드에서도 접근할 수 있다.

```
#import "Printer.h"
static int pageCount;

@implementation Printer
  ...
@end
```

이제 파일에 있는 어떤 인스턴스나 클래스 메서드도 pageCount 변수에 접근할 수 있다. 10장 「변수와 데이터 형에 대하여」에서 이 변수의 범위에 대해 더 상세히 다룬다.

분수로 돌아가자. reduce 메서드를 구성하는 코드를 구현 파일 Fraction.m에 추가하자. 잊지 말고 인터페이스 파일 Fraction.h에도 reduce 메서드를 선언하자. 그 다음에 프로그램 7.4 에서 새 메서드를 테스트해보자. 다음은 인터페이스 파일, 구현 파일, 테스트 파일을 모두 나열하였다.

프로그램 7.4 Fraction.h 인터페이스 파일

```
#import <Foundation/Foundation.h>

// Fraction 클래스를 정의한다.

@interface Fraction : NSObject

@property int numerator, denominator;

-(void)    print;
-(void)    setTo: (int) n over: (int) d;
-(double)  convertToNum;
-(void)    add: (Fraction *) f;
-(void)    reduce;
@end
```

프로그램 7.4 Fraction.m 구현 파일

```
#import "Fraction.h"

@implementation Fraction

@synthesize numerator, denominator;

-(void) print
{
  NSLog (@"%i/%i", numerator, denominator);
}

-(double) convertToNum
{
  if (denominator != 0)
     return (double) numerator / denominator;
  else
     return NAN;
}

-(void) setTo:(int)n over:(int)d
```

```
{
  numerator = n;
  denominator = d;
}

// 수신자에 분수를 더한다.

-(void) add:(Fraction *)f
{
  // 분수를 더하려면
  // a/b + c/d = ((a*d) + (b*c)) / (b * d)

  numerator = numerator * f.denominator + denominator * f.numerator;
  denominator = denominator * f.denominator;
}

-(void) reduce
{
  int  u = numerator;
  int  v = denominator;
  int  temp;

  while (v != 0)
  {
     temp = u % v;
     u = v;
     v = temp;
  }

  numerator /= u;
  denominator /= u;
}

@end
```

프로그램 7.4 main.m 테스트 파일

```
#import "Fraction.h"

int main (int argc, char * argv[])
{
  @autoreleasepool {
     Fraction *aFraction = [[Fraction alloc] init];
     Fraction *bFraction = [[Fraction alloc] init];

     [aFraction setTo: 1 over: 4];     // 첫 번째 분수를 1/4로 설정한다.
     [bFraction setTo: 1 over: 2];     // 두 번째 분수를 1/2로 설정한다.

     [aFraction print];
     NSLog (@"+");
     [bFraction print];
```

```
            NSLog (@"=");

            [aFraction add:bFraction];

            // 덧셈 결과를 약분하고 표시한다.

            [aFraction reduce];
            [aFraction print];
        }

        return 0;
}
```

프로그램 7.4 출력 결과

```
1/4
+
1/2
=
3/4
```

훨씬 낫다!

7.6 self 키워드

프로그램 7.4에서는 add: 메서드 바깥에서 함수를 약분하기로 하였다. add: 에서 약분할 수도 있다. 어디서 약분할지는 마음대로 결정할 수 있다. 그런데 reduce 메서드로 약분할 분수를 어떻게 불러야 할까? 메서드 내에서는 인스턴스 변수를 이름으로 직접 부를 수 있다.

그러나 메시지의 수신자를 직접 호출하는 방법은 아직 배우지 않았다. 하지만 방법은 존재한다.

현재 메서드의 수신자인 객체는 self 키워드로 부르면 된다. 예컨대 add: 메서드에서 다음과 같이 작성해보자.

```
[self reduce];
```

우리가 원한 대로, add: 메서드의 수신자였던 Fraction 객체에 reduce 메서드가 적용된다. 이 책을 읽는 내내 self 키워드가 얼마나 유용한지, iOS 프로그래밍에서 얼마나 자주 사용되는지 보게 될 것이다. 일단은 add: 메서드에서 사용하자. 수정된 메서드는 다음과 같을 것이다.

```
- (void) add:(Fraction *)f
{
  // 두 분수를 더하려면
  // a/b + c/d = ((a*d)+(b*c)) / (b * d)

  numerator = numerator * f.denominator + denominator * f.numerator;
  denominator = denominator * f.denominator;

  [self reduce];
}
```

덧셈 후 분수가 약분된다. reduce 메시지는 add: 메시지의 수신자에게 보내진다. 따라서, 테스트 프로그램이 다음 코드를 포함하고 있다면,

```
[aFraction add: bFraction];
```

add: 메서드가 수행될 때 self는 aFraction을 참조하고 있을 것이고, aFraction이 약분될 것이다.

7.7 메서드에서 객체를 생성하고 반환하기

add: 메서드가 메시지 수신자인 객체의 값을 바꾼다는 것을 살펴보았다. 이제 새로운 버전으로 만들어서 덧셈의 결과 값을 저장할 분수를 새로 생성하자. 이 경우 메시지를 호출한 객체(sender)에게 새 Fraction를 반환한다. 다음은 add: 메서드를 새로 정의한 것이다.

```
-(Fraction *) add: (Fraction *) f
{
   // 두 분수를 더하려면
   // a/b + c/d = ((a*d)+(b*c)) / (b * d)

   // result에 계산 결과가 저장된다
   Fraction *result = [[Fraction alloc] init];

   result.numerator = numerator * f.denominator +
                      denominator * f.numerator;
```

```
    result.denominator = denominator * f.denominator;

    [result reduce];

    return result;
}
```

메서드를 추가한 부분에서 첫 줄을 보자.

`-(Fraction *) add:(Fraction *)f`

이 코드는 add: 메서드가 Fraction 객체를 반환하고 인수를 하나 받는다는 것을 나타낸다. 인수는 다른 Fraction 객체인 메시지의 수신자에 더해질 것이다. 인터페이스 부분을 수정하여 add: 메서드가 이제 Fraction 객체를 반환함을 반영해야 한다.

이 메서드는 덧셈의 결과를 저장할 새로운 Fraction 객체인 result를 생성하고 초기화한다.

이전과 같이 덧셈을 수행하고 새로 생성한 Fraction객체 result에 분자 분모의 결과를 대입한다. 결과를 약분한 후, 그 값을 메시지 수신자에 return 명령문으로 반환한다. 여기서는 수신자를 약분하지 않는다는 점에 주의하자. 그 대신 result를 약분하고자 하므로, 이 객체가 메시지를 받는다.

프로그램 7.5는 새 add:메서드를 테스트한다.

프로그램 7.5 main.m 테스트 파일

```
#import "Fraction.h"

int main (int argc, char *argv[])
{
  @autoreleasepool {
     Fraction *aFraction = [[Fraction alloc] init];
     Fraction *bFraction = [[Fraction alloc] init];

     Fraction *resultFraction;

     [aFraction setTo: 1 over: 4];     // 첫 번째 분수를 1/4로 설정한다.
     [bFraction setTo: 1 over: 2];     // 두 번째 분수를 1/2로 설정한다.

     [aFraction print];
     NSLog (@"+");
```

```
        [bFraction print];
        NSLog (@"=");

        resultFraction = [aFraction add: bFraction];
        [resultFraction print];
    }

    return 0;
}
```

프로그램 7.5 출력 결과

```
1/4
+
1/2
=
3/4
3/4
```

여기서 몇 가지 설명해야 할 내용이 있다. 먼저 aFraction과 bFraction이라는 두 Fraction 객체를 정의하고, 두 객체의 값을 각각 1/4과 1/2로 설정했다. 또한 resultFraction이라는 Fraction 객체를 정의했다. 이 변수는 이후에 나올 덧셈 연산의 결과를 저장하는 데 사용할 것이다.

다음 코드에서는 먼저 add: 메시지를 aFraction에 보내면서, Fraction bFraction을 인수로 넘긴다.

```
resultFraction = [aFraction add: bFraction];
```

메서드 내에서 새 Fraction 객체가 생성되고, 덧셈이 수행된다. 덧셈 결과는 Fraction 객체인 result에 저장되고, 이 객체가 메서드에서 반환되면, 결국 resultFraction 변수에 저장된다.

main에서 resultFraction에 대입될 Fraction 객체를 직접 생성하거나 초기화하지는 않았는데, 이는 add: 메서드에서 객체를 생성하고 객체의 참조(reference)를 반환해주었기 때문이다. 객체 레퍼런스는 resultFraction에 저장된다. resultFraction은 결국 add: 메서드에서 생성한 Fraction 객체의 참조를 저장하게 된다.

7.7.1 클래스 정의 확장과 인터페이스 파일

앞으로 분수를 다룰 일이 없을 수도 있다. 하지만 이 예제들을 다루면서, 새로운 메서드를 추가하는 방식을 통해 지속적으로 클래스를 다듬고 확장하는 방법을 보았다. 분수를 다루는 사람이 있다면, 그 사람에게 이 인터페이스 파일만 주어도 분수를 다루는 프로그램을 작성하는 데 충분할 것이다. 만일 그 사람이 새 메서드를 추가해야 한다면 클래스에 직접 추가하거나 자신만의 서브클래스를 정의하여 그곳에 새 메서드를 정의해도 된다. 서브클래스를 이용하는 방법은 다음 장에서 배울 것이다.

7.8 연습문제

1. 다음 메서드를 Fraction 클래스에 추가하여 분수에서 행할 연산을 다 추가하자. 각 메서드의 결과는 약분한다.

    ```
    // 수신자에서 인수를 뺀다.
    -(Fraction *) subtract: (Fraction *) f;
    // 수신자에 인수를 곱한다.
    -(Fraction *) multiply: (Fraction *) f;
    // 수신자를 인수로 나눈다.
    -(Fraction *) divide: (Fraction *) f;
    ```

2. Fraction 클래스에 있는 print 메서드를 수정해서, 선택적인 BOOL 인수를 받아 분수를 표시할 때 약분 여부를 고를 수 있게 해보자. 만일 약분된다면, 분수 자체 값에는 변화를 주지 말자.

3. Fraction 클래스가 음의 분수도 처리할 수 있을까? 예를 들어 -1/4와 -1/2를 더하면 정확한 결과가 나올까? 답을 알아냈다면, 테스트 프로그램을 작성해서 확인해보자.

4. Fraction의 print 메서드를 수정하여 1보다 큰 분수는 대분수로 표시하자. 예를 들어 분수 5/3는 1 2/3으로 표시되어야 한다.

5. 4장 「데이터 형과 표현식」의 연습문제 6번에서 복소수를 다루는 Complex

클래스를 정의했다. 이 클래스에 add:라는 메서드를 추가하여 두 복소수를 더할 수 있도록 하자. 두 복소수를 더하려면 다음과 같이 실수와 허수부를 각각 더하면 된다.

(5.3 + 7i) + (2.7 + 4i) = 8 + 11i

add: 메서드 선언은 다음에 나와 있다. 이 메서드가 새 Complex 수로 결과를 저장하고 반환하도록 하자.

-(Complex *) add: (Complex *) complexNum;

6. 4장의 연습문제 6번에서 개발한 Complex 클래스와 이 장의 연습문제 6번에서 확장한 클래스에서 인터페이스 파일 Complex.h와 구현 파일 Complex.m을 따로 생성하도록 하자. 별개의 테스트 프로그램 파일을 만들어서 모든 것을 테스트하자.

8장

Programming in Objective-C

상속

이 장에서는 객체 지향 프로그래밍을 강력하게 만드는 핵심 요소인 '상속'에 대해 배울 것이다. 상속이라는 개념을 이용하면 기존 클래스를 자신의 프로그램에 맞도록 수정하여 사용할 수 있다.

8.1 모든 것은 루트에서 시작된다

3장 「클래스, 객체, 메서드」에서 부모 클래스라는 개념을 배웠다. 부모 클래스 역시 자신의 부모 클래스가 있을 수 있다. 이 계층도의 맨 꼭대기에는 부모를 갖지 않는 클래스가 있는데, 이를 '루트' 클래스라고 부른다. Objective-C에서는 프로그래머가 자신의 '루트' 클래스를 만들 수 있지만, 보통은 직접 루트 클래스를 만들지 않는다. 그 대신, 기존 클래스를 활용한다. 지금까지 정의한 클래스는 모두 NSObject라는 루트 클래스의 자식들이다. 이를 인터페이스 파일에서 다음과 같이 지시해 주었다.

```
@interface Fraction: NSObject
    ...
@end
```

Fraction 클래스는 NSObject 클래스에서 파생되었다. 계층도를 보면

NSObject가 최상위에 있기 때문에 (즉, 그 위로 아무 클래스도 없기 때문에) 그림 8.1처럼 '루트' 클래스라고 부른다. Fraction 클래스는 '자식 클래스' 혹은 '서브클래스'라고 부른다.

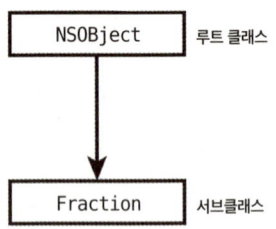

그림 8.1 루트 클래스와 서브클래스

클래스, 자식 클래스, 부모 클래스라는 용어로 이야기할 수 있다. 또는 클래스, 서브클래스, 슈퍼클래스라는 용어로 이야기해도 된다. 이 두 가지 표현에 모두 익숙해져야 한다.

클래스를 새로 정의할 때, (루트 클래스를 새로 만들 때를 제외하면) 클래스는 어떤 프로퍼티를 상속받는다. 예를 들어, 부모의 (프라이빗이 아닌) 인스턴스 변수와 메서드는 모두 암묵적으로 새 클래스 정의에 들어간다. 다시 말해서 서브클래스는 마치 자신이 이 메서드와 인스턴스 변수들을 정의한 것처럼 직접 접근할 수 있다.

서브클래스에서 직접 접근하는 인스턴스 변수는 지금껏 우리가 해온 것과 달리 구현 부분이 아니라 인터페이스 부분에서 선언해야 한다. 구현 부분에서 선언하거나 자동 생성된 인스턴스 변수는 프라이빗 인스턴스 변수로 서브클래스에서 직접 접근할 수 없다. 대신, 명시적으로 선언되거나 자동 생성된 게터와 세터 메서드를 사용해야한다.

간단한 예를 보자. 좀 부자연스럽긴 하지만 상속의 핵심 요소를 설명한다. 다음은 initVar라는 메서드를 보유한 ClassA를 선언한 것이다. (인스턴스 변수 x가 인터페이스 부분에 선언되어 서브클래스에서 접근할 수 있다.)

```
@interface ClassA: NSObject
{
  int x;
}
```

```
-(void) initVar;
@end
```

initVar 메서드는 ClassA에 있는 인스턴스 변수의 값을 100으로 설정한다.

```
@implementation ClassA
-(void) initVar
{
  x = 100;
}
@end
```

이제 ClassB를 정의하자.

```
@interface ClassB: ClassA
-(void) printVar;
@end
```

선언에서 맨 첫 줄을 보자.

```
@interface ClassB: ClassA
```

이 줄은 ClassB가 NSObject가 아닌 ClassA의 서브클래스임을 나타낸다. 따라서 ClassA의 부모 클래스(혹은 슈퍼클래스)는 NSObject지만, ClassB의 부모는 ClassA다. 그림 8.2에서 이를 설명한다.

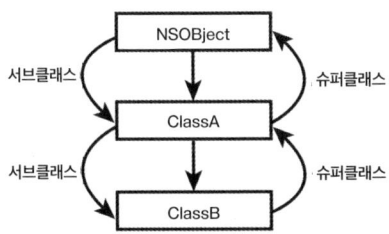

그림 8.2 서브클래스와 슈퍼클래스

그림 8.2처럼 루트 클래스는 슈퍼클래스가 없고, 계층도에서 맨 아래에 있는 ClassB는 서브클래스가 없다. 따라서 ClassA는 NSObject의 서브클래스이고, ClassB는 ClassA와 NSObject의 서브클래스다(정확히 말하면 NSObject의 서

브-서브클래스 혹은 손자 클래스다). 또한 NSObject는 ClassB의 슈퍼클래스인 ClassA의 슈퍼클래스다. 계층도를 따라 올라가면 NSObject는 ClassB의 슈퍼클래스이기도 한 것이다.

printVar 메서드만 정의하는 ClassB의 선언 전체이다.

```
@interface ClassB: ClassA
-(void) printVar;
@end

@implementation ClassB
-(void) printVar
{
   NSLog (@"x = %i", x);
}
@end
```

ClassB에 인스턴스 변수를 전혀 선언하지 않았음에도, printVar 메서드는 인스턴스 변수 x의 값을 출력한다. ClassB가 ClassA의 서브클래스이기 때문에 ClassA가 지닌 퍼블릭 인스턴스 변수를 모두 상속받아서 가능한 일이다(이 경우는 ClassA에서 단 하나만 상속받는다). 그림 8.3은 이를 나타낸다.

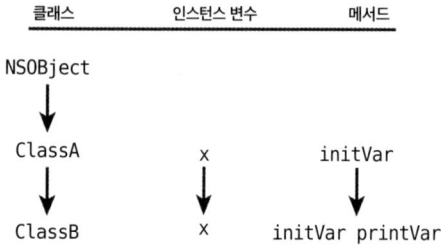

그림 8.3 인스턴스 변수와 메서드 상속 받기.

(물론 그림 8.3에서는 NSObject 클래스에서 상속 받는 인스턴스 변수 몇 개와 메서드를 표시하지 않았다.)

완전한 프로그램을 하나 보면서 상속이 어떻게 동작하는지 살펴보자. 예제를 간단하게 만들기 위해 클래스 선언과 정의를 모두 한 파일에 몰아넣었다(프로그램 8.1을 보라).

프로그램 8.1

```
// 상속을 설명하는 간단한 예제

#import <Foundation/Foundation.h>

// ClassA 선언과 정의
@interface ClassA: NSObject
{
   int   x;
}

-(void) initVar;
@end

@implementation ClassA
-(void) initVar
{
 x = 100;
}
@end


// Class B 선언과 정의
@interface ClassB : ClassA
-(void) printVar;
@end

@implementation ClassB
-(void) printVar
{
 NSLog (@"x = %i", x);
}
@end


int main (int argc, char *argv[])
{
  @autoreleasepool
  {
     ClassB  *b = [[ClassB alloc] init];

     [b initVar];      // 상속받은 메서드를 사용한다.
     [b printVar];     // x의 값을 표시
  }
  return 0;
}
```

프로그램 8.1 출력 결과

```
x = 100
```

먼저 b를 ClassB 객체로 정의한다. b를 생성하고 초기화한 뒤, b에 메시지를 보내 initVar 메서드를 적용한다. 그런데 ClassB가 정의된 부분을 살펴보면, 그런 메서드를 정의한 적이 없다. 사실 initVar는 ClassA에서 정의되었다. ClassA가 ClassB의 슈퍼클래스이므로 ClassB는 ClassA가 보유한 메서드를 모두 사용할 수 있는 것이다. 따라서 ClassB에게 initVar는 상속받은 메서드다.

노트

alloc과 init 메서드는 지금까지 나온 모든 클래스에서 계속 다뤘지만, 직접 정의한 적이 없다. 그저 NSObject 클래스에서 상속받은 메서드의 혜택을 누렸던 것이다.

initVar 메시지를 b에 보낸 다음, printVar 메서드를 호출하여 인스턴스 변수 x의 값을 표시한다. 출력 결과로 'x = 100'이 나왔는데, 이는 printVar가 이 인스턴스 변수에 정상적으로 접근할 수 있었다는 의미다. 바로 initVar 메서드를 상속받았기 때문이다.

상속의 개념은 계층도를 따라 계속 이어진다는 점을 기억하자. 예컨대 ClassB가 부모 클래스인 ClassC를 다음과 같이 정의했다고 하자.

```
@interface ClassC: ClassB
    ...
@end
```

ClassC는 ClassB의 모든 메서드와 인스턴스 변수를 상속받고, ClassB는 다시 ClassA의 메서드와 인스턴스 변수를 모두 상속받는다. ClassA는 NSObject가 지닌 메서드와 인스턴스 변수를 모두 상속받는다.

한 가지 유념할 점이 있는데, 클래스 인스턴스는 상속받더라도 각각 자신의 인스턴스 변수를 보유한다. 따라서 ClassC 객체와 ClassB 객체는 각자 자신의 고유한 인스턴스 변수를 갖는다.

8.1.1 알맞은 메서드 찾기

객체에 메시지를 보낼 때, 어떻게 올바른 메서드를 선택하고 객체에 적용하게 되는지 궁금할 것이다. 사실 그 규칙은 매우 간단하다. 먼저 객체가 속한 클래스를 보고 그 클래스에 메시지와 이름이 동일한 메서드가 명시적으로 정의되어 있는지 확인한다. 만일 정의되어 있다면, 그 메서드가 사용된다. 메서드가 정의되지 않았다면, 부모 클래스를 확인한다. 부모 클래스에서 메서드가 정의되어 있다면 그 메서드가 사용된다. 그렇지 않다면 그 위 부모 클래스에서 찾는 식으로 계속 검색해 나간다.

부모 클래스를 검색하는 것은 다음 두 조건 중 하나가 충족될 때까지 계속된다. 찾는 메서드를 보유하는 클래스를 발견하거나, 루트 클래스에 도달할 때까지 원하는 메서드를 찾지 못하는 경우다. 첫 번째 경우는 아무런 문제가 발생하지 않는다. 그러나 두 번째 경우, 다음과 같은 경고 메시지가 나타난다.

```
warning: 'ClassB' may not respond to '-inity'
```

실수로 inity라는 메시지를 ClassB형 변수에 보낸 경우다. 컴파일러가 해당 클래스 형의 객체는 그 메서드에 어떻게 응답해야 하는지 모른다고 표현한 것이다. 다시 살펴보면, 이것은 ClassB의 메서드를 확인하고, 루트 클래스(이 경우 NSObject)까지 이르는 부모 클래스의 메서드들을 확인해 본 다음에 결정된다.

어떤 경우에는 메서드가 발견되지 않더라도 경고 메시지가 생성되지 않는다. '포워딩'이라는 기법을 사용할 때 일어나는 일이다. 9장 「다형성, 동적 타이핑, 동적 바인딩」에서 간단히 설명한다.

8.2 상속으로 확장하기 – 새 메서드 추가

보통 상속을 사용하여 클래스를 확장한다. 예컨대, 직사각형, 원, 삼각형 같은 2D 그래픽 객체를 다루는 클래스를 개발하는 업무를 맡았다고 해보자. 지금은 직사각형만 다룬다. 4장 「데이터 형과 표현식」에 있는 연습문제 7번의 @interface 부분에서 시작해 보자.

```
@interface Rectangle: NSObject

@property int width, height;
-(int) area;
-(int) perimeter;
@end
```

자동 생성(synthesized) 메서드를 사용하여 직사각형의 너비와 높이를 설정하고 그 값들을 가져온다. 그리고 직접 작성한 메서드로 직사각형의 넓이와 둘레를 계산한다. 메서드를 추가하여 직사각형의 너비와 높이를 한 번에 설정해 보자.

```
-(void) setWidth: (int) w andHeight: (int) h;
```

이 새 클래스를 정의하는 부분은 인터페이스 파일 Rectangle.h에 입력하자. 구현 파일 Rectangle.m에는 다음 코드를 입력하면 된다.

```
#import "Rectangle.h"

@implementation Rectangle

@synthesize width, height;

-(void) setWidth:(int)w andHeight:(int)h
{
  width = w;
  height = h;
}

-(int) area
{
  return width * height;
}

-(int) perimeter
{
  return (width + height) * 2;
}
@end
```

코드만 봐도 각 메서드의 정의를 이해할 수 있을 것이다. 프로그램 8.2로 이 클래스를 테스트해 보자.

프로그램 8.2

```
#import "Rectangle.h"

int main (int argc, char *argv[])
{
  @autoreleasepool {
```

```
    Rectangle *myRect = [[Rectangle alloc] init];

    [myRect setWidth: 5 andHeight: 8];

    NSLog (@"Rectangle: w = %i, h = %i", myRect.width, myRect.height);
    NSLog (@"Area = %i, Perimeter = %i", [myRect area],
            [myRect perimeter]);
    }
    return 0;
}
```

프로그램 8.2 출력 결과

```
Rectangle: w = 5, h = 8
Area = 40, Perimeter = 26
```

myRect를 생성하고 초기화한 다음, 너비와 높이를 각각 5와 8로 설정하였다. 첫 NSLog 호출로 제대로 값이 설정되었는지 확인할 수 있다. 그 다음부터는 적절한 메시지를 호출하여 직사각형의 넓이와 둘레가 계산되고 반환 값이 NSLog로 표시된다.

이제 정사각형을 다뤄 보자. Square라는 클래스를 새로 정의하고 Rectangle 클래스에서 했던 것처럼 유사한 메서드를 정의하는 방식도 있다. 혹은, 정사각형이 직사각형에서 너비와 높이가 똑같은 특별한 도형임을 인식해서 해결해도 된다.

좀 더 쉬운 방법은 Square라는 새 클래스를 정의하고 이 클래스를 Rectangle의 서브클래스로 만드는 것이다. 일단 정사각형에서 한 변의 값을 설정하고 그 값을 받아오는 메서드를 추가해야 한다. 프로그램 8.3은 새 Square 클래스의 인터페이스 파일과 구현 파일을 보여 준다.

프로그램 8.3 Square.h 인터페이스 파일

```
#import "Rectangle.h"

@interface Square: Rectangle
-(void) setSide: (int) s;
-(int) side;
@end
```

프로그램 8.3 Square.m 구현 파일

```
#import "Square.h"

@implementation Square: Rectangle

-(void) setSide: (int) s
{
  [self setWidth: s andHeight: s];
}

-(int) side

{
  return self.width;
}
@end
```

이제 무엇을 했는지 살펴보자. Square 클래스가 헤더 파일 Rectangle.h에 선언된 Rectangle 클래스의 서브클래스가 되도록 정의했다. 인스턴스 변수는 새로 만들지는 않았지만, setSide:와 side라는 메서드를 추가하였다. side 메서드가 Rectangle의 width 인스턴스 변수에 직접 접근할 수는 없다. 프라이빗으로 선언되었기에 Square 클래스에서 접근 불가능하다. 그러나 부모 클래스에서 상속받은 게터 메서드로 width의 값에 접근 가능하다. 다음 표현식을 보자.

```
self.width
```

우리는 이 표현식이 다음 표현식과 동일하다는 것을 이미 알고 있다.

```
[self width]
```

이 표현식은 side 메시지의 수신자에게 width 메시지를 보낸다. 다시 말하면, 인스턴스 변수 width에 직접 접근하는 대신(이미 설명한 대로 직접 접근은 불가능하다) 게터 메서드 width를 실행시키는 것이다. 이는 매우 중요한 개념이니 잘 이해하도록 하자.

정사각형은 변의 값을 하나만 갖지만 내부적으로는 두 숫자로 표현된다. 이렇게 해도 아무런 문제가 발생하지 않는다. 내부적으로 어떻게 표현되는지는 사용자에게 감추어져 있고, 필요하다면 Square 클래스를 언제든 다시 정의해도 된다. 앞에 설명한 데이터 캡슐화라는 개념 덕택에 클래스를 사용하는 이가 내부에 어떤 식으로 표현되어 있는지까지 알 필요가 없어진 것이다.

setSide: 메서드는 Rectangle 클래스에서 이미 정의한 너비와 높이를 설정하는 메서드를 상속받아 활용한다. 따라서 setSide:는 매개변수 s를 Rectangle 클래스의 메서드인 setWidth:andHeight:의 너비와 높이 값으로 건네 준다. 그 외에 다른 어떤 작업도 수행할 필요가 없다. Square 객체를 사용하는 누군가는 setSide:를 사용하여 정사각형의 치수를 지정해 주고, Rectangle 클래스의 메서드를 활용하여 정사각형의 넓이, 둘레 등을 계산할 수 있다. 프로그램 8.3은 새 Square 클래스를 테스트한다.

프로그램 8.3 테스트 프로그램

```
#import "Square.h"
#import <Foundation/Foundation.h>

int main (int argc, char *argv[])
{
  @autoreleasepool {
      Square *mySquare = [[Square alloc] init];

      [mySquare setSide: 5];

      NSLog (@"Square s = %i", [mySquare side]);
      NSLog (@"Area = %i, Perimeter = %i",
          [mySquare area], [mySquare perimeter]);
  }
  return 0;
}
```

프로그램 8.3 출력 결과

```
Square s = 5
Area = 25, Perimeter = 20
```

Square 클래스를 정의한 방식이 바로 Objective-C에서 클래스를 다루는 기본적인 기법이다. 프로그래머 자신이나 다른 사람이 이미 작성해 놓은 것을 필요에 맞게 확장해 쓰는 것이다. 더불어 '카테고리' 기법을 써서 기존 클래스 정의에 새 메서드를 모듈 방식으로 추가할 수 있다. 이 방법을 쓰면 동일한 인터페이스 파일과 구현 파일에 새 메서드 정의를 계속 덧붙일 필요가 없다. 이 기법은 소스 코드에 접근하지 못하는 클래스를 확장하고 싶을 때 유용하다. 카테고리에 대해서는 11장 「카테고리와 프로토콜」에서 배운다.

8.2.1 포인트 클래스와 객체 할당

Rectangle 클래스는 직사각형의 치수만 저장한다. 실제 그래픽 애플리케이션에서는 직사각형의 채움 색, 테두리 색, 창 내 위치(원점, origin) 같은 추가 정보가 있어야 할 것이다. 클래스를 확장하여 이 작업을 손쉽게 처리할 수 있다. 일단, 직사각형의 원점만 처리해 보자. '원점'을 이차원 좌표계에서 직사각형의 왼쪽 아래 꼭짓점의 좌표 (x, y)라고 가정하자. 만일 그림 그리는 프로그램을 만들고 있었다면, 이 지점은 그림 8.4처럼 창 안쪽의 직사각형 위치를 나타낼 것이다.

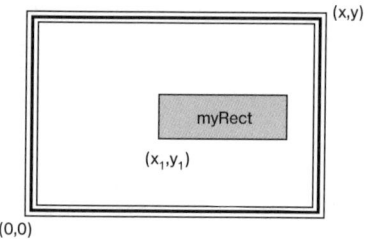

그림 8.4 창 내에 그려진 직사각형

그림 8.4에서 직사각형의 원점은 (x1, y1)으로 표시되었다.

Rectangle 클래스를 확장하여 직사각형의 원점을 x 좌표, y 좌표라는 두 값으로 저장할 수 있다. 혹은, 애플리케이션을 개발하면서 앞으로 아주 많은 좌표를 다뤄야 하니, 아예 XYPoint라는 클래스를 정의하기로 결정할 수도 있다(3장의 연습문제 7번에서 이 문제를 다뤘던 것을 기억하라).

```
#import <Foundation/Foundation.h>

@interface XYPoint: NSObject

@property int x, y;

-(void) setX: (int) xVal andY: (int) yVal;
@end
```

이제 Rectangle 클래스로 돌아가자. 직사각형의 원점을 저장할 origin이라는 변수를 Rectangle 클래스 정의에 추가한다.

```
@implementation Rectangle
{
  XYPoint *origin;
}
    ...
```

직사각형의 원점을 설정하고 값을 받아오는 메서드를 추가하는 편이 좋아 보인다. 요점을 살펴보기 위해 원점에 접근하는 접근자 메서드를 자동으로 생성하지 않을 것이다. 직접 코드를 작성하자.

8.2.2 @class 지시어

이제 직사각형의 (그리고 정사각형의) 너비, 높이, 원점을 설정하도록 허용했다. 먼저 인터페이스 파일 Rectangle.h를 살펴보자.

```
#import <Foundation/Foundation.h>

@class XYPoint;

@interface Rectangle: NSObject

@property int width, height;

-(XYPoint *) origin;
-(void) setOrigin: (XYPoint *) pt;
-(void) setWidth: (int) w andHeight: (int) h; -(int) area;
-(int) perimeter;
@end
```

Rectangle.h 헤더 파일에서 새로운 지시어를 사용했다.

```
@class XYPoint;
```

@class 지시어를 사용하면, Rectangle에서 XYPoint 형식의 인스턴스 변수를 만나게 될 때, 컴파일러에게 그 클래스가 무엇인지 알려준다. setOrigin:과 origin 메서드에서도 클래스 이름을 인수와 반환 값을 선언하는 데 사용한다. @class를 쓰는 대신 다음과 같이 헤더 파일을 임포트하는 방법도 있다.

```
#import "XYPoint.h"
```

@class 지시어를 달면 컴파일러가 XYPoint.h 파일 전체를 처리할 필요가 없어지기 때문에 좀 더 효율적이다(물론, 이 파일은 크기가 매우 작긴 하다). 컴파일러는 그저 XYPoint가 클래스 이름이라는 것만 알고 있으면 된다. 만일 XYPoint 클래스의 메서드를 사용해야 한다면, 컴파일러에게 더 많은 정보가 필요하기 때문에 @class 지시어로는 충분치 않다. 이때 컴파일러는 메서드가 인수를 얼마나 많이 받는지, 인수가 어떤 형인지, 어떤 값을 반환하는지에 대한 정보를 알아야 한다.

@class 지시어가 어떻게 쓰이는지 이해하도록 하자. 여기서는 컴파일러에게 XYPoint가 어떤 클래스의 이름이라는 것을 알려준다.

```
XYPoint *origin;
```

따라서, 위와 같은 코드가 나타나면, 컴파일러는 origin이 XYPoint라는 클래스의 객체임을 알 수 있다. 이 점에 대해서 컴파일러가 필요한 정보는 이것으로 충분하다.

이제 새 XYPoint 클래스와 Rectangle 메서드의 빈곳들을 채워넣고 프로그램을 테스트해보자.

먼저 프로그램 8.4는 XYPoint 클래스의 구현 파일과 Rectangle 클래스의 새 메서드를 보여준다.

프로그램 8.4 Rectangle.m 추가된 메서드

```
#import "XYPoint.h"

-(void) setOrigin: (XYPoint *) pt
{
   origin = pt;
}

-(XYPoint *) origin
{
   return origin;
}
@end
```

다음은 XYPoint와 Rectangle 클래스 선언 전체와, 테스트 프로그램이다.

프로그램 8.4 XYPoint.h 인터페이스 파일

```
#import <Foundation/Foundation.h>

@interface XYPoint: NSObject

@property int x, y;

-(void) setX: (int) xVal andY: (int) yVal;
@end
```

프로그램 8.4 XYPoint.m 구현 파일

```
#import "XYPoint.h"

@implementation XYPoint @synthesize x, y;

-(void) setX: (int) xVal andY: (int) yVal
{
   x = xVal;
   y = yVal;
}
@end
```

프로그램 8.4 Rectangle.h 인터페이스 파일

```
#import <Foundation/Foundation.h>

@class XYPoint;
@interface Rectangle: NSObject

@property int width, height;

-(XYPoint *) origin;
-(void)   setOrigin: (XYPoint *) pt;
-(void)   setWidth: (int) w andHeight: (int) h;
-(int)    area;
-(int)    perimeter;
@end
```

프로그램 8.4 Rectangle.m 구현 파일

```
#import "Rectangle.h"

@implementation Rectangle
{
  XYPoint *origin;
```

```
}

@synthesize width, height;

-(void) setWidth: (int) w andHeight: (int) h
{
  width = w;
  height = h;
}

-(void) setOrigin: (XYPoint *) pt
{
   origin = pt;
}

-(int) area
{
   return width * height;
}

-(int) perimeter
{
   return (width + height) * 2;
}

-(XYPoint *) origin
{
   return origin;
}
@end
```

프로그램 8.4 테스트 프로그램

```
#import "Rectangle.h"
#import "XYPoint.h"

int main (int argc, char *argv[])
{
  @autoreleasepool {
     Rectangle *myRect = [[Rectangle alloc] init];
     XYPoint   *myPoint = [[XYPoint alloc] init];

     [myPoint setX: 100 andY: 200];

     [myRect setWidth: 5 andHeight: 8];
     myRect.origin = myPoint;

     NSLog (@"Rectangle w = %i, h = %i", myRect.width, myRect.height);

     NSLog (@"Origin at (%i, %i)", myRect.origin.x, myRect.origin.y);
```

```
        NSLog (@"Area = %i, Perimeter = %i",
            [myRect area], [myRect perimeter]);
    }
    return 0;
}
```

프로그램 8.4 출력 결과

```
Rectangle w = 5, h = 8
Origin at (100, 200)
Area = 40, Perimeter = 26
```

main 루틴 내에서 myRect라는 직사각형과 myPoint라는 점을 생성하고 초기화했다. setX:andY: 메서드를 사용해 myPoint를 (100, 200)으로 설정하였다. 직사각형의 너비와 높이를 각각 5와 8로 설정한 후, setOrigin: 메서드를 사용해 직사각형의 원점을 myPoint가 나타내는 위치로 설정한다. 그 다음 NSLog 명령문을 세 개 호출하여 값을 받아온 뒤 이를 표시한다. 다음 표현식을 보자.

`myRect.origin.x`

이 식은 접근자 메서드인 origin이 반환하는 XYPoint 객체를 받아 . 연산자를 써서 직사각형 원점의 x좌표를 가져온다. 비슷한 방식으로 다음 표현식은 직사각형 원점의 y 좌표를 가져온다.

`myRect.origin.y`

위 표현법은 아래 표현법과 동일한데, 아래 표현법은 컴파일러가 점(.) 연산자와 동일하게 해석하는 것을 명심하자.

`[[myRect origin] y]`

8.2.3 자신의 객체를 소유하는 클래스

프로그램 8.5를 출력한 결과를 설명해보자.

프로그램 8.5

```
#import "Rectangle.h"
#import "XYPoint.h"

int main (int argc, char *argv[])
{
  @autoreleasepool {
     Rectangle *myRect = [[Rectangle alloc] init];
     XYPoint   *myPoint = [[XYPoint alloc] init];

     [myPoint setX: 100 andY: 200];

     [myRect setWidth: 5 andHeight: 8];
     myRect.origin = myPoint;

     NSLog (@"Origin at (%i, %i)", myRect.origin.x, myRect.origin.y);

     [myPoint setX: 50 andY: 50];
     NSLog (@"Origin at (%i, %i)", myRect.origin.x, myRect.origin.y);
  }
  return 0;
}
```

프로그램 8.5 출력 결과

```
Origin at (100, 200)
Origin at (50, 50)
```

프로그램에서 XYPoint myPoint를 (100, 200)에서 (50, 50)으로 변경하였다. 보아 하니, 직사각형의 원점도 이동하였다. 왜 그렇게 된 것일까? 명시적으로 직사각형의 원점을 다시 설정하지 않았는데 왜 직사각형의 원점이 옮겨진 것일까? setOrigin: 메서드가 정의된 부분에 그 이유가 숨어 있다.

```
-(void) setOrigin: (XYPoint *) pt
{
   origin = pt;
}
```

다음 표현식으로 setOrigin: 메서드를 호출해 보자.

```
myRect.origin = myPoint;
```

그러면 myPoint의 값을 메서드의 인수로 넘기게 된다. 그림 8.5에서 볼 수 있듯, 이 값은 XYPoint 객체가 저장된 메모리 공간을 가리킨다.

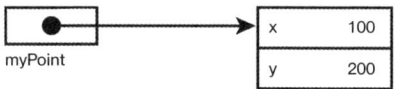

그림 8.5 메모리에서의 myPoint 객체 참조

myPoint에 저장된 값은 메모리를 가리키는 포인터고, 메서드 내에 정의된 지역 변서 pt에 복사된다. 이제 myPoint와 pt 모두 메모리에 저장된 동일한 데이터를 가리킨다. 그림 8.6은 이를 설명한다.

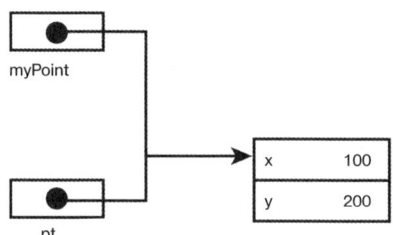

그림 8.6 사각형의 원점을 메서드로 넘기기

원점 변수가 메서드 내에서 pt로 설정되면, pt에 저장된 포인터는 그림 8.7처럼 인스턴스 변수 origin에 복사된다.

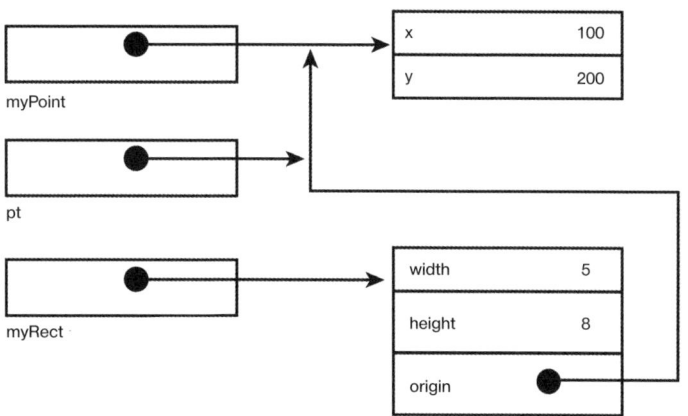

그림 8.7 직사각형의 원점 설정하기

myPoint와, myRect에 저장된 원점 변수(그리고 지역 변수 pt)가 메모리에서 동일한 영역을 가리키기 때문에 myPoint의 값을 (50, 50)으로 변경하면 직사각

형의 원점도 바뀌는 것이다.

이 문제를 피하려면 setOrigin: 메서드를 수정하여, 원점을 새로 생성하고 그 점으로 origin을 설정하면 된다. 다음 코드를 보자.

```
-(void) setOrigin: (XYPoint *) pt
{
  if (! origin)
     origin = [[XYPoint alloc] init];

  origin.x = pt.x;
  origin.y = pt.y;
}
```

이 메서드는 먼저 인스턴스 변수 origin이 0이 아닌 값인지 확인한다. (이 테스트의 의미와 논리 부정 연산자 !의 사용법을 제대로 이해하자.) 모든 인스턴스 변수는 초깃값이 0으로 지정된다. 따라서, Rectangle 객체가 새로 생성되면, 속한 인스턴스 변수인 origin도 역시 0으로 지정된다.

origin이 0이면, setOrigin 메서드는 XYPoint 객체를 새로 생성하고 초기화한 후, origin에 새 객체의 참조를 저장한다.

메서드는 새로 생성된 XYPoint 객체에 인수의 x, y 좌표를 대입한다. 이 메서드를 완전히 이해할 때까지 거듭 살펴보자.

setOrigin: 메서드를 위와 같이 변경하면, 각 Rectangle 인스턴스가 자신만의 origin XYPoint 인스턴스를 소유한다는 뜻이다. 이제 XYPoint의 메모리를 할당하고 해제시켜 줘야 한다. 대개 클래스가 다른 객체를 포함하면, 이 객체들의 일부나 전부를 소유하는 편이 좋다. 직사각형의 경우, 원점은 직사각형이 갖는 기본 속성이므로, Rectangle 클래스가 자신의 원점을 소유하는 것이 합당하다. 클래스의 접근자 메서드만 이 원점의 값을 설정하거나 가져올 수 있어야 한다. 이는 데이터 캡슐화의 개념과 일맥상통한다.

메서드를 수정한 뒤 프로그램 8.5를 다시 컴파일하고 실행하면, 그림 8.8과 같은 오류 메시지가 뜬다.

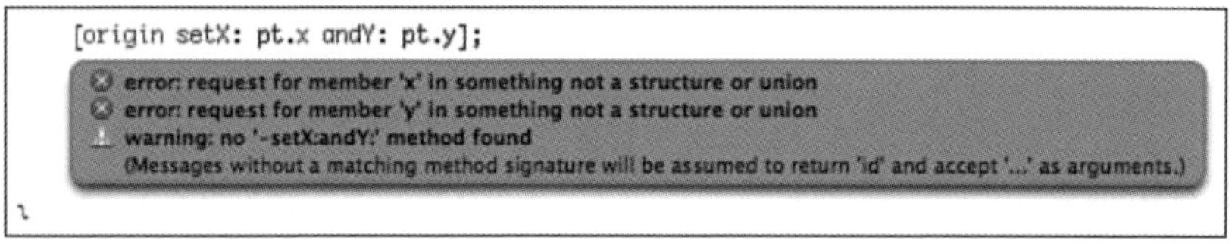

```
[origin setX: pt.x andY: pt.y];
   error: request for member 'x' in something not a structure or union
   error: request for member 'y' in something not a structure or union
   warning: no '-setX:andY:' method found
   (Messages without a matching method signature will be assumed to return 'id' and accept '...' as arguments.)
```

그림 8.8 컴파일러 에러 메세지

이런! 여기서는 수정된 메서드에서 XYPoint 클래스의 메서드를 사용한 것이 문제다. 따라서 이제 컴파일러는 @class 지시어가 제공하는 정보보다 많은 정보가 필요하다. 이 경우, 앞으로 돌아가서 이 지시어를 import로 변경해야 한다.

```
#import "XYPoint.h"
```

프로그램 8.5B 출력 결과

```
Origin at (100, 200)
Origin at (100, 200)
```

이제 잘 동작한다. 이번에는 Rectangle에 있는 setOrigin: 메서드 내에 좌표 사본이 생성되기 때문에 main 내의 myPoint를 (50, 50)으로 변경해도 직사각형의 원점에는 영향을 주지 않는다.

여기서 왜 origin 메서드를 자동 생성하지 않은 것일까? 자동 생성된 setOrigin: 메서드는 맨 처음에 직접 작성한 메서드와 동일하게 동작하기 때문이다. 기본적으로, 자동 생성된 세터는 객체 자체를 복사하지 않고 그저 객체의 포인터만 복사한다.

물론, 자동 생성된 세터 메서드도 객체 자체의 사본을 만들도록 할 수 있다. 그러나 이 작업을 하려거든 복사 메서드를 작성하는 방법을 배워야 한다. 이 주제는 18장 「객체 복사하기」에서 다시 다룬다.

이 절을 마치기 전에, Rectangle 클래스의 게터를 생각해보자. 프로그램 8.4의 테스트 프로그램에서 직사각형의 값을 설정한 뒤 다음 코드를 입력했다고 해보자.

```
XYPoint *theOrigin = myRect.origin;

theOrigin.x = 200;
theOrigin.y = 300;
```

이 코드가 실행된 뒤, myRect의 원점은 어떻게 될까? 예상대로 원점은 (200, 300)으로 변경된다. 게터가 반환하는 원점 객체는 "변화하기 쉽다." 누구든 이 객체의 x, y를 바꾸면, 직사각형의 x, y 값도 바뀐다. 이런 이유로 게터 메서드를 안전하게 작성하려면, 객체의 사본을 만들어 반환하는 것이다. 이렇게 하면,

실수로 변수가 바뀌는 것을 막을 수 있다. 여기서 코드를 변경하지는 않지만, 연습문제로 남겨두겠다. 한 가지 주의할 점은, 객체를 복사하여 반환하면 성능이 떨어질 수도 있다. 클래스를 디자인할 때, 이런 단점을 감수할 만한지 판단해야 한다.

8.3 메서드 재정의하기

이 장의 앞부분에서 상속으로는 메서드를 제거하거나 삭제할 수 없다고 말했다. 그러나 상속받은 메서드를 '재정의'하여 메서드 정의를 변경할 수는 있다.

앞서 본 클래스 ClassA와 ClassB로 돌아가서 initVar 메서드를 ClassB에 작성하고 싶다고 하자. 이미 ClassB는 ClassA에 정의된 initVar 메서드를 상속받는다는 것을 알 것이다. 이 상속받은 메서드를 제거하고 동일한 이름으로 새 메서드를 만들 수 있을까? 대답은 '그렇다'이다. 그저 동일한 이름으로 메서드를 새로 정의하기만 하면 된다. 부모 클래스에 있는 메서드와 동일한 이름으로 메서드를 정의하면, 새로운 내용이 상속받은 메서드를 대치하거나 재정의한다. 새 메서드는 반환 형, 인수 개수, 데이터 형이 재정의하는 메서드와 같아야 한다.

프로그램 8.6은 이 개념을 보여주는 간단한 예제다.

프로그램 8.6

```
// 메서드 재정의하기

#import <Foundation/Foundation.h>

// ClassA 선언 및 정의

@interface ClassA: NSObject
{
    int x;  // 서브클래스에서 상속받는다.
}

-(void) initVar;
@end
//////////////////////////
@implementation ClassA
-(void) initVar
{
    x = 100;
}
@end
```

```
// ClassB 선언 및 정의

@interface ClassB: ClassA
-(void) initVar;
-(void) printVar;
@end
/////////////////////////////
@implementation ClassB
-(void) initVar      // 추가된 메서드
{
  x = 200;
}

-(void) printVar
{
  NSLog (@"x = %i", x);
}
@end
/////////////////////////////
int main (int argc, char *argv[])
{
  @autoreleasepool
  {
     ClassB  *b = [[ClassB alloc] init];

     [b initVar];    // B에서 재정의한 메서드를 사용한다.

     [b printVar];   // x의 값을 표시
  }
  return 0;
}
```

프로그램 8.6 출력 결과

```
x = 200
```

분명 [b initVar]; 메시지는 이전 예제와 달리 ClassA가 아닌 ClassB에 정의된 initVar 메서드를 사용하였다. 그림 8.9는 이를 설명한다.

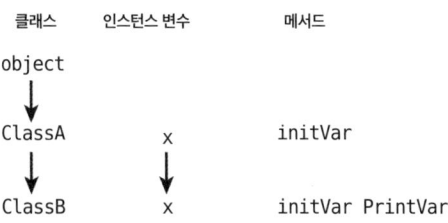

그림 8.9 initVar 메서드 재정의하기

8.3.1 어떤 메서드가 선택되었을까?

시스템이 객체에 적용할 메서드를 계층도에서 어떻게 찾는지 살펴보았다. 만일 이름이 동일한 메서드가 여러 클래스에 존재한다면, 메시지 수신자의 클래스에 해당하는 메서드가 선택된다. 프로그램 8.7은 앞에서 본 ClassA와 ClassB의 정의를 사용한다.

프로그램 8.7

```
#import <Foundation/Foundation.h>

// 클래그A와 클래스B의 정의는 여기에 추가

int main (int argc, char * argv[])
{
  @autoreleasepool {
    ClassA *a = [[ClassA alloc] init];
    ClassB *b = [[ClassB alloc] init];

     [a initVar];    // ClassA의 메서드 사용하기
     [a printVar];  // x의 값 보여주기

     [b initVar];    // ClassB에서 재정의한 메서드를 사용
     [b printVar];  // x의 값 보여주기
  }
  return 0;
}
```

이 프로그램을 빌드하면 다음과 같은 경고 메시지를 받을 것이다.

```
warning: 'ClassA' may not respond to '-printVar'
```

무슨 일이 일어난 것일까? 이 문제에 대해서는 앞 절에서 다뤘다. ClassA의 선언부를 살펴보자.

```
// ClassA 선언과 정의

@interface ClassA: NSObject
{
   int x;
}

-(void) initVar;
@end
```

바로 printVar 메서드가 선언되지 않았던 것이다. 이 메서드는 ClassB에서 선언되고 정의되었다. 따라서 ClassB 객체와 그 자식들은 이 메서드를 상속받아 사용할 수 있지만, ClassA 객체는 printVar를 사용할 수 없다. 계층도에서 ClassA보다 아래에서 정의한 메서드이기 때문이다.

노트

이 메서드를 사용하도록 강제할 수는 있지만, 거기까지 다루지는 않는다. 게다가 좋은 프로그래밍 습관도 아니다.

예제로 돌아가자. ClassA에 printVar 메서드를 추가하여 인스턴스 변수의 값을 표시한다.

```
// ClassA 선언과 정의

@interface ClassA: NSObject
{
    int  x;  // 서브클래스에서 상속받는다.
}

-(void) initVar;
-(void) printVar;
@end

@implementation ClassA
-(void) initVar
{
    x = 100;
}

-(void) printVar
{
    NSLog (@"x = %i", x);
}

@end
```

ClassB를 선언하고 또 정의한 부분은 아무것도 바꾸지 않았다. 이제 프로그램을 다시 컴파일하고 실행해 보자.

프로그램 8.7 출력 결과

```
x = 100
x = 200
```

이제 예제 자체에 대해 얘기해 보자. 먼저 a와 b는 각각 ClassA와 ClassB 객체로 정의했다. 이것들을 생성하고 초기화한 뒤, a에 메시지를 보내 initVar 메서드를 적용했다. initVar 메서드가 ClassA에 정의되어 있으므로, ClassA에 구현된 이 메서드가 선택된다. initVar 메서드는 그저 인스턴스 변수 x의 값을 100으로 설정한다. 방금 ClassA에 추가한 printVar 메서드는 그다음에 호출되어 x의 값을 표시한다.

ClassA 객체와 마찬가지로 ClassB 객체인 b도 생성되고 초기화된 다음, 인스턴스 변수 x의 값을 200으로 설정하고 나서 마지막에 값이 표시된다.

a, b가 어느 클래스에 속하는 객체인지에 따라 적절한 메서드가 선택된다는 점을 완벽히 이해하자. 이것은 Objective-C로 객체 지향 프로그래밍을 할 때 핵심이 되는 개념이다.

연습 삼아 ClassB에서 printVar 메서드를 제거하는 경우를 생각해 보자. 제거해도 잘 동작할까? 그렇다면 이유는 무엇일까?

서브클래스를 정의하면 새 메서드를 추가하여 클래스 정의를 효과적으로 확장할 수 있을 뿐만 아니라, 인스턴스 변수도 추가할 수 있다. 두 경우 모두, 결과는 누적된다. 메서드나 인스턴스 변수를 상속을 통해 제거할 수는 없다. 인스턴스 변수는 추가만 가능하고, 메서드는 추가하거나 재정의만 가능하다.

서브클래스의 필요성을 되짚어보자. 보통 다음과 같은 세 가지 이유가 있다.

1. 클래스에 새 메서드나 인스턴스 변수를 추가하여 기능을 확장하고 싶다.
2. 클래스의 특화된 버전을 만들고 싶다. (예. 그래픽 객체의 특별한 형태)
3. 하나 이상의 메서드를 재정의하여 클래스의 기본 동작을 변경하고 싶다.

8.4 추상클래스

'추상 클래스'라는 용어를 설명하며 이 장을 마치는 방법보다 괜찮은 마무리는 없을 것이다. 이 용어를 소개하는 이유는 바로 상속과 직접 관계가 있기 때문이다.

이따금, 다른 사람이 좀 더 쉽게 서브클래스를 만들 수 있도록 돕는 용도로만 사용되는 클래스가 있다. 이런 클래스들은 '추상 클래스' 혹은 '추상 슈퍼클래스'라고 부른다. 이 클래스에 메서드와 인스턴스 변수가 선언되어 있기는 하지만, 그 클래스에서 인스턴스를 바로 만들어 사용해서는 안 된다. 예를 들어, 루트 객체 NSObject를 생각해 보자. 이 클래스로 어떤 객체를 정의해 사용하는 상황을 떠올릴 수 있는가?

2부 「Foundation 프레임워크」에서 다루는 Foundation 프레임워크는 이런 추상 클래스를 몇 개 포함한다. 예를 들어, Foundation의 NSNumber 클래스는 추상 클래스다. 이 클래스는 숫자를 객체로 다루기 위해 만들었다. 정수와 부동 소수점 수는 보통 저장 공간을 다르게 요구한다. NSNumber의 서브클래스는 각 숫자 형에 맞춰 별도로 마련되어 있다. 그러나 이 서브클래스들은 추상 슈퍼클래스와 달리, 실제로 존재하므로 '구상(concrete)' 서브클래스라고 한다. 구상 서브클래스는 각각 NSNumber 클래스의 그늘 아래 속하며, 이것들을 한데 묶어 '클러스터'라고 부른다. NSNumber 클래스에 메시지를 보내 새 정수 객체를 만들려고 하면, 정수 객체에 적절한 서브클래스가 사용되어 필요한 메모리를 할당하고 값이 설정된다. 이 서브클래스들은 전부 내부에 감춰져(private) 있다. 직접 접근할 수 없고 추상 슈퍼클래스를 통해서면 간접적으로 접근할 수 있다. 추상 슈퍼클래스는 모든 종류의 숫자 객체를 다룰 공통 인터페이스를 제공한다. 그로 인해 프로그래머는 어느 형식의 숫자를 숫자 객체에 저장했는지, 어떻게 설정하고 값을 받아 올지를 고민하지 않아도 된다.

분명 이 이야기는 좀 '추상적'일 것이다(미안하게 생각한다). 그러나 걱정할 필요는 없다. 여기서는 이렇게 기본 개념만 맛보는 것으로 충분하다.

8.5 연습문제

1. 프로그램 8.1에 ClassB의 서브클래스로 ClassC를 생성하라. initVar 메서드가 인스턴스 변수 x의 값을 300으로 설정하도록 만들어라. ClassA, ClassB, ClassC 객체를 선언하고 해당하는 initVar 메서드를 호출하는 테스트 루틴을 작성하라.

2. 고해상도 장치를 다룰 때는, 단순한 정수가 아닌 부동소수 값으로 특정 위치를 표시하는 좌표계를 사용하기도 한다. (IOS는 직사각형을 다룰 때 CGRect라는 구조체를 사용한다. 이런 직사각형의 모든 좌표나 크기는 부동소수점

수로 표현된다.) 이 장의 XYPoint와 Rectangle 클래스를 수정하여 부동소수점 수를 다루도록 만들어라. 직사각형의 너비, 높이, 넓이, 둘레도 모두 부동소수점 수를 다루도록 해야 한다.

3. 프로그램 8.1을 수정하여 ClassB처럼 ClassA의 서브클래스인 ClassB2를 추가하라.

- ClassB와 ClassB2의 관계를 뭐라고 부를 수 있을까?
- NSObject, ClassA, ClassB, ClassB2 사이의 계층 관계를 설명해 보자.
- ClassB의 슈퍼클래스는 무엇인가?
- ClassB2의 슈퍼클래스는 무엇인가?
- 한 클래스는 서브클래스를 얼마나 많이 가질 수 있는가? 또, 슈퍼클래스를 얼마나 많이 보유할 수 있는가?

4. XYPoint 객체를 인수로 받는 translate: 메서드를 Rectangle 클래스에 추가한다. 이 메서드에서 주어진 벡터에 따라 직사각형의 원점을 옮겨 보자.

노트

'translation'의 뜻은 간단하게 말해 한 점을 다른 장소로 옮기는 것을 뜻한다.

5. GraphicObject라는 새 클래스를 정의하여 NSObject의 서브클래스로 만들어라. 다음 인스턴스 변수를 새 클래스에 정의한다.

```
int     fillColor;      // 32 비트 색상
BOOL    filled;         // 객체 내부가 칠해져 있는가?
int     lineColor;      // 32 비트 선 색상
```

이 변수들의 값을 설정하고 값을 받아 오는 메서드를 작성하라.
Rectangle 클래스를 GraphicObject의 서브클래스로 만들어라.
새 클래스 Circle과 Triangle을 작성하고 둘 다 GraphicObject의 서브클래스로 만든다. 이 객체들의 다양한 매개변수를 설정하고 받아 올 메서드를 작성한다. 또한 원의 둘레와 넓이를 계산하고, 삼각형의 둘레와 넓이를 계산할 메

서드도 작성하라.

6. Rectangle에 XYPoint를 인수로 받는 containsPoint: 메서드를 작성하라.

   -(BOOL) containsPoint: (XYPoint *) aPoint;

   만일 직사각형이 주어진 점을 포함하면 BOOL 값 YES를 반환하고, 그렇지 않은 경우는 NO를 반환한다.

7. intersect:라는 메서드를 Rectangle 클래스에 작성하라. 이 메서드는 직사각형들을 인수로 받아 두 직사각형의 겹쳐지는 직사각형 영역을 반환한다. 예를 들어 그림 8.10과 같은 두 직사각형이 있을 때, 이 메서드는 원점이 (400, 420)이고 너비가 50, 높이가 60인 직사각형을 반환해야 한다.
   만일 직사각형이 겹치지 않는다면, 원점이 (0, 0)이고 너비와 높이가 모두 0인 직사각형을 반환한다.

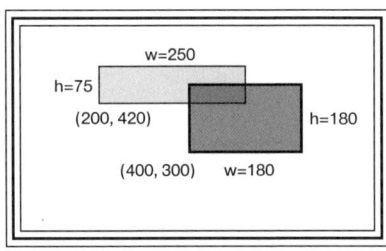

그림 8.10 겹치는 직사각형

8. 가로 선(-)과 세로 선(|)을 사용하여 직사각형을 그리는 draw 메서드를 Rectangle 클래스에 작성하자. 다음 코드 조각을 사용하면 그 아래에 나온 그림처럼 표시되어야 한다.

```
Rectangle *myRect = [[Rectangle alloc] init];
[myRect setWidth: 10 andHeight: 3];
[myRect draw];
```

```
----------
|        |
|        |
|        |
----------
```

> **노트**
>
> NSLog는 호출될 때마다 새 줄에 출력하므로, 문자를 그릴 때 NSLog 대신 printf를 사용해야 한다.

9장

다형성, 동적 타이핑, 동적 바인딩

이 장에서는 Objective-C를 더욱 강력한 프로그래밍 언어로 만들어 주고, C++ 같은 다른 객체 지향 언어와 구분 짓는 특징을 배운다. 이 특징에는 다음 세 가지 핵심 요소가 포함된다. 바로 다형성(Polymorphism), 동적 타이핑, 동적 바인딩이다. '다형성'은 다른 클래스의 객체들이 동일한 메서드 이름을 사용할 수 있도록 해준다. '동적 타이핑'은 객체가 속한 클래스를 알아내는 단계를 프로그램이 실행될 때로 미룬다. '동적 바인딩'은 객체에 호출되는 실제 메서드를 알아내는 시기를 프로그램 실행 중으로 미룬다.

9.1 다형성 – 동일한 이름, 다른 클래스

프로그램 9.1은 복소수를 다루는 Complex 클래스의 인터페이스 파일이다.

프로그램 9.1 Complex.h 인터페이스 파일

```
// Complex 클래스 인터페이스 파일

#import <Foundation/Foundation.h>

@interface Complex: NSObject

@property double real, imaginary;
-(void) print;
```

```
-(void) setReal:(double)a andImaginary:(double)b;
-(Complex *) add:(Complex *)f;
@end
```

이 클래스를 구현한 부분은 7장 「클래스에 대해서」의 연습문제 6번과 7번에서 완성했을 것이다. 거기에 setReal:andImaginary: 메서드를 추가하여 메시지 하나로 실수부와 허수부를 한꺼번에 설정하였다. 또한 접근자 메서드를 자동으로 생성하였다. 다음 구현 파일을 살펴보자.

프로그램 9.1 Complex.m 구현 파일

```
// Complex 클래스 인터페이스 파일

#import "Complex.h"

@implementation Complex

@synthesize real, imaginary;

-(void) print
{
    NSLog (@" %g + %gi ", real, imaginary);
}

-(void) setReal:(double)a andImaginary:(double)b
{
    real = a;
    imaginary = b;
}

-(Complex *) add:(Complex *)f
{
    Complex *result = [[Complex alloc] init];

    result.real = real + f.real;
    result.imaginary = imaginary + f.imaginary;

    return result;
}
@end
```

프로그램 9.1 main.m 테스트 프로그램

```
// 공유된 메서드 이름: 다형성

#import "Fraction.h"
```

```
#import "Complex.h"

int main (int argc, char *argv[])
{
   @autoreleasepool {
     Fraction *f1 = [[Fraction alloc] init];
     Fraction *f2 = [[Fraction alloc] init];
     Fraction *fracResult;
     Complex *c1 = [[Complex alloc] init];
     Complex *c2 = [[Complex alloc] init];
     Complex *compResult;

     [f1 setTo:1 over:10];
     [f2 setTo:2 over:15];

     [c1 setReal:18.0 andImaginary:2.5];
     [c2 setReal:-5.0 andImaginary:3.2];

     // 두 개의 복소수를 더하고 결과를 표시한다.

     [c1 print];
     NSLog (@"          +");
     [c2 print];
     NSLog(@"---------");
     compResult = [c1 add:c2];
     [compResult print];
     NSLog (@"\n");

     // 두 개의 분수를 더하고 결과를 표시한다.
     [f1 print];
     NSLog (@"         +");
     [f2 print];
     NSLog (@"----");
     fracResult = [f1 add:f2];
     [fracResult print];
   }
   return 0;
}
```

프로그램 9.1 출력 결과

```
18 + 2.5i
       +
-5 + 3.2i
---------
13 + 5.7i

1/10
  +
2/15
----
7/30
```

Fraction과 Complex 클래스 모두 add:와 print 메서드를 포함한다. 그렇다면 다음 메시지 표현식을 실행할 때, 시스템은 어떤 메서드를 실행할지 어떻게 알아낼 수 있을까?

```
compResult = [c1 add:c2];
[compResult print];
```

사실 간단하다. Objective-C 런타임은 첫 메시지의 수신자 c1이 Complex 객체라는 것을 알고 있다. 그러므로 Complex 클래스에 정의된 add: 메서드를 선택한다.

Objective-C 런타임은 compResult 역시 Complex 객체임을 확인하고, Complex 클래스에 정의된 print 메서드를 선택하여 덧셈의 결과를 표시한다. 다음 메시지 표현식에서도 동일한 방식으로 동작한다.

```
fracResult = [f1 add:f2];
[fracResult print];
```

노트

13장 「하부 C 언어 기능」에서 더 상세히 다루겠지만, 시스템은 언제나 객체가 속한 클래스에 대한 정보를 가지고 있다. 그 덕분에 이런 핵심적인 결정을 내리는 시기를 컴파일할 때가 아닌 런타임 도중으로 옮길 수 있다.

이 메시지 표현식을 처리할 때 f1, fracResult의 클래스인 Fraction의 메서드가 선택된다.

언급했듯이, 다형성은 다른 클래스들 간에 동일한 메서드 이름을 사용할 수 있는 기능이다. 다형성을 이용하면 동일한 메서드 이름에 각각 응답할 수 있는 클래스 모음을 개발하는 것이 가능하다. 각 클래스 정의에서 특정한 메서드에 필요한 코드를 캡슐화해 다른 클래스의 정의로부터 독립적으로 만드는 방식으로 말이다. 또 다형성을 통해 동일한 이름의 메서드에 응답할 수 있는 새로운 클래스를 추가할 수도 있다.

9.2 동적 바인딩과 id 형

4장에서 잠시 id 데이터 형을 사용하며 일반 객체 형이라고 언급하였다. 그것은 id 형을 써서 어느 클래스의 객체든 저장할 수 있다는 의미다. id 형은 프로그램이 실행되는 동안 다양한 데이터 형 객체를 여기에 저장할 때에야 비로소 진정한 강점을 맛보게 된다. 프로그램 9.2와 출력 결과를 살펴보자.

프로그램 9.2 main.m 테스트 프로그램

```
// 동적 타이핑과 동적 바인딩의 예

#import "Fraction.h"
#import "Complex.h"

int main (int argc, char *argv[])
{
  @autoreleasepool {
    id dataValue;
    Fraction *f1 = [[Fraction alloc] init];
    Complex *c1 = [[Complex alloc] init];

    [f1 setTo:2 over:5];
    [c1 setReal:10.0 andImaginary:2.5];

    // dataValue에 분수를 대입한다.
    dataValue = f1;
    [dataValue print];

    // dataValue에 복소수를 대입한다.
    dataValue = c1;
    [dataValue print];
  }
  return 0;
}
```

프로그램 9.2 출력 결과

```
2/5
10 + 2.5i
```

변수 dataValue는 id 형으로 선언되었다. 따라서 dataValue는 프로그램 내에 있는 객체라면 어느 데이터 형이든 모두 담을 수 있다. 선언부에 별표(*)가 사용되지 않았음에 주의하자.

```
id dataValue;
```

Fraction f1은 2/5로 설정되고 Complex c1은 10 + 2.5i로 설정되었다. 다음 할당 문에서는 Fraction f1을 dataValue에 저장한다.

```
dataValue = f1;
```

이제 이 dataValue로 무엇을 할 수 있을까? 비록 dataValue가 Fraction 형이 아니라 id 형이지만, Fraction 객체에 사용하는 모든 메서드를 dataValue에 호출할 수 있다. 그런데 dataValue가 어느 형이든 객체를 다 담을 수 있다면, 시스템은 어떤 메서드를 호출할지 어떻게 알 수 있을까? 다시 말하자면, 다음 메시지 표현식이 실행될 때 어떤 print 메서드가 호출되어야 하는지 어떻게 알까?

```
[dataValue print];
```

Fraction과 Complex 클래스에 모두 print 메서드를 정의했다.

이전에도 언급했지만, 정답은 Objective-C 시스템이 언제나 객체가 속한 클래스를 알고 있다는 사실에 숨어 있다. 또한, 동적 타이핑과 동적 바인딩에도 답이 숨어 있다. 이 두 개념을 쓰면 시스템이 컴파일할 때가 아니라 런타임 시에 객체의 클래스가 무엇인지를 알아낸다. 그러므로 호출할 메서드가 무엇인지를 동적으로 알아내게 되는 것이다.

따라서, 프로그램이 실행되는 동안 시스템이 print 메시지를 dataValue에 보내기 전에 dataValue에 저장된 객체의 클래스부터 확인한다. 프로그램 9.2의 첫 번째 경우, 이 변수는 Fraction 객체를 담고 있으므로 Fraction에 정의된 print 메서드가 사용된다. 프로그램을 출력한 결과에서 이를 확인할 수 있다.

두 번째 경우, 동일한 과정이 발생한다. 먼저 Complex c1이 dataValue에 대입된다. 그 후 다음 메시지 표현식이 실행된다.

```
[dataValue print];
```

이번에는 dataValue가 Complex 클래스에 속한 객체를 담고 있으므로, 실행 시 그 클래스의 print 메서드가 선택된다.

매우 간단한 예제이지만, 이 개념을 좀 더 복잡한 프로그램에도 적용할 수 있다. 다형성과 동적 바인딩, 동적 타이핑을 결합하면 다른 클래스의 객체에 동일한 메시지를 보내는 코드를 쉽게 작성할 수 있다.

예를 들어, 스크린에 그래픽 객체를 칠해 주는 draw라는 메서드를 생각해보자. 텍스트, 원, 사각형, 창 같은 그래픽 객체마다 다른 draw 메서드가 정의되어 있을 것이다. 만일 그려야 할 특정 객체가 currentObject라는 id 형 변수에 저장되어 있다고 해보자. 다음처럼 draw 메시지를 보내 스크린에 칠을 할 수 있을 것이다.

```
[currentObject draw];
```

심지어 currentObject에 저장된 객체가 draw 메서드에 실제로 응답하는지도 확인해볼 수 있다. 이 장 후반부에 있는 '클래스에 대해 질문하기' 절에서 그 방법을 알 수 있다.

9.3 컴파일 시기와 런타임 확인

컴파일할 때는 id 변수에 저장된 객체의 데이터 형을 정확히 알 수 없기 때문에, 일부 테스트는 런타임 시기, 즉 프로그램을 실행할 때까지 미루게 된다.

다음 예제 코드를 보자.

```
Fraction *f1 = [[Fraction alloc] init];
[f1 setReal:10.0 andImaginary:2.5];
```

setReal:andImaginary: 메서드가 분수가 아니라 복소수에 적용되기 때문에 이 코드를 포함하는 프로그램을 컴파일하면 다음과 같은 메시지가 뜰 것이다.

```
'Fraction' may not respond to 'setReal:andImaginary:'
```

Objective-C 컴파일러는 f1이 선언됨으로써 f1이 Fraction 객체임을 알게 된다. 또한 다음 메시지 표현식을 접하면 이렇게 뜬다.

```
[f1 setReal:10.0 andImaginary:2.5];
```

Fraction 클래스가 setReal:andImaginary: 메서드를 보유하지 않았다는 사실도 (그리고 상속받지도 않았다는 사실까지) 알게 된다. 따라서, 컴파일러는 앞에서 본 경고 메시지를 표시할 것이다.

이제 다음 코드를 살펴보자.

```
id dataValue = [[Fraction alloc] init];
...
[dataValue setReal:10.0 andImaginary:2.5];
```

이 코드를 컴파일하면 컴파일러가 소스 파일을 처리할 때 dataValue에 담긴 객체의 데이터 형을 모르기 때문에, 경고 메시지를 생성하지 않는다. (컴파일러는 Fraction 객체가 이 변수에 저장되었다는 것을 확인하지 않는다!)

이 줄이 들어 있는 부분을 실행하기 전까지 오류 메시지는 발생하지 않는다. 이 부분이 실행되면 다음과 유사한 오류 메시지가 뜰 것이다.

```
-[Fraction setReal:andImaginary:]: unrecognized selector sent to instance 0x103f00
```

먼저 런타임 시스템은 dataValue에 담긴 객체의 형을 검사한다. dataValue가 Fraction 변수를 담고 있으므로, setReal:andImaginary: 메서드가 Fraction에 정의되어 있는 메서드인지 확인한다. 당연히 정의되지 않았기 때문에 앞의 오류 메시지가 발생하고 프로그램은 종료된다.

9.4 id 데이터 형과 정적 타이핑

만일 id 데이터 형이 어느 객체든 담을 수 있다면, 왜 모든 객체를 그냥 id 형으로 선언하지 않는 것일까? 이 일반 클래스 데이터 형을 남용하지 않는 데는 몇 가지 이유가 있다.

먼저 정적 타이핑이라는 말은, 특정 클래스의 객체로 변수를 정의하는 것이다. '정적'이라는 말은 변수가 언제나 그 특정 클래스를 저장하는 데만 사용된다는 의미다. 따라서 저장된 객체의 클래스는 언제나 이미 정해져 있다. 혹은 '정적이다'라고 할 수도 있다. 정적 타이핑을 사용하면, 컴파일러는 프로그램에서 변수를 일관성 있게 사용하여 최고 성능을 내게 한다. 컴파일러는 객체에 적용되는 메서드가 그 클래스에 의해 정의되거나 상속되었는지를 확인할 수 있고, 그렇지 않은 경우에는 경고 메시지를 표시한다. 따라서 Rectangle 형 변수 myRect를 선언하면 컴파일러는 myRect에 대해 호출되는 메서드가 Rectangle 클래스에 정의되었거나 슈퍼클래스에게서 상속받았는지 확인한다.

노트
> 변수로 지정한 메서드를 호출하는 기법이 몇 가지 있는데, 그런 기법을 쓰면 메서드의 구현 여부 등을 컴파일러가 확인해 주지 못한다.

그러나 런타임 도중에도 이렇게 확인된다면, 정적 타이핑이 뭔지 신경 쓸 필요가 있을까? 대답은 '신경 써야 한다'이다. 이유는 오류를 컴파일 단계에서 잡아내는 편이 실행 단계에서 잡는 것보다 낫기 때문이다. 런타임 시까지 미루면 여러분이 아닌 다른 사람이 프로그램을 사용하다 오류를 보게 될지도 모른다. 프로그램이 판매되었다면 불쌍한 사용자가 프로그램을 실행하던 도중에 특정 객체가 어떤 메서드에 응답하지 않아 프로그램 강제 종료를 경험하게 될 수도 있다.

또 정적 타이핑을 사용하는 이유는 프로그램의 가독성을 높여주기 때문이다. 다음 선언을 살펴보자.

```
id f1;
```

에 비해

```
Fraction *f1;
```

둘 중 무엇이 더 이해하기 쉬운가? 어느 쪽이 변수 f1을 쓰는 목적을 좀 더 분명히 나타내느냐는 말이다. 이 예제에서는 일부러 사용하지 않았지만, 변수에 정적 타이핑과 의미를 파악하기 쉬운 이름을 붙이면 프로그램 코드 자체가 문서화되는 머나먼 길에 조금 더 가까워진다.

> **노트**
>
> id 타입의 변수에는 점(.) 연산자를 사용할 수 없다. 만약 그렇게 했다면 컴파일 에러가 날 것이다.

9.4.1 동적 타이핑과 인수, 반환 형

만일 동적 타이핑을 사용하여 메서드를 호출한다면 다음 규칙을 기억해 두자. 하나 이상의 클래스에 동일한 이름의 메서드가 존재한다면, 각 메서드는 인수와 반환 형을 자신이 선언하고 구현한 대로 사용해서 컴파일러가 메시지 표현식에 맞는 코드를 작성할 수 있도록 해줘야 한다.

컴파일러는 자신이 발견한 각 클래스의 선언이 일치하는지를 확인한다. 만일 메서드의 인수나 반환 형이 선언과 다르다면 컴파일러는 경고 메시지를 표시한다. 예를 들어 Fraction과 Complex 클래스 모두 add: 메서드를 담고 있다. 그러나 Fraction 클래스의 add: 메서드는 인수와 반환 값으로 Fraction 객체를 사용하고 Complex 클래스는 Complex 객체를 쓴다. frac1과 myFract는 Fraction 객체이고, comp1과 myComplex가 Complex 객체일 때, 다음 명령문은 아무런 문제가 발생하지 않을 것이다.

```
result = [myFract add:frac1];

result = [myComplex add:comp1];
```

두 경우 모두 메시지의 수신자가 정적으로 지정되었고 컴파일러는 수신자의 클래스에서 정의한 대로 메서드를 올바르게 사용하는지 확인할 수 있다.

만일 dataValue1과 dataValue2가 id 형 변수라면, 다음 명령문은 컴파일러가 코드를 생성하여 add: 메서드에 인수를 넘기고 반환 값을 받는 과정을 추측하여 수행한다.

```
result = [dataValue1 add: dataValue2];
```

런타임 도중에 Objective-C 런타임 시스템은 dataValue1에 실제로 포함된 객체 클래스를 확인하고, 올바른 클래스에서 적절한 메서드를 선택하여 실행한다. 하지만 일반적인 경우, 컴파일러는 메서드에 인수를 넘기는 코드나 반환 값을 처리하는 코드를 부정확하게 생성하기도 한다. 예컨대 한 메서드는 객체를 인수로 받고 다른 메서드는 부동소수점 값을 인수로 받는 경우나, 한 메서드는 객체를 반환하는데, 다른 메서드는 정수를 반환하는 경우에 이런 문제가 발생할 수도 있다. 두 메서드가 일치하지 않는 부분이 그저 객체의 데이터 형이 다른 것 뿐이라고 해보자(예를 들어, Fraction의 add: 메서드는 Fraction 객체를 인수와 반환 값으로 사용하고, Complex의 add: 메서드는 Complex 객체를 사용한다). 이 경우에도, 컴파일러는 올바른 코드를 생성할 수 있는데, 메서드에 넘겨지는 인수는 결국 객체를 참조하는 메모리 주소(포인터)이기 때문이다.

9.5 클래스에 대해 질문하기

다른 클래스의 객체에 담긴 변수들을 다루기 시작하면, 다음과 같은 질문을 해야 할 것이다.

- 이 객체가 사각형인가?
- 이 객체가 print 메서드를 지원하는가?
- 이 객체가 Graphics 클래스의 멤버 혹은 그 자식 클래스의 멤버인가?

이 질문들에 답을 함으로써 프로그램을 실행하면서 다른 코드들을 실행시키거나, 오류를 피하거나, 프로그램이 흠 없이 동작하도록 만들 수 있다.

표 9.1은 NSObject 클래스가 지원하는 기본 메서드 가운데 이런 종류의 질문을 할 때 사용하는 것들을 요약해 놓았다. 이 표에서 class-object는 클래스 객체(보통 class 메서드로 생성한다)이고 selector는 (보통 @selector 지시어로 만들 수 있는) SEL형의 값이다.

여기서 다루지 않는 메서드들도 있다. 그 가운데에는 객체가 프로토콜을 따르는지를 알아내는 메서드가 있으며(11장 「카테고리와 프로토콜」), (이 책에서 다루지는 않지만) 동적으로 메서드를 알아내는 메서드도 있다.

클래스 이름이나 다른 객체에게서 클래스 객체를 만들어 내려면 클래스 이름이나 객체에 class 메시지를 보낸다. 그러므로 Square라는 클래스에서 클래스 객체를 얻어내려면 다음과 같이 한다.

메서드	질문 혹은 액션
-(BOOL) isKindOfClass: class-object	객체가 class-object의 멤버이거나 자식 클래스의 멤버인가?
-(BOOL) isMemberOfClass: class-object	객체가 class-object의 멤버인가?
-(BOOL) respondsToSelector: selector	객체가 selector로 지시한 메서드에 응답할 수 있는가?
+(BOOL) instancesRespondToSelector:selector	지정한 클래스의 인스턴스가 selector에 응답할 수 있는가?
+(BOOL) isSubclassOfClass:class-object	객체가 지정한 클래스의 서브클래스인가?
-(id) performSelector:selector	selector로 지정한 메서드를 적용한다.
-(id) performSelector:selector withObject:object	selector로 지정한 메서드와 object 인수를 함께 적용한다.
-(id) performSelector:selector withObject:object1 withObject: object2	selector로 지정한 메서드와 object1, object2 인수를 함께 적용한다.

표 9.1 동적 형(dynamic type)을 다루는 메서드

```
[Square class]
```

만일 mySquare가 Square의 인스턴스라면 다음 코드로 클래스를 얻어올 수 있다.

```
[mySquare class]
```

변수 obj1과 obj2에 저장된 객체가 동일한 클래스의 인스턴스인지 비교하려면 다음과 같이 작성한다.

```
if ([obj1 class] == [obj2 class])
    ...
```

혹시 변수 myFract가 Fraction 클래스의 인스턴스인지 알아내려면 다음과 같은 표현식의 결과를 보면 된다.

```
[myFract isMemberOfClass: [Fraction class]]
```

표 9.1에 나온 셀렉터를 만들려면 @selector 지시어를 메서드 이름에 적용하면 된다. 예를 들어 다음 코드는 NSObject 클래스에서 상속받는 alloc이라는 메서드의 SEL형 값을 생성해 준다.

```
@selector (alloc)
```

다음과 같이 표현식을 작성하면 Fraction 클래스에서 구현했던 setTo:over: 메서드에 대한 셀렉터가 생성된다(메서드 이름에 콜론을 붙이는 걸 잊지 말자).

```
@selector (setTo:over:)
```

Fraction 클래스의 인스턴스가 setTo:over: 메서드에 응답하는지 알고 싶을 때는 다음과 같은 표현식의 반환 값을 확인해보면 된다.

```
[Fraction instancesRespondToSelector: @selector (setTo:over:)]
```

이 테스트는 클래스가 정의하는 메서드뿐 아니라 상속받은 메서드까지 확인한다.

performSelector: 메서드와 그 메서드를 변형해서 쓰면(표 9.1에는 없다) 셀렉터를 변수에 담아 객체에 메시지를 보낼 수 있다. 다음 코드를 살펴 보자.

```
SEL action;
id graphicObject;
   ...
action = @selector(draw);
   ...
[graphicObject performSelector:action];
```

이 예제에서는 SEL 변수 action으로 지정한 메서드를 graphicalObject에 저장된 그래픽 객체에게 보낸다. 여기서는 액션을 draw라고 적어 놓기는 했지만 프로그램을 실행하는 도중에 (사용자의 입력에 따라) 액션이 달라질 수도 있다. 먼저, 객체가 액션에 응답할 수 있는지를 확인하기 위해 다음과 같이 코드를 작성한다.

```
if ([graphicObject respondsToSelector:action] == YES)
    [graphicObject performSelector:action]
else
    // 오류 처리 코드
```

> **노트**
> respondsToSelector: 메서드는 iOS에서 델리게이션(위임)을 구현하는데 굉장히 많이 사용된다. 10장 「변수와 데이터 형에 대하여」에서 배우겠지만, 시스템은 종종 여러분의 클래스에 특정 이벤트를 처리하거나 (테이블의 특정 구역의 갯수와 같은) 특정 정보를 알려주는 메서드를 하나 이상 구현하기를 선택사항으로 제공한다. 여러분의 클래스에서 특정 메서드를 실제로 구현했는지 알아내기 위해 시스템은 respondsToSelector: 메서드를 사용하고, 여러분의 메서드에 해당 이벤트 처리를 위임할 수 있는지 알아낸다. 만일 여러분이 해당 메서드를 구현하지 않았다면, 이벤트를 기본으로 정의된 방식으로 처리한다.

다른 방법을 쓸 수도 있다. forwardInvocation: 메서드를 사용하여 메시지를 처리할 다른 객체에게 넘길 수 있는데, 이 내용은 이 책의 범위를 넘어선다.

프로그램 9.3은 8장 「상속」에서 정의한 Square와 Rectangle 클래스에 대해 몇 가지 질문을 한다. 실제 출력된 결과를 보기 전에 이 프로그램의 결과가 어떻게 나올지 예상해보자(답을 베끼면 안 된다!).

프로그램 9.3

```
#import "Square.h"

int main (int argc, char *argv[])
{
  @autoreleasepool {
    Square *mySquare = [[Square alloc] init];

    // isMemberOf:

    if ([mySquare isMemberOfClass:[Square class]] == YES )
      NSLog (@"mySquare is a member of Square class");

    if ([mySquare isMemberOfClass:[Rectangle class]] == YES )
      NSLog (@"mySquare is a member of Rectangle class");

    if ([mySquare isMemberOfClass:[NSObject class]] == YES )
      NSLog (@"mySquare is a member of NSObject class");

    // isKindOf:
```

```
        if ([mySquare isKindOfClass:[Square class]] == YES )
          NSLog (@"mySquare is a kind of Square");

        if ([mySquare isKindOfClass:[Rectangle class]] == YES )
          NSLog (@"mySquare is a kind of Rectangle");

        if ([mySquare isKindOfClass:[NSObject class]] == YES )
          NSLog (@"mySquare is a kind of NSObject");

        // respondsTo:

        if ( [mySquare respondsToSelector:@selector (setSide:)] == YES )
          NSLog (@"mySquare responds to setSide: method");

        if ( [mySquare respondsToSelector:@selector(setWidth:andHeight:)] == YES )
          NSLog (@"mySquare responds to setWidth:andHeight: method");

        if ( [Square respondsToSelector:@selector(alloc)] == YES )
          NSLog (@"Square class responds to alloc method");

        // instancesRespondTo:

        if ([Rectangle instancesRespondToSelector:@selector(setSide:)] == YES)
          NSLog (@"Instances of Rectangle respond to setSide: method");

        if ([Square instancesRespondToSelector:@selector(setSide:)] == YES)
          NSLog (@"Instances of Square respond to setSide: method");

        if ([Square isSubclassOfClass:[Rectangle class]] == YES)
          NSLog (@"Square is a subclass of a rectangle");
    }
    return 0;
}
```

이 프로그램을 빌드할 때는 8장 「상속」에 나온 Square, Rectangle, XYPoint의 파일들을 모두 포함시키자.

프로그램 9.3 출력 결과

```
mySquare is a member of Square class
mySquare is a kind of Square
mySquare is a kind of Rectangle
mySquare is a kind of NSObject
mySquare responds to setSide: method
mySquare responds to setWidth:andHeight: method
Square class responds to alloc method
Instances of Square respond to setSide: method
Square is a subclass of a
rectangle
```

프로그램 9.3을 출력한 결과는 명백하다. isMemberOfClass:가 지정한 클래스에 바로 속하는지를 확인하고, isKindOfClass가 상속 계층 내에 속하는지를 확인한다는 점을 기억하자. 그러므로 mySquare는 Square 클래스의 멤버이지만, 상속 계층에 속하므로 Square, Rectangle, NSObject의 일종(kind)이기도 하다 (당연히, 루트 객체를 새로 정의하지 않았다면 모든 객체는 isKindOf: 메서드로 NSObject에 대해 테스트하면 YES를 반환할 것이다).

다음 테스트를 보자. 이는 Square 클래스가 클래스 메서드 alloc에 응답하는지 확인한다.

```
if ( [Square respondsToSelector:@selector(alloc)] == YES )
```

결과는 당연히 YES다. 루트 객체 NSObject를 상속받기 때문이다. 메시지 표현식의 수신자로 클래스 이름을 직접 쓸 수 있으니, 주의하자. 앞에서 사용한 표현식을 사용하지 않아도 된다(물론, 원한다면 앞의 긴 표현식을 써도 된다).

```
[Square class]
```

단, 클래스의 이름을 수신자로 쓸 때만 위 표현식을 적지 않아도 된다. 다른 위치에서 클래스 객체를 얻으려면 class 메서드를 적용해 주어야만 한다.

9.6 @try를 사용해 예외 처리하기

좋은 프로그래밍 습관은 프로그램에서 발생할 수 있는 문제들을 미리 생각해 보고 그에 대처하는 것이다. 프로그램을 비정상 종료시키는 조건을 테스트하여 메시지를 표시하고, 프로그램을 종료시키거나 다른 액션을 취하는 식으로 문제를 해결할 수 있다. 이 장 앞부분에서 객체가 특정 메시지에 응답할 수 있는지를 테스트하는 방법을 배웠다. 오류를 피하기 위해, 프로그램이 실행되는 동안 이런 테스트를 수행해 객체가 알지 못하는 메시지를 보내지 않도록 할 수 있다. 객체가 알지 못하는 메시지를 보내려 하면, 프로그램은 보통 '예외'를 날린 후 곧 종료될 것이다.

프로그램 9.4를 살펴보자. Fraction 클래스에 noSuchMethod라는 메서드를 정의 한 적이 없다. 따라서 이 프로그램을 컴파일하려 하면, 경고 메시지를 받는다.

프로그램 9.4

```
#import "Fraction.h"

int main (int argc, char * argv [])
{
  @autoreleasepool {
    Fraction *f = [[Fraction alloc] init];
    [f noSuchMethod];

    NSLog (@"Execution continues!");
  }
  return 0;
}
```

경고 메시지를 받더라도 프로그램을 빌드하고 실행할 수 있다. 그러나 경고 메시지를 무시하고 실행하면 프로그램은 비정상 종료하게 되고 아래와 비슷한 오류를 보고 말 것이다.

프로그램 9.4 출력 결과

```
*** Terminating app due to uncaught exception
'NSInvalidArgumentException', reason:
'-[Fraction noSuchMethod]: unrecognized selector sent to instance
0x103f00'
*** Call stack at first throw:'')
```

이렇게 프로그램이 비정상 종료되는 것을 막으려면 어떻게 해야 할까? 다음과 같이 특별한 명령문 블록 안에 명령문들을 넣어 주면 된다.

```
@try{
    statement
    statement
    ...
}
@catch (NSException *exception)
{
    statement
    statement
    ...
}
```

@try 블록에 있는 각 statement 역시 일반적인 명령문과 동일하게 실행된다. 그러나 블록 안에 있는 이 명령문 가운데 하나가 예외를 날리면, 실행은 종료되지 않고 @catch 블록으로 넘어간다. 그리고 catch 블록 안에서 날라온 예외를 처리하게 된다. 이때 취할 수 있는 방법은 오류 메시지를 기록하고 정리한 후 실행을 종료하는 것이다.

프로그램 9.5는 예외를 처리하는 법에 대해 설명한다. 프로그램의 출력 결과를 함께 보자.

프로그램 9.5 예외 처리

```
#import <Foundation/Foundation.h>

int main (int argc, char * argv [])
{
  @autoreleasepool {
    NSArray *myArray = [NSArray array];

    @try{
      [myArray objectAtIndex: 2];
    }
    @catch (NSException *exception) {
      NSLog (@"Caught %@%@", exception.name, exception.reason);
    }

    NSLog (@"Execution continues");

  }
  return 0;
}
```

프로그램 9.5 출력 결과

```
Caught NSRangeException*** -[__NSArrayI objectAtIndex:]: index 2 beyond
bounds for empty array
Execution continues
```

프로그램 9.5는 15장 「숫자, 스트링, 컬렉션」에서 배우게 될 배열을 설정하고 있다. 그리고 난 후에 존재하지 않는 구성요소를 참조하기 위해 NSArray 클래스의 objectAtIndex: 메서드를 사용하고 있다. 이 메서드는 예외를 발생시킨다. 예외가 발생하면 @catch 블록이 실행된다. 이 예외에 대한 정보를 담고 있는

NSException 객체가 이 블록의 인수로 넘겨진다. 예제에서 볼 수 있듯이 name 메서드는 예외의 이름을 가져오고, reason 메서드는 예외의 원인을 가져온다 (예외 원인은 앞에서 본 것처럼 시스템이 자동으로 출력한다).

@catch 블록에 있는 마지막 명령문이 실행되고 나면, 프로그램은 그 블록 뒤의 명령문을 이어서 실행한다. 이때 NSLog를 호출하여 실행이 종료되지 않고 정상적으로 이어졌는지 확인한다.

지금까지 프로그램에서 예외를 처리하는 매우 간단한 예제를 살펴보았다. @finally 블록을 사용하면 @try 블록에서 예외를 던지든 던지지 않든 실행할 코드를 추가할 수도 있다.

@throw 지시어를 쓰면 직접 만든 예외를 던질 수 있다. 이 지시어를 사용하여 특정 예외를 던지거나 다음과 같이 @catch 블록으로 들어오게 만든 예외를 다시 한번 던지는 일도 가능하다.

```
@throw;
```

예외를 직접 처리하고 난 뒤에(예를 들어, 정리 작업을 한 후) 예외를 다시 던져 시스템이 나머지 작업을 처리하도록 할 수 있다.

@catch 블록을 여러 개 연속 사용하여 각각 다른 종류의 예외를 처리하도록 할 수 있다.

일반적으로, 여러분의 프로그램이 동작하는 동안 예외가 발생하지 않는 것이 좋다. 따라서, 예외가 발생하고 이를 받아 처리하기보다, 아예 발생하지 않도록 오류 상황을 테스트하는 것이 더 나은 프로그래밍 습관이다. 또한, 메서드에서 에러를 테스트하고 예외를 발생시키는 것보다, 에러를 나타내는 값을 반환하도록 하는 것이 좋다. 애플리케이션에서 정리하고 종료하려는 의도로 예외를 캐치한다면 강력하게 추천한다. 왜냐하면, 애플리케이션이 예외를 던지는 상황에도 프로그램이 계속 실행되도록 잘 정의되어 있는지 애플이 보장하진 않기 때문이다.

9.7 연습문제

1. 프로그램 9.1에서 덧셈을 하고 다음 메시지 표현식을 추가하면 어떻게 될까?

시도해 보고 결과를 살펴보라.

```
[compResult reduce];
```

2. 프로그램 9.2에서 정의한 id 변수인 dataValue에 8장에서 정의한 Rectangle 객체를 대입할 수 있을까? 다시 말해서, 다음 명령문이 유효할까? 가능하다면 이유는 무엇일까?

```
dataValue = [[Rectangle alloc] init];
```

3. 8장에 정의한 XYPoint 클래스에 print 메서드를 추가해 보라. (x, y)의 형태로 표시하게 만들자. 그리고 프로그램 9.2를 수정하여 XYPoint 객체를 추가해 값을 설정하고 id 형 변수인 dataValue에 대입한 후, 값을 표시하라.

4. 이 장에서 인수와 반환 형에 대해서 논의했던 바를 기반으로 해서 Fraction, Complex 클래스의 add: 메서드를 수정한다. 그리하여 id 형 객체를 인수로 받고 반환하도록 만들자. 그 후, 다음 코드를 사용하는 프로그램을 작성하라.

```
result = [dataValue1 add: dataValue2];
[result print];
```

여기서 result와 dataValue1, dataValue2는 모두 id 형 객체다. dataValue1과 dataValue2를 적절한 값으로 설정해 주자.

> **노트**
>
> NSObjectController 클래스 역시 add: 메서드를 가지고 있기 때문에, 메서드 이름을 add:가 아닌 다른 무언가로 바꿔야 한다. 이 장의 "동적 타이핑과 인수, 반환 값" 절에서 언급한 것처럼 동일한 이름의 메서드가 다른 클래스에 퍼져 존재하고, 컴파일 시에 메시지 수신자의 형식을 알 수 없다면, 컴파일러는 동일한 이름을 갖는 메서드 간에 인자와 반환 형이 일치하는지 확인할 것이다.

5. 지금까지 사용한 Fraction 클래스와 Complex 클래스 정의는 다음과 같을 것이다.

```
Fraction *fraction = [[Fraction alloc] init];
Complex *complex = [[Complex alloc] init];
id number = [[Complex alloc] init];
```

아래 메시지 표현법으로부터 반환 값이 결정되는데, 객체의 타입을 확인하는 결과를 출력하는 프로그램을 작성하라.

```
[fraction isMemberOfClass: [Complex class]];
[complex isMemberOfClass: [NSObject class]];
[complex isKindOfClass: [NSObject class]];
[fraction isKindOfClass: [Fraction class]];
[fraction respondsToSelector: @selector (print)];
[complex respondsToSelector: @selector (print)];
[Fraction instancesRespondToSelector: @selector (print)];
[number respondsToSelector: @selector (print)];
[number isKindOfClass: [Complex class]];
[[number class] respondsToSelector: @selector (alloc)];
```

10장

Programming in Objective-C

변수와 데이터 형에 대하여

이 장에서는 변수의 범위, 객체의 초기화 메서드, 데이터 형에 대해 더 상세히 다룬다.

객체의 초기화 메서드는 특히 더 자세히 다룬다.

7장 「클래스에 대해서」에서 인스턴스 변수의 범위와 정적 변수, 지역 변수를 간략하게 설명했다. 여기서는 정적 변수에 대해 더 상세히 설명하고, 전역 변수와 외부 변수를 소개한다. 또한 Objective-C 컴파일러의 지시어를 사용하여 인스턴스 변수의 범위를 더 정확히 조작할 수 있는데 이런 지시어들도 이 장에서 다룰 것이다.

'열거(enumerated)' 데이터 형을 이용하면 특정 값의 목록을 저장하는 데만 사용하는 데이터 형의 이름을 정의할 수 있다. Objective-C의 typedef 문은 원래 있던 데이터 형이나, 파생된 데이터 형에 자신만의 이름을 부여한다. 이 장의 마지막에 이르면 Objective-C 컴파일러가 표현식을 평가할 때 데이터 형을 변환하면서 따르는 과정을 정확한 단계로 나눠 더 상세히 설명할 것이다.

10.1 객체 초기화하기

초기화 패턴은 이미 살펴보았다. 다음과 같은 코드를 작성해 객체의 새 인스턴스를 생성하고 초기화한다.

```
Fraction *myFract = [[Fraction alloc] init];
```

여기서 init 메서드는 직접 작성하지 않고, 부모 클래스인 NSObject에서 상속받은 메서드를 사용한다.

두 메서드가 호출된 뒤, 보통 다음과 같이 새 객체에 값을 대입한다.

```
[myFract setTo: 1 over: 3];
```

객체를 초기화하고 나서 초깃값을 설정하는데, 보통 한 메서드에서 이 두 작업을 동시에 수행한다. 예를 들어, initWith:over: 메서드를 정의하여 분수를 초기화하고 두 인수를 제공해 분자, 분모의 값을 설정할 수 있다.

많은 메서드와 인스턴스 변수가 담긴 클래스는 대개 초기화 메서드도 여러 개다. 예컨대 Foundation 프레임워크의 NSArray 클래스는 초기화 메서드가 여섯 개다.

```
initWithArray:
initWithArray:copyItems:
initWithContentsOfFile:
initWithContentsOfURL:
initWithObjects:
initWithObjects:count:
```

다음과 같은 코드로 배열을 생성하고 초기화할 수 있다.

```
myArray = [[NSArray alloc] initWithArray: myOtherArray];
```

클래스에서 초기화 메서드의 이름은 보통 init...으로 시작한다. 위에서 보듯이 NSArray의 초기화 메서드도 이 규칙을 따른다. 초기화 메서드를 작성할 때는 다음 두 가지 원칙을 따라야 한다.

여러분이 만든 클래스의 객체가 초기화될 때, 뭔가 특별한 작업을 수행하고 싶을 수도 있다. 예를 들어, 이곳에서 해당 클래스에서 사용하고 참조할 하나 이상의 인스턴스 변수를 생성할 수 있다. Rectangle 클래스의 init 메서드에서 직사각형의 XYPoint 원점을 생성하는 것이 당연하지 않은가? 이를 위해 상속받은 init 메서드를 재정의해야 한다.

init 메서드를 재정의할 때는 보통 다음과 같은 표준 템플릿을 사용한다.

```
- (id)init
{
self = [super init];

if (self)
    {
        // 초기화 코드는 여기에
    }
    return self;
}
```

이 메서드는 먼저 부모의 초기화 메서드를 호출한다. 부모의 초기화 메서드를 호출하여 상속받은 인스턴스 변수를 적절히 초기화시켜줄 수 있다.

초기화 메서드는 메모리 상의 객체를 바꾸거나 이동시킬 권한이 있기 때문에 (메모리상에서 참조하는 위치가 바뀔 수도 있다는 얘기다), 반환 값을 self에 대입해 주어야 한다.

부모의 초기화 메서드가 성공적으로 동작하면, if 문에서 테스트 한 것과 같이 반환 값은 nil이 아니다. 주석을 보면 알겠지만, 이 블록 안에 여러분의 객체를 위한 초기화 코드를 입력하면 된다. 보통, 클래스의 인스턴스 변수를 생성하고 초기화하는 작업을 여기서 수행한다.

만일 클래스가 초기화 메서드를 하나 이상 갖는다면, 그 가운데 하나는 '지정된 초기화 메서드'여야 하고, 다른 메서드는 모두 이 초기화 메서드를 사용해야 한다. 지정된 초기화 메서드는 대개 가장 복잡한 초기화 메서드, 즉 가장 많은 인수를 받는 메서드다. 지정된 초기화 메서드를 만들면 주요 초기화 코드를 단일 메서드에 집중시킬 수 있다. 여러분의 클래스에 대한 서브클래스를 만드는 사람은 모두 지정된 초기화 메서드를 재정의해야 하며, 그럼으로써 새 인스턴스를 적절히 초기화할 수 있다.

이러한 내용을 바탕으로 보건대, Fraction 클래스의 initWith:over 초기화 메서드는 다음과 비슷한 형태일 것이다.

```
-(Fraction *) initWith: (int) n over: (int) d
{
    self = [super init];
```

```
    if (self)
       [self setTo: n over: d];

    return self;
}
```

super를 초기화한 후에 (그리고 반환 값이 0이 아니어서 초기화가 성공한 경우) setTo:over: 메서드를 사용하여 Fraction의 분자와 분모를 설정해 준다. 다른 초기화 메서드와 마찬가지로, 초기화된 객체를 반환해 주어야 한다.

프로그램 10.1은 initWith:over: 초기화 메서드를 테스트한다.

프로그램 10.1

```
#import "Fraction.h"

int main (int argc, char * argv[])
{
  @autoreleasepool {
    Fraction *a, *b;

    a = [[Fraction alloc] initWith: 1 over: 3];
    b = [[Fraction alloc] initWith: 3 over: 7];

    [a print];
    [b print];

  }
  return 0;
}
```

프로그램 10.1 출력 결과

```
1/3
3/7
```

앞에서 언급한 지정된 초기화 메서드에 대한 규칙을 지키려면, Fraction 클래스의 init 메서드도 수정해야 한다. 이는 만일 클래스가 서브클래스될 수 있는 경우 더 중요해진다.

init 메서드는 다음과 같을 것이다.

```
-(id) init
{
```

```
    return [self initWith: 0 over: 0];
}
```

init이 id 형을 반환함을 주시하자. 서브클래스 될 가능성이 있는 클래스의 init 메서드를 작성할 때는 보통 이 규칙을 따른다. 이런 경우 클래스 이름을 하드코딩하지 않는데, 서브클래스의 객체가 부모클래스와 다를 수도 있기 때문이다. 일관성을 위해 initWith:over: 메서드의 반환 값도 id로 바꿔주자.

실행이 시작될 때 프로그램은 모든 클래스에 initialize 메서드를 보낸다. 만일 어떤 클래스와 그에 관련된 서브클래스가 있다면 부모 클래스가 먼저 이 메시지를 받는다. 이 메시지는 클래스마다 단 한 번 호출되고 클래스로 보내는 다른 어떤 메시지보다 먼저 보내진다. 이 메서드를 보내는 목적은 초기화가 필요한 클래스를 이 시점에서 처리하려는 것이다. 예를 들어, 이때 클래스의 정적 변수들을 초기화할 수 있다.

10.2 범위 다시 살펴보기

프로그램에서 변수의 범위를 조절하는 방법은 여러 가지다. 함수 내부와 외부에 선언된 일반 변수는 물론 인스턴스 변수까지 모두 범위를 조절할 수 있다. 이제부터는 '모듈'이라는 용어를 사용하여 한 소스 파일에 포함된 메서드나 함수 정의에 대해 언급할 것이다.

10.2.1 인스턴스 변수의 범위를 조절하는 지시어

이제 인스턴스 변수의 범위가 클래스에 정의된 인스턴스 메서드에 의해 제한된다는 것을 안다. 따라서 어느 인스턴스 메서드든 특별한 방법을 사용하지 않고 인스턴스 변수에 이름으로 직접 접근할 수 있다.

또, 인터페이스 부분에서 선언된 인스턴스 변수는 서브클래스에 상속됨도 이미 알고 있을 것이다. 상속받은 인스턴스 변수도 서브클래스에 정의된 어떤 메서드에서든 이름으로 직접 접근할 수 있다. 다시 한 번 말하지만, 특별히 다른 무언가를 해주지 않아도 된다.

인터페이스 부분에서 인스턴스 변수를 선언할 때 선언 앞에 네 가지 지시어를 붙임으로써 범위를 더 상세히 설정할 수 있다. 네 가지 지시어를 살펴보자.

- @protected - 어떤 클래스에서 인스턴스 변수가 정의되었을 때, 그 클래스와 그 서브클래스에 정의된 메서드는 이 인스턴스 변수에 바로 접근할 수 있다. 인터페이스 부분에서 정의된 인스턴스 변수는 이것이 기본 값이다.
- @private - 클래스에 정의된 메서드는 인스턴스 변수에 바로 접근할 수 있지만, 서브클래스의 메서드는 바로 접근할 수 없다. 구현 부분에서 정의된 인스턴스 변수는 이것이 기본 값이다.
- @public - 인스턴스 변수가 정의된 클래스와 그 밖의 클래스 그리고 모듈에 정의된 메서드라면, 인스턴스 변수에 바로 접근할 수 있다(어디서든 인스턴스 변수에 접근할 수 있다).
- @package - 64비트 이미지의 경우, 그 클래스를 구현하는 이미지 안에서는 어디든 인스턴스 변수에 접근할 수 있다.

만약 Printer 클래스에 정의된 pageCount와 tonerLevel을 private 변수로 만들고 Printer 클래스에 있는 메서드만 접근할 수 있게 하려면 어떻게 해야 할까? 다음과 같이 인터페이스 부분을 작성하면 된다.

```
@interface Printer
{
  @private
    int pageCount;
    int tonerLevel;

  @protected
    // 다른 인스턴스 변수
}
...
@end
```

Printer의 서브클래스를 만들면, private로 만든 두 인스턴스 변수에는 접근할 수 없다.

이 특별한 지시어들은 '스위치'처럼 동작한다. 이 지시어 다음에 나오는 모든 변수는 (변수 선언이 끝났음을 의미하는 중괄호 '}'가 나오기 전까지는) 이후 다른 지시어가 등장하지 않는 한, 이 지시어가 나타내는 범위를 갖는다. 이전 예제에서 @protected 지시어는 중괄호 전까지 등장한 인스턴스 변수가 Printer 클래스와 그의 서브클래스에서만 접근할 수 있도록 설정한다.

@public 지시어는 포인터 연산자(->)를 써서 인스턴스 변수를 다른 메서드나 함수에서 접근하도록 만든다. 이 포인터 연산자는 13장 「하부 C 언어 기능」에서 다룬다. 인스턴스 변수를 public으로 만들면 데이터 캡슐화(클래스가 자신의 인스턴스 변수를 숨기는 것)를 하지 못하기 때문에, 좋은 프로그래밍 습관으로 여겨지지 않는다.

10.2.2 프로퍼티, 자동 생성 접근자 메서드, 인스턴스 변수에 대하여

(Xcode 4에서 도입한) 코딩 명명규칙의 최근 트렌드는 인스턴스 변수 명 앞에 _를 붙이는 것이다. 따라서 Xcode가 생성한 템플릿 코드에서 _로 시작하는 변수가 가리키는 인스턴스 변수는 이름으로 직접 참조할 수 있다.

다음 @synthesize 지시어를 보자.

```
@synthesize window=_window;
```

이는 window라는 이름의 프로퍼티의 게터와 세터 메서드를 자동 생성하고, 이 프로퍼티를 _window라는 인스턴스 변수와 연계시킨다. (이 변수를 따로 선언해줄 필요는 없다.) 이렇게 하면 인스턴스 변수의 사용과 프로퍼티 사용을 구분 지어주고, 인스턴스 변수의 값을 세터와 게터 메서드를 통해 가져오도록 장려한다. 이 말은 다음과 같은 코드는 더 이상 동작하지 않음을 의미한다.

```
[window makeKeyAndVisible]; // 동작하지 않는다
```

window라는 인스턴스 변수가 이제 존재하지 않기 때문이다. 대신 다음과 같이 인스턴스 변수 이름을 직접 사용하거나,

```
[_window makeKeyAndVisible];
```

더 나은 방법으로 접근자 메서드를 사용하면 된다.

```
[self.window makeKeyAndVisible];
```

이제 잘 알고 있겠지만, 인스턴스 변수가 구현 부분에서 명시적으로 선언된

(혹은 @synthesize 지시어를 사용하여 암묵적으로 선언된) 인스턴스 변수는 프라이빗이므로 서브클래스에서 이름으로 접근할 수 없다. 따라서, 서브클래스에서는 상속받은 접근자 메서드를 써야만 이 값에 접근할 수 있다.

자동 생성 메서드는 값을 인스턴스 변수에서 직접 가져오거나 대입하는 경우와 달리 속성에 따라 (메모리를 관리하거나, 값을 복사하거나 하는 등의) 추가적인 작업을 할 수 있다는 것을 기억하자. 따라서 프로퍼티와 인스턴스 변수 사이에는 추가적인 추상화 단계가 존재한다. 이 추상화 단계를 통해 시스템은 인스턴스 변수에 접근할 때, (여러분이 꼭 알 필요는 없는) 추가 작업을 수행할 기회를 얻게 된다.

7장에서 언급 했듯이, Xcode 4.5부터는 더이상 @synthesize 지시어를 사용하여 접근자 자동 생성을 할 필요가 없어졌다. 컴파일러가 해당 지시어가 없이 선언된 프로퍼티에 한해서 자동으로 만들어 주기 때문이다. 컴파일러가 이 작업을 할 때는 앞에서 언급한 코드 명명 규칙을 지키며 적용한다. 만약 @interface 부분에 아래와 같이 프로퍼티를 선언했다면,

```
@property BOOL isFinishedFlag;
```

구현 부분인 @implementation 부분에서 아래와 같은 코드가 포함될 것이다.

```
@synthesize isFinishedFlag = _isFinishedFlag;
```

그러므로 이 경우에는 '_isFinishedFlag' 이름을 가진 변수가 생겨나고, 다음 예에서 보는 것 같이 직접적으로 변수를 사용하여 참조할 수 있다.

```
_isFinishedFlag = NO;
```

또한, 프로퍼티의 세터 메서드를 통해서 다음과 같이 사용할 수도 있다.

```
self.isFinishedFlag = NO;
```

10.2.3 전역 변수

만일 다음 명령문을 프로그램 초반에(메서드와 클래스 정의 그리고 함수 바깥

에서) 작성했다면 이 값은 그 모듈 어디서든 참조할 수 있다.

```
int gMoveNumber = 0;
```

이 경우에 gMoveNumber가 '전역(global)' 변수로 정의되었다고 말한다. 명명 규칙(convention)을 따르면 보통 전역 변수의 첫 글자로 g가 쓰인다. 이를 통해 프로그램 코드를 읽는 사람에게 변수의 범위를 알려줄 수 있다.

사실, 변수 gMoveNumber를 이렇게 정의하면 다른 파일에서도 이 값에 접근할 수 있다. 특히 앞의 명령문은 변수 gMoveNumber를 global 변수만이 아닌 '외부' global 변수로 정의한다.

'외부' 변수는 그 값을 다른 메서드나 함수에서 접근하고 또 바꿀 수도 있는 변수다. 외부 변수에 접근하고 싶은 모듈에서 일반적인 선언 방식과 동일하게 변수를 선언한 다음 그 앞에 extern 키워드를 추가한다. 이것은 시스템에게 보내는 일종의 신호다. 이렇게 하면 시스템은 다른 파일에서 전역으로 정의된 변수에 접근해야 한다는 걸 알게 된다. 다음은 gMoveNumber를 외부 변수로 선언하는 방법을 다룬 예제다.

```
extern int gMoveNumber;
```

이 선언이 나오는 모듈은 이제 gMoveNumber에 접근하고 값을 수정할 수 있다. 다른 모듈도 파일에 비슷한 방식으로 extern을 선언하여 gMoveNumber의 값에 접근할 수 있다.

외부 변수를 다룰 때는 한 가지 중요한 규칙을 따라야 한다. 즉, 변수는 소스 파일의 어딘가에 정의되어 있어야만 한다. 다시 말해서, 다음과 같이 변수를 메서드나 함수 바깥에 extern 키워드를 붙이지 않고 선언해야 한다는 얘기다.

```
int gMoveNumber;
```

여기서, 초깃값은 이전에 했던 것처럼 선택적으로 할당할 수 있다.

이제 외부 변수를 정의하는 두 번째 방법을 보자. 바로 함수 바깥 어디서든 extern 키워드를 앞에 붙이고 다음과 같이 명시적으로 초깃값을 할당해 주는 것이다.

```
extern int gMoveNumber = 0;
```

그러나 이 방식은 별로 선호되지 않는 데다가, 컴파일러 역시 extern 변수를 선언함과 동시에 값을 할당했다고 경고를 표시할 것이다. 그 까닭은, extern을 사용하면 변수를 '선언'할 뿐 '정의'하는 것이 아니기 때문이다. 선언은 할당될 변수를 저장할 공간을 만들지 않지만, 정의에서는 저장 공간을 만든다는 점을 기억하자. 이 예제는 선언을 (초깃값을 할당함으로써) 정의로 강제로 취급하여 이 규칙을 위반한다.

외부 변수를 다룰 때, 여러 곳에서 extern으로 변수를 선언할 수는 있지만 정의는 딱 한 번 해야 한다.

작은 프로그램 예제를 통해 어떻게 외부 변수를 사용하는지 살펴보자. Foo라는 클래스를 정의하고 main.m 파일에 다음 코드를 입력했다고 하자.

```
#import "Foo.h"

int gGlobalVar = 5;

int main (int argc, char * argv[])
{
  @autoreleasepool {
    Foo *myFoo = [[Foo alloc] init];
    NSLog (@"%i ", gGlobalVar);

    [myFoo setgGlobalVar:100];
    NSLog (@"%i", gGlobalVar);
  }
  return 0;
}
```

이 프로그램에서 전역 변수 gGlobalVar를 정의하자. 이제 적절하게 extern을 선언하는 메서드 혹은 함수라면 어디서든 이 변수 값에 접근 가능해졌다. Foo의 메서드인 setgGlobalVar:가 다음과 같다고 해보자.

```
-(void) setgGlobalVar:(int)val
{
  extern int gGlobalVar;
  gGlobalVar = val;
}
```

이 프로그램의 결과는 다음과 같을 것이다.

```
5
100
```

이 결과로 setgGlobalVar: 메서드가 외부 변수 gGlobalVar의 값에 접근하고 수정하는 것이 가능함을 확인할 수 있다.

gGlobalVar에 접근해야 하는 메서드가 많은 경우, extern 선언을 파일 앞부분에 한 번만 해주면 더 편리하게 사용할 수 있다. 그러나 이 변수에 접근해야 하는 메서드가 단 하나이거나 소수라면, 그 메서드 각각에 extern 선언을 해주는 편이 더 좋다. 그러면 프로그램이 좀 더 정리되고 특정 변수를 실제로 사용하는 함수만 따로 분리해주는 효과가 있다. 변수에 접근하는 코드가 담긴 파일 내에서 변수가 정의되었다면, extern을 일일이 선언할 필요는 없다.

10.2.4 정적 변수

사실 방금 본 예제는 데이터 캡슐화와 좋은 객체 지향 프로그래밍 기법에 어긋난다. 그러나 다른 메서드 호출에서 값을 공유하는 변수를 다뤄야 할 때가 있다. 비록 gGlobalVar는 Foo 클래스의 인스턴스 변수가 되기에는 합당하지 않겠지만, Foo 클래스에 정의된 게터와 세터 메서드를 제한하여 이 변수를 '감추는' 방법이 좀 더 나을 수 있다.

앞서 메서드 외부에서 정의된 변수는 전역 변수만이 아니라 외부 변수도 된다고 이미 말했다. 그러나 전역 변수이면서도 외부 변수는 되지 않기를 원하는 경우가 많다. 다시 말하면, 특정 모듈(파일)에서는 지역 변수이면서 전역으로 변수를 정의하고 싶을 때가 있다는 이야기다. 만일, 특정 클래스 정의에 포함된 메서드를 제외하고는 특정 변수에 접근할 필요가 없다면, 이런 식으로 변수를 정의해야 합당하다. 파일 내에 특정 클래스를 구현하는 부분이 있다면 파일 안에서 변수를 정적으로 정의하여 이를 달성할 수 있다.

만일 메서드 (혹은 함수) 바깥에서 다음 명령문을 사용하면, 이 정의가 나오는 파일 안에, 명령문 다음에 등장하는 모든 지점에서는 gGlobalVar의 값을 접근할 수 있다. 그러나 다른 파일에 포함된 메서드와 함수에서는 접근할 수 없게 된다.

```
static int gGlobalVar = 0;
```

클래스 메서드는 인스턴스 변수에 접근할 수 없음을 기억하자(여기서도 역시 마찬가지다). 그러나 클래스 메서드가 변수에 접근하고 값을 설정해야 할 때도 있다. 간단한 예로 생성한 객체의 개수를 세는 클래스 할당 메서드를 생각해 보자. 클래스의 구현 파일 내에 정적 변수를 설정하여 이 작업을 수행할 수 있다. 할당 메서드는 인스턴스 변수에 접근할 수 없으므로 이 정적 변수에 직접 접근하여 값을 설정한다. 클래스의 사용자는 이 변수에 대해서 무언가 알고 있을 필요가 없다. 그 이유는 구현 파일에 정적 변수로 정의되어서, 변수의 범위가 그 파일로 제한되기 때문이다. 따라서, 사용자는 이 변수에 직접 접근할 필요가 없고, 데이터 캡슐화 개념을 위반하지도 않는다. 만일 클래스 바깥에서 접근할 필요가 있다면 변수의 값을 받아 오는 메서드를 작성하면 된다.

프로그램 10.2는 Fraction 클래스 정의를 확장하여 새 메서드를 두 개 추가하였다. allocF 클래스 메서드는 새로운 Fraction을 생성하고 생성된 Fraction의 숫자를 추적한다. 그리고 count 메서드는 그 숫자를 반환한다. 두 메서드 모두 클래스 메서드임에 유의하자. count 메서드는 인스턴스 메서드로 만들어도 되지만, 생성된 인스턴스의 개수를 묻는 메시지를 인스턴스보다는 클래스에 보내는 편이 더 합당하다.

다음은 Fraction.h 헤더 파일에 추가할 새 클래스 메서드를 선언한 것이다.

```
+(Fraction *) allocF;
+(int) count;
```

상속받은 alloc 메서드를 재정의하는 대신 할당 메서드를 새로 정의하였다. 새로 정의한 메서드에서 alloc 메서드를 상속받아 활용할 것이다. Fraction.m 구현 파일에 다음 코드를 추가하자.

```
static int gCounter;

@implementation Fraction

+(Fraction *) allocF
{
  extern int gCounter;
  ++gCounter;
```

```
    return [Fraction alloc];
}

+(int) count
{
  extern int gCounter;

  return gCounter;
}
// Fraction 클래스의 다른 메서드는 여기에...
@end
```

> **노트**
>
> alloc은 물리적인 메모리 할당을 다루는 메서드이기 때문에, 이를 재정의하는 것은 좋지 않은 프로그래밍 습관이다. 이 단계에서는 작업에 관여하면 안 된다.

gCounter를 정적으로 선언할 경우, 구현부에 정의된 메서드 내에서라면 어디서든 접근 가능한 반면, 파일 바깥에서는 접근할 수 없다. allocF 메서드는 그저 gCounter 변수의 값을 증가시킨 후, alloc 메서드를 사용하여 새 Fraction을 만들고 결과를 반환한다. count 메서드는 카운터의 값을 반환해 주어 사용자가 직접 값에 접근하지 않도록 해준다.

gCounter가 동일한 파일에 정의되어 있기 때문에 두 메서드에서 extern을 선언 해 줄 필요는 없다. 선언하더라도 메서드를 읽는 사람이 메서드 바깥에서 변수가 정의되었다는 걸 좀 더 빨리 이해할 뿐이다. 마찬가지로 변수 이름의 맨 앞에 있는 g도 코드를 읽는 사람을 배려한 것이다. 이런 이유로 extern 선언을 넣지 않는 프로그래머들이 많다.

프로그램 10.2는 새 메서드를 테스트한다.

프로그램 10.2

```
#import "Fraction.h"

int main (int argc, char *argv[])
{
  @autoreleasepool {
    Fraction *a, *b, *c;

    NSLog (@"Fractions allocated: %i", [Fraction count]);

    a = [[Fraction allocF] init];
```

```
        b = [[Fraction allocF] init];
        c = [[Fraction allocF] init];

        NSLog (@"Fractions allocated: %i", [Fraction count]);
    }
    return 0;
}
```

프로그램 10.2 출력 결과

```
Fractions allocated: 0
Fractions allocated: 3
```

프로그램이 실행되면, gCounter의 값은 자동으로 0으로 설정된다(정적 변수의 값을 0이 아닌 다른 값으로 설정하는 것처럼 클래스 전체에 특별한 초기화 작업을 수행하고 싶다면 상속받는 클래스 메서드인 initialize를 재정의한다). allocF 메서드를 써서 Fraction 객체 세 개를 생성한 뒤(그리고 초기화한 뒤), count 메서드는 gCounter 변수의 값을 가져온다. 결과 값은 정확하게 3이다. 비록 이 프로그램에서는 필요 없지만, 만일 카운터를 초기화하거나 특정 값으로 설정하고 싶다면 클래스에 세터 메서드를 추가할 수도 있다.

10.3 열거 데이터 형

Objective-C에서는 변수에 할당 가능한 값의 범위를 지정할 수 있다. 열거 데이터 형은 키워드 enum을 붙여서 정의한다. 이 키워드 뒤에 바로 열거 데이터 형의 이름이 붙고 그 다음에는 (중괄호 안에) 대입 가능한 값들을 정의하는 식별자 목록이 나온다. 예를 들어 다음 명령문으로는 flag라는 데이터 형을 정의한다.

```
enum flag { false, true };
```

이론적으로 이 flag 형은 true와 false 값만 할당할 수 있다. 안타깝게도 컴파일러는 이 규칙을 위반해도 경고 메시지를 주지 않는다.

enum flag 형 변수를 선언하려면 키워드 enum과 열거형 이름 flag를 쓴 다음 그 뒤에 변수 목록을 적어 준다. 다음 명령문은 endOfData, matchFound를 flag 형 변수가 되도록 정의한다.

```
enum flag endOfData, matchFound;
```

이 변수에 대입할 수 있는 값은 (이론적으로) true와 false뿐이다. 따라서 다음과 같은 명령문은 유효하다.

```
endOfData = true;
```

그리고

```
if ( matchFound == false )
    ...
```

혹 열거형 식별자에 특정 정수 값을 연계해서 사용하고 싶을 경우에는, 데이터 형을 정의할 때 해당 식별자에 정수를 할당할 수 있다. 식별자에 특정 정수 값이 할당되었다면 다음에 나오는 열거형 식별자는 그 값에 1씩 더한 값을 할당받는다.

다음은 열거 데이터 형 direction을 up, down, left, right라는 값과 함께 정의한 명령문이다.

```
enum direction { up, down, left = 10, right };
```

컴파일러는 목록의 맨 처음인 up에는 0을 할당하고, 그다음 등장하는 down에는 1을, 명시적으로 값을 할당한 left에는 10을 넣는다. 그다음 right에는 이전의 enum 값에 1을 증가시킨 값 11이 들어간다.

열거 식별자는 동일한 값을 함께 사용할 수도 있다. 다음 예를 보자.

```
enum boolean { no = 0, false = 0, yes = 1, true = 1 };
```

만일 enum boolean 변수에 값으로 no나 false를 할당하면 변수 값을 0으로 설정해 주는 셈이다. 반면 yes나 true는 값을 1로 설정하는 격이다.

열거 데이터 형을 정의한 다른 예를 보자. 다음 코드는 enum month 형을 정의하는데, 이 형의 변수에는 매월의 이름을 할당한다.

```
enum month { january = 1, february, march, april, may, june, july, august,
             september, october, november, december };
```

Objective-C 컴파일러는 열거 식별자를 정수 상수로 여긴다. 만일 프로그램에 다음 두 줄이 들어 있다면 thisMonth의 값은 february라는 이름이 아니라 2가 된다.

```
enum month thisMonth;
  ...
thisMonth = february;
```

프로그램 10.3은 열거 데이터 형을 사용하는 간단한 프로그램 예제이다. 숫자로 몇 월인지 받은 다음, switch 문에서 입력받은 달을 알아낸다. 컴파일러가 열거형 값을 정수 상수로 여기므로, 이들은 유효한 케이스 값이다. 변수 days에 지정한 달의 수가 대입되고, switch 문이 종료된 후 표시된다. 해당 월이 2월인지 확인하는 테스트도 포함한다.

프로그램 10.3

```
#import <Foundation/Foundation.h>

// 한 달의 날짜 수를 출력한다.
int main (int argc, char *argv[])
{
  @autoreleasepool {
    enum month { january = 1, february, march, april, may, june,
                 july, august, september, october, november,
                 december };
    enum month amonth;
    int     days;

    NSLog (@"Enter month number: ");
    scanf ("%i", &amonth);

    switch (amonth) {
      case january:
      case march:
      case may:
      case july:
      case august:
      case october:
      case december:
            days = 31;
```

```
                        break;
            case april:
            case june:
            case september:
            case november:
                    days = 30;
                    break;
            case february:
                    days = 28;
                    break;
            default:
                    NSLog (@"bad month number");
                    days = 0;
                    break;
        }

        if ( days != 0 )
            NSLog (@"Number of days is %i", days);

        if ( amonth == february )
            NSLog (@"...or 29 if it's a leap year");
    }
    return 0;
}
```

프로그램 10.3 출력 결과

```
Enter month number:
5
Number of days is 31
```

프로그램 10.3 출력 결과 재실행

```
Enter month number:
2
Number of days is 28
...or 29 if it's a leap year
```

열거 데이터 형 변수에 정수 값을 명시적으로 대입할 수도 있다. 이때는 형 변환 연산자를 사용해야 한다. 따라서, monthValue가 정수 변수고 값이 6이라면, 다음과 같은 표현식을 작성할 수 있다.

```
lastMonth = (enum month) (monthValue - 1);
```

혹시 형 변환 연산자를 쓰지 않더라도 (안타깝게도) 컴파일러가 이에 대해 불평하지는 않는다.

열거 데이터 형을 사용할 때는 열거형 값이 정수로 처리된다는 사실에 의존하지 말자. 대신, 별개의 데이터 형으로 다루자. 열거 데이터 형을 사용하면 심벌릭 이름에 정수 번호를 부여할 수 있다. 만일 나중에 그 숫자 값을 바꿀 필요가 있다면, 열거형이 선언된 곳에서만 값을 바꿔야 한다. 열거 데이터 형의 실제 값을 추측해야 한다면, 이 데이터 형을 쓰는 이점이 없어지게 된다.

Xcode 4.4부터는 열거형을 정의할 때 상수 데이터 형과 열거형 이름을 연관시킬 수 있다. 다음과 같이 열거 형인 iPhoneModels가 무부호 정수로 정의되어 있는 것을 예로 들어보자.

```
enum iPhoneModels : unsigned short int { iPhone, iPhone3G, iPhone3GS,
    iPhone4 iPhone4S, iPhone5, Wednesday,
```

스위치 문에서 열거형이 상수로 쓰일 때와 표현법에서 열거형이 할당되고 사용될 때 더 나은 데이터형 검사를 위한 컴파일러 옵션 (-WConversion)와 (-Wswitch)가 추가되었다.

열거 데이터 형을 정의할 때는 몇 가지 변형된 형식을 사용할 수도 있다. 데이터 형의 이름을 생략해도 되며, 특정 열거 데이터 형을 정의하면서 변수를 동시에 선언해도 된다. 다음 명령문에서는 이 두 가지 변형을 모두 보여 준다.

```
enum { east, west, south, north } direction;
```

위 코드는 (이름 없는) 열거 데이터 형을 정의하고, 가능한 값으로 east, west, south, north를 설정한다. 그리고 열거 데이터 형의 변수(direction)를 선언한다.

특정 블록에서 열거 데이터 형을 정의했을 때는 블록 내에서만 정의가 유효하다. 반면, 프로그램의 맨 처음, 그리고 모든 블록 바깥에서 열거 데이터 형을 정의할 경우 해당 파일에서 전역으로 취급된다.

또한 열거 데이터 형은 동일한 범위에서 정의된 변수 이름이나 식별자와 겹치지 않도록 정의해야 한다.

10.4 typedef 명령문

Objective-C는 데이터 형에 다른 이름을 부여하는 기능을 지원한다. typedef 라는 명령문으로 이 기능을 쓸 수 있다. 다음 명령문은 Counter라는 이름을 Objective-C 데이터 형인 int와 동일하게 만들어 준다.

```
typedef int Counter;
```

그리고 나서 다음 명령문처럼 Counter형 변수를 선언할 수 있다.

```
Counter j, n;
```

Objective-C 컴파일러는 변수 j와 n의 선언을 일반 정수 변수로 처리한다. 이렇게 typedef를 통해 얻는 주요 장점은 변수 선언에 가독성을 더 높여준다는 것이다. j와 n이 정의된 부분을 보면 프로그램에서 이 변수들이 어떻게 사용될지를 더 분명하게 알게 된다. 전통적인 방식으로 int 형 변수를 선언했다면 이 변수들을 쓰는 목적이 분명히 드러나지 않았을 것이다.

다음 typedef 문을 보자. NumberObject라는 형을 NSNumber 객체가 되도록 한다.

```
typedef NSNumber *NumberObject;
```

다음처럼 NumberObject 변수들을 선언한다.

```
NumberObject myValue1, myValue2, myResult;
```

이렇게 해도 다음 코드와 같이 일반적으로 변수를 선언했을 때와 동일하게 취급된다.

```
NSNumber *myValue1, *myValue2, *myResult;
```

이렇듯 typedef를 써서 새로운 이름의 데이터 형을 정의하려면 다음 과정을 따라야 한다.

1. 원하는 형을 선언할 때처럼 명령문을 작성한다.
2. 선언된 변수 이름이 나타나는 곳에 새로운 데이터 형의 이름을 대신 입력한다.
3. 위에서 작성한 모든 것 앞에 typedef 키워드를 입력한다.

예를 통해서 이 과정을 살펴보자. Direction이라는 열거 데이터 형을 정의하여 east, west, north, south의 값을 넣어 주고 변수 이름이 등장할 위치에 Direction을 대신 집어넣는다. 그런 다음 모든 것 앞에 키워드 typedef를 넣는다.

```
typedef enum { east, west, south, north } Direction;
```

이렇게 typdef 문을 작성하고 나면, 변수를 Direction 형으로 선언할 수 있다.

```
Direction step1, step2;
```

10.5 데이터 형 변환

4장 「데이터 형과 표현식」에서 표현식을 평가할 때, 시스템이 이따금 암묵적으로 형 변환을 수행한다는 사실을 잠깐 언급했다. 그러고서는 float 형, int 형의 데이터를 다루는 경우를 시험해 보았다. float과 int로 부동소수점 연산을 할 때, 정수형 데이터가 부동소수점 데이터로 자동 변환되는 것을 보았다.

또한 형 변환 연산자를 써서 명시적으로 변환하는 형태도 보았다. 다음 코드를 보자.

```
average = (float) total / n;
```

total과 n이 모두 정수 변수일 때, total의 값은 연산이 수행되기 전에 float 형으로 변환되어 나눗셈이 부동소수점으로 연산된다.

10.5.1 변환 규칙

Objective-C 컴파일러는 각기 다른 데이터 형으로 구성된 표현식을 평가할 때 매우 엄격한 규칙을 따른다.

다음은 표현식에서 두 피연산자를 평가하여 변환하는 순서를 요약한 것이다.

1. 만일 두 항 중 하나가 long double이라면 다른 항과 결과 값 모두 long double 형이 된다.
2. 만일 두 항 중 하나가 double이라면 다른 항과 결과 값 모두 double 형이 된다.
3. 만일 두 항 중 하나가 float라면 다른 항과 결과 값 모두 float 형이 된다.
4. 만일 두 항 중 하나가 _Bool, char, short int, 비트필드 혹은 열거 데이터 형이라면, int 형으로 변환된다.
5. 만일 두 항 중 하나가 long long int라면 다른 항과 결과 값 모두 long long int 형이 된다.
6. 두 항 중 하나가 long int라면 다른 항과 결과 값 모두 long int 형이 된다.
7. 이 단계까지 왔다면, 두 항 모두 int 형일 테고, 당연히 결과 값도 int로 나온다.

사실 이것은 표현식에서 형 변환이 진행되는 과정을 간소화한 것이다. unsigned 항을 추가하면 규칙은 훨씬 복잡해지지만, 이 책에서는 여기까지만 설명하도록 한다.

어느 단계든 '결과 형'을 설명하는 부분에 도달하면 변환 과정이 완료된 것이다. 한 예를 보면서 이 과정을 어떻게 거치는지 배워보자. 다음 표현식에서 f는 float 형이고, i는 int 형, l은 long 형, s는 short int 형이다.

```
f * i + l / s
```

먼저 float 형과 int 형의 연산인 f와 i의 곱셈을 해보자. 3단계처럼 f가 float 형이기 때문에 다른 항(i)도 float 형으로 변환되고, 결과 값도 마찬가지로 float 형이 된다.

다음으로 long int를 short int로 나누는, l / s를 보자. 4단계처럼 short int는 int 형으로 바뀐다. 그 후 6단계에서, 두 항 가운데 하나(l)가 long int 형이므로 다른 항도 long int 형으로 변환되고 결과 값도 long int로 나온다. 이 나눗셈은 long int 형으로 결과 값을 생성하고 소수점 이하 값은 모두 잘려 나간다.

마지막으로, 3단계처럼 두 항 중 하나가 float 형이면(f * i의 결과가 float이다) 나머지 항도 float로 변환되고 결과 값도 float임을 알 수 있다. 따라서 l/s가 수행된 후, 연산 결과 값은 float로 변환되고 이는 f*i의 결과 값에 더해진다. 따라서 이 표현식의 결과 값은 float가 된다.

하지만 언제든 형 변환 연산자를 명시적으로 사용하여 형 변환을 할 수 있음을 기억하자.

따라서 l/s의 결과에서 소수점을 보존하고 싶다면, 형 변환 연산자를 써서 두 항 중 하나를 float 형으로 변환한다. 그러면 부동소수점 연산을 할 수 있다.

```
f * i + (float) l / s
```

이 표현식에서는 나눗셈 연산자보다 형 변환 연산자의 우선순위가 높기 때문에, l은 나눗셈을 하기 전에 float 형으로 변환된다. 두 항 중 하나가 float 형이므로 다른 하나(s)도 자동으로 float 형이 될 테고, 결과 값도 마찬가지다.

10.6 비트 연산자

Objective-C 언어는 정수 내 특정 비트에 대해 동작하는 다양한 연산자들을 제공한다. 표 10.1는 이 연산자의 목록이다.

기호	연산
&	비트 논리곱(AND)
|	비트 포함 논리합(OR)
^	비트 배타적 논리합 (XOR)
~	1의 보수
《	왼쪽 시프트
》	오른쪽 시프트

표 10.1 비트 연산자

노트

Objective-C 프로그램에서 비트 연산자를 쓸 일은 거의 없다. 가끔 프레임워크 헤더 파일에서 발견하는 정도가 대부분일 것이다. 처음 프로그래밍을 배우는 사람들에게 이 내용이 다소 어려울 수 있으므로, 일단 넘어가고 필요할 때 다시 봐도 된다.

표 10.1에 나열된 연산자는 1의 보수 연산자(~)를 제외하면 모두 이항 연산자로 두 개의 항을 받는다. 비트 연산은 모든 정수 값에 수행할 수 있지만, 부동소수점 값에는 수행할 수 없다.

이제 곧 나올 예제들을 익히려면, 이진 표기법과 16진수 표기법을 서로 변환하는 방법이 필요할 것이다. 16진수는 4개의 비트로 이루어져 있다. 표 10.2는 이 두 진법으로 수를 표시하는 방법을 보여준다.

2진수 값	10진수 값	16진수 값
0000	0	0
0001	1	1
0010	2	2
0011	3	3
0100	4	4
0101	5	5
0110	6	6
0111	7	7
1000	8	8
1001	9	9
1010	10	a
1011	11	b
1100	12	c
1101	13	d
1110	14	e
1111	15	f

표 10.2 동일한 수를 2진수, 10진수, 16진수로 표현하기

10.6.1 비트 AND 연산자

두 값이 AND 연산을 거치면, 값의 바이너리 표현이 비트별로 비교된다. 첫 번째 값과 두 번째 값의 비트가 모두 1인 비트는 해당 비트의 결과 값이 1이 되고,

그 외에는 모두 0이 된다. 다음 진리표에서 만일 b1과 b2 각각 비트를 나타내는 항일 때, b1과 b2의 가능한 AND 연산 값을 모두 보여 준다.

```
b1      b2      b1 & b2

0       0       0
0       1       0
1       0       0
1       1       1
```

예를 들어, w1과 w2가 short int로 정의되고 w1은 16진수 15, w2는 16진수 0c였다고 하자. 다음 C 명령문은 값 0x04를 w3에 대입한다.

```
w3 = w1 & w2;
```

w1, w2, w3를 바이너리 값으로 다루면 더 쉽게 이해할 수 있다. 16비트 크기의 short int를 다룬다고 가정하자.

```
w1      0000 0000 0001 0101     0x15
w2      0000 0000 0000 1100     & 0x0c
        ─────────────────────
w3      0000 0000 0000 0100     0x04
```

비트 AND 연산은 보통 마스킹 연산에 사용된다. 다시 말해서, 이 연산자로 데이터의 특정 비트를 0으로 설정하기가 쉽다는 이야기다. 예를 들어, 다음 명령문은 w3에 w1과 상수 3의 AND 연산 결과를 대입한다.

```
w3 = w1 & 3;
```

이 명령문의 결과로 w3의 맨 오른쪽 두 비트를 제외한 나머지를 0으로 설정하고, 오른쪽 두 비트는 w1의 비트대로 유지한다.

Objective-C의 다른 이항 산술 연산자와 마찬가지로, 이항 비트 연산자도 = 부호를 붙여 대입 연산자로 사용할 수 있다. 다음 명령문을 보자.

```
word &= 15;
```

이는 다음 연산과 동일하다.

```
word = word & 15;
```

두 명령문 모두 word의 우측 네 비트를 0으로 설정할 것이다.

10.6.2 비트 포함 OR 연산자

Objective-C에서 두 값이 비트 포함 OR 연산을 거치면 두 값의 바이너리 표현이 비트별로 비교된다. 여기서는 둘 중 하나만 비트가 1이어도 해당 위치의 결과 값이 1이 된다. 다음 진리표를 보자.

```
b1      b2      b1 | b2
─────────────────────────
0       0       0
0       1       1
1       0       1
1       1       1
```

만일 w1, w2가 short int 형이고 각각 16진수 19와 6a 값을 갖는다고 해보자. w1과 w2의 비트 포함 OR 연산 결과는 다음과 같이 16진수 7b가 된다.

```
w1    0000 0000 0001 1001        0x19
w2    0000 0000 0110 1010    |   0x6a
─────────────────────────────────────
      0000 0000 0111 1011        0x7b
```

비트 포함 OR 연산은 보통 비트 OR 연산이라고 부르며 특정 비트를 1로 설정하는 데 쓴다. 예를 들어, 다음 명령문은 연산이 수행될 때 w1의 값과 상관없이, 맨 오른쪽 세 비트의 값을 1로 설정한다.

```
w1 = w1 | 07;
```

물론 여기서도 다음과 같이 대입 연산자를 써도 된다.

```
w1 |= 07;
```

비트 포함 OR 연산을 다루는 프로그램 예제는 좀 뒤로 미루자.

10.6.3 비트 배타적 OR 연산자

비트 배타적 OR 연산자는 보통 XOR 연산자라고 부르며 다음과 같이 동작한다. 두 항에 해당하는 각 비트 중 하나만 1일 때, 즉 둘 다 1은 아닐 때 해당 비트의 결과 값은 1이 되며, 나머지 경우에는 0이 된다. 이 연산자의 다음 진리표를 보자.

```
b1    b2    b1 ^ b2
0     0     0
0     1     1
1     0     1
1     1     0
```

만일 w1, w2가 각각 16진수 5e, d6이었다면 w1, w2의 XOR 연산 결과는 16진수 e8이 될 것이다.

```
w1    0000 0000 0101 1110    0x5e
w2    0000 0000 1011 0110  ^ 0xd6
      ─────────────────────
      0000 0000 1110 1000    0xe8
```

10.6.4 1의 보수 연산자

1의 보수 연산자는 단항 연산자로 피연산자의 비트를 간단히 바꿔 놓는다. 항의 비트 중 값이 1인 비트는 0으로 바꾸고 값이 0인 비트는 1로 바꾼다. 다음 진리표는 이를 아주 간단히 보여 준다.

```
b1    ~b1
─────────
0     1
1     0
```

만일 w1이 16비트 길이의 short int이고 그 값이 16진수 a52f라면, 1의 보수 값은 16진수 5ab0이 될 것이다.

```
w1    1010 0101 0010 1111    0xa52f
~w1   0101 1010 1101 0000    0x5ad0
```

1의 보수 연산자는 지금 다루는 연산자의 비트 크기를 잘 알지 못할 때 유용하며, 보수 연산자를 쓰면 프로그램이 정수 데이터 형의 특정 크기에 덜 의존한다. 예를 들어, w1라는 int의 맨 마지막 비트를 0으로 설정하고 싶을 때, 맨 오른쪽 비트를 제외한 나머지를 1로 AND 연산하면 된다. 따라서 다음 C 명령문은 정수가 32비트인 시스템에서 정상 동작할 것이다.

```
w1 &= 0xFFFFFFFE;
```

만일 앞의 명령문을 다음과 같이 바꾸면 w1은 어느 시스템에서든 정상적으로 AND 연산이 처리될 것이다.

```
w1 &= ~1;
```

이것은 1의 보수가 계산되어 int 크기(64비트 정수 시스템의 경우, 맨 오른쪽 비트를 제외한 비트 63개)만큼 왼쪽 비트부터 1을 채워 넣기 때문이다.

이제 실제 프로그램 예제를 통해 다양한 비트 연산자를 사용해보자.

프로그램 10.4

```
// 비트 연산자 예제

#import <Foundation/Foundation.h>

int main (int argc, char *argv[])
{
  @autoreleasepool {
    unsigned int w1 = 0xA0A0A0A0, w2 = 0xFFFF0000,
                 w3 = 0x00007777;

    NSLog (@"%x %x %x", w1 & w2, w1 | w2, w1 ^ w2);
    NSLog (@"%x %x %x", ~w1, ~w2, ~w3);
    NSLog (@"%x %x %x", w1 ^ w1, w1 & ~w2, w1 | w2 | w3);
    NSLog (@"%x %x", w1 | w2 & w3, w1 | w2 & ~w3);
    NSLog (@"%x %x", ~(~w1 & ~w2), ~(~w1 | ~w2));
  }
  return 0;
}
```

프로그램 10.4 출력 결과

```
a0a00000 ffffa0a0 5f5fa0a0
```

```
5f5f5f5f ffff ffff8888
0 a0a0 fffff7f7
a0a0a0a0 ffffa0a0
ffffa0a0 a0a00000
```

프로그램 4.7의 각 연산을 연습하여 이 결과가 어떻게 얻어졌는지 이해하자.

네 번째 NSLog 호출을 보면 비트 AND 연산자가 비트 OR 연산자보다 우선순위가 높다는 걸 알 수 있다. 이를 반드시 염두에 두자. 이렇듯 우선순위가 표현식의 결과 값에 영향을 미친다.

다섯 번째 NSLog 호출은 드모르간(DeMorgon) 법칙을 나타낸다. ~(~a & ~b)는 a | b와 동일 하고, ~(~a | ~b)는 a & b와 동일하다.

10.6.5 왼쪽 시프트 연산자

어떤 값에 왼쪽 시프트 연산자(<<)가 수행되었다고 해보자. 그 값의 비트는 문자 그대로 왼쪽으로 이동한다(시프트된다). 즉, 이 연산은 시프트되는 값의 비트 위치가 변하는 결과를 만든다. 왼쪽으로 이동하는 만큼 오른쪽에 새롭게 추가되는 하위 비트는 언제나 0으로 들어오고 밀려나는 데이터의 상위 비트는 유실된다. 따라서 w1의 값이 3일 때, 다음 표현식을 보자.

```
w1 = w1 << 1;
```

혹은, 다음과 같이 표현도 가능하다.

```
w1 <<= 1;
```

이 두 표현식은 3이 왼쪽으로 한 자리 옮겨져 결과 값으로 6이 나오고, 이것이 w1에 대입된다.

```
w1      ... 0000 0011 0x03
w1 << 1 ... 0000 0110 0x06
```

연산자 << 왼쪽 항의 값이 이동되고, 연산자 오른쪽 항은 옮겨질 비트 수를 나타낸다. 만일, w1을 한번 더 왼쪽으로 1비트 이동한다면 결과 값은 0c가 될 것이다.

```
w1          ... 0000 0011    0x06
w1 << 1     ... 0000 0110    0x0c
```

10.6.6 오른쪽 시프트 연산자

이름 그대로 오른쪽 시프트 연산자(>>)는 특정 값의 비트를 오른쪽으로 이동시킨다. 제한된 하위 비트 자리에서 밀려난 비트는 버려진다. unsigned 값을 오른쪽 시프트하면 언제나 0이 왼쪽에서(즉, 상위 비트로) 들어온다. 만일 signed 값일 때는, 시프트되는 값의 부호와 컴퓨터 시스템이 이 연산을 구현한 방식에 따라 왼쪽에서 넘어오는 값이 달라진다. 만일 부호 비트가 0이면(값이 양수이면) 시스템 구현 방식과 상관없이 0이 시프트된다. 그러나 부호 비트의 값이 1이라면, 어떤 시스템에서는 1이 시프트되지만, 다른 시스템에서는 0이 시프트되기도 한다. 전자는 산술 오른쪽 시프트라고 하고, 후자는 논리 오른쪽 시프트라고 한다.

> **주의**
> 절대로 시스템이 산술 오른쪽 시프트를 구현하였는지 논리 오른쪽 시프트를 구현하였는지를 추측해서는 안 된다. 이렇게 추측하고 연산자를 쓰면 프로그램이 부호가 있는 값을 오른쪽으로 시프트할 경우, 어떤 시스템에서는 정상으로 동작하지만 오류가 나는 시스템도 있을 것이다.

w1이 32비트로 표현되는 unsigned int이고 16진수 F777EE22의 값이 설정되었다고 해보자. 다음 명령문을 써서 w1을 오른쪽으로 1비트 시프트하면, w1은 어떤 값이 될까?

```
w1 >>= 1;
```

w1의 값은 16진수 7BBBF711이 될 것이다.

```
w1        1111 0111 0111 0111 1110 1110 0010 0010    0xF777EE22
w1 >> 1   0111 1011 1011 1011 1111 0111 0001 0001    0x7BBBF711
```

만일 w1이 (signed) short int로 선언되었다면 컴퓨터 시스템에 따라 동일한 결과가 나오기도 하고, 산술 오른쪽 시프트를 적용한 시스템의 경우 FBBBF711이라는 결과가 나오기도 할 것이다.

Objective-C에서는 시프트가 적용되는 값의 비트 수보다 크거나 같은 수만큼 시프트할 경우, 정의된 결과를 보장하지 않는다. 이는 왼쪽, 오른쪽 시프트에 모두 해당된다. 예컨대 정수가 64비트로 표현되는 시스템이 있다고 해보자. 여기서 정수를 64비트 이상 시프트(왼쪽 혹은 오른쪽)하려 하면 프로그램에 어떤 결과 값이 돌아올지 보장하지 못한다. 또한, 시프트하는 비트 수를 음수로 할 경우에도 결과가 정의되어 있지 않다.

10.7 연습문제

1. 8장 「상속」에서 본 Rectangle 클래스를 사용하여 다음과 같이 선언하고 초기화 메서드를 추가하라. (init 메서드를 재정의하여 이 초기화 메서드를 사용하게 하자.)

   `-(id) initWithWidth:(int)w andHeight:(int)h;`

2. 연습문제 1에서 개발한 메서드를 Rectangle 클래스의 지정된 초기화 메서드로 설정하고 8장의 Square, Rectangle 클래스 정의를 사용한다고 해보자. 이제 다음과 같이 선언하여 초기화 메서드를 Square 클래스에 추가하라.

   `-(id) initWithSide: (int) side;`

3. Fraction 클래스의 add: 메서드에 카운터를 추가하여 이 메서드가 호출된 횟수를 세라. 이 카운터의 값을 어떻게 가져올 수 있을까?

4. typedef 문과 열거 데이터 형을 사용하여 Sunday, Monday, Tuesday, Wednesday, Thursday, Friday, Saturday를 가능한 값으로 갖는 Day라는 형을 정의하라.

5. typedef를 써서 FractionObj라는 형을 정의하라. 그 결과, 다음 명령문을 사용할 수 있어야 한다.

```
FractionObj f1 = [[Fraction alloc] init],
           f2 = [[Fraction alloc] init];
```

6. 다음 정의를 보라.

```
float     f = 1.00;
short int i = 100;
long int  l = 500L;
double    d = 15.00;
```

이 정의와, 표현식에서의 형 변환을 다룬 일곱 단계에 따라 다음 표현식의 값과 형을 알아내라.

```
f + i
l / d
i / l+ f
l * i
f / 2
i / (d + f)
l / (i * 2.0)
l + i / (double) l
```

11장

Programming in Objective-C

카테고리와 프로토콜

이 장에서는 카테고리를 사용하여 모듈 방식으로 클래스에 메서드를 추가하는 방법과 다른 사람들이 구현할 메서드의 표준화된 목록을 만드는 방법을 배운다.

11.1 카테고리

클래스 정의를 다루던 도중 새 메서드를 추가하고 싶을 때가 있을 것이다. 이를테면 Fraction 클래스에서 두 분수를 더하는 add: 메서드 외에도 뺄셈, 곱셈, 나눗셈을 하는 메서드가 필요할 수도 있다.

다른 예로, 큰 프로젝트를 작업하고 있는데, 당신이 속한 그룹에서 프로젝트의 일부로 다양한 메서드가 담긴 새 클래스를 정의한다고 해보자. 당신은 이 클래스에서 파일 시스템을 다루는 메서드를 작성하는 업무를 맡았다. 다른 팀원들은 클래스를 생성하고 초기화하며, 객체에 작업을 수행하고, 객체를 화면에 표시하는 메서드를 맡았다.

마지막 예로, 라이브러리에서 클래스(예컨대, Foundation 프레임워크의 배열 클래스인 NSArray)를 사용하는 방법을 배웠고, 이 클래스에 메서드가 하나 이상 더 구현되기를 바라는 상황이다. 물론 NSArray 클래스의 서브클래스를 새로 작성하고 새 메서드를 구현할 수도 있지만, 더 쉬운 방법이 있다.

이 모든 상황에 실용적인 해결책이 있으니 바로 '카테고리'다. 카테고리는 클래스 정의를 그룹짓거나, 연관된 메서드를 카테고리로 쉽게 모듈러화할 수 있게 해준다. 또한 원본 소스 코드에 접근하거나 서브클래스를 생성하지 않고도 현존하는 클래스의 정의를 쉽게 확장하는 방법도 제공한다. 카테고리는 강력하면서도 배우기 쉬운 기법이다.

자, 그럼 Fraction 클래스로 돌아가 보자. 이 클래스에 사칙 연산을 처리하는 카테고리를 추가하는 방법을 알아보자. 먼저 Fraction 클래스의 인터페이스를 보자.

```
#import <Foundation/Foundation.h>
// Fraction 클래스를 정의한다.

@interface Fraction : NSObject

@property int numerator, denominator;

- (void)    setTo:(int)n over:(int)d;
- (Fraction *)add:(Fraction *)f;
- (void)    reduce;
- (double)  convertToNum;
- (void)    print;
@end
```

이제 add: 메서드를 이 인터페이스 부분에서 제거하고, 다른 세 연산 메서드와 함께 구현할 카테고리로 옮기겠다. 새 카테고리인 MathOps의 인터페이스 부분은 다음과 같다.

```
#import "Fraction.h"

@interface Fraction (MathOps)
- (Fraction *)add:(Fraction *)f;
- (Fraction *)mul:(Fraction *)f;
- (Fraction *)sub:(Fraction *)f;
- (Fraction *)div:(Fraction *)f;
@end
```

이는 인터페이스 부분을 정의한 코드인데, 이미 존재하는 인터페이스를 확장한 것이다. 따라서 (새 카테고리를 원래 클래스 헤더 파일인 Fraction.h에 추가하지 않는 한) 원래 인터페이스를 포함시켜야 컴파일러가 Fraction 클래스에 대해 알 수 있다.

#import 문의 다음 줄을 보자.

```
@interface Fraction (MathOps)
```

이 코드는 컴파일러에게 Fraction 클래스의 새 카테고리로 MathOps를 정의한다고 알린다. 카테고리 이름은 클래스 이름 다음에 괄호로 감싸서 적어 준다. 여기서 Fraction의 부모 클래스를 언급하지 않음에 주의하자. 컴파일러는 Fraction.h에서 이미 이 정보를 알게 되었다. 앞에서 정의한 인터페이스 부분과 달리, 인스턴스 변수에 대해서도 따로 언급하지 않는다. 사실, 부모 클래스나 인스턴스 변수를 나열하면 컴파일러가 구문 오류를 표시할 것이다. 이 인터페이스 부분은 컴파일러에게 MathOps 카테고리를 Fraction이라는 클래스에 추가하여 클래스를 확장할 것이라고 알려준다. MathOps 카테고리는 add:, mul:, sub:, div:이라는 네 가지 메서드를 포함한다. 각 메서드는 분수를 인수와 반환 값으로 사용한다.

하나의 구현부에 모든 메서드 정의를 넣을 수 있다. 이것은 Fraction.h의 인터페이스 부분에 있는 모든 메서드와 MathOps 카테고리에 든 메서드를 몽땅 단일한 구현 부분에서 정의할 수 있다는 의미다. 혹은 카테고리의 메서드를 별도의 구현부에 정의해도 된다. 이런 경우, 이 메서드들을 구현한 부분은 메서드가 속한 카테고리가 어딘지를 언급해 주어야 한다. 인터페이스 부분에서와 마찬가지로 클래스 이름 뒤에다 카테고리 이름을 괄호로 감싸면 된다.

```
@implementation Fraction (MathOps)
    // 카테고리 메서드의 코드
    ...
@end
```

프로그램 11.1을 보면, 새로 만든 카테고리인 MathOps의 인터페이스와 구현 부분이 테스트 루틴과 함께 단일 파일에 작성되었다.

프로그램 11.1 카테고리와 테스트 프로그램

```
#import "Fraction.h"

@interface Fraction (MathOps)
```

```objc
- (Fraction *)add:(Fraction *)f;
- (Fraction *)mul:(Fraction *)f;
- (Fraction *)sub:(Fraction *)f;
- (Fraction *)div:(Fraction *)f;
@end

@implementation Fraction (MathOps)
- (Fraction *)add:(Fraction *)f
{
  // 두 분수를 더하는 방법:
  // a/b + c/d = ((a*d) + (b*c)) / (b * d)

  Fraction *result = [[Fraction alloc] init];

  result.numerator = (numerator * f.denominator) +
      (denominator * f.numerator);
  result.denominator = denominator * f.denominator;
  [result reduce];

  return result;
}

- (Fraction *)sub:(Fraction *)f
{
  // 두 분수를 빼는 방법:
  // a/b - c/d = ((a*d) - (b*c)) / (b * d)

  Fraction *result = [[Fraction alloc] init];

  result.numerator = (numerator * f.denominator) -
        (denominator * f.numerator);
  result.denominator = denominator * f.denominator;
  [result reduce];

  return result;
}

- (Fraction *)mul:(Fraction *)f
{
  Fraction  *result = [[Fraction alloc] init];

  result.numerator = numerator * f.numerator;
  result.denominator = denominator * f.denominator];
  [result reduce];

  return result;
}

- (Fraction *)div:(Fraction *)f
{
  Fraction  *result = [[Fraction alloc] init];
```

```objc
        result.numerator = numerator * f.denominator
        result.denominator = denominator * f.numerator];
    [result reduce];

    return result;
}
@end

int main (int argc, char *argv[])
{
    @autoreleasepool {
        Fraction *a = [[Fraction alloc] init];
        Fraction *b = [[Fraction alloc] init];
        Fraction *result;

        [a setTo:1 over:3];
        [b setTo:2 over:5];

        [a print]; NSLog (@"  +"); [b print]; NSLog (@"-----");
        result = [a add:b];
        [result print];
        NSLog (@"\n");

        [a print]; NSLog (@"  -"); [b print]; NSLog (@"-----");
        result = [a sub:b];
        [result print];
        NSLog (@"\n");

        [a print]; NSLog (@"  *"); [b print]; NSLog (@"-----");
        result = [a mul:b];
        [result print];
        NSLog (@"\n");

        [a print]; NSLog (@"  /"); [b print]; NSLog (@"-----");
        result = [a div:b];
        [result print];
        NSLog (@"\n");
    }
    return 0;
}
```

프로그램 11.1 출력 결과

```
1/3
  +
2/5
-----
11/15

1/3
  -
```

```
2/5
-----
-1/15

1/3
 *
2/5
-----
2/15

1/3
 /
2/5
-----
5/6
```

프로그램 11.1은 새 카테고리의 인터페이스와 구현 부분을 테스트 프로그램과 함께 한 파일에 담았다. 앞에서 언급했듯이, 이 카테고리의 인터페이스 부분은 원본 Fraction.h 헤더 파일에 포함되어, 모든 메서드를 한 장소에서 선언하거나, 자신만의 헤더 파일을 따로 가질 수도 있다.

> **노트**
>
> 관용적으로 카테고리의 .h와 .m 파일 이름은 클래스 이름과 카테고리의 이름을 합쳐 사용한다. 우리 예제에서 FractionMathOps.h에 카테고리의 인터페이스 부분을, FractionMathOps.m에 구현 부분을 담을 수 있을 것이다. 어떤 프로그래머들은 Fraction+MathOps.h[*]와 같이 클래스 이름과 카테고리 이름 사이에 '+' 부호를 넣어 둘 사이를 구분하기도 한다.

만일 카테고리를 마스터 클래스 정의 파일에 넣어 두면, 해당 클래스의 사용자는 모두 그 카테고리의 메서드를 사용할 수 있다. 만일 원본 헤더 파일을 직접 수정할 수 없다면 (2부 「Foundation 프레임워크」에서처럼 라이브러리에 이미 있는 클래스에 카테고리를 추가하는 경우를 생각해 보라), 다른 파일에 담는 방법뿐이다.

---

[*] (옮긴이) 2013년 10월 최신 버전인 Xcode 5.0에서 카테고리 파일을 생성하면 자동으로 '+'를 포함한 파일명이 생성된다.

11.2 클래스 확장

카테고리를 ( )사이에 아무 이름 없이 사용하는 특수한 경우가 있다. 이런 특수한 경우 클래스 확장이라는 것을 정의하게 된다. 이름 없는 카테고리를 정의하면, 클래스에 추가 인스턴스 변수를 정의하여 확장할 수 있다. 이는 이름을 부여한 카테고리에서는 불가능하다. 이름 없는 카테고리로 선언된 메서드는 분리된 구현 부분이 아니라 클래스의 메인 구현 부분에 구현된다.

클래스 확장에서 선언된 메서드는 프라이빗 하기 때문에 유용하다. 만약 특정 클래스에서만 사용할 데이터나 메서드를 선언하고 싶다면 클래스 확장이 적격일 것이다.

> **노트**
> 메서드가 인터페이스 부분에서 나타나 있지 않은 프라이빗이다. 하지만 누군가 프라이빗 메서드 명을 안다면 호출할 수 있다.

Fraction 클래스의 reduce 메서드를 생각해보자. Fraction 클래스의 구현 부분에서만 접근할 것으로 추측된다. 이 메서드는 직접 다른 사용자 클래스에서 접근하길 원치 않는다. 이럴 때 원본 Fraction.h 헤더 파일에서 메서드 선언을 지우고 Fraction.m 구현 파일 안에 다음과 같이 넣으면 된다.

```
#import "Fraction.h"

// reduce 메서드를 private로 만든다

@interface Fraction ()
- (void)reduce;
@end

// Fraction 클래스의 public 메서드를 정의한다

@implementation Fraction
@synthesize numerator, denominator;

- (void)setNumerator:(int)n and Denominator:(int)d
{
  ...
}
...
@end
```

11.2.1 카테고리에 대한 부연

카테고리는 클래스에 있는 메서드를 재정의할 수 있는데, 이 방법은 보통 나쁜 프로그래밍 습관으로 여겨진다. 한 가지 이유를 대자면, 메서드를 재정의한 후에 원래 메서드에 접근할 방법이 없어지기 때문이다. 따라서 재정의를 선택할 경우, 원래 메서드의 기능을 모두 추가해 줘야 한다. 만일 메서드를 재정의해야 한다면, 서브클래스를 만드는 것이 올바른 선택일 것이다. 서브클래스에서 메서드를 재정의하면 super에 메시지를 보내 부모 클래스의 메서드를 계속 사용할 수 있다. 따라서 재정의하는 메서드의 복잡한 내부 사정을 이해할 필요가 없다. 서브클래스의 메서드에서 부모 메서드를 호출하고 새 기능을 추가해 주기만 하면 된다.

여기서 설명한 규칙만 지키면 원하는 수만큼 카테고리를 만들 수 있다. 만일 한 메서드가 여러 카테고리에 정의되어 있다면 Objective-C는 어느 메서드를 사용하게 될지 지정해 주지 않는다.

클래스에 카테고리로 새 메서드를 추가하면, 해당 클래스뿐 아니라 서브클래스에도 영향을 준다. 그 때문에 예상치 못한 상황이 발생할 수도 있다. 만일, 루트 객체인 NSObject에 새 메서드를 추가했다면, 모든 클래스가 새 메서드를 상속받게 된다.

개인적인 용도라면 이미 존재하는 클래스에 카테고리로 메서드를 추가해도 괜찮겠지만, 해당 클래스의 의도나 원래 디자인과는 맞지 않을 수도 있다. 예를 들어, (과장해서 말하는 것이지만) 카테고리를 새로 만들어 클래스에 몇몇 메서드를 추가해서 Square를 Circle로 만들었다고 해보자. 이는 클래스 정의를 더럽히며, 좋은 프로그래밍 습관이라고 할 수 없다.

또한, 특정 객체에 대한 카테고리 이름은 반드시 유일무이해야 한다. 주어진 Objective-C 이름 공간에서 NSString (NameUtilities)은 단 하나만 존재할 수 있다. 이는 Objective-C 이름 공간이 프로그램 코드와 모든 라이브러리, 프레임워크, 플러그인에서 공유되기 때문에 문제될 여지가 있다. 특히 화면보호기, 환경 설정 구획(Preferences Pane), 그 외 플러그인을 작성하는 Objective-C 프로그래머들에게는 더 중요한 문제다. 자신이 조절할 수 없는 애플리케이션이나 프레임워크 코드에 자신의 코드가 주입되기 때문이다.

11.3 프로토콜과 델리게이션

'프로토콜'은 클래스 사이에서 공유되는 메서드 목록이다. 프로토콜에 나열된 메서드들은 해당하는 구현 부분이 없다. (여러분과 같은) 다른 사람이 구현하도록 되어 있다. 프로토콜은 특정 이름과 관련된 메서드 모음을 정의하는 방법을 제공한다. 이 메서드들은 보통 문서화되어 어떤 식으로 동작하는지 알려준다. 그 덕에 프로그래머가 원한다면 자신의 클래스 정의에서 이것들을 구현할 수도 있다.

프로토콜 목록은 메서드의 집합인데, 이 중 일부는 선택적으로 구현할 수도 있고, 나머지는 구현을 해야만 한다. 만일 특정 프로토콜에서 필수(required)로 선언되어 있는 메서드가 있다면, 프로토콜을 '따른다' 혹은 '받아들인다'라고 표현한다. 모든 메서드가 선택적인 프로토콜을 정의할 수도 있고, 반대로 모든 메서드가 필수인 프로토콜도 정의할 수 있다.

프로토콜을 정의하기는 쉽다. 그저 프로토콜 이름 앞에 @protocol 지시어를 붙이면 된다. 그 다음에 인터페이스 부분에서 한 것과 동일하게 메서드를 선언하면 된다. 그러면 @end 지시어가 나오기 전까지 선언되는 메서드는 모두 프로토콜의 일부가 된다.

만일 Foundation 프레임워크를 사용한다면 이미 정의된 몇몇 프로토콜을 발견할 수 있다. 그 가운데 하나인 NSCopying은 클래스에서 copy(혹은 copyWithZone:) 메서드로 객체 복사를 지원할 때 구현해야 할 메서드를 선언한다(18장 「객체 복사하기」에서 객체 복사를 상세히 다룬다).

표준 Foundation 헤더 파일 NSObject.h에서 NSCopying 프로토콜이 어떻게 정의되었는지 보자.

```
@protocol NSCopying
- (id)copyWithZone: (NSZone *)zone;
@end
```

만일 클래스에서 NSCopying 프로토콜을 받아들이려면 copyWithZone:이라는 메서드를 구현해야 한다. 컴파일러에게 프로토콜을 받아들인다고 알려주려면 @interface 줄에 프로토콜의 이름을 꺾쇠(⟨ ⟩)로 감싸야 한다. 프로토콜 이름은 클래스 이름과 부모 클래스 이름 다음에 자리 잡는다.

```
@interface AddressBook: NSObject <NSCopying>
```

이 코드에서는 AddressBook 객체는 그 부모가 NSObject이고 NSCopying 프로토콜을 따른다는 것을 보여 준다. 프로토콜에 정의된 메서드에 대해 시스템이 이미 알고 있기 때문에(이 경우 NSObject.h 헤더 파일에서 알아낸다) 인터페이스 부분에서 메서드를 선언하지는 않는다. 그러나 구현 부분에서는 메서드를 정의해 줘야 한다.

이 예제에서 컴파일러는 AddressBook의 구현 부분에 copyWithZone: 메서드의 정의가 있다고 예상한다.

만일 클래스가 프로토콜을 하나 이상 받아들인다면 꺾쇠(< >) 안에 쉼표(,)로 구분해서 나열해 주면 된다.

```
@interface AddressBook: NSObject <NSCopying, NSCoding>
```

이 코드는 컴파일러에게 AddressBook 클래스가 NSCopying과 NSCoding 프로토콜을 따른다고 알려준다. 다시 말하지만, 컴파일러는 AddressBook에 이 두 프로토콜의 메서드를 모두 구현하도록 요구한다.

만일 프로토콜을 직접 정의하더라도 구현할 필요는 없다. 그러나 그 프로토콜을 받아들이려면 메서드를 구현해야 한다는 점을 다른 프로그래머들에게 알려 주어야 한다. 이 메서드들은 슈퍼클래스에서 상속받을 수도 있다. 따라서 한 클래스가 NSCopying 프로토콜을 따른다면, 서브클래스도 이 프로토콜을 따른다(물론, 이것이 메서드가 서브클래스에서 제대로 구현되어있다는 의미는 아니다).

프로토콜을 사용하면, 당신이 만든 클래스의 서브클래스를 만드는 사람들이 구현하고자 하는 메서드를 정의할 수 있다. 예를 들어 GraphicObject 클래스를 위한 Drawing 프로토콜을 정의할 수 있다. 그 안에 다음과 같이 그리기, 지우기, 테두리 그리기 등의 메서드를 정의하는 것이다.

```
@protocol Drawing
```

```
-(void) paint;
-(void) erase;
@optional
-(void) outline;
@end
```

GraphicObject 클래스를 여러분이 만들었더라도, 이 그리기 메서드들을 반드시 직접 구현해야 하는 것은 아니다. 그러나 GraphicObject 클래스의 서브클래스를 만드는 사람이 있다면 그가 만들고자 하는 그림 객체의 표준을 따르기 위해 구현해야 하는 메서드를 지시해줄 수 있다.

위 코드에서 @optional 지시어를 사용하였다. 이 지시어 다음에 위치하는 메서드들은 선택 사항이다. 즉, Drawing 프로토콜을 구현하는 이가 outline 메서드를 구현하지 않아도 프로토콜을 따를 수 있다는 얘기다(또한, 프로토콜 정의에서 @required를 다시 사용하면 필수 메서드 목록을 다시 작성할 수 있다).

노트

물론, 이 이야기는 다 이론적이다. 컴파일러는 프로토콜에 정의한다고 하고, 메서드를 구현하지 않았을 때만 경고 메시지를 표시한다.

따라서 GraphicObject의 서브클래스로 Rectangle을 만들고 Rectangle 클래스가 Drawing 프로토콜을 따른다고 알린다면(문서화한다면), 클래스 사용자는 이 클래스의 인스턴스에 paint, erase 메시지를, (아마도) outline 메시지를 보낼 수 있음을 알게 된다.

여기서 이 프로토콜은 어느 클래스도 참조하지 않는다. 즉, 클래스가 없는 프로토콜이다. 따라서 GraphicObject의 서브클래스뿐 아니라 어느 객체든 Drawing 프로토콜을 따를 수 있다.

객체가 프로토콜에 따르는지를 알아보려면 conformsToProtocol: 메서드를 사용한다. 예를 들어, currentObject라는 객체를 소유했고, 이 객체가 Drawing 프로토콜을 따르는지 보려면 다음과 같은 코드를 작성한다.

```
id currentObject;
    ...
if ([currentObject conformsToProtocol:@protocol(Drawing)] == YES)
{
    // currentObject에 paint, erase, outline 메시지를 보낸다.
}
```

여기서 사용된 @protocol 지시어는 프로토콜 이름을 받아 conformsTo Protocol: 메서드가 인수로 받을 Protocol 객체를 생성한다.

currentOjbect가 선택 메서드인 outline을 구현했는지 알고 싶다면, 다음과 같은 코드를 사용한다.

```
if ([currentObject respondsToSelector:@selector(outline)] == YES)
    [currentObject outline];
```

변수를 선언할 때, 다음과 같이 꺾쇠(〈 〉) 안에 프로토콜 이름을 적어 해당 변수가 프로토콜을 준수하는지 여부를 컴파일러의 도움을 받아 검사할 수 있다.

```
id <Drawing> currentObject;
```

이 코드는 컴파일러에게 currentObject가 Drawing 프로토콜을 따르는 객체를 담는다고 알려준다. 만일 Drawing 프로토콜을 따르지 않는 정적 객체를 할당하면(Square 클래스가 이 프로토콜을 따르지 않는다고 하면) 컴파일러는 다음과 같은 경고 메시지를 표시할 것이다.

```
warning: class 'Square' does not implement the 'Drawing' protocol
```

이것은 컴파일러가 체크한 결과이므로, currentObject에 id 변수를 대입해 준다면 id 변수에 저장된 객체가 Drawing 프로토콜에 따르는지를 컴파일러가 알 수 없기 때문에 위와 같은 경고를 표시하지 않을 것이다.

프로토콜을 하나 이상 따르는 변수의 경우, 다음과 같이 여러 프로토콜을 나열할 수도 있다.

```
id <NSCopying, NSCoding> myDocument;
```

프로토콜을 정의할 때, 이미 존재하는 프로토콜을 확장해도 된다. 다음 프로토콜 선언은 Drawing3D 프로토콜이 Drawing 프로토콜을 따르고 있음을 나타낸다.

```
@protocol Drawing3D <Drawing>
```

따라서 Drawing3D 프로토콜을 따르는 클래스는 이 프로토콜에 나열된 메서드를 구현해야 할 뿐 아니라 Drawing 프로토콜의 메서드도 구현해야 한다.

마지막으로 카테고리도 프로토콜을 따를 수 있다.

```
@interface Fraction (Stuff) <NSCopying, NSCoding>
```

여기서 Fraction은 (비록 멋진 이름은 아니지만) Stuff라는 카테고리를 갖고, 이 카테고리는 NSCopying, NSCoding 프로토콜을 따른다.

클래스 이름과 마찬가지로 프로토콜 이름도 고유해야 한다.

11.3.1 델리게이션

프로토콜을 두 클래스간의 '인터페이스'라 생각해도 된다. 프로토콜을 정의하는 클래스는 정의된 처리를 구현하는 클래스에게 위임하는 것으로 볼 수 있다. 이런 식으로 특정 이벤트의 응답으로 취하는 특별한 동작이나 특정 속성을 정의하는 등의 일을 델리게이트 클래스가 처리하면, 클래스를 더 일반적으로 정의할 수 있게 된다. 코코아와 iOS는 이 델리게이션이라는 개념에 상당히 많이 의존한다. 예로, 아이폰 화면에 목록을 표시할 때, UITableView 클래스를 사용한다. 그러나 이 클래스는 목록의 제목, 표시할 섹션이나 포함하고 있는 행의 수, 그리고 목록의 각 행(셀)에 무엇을 넣어야 할지 전혀 모른다. 따라서, 이 클래스는 UITableViewDataSource라는 프로토콜을 정의하여 이에 관련된 책임을 여러분에게 위임한다. 각 섹션에 몇 행씩 존재하는지 알고 싶다면, 여러분의 클래스에 프로토콜에 따라 여러분이 구현한 적절한 메서드를 호출할 것이다. UITableView 클래스는 UITableViewDelegate라는 다른 프로토콜도 정의한다. 이 프로토콜 내 메서드는 테이블의 특정 행이 선택될 때 처리할 작업과 같은 것들을 정의한다. UITableView 클래스가 어떤 액션을 취해야할지 모르기에 여러분에게 책임을 위임하는 것이다.

11.3.2 비공식 프로토콜

책을 읽다가 '비공식 프로토콜'의 개념을 머릿속에 떠올렸을 수도 있다. 비공식 프로토콜은 메서드를 나열하지만 구현하지 않는 카테고리다. 모든 객체 (혹은 거의 모든 객체)는 동일한 루트 객체에서 상속받으므로, 비공식 프로토콜은 보통 루트 클래스에 정의된다. 이따금 비공식 프로토콜은 '추상 프로토콜'로 부르기도 한다.

NSScriptWhoseTests.h 헤더 파일을 보면 다음과 같은 메서드 선언이 보일 것이다.

```
@interface NSObject (NSComparisonMethods)
- (BOOL)isEqualTo:(id)object;
- (BOOL)isLessThanOrEqualTo:(id)object;
- (BOOL)isLessThan:(id)object;
- (BOOL)isGreaterThanOrEqualTo:(id)object;
- (BOOL)isGreaterThan:(id)object;
- (BOOL)isNotEqualTo:(id)object;
- (BOOL)doesContain:(id)object;
- (BOOL)isLike:(NSString *)object;
- (BOOL)isCaseInsensitiveLike:(NSString *)object;
@end
```

이 코드는 NSObject 클래스를 위한 NSComparisonMethods 카테고리를 정의한다. 이 비공식 프로토콜은 프로토콜의 일부로 구현될 메서드들을 나열한다(여기서는 아홉 개가 나열되어 있다). 비공식 프로토콜은 사실 한 이름 안에 묶인 메서드 목록에 불과하다. 이 방법을 사용하면 메서드를 문서화하고 모듈화하는 데 도움이 된다.

비공식 프로토콜을 선언하는 클래스는 프로토콜의 메서드를 직접 구현하지 않고, 서브클래스가 필요에 따라 구현할 메서드들을 선택하여 인터페이스 부분에서 다시 선언하고 메서드를 하나 이상 구현한다. 공식 프로토콜과 달리, 컴파일러는 비공식 프로토콜에 아무런 조언도 해주지 않는다. 즉, 컴파일러에 의한 프로토콜 적합성(conformance)이나 테스트 같은 개념이 아예 존재하지 않는다.

객체가 공식 프로토콜을 받아들인다면, 객체는 반드시 프로토콜이 요구하는 필수 메시지들을 모두 받아들여야 한다. 런타임 시만이 아니라 컴파일 시에도 이 규칙을 따라야 한다. 만일 객체가 비공식 프로토콜을 받아들인다면, 프로토콜의 모든 메서드를 받아들이지 않아도 된다. 비공식 프로토콜의 적합성은 런타임 시에 (respondsToSelector:를 사용하여) 강제할 수 있지만 컴파일할 때는 강제할 수 없다.

> **노트**
>
> 앞에서 다룬 @optional 지시어는 비공식 프로토콜을 대체하고자 Objective-C 2.0에 추가되었다. UIKit 클래스에서 이 지시어가 사용되는 경우를 발견 할 수 있다(UIKit은 Cocoa Touch 프레임워크의 일부다).

11.4 복합 객체

지금껏 서브클래스, 카테고리 사용, 프로토콜 등으로 클래스 정의를 확장하는 기법들을 배웠다. 또 다른 기법이 있다. 다른 클래스에서 객체를 하나 이상 받아 와서 클래스를 정의하는 것이다. 이 새 클래스의 객체는 다른 객체들로 구성되어 있어 '복합 객체'라고 부른다.

예를 들어, 8장 「상속」에서 정의한 Square 클래스를 떠올려보자. 정사각형은 각 변의 길이가 같은 직사각형의 일종이므로, 이 클래스를 Rectangle의 서브클래스로 정의하였다. 서브클래스로 정의되면 부모 클래스에서 메서드와 인스턴스 변수를 모두 상속받는다. 어떤 경우에는 이렇게 상속받는 것을 원치 않을 때도 있다. 예를 들어, 부모 클래스에 정의된 메서드가 서브클래스에서 사용하기에 적합하지 않은 경우가 있다. Rectangle의 setWidth:andHeight: 메서드는 Square 클래스에 상속되지만, 정사각형에 적용되지는 않는다(물론 코드는 정상으로 동작한다). 게다가 서브클래스를 생성할 때 클래스의 사용자가 접근하게 되므로, 상속 받은 메서드들이 모두 정상 동작하도록 해야 한다. 마지막으로, 서브클래스는 부모 클래스에 의존한다. 부모 클래스에 수정을 가하면 의도치않게 서브클래스 메서드의 동작을 망치게 될 수도 있다.

서브클래스를 만드는 대신, 확장하고 싶은 클래스의 객체 하나를 인스턴스 변수로 포함하는 새 클래스를 정의해도 된다. 그 후 새 클래스에만 적절한 메서드를 정의하면 된다. Square의 예로 돌아가서 이런 식으로 정의해 보자.

```
@interface Square: NSObject
{
  Rectangle *rect;
}
-(int) setSide: (int) s;
-(int) side;
-(int) area;
-(int) perimeter;
@end
```

여기서 정의한 Square 클래스는 메서드를 네 개 갖고 있다. Rectangle의 메서드 (setWidth:, setHeight:, setWidth:andHeight:, width, height)에 바로 접근할 수 있었던 서브클래스 버전과 달리 이 버전에 나오는 메서드들은 Square의 메서드가 아니다. 이 메서드들이 정사각형을 다루기에 적합하지 않으므로 이런 식으로 접근하는 것이 적절하다.

Square를 이런 식으로 정의할 때, 포함된 사각형의 메모리 할당을 책임져야 한다. 예를 들어, 메서드를 재정의하지 않고 다음 명령문을 작성하였다고 해보자.

```
Square *mySquare = [[Square alloc] init];
```

이 명령문은 새 Square 객체를 생성한다. 그러나 그 안에 담긴 인스턴스 변수 rect에 저장될 Rectangle 객체는 생성하지 않는다.

해결책은 init을 재정의하거나 initWithSides:와 같은 새 메서드를 추가하여 메모리를 할당하는 것이다. 이 메서드에서 Rectangle rect를 생성하고 변을 적절히 설정해 주면 된다.

Square 클래스에서 메서드를 정의할 때, 여전히 Rectangle 클래스의 메서드를 사용할 수 있다. 예를 들어, 다음 area 메서드의 구현 부분을 보자.

```
-(int) area
{
    return [rect area];
}
```

나머지 메서드를 구현하는 작업은 연습문제로 남겨 두었다(연습문제 5를 보라).

11.5 연습문제

1. 프로그램 11.1의 MathOps 카테고리를 확장하여 invert 메서드를 작성하라. 이 메서드에서 반환하는 Fraction은 수신자를 뒤집는 것이다.

2. Fraction 클래스에 Comparison이라는 카테고리를 추가하라. 이 카테고리에 다음 두 메서드를 추가하라.

```
-(BOOL) isEqualTo:(Fraction *)f;
-(int) compare:(Fraction *)f;
```

첫 메서드는 두 분수가 동일할 때 YES를 반환하고, 그 외에는 NO를 반환한다. 분수를 비교할 때는 실수하지 않도록 주의를 기울이자(예를 들어, 3/4과 6/8을 비교하면 YES를 반환해야 한다).

두 번째 메서드는 수신자가 인자로 넘어오는 분수보다 작을 때 -1을 반환하고, 동일할 때는 0을, 수신자가 더 클때는 1을 반환한다.

3. 이 장에서 언급한 비공식 프로토콜 NSComparisonMethods에 따르는 메서드를 추가하여 Fraction 클래스를 확장하라. 프로토콜의 메서드를 여섯 개 구현하고(isEqualTo:, isLessThanOrEqualTo:, isLessThan:, isGreaterThanOrEqualTo:, isGreaterThan:, isNotEqualTo:) 테스트해보라.

4. 함수 sin( ), cos( ), tan( )은 (scanf와 마찬가지로) 표준 라이브러리에 포함되어 있다. 이 함수들은 헤더 파일 math.h에 선언되어 있으며, Foundation.h를 임포트할 때 자동으로 프로그램에 임포트된다.

이 함수들을 사용하여 라디안(radian) 값으로 표현된 double 인자의 사인, 코사인, 탄젠트를 계산할 수 있다. 함수의 반환 값도 배정밀도 부동소수점 수(double)다. 따라서 다음 코드를 사용하여, 라디안으로 표현한 각도 d의 사인 값을 구할 수 있다.

```
result = sin(d);
```

6장 「의사결정하기」에서 구현한 Calculator 클래스에 Trig라는 카테고리를 추가하라. 이 카테고리에, 다음 선언에 따라 사인, 코사인, 탄젠트를 계산하는 메서드를 추가하라.

```
-(double) sin;
-(double) cos;
-(double) tan;
```

5. 이 장에서 다룬 복합 객체 그리고 다음의 인터페이스와 구현을 갖고 Square
의 구현 부분과 메서드를 테스트할 테스트 프로그램을 작성하라.

```
@interface Square: NSObject
-(Square *) initWithSide:(int)s;
-(void) setSide:(int)s;
-(int) side;
-(int) area;
-(int) perimeter;
@end

#import "Rectangle.h"
@implementation Square
{
    Rectangle *rect;
}
// Square 메서드를 이곳에 추가한다.
    ...
@end
```

노트

initWithSide:가 지정된 초기화 메서드이므로 init 메서드도 재정의하자.

12장 전처리기

전처리기는 프로그램을 개발하고, 읽고, 수정하고, 다른 시스템으로 포팅하는 작업을 좀 더 쉽게 해준다. 전처리기를 쓰면 Objective-C를 특별한 프로그래밍 용도 혹은 자신만의 프로그래밍 스타일에 맞도록 편리하게 사용할 수 있다.

전처리기는 Objective-C 컴파일 과정에서 프로그램 코드에 산재한 특별한 명령문을 인식한다. 그 이름이 암시하듯, 전처리기는 이 명령문들을 Objective-C 프로그램을 분석하기 전에 처리한다. 전처리 명령문을 만들기 위해서는 샵 기호(#)를 줄의 맨 앞에 붙여야 한다. 앞으로 보겠지만, 전처리 명령문은 일반적인 Objective-C 명령문과 약간 문법이 다르다. 먼저 #define 문을 살펴보자.

12.1 #define 명령문

#define 문의 주 용도는 프로그램 상수에 심벌 명을 부여하는 것이다. 다음 전처리 명령문은 TRUE라는 이름이 값 1과 동일하도록 정의한다.

```
#define TRUE 1
```

이제 상수 1을 쓸 자리에 TRUE라는 이름을 대신 사용할 수 있다. 이 이름이 나타나는 위치마다 전처리기는 정의된 값 1로 자동 대치해 준다. 예를 들어, 정의된 이름 TRUE를 사용하는 다음 Objective-C 명령문이 있다고 하자.

```
gameOver = TRUE;
```

이 명령문은 TRUE의 값을 gameOver에 대입한다. TRUE에 정의한 실제 값이 무엇인지에는 신경 쓸 필요가 없다. 그러나 여기서는 1이라고 정의해 놓았으므로 gameOver에 1이 대입될 것이다. 다음 전처리문은 FALSE라는 이름을 값 0이라고 정의한다.

```
#define FALSE 0
```

이렇게 정의하고 나면, 이후에 FALSE를 0과 동일하게 쓸 수 있다. 다음 명령문은 gameOver에 FALSE를 대입한다.

```
gameOver = FALSE;
```

다음 명령문은 gameOver의 값과 FALSE에 정의된 값을 비교한다.

```
if ( gameOver == FALSE )
    ...
```

정의된 이름은 변수가 아니다. 따라서 대치하는 결과 값이 변수가 아닌 한, 값을 새로 대입해줄 수 없다. 프로그램에서 정의한 이름이 사용되면, 전처리기는 #define 문의 오른쪽에 나오는 것으로 대치해 준다. 문서 편집기에서 검색하고 변경하는 것과 유사하다. 이런 식으로 생각하면 전처리기는 정의한 이름이 나타날 때마다 연결된 텍스트로 대치해 주는 것이다.

#define 명령문은 문법이 독특하다. TRUE에 값 1을 대입할 때 등호가 사용되지 않는다. 게다가 세미콜론도 명령문 뒤에 나타나지 않는다. 왜 이런 독특한 문법이 사용되는지 곧 이해하게 될 것이다.

#define 문은 보통 코드의 맨 앞부분에 #import 문이나 #include 문 다음에 있다. 이 순서가 반드시 지켜져야 하는 것은 아니다. 프로그램 코드 어디서든 #define을 사용할 수 있다. 그러나 이름은 프로그램에서 사용하기 전에 정의되어 있어야 한다. 정의된 이름은 변수처럼 동작하지 않는다. 따라서, 지역 정의 같은 것은 존재하지 않는다. 이름이 정의된 뒤에는 프로그램 어디서든 사용할

수 있다. 대부분의 프로그래머들은 헤더 파일에 집어넣어, 하나 이상의 소스 파일에서 사용할 수 있도록 한다.

정의된 이름을 사용하는 다른 예를 보자. Circle 객체의 넓이와 원주를 계산하는 메서드 두 개가 필요하다고 하자. 두 메서드 모두 상수 π를 사용해야 하는데, 기억하기 쉬운 상수가 아니다. 따라서, 프로그램을 시작할 즈음에 이 상수 값을 정의해서 각 메서드에서 필요할 때마다 이 값을 사용하도록 하면 좋을 것이다.

프로그램에 다음 코드를 넣자.

```
#define PI 3.141592654
```

Circle 클래스의 메서드에서 이 값을 다음과 같이 사용할 수 있다(여기서 Circle 클래스가 radius라는 인스턴스 변수를 보유한다고 가정한다).

```
-(double) area
{
    return PI * radius * radius;
}

-(double) circumference
{
    return 2.0 * PI * radius;
}
```

(참고: 이미 M_PI라는 심벌이 정의돼 있다는 것을 알고 있다. π가 필요하면 언제든 이 심벌을 사용하면 된다.) 상수를 심벌 명에 할당하면 특정 상수 값을 사용할 때마다 기억할 필요가 없다. 그뿐 아니라 상수 값을 바꿔야 한다면(예를 들어 잘못된 값을 사용하고 있었다면), 프로그램의 단 한 곳, #define 명령문에서만 값을 변경해 주면 된다. 이 방법을 사용하지 않으면 프로그램 전체를 검색하여 상수가 사용된 곳마다 값을 변경해 주어야 한다.

지금껏 정의한 디파인들(TRUE, FALSE, PI)을 보자. 모두 대문자로 쓰여 있다. 이를 통해 변수와 정의된 값을 시각적으로 구분하는 것이다. 어떤 프로그래머들은 디파인 이름에 대문자만 사용하여 이름으로 변수, 객체, 클래스 이름과 디파인 이름을 쉽게 구별할 수 있도록 한다. 또 자주 사용되는 이름 규칙으로는 디파인 이름을 k로 시작하는 것이 있다. 이 경우, 그 뒤에 나오는 글자를 모두 대문자로 쓰지 않는다. kMaximumValues와 kSignificantDigits는 이 이름 규칙을 따르는 디파인 이름이다.

상수 값에 디파인 이름을 사용하면 프로그램을 더 쉽게 확장할 수 있다. 예를 들어, 배열이 어떻게 동작하는지 학습하면, 할당하고 싶은 배열의 크기를 하드 코딩 하지 않고 다음과 같이 값으로 정의할 수 있다.

```
#define MAXIMUM_DATA_VALUES 1000
```

이후 배열을 생성할 때 배열 크기에 이 정의한 값을 사용하고, 이 값을 기준으로 배열의 유효한 인덱스에 접근할 수 있다.

또한, 프로그램이 배열 크기가 사용되는 곳에 MAXIMUM_DATA_VALUES를 사용할 경우, 이후에 배열 크기를 바꿔야 할 때 프로그램 앞의 디파인을 선언하는 부분만 수정하면 된다.

12.1.1 디파인의 고급 형태

간단한 상수 값 외에 다른 것들에서도 디파인 이름을 정의할 수 있다. 표현식을 포함해도 되고, 그 외 거의 모든 것을 포함해도 된다.

다음은 2.0과 3.141592654를 곱한 결과를 TWO_PI라는 이름으로 정의한다.

```
#define TWO_PI 2.0 * 3.141592654
```

이제 이 정의된 이름을 표현식 2.0 * 3.141592654가 유효한 곳에서는 언제나 사용할 수 있다. 따라서 이전 예제에서 circumference 메서드의 return 명령문을 다음과 같이 고칠 수 있다.

```
return TWO_PI * radius;
```

정의된 이름이 Objective-C 프로그램에서 나올 때마다, #define 문에서 정의된 이름의 오른쪽에 있는 글자로 대치된다. 따라서 전처리기가 앞의 return 문에서 TWO_PI를 접할 때, 이 이름을 #define 문에서 설정해 준 내용으로 대치한다. 따라서 전처리기는 문자 그대로 프로그램에서 정의된 이름인 TWO_PI가 나타날 때마다 이를 2.0 * 3.141592654로 대치한다.

전처리기가 텍스트를 글자 그대로 대치하기 때문에, 보통 #define 문은 세미콜론으로 끝내지 않는다. 세미콜론을 추가하면 정의된 이름이 나타날 때마다 세미콜론까지 대치되기 때문이다. 만일 PI를 다음과 같이 정의했다고 해보자.

```
#define PI 3.141592654;
```

그리고 다음과 같은 명령문을 작성했다면 어떻게 될까?

```
return 2.0 * PI * r;
```

전처리기는 정의된 이름인 PI가 나타날 때마다 3.141592654;으로 대치한다. 전처리기가 이 명령문을 대치하고 나서 컴파일러는 다음 명령문을 보게 될 것이다.

```
return 2.0 * 3.141592654; * r;
```

이 명령문은 구문 오류를 낸다. 정말 세미콜론을 사용해야 하는 경우가 아니라면 마지막에 세미콜론을 추가하지 말자.

결과 표현식이 사용되는 곳에서 유효하기만 하면, 전처리기 정의 자체는 유효한 Objective-C 표현식일 필요가 없다. 예를 들어 다음과 같이 정의했다고 하자.

```
#define AND &&
#define OR ||
```

그리고 다음과 같은 표현문들을 작성했다고 하자.

```
if ( x > 0 AND x < 10 )
    ...
if ( y == 0 OR y == value )
    ...
```

심지어 동일성을 테스트하기 위해 #define을 포함할 수도 있다.

```
#define EQUALS ==
```

이제 다음과 같은 명령문을 작성할 수 있다.

```
if ( y EQUALS 0 OR y EQUALS value )
    ...
```

드디어 동일성을 비교할 때 실수로 대입 연산자를 사용할 가능성을 없앨 수 있다.

비록 이 예제들에서 #define 문이 지닌 강력한 면이 보이지만, 프로그래밍 언어 하부의 문법을 이런 식으로 재정의하는 것은 좋지 않은 프로그래밍 습관이다. 또한 다른 사람이 당신의 코드를 이해하기 더 어려울 것이다.

흥미롭게도 정의한 값 자체를 다른 디파인에서 참조할 수 있다. 다음 두 #define 문은 모두 유효하다.

```
#define PI 3.141592654
#define TWO_PI 2.0 * PI
```

TWO_PI는 앞에 정의된 이름 PI를 사용하므로 3.141592654를 다시 쓰지 않아도 된다.

디파인의 정의를 다음과 같이 바꿔도 유효하다.

```
#define TWO_PI 2.0 * PI
#define PI 3.141592654
```

여기서 규칙은, 정의된 이름이 프로그램에서 사용될 때 모든 것이 정의되어 있다면 디파인에서 다른 디파인을 사용할 수 있다는 것이다.

#define을 잘 사용하면 프로그램에서 주석을 달 필요가 줄어든다. 다음 명령문을 살펴보자.

```
if ( year % 4 == 0 && year % 100 != 0 || year % 400 == 0 )
    ...
```

이 표현식은 변수의 해가 윤년인지 확인한다. 다음 #define 문과 뒤따라 나오는 if 문을 살펴보자.

```
#define IS_LEAP_YEAR  year % 4 == 0 && year % 100 != 0 \
                      || year % 400 == 0
    ...
if ( IS_LEAP_YEAR )
    ...
```

대개 전처리기는 디파인 정의가 단 한 줄이라고 가정한다. 만일 두 번째 줄이 필요하다면 첫 줄 맨 마지막을 역슬래시 문자(\)로 끝내야 한다. 이 문자는 전처리기에게 디파인이 계속 이어짐을 나타낼 뿐 다른 의미는 없다. 두 줄 이상인 경우도 마찬가지다. 뒤에 이어지는 줄이 있다면 그 줄은 역슬래시 문자로 끝나야 한다.

여기서 if 문은 그 앞의 경우보다 훨씬 이해하기 쉽다. 명령문 자체가 자신을 설명하고 있기 때문에 주석이 필요 없다. 물론, 이 정의는 year 변수가 윤년인지 아닌지만 테스트한다. 변수 year뿐 아니라 어느 해든 윤년인지 확인할 수 있게 만든다면 좋을 것이다. 사실, 인수를 하나 이상 받는 디파인을 작성할 수 있다. 다음 주제는 바로 이 내용이다.

다음과 같이 IS_LEAP_YEAR가 y라는 인수를 받도록 정의할 수 있다.

```
#define IS_LEAP_YEAR(y)  y % 4 == 0 && y % 100 != 0 \
                         || y % 400 == 0
```

메서드 정의와 달리, 여기서는 인수 y의 형을 지정해 주지 않는다. 그 이유는 함수를 호출하는 것이 아니라 글자를 대치하는 일을 할 뿐이기 때문이다. 인수를 받는 이름을 정의할 때는 정의된 이름과 인수 목록 왼쪽 괄호 사이에 빈칸을 넣으면 안 된다.

앞의 정의를 사용하여 다음과 같은 명령문을 작성할 수 있다.

```
if ( IS_LEAP_YEAR (year) )
    ...
```

이 명령문은 year의 값이 윤년인지 테스트한다. nextYear의 값이 윤년인지 테스트하고 싶다면, 다음과 같이 작성한다.

```
if ( IS_LEAP_YEAR (nextYear) )
   ...
```

이 명령문에서 if 문 안의 IS_LEAP_YEAR는 디파인 정의에서 y가 나타나는 곳마다 nextYear로 대치된다. 따라서 컴파일러는 if 문을 다음처럼 보게 될 것이다.

```
if ( nextYear % 4 == 0 && nextYear % 100 != 0 || nextYear % 400 == 0 )
   ...
```

이런 정의를 보통 매크로라고 부른다. 이 용어는 보통 인수를 하나 이상 받는 정의에 사용된다.
SQUARE라는 이 매크로는 인수를 제곱한다.

```
#define SQUARE(x) x * x
```

비록 SQUARE 매크로의 정의가 분명하지만, 매크로를 정의할 때 발생할 수 있는 흥미로운 함정에 빠지지 않도록 주의해야 한다.

```
y = SQUARE (v);
```

위에서 언급했던 것처럼 다음 명령문은 v2의 값을 y에 할당한다. 다음 명령문의 경우, 어떤 일이 발생할지 생각해 보라.

```
y = SQUARE (v + 1);
```

이 명령문은 예상과 달리 $(v + 1)^2$을 y에 대입하지 않는다. 전처리기가 매크로에 인수의 텍스트 대치 작업을 수행하기 때문에, 위 표현식은 다음과 같이 평가된다.

```
y = v + 1 * v + 1;
```

당연히 이 문장은 예상했던 결과 값을 생성해 주지 않는다. 이 문제를 제대로 처리하려면 SQUARE 매크로 정의에 괄호를 사용해야 한다.

```
#define SQUARE(x) ( (x) * (x) )
```

이 정의가 좀 이상해 보일지도 모른다. SQUARE 매크로에 주어진 값이 매크로 안의 x를 글자 그대로 대치함을 기억하도록 하자. 다음 명령문에 SQUARE의 새 매크로 정의를 적용한다고 해보자.

```
y = SQUARE (v + 1);
```

다음과 같이 정상적으로 평가된다.

```
y = ( (v + 1) * (v + 1) );
```

다음 매크로를 써서 Fraction 클래스에서 새 분수를 쉽게 생성해낼 수 있다. 이 매크로를 작성한 후에는

```
#define MakeFract(x, y) ([[Fraction alloc] initWith: x over: y])
```

다음과 같이 표현식을 작성할 수 있다.

```
myFract = MakeFract (1, 3);    // 분수 1/3을 만든다.
```

매크로를 정의할 때 조건 연산자를 써도 매우 유용하다. 다음은 두 값의 최댓값을 알려 주는 MAX라는 매크로 정의다.

```
#define MAX(a,b) ( ((a) > (b)) ? (a) : (b) )
```

이 매크로를 쓰면 다음과 같은 명령문을 작성할 수 있다.

```
limit = MAX (x + y, minValue);
```

이 표현식은 x + y와 minValue 가운데 큰 값을 limit에 대입한다. 전체 MAX

정의에 괄호를 씌워 다음과 같은 표현식이 정상적으로 평가되도록 하였다.

```
MAX (x, y) * 100
```

괄호로 각 인수를 감싸면 다음 표현식도 정상적으로 평가할 수 있다.

```
MAX (x & y, z)
```

& 연산자는 비트 AND 연산자다. 매크로에서 사용되는 〉 연산자보다 우선순위가 낮다. 매크로 정의에서 괄호를 쓰지 않았다면 〉 연산자가 비트 AND 연산자보다 먼저 평가되어 잘못된 결과를 생성할 것이다.

다음 매크로는 문자가 소문자인지 테스트한다.

```
#define IS_LOWER_CASE(x) ( ((x) >= 'a') && ((x) <= 'z') )
```

이 매크로로 다음과 같은 표현식을 작성할 수 있다.

```
if ( IS_LOWER_CASE (c) )
    ...
```

심지어 이 매크로를 다른 매크로 정의에 사용하여 소문자를 대문자로 변환할 수도 있다.

```
#define TO_UPPER(x) ( IS_LOWER_CASE (x) ? (x) - 'a' + 'A' : (x) )
```

다시 말하지만, 여기서는 표준 ASCII 문자 세트를 다룬다. 2부에서 Foundation 스트링을 배우면 국제(유니코드) 문자 세트에서 대소문자를 어떻게 변환하는지를 보게 될 것이다.

12.2 #import 명령문

Objective-C로 프로그래밍한 지 꽤 되었다면, 자신만의 매크로 세트를 개발하여 각 프로그램에서 사용할 것이다. 이 매크로들을 각 프로그램에 입력하는 대신, 전처리기는 다른 파일에 있는 정의를 각각 #import 문을 사용하여 프로그램에 포함시킨다. 이 파일들은 (앞에서 사용했지만 직접 만들지 않았던 것들과 유사하게) 보통 .h로 끝나고 '헤더' 혹은 '인클루드' 파일이라고 부른다.

다양한 단위 변환을 수행하는 프로그램을 작성한다고 해보자. 변환에 사용할 다양한 상수를 위한 #define 문들을 정의하고 싶을 것이다.

```
#define INCHES_PER_CENTIMETER 0.394
#define CENTIMETERS_PER_INCH (1 / INCHES_PER_CENTIMETER)

#define QUARTS_PER_LITER 1.057
#define LITERS_PER_QUART (1 / QUARTS_PER_LITER)

#define OUNCES_PER_GRAM 0.035
#define GRAMS_PER_OUNCE (1 / OUNCES_PER_GRAM)
...
```

이 코드를 metric.h라는 파일에 따로 입력해 두었다고 하자. 어느 프로그램이든 metric.h에 포함된 정의가 필요하다면 다음 전처리 지시어를 사용하면 된다.

```
#import "metric.h"
```

이 명령문은 metric.h에 정의된 #define 문을 참조하기 전에 나타나야 하고, 보통은 소스 파일의 맨 처음에 자리 잡는다. 전처리기는 시스템에서 지시한 파일을 찾는다. 그리고 파일의 내용물을 이 #import 명령문이 있는 곳에 복사해 넣는다. 따라서, 이 파일에 포함된 명령문들은 모두 그 지점에 현재 프로그램에 직접 입력해 넣은 것과 동일하게 취급된다.

헤더 파일 이름 양쪽의 따옴표는 전처리기에게 지정한 파일을 하나 혹은 그 이상인 파일 디렉터리에서 찾으라는 지시다(보통, 소스 파일이 담겨 있는 디렉터리를 먼저 찾는데, 전처리기가 찾는 실제 위치는 Xcode의 프로젝트 설정에서 수정할 수 있다).

다음과 같이 파일명을 〈 〉로 감싸도 된다.

```
#import <Foundation/Foundation.h>
```

이렇게 하면 전처리기가 지정된 파일을 특별한 '시스템' 헤더 파일 디렉터리에서 찾지만 현재 소스의 디렉터리는 검색하지 않는다. 다시 말하지만, Xcode에서 검색할 디렉터리를 지정할 수 있다.

파일 임포트 기능이 지닌 좋은 점 중 하나는 정의를 한곳에 모으면서도 동일한 값을 모든 프로그램이 참조할 수 있다는 것이다. 게다가 인클루드 파일의 값 중 잘못된 부분이 하나라도 발견되면 이 값을 사용하는 모든 프로그램을 수정할 필요 없이 한 곳만 수정하면 된다. 부정확한 값을 참조했던 프로그램들은 그저 재컴파일만 해주면 된다.

12.3 조건 컴파일

Objective-C 전처리기는 '조건 컴파일'이라는 기능을 제공한다. 조건 컴파일은 보통 각기 다른 컴퓨터 시스템 환경에서 돌아가도록 컴파일할 수 있는 하나의 프로그램을 만들 때 사용된다. 또한, 프로그램에서 다양한 명령문을 껐다 켜는 데도 사용된다. 한 예로, 변수의 값을 출력하거나 프로그램 실행의 흐름을 추적하는 디버깅 명령문을 들 수 있다.

12.3.1 #ifdef, #endif, #else, #ifndef 문

불행히도, 이따금 프로그램은 시스템에 따른 특정 매개변수에 의존해야 하는 때가 있다. 이 매개변수는 다른 기기(예를 들어 iPhone과 iPad)와 특정 버전의 운영체제(예를 들어 레퍼드와 스노레퍼드)에 따라 다르게 지정되어야 한다.

(가능하면 이런 상황은 최소화해야 하지만) 만일 특정 하드웨어나 소프트웨어에 많이 의존하는 큰 프로그램이 있다면, 프로그램을 다른 컴퓨터 시스템으로 옮길 때 값이 바뀌어야 하는 디파인이 많을 것이다.

전처리기의 조건 컴파일 기능을 사용하면, 프로그램을 다른 시스템으로 옮겨갈 때마다 이 디파인의 값을 변경해 줘야 하는 문제를 줄일 수 있고 각각 다른 시스템에 따르는 이들 디파인 값을 프로그램에 포함시킬 수 있다. 간단한 예로, 다음 명령문은 IPAD 심벌이 정의되어 있는 경우에는 kImageFile을 @"barnHD.png"로, 그 외에는 @"barn.png"로 정의한다.

```
#ifdef IPAD
# define kImageFile @"barnHD.png"
```

```
#else
# define kImageFile @"barn.png"
#endif
```

이 코드에서 확인할 수 있듯이, 전처리기 명령문을 시작하는 # 다음에는 원하는 만큼 빈칸을 넣어도 된다.

#ifdef, #else, #endif 명령문은 예상대로 동작한다. #ifdef에 지시한 심벌이 (#define 문이나 프로그램이 컴파일될 때 커맨드라인을 통해) 이미 정의되어 있다면 컴파일러는 #else, #elif, #endif가 나올 때까지만 코드를 처리하고, 그 외의 경우에는 무시한다.

IPAD 심벌을 전처리기에 정의하려면 다음 명령문을 사용한다.

```
#define IPAD 1
```

또는 그냥 다음 명령문도 충분하다.

```
#define IPAD
```

위 코드에서 알 수 있듯이 정의된 이름 뒤에 아무런 텍스트가 없어도 #ifdef 테스트를 통과한다. 컴파일러는 프로그램이 컴파일될 때, 컴파일러 명령에 특별한 옵션을 주어 전처리기에 이름을 정의해 줄 수도 있다. 다음 커맨드라인을 보자.

```
clang -fobjc-arc -D IPAD program.m
```

이 커맨드라인은 전처리기에 IPAD라는 이름을 정의하여 program.m 안의 모든 #ifdef IPAD 명령문이 참(true)으로 평가되게 한다(커맨드라인에서 프로그램 이름 앞에 -D IPAD 입력해야 함에 주의하라). 이 기법을 사용하면 소스 코드를 수정하지 않고 이름을 정의할 수 있다.

Xcode의 '프로젝트 설정'에서 Add User Defined Setting을 선택하여 새로 정의 된 이름과 값을 설정해 줄 수 있다. Xcode에서 Build Settings, All, Apple LLVM compiler x.x - Preprocessing, Preprocessor Macros를 선택하여 새로 정의된 이름과 값을 추가할 수 있다. 그림 12.1은 Xcode 4에서 IPAD와 1로 정

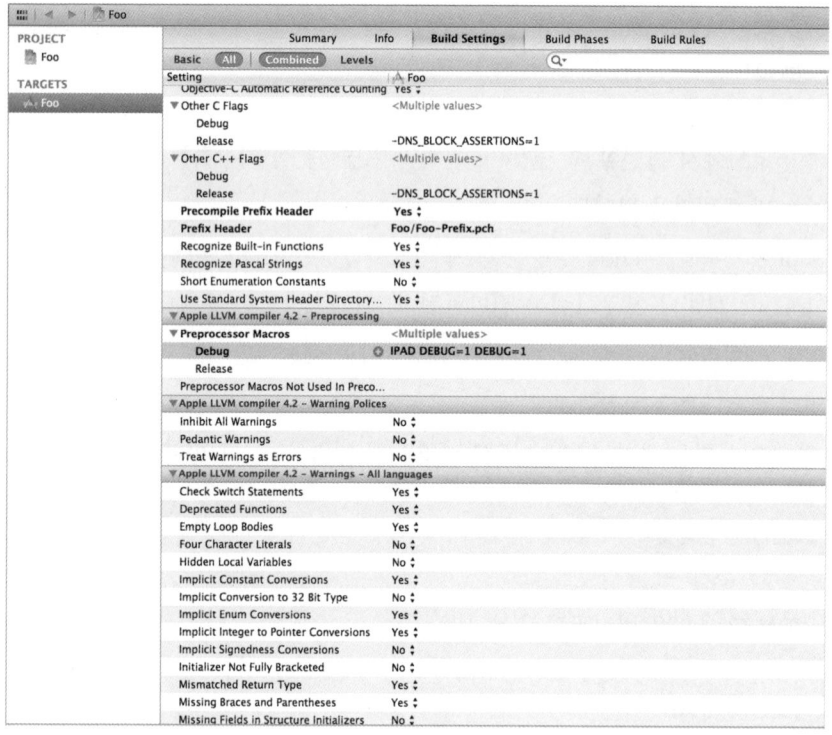

그림 12.1 전처리기 식별자 IPAD 정의하기

의된 DEBUG 심벌의 스크린샷이다.

#ifndef 문은 #ifdef와 유사하게 사용되는데, 지정한 심벌이 정의되지 않았을 때만 따라 나오는 코드들을 처리한다.

이미 언급했듯이, 조건 컴파일은 프로그램을 디버깅할 때 유용하다. 중간 결과를 표시하고 실행 흐름을 따라가기 위해 프로그램에서 NSLog 문을 많이 사용하게 될 것이다. 이런 명령문들을 DEBUG와 같이 특정 이름이 정의되어 있을 때만 조건 컴파일을 할 수 있다. 예를 들어 다음 명령문들을 사용하면 프로그램에 DEBUG라는 이름이 정의되었을 때만 특정 변수의 값을 표시하도록 할 수 있다.

```
#ifdef DEBUG
    NSLog (@"User name = %@, id = %i", userName, userId);
#endif
```

프로그램 전반에 이런 디버깅 명령어들이 많이 있다면, 프로그램을 디버그할 때만 DEBUG를 정의하여 모든 디버깅 명령문을 컴파일할 수 있다. 프로그램이 정상 동작하면 DEBUG를 정의하지 않은 채로 재컴파일하면 된다. 이렇게 하면 디버깅 명령문들이 컴파일되지 않으므로 프로그램 크기도 줄어드는 효과가 있다.

12.3.2 #if와 #elif 전처리 명령문

#if 전처리 명령문은 조건 컴파일을 조작하는, 한층 일반적인 방법을 제공한다. #if 문은 상수 표현식이 0이 아닌지를 테스트하는데 사용된다. 만일 표현식의 결과가 0이 아니라면, 그 후부터 #else나 #elif, #endif가 나올 때까지만 코드를 처리하고, 그렇지 않은 경우에는 이 코드들은 무시된다.

이것들을 사용하는 예로, Foundation의 헤더 파일 NSString.h에 있는 다음 코드를 보자.

```
#if MAC_OS_X_VERSION_MIN_REQUIRED < MAC_OS_X_VERSION_10_5
#define NSMaximumStringLength (INT_MAX-1)
#endif
```

이 테스트는 정의된 변수 MAC_OS_X_VERSION_MIN_REQUIRED의 값을 정의된 변수 MAC_OS_X_VERSION_10_5와 비교한다. 만일 전자가 후자보다 작다면, 뒤따르는 #define이 처리된다. 그 외의 경우에는 뒤따르는 #define을 그냥 건너뛴다. 아마도 이 코드는 프로그램이 MAC OS X 10.5 이후 버전에서 컴파일되는 경우, 스트링의 최대 길이를 정수 최대 크기 -1로 설정해 줄 것이다.

다음 특별 연산자를 #if에서 사용할 수 있다.

```
defined (name)
```

이 연산자와 #if 문을 함께 사용하면 #ifdef와 동일한 기능을 한다.

```
#if defined (DEBUG)
    ...
#endif
```

그리고

```
#ifdef DEBUG
    ...
#endif
```

NSObjcRuntime.h 파일에 나타나는 다음 명령문은 사용되는 컴파일러에 맞춰 NS_INLINE를 정의한다(물론 아직 정의되지 않았을 경우에만 그렇다).

```
#if !defined(NS_INLINE)
    #if defined(__GNUC__)
        #define NS_INLINE static __inline__ __attribute__((always_inline))
    #elif defined(__MWERKS__) || defined(__cplusplus)
        #define NS_INLINE static inline
    #elif defined(_MSC_VER)
        #define NS_INLINE static __inline
    #elif defined(__WIN32__)
        #define NS_INLINE static __inline__
    #endif
#endif
```

다음과 같은 형태의 코드 시퀀스에서도 #if가 자주 사용된다.

```
#if defined (DEBUG) && DEBUG
    ...
#endif
```

이 코드는 DEBUG가 정의되어 있고 그 값이 0이 아닐 때, #if와 #endif 사이의 명령문들을 실행하고자 할 경우 자주 사용된다.

(나를 포함해서) 프로그래머들은 종종 코드 블록을 전처리기 명령문 #if 0과 #endif 짝으로 감싸 주석 처리 하기도 한다. 0은 언제나 거짓이므로 블록 내 코드는 무시된다.

12.3.3 #undef 명령문

때로는 정의한 이름을 취소할 필요가 있다. 이때에는 #undef 명령문을 사용하면 된다. 특정 이름에 대한 정의를 제거하려면 다음과 같은 코드를 작성한다.

```
#undef name
```

따라서 다음 명령문은 IPAD 정의를 제거한다.

```
#undef IPAD
```

그러면 이후에 나오는 #ifdef IPAD나 #if defined (IPAD) 명령문은 FALSE가 된다.

이것으로 전처리기에 대한 이야기는 마치기로 하자.

12.4 연습문제

1. 컴퓨터에서 시스템 헤더 파일 limit.h와 float.h의 위치가 어디인지 찾아보라. 이 파일들에 무엇이 들어있는지 살펴보라. 만일 다른 헤더 파일을 담고 있다면 그 파일들도 찾아서 내용을 살펴보라.

2. 두 값의 최솟값을 돌려주는 매크로 MIN를 정의하고 이 매크로 정의를 테스트할 프로그램을 작성하라.

3. 세 값의 최댓값을 돌려주는 매크로 MAX3를 정의하고 이 매크로 정의를 테스트할 프로그램을 작성하라.

4. 문자가 대문자일 경우, 0이 아닌 값을 돌려주는 IS_UPPER_CASE 매크로를 작성하라.

5. 문자가 알파벳일 경우, 0이 아닌 값을 돌려주는 IS_ALPHABETIC 매크로를 작성하라. 이 장에서 정의한 IS_LOWER_CASE와 연습문제 4번에서 정의한 IS_UPPER_CASE 매크로를 사용하는 매크로를 만들자.

6. 문자가 0부터 9까지에 있는 숫자라면, 0이 아닌 값을 돌려주는 IS_DIGIT를 정의하라. 이 매크로를, 문자가 특수문자(알파벳이나 숫자가 아닌 문자)일 때 0이 아닌 값을 돌려주는 매크로인 IS_SPECIAL를 정의할 때 사용하라. 연

습문제 5번에서 개발한 IS_ALPHABETIC 매크로도 사용하라.

7. 인수의 절댓값을 계산하는 ABSOLUTE_VALUE를 작성하라. 다음과 같은 표현식을 정상 평가하는 매크로를 만들라.

   ABSOLUTE_VALUE (x + delta)

13장

Programming in Objective-C

하부 C 언어 기능

이 장에서 설명하는 Objective-C 기능은 Objective-C 프로그램을 작성하는 데 필수는 아니다. 사실, 이런 기능은 대부분 하부 C 프로그래밍 언어에서 왔다. 함수, 구조체, 포인터, 공용체, 배열은 필요에 따라 배우는 것이 좋다. C 언어 자체는 절차적 언어이기 때문에 C의 일부 기능은 객체 지향 프로그램을 배우는 데 방해가 된다. 또한 C는 Foundation 프레임워크에 구현된 메모리 할당 기법이나 멀티바이트 문자를 포함하는 스트링 작업 같은 몇몇 전략에 훼방을 놓을 수도 있다.

노트

C 언어에도 멀티바이트 문자를 다루는 방법이 있지만, Foundation 프레임워크의 NSString 클래스에서 더 우아한 해결법을 제시한다.

반면 어떤 프로그램은 성능상의 이유로 저수준 접근 방식을 써야 할 수도 있다. 예를 들어, 거대한 데이터 배열을 다루고 있지 않다면 Foundation의 배열 객체 대신 C에 포함된 배열 데이터 구조(15장 「숫자, 스트링, 컬렉션」에서 다룬다)를 쓰고 싶을 것이다. 반복되는 작업을 그룹으로 묶거나 프로그램을 모듈화하는 데 함수를 유용하게 사용할 수도 있을 것이다.

이 장의 내용은 한 번 훑어보고 나중에 2부 「Foundation 프레임워크」를 다 읽고서 다시 살펴보자. 아니면 전부 건너뛰고 Foundation 프레임워크를 다루는 2부로 바로 넘어가도 된다. 다른 사람의 코드를 지원해야 하거나, Foundation 프레임워크의 헤더 파일을 파고들어 가야 할 때, 이 장에서 다루는 구조를 보게 될 것이다. 그때 이 장으로 돌아와서 이해해야 하는 개념을 설명한 부분을 읽으면 된다. NSRange, NSPoint, NSRect와 같은 Foundation의 일부 데이터 형은 구조체에 대한 기본적인 이해가 있어야 다룰 수 있다. 이 장에 구조체에 대한 설명도 있다.

13.1 배열

Objective-C에서는 정렬된 데이터 항목의 모음인 '배열'을 정의할 수 있다. 이 절에서는 배열을 정의하고 다루는 방법을 설명한다. 함수, 구조체, 문자열, 포인터와 함께 배열을 사용하는 방법도 배울 것이다.

컴퓨터가 성적의 모음을 읽고, 이 성적들에 어떤 작업을 수행한 다음 오름차순으로 순위를 매기고, 평균을 계산하거나 중간 값을 구한다고 하자. 모든 성적을 입력하기 전에는 이런 작업을 수행할 수 없을 것이다.

Objective-C 언어에서 성적 하나의 값이 아니라 전체 성적을 나타내는 grade라는 변수를 정의할 수 있다. '인덱스' 혹은 '첨자 연산자'를 사용하여 이 모음 안의 각 성분을 참조한다. 수학에서 첨자 연산자 변수 x_i가 집합에서 i번째 원소를 의미하듯 Objective-C에서도 다음과 같이 표현한다.

    x[i]

따라서 다음 표현식은 grades라는 변수에서 원소 번호 5를 나타낸다.

    grades[5]

Objective-C에서 배열 원소는 0번부터 시작한다. 따라서 다음은 배열의 첫 원소를 나타낸다.

    grades[0]

또한 배열의 각 원소를, 일반적인 변수가 사용되는 곳이면 어디서든 사용할 수 있다. 예를 들어, 다음 명령문과 같이 배열의 값을 다른 변수에 할당할 수 있다.

```
g = grades[50];
```

이 명령문은 grades[50]에 들어 있는 값을 g에 대입한다. 다음 명령문은 더 일반적인 형태로, i가 정수 변수로 선언되었다면 배열 grades의 원소 번호 i에 들어 있는 값이 변수 g에 할당된다.

```
g = grades[i];
```

배열 원소를 등호 왼쪽에 놓아서 배열 원소의 값을 지정해줄 수 있다. 다음 명령문을 보자.

```
grades[99] = 95;
```

여기서 값 95는 grades 배열의 99번째 원소에 저장되었다.

배열의 첨자 연산자로 사용되는 변수의 값을 바꿔가면서 변수 내 원소에 차례대로 접근할 수 있다. 따라서 다음 for 문은 grades 배열에서 처음부터 100번째에 이르는 원소(0~99)를 순차적으로 접근하여 각 성적의 값을 sum에 더한다.

```
for ( i = 0; i < 100; ++i )
    sum += grades[i];
```

for 문이 종료되면, 변수 sum은 grades 배열의 맨 앞부터 100번째까지 이르는 값의 합을 담는다(반복문이 시작되기 전 sum의 값이 0이었다고 가정한다).

다른 데이터 형의 변수들과 마찬가지로, 배열도 사용하기 전에 선언해야만 한다. 변수 선언은 변수에 포함될 원소의 데이터 형(int나 float 혹은 객체 같은)을 선언하고, 배열에 저장될 원소의 최대 개수를 지정해 주는 작업이다.

다음은 fracts가 분수 100개를 담는 배열이 되도록 정의한다.

```
Fraction *fracts [100];
```

인덱스 0부터 99까지 사용하여 이 배열에 담긴 원소를 참조할 수 있다.

다음 표현식은 Fraction의 add: 메서드를 사용하여 fracts 배열에 등장하는 처음 두 분수를 더하고, 그 결과를 배열의 세 번째 위치에 저장한다.

```
fracts[2] = [fracts[0]add:fracts[1]];
```

프로그램 13.1은 피보나치 수를 15개 생성한다. 출력 결과가 어떻게 나올까? 표에 담긴 각 수 사이에는 어떤 관계가 존재하는가?

프로그램 13.1

```
// 첫 15개의 피보나치 수를 생성하는 프로그램
#import <Foundation/Foundation.h>

int main (int argc, char *argv[])
{
  @autoreleasepool {
     int Fibonacci[15], i;

     Fibonacci[0] = 0;   /* by definition */
     Fibonacci[1] = 1;   /*    ditto     */

     for ( i = 2; i < 15; ++i )
        Fibonacci[i] = Fibonacci[i-2] + Fibonacci[i-1];

     for ( i = 0; i < 15; ++i )
        NSLog (@"%i", Fibonacci[i]);
  }
  return 0;
}
```

프로그램 13.1 출력 결과

```
0
1
1
2
3
5
8
13
21
34
55
89
144
233
377
```

첫 번째 피보나치 수와 두 번째 피보나치 수인 F0와 F1은 각각 0과 1로 정의되어 있다. 그 후 이어지는 피보나치 수 Fi는 앞선 피보나치 수 두 개, F_{i-2}와 F_{i-1}을 더한 값으로 정의된다. 그러므로 F_2는 F_0와 F_1을 더한 값으로 계산된다. 이것은 앞의 프로그램에서 Fibonacci[0]와 Fibonacci[1]을 더해 Fibonacci[2]를 계산하는 것과 대응된다. 이 계산은 for 문 안에서 F_2부터 F_{14}까지의 값을 계산한다 (혹은 Fibonacci[2]에서 Fibonacci[14]까지의 값을 계산한다).

13.1.1 배열 원소 초기화하기

변수를 선언할 때 초깃값을 대입하는 것처럼 배열의 원소에도 초깃값을 대입할 수 있다. 그저 배열의 첫 번째 원소부터 초깃값을 나열해 주면 된다. 값들은 쉼표로 구분하며, 전체 목록은 중괄호로 감싼다.

다음 명령문을 보자.

```
int integers[5] = { 0, 1, 2, 3, 4 } ;
```

이 명령문은 integers[0]의 값을 0, integers[1]의 값을 1, integers[2]의 값을 2, 이런 식으로 계속 설정한다.

문자 배열도 비슷한 방식으로 초기화할 수 있다.

```
char letters[5] = { 'a', 'b', 'c', 'd', 'e' } ;
```

이 명령문은 문자 배열 letters를 정의하고 원소 다섯 개를 각각 문자 a, b, c, d, e로 설정한다.

배열의 전체 원소를 모두 초기화할 필요는 없다. 만일 전체 크기보다 적은 수로 초깃값을 지정하면, 해당 원소들만 초기화되고 나머지는 0으로 설정된다. 따라서 다음 선언에서는 sample_data의 첫 원소 세 개만 100.0, 300.0, 500.5로 초기화되고 나머지 497개는 0으로 초기화된다.

```
float sample_data[500] = { 100.0, 300.0, 500.5 } ;
```

원소 번호를 대괄호 안에 입력하면, 지정한 원소를 순서에 상관없이 초기화할 수 있다. 다음 코드를 보자.

```
int x = 1233;

int a[] = { [9] = x + 1, [2] = 3, [1] = 2, [0] = 1 } ;
```

이 코드는 원소를 10개 갖는 (배열의 가장 큰 인덱스로 알 수 있다) 배열 a를 정의하고 마지막 원소가 x + 1의 값(1234)을 갖도록 초기화한다. 게다가 첫 세 원소의 값을 각각 1, 2, 3으로 초기화한다.

13.1.2 문자 배열

프로그램 13.2는 문자 배열을 사용하는 법을 보여 준다. 여기서 한 가지 논의할 만한 사항이 있다. 무엇인지 찾아보자.

프로그램 13.2

```
#import <Foundation/Foundation.h>

int main (int argc, char *argv[])
{
  @autoreleasepool {
     char word[] = { 'H', 'e', 'l', 'l', 'o', '!' } ;
     int  i;

     for ( i = 0; i < 6; ++i )
        NSLog (@"%c", word[i]);
  }
  return 0;
}
```

프로그램 13.2 출력 결과

```
H
e
l
l
o
!
```

이 경우, 배열 크기는 초기화되는 원소 개 수를 기반으로 해서 자동 결정된다. 프로그램 13.2에서 배열 word가 초기화 값을 여섯 개 가지고 있으므로, Objective-C는 자동으로 배열 크기를 여섯 칸으로 지정한다.

배열이 정의될 때 배열에 든 모든 원소를 초기화한다면 이 방법도 아무 문제

없이 동작한다. 만일, 선언할 때 모든 원소를 초기화할 수 없다면 배열 크기를 명시적으로 지정해 주어야 한다.

만일 문자 배열의 끝에 종료 널 문자('\0')를 넣어 주면, '문자열'이 만들어진다. 프로그램 13.2의 word 초기화 코드를 다음과 같이 바꿔보자.

```
char word[] = { 'H', 'e', 'l', 'l', 'o', '!', '\0' } ;
```

다음과 같은 NSLog 호출로 이 스트링을 표시할 수 있다.

```
NSLog (@"%s", word);
```

%s 포맷 문자는 NSLog에게 종료 널 문자가 나올 때까지 문자를 표시하라고 알려준다. 이 문자는 word 배열의 마지막에 넣은 문자다.

13.1.3 다차원 배열

지금껏 본 배열은 모두 선형 배열로, 하나의 차원만 다룬다는 의미다. Objective-C에서는 다차원 배열도 정의할 수 있다. 이 절에서는 이차원 배열을 살펴보겠다.

이차원 배열을 사용하는 가장 자연스러운 적용은 행렬이다. 다음 4×5 행렬을 살펴보자.

```
10    5   -3   17   82
 9    0    0    8   -7
32   20    1    0   14
 0    0    8    7    6
```

수학에서 행렬의 원소는 보통 첨자 연산자 두 개를 사용하여 표시된다. 예컨대 위 행렬을 M이라고 칭할 때, $M_{i,j}$라고 표기하면 i번째 행(1부터 ~ 4까지), j번째 열(1부터 ~ 5까지)에 있는 원소를 나타낸다. $M_{3,2}$라고 표기하면 행렬의 셋째 행, 둘째 열에 있는 값인 20을 나타낸다. 이와 마찬가지로, $M_{4,5}$는 행렬의 넷째 행, 다섯째 열에 있는 원소(값 6)를 나타낸다.

Objective-C는 유사한 표기법을 사용하여 이차원 배열의 원소를 나타낸다. 그러나 Objective-C에서는 숫자가 0부터 시작하므로 행렬의 첫 행과 첫 열은 0

으로 시작한다. 위 행렬은 다음 도표로 행과 열을 표시할 수 있다.

Row (i)	Column (j)				
	0	1	2	3	4
0	10	5	-3	17	82
1	9	0	0	8	-7
2	32	20	1	0	14
3	0	0	8	7	6

수학에서는 $M_{i,j}$로 표기하고, Objective-C에서는 다음과 같이 표기한다.

M[i][j]

첫 인덱스는 행을, 두 번째 인덱스는 열을 나타낸다. 따라서 다음 명령문은, 0행 2열에 있는 값(-3)과 2행 4열에 있는 값(14)을 더해 변수 sum에 결과 값 11을 대입한다.

sum = M[0][2] + M[2][4];

이차원 배열도 일차원 배열과 동일한 방식으로 선언된다.

int M[4][5];

이 코드는 배열 M을 4행 5열, 즉 원소 20개짜리 이차원 배열로 선언한다. 배열 안의 각 위치는 정수 값을 담도록 정의되었다.

이차원 배열은 일차원 배열과 유사한 방식으로 초기화한다. 초기화의 인수를 나열할 때 같은 행끼리 묶어서 나열한다. 초기화 값 목록을 담은 각 행은 중괄호로 묶어 구별한다. 따라서, 앞의 표에 있는 원소로 배열 M을 정의하고 초기화하려면 다음과 같이 명령문을 작성한다.

```
int M[4][5] = {
        { 10, 5, -3, 17, 82 } ,
        { 9, 0, 0, 8, -7 } ,
        { 32, 20, 1, 0, 14 } ,
        { 0, 0, 8, 7, 6 }
    } ;
```

이 명령문의 문법을 주의 깊게 살펴보자. 행이 끝날 때마다 중괄호를 사용하고 그 뒤에 쉼표를 붙이는데, 마지막 행에는 쉼표가 붙지 않는다. 사실, 행을 구분하기 위해 중괄호를 쓰는 것은 선택하기 나름이다. 만일 중괄호가 없어도 초기화는 행을 따라 진행된다. 따라서 앞의 명령문은 다음과 같이 작성할 수도 있다.

```
int M[4][5] = {  10, 5, -3, 17, 82, 9, 0, 0, 8, -7, 32,
                 20, 1, 0, 14, 0, 0, 8, 7, 6 } ;
```

일차원 배열과 마찬가지로 배열 전체를 초기화할 필요는 없다. 다음 명령문은 각 행에서 처음부터 세 번째까지만 지정한 값으로 초기화한다.

```
int M[4][5] = {
     { 10, 5, -3 } ,
     { 9, 0, 0 } ,
     { 32, 20, 1 } ,
     { 0, 0, 8 }
   } ;
```

나머지 값들은 0으로 설정된다. 이 경우, 정확히 초기화해 주려면 내부 중괄호를 사용해야만 한다. 그렇지 않으면 처음 두 행과 세 번째 행의 둘째 원소까지만 지정한 값으로 초기화될 것이다(직접 확인해 보자).

13.2 함수

지금껏 모든 프로그램에서 사용한 NSLog 루틴은 함수의 한 예다. 사실, 모든 프로그램에서 main이라는 함수도 사용했다. 맨 처음 작성한, 터미널에 'Programming is fun.'을 표시하는 프로그램으로 돌아가자(프로그램 2.1).

```
#import <Foundation/Foundation.h>

int main (int argc, char * argv[])
{
   @autoreleasepool {
      NSLog (@"Programming is fun.");
   }
   return 0;
}
```

printMessage라는 다음 함수는 동일한 출력 결과를 생성한다.

```
void printMessage (void)
{
    NSLog (@"Programming is fun.");
}
```

printMessage 함수와 프로그램 2.1에 나온 main 함수 사이의 유일한 차이점은 첫째 줄에 존재한다. 함수 정의에서 첫째 줄은 컴파일러에게 함수에 대한 네 가지 정보를 이야기해 준다.

- 누가 이 함수를 호출할 수 있는가?
- 함수가 반환하는 값의 형은 무엇인가?
- 함수 이름은 무엇인가?
- 함수가 받는 인수의 개수와 형은 무엇인가?

printMessage 함수의 정의 부분에서 첫째 줄은 컴파일러에게 printMessage가 함수 이름이며 아무 값도 반환하지 않는다(키워드 void가 처음 사용되었다)는 것을 알려준다. 메서드와 달리, 함수의 반환 형은 괄호 안에 집어넣지 않는다. 만일 그렇게 하면 컴파일러 오류 메시지를 보게 된다.

컴파일러에게 printMessage가 값을 반환하지 않는다는 것을 알려준 다음, void 키워드가 두 번째로 사용되어 인수도 받지 않음을 나타낸다.

main은 Objective-C 시스템에서 특별하게 인식되는 이름으로, 프로그램은 늘 이곳에서 시작한다. 언제나 main이 하나 있어야 한다. 따라서 앞의 코드에 main 함수를 추가하여 프로그램 13.3과 같이 완성된 프로그램을 만들 수 있다.

프로그램 13.3

```
#import <Foundation/Foundation.h>

void printMessage (void)
{
  NSLog (@"Programming is fun.");
}

int main (int argc, char *argv[])
```

```
{
    @autoreleasepool {
        printMessage();
    }
    return 0;
}
```

프로그램 13.3 출력 결과

```
Programming is fun.
```

프로그램 13.3은 printMessage와 main이라는 두 함수로 구성된다. 앞서 언급했듯이, 함수를 호출하는 개념은 새로운 것이 아니다. printMessage는 인수를 받지 않기 때문에, 함수 이름 뒤에 열고 닫는 괄호만 추가해 주면 함수를 부를 수 있다.

13.2.1 인수와 지역 변수

5장 「프로그램 반복문」에서 삼각수를 계산하는 프로그램을 개발했다. 삼각수를 계산하는 함수를 정의하고 이름을 calculateTriangularNumber라고 붙였다. 이 함수는 인수를 받아서 어떤 삼각수를 계산할지 정한다. 그 후 원하는 값을 계산하여 결과를 표시한다. 프로그램 13.4는 이 작업을 수행하는 함수와 이를 확인할 main 루틴이다.

프로그램 13.4

```
#import <Foundation/Foundation.h>

// n번째 삼각수를 계산하는 함수

void calculateTriangularNumber (int n)
{
    int i, triangularNumber = 0;

    for ( i = 1; i <= n; ++i )
        triangularNumber += i;

    NSLog (@"Triangular number %i is %i", n, triangularNumber);
}

int main (int argc, char *argv[])
{
```

```
    @autoreleasepool
    {
        calculateTriangularNumber (10);
        calculateTriangularNumber (20);
        calculateTriangularNumber (50);
    }
    return 0;
}
```

프로그램 13.4 출력 결과

```
Triangular number 10 is 55
Triangular number 20 is 210
Triangular number 50 is 1275
```

calculateTriangularNumber 함수의 첫 줄은 다음과 같다.

```
void calculateTriangularNumber (int n)
```

이 코드는, 컴파일러에게 calculateTriangularNumber가 아무런 값도 반환하지 않고(키워드 void) int 형 인수 n 하나만 받는 함수라고 알려준다. 메서드에서 하듯이 괄호 안에 인수 형을 쓰지 않는다는 점에 다시 한 번 주의하자.

여는 중괄호({)는 함수 정의가 시작된다는 뜻이다. n번째 삼각수를 계산하려 하므로, 현재 계산되는 삼각수의 값을 저장해 둘 변수를 준비해야 한다. 또한, 반복문의 인덱스 역할을 맡을 변수도 필요하다. triangularNumber와 i라는 변수는 이런 목적으로 정의되고 int 형으로 선언되었다. 이 변수들은 이전 프로그램의 main 루틴에서와 동일한 방식으로 정의하고 초기화해 준다.

함수 내 지역 변수는 메서드와 마찬가지로 동작한다. 함수에 들어 있는 변수에 초깃값이 주어진다면, 함수가 호출될 때마다 변수에 이 초깃값이 대입된다. 그리고 만약 'Automatic Reference Counting(ARC)'를 사용하더라도, 함수가 호출 될 때마다 기본적으로 지역 변수에는 0으로 초기화 한다.

함수 내에서 정의된 변수는 (메서드에서와 마찬가지로) 함수가 호출될 때마다 자동으로 생성되고, 그 값이 함수 내에서만 지역적으로 존재한다. 즉, 함수 내 변수는 '자동 지역 변수'다.

'정적 지역 변수'는 키워드 static으로 선언하고, 함수가 여러 번 호출되더라도 그 값을 계속 유지하고 기본 초깃값으로 0을 갖는다.

지역 변수의 값은 변수가 정의된 함수 내에서만 접근할 수 있다. 함수 외부에서는 이 값에 직접 접근할 방법이 없다.

프로그램 예제로 돌아가자. 지역 변수가 정의된 후에 함수는 삼각수를 계산하고 결과를 터미널에 표시한다. 그 후 닫는 중괄호( )를 달아 함수의 끝을 정의한다.

main 루틴에서 calculateTriangularNumber를 처음 호출할 때 인수로 값 10이 넘겨진다. 실행은 바로 함수로 넘어가 10은 함수 내 매개변수 n의 값이 된다. 그 후 함수는 10번째 삼각수를 계산하고 결과를 표시한다.

calculateTriangularNumber가 다시 호출될 때는 인수로 20이 넘겨진다. 앞에서 설명한 절차와 비슷하게 이 값은 함수 내 n의 값이 된다. 그 후 함수는 20번째 삼각수를 계산하고, 답을 표시한다

13.2.2 함수 결과 반환하기

메서드와 마찬가지로 함수도 값을 반환할 수 있다. return 문으로 반환되는 값의 형은 함수에 대해 선언한 반환 형과 일치해야 한다. 다음과 같이 시작하는 함수 선언을 보자.

```
float kmh_to_mph (float km_speed)
```

이 함수는 float 형 인수 km_speed를 하나 받고, 부동소수점 값을 반환한다.

```
int gcd (int u, int v)
```

이 코드도 정수 인수인 u와 v를 받고 정수 값을 반환하는 함수 gcd를 정의한다.

프로그램 5.7에서 사용한 최대공약수 알고리즘을 함수 형태로 다시 작성해 보자. 함수의 두 인수로는 최대공약수(gcd)를 계산하려는 두 수를 쓴다(프로그램 13.5를 보라).

프로그램 13.5

```
#import <Foundation/Foundation.h>

// 이 함수는 두 양의 정수 사이의 최대공약수를 구해 결과를 반환한다.
```

```
int gcd (int u, int v)
{
   int temp;

   while ( v != 0 )
   {
      temp = u % v;
      u = v;
      v = temp;
   }

   return u;
}

main ()
{
   @autoreleasepool {
      int result;

      result = gcd (150, 35);
      NSLog (@"The gcd of 150 and 35 is %i", result);

      result = gcd (1026, 405);
      NSLog (@"The gcd of 1026 and 405 is %i", result);

      NSLog (@"The gcd of 83 and 240 is %i", gcd (83, 240));
   }
   return 0;
}
```

프로그램 13.5 출력 결과

```
The gcd of 150 and 35 is 5
The gcd of 1026 and 405 is 27
The gcd of 83 and 240 is 1
```

gcd 함수는 정수 인수를 두 개 받는다. 함수는 이 인수들을 자신의 공식 매개 변수 이름인 u와 v로 참조한다. 변수 temp를 int 형으로 선언한 후, 프로그램은 인수 u와 v의 값을 적절한 메시지와 함께 터미널에 표시한다. 그 후 함수는 두 수의 최대공약수를 계산하여 반환한다.

```
result = gcd (150, 35);
```

이 명령문은 함수 gcd를 인수 150과 35으로 호출하여 함수가 반환하는 값을 변수 result에 저장한다.

만일 함수 선언에서 반환 형이 빠져 있다면, 함수가 값을 반환할 경우 정수라고 가정한다. 많은 프로그래머들이 이 사실을 활용하여 정수 값을 반환하는 함수를 선언할 때 반환 형을 생략한다. 그러나 이것은 올바른 프로그래밍 습관이 아니므로 피하는 것이 좋다. 컴파일러는 기본 반환 형이 int로 설정되었다고 경고할 것이고, 경고란 무엇인가 잘못했다고 지적하는 메시지다!

함수의 기본 반환 형은 메서드와 다르다. 메서드의 반환 형이 지정되지 않았을때, 컴파일러는 id 형의 값을 반환한다고 가정한다. 다시 한 번 말하지만, 이런 특성에 기대지 않고 메서드의 반환 형을 언제나 선언해 주는 것이 좋다.

반환 형과 인수 형 선언하기

앞서 언급하였지만, Objective-C 컴파일러는 기본적으로 함수가 int 형 값을 반환한다고 가정한다. 좀 더 상세히 설명하면 함수가 호출될 때마다, 컴파일러는 다음 중 어디에도 해당하지 않으면 함수가 int 형을 반환한다고 가정한다.

- 함수는 호출되기 전에 프로그램 내에서 정의되었다.
- 함수에 의해 반환되는 값이 함수 호출 전에 정의되었다. 함수의 반환 형과 인수 형을 선언하는 것을 '프로토타입' 선언이라고 한다.

이 함수 선언은 함수의 반환 값을 선언하는데 사용할 뿐 아니라, 컴파일러에게 함수가 인수를 얼마나 많이 받는지, 또 그 인수의 형들이 무엇인지 알려주는 용도로도 쓴다. 마치 클래스를 새로 정의할 때 @interface 부분에서 메서드를 선언하는 것과 유사하다.

absoluteValue라는 함수가 float 형의 값을 반환하고, 마찬가지로 float 값인 인수를 하나 받는다고 선언하려면 다음과 같은 프로토타입 선언을 사용할 수 있다.

```
float absoluteValue (float);
```

여기서 볼 수 있듯, 괄호 안에 인수 이름이 아니라 인수의 형만 지정해 주어야 한다. 원한다면 다음과 같이 선택적으로 형 다음에 견본 이름을 지정해 줄 수 있다.

```
float absoluteValue (float x);
```

이 이름은 함수를 정의할 때 사용할 이름과 동일할 필요가 없다. 컴파일러가 프로토타입 선언의 인수명은 무시하기 때문이다.

프로토타입 선언을 작성할 때 아주 간단한 방법은, 실제 함수 정의 부분에서 첫 줄을 복사해 오는 것이다. 복사한 함수 정의의 마지막에 세미콜론을 잊지 말고 꼭 붙이자.

(NSLog나 scanf 같이) 함수가 받는 인수의 개수가 가변적인 경우 이를 컴파일러에게 알려주어야만 한다. 다음 선언을 보자.

```
void NSLog (NSString *format, ...);
```

이 선언은 컴파일러에게 NSLog가 첫 인수로 NSString 객체를 받고 (...을 사용하므로) 그 뒤에 인수가 몇 개든 올 수 있다고 알리는 의미다. NSLog는 특수파일인 Foundation/Foundation.h*에 선언되었다. 이 때문에 각 프로그램의 맨 앞줄에 다음 코드를 넣어 주어야 한다.

```
#import <Foundation/Foundation.h>
```

이 줄이 없다면 컴파일러는 NSLog가 인수를 고정된 개수로 받는다고 가정한다. 그 결과로 부정확한 코드가 생성될 것이다.

컴파일러는 함수가 호출되기 전에 함수 정의에서 인수 형을 지정했거나 함수와 인수 형을 미리 선언한 경우에만 숫자 인수들을 적절한 형으로 자동 변환한다.

함수에 대한 몇 가지 조언과 제안을 살펴보자.

- 기본적으로 컴파일러는 함수가 int 형을 반환한다고 가정한다.
- int 형을 반환하는 함수를 정의할 때는 그대로 정의한다.

---

* 엄밀히 말하면 NSObjCRuntime.h 파일에 정의되어 있는데, 이 파일이 Foundation.h 파일에 임포트된다.

- 값을 반환하지 않는 함수를 정의할 때는 void로 정의한다.
- 컴파일러는 미리 정의되거나 선언된 함수에 대해서만 인수를 함수가 기대하는 것들로 변환한다.

비록 함수 호출 전에 함수 정의가 나오더라도, 조금 더 안전한 코드를 작성하자는 의미로, 모든 함수를 선언해 주자(함수 정의를 다른 곳이나 다른 파일로 옮길 수도 있다). 함수의 선언 부분은 헤더 파일에 두고, 이 파일을 모듈에 임포트해 주는 방법도 좋다.

함수는 기본적으로 '외부적(external)'이다. 즉, 그 함수에 연결된 파일에 담겨 있는 함수나 메서드라면, 그 함수를 호출할 수 있다는 의미이다. 이게 싫다면, 함수를 정적(static)으로 만들어 범위를 제한할 수 있다. 다음과 같이 키워드 static을 함수 선언 앞에 적어 주면 된다.

```
static int gcd (int u, int v)
{
    ...
}
```

정적 함수는 함수 정의가 담긴 파일에 들어 있는 다른 함수와 메서드에서만 호출할 수 있다.

13.2.3 함수, 메서드, 배열

함수나 메서드에 배열의 원소 하나를 건네주려면 그냥 원소 하나를 일반적인 방식으로 넘겨주면 된다. 만일 squareRoot가 제곱을 하는 함수라고 해보자. averages[i]를 제곱하여 그 결과를 sq_root_result에 저장하고 싶다면 다음과 같은 명령문을 작성한다.

```
sq_root_result = squareRoot (averages[i]);
```

배열 전체를 함수나 메서드에 넘기는 일은 완전히 다른 문제다. 배열을 넘기려면 아무런 첨자 연산자 없이 배열 이름만 함수나 메서드 호출 내에 적어주면 된다. 예를 들어, grade_scores를 원소 100개짜리 배열로 선언했다고 하자.

```
minimum (grade_scores)
```

이 표현식은 grade_scores에 든 원소 100개 전체를 minimum 함수에 전부 건넨다. minimum 함수는 한 배열 전체가 인수로 넘어오리라 예상하고, 공식 매개변수를 적절하게 선언해야만 한다.

이 함수는 지정된 수의 배열에서 최소 정수 값을 찾는다.

```
// 배열에서 최솟값을 찾는 함수

int minimum (int values[], int numElements)
{
  int minValue, i;

  minValue = values[0];

  for(i = 1; i < numElements; ++i)
    if (values[i] < minValue)
      minValue = values[i];

  return (minValue);
}
```

함수 minimum은 두 인수를 받도록 정의되었다. 먼저 최솟값을 찾을 배열이 넘어오고, 그다음으로 배열의 원소 수가 넘어온다. 함수 헤더에 나오는 values 바로 뒤의 여닫는 대괄호([ ])는 Objective-C 컴파일러에게 values가 정수 배열임을 알려준다. 컴파일러는 이 배열이 얼마나 큰지는 전혀 궁금해하지 않는다.

공식 매개변수인 numElements는 for 문에서 한계치 역할을 한다. 즉, for 문은 values[1]부터 배열의 마지막 원소인 values[numElements - 1]까지 순차적으로 처리 된다.

함수나 메서드에서 배열 원소의 값을 바꾼다면, 바로 그 함수나 메서드에 건네지는 원래 배열이 바뀌게 된다. 함수나 메서드의 실행이 완료된 후에도 배열에 적용된 이 수정은 계속 유지된다.

배열은 왜 간단한 변수나 배열 원소와 다르게 동작하는 것일까? 여기에는 설명이 살짝 필요하다. 간단한 변수와 배열 원소는 함수나 메서드에서 값을 바꿀 수 없다. 함수나 메서드가 호출될 때, 인수로 넘겨지는 값은 해당하는 공식 매개변수로 복사된다고 언급했다. 이 말은 아직 유효하다. 그러나 배열을 다룰 때는 공식 매개 변수 배열에 넘겨지는 배열의 전체 내용물이 복사되지 않는다. 대신 배열이 있는 컴퓨터의 메모리를 가리키는 포인터가 넘어간다. 따라서, 공식 매개변수 배열에 생기는 변화는 배열의 사본이 아니라 원본에서 일어나는 것이다. 그러므로 함수나 메서드가 반환할 때 이 변화도 계속 효과를 미치게 된다.

13.3 블록

블록은 C 언어의 확장으로 최근에 추가되었다. 애플이 추가한 것으로 표준 ANSI C 정의에는 포함되지 않았다. 블록은 함수와 비슷하게 생겼고 동작도 유사하다. 문법은 익숙해지는데 시간이 좀 걸릴 수도 있다. 함수에서처럼 블록에도 인수를 넘길 수 있다. 또, 블록에서 결과 값을 받는 것도 가능하다. 함수와 달리, 블록은 함수나 메서드 안에서 정의할 수도 있고, 자신과 동일한 범위에 있다면, 블록 바깥에서 정의된 변수에도 접근 가능하다. 일반적으로, 이런 변수에 접근은 가능하지만, 값을 변경하는 것은 불가능하다. 특수 지정자인 __block을 사용하면 (block 앞에 언더스코어가 두 개 위치한다) 블록 내에서 이런 변수의 값을 수정할 수 있게 된다. 곧 사용법을 살펴보도록 하자.

    블록은 함수와 메서드에 인수로 넘겨질 수도 있다. 2부 「Foundation 프레임워크」에서 블록을 인수로 받는 메서드들에 대해 배울 것이다. 블록의 장점 중 하나는, 시스템이 블록을 여러분의 애플리케이션이 사용하는 다른 프로세서나 스레드에서 실행되도록 분산해서 처리할 수 있다는 것이다.

    간단한 예제로 시작해보자. 이 장에서 처음 작성했던 함수 printMessage:이다.

```
void printMessage (void)
{
  NSLog (@"Programming is fun.");
}
```

다음은 동일한 작업을 처리하는 블록 코드다.

```
^(void)
{
  NSLog (@"Programming is fun.");
}
```

블록은 캐럿(^) 문자로 시작한다. 그 뒤로 블록이 받는 괄호로 인수 목록이 나타난다. 이 경우, 우리가 만든 블록은 인수를 받지 않으므로 함수 정의에서와 같이 void라고 적어주었다.

블록을 printMessage 라는 변수에 대입할 수도 있다. 블록을 변수에 대입할 때는, 변수를 제대로 선언해 줘야 한다. (이 부분에서 문법이 어려워진다.)

```
void (^printMessage)(void) =
  ^(void)
  {
    NSLog (@"Programming is fun.");
  };
```

등호 좌측에서 printMessage가 아무 인수도 받지 않고, 아무 값도 반환하지 않는 블록의 포인터로 지정했다. 대입 명령문이 세미콜론으로 끝나야 한다는 것을 잊지 말자.

변수로 참조한 블록은 함수와 동일한 방식으로 실행할 수 있다.

```
printMessage ();
```

프로그램 13.6은 이 모든 것을 한 예제로 보여준다.

프로그램 13.6

```
#import <Foundation/Foundation.h>

int main (int argc, char *argv[])
{
  @autoreleasepool {
    void (^printMessage)(void) =
        ^(void)
        {
            NSLog (@"Programming is fun.");
        } ;

    printMessage ();
  }
  return 0;
}
```

프로그램 13.6 출력 결과

```
Programming is fun.
```

프로그램 13.7은 함수 대신 블록을 사용하여 프로그램 13.4를 다시 작성한 것이다. 블록은 전역으로 정의할 수도 있고, 지역으로 정의할 수도 있다. 이 예제의 경우 블록을 main 함수 바깥에 정의하여 전역 외부 블록으로 사용하였다.

프로그램 13.7

```
#import <Foundation/Foundation.h>

// n번째 삼각수를 계산하는 블록

void (^calculateTriangularNumber) (int) =
  ^(int n)
  {
     int i, triangularNumber = 0;

     for ( i = 1; i <= n; ++i )
         triangularNumber += i;

     NSLog (@"Triangular number %i is %i", n, triangularNumber);
  } ;

int main (int argc, char *argv[])
{
   @autoreleasepool {
      calculateTriangularNumber (10);
      calculateTriangularNumber (20);
      calculateTriangularNumber (50);
   }
   return 0;
}
```

프로그램 13.7 출력 결과

```
Triangular number 10 is 55
Triangular number 20 is 210
Triangular number 50 is 1275
```

프로그램 13.4의 함수 문법과 프로그램 13.7의 블록 문법을 비교해보자. 블록 포인터 변수인 calculateTriangularNumber는 int를 인수로 받고 아무런 값도 반환하지 않는다.

이 절의 첫 부분에서 언급한 대로, 블록은 변수를 반환할 수 있다. 프로그램 13.5의 최대공약수 함수를 블록으로 다시 작성한 코드를 보자.

```
int (^gcd) (int, int) =
  ^(int u, int v)
  {
      int temp;

      while ( v != 0 )
      {
          temp = u % v;
          u = v;
          v = temp;
      }

      return u;
  } ;
```

블록은 자신이 정의된 범위 내의 변수에 접근할 수 있다. 이 변수의 값은 '블록이 정의될 때'의 값이 된다. 프로그램 13.8은 이를 보여준다.

프로그램 13.8

```
#import <Foundation/Foundation.h>

int main (int argc, char *argv[])
{
  @autoreleasepool {
      int foo = 10;

      void (^printFoo)(void) =
         ^(void)
         {
             NSLog (@"foo = %i", foo);
         } ;

      foo = 15;

      printFoo ();
  }
  return 0;
}
```

프로그램 13.8 출력 결과

```
foo = 10
```

printFoo블록은 지역 변수 foo의 값에 접근할 수 있다. 값은 15가 아니라 10으로 표시된다. 그 이유는, 블록이 실행될 시점이 아니라 정의되었을 시점의 값이 사용되기 때문이다.

기본적으로 블록 바깥에서 정의된 변수의 값을 수정할 수 없다. 따라서, foo의 값을 블록 내에서 수정하려 하면(프로그램 13.9를 보라) 컴파일러에서 다음과 같은 오류 메시지를 표시할 것이다: Assignment of read-only variable 'foo.'

프로그램 13.9

```
#import <Foundation/Foundation.h>

int main (int argc, char *argv[])
{
  @autoreleasepool {
     int foo = 10;

     void (^printFoo)(void) =
        ^(void)
        {
            NSLog (@"foo = %i", foo);
            foo = 20;    // ** 이 줄에서 컴파일러 오류가 생긴다.
         } ;

     foo = 15;

     printFoo ();
     NSLog (@"foo = %i", foo);
  }
  return 0;
}
```

프로그램 13.9의 지역변수 foo 정의 앞에 __block 지정자를 입력해 다음과 같이 되도록 하자.

```
__block int foo = 10;
```

이제 프로그램을 실행시키면 다음과 같은 결과를 보게 될 것이다.

```
foo = 15
foo = 20
```

첫 번째 줄은 foo의 값이 이제 블록이 호출되었을 시점의 값을 보여준다. 두 번째 줄은 블록이 foo의 값을 20으로 변경할 수 있음을 보여준다.

이것으로 블록에 대한 소개는 마치도록 하겠다. 15장에서 더 많은 예제를 통해 사용법을 배울 것이다.

13.4 구조체

Objective-C에는 원소들을 묶을 수 있는 다른 도구가 배열 외에도 있다. 이 절의 주제인 구조체 역시 원소들을 그룹 짓는다.

7/18/11(2011년 7월 18일)이라는 날짜를 프로그램 출력 결과의 표제로 표시하거나, 이 날짜를 가지고 무언가 계산하기 위해 프로그램에서 저장한다고 하자. 날짜를 저장하려면 당연히 달은 정수 변수 month로, 일은 정수 변수 day로, 년은 정수 변수 year로 할당하는 방법을 쓸 것이다. 따라서 다음 명령문도 아무 문제 없이 동작할 것이다.

```
int month = 7, day = 18, year = 2011;
```

이 방법도 물론 사용할 수 있다. 그런데 프로그램에서 날짜를 여러 개 저장해야 하는 경우는 어떨까? 이런 경우 이 변수 세 개를 묶어 하나의 모음으로 만들 수 있다면 훨씬 편할 것이다.

Objective-C에서 년, 월, 일을 나타내는 구성 요소 세 개로 된 date라는 구조체를 만들 수 있다. 이런 구조체를 정의하는 방법은 꽤 간단하다.

```
struct date
{
  int month;
  int day;
  int year;
};
```

date 구조체는 month, day, year라도 세 정수 멤버를 갖는다. date의 정의는 본질적으로 언어에 새로운 형을 추가하는 것이다. 다음 정의와 같이 struct date 형의 변수를 선언할 수 있게 되기 때문이다.

```
struct date today;
```

purchaseDate라는 변수도 동일한 형으로 정의할 수 있다.

```
struct date purchaseDate;
```

혹은, 다음과 같이 두 변수의 정의를 한꺼번에 할 수도 있다.

```
struct date today, purchaseDate;
```

데이터 형이 int, float, char인 변수와 달리, 구조체 변수는 특별한 문법을 써서 다뤄야 한다. 구조체의 멤버에 접근하려면 변수 이름 뒤에 점(. 연산자)과 멤버 이름을 붙여야 한다. 예를 들어, 변수 today 내의 day 값을 21로 설정하려면 다음과 같은 코드를 작성한다.

```
today.day = 21;
```

변수명과 점, 멤버 이름 사이에는 띄어쓰기가 허용되지 않으니, 반드시 기억하자.

잠깐! 이것은 객체의 프로퍼티를 호출할 때 사용했던 그 연산자 아닌가? 기억을 더듬어 우리가 다음과 같은 명령문을 작성했던 때를 떠올려 보자.

```
myRect.width = 12;
```

이 명령문으로 Rectangle 객체의 세터 메서드(setWidth:)를 호출하여 인수로 12를 넘겨 주었다. 헷갈릴 것은 없다. 컴파일러는 점 연산자 왼쪽이 구조체인지 객체인지를 보고 상황에 맞게 대처한다.

struct date 예제로 돌아가서 today의 year를 2011로 설정해 주려면 다음 표현식을 작성한다.

```
today.year = 2011;
```

마지막으로, month의 값이 12와 같은지 알아보려면 다음 명령문을 쓸 수 있다.

```
    if ( today.month == 12 )
      next_month = 1;
```

프로그램 13.10은 이 내용을 실제 프로그램에 적용한 것이다.

프로그램 13.10

```
#import <Foundation/Foundation.h>

int main (int argc, char *argv[])
{
    @autoreleasepool {
    
        struct date
        {
            int month;
            int day;
            int year;
        } ;
        
        struct date today;
        
        today.month = 9;
        today.day = 25;
        today.year = 2011;
        
        NSLog (@"Today's date is %i/%i/%.2i.", today.month,
                today.day, today.year % 100);
    }
    return 0;
}
```

프로그램 13.10 출력 결과

```
Today's date is 9/25/11.
```

main의 첫 명령문은 month, day, year라는 세 정수 멤버를 갖는 date 구조체를 정의한다. 두 번째 명령문에서 변수 today가 struct date형으로 선언된다. 즉, 첫 번째 명령문은 date 구조체가 Objective-C 컴파일러에게 어떻게 보일지를 정의할 뿐이고, 컴퓨터 내부에는 이를 위해 어떤 저장 공간도 예약되지 않는다. 두 번째 명령문은 struct date형 변수가 되도록 선언한다. 이에 따라 구조체 변수 today의 세 정수 멤버를 저장할 메모리 공간이 예약되는 것이다.

대입된 다음, 적절한 NSLog를 호출하여 구조체에 담긴 값을 표시한다.

NSLog 함수에 넘기기 전에 today.year를 나눈 나머지가 먼저 계산되어 그해의 마지막 두 자리 11만 표시되도록 하였다. NSLog에서 사용된 %.2i 포맷 문자는 최소 두 문자가 표시되도록 지정하여 연도에 0이 표시되도록 한다.

표현식을 평가할 때는 Objective-C에서 일반적인 변수를 다루는 규칙과 동일하게 구조체 멤버들을 대한다. 다음과 같이 정수 구조체 멤버를 다른 정수로 나누면 정수 나눗셈이 수행된다.

```
century = today.year / 100 + 1;
```

오늘 날짜를 입력받고 내일 날짜를 표시하는 프로그램을 작성한다고 해보자. 언뜻 보기에는 매우 간단한 작업 같다. 사용자에게 오늘 일자를 입력하도록 요청하고, 다음과 같은 명령문들로 내일 날짜를 계산할 수 있을 것이다.

```
tomorrow.month = today.month;
tomorrow.day = today.day + 1;
tomorrow.year = today.year;
```

위 코드로도 대부분의 날짜 계산은 문제없이 동작한다. 그러나 다음 두 경우는 제대로 처리하지 못한다.

- 만일 오늘이 그 달의 마지막 날인 경우
- 만일 오늘이 그 해의 마지막 날인 경우(오늘 날짜가 12월 31일이라면)

손쉽게 오늘이 달의 마지막 날인지를 계산하는 방법은 매달 며칠이 있는지를 정수 배열로 담아 두는 것이다. 배열을 검색해 특정한 달을 찾아 그 달에 며칠이 있는지 알 수 있다.

13.4.1 구조체 초기화하기

구조체 초기화는 배열 초기화와 비슷하다. 원소들을 중괄호 안에 나열하고 각각 쉼표로 구분한다.

date 구조체 변수인 today를 2011년 7월 2일로 초기화하려면, 다음과 같은 명령문을 작성한다.

```
struct date today = { 7, 2, 2011 } ;
```

배열의 초기화와 마찬가지로, 구조체에 담긴 멤버보다 적은 수만 나열하여 초기화할 수도 있다.

```
struct date today = { 7 } ;
```

이 명령문은 today.month를 7로 설정하고 today.day나 today.year의 초깃값은 설정하지 않는다. 이런 경우, 이 멤버들의 초기 기본 값은 정의되지 않는다.

다음 표기법을 써서 순서와 상관없이 특정 멤버를 지정하여 초기화할 수도 있다.

```
.member = value
```

다음과 같이 초기화 목록을 작성할 수 있다.

```
struct date today = { .month = 7, .day = 2, .year = 2011 } ;
```

그리고

```
struct date today = { .year = 2011 } ;
```

마지막 명령문은 구조체에서 연도를 2011로 설정하기만 한다. 익히 알겠지만 나머지 값들은 정의되지 않은 채로 남는다.

13.4.2 구조체 내의 구조체

Objective-C로 구조체를 정의하는 작업에는 엄청난 유연성이 있다. 예를 들어, 하나 이상의 다른 구조체를 멤버로 삼는 구조체나 배열이 담긴 구조체도 정의할 수 있다.

10장 「변수와 데이터형에 대하여」에서 typedef 명령문을 배웠다. iOS 프로그램에서 사각형을 다룰 일이 자주 있을 것이다. 예를 들어, 사각형은 아이폰이나 아이패드의 화면에 나타날 창의 크기와 위치를 정의하는데 쓰일 수 있다. 또,

하위 창(혹은 서브 뷰)의 위치와 크기를 정의할 수도 있다. 다음 세 기본 데이터 형은 typedef를 사용하여 정의되었다.

1. CGPoint, (x, y) 점을 나타낸다.
2. CGSize, 너비와 높이를 나타낸다.
3. CGRect, 원점(CGPoint)과 크기(CGSize)를 포함하는 사각형을 나타낸다.

다음은 애플의 CGGeometry.h 파일에서 typedef 정의를 뽑은 것이다.

```
/* Points. */

struct CGPoint
{
   CGFloat x;
   CGFloat y;
};
typedef struct CGPoint CGPoint;

/* Sizes. */

struct CGSize
{
   CGFloat width;
   CGFloat height;
};
typedef struct CGSize CGSize;

/* Rectangles. */

struct CGRect
{
   CGPoint origin;
   CGSize size;
};
typedef struct CGRect CGRect;
```

typedef를 사용하면 예약어 struct를 붙이지 않고 편리하게 변수를 선언할 수 있게 해준다. CGFloat은 기본 float 데이터 형의 typedef일 뿐이다. 따라서, x의 값이 100이고 y의 값이 200인 CGPoint를 선언하고 싶다면 다음과 같은 코드를 작성하면 된다.

```
CGPoint startPt;

startPt.x = 100;
startPt.y = 200;
```

startPT가 객체가 아니라 구조체임을 기억하자. (변수 명 앞에 *가 없으면 구조체인 경우가 대부분이다.) 애플은 CGPoint, CGSize, CGRect 구조체 생성을 쉽게 하도록 다음과 같은 편리한 함수들도 제공한다.

```
CGPoint startPt = CGPointMake (100.0, 200.0);
```

각각 이름대로 편리하게 구조체를 생성하는 CGSizeMake와 CGRectMake라는 함수도 존재한다. 크기가 200×100인 새 직사각형을 정의하고 싶다고 하자. 다음과 같은 코드로 작성할 수 있다.

```
CGSize rectSize;

rectSize.width = 200;
rectSize.height = 100;
```

혹은 CGSizeMake라는 함수를 사용해도 된다.

```
CGSize rectSize = CGSizeMake (200.0, 100.0);
```

이제 지정한 크기와 원점을 갖는 직사각형을 만들자.

```
CGRect theFrame;

theFrame.origin = startPt;
theFrame.size = rectSize;
```

(여기서는 CGRectMake 함수를 사용하는 방법을 다루지 않는다.)
직사각형의 너비가 변경되었는지 알아보고 싶다고 하자. 다음과 같은 표현식을 작성한다.

```
theFrame.size.width
```

너비를 175로 변경하고 싶다면, 다음과 같이 작성한다.

```
theFrame.size.width = 175;
```

마지막으로 직사각형의 원점을 (0, 0)으로 설정하려면 다음 명령문 수행한다.

```
theFrame.origin.x = 0.0;
theFrame.origin.y = 0.0;
```

이들은 구조체를 다루는 아주 작은 예제이다. 이미 말한 대로 여러분의 애플리케이션에서 이들을 사용할 일이 잦을 것이다.

13.4.3 구조체에 대한 추가 설명

구조체를 정의할 때는 어느 정도 융통성이 허용된다. 먼저, 변수가 특정 구조체형 임을 선언함과 동시에 그 구조체를 정의할 수도 있다.

그저 간단히 구조체 정의를 마치는 세미콜론 앞에 변수 이름(들)을 써주기만 하면 된다. 예를 들어, 다음 명령문은 date 구조체를 정의함과 동시에 todaysDate, purchaseDate 변수를 이 구조체형으로 선언한다.

```
struct date
{
    int month;
    int day; int year;
} todaysDate, purchaseDate;
```

또한, 변수의 초깃값을 일반적인 방식으로 대입해줄 수 있다. 다음 코드는 구조체 date를 정의하고 변수 todaysDate를 지정한 초깃값으로 설정한다.

```
struct date
{
    int month;
    int day;
    int year;
} todaysDate = { 9, 25, 2011 } ;
```

구조체가 정의될 때 특정 구조체 형의 모든 변수가 함께 정의된다면 구조체 이름을 생략해도 된다. 따라서 다음 명령문은 dates라는 배열이 원소를 100개 갖는다고 정의한다.

```
struct
{
    int month;
    int day;
    int year;
} dates[100];
```

배열의 각 원소는 정수 멤버 세 개 month, day, year를 담은 구조체다. 구조체 이름을 정의해 주지 않았기 때문에, 이후에 동일한 형의 변수를 선언할 때 이 구조체를 다시 명시적으로 정의하는 수밖에 없다.

13.4.4 객체 지향 프로그래밍을 잊지 말자!

이제 구조체를 정의하여 날짜를 저장하는 방법을 알았고 이 날짜 구조체를 다루는 다양한 루틴을 작성하였다. 그런데 이 과정에서 객체 지향 프로그래밍은 어찌 되었는가? Date 클래스를 만들고, Date 객체를 다룰 메서드를 만들었어야 하는 것 아닌가? 이게 나은 접근법이 아니었을까? 음, 그렇다. 프로그램에 날짜를 저장하는 방법에 대해 얘기하기 시작했을 때 이런 생각이 들었기를 바란다.

물론, 프로그램에서 날짜를 아주 많이 다뤄야 한다면 클래스와 메서드를 사용하는 편이 나은 방법일 것이다. 사실 Foundation 프레임워크에는 이런 용도로 정의된 NSDate, NSCalendarDate 클래스들이 있다. 구조체 대신 날짜를 객체로 처리하는 Date 클래스를 구현하는 것은 연습문제로 남겨두겠다.

13.5 포인터

포인터는 복잡한 데이터뿐만 아니라 변화된 값을 함수나 메서드의 인자로 넘겨줄 때 효과적으로 표현할 수 있게 해주며, 더 나아가 더욱 간결하고 효과적인 배열 처리를 가능하게 해준다. 이 장의 끝에서 포인터가 Objective-C에서 얼마나 중요한지를 알게 될 것이다.

포인터 개념은 8장 「상속」에서 Point와 Rectangle 클래스에 대해 이야기할 때 소개했고 동일한 객체에 참조가 여러 개 있을 수 있다고 말했다.

포인터가 동작하는 방식을 이해하기 위해서는 먼저 '간접 참조'라는 개념을 이해해야 한다. 이 개념은 매일매일 삶에서 접하고 있다. 예를 들어, 프린터 토너 카트리지를 새로 사야 한다고 해보자. 지금 일하는 회사에서는 구매 담당부서가 모든 구매를 맡는다. 그래서 구매부의 짐에게 전화를 걸어 새 카트리지를 하나 주문해 달라고 요청할 것이다. 짐은, 지역 공급처에 전화를 걸어 새 카트리지를 주문할 것이다. 과정을 정리해 보면, 새 카트리지를 얻으려고 직접 공급처에 카트리지를 주문하지 않았다. 간접 접근을 택한 것이다.

Objective-C에서 포인터도 동일한 방식으로 동작한다. 즉, 간접 참조한다. 포인터는 특정 데이터 항목의 값에 간접적으로 접근한다. 그리고 구매 부서를 통해 새 카트리지를 주문하는 이유(나는 카트리지를 어느 가게에서 주문하는지 알 필요가 없다)가 있는 것처럼, Objective-C에서도 포인터를 사용하는 편이 유용한 이유가 있다.

이제 말로만 하지 말고 실제로 포인터가 어떻게 동작하는지 살펴보자. 다음과 같이 count라는 변수를 정의했다고 하자.

```
int count = 10;
```

count의 값에 간접적으로 접근할 수 있도록 다음과 같이 intPtr라는 변수를 선언하자.

```
int *intPtr;
```

별표(*)는 Objective-C 시스템에 변수 intPtr가 int의 포인터 형임을 나타낸다. 이 말은, 프로그램이 intPtr를 하나 이상의 정수 변수에 간접적으로 접근하는데 사용할 것이라는 의미다.

이전 프로그램에서 scanf 호출에서 & 연산자를 사용한 것을 기억나는가? 이 연산자는 '주소 연산자'로 알려져 있으며, Objective-C에서 변수의 포인터를 만들어 준다. 따라서 x가 특정 형의 변수라면 표현식 &x는 그 변수를 향한 포인터다. 원한다면 &x 표현식을, x와 동일한 형의 포인터로 선언된 포인터 변수에 대입할 수 있다.

따라서 count와 intPtr를 이전과 같이 정의했을 때, 다음 명령문을 작성하여

intPtr와 count 사이에 간접 참조를 생성할 수 있다.

```
intPtr = &count;
```

주소 연산자는 count 값이 아니라 count 변수를 가리키는 포인터를 변수 intPtr에 대입한다. 그림 13.1은 intPtr와 count 사이의 연결 관계를 보여 준다. 화살표는 intPtr가 count의 값을 직접 포함하지 않고, 변수 count를 가리키는 포인터를 포함함을 나타낸다.

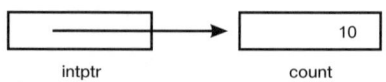

그림 13.1 정수를 가리키는 포인터

포인터 변수 intPtr를 써서 count의 내용물을 참조하려면 간접 참조 연산자 *를 붙여야 한다. 만일 x가 정수형으로 정의되었다면, 다음 명령문은 intPtr를 통해 간접적으로 참조한 값을 변수 x에 대입할 것이다.

```
x = *intPtr;
```

앞에서 intPtr가 count를 가리키도록 설정했기 때문에, 이 명령문으로 인해 변수 count에 저장된 값(10)이 변수 x에 할당될 것이다.

프로그램 13.11은 앞의 명령문들을 사용하고, 주소 연산자(&)와 간접 참조 연산자(*)라는 이 두 가지 기본 포인터 연산자를 설명한다.

프로그램 13.11

```
// 포인터를 설명하는 프로그램

#import <Foundation/Foundation.h>

int main (int argc, char *argv[])
{
  @autoreleasepool {
    int   count = 10, x;
    int   *intPtr;
    
    intPtr = &count;
    x = *intPtr;
```

```
        NSLog (@"count = %i, x = %i", count, x);
    }
    return 0;
}
```

프로그램 13.11 출력 결과

```
count = 10, x = 10
```

변수 count와 x는 일반적인 정수 변수로 선언되었다. 다음 줄에서는 변수 intPtr가 '정수 포인터' 형으로 선언되었다. 이 두 줄짜리 선언은 다음과 같이 한 줄에 표현할 수도 있다.

```
int count = 10, x, *intPtr;
```

그다음에는 변수 count에 주소 연산자가 적용되어 이 변수의 포인터를 생성하고 변수 intPtr에 대입한다.

그 후 다음 명령문이 실행된다.

```
x = *intPtr;
```

이 간접 참조 연산자는 Objective-C 시스템에게 변수 intPtr가 다른 데이터 항목을 가리키는 포인터를 담도록 지시한다. 그 후 이 포인터를 사용하여 원하는 데이터 항목에 접근한다. 이 데이터 항목의 형은 포인터 변수를 선언할 때 지정한다. intPtr를 선언할 때 컴파일러에게 이 변수가 정수를 가리키고 있다고 알려 주었으므로, 컴파일러는 *intPtr 표현식으로 참조한 값이 정수임을 안다. 또한 intPtr가 정수 변수 count를 가리키도록 설정해 놓았으므로 이 표현식은 간접적으로 count의 값에 접근한다.

프로그램 13.12는 포인터 변수의 흥미로운 특징을 보여 준다. 이 프로그램은 문자를 가리키는 포인터를 사용한다.

프로그램 13.12

```
#import <Foundation/Foundation.h>

int main (int argc, char *argv[])
```

```
{
    @autoreleasepool {
        char c = 'Q';
        char *charPtr = &c;
        
        NSLog (@"%c %c", c, *charPtr);
        
        c = '/';
        NSLog (@"%c %c", c, *charPtr);
        
        *charPtr = '(';
        NSLog (@"%c %c", c, *charPtr);
    }
    return 0;
}
```

프로그램 13.12 출력 결과

```
Q Q
/ /
( (
```

문자 변수 c가 정의되고 문자 'Q'로 초기화되었다. 프로그램의 다음 줄에서, 변수 charPtr는 'char의 포인터' 형으로 정의되는데, 이는 이 변수에 저장된 값이 무엇이든 문자의 간접 참조(포인터)로 처리되어야 한다는 의미다. 이 변수의 초깃값도 일반적인 방식으로 지정해 줄 수 있음을 기억해 두자. charPtr에 대입한 값은 변수 c를 향한 포인터로, 변수 c에 주소 연산자를 적용하여 얻어낸다 (만일 c가 이 명령문 다음에 정의된다면 컴파일러 오류가 발생할 것이다. 변수는 표현식에서 값이 참조되기 전에 선언되어 있어야만 한다).

변수 charPtr를 선언하고 거기에 초깃값을 대입하는 일은 다음과 같이 분리된 명령문 두 개로 표현할 수도 있다.

```
char *charPtr;
charPtr = &c;
```

(한 줄로 선언할 때와 달리 다음 명령문으로 표현할 수는 없다.)

```
char *charPtr;
*charPtr = &c;
```

Objective-C에서 포인터의 값은 실제로 무엇인가를 가리키기 전까지는 아무 의미가 없음을 기억하자.

첫 NSLog 호출은 변수 c의 내용과 charPtr로 참조한 변수의 내용을 표시한다. charPtr가 변수 c를 가리키도록 설정되었기 때문에, 표시되는 값은 프로그램 출력 결과의 첫 줄에서 확인할 수 있듯이 c의 내용이다.

프로그램의 다음 줄에서 문자 '/'는 문자 변수 c에 대입된다. charPtr가 여전히 변수 c를 가리키고 있으므로, 뒤따르는 NSLog 호출에서 *charPtr의 값을 표시하면 터미널에 c의 새 값이 정상적으로 표시된다. 이것은 매우 중요한 개념이다. charPtr의 값이 바뀌지 않는 한, 표현식 *charPtr는 언제나 c의 값에 접근한다. 따라서 c의 값이 변하면 *charPtr의 값도 변한다.

다음 프로그램 명령문들이 어떻게 동작하는지 이해하는데 앞서 논의한 내용이 도움이 될 것이다. charPtr가 변하지 않는다면, 표현식 *charPtr는 언제나 c의 값을 참조할 것이라고 말했다. 따라서, 다음 표현식에서 여는 소괄호가 c에 대입된다.

```
*charPtr = '(';
```

좀 더 정식으로 말하자면, 문자 '('는 charPtr가 가리키는 변수에 대입된다. 프로그램의 앞부분에서 charPtr에 c의 포인터를 대입하였으므로 이 문자가 변수 c이다.

앞에서 설명한 개념들은 포인터의 작동을 이해하기 위해서 반드시 파악해야 한다. 만일 분명히 이해하지 못했다면 다시 한 번 살펴보자.

13.5.1 포인터와 구조체

int, char 같은 기본 데이터 형을 가리키는 포인터를 정의하는 방법을 보았다. 그런데 구조체를 가리키는 포인터도 정의할 수 있다. 이 장 초반에서 date 구조체를 다음과 같이 정의했다.

```
struct date
{
  int month;
  int day;
  int year;
};
```

다음과 같이 struct date형 변수를 정의할 수 있다.

```
struct date todaysDate;
```

혹은 다음과 같이 struct date 변수의 포인터형 변수도 정의할 수 있다.

```
struct date *datePtr;
```

방금 정의한 datePtr를 기존 방식대로 사용할 수 있다. 예를 들어, 다음 명령문으로 todaysDate를 가리키도록 설정할 수 있다.

```
datePtr = &todaysDate;
```

이렇게 대입하고 나면, datePtr가 가리키는 date 구조체의 어느 멤버든 간접적으로 접근할 수 있다.

```
(*datePtr).day = 21;
```

이 명령문은 datePtr가 가리키는 date 구조체의 날짜를 21로 설정한다. 구조체 멤버 연산자 .이 간접 참조 연산자인 *보다 우선순위가 높기 때문에 괄호로 감싸야 한다.

datePtr가 가리키는 date 구조체에 저장된 month의 값을 확인하려면 다음과 같은 명령문을 작성한다.

```
if ( (*datePtr).month == 12 )
   ...
```

구조체의 포인터는 보통 언어가 제공하는 특별한 연산자를 사용한다. 다음 표현식을 한번 보자

```
(*x).y
```

구조체 포인터 연산자인 ->를 쓰면 다음과 같이 더 분명히 표현할 수 있다.

x–>y

즉, 이 연산자로 이전의 if 문을 다음처럼 편하게 작성할 수 있다.

```
if ( datePtr->month == 12 )
  ...
```

구조체를 처음 설명했던 프로그램 13.10을 구조체 포인터를 써서 다시 작성해보자. 프로그램 13.13은 새로 작성한 프로그램이다.

프로그램 13.13

```
// 구조체 포인터를 설명하는 프로그램
#import <Foundation/Foundation.h>

int main (int argc, char *argv[])
{
  @autoreleasepool {

    struct date
    {
      int month;
      int day;
      int year;
    };

    struct date today, *datePtr;

    datePtr = &today;
    datePtr->month = 9;
    datePtr->day = 25;
    datePtr->year = 2011;

    NSLog (@"Today's date is %i/%i/%.2i.",
           datePtr->month, datePtr->day, datePtr->year % 100);
  }
  return 0;
}
```

프로그램 13.13 출력 결과

Today's date is 9/25/11.

13.5.2 포인터, 메서드, 함수

포인터를 메서드나 함수에 인수로 넘기고 반환 값으로 사용할 수도 있다. 곰곰이 생각해 보면, 결국 이것은 alloc, init 메서드가 지금까지 계속 해왔던 일(포인터를 반환하는 일)이다. 이 장의 마지막에서 이에 대해 좀 더 상세히 다룰 것이다.

이제 프로그램 13.14을 보자.

프로그램 13.14

```
// 함수의 인자로 사용하는 포인터
#import <Foundation/Foundation.h>

void exchange (int *pint1, int *pint2)
{
  int temp;

  temp = *pint1;
  *pint1 = *pint2;
  *pint2 = temp;
}

int main (int argc, char *argv[])
{
  @autoreleasepool {
     void exchange (int *pint1, int *pint2);
     int   i1 = -5, i2 = 66, *p1 = &i1, *p2 = &i2;

     NSLog (@"i1 = %i, i2 = %i", i1, i2);
     exchange (p1, p2);
     NSLog (@"i1 = %i, i2 = %i", i1, i2);

     exchange (&i1, &i2);
     NSLog (@"i1 = %i, i2 = %i", i1, i2);
  }
  return 0;
}
```

프로그램 13.14 출력 결과

```
i1 = -5, i2 = 66
i1 = 66, i2 = -5
i1 = -5, i2 = 66
```

exchange 함수를 쓰는 목적은 함수의 두 인수가 가리키는 두 정수 값을 맞바꾸기 위해서다. 지역 정수 변수 temp를 사용하여 값을 교체하는 도중에 정수 값 하나를 저장할 수 있다. 그 값은 pint1이 가리키는 정수의 값과 동일하게 설정된다. pint2가 가리키는 정수는 pint1이 가리키는 정수에 복사되고, temp의 값은 pint2가 가리키는 정수에 저장되어 교체가 완료된다.

　main 루틴은 정수 i1과 i2의 값을 각각 -5와 66으로 정의한다. 그 후, 정수 포인터 p1과 p2가 정의되어 각각 i1과 i2를 가리킨다. 프로그램은 그 후 i1, i2의 값을 표시하고 exchange 함수에 두 포인터(p1, p2)를 인수로 넘기며 호출한다. exchange 함수는 p1이 가리키는 정수에 든 값을 p2가 가리키는 정수에 든 값과 교환한다. p1은 i1을 가리키고, p2는 i2를 가리키므로 이 함수는 i1과 i2의 값을 교체한다. NSLog를 두 번째로 호출한 결과를 보면 교체가 제대로 완료되었음을 확인할 수 있다.

　exchange의 두 번째 호출은 좀 더 흥미롭다. 이번에는, 함수에 건네지는 인수가 바로 i1과 i2에 주소 연산자를 적용해서 얻어낸 포인터들이다. &i1이 정수 변수 i1의 포인터를 만들어 내므로, 함수가 첫 번째 인수로 기대하는 인수 형(정수 포인터)과 일치한다. 두 번째 인수에서도 마찬가지다. 프로그램의 출력 결과에서 볼 수 있듯이, exchange 함수가 i1, i2를 원래 값으로 바꿔 주어 작업은 무사히 완료했다.

　프로그램 13.14을 상세히 살펴보자. Objective-C에서 포인터를 다루는 핵심 요소들을 간단한 예제로 잘 설명하고 있다.

13.5.3 포인터와 배열

만일 정수 100개짜리 배열 values가 있다면 valuesPtr라는 포인터를 정의하여 이 배열에 든 정수에 접근하는 용도로 사용할 수 있다.

```
int *valuesPtr;
```

　배열의 원소를 가리키는 포인터를 정의할 때는, 포인터를 '배열의 포인터' 형으로 정의하지 않는다. 그 대신 포인터를 배열에 포함된 원소의 형을 가리키는 포인터로 지정한다.

　마찬가지로, 만일 Fraction 객체의 배열인 fracts가 있다면, fracts 안에 포함된 원소들을 가리킬 포인터를 다음과 같이 정의할 수 있다. 이 정의는 Fraction 객체를 정의할 때와 똑같은 선언임에 유의하자.

```
Fraction **fractsPtr;
```

valuesPtr를 values 배열의 첫 원소를 가리키도록 설정하려면 다음과 같이 한다.

```
valuesPtr = values;
```

이 경우에는 주소 연산자가 사용되지 않는다. Objective-C 컴파일러는 첨자 연산자([ ])를 사용하지 않는 배열 이름은, 배열의 첫 원소를 가리키는 포인터로 여기기 때문이다. 따라서, values에 첨자를 사용하지 않으면 첫 원소를 향한 포인터가 생성된다.

values의 시작을 가리키는 포인터를 만드는 다른 방법으로는 배열의 첫 원소에 주소 연산자를 적용하는 것이 있다.

```
valuesPtr = &values[0];
```

따라서 위 명령문도 포인터 변수 valuesPtr에 values 배열의 첫 원소의 포인터를 대입한다.

fractsPtr가 가리키는 fracts 배열에 있는 Fraction 객체를 표시하려면 다음과 같은 명령문을 작성할 것이다.

```
[*fractsPtr print];
```

배열의 포인터를 사용하면 배열 원소를 연속적으로 훑고 싶을 때 강점을 맛보게 된다. 만일 valuesPtr가 앞에서와 같이 정의되어 있고, values의 첫 원소를 가리킨다면 다음 표현식으로 values 배열의 첫 원소인 values[0]에 접근할 수 있다.

```
*valuesPtr
```

valuesPtr 변수를 통해 values[3]를 참조할 경우에는 valuesPtr에 3을 더하고 간접 참조 연산자를 적용한다.

```
*(valuesPtr + 3)
```

일반적으로, 다음 표현식을 사용하여 values[i]에 포함된 값에 접근할 수 있다.

```
*(valuesPtr + i)
```

그러므로 values[10]을 27로 설정하려면 다음과 같은 표현식을 작성하거나, valuesPtr를 사용하여 다음과 같은 표현식을 작성해도 된다.

```
values[10] = 27;
```

혹은 다음과 같이 valuePtr를 사용한다.

```
*(valuesPtr + 10) = 27;
```

valuesPtr가 values 배열의 두 번째 원소를 가리키게 하기 위해서는, 주소 연산자를 values[1]에 적용한 다음 결과를 valuesPtr에 대입한다.

```
valuesPtr = &values[1];
```

만일 valuesPtr가 values[0]를 가리킨다면, valuesPtr에 1을 더하여 간단히 values[1]을 가리키도록 할 수 있다.

```
valuesPtr += 1;
```

이 표현식은 Objective-C에서 유효하며 어느 데이터 형의 포인터든 상관없이 사용할 수 있다.

일반적으로 x형 원소의 배열 a가 있고, px는 'x를 가리키는 포인터' 형이고, i와 n은 변수의 정수 상수라고 해보자.

```
px = a;
```

이 명령문은 px가 a의 첫 원소를 가리키도록 한다.

```
*(px + i)
```

이 문장은 a[i]에 포함된 값을 참조하도록 지시한다.

```
px += n;
```

이 명령문은 px가, 이 배열에 든 원소가 어떤 형인지에 상관없이 배열의 n번째 원소를 참조하도록 설정한다.

fractsPtr가 분수 배열 안에 담긴 분수를 가리킨다고 할 때, 배열의 다음 원소에 들어 있는 분수를 더하여 결과를 Fraction 객체인 result에 저장한다고 하자. 다음 명령문으로 이를 달성할 수 있다.

```
result = [*fractsPtr add: *(fractsPtr + 1)];
```

포인터에 증가 혹은 감소 연산자(++, --)를 사용하면 더욱 편리하다. 증가 연산자를 포인터에 적용하면 포인터에 1을 더하는 효과를 얻고, 감소 연산자는 포인터에 1을 빼는 효과를 낸다. (여기서 1은 포인터가 가리키는 데이터 항목의 크기나 한 단위를 나타낸다.) textPtr가 char 포인터로 정의되었고 text라는 char 배열의 앞부분을 가리킨다고 해보자.

```
++textPtr;
```

그러면 이 명령문은 textPtr가 text의 다음 문자 text[1]을 가리키도록 할 것이다. 감소 연산자도 적용해보자.

```
--textPtr;
```

여기서는 textPtr가 text의 이전 문자를 가리키게 된다(물론, textPtr가 이 명령문을 실행하기 전에 text의 맨 앞부분을 가리키지 않았다고 가정한다).

Objective-C에서 포인터 변수 두 개를 비교할 수도 있다. 동일한 배열에 있는 두 포인터를 비교할 때 특히 유용하다. 예를 들어, 배열의 마지막 원소를 가리키는 포인터와 valuesPtr 포인터를 비교함으로써 포인터가 원소 100개짜리 배열의 끝을 지나쳐서 가리키고 있지는 않은지 확인할 수 있다.

```
valuesPtr > &values[99]
```

이렇게 표현식을 작성한 결과, valuesPtr가 values 배열의 마지막 원소를 지나서 가리키고 있다면 TRUE(0이 아님)가 되고, 그렇지 않으면 FALSE(0)가 될 것이다. 앞에서 말했듯이, 이 표현식은 다음과 같이 써도 동일하다.

```
valuesPtr > values + 99
```

첨자 연산자 없이 values를 사용하면, 이것을 values 배열의 처음을 가리키는 포인터로 쓰기 때문이다(&values[0]을 작성하는 것과 동일함을 기억하라).

프로그램 13.15는 배열의 포인터를 설명한다. arraySum 함수는 정수 배열에 포함된 원소의 합을 계산한다.

프로그램 13.15

```
// 정수 배열의 원소의 합을 구하는 함수

#import <Foundation/Foundation.h>

int arraySum (int array[], int n)
{
  int sum = 0, *ptr;
  int *arrayEnd = array + n;

  for ( ptr = array; ptr < arrayEnd; ++ptr )
      sum += *ptr;

  return (sum);
}

int main (int argc, char *argv[])
{
  @autoreleasepool {
     int arraySum (int array[], int n);
     int values[10] = {  3, 7, -9, 3, 6, -1, 7, 9, 1, -5 } ;

     NSLog (@"The sum is %i", arraySum (values, 10));
  }
  return 0;
}
```

프로그램 13.15 출력 결과

```
The sum is 21
```

arraySum 함수 내부에서 정수 포인터 arrayEnd가 정의되어, array의 마지막 원소 바로 다음을 가리키도록 설정되었다. 그 다음으로 for 문이 돌며 array의 원소들을 거친다. 이 반복문이 시작할 때, ptr의 값은 array의 맨 앞을 가리키도록 설정된다. 반복문이 돌 때마다 ptr가 가리키는 array의 원소가 sum에 더해진다. 그 후 for 문은 ptr의 값을 1씩 증가시켜 array의 다음 원소를 가리키도록 만든다. ptr가 array의 끝을 지나쳐 가리키게 되면 for 문은 종료되고, sum의 값이 반환된다.

이것이 배열인가? 아니면 포인터인가?

배열을 함수에 넘겨줄 때, 앞의 arraySum 함수에서 했던 것처럼 배열 이름만 지정해 준다. 그런데 이 절에서 배열의 포인터를 만드는데도 배열의 이름만 지정해 준다고 이야기했다. 이것은 arraySum 함수를 호출할 때, 배열 values를 가리키는 포인터가 함수로 건네졌다는 의미다. 이 때문에 함수 내에서 배열의 원소의 값을 변경할 수 있게 되는 것이다.

그런데 만일 배열의 포인터가 함수에 건네진다면, 함수에 있는 공식 매개변수가 왜 포인터로 선언되지 않았을까? 다시 말해 arraySum 함수 내의 array를 왜 다음과 같이 선언하지 않았을까?

```
int *array;
```

함수 내에서 배열을 참조하려면 모두 포인터 변수를 사용해야 하는 것 아닌가? 이 질문들에 답하려면 먼저 포인터와 배열에 대해 이미 설명했던 내용을 다시 살펴보아야 한다. valuePtr가 배열 values에 포함된 동일한 형태의 원소를 가리키고, valuesPtr가 values의 맨 처음을 가리키고 있다고 가정하면, 표현식 *(valuesPtr + i)는 표현식 values[i]와 동일하다. 이에 따라 (values + i)를 사용하여 배열 values의 i번째 원소를 참조할 수 있다. 그리고 일반적인 경우 Objective-C에서는 x가 어느 형이든 배열이기만 하면, 표현식 x[i]는 언제나 *(x + i)와 동일한 표현으로 쓸 수 있다.

Objective-C에서 포인터와 배열은 서로 매우 긴밀히 관련되어 있다. 이 때문에 arraySum 함수 내에서 array를 'int의 배열'로 선언하거나 'int의 포인터'로 선언할 수 있다. 두 선언 모두 앞의 프로그램 예제에서 잘 동작한다. 한번 확인해 보라.

인덱스 번호를 사용하여 배열의 원소를 참조할 계획이라면, 해당하는 공식 매개 변수를 배열로 선언하라. 이렇게 하면 함수가 배열을 사용한다는 것이 더 정확하게 반영된다. 이와 마찬가지로, 인수를 배열의 포인터로 사용할 생각이라면, 포인터 형이 되도록 선언하자.

문자열의 포인터

배열을 가리키는 포인터의 가장 흔한 용도로는 문자열이 있다. 이 경우 포인터가 표기하기 편리하고 효율적이기 때문이다. 문자열의 포인터를 얼마나 쉽게 사용할 수 있는지 알아보자. 한 스트링을 다른 스트링에 복사하는 copyString이라는 함수를 작성한다. 이 함수를 일반적인 배열-인덱스 방법으로 작성한다면 다음과 같은 코드가 나오게 된다.

```
void copyString (char to[], char from[])
{
   int i;

   for ( i = 0; from[i] != '\0'; ++i )
      to[i] = from[i];

   to[i] = '\0';
}
```

for 문은 to 배열에 널 문자가 복사되기 전에 종료되므로 함수에서 마지막 명령문이 필요하게 된다.

만일 포인터를 사용하여 copyString을 작성하면 인덱스 변수 i가 더는 필요없게 된다. 프로그램 13.16에서 그 예를 살펴보자.

프로그램 13.16

```
#import <Foundation/Foundation.h>

void copyString (char *to, char *from)
{
```

```
        for ( ; *from != '\0'; ++from, ++to )
            *to = *from;

        *to = '\0';
    }

    int main (int argc, char *argv[])
    {
      @autoreleasepool {
         void copyString (char *to, char *from);
         char string1[] = "A string to be copied.";
         char string2[50];

         copyString (string2, string1);
         NSLog (@"%s", string2);

         copyString (string2, "So is this.");
         NSLog (@"%s", string2);
      }
      return 0;
    }
```

프로그램 13.16 출력 결과

```
A string to be copied.
So is this.
```

copyString 함수는 두 공식 매개변수인 to와 from을 이전 버전처럼 문자 배열이 아니라 문자 포인터로 정의한다. 여기에 함수가 이 두 변수를 어떻게 사용할지가 반영되어 있다.

그다음 from이 가리키는 스트링을 to가 가리키는 스트링에 복사하기 위해 (초기 조건 없이) for 문에 들어선다. 반복문을 돌 때마다, from과 to 포인터는 각각 1씩 증가된다. 이를 통해 from 포인터는 소스 스트링에서 복사할 다음 문자를 가리키게 되고 to 포인터는 복사된 다음 문자가 저장될 '목적 스트링(destination)'의 위치를 가리키게 된다.

from 포인터가 널 문자를 가리키면 for 문이 종료된다. 그 후 함수는 널 문자를 목적 스트링의 끝에 넣는다.

main 루틴에서 copyString 함수는 두 번 호출된다. 처음 호출 때에는 string1의 내용을 string2로 복사한다. 두 번째 호출에서는 "So is this."라는 스트링 상수의 내용을 string2에 복사한다.

문자 스트링 상수와 포인터

이전 프로그램에서 다음 호출이 동작하는 것을 보면, 함수에 인수로 넘기는 스트링 상수가 사실 포인터임을 알 수 있다.

```
copyString (string2, "So is this.");
```

이 스트링 상수가 포인터라는 것뿐 아니라, Objective-C에서 문자 스트링 상수가 사용될 때도 일반적으로 그 문자 스트링의 포인터가 생성된다고 할 수 있다.

지금은 이 말이 좀 헷갈리겠지만 4장에서 잠시 언급했듯이, 여기서 말하는 문자 스트링 상수는 C 스타일 스트링이다. 이것은 객체가 아니다. 스트링 상수 객체는 @"This is okay."와 같이 스트링 앞에 @를 붙여서 생성한다. 스트링 객체와 C 스타일 스트링은 서로 맞바꾸어 사용할 수 없다.

만일 textPtr가 문자 포인터로 선언됐다고 해보자.

```
char *textPtr;
```

다음 명령문은 textPtr에 문자 스트링 상수 "A character string."을 가리키는 포인터를 대입한다.

```
textPtr = "A character string.";
```

주의할 것이 있다. 문자 배열에서는 이런 식의 대입이 유효하지 않으므로, 문자 포인터와 문자 배열 사이를 구분해야 한다. 예컨대 다음 명령문으로 text가 char의 배열이라고 정의했다고 하자.

```
char text[80];
```

이 상황에서 다음과 같은 명령문을 작성해서는 안 된다.

```
text = "This is not valid.";
```

- 이 프로그램에서 사용되는 스트링 "A string to be copied."와 "So is this."는 @으로 구분되는 것처럼 스트링 객체가 아니라, C-스타일 문자 스트링이다. 두 타입은 서로 호환되지 않는다. 만약 함수가 char 배열을 인수로 받는다면, @이 붙는 문자열 스트링 객체가 아니라, char 타입의 배열이나, C-스타일의 문자열 스트링을 넘겨야만 한다.

Objective-C에서 문자 배열에 이런 식으로 대입할 수 있는 상황은 배열을 초기화할 때 뿐이다.

```
char text[80] = "This is okay.";
```

text 배열을 이렇게 초기화하면, text 내에 문자 스트링 "This is okay."의 포인터를 저장하는 것과 달리, 실제 문자 자체가 종료하는 널 문자와 함께, text 배열의 해당 원소에 저장된다.

text가 문자 포인터일 경우, 다음 명령문으로 text를 초기화한다고 해보자.

```
char *text = "This is okay.";
```

문자 스트링 "This is okay."를 가리키는 포인터를 text에 대입하게 될 것이다.

증가 연산자, 감소 연산자 다시 보기

지금까지 증가 연산자와 감소 연산자를 사용할 때는 항상 이것들이 표현식의 유일한 연산자였다. 표현식 ++x를 작성하면 변수 x의 값에 1이 더해진다. 그리고 x가 배열의 포인터라면 이 표현식은 x가 배열의 다음 원소를 가리키도록 설정한다.

증가 연산자나 감소 연산자는 다른 연산자가 나오는 표현식에서도 사용할 수 있다. 이때 이 연산자들이 어떻게 동작하는지를 정확히 이해해야 한다.

증가 연산자와 감소 연산자는 값이 증가 혹은 감소되는 변수 앞에 붙여서 사용 했다. 예를 들어, 변수 i를 증가시킬 때는 다음과 같이 작성했다.

```
++i;
```

또는 증가 연산자를 변수 뒤에 배치해도 된다.

```
i++;
```

이 두 표현식 모두 유효하며 결과(i의 값을 증가한다)는 동일하다. 더 정확하게 말하면 ++가 피연산자 앞에 있는 경우에 증가 연산이 '선-증가(preincrement)'로 분류된다. ++가 피연산자 뒤에 있는 경우에는 '후-증가(post-increment)' 연산이라고 말한다.

감소 연산자도 마찬가지다. 다음 명령문을 살펴보자.

```
--i;
```

이 식은 i의 선-감소를 수행한다.

```
i--;
```

이 식은 i의 후-감소를 수행한다. 두 식 모두 i의 값에서 1을 빼는 결과가 나온다.

한편 좀 더 복잡한 표현식에서 증가 및 감소 연산자를 사용하면 이 연산자들이 선 연산인지 후 연산인지에 따라 차이가 발생한다.

두 정수 i와 j가 있다고 가정하자. i의 값을 0으로 설정하고 다음 명령문을 작성하자.

```
j = ++i;
```

j에 대입되는 값은 예상대로 0이 아니라 1이다. 선-증가 연산자를 쓰면, 그 값이 표현식에서 사용되기 전에 변수부터 증가한다. 따라서 이 표현식에서는, 먼저 i의 값이 0에서 1로 증가된 뒤, 그 값이 j에 대입된다. 마치 다음 두 명령문을 실행한 것과 같다.

```
++i;
j = i;
```

만일, 다음 명령문처럼 후-증가 연산자를 사용한다고 해보자.

```
j = i++;
```

i의 값이 j에 대입된 다음, i가 증가하게 된다. 이 명령문 실행 전에 i가 0이었다면, j에 0이 대입되고 i의 값이 1만큼 증가한다. 다음 명령문과 동일한 결과가 발생할 것이다.

```
    j = i;
    ++i;
```

다른 예로, i가 1이라고 해보자.

```
    x = a[--i];
```

위 명령문은 변수 i가 a의 인덱스로 사용되기 전에 값이 감소하므로 a[0]의 값을 x에 대입하는 효과가 나타난다. 다음 명령문을 보자.

```
    x = a[i--];
```

변수 i의 값이 a의 인덱스로 사용된 후에 값이 감소하므로 a[1]의 값을 x에 대입하는 효과가 나타난다.

증가 연산자와 감소 연산자의 선, 후 연산을 구별하는 세 번째 예제로 다음 함수 호출을 보자.

```
    NSLog (@"%i", ++i);
```

이 경우 i를 증가시킨 다음, 그 값을 NSLog 함수에 건넨다.

```
    NSLog (@"%i", i++);
```

반면 위 호출은 i의 값을 쓰고 나서 증가시킨다. 따라서 i가 100이었다면 첫 번째 NSLog 호출은 터미널에 101을 표시하고 두 번째 NSLog 호출 때는 100을 표시할 것이다. 어느 경우든, 명령문이 실행되고 난 다음에 i의 값은 101이 된다.

실제 프로그램을 보기 전에 마지막 예를 보자. 여기서 textPtr는 문자 포인터이다.

```
    *(++textPtr)
```

이 표현식은 먼저 textPtr를 증가시키고, 이 포인터가 가리키는 문자를 가져온다. 반면 다음 표현식은 좀 다르다.

```
*(textPtr++)
```

위 명령문은 먼저 textPtr가 가리키는 문자를 가져온 후 textPtr를 증가시킨다. 어느 경우든, *와 ++ 연산자는 우선순위가 같고, 오른쪽부터 결합이 이루어지므로 괄호를 쓸 필요는 없다.

프로그램 13.16의 copyString 함수로 돌아가 보자. 대입문에 증가 연산자를 직접 사용하도록 작성한다.

for 문이 돌 때마다 반복문 내 대입 명령문이 실행되고 나서 to와 from 포인터가 증가하므로, 대입 명령문에 후-증가 연산자로 통합되어야 한다. 프로그램 13.16에 나오는 for 반복문을 개선하면 다음과 같다.

```
for ( ; *from != '\0'; )
    *to++ = *from++;
```

반복문 내의 대입 명령문은 다음과 같이 실행된다. from이 가리키는 문자를 받아온 후, from은 증가하여 소스 스트링의 다음 문자를 가리키게 된다. 참조한 문자는 to가 가리키는 위치에 저장되고, to도 증가하여 목적 스트링에서 다음 위치를 가리키게 된다.

앞의 for 문은 초기 표현식도, 반복 표현식도 없기 때문에 더 들여다 볼 필요는 없을 것이다. 사실, 이 로직은 while 문을 사용하면 더 잘 표현되었을 것이다. 프로그램 13.17에서 copyString을 새로 작성하는데, 여기서는 while 문을 사용한다. 이 while 문에서는 경험 많은 Objective-C 프로그래머들이 흔히 그렇듯, 널 문자가 0과 같다는 사실을 활용한다.

프로그램 13.17

```
// 스트링을 다른 포인터로 복사하는 함수
//      두 번째 버전

#import <Foundation/Foundation.h>
void copyString (char *to, char *from)
{
    while ( *from )
        *to++ = *from++;
    *to = '\ 0';
}
```

```
int main (int argc, char *argv[])
{
    @autoreleasepool {
        void copyString (char *to, char *from);
        char string1[] = "A string to be copied.";
        char string2[50];

        copyString (string2, string1);
        NSLog (@"%s", string2);

        copyString (string2, "So is this.");
        NSLog (@"%s", string2);
    }
    return 0;
}
```

프로그램 13.17 출력 결과

```
A string to be copied.
So is this.
```

13.5.4 포인터 연산

이 장에서 계속 본 것처럼 포인터에서 정수 값을 더하거나 뺄 수 있다. 게다가 두 포인터가 동일한지, 혹은 하나가 다른 하나보다 크거나 작은지도 비교할 수 있다. 또한 포인터 형이 같다면 포인트끼리 뺄셈 연산도 가능하다. Objective-C 에서 두 포인터 간 뺄셈의 결과는 두 포인터 사이에 있는 원소의 개수다. 만일 a 가 특정형의 배열을 가리키고, b는 동일한 배열의 어딘가를 가리키고 있다면, 표현식 b - a 는 이 두 포인터 사이에 있는 원소 개수를 나타낸다. 예를 들어, p 가 배열 x의 어느 원소를 가리키고 있다고 하자.

```
n = p - x;
```

이 명령문은 p가 가리키는 x내 원소의 인덱스 번호를 변수 n에 대입한다(여기서는 n을 정수 변수로 가정하였다). 만일 p가 다음 명령문으로 x의 100번째 원소를 가리키도록 설정되었다고 해보자.

```
p = &x[99];
```

앞서 나온 뺄셈 연산 후 n의 값이 99가 될 것이다.

함수의 포인터

함수의 포인터는 약간 수준 높은 주제이나, 포인터에 대한 설명을 마무리한다는 의미로 이곳에서 짚고 넘어가겠다. 함수의 포인터를 다룰 때는, Objective-C 컴파일러가 포인터 변수가 함수를 가리키고 있음은 물론, 함수가 반환하는 값의 형과 인수 형, 받는 인수 개수도 알아야 한다. 변수 fnPtr를 'int 형을 반환하고 인수를 받지 않는 함수의 포인터' 형으로 정의하려면 다음과 같이 선언한다.

```
int (*fnPtr) (void);
```

*fnPtr 주변에 괄호는 반드시 씌워야 한다. 괄호를 쓰지 않으면, 컴파일러는 이 명령문을 int 형 포인터를 반환하는 함수 fnPtr를 선언한 것이라고 여긴다(함수 호출 연산자 ()가 포인터 간접 참조 연산자 *보다 우선순위가 높기 때문이다).

함수 포인터가 특정 함수를 가리키도록 하려면, 함수 이름을 대입하면 된다. 만일 lookup이 int 형을 반환하고 인수를 받지 않는 함수라고 해보자.

```
fnPtr = lookup;
```

이 명령문은 함수 포인터 변수 fnPtr에 이 함수의 포인터를 저장하게 해준다. 함수 이름에 괄호를 붙이지 않으면 배열 이름에 첨자 없이 사용하는 것과 유사한 상황이 된다. Objective-C 컴파일러는 지정된 함수의 포인터를 자동으로 생성한다. 함수 이름 앞에 &를 붙일 수 있지만 꼭 붙여야 하는 건 아니다.

lookup 함수가 아직 정의되지 않았다면, 대입 전에 함수부터 선언해야 한다. 다음 명령문을 먼저 선언해 두어야 이 함수의 포인터를 변수 fnPtr에 대입할 수 있다.

```
int lookup (void);
```

포인터 변수를 통해 간접 참조된 함수도 함수 호출 연산자를 포인터에 적용하고 괄호 안에 함수의 인수를 나열함으로써 호출할 수 있다. 예를 들어서 다음 호출은 fnPtr가 가리키는 함수를 호출하고, 반환 값을 변수 entry 안에 저장한다.

    entry = fnPtr();

함수의 포인터는 흔히 다른 함수의 인수로 건네는 식으로 사용된다. 표준 라이브러리는 qsort에서 함수 포인터를 사용한다. qsort는 데이터 원소 배열을 빠르게 정렬(quick sort)하는 함수다. 이 함수는 qsort가 정렬하는 배열의 두 원소를 비교할 때 필요한 함수의 포인터를 인수 중 하나로 넘겨 받는다. 이런 방식으로 배열 내 두 원소를 실제로 비교하는 작업은 qsort 자신이 아니라 사용자가 제공한 함수로 수행된다. 그러므로 qsort는 배열 형이 무엇이든 상관없이 정렬할 수 있다.

Foundation 프레임워크에서 몇몇 메서드는 함수 포인터를 인수로 받는다. 예를 들어보자. NSMutableArray 클래스에 정의되어 있는 sortUsingFunction: context:는 정렬할 배열의 두 원소를 비교해야 할 때, 지정한 함수를 호출한다.

함수 포인터를 쓰는 흔한 예로는 '디스패치' 표를 생성하는 작업이 있다. 함수 자체를 배열의 원소에 넣을 수는 없다. 그렇지만 함수 포인터는 배열 안에 넣을 수 있다. 이 특징을 응용해서, 호출할 함수 포인터를 담은 표를 생성하는 것이다. 예를 들어, 사용자가 입력할 다른 커맨드를 처리할 용도로 표를 생성할 수 있다. 표의 각 항목이 커맨드 이름과 특정 커맨드를 처리하고자 호출할 함수의 포인터를 담고 있는 것이다. 이제 사용자가 커맨드를 입력하면, 표 안의 커맨드를 찾아 해당 함수를 호출하여 커맨드를 처리하도록 할 수 있다.

13.5.5 포인터와 메모리 주소

Objective-C의 포인터에 대한 논의를 마치기 전에, 이것이 실제로 어떻게 구현되어 있는지 상세하게 살펴볼 필요가 있다. 컴퓨터의 메모리는 연속적인 저장 셀이라고 생각해 볼 수 있다. 컴퓨터 메모리에 있는 각 셀에는 '주소'라는 숫자가 부여된다. 흔히 컴퓨터 메모리의 첫 주소는 0이다. 그리고 컴퓨터 시스템 대부분에서 '셀'은 1바이트다.

컴퓨터는 메모리를 사용하여 여러분의 컴퓨터 프로그램 명령어를 저장하고 프로그램에 관련된 변수의 값을 저장한다. 만일 int 형 변수인 count를 선언한다면, 시스템은 프로그램을 실행하는 도중에 count의 값이 담긴 메모리 공간을 할당할 것이다. 예를 들어, 이 위치는 컴퓨터 메모리의 주소 1000FF 이 될 수 있다.

다행히도, 변수에 할당되는 메모리 주소는 시스템이 자동으로 처리하므로 직접 신경 쓸 필요는 없다. 그러나 각 변수가 각자의 메모리 주소에 연계됨을 알고 있으면 포인터가 작동하는 방식을 이해하는 데 도움이 될 것이다.

주소 연산자를 Objective-C의 변수에 적용하면 컴퓨터 메모리에서 그 변수의 실제 주소가 값으로 생성된다(물론 이 때문에 주소 연산자라는 이름이 붙었다).

```
intPtr = &count;
```

이 명령문은 intPtr에 count 변수에 할당된 컴퓨터 메모리의 주소를 대입한다. 만일 count가 1000FF16이라는 주소에 자리 잡는다면, 이 명령문은 intPtr에 0x1000FF라는 값을 대입할 것이다.

다음 표현식과 같이 간접 참조 연산자를 포인터 변수에 적용해보자.

```
*intPtr
```

이 식은 포인터 변수에 든 값을 메모리 주소로 처리해 준다. 그런 다음, 이 메모리 주소에 저장된 값을 가져와 포인터 변수에 선언된 형에 맞춰 해석한다. 만일 intPtr가 int 형 포인터였다면, 시스템은 *intPtr의 메모리 공간에 저장된 값을 정수로 해석할 것이다.

13.6 이것들은 객체가 아니다!

이제 배열, 구조체, 문자 스트링을 정의하고 다루는 방법을 배웠다. 한 가지 중요한 사실을 잊지 말자. 이것은 객체가 아니다! 따라서 이것들에게 메시지를 보낼 수 없다. 또한 Foundation 프레임워크에서 제공하는 메모리 할당 정책 같은 훌륭한 것들(혜택)을 누릴 수 없다. 이 장 도입부에 이 장을 건너뛰고 나중에 돌아와서 살펴보라고 한 일이 기억나는가? 그 이유 가운데 하나가 이것이다. 일반적으로 배열과 스트링을 객체로 정의하는 Foundation의 클래스들이 언어에서 지원하는 것들보다 쓰기에 훨씬 낫다. 이 장에서 설명한 형들은 정말 필요할 때만 사용하는 게 좋다. 그리고 되도록 그럴 일이 없기를 바란다.

13.7 기타 언어 기능

언어가 지원하는 기능 중에는 다른 장에서 다루기에도 썩 맞지 않은 것들이 몇 가지 있다. 여기서 이 기능들을 살펴보자.

13.7.1 복합 리터럴

'복합 리터럴'은 초기화 목록이 뒤따르는, 괄호 안에 표시된 형 이름이다. 이것은 지정된 형의 이름 없는 값을 생성한다. 블록 안에서 정의되면 그 범위는 블록 내로 제한된다. 만일 모든 블록 바깥에서 정의되었다면 전역 범위가 된다. 전역 범위일 경우 초기화 값들은 모두 상수 표현식이어야 한다.

예를 한번 보자.

```
(struct date) { .month = 7, .day = 2, .year = 2011}
```

이 표현식은 지정된 초깃값을 갖는 struct date 형의 구조체를 생성한다. 다음 코드로 이를 다른 struct date 구조체에 대입할 수 있다.

```
theDate = (struct date) { .month = 7, .day = 2, .year = 2011} ;
```

아니면 struct date를 인수로 받는 함수나 메서드에 이 복합 리터럴을 넘겨줄 수도 있다.

```
setStartDate ((struct date) { .month = 7, .day = 2, .year = 2011} );
```

게다가 구조체 외의 다른 형도 정의할 수 있다. 다음 명령문을 보자. 이것은 intPtr가 int *형일 때, intPtr가 원소 3개를 지정한 대로 초기화하는 100개짜리 정수 배열을 가리키도록 설정할 수 있다.

```
intPtr = (int [100]) { [0] = 1, [50] = 50, [99] = 99 } ;
```

배열 크기가 지정되지 않았다면, 초기화 목록이 크기를 결정한다.

13.7.2 goto 문

goto 문을 쓰면 프로그램의 특정 위치로 바로 분기하게 된다. 이 분기가 프로그램의 어디로 갈지 알려면 '레이블'이 있어야 한다. 레이블(label) 생성 시, 변수 이름을 지을 때와 동일한 규칙이 적용된다. 또, 레이블 뒤에는 반드시 콜론이 붙어야 한다. 레이블은 분기를 따라 이동할 명령문 바로 앞에 자리 잡고, goto와 동일한 함수 혹은 메서드 내에 있어야 한다.

예를 들어, 다음과 같은 명령문을 작성하면 레이블 out_of_data: 뒤의 명령문으로 분기를 타게 된다.

```
goto out_of_data;
```

이 레이블은 함수나 메서드 내에 goto 앞뒤 혹은 어디서든 나올 수 있다. 또한 다음과 같이 사용할 수도 있다.

```
out_of_data: NSLog (@"Unexpected end of data.");
   ...
```

게으른 프로그래머들은 코드의 다른 부분으로 이동하고자 goto 문을 자주 남용한다. 그러나 goto 문은 프로그램의 일반적인 순차적 흐름을 방해한다. 그 결과, 프로그램의 흐름을 따라가기가 힘들어진다. goto 문을 많이 사용하면 프로그램을 해석할 수 없게 된다. 이런 이유로, goto 문을 쓰는 것은 좋은 프로그래밍 습관이라고 볼 수 없다.

13.7.3 null 문

Objective-C에서는 일반 프로그램 명령문이 나오는 곳에 세미콜론만 사용할 수 있다. 이게 바로 '널' 명령문인데, 아무 작업도 하지 않아서 전혀 쓸모 없어 보일 수도 있다. 그러나 프로그래머들은 while, for, do 문에서 이 널 명령문을 자주 사용한다. 예를 들어 보자. 다음 명령문은 '표준 입력'(standard input, 기본적으로 터미널)에서 새줄 문자가 나타날 때까지 나오는 모든 문자를 읽어 text

가 가리키는 문자 배열에 저장하는 것이 목적이다. 여기서는 표준 입력에서 한 번에 한 문자씩 읽고 반환하는 라이브러리 루틴인 getchar를 사용한다.

```
while ( (*text++ = getchar ()) != '' )
    ;
```

모든 연산은 while 문의 반복 조건 부분에서 수행된다. 이때 컴파일러는 반복 조건 표현식 다음에 오는 명령문을 반복문의 몸체로 여긴다. 이 때문에 널 명령문이 필요한 것이다.

13.7.4 콤마 연산자

우선순위 체계에서 가장 아래에 '콤마 연산자'가 있다. 5장 「프로그램 반복문」에서 for 문 안의 어느 필드든, 하나 이상 되는 표현식을 쉼표로 구분하여 넣을 수 있다고 언급하였다. 예를 들어 다음 for 문을 보자.

```
for ( i = 0, j = 100; i != 10; ++i, j -= 10 )
    ...
```

반복문을 시작하기 전에 i의 값은 0으로, j의 값은 100으로 초기화한다. 반복문의 몸체가 실행되고 나면 i의 값은 1씩 증가하고, j의 값은 10씩 감소된다.

Objective-C 내에 있는 모든 연산자는 값을 생성한다. 콤마 연산자의 값은 가장 우측 표현식의 값이다.

13.7.5 sizeof 연산자

프로그램에서 결코 데이터 형의 크기를 가정해서는 안 된다. 그러나 때로는 데이터 형이 얼마나 큰지 알 필요가 있다. malloc과 같은 라이브러리 루틴을 사용해 동적 메모리 할당을 수행할 때나, 데이터를 파일로 아카이빙 혹은 기록할 때가 그 예다. Objective-C에서 제공하는 sizeof라는 연산자로 데이터 형이나 객체의 크기를 알아볼 수 있다. sizeof 연산자는 지정된 항목의 크기를 바이트 단위로 반환해 준다. 인수로는 변수나 배열 이름, 기본 데이터 형의 이름, 객체, 파생된 데이터 형의 이름, 혹은 표현식도 가능하다. 예를 들어, 다음 코드는 정수를 저장하는 데 필요한 바이트 수를 반환한다.

```
sizeof(int)
```

내 맥북 에어에서는 이 결과가 4(혹은 32비트)로 나왔다. 만일 x가 정수 100개를 담는 배열이라고 해보자.

```
sizeof(x)
```

이 표현식은 x의 정수 100개를 저장할 공간을 반환할 것이다.

예컨대 myFract가 int 인스턴스 변수 두 개(numerator와 denominator)를 포함하는 Fraction 객체라면 다음 표현식의 결과는 어떨까?

```
sizeof(myFract)
```

포인터를 4바이트로 표시하는 시스템에서는 이 표현식의 결과로 값 4를 생성할 것이다. 사실, sizeof를 어느 객체에 적용하든 이 값을 반환한다. 그 이유는 객체의 데이터를 가리키는 포인터의 크기를 묻고 있기 때문이다. Fraction 객체의 인스턴스가 담긴 실제 데이터 구조의 크기를 알아내려면 다음과 같이 작성해야 한다.

```
sizeof (*myFract)
```

이 코드는 내 맥북 에어에서 12라는 값을 반환한다. 어떻게 이 값이 나왔을까? numerator와 denominator가 각각 4바이트씩 차지하고, 여기에 상속 받은 isa 멤버(이 장의 마지막 절 'Objective-C가 동작하는 방식'에서 설명한다)가 4바이트를 차지한다.

```
sizeof (struct data_entry)
```

이 표현식은 data_entry 구조체 하나를 저장하는 데 필요한 저장 공간의 값을 반환한다. 만일 data가 struct data_entry 원소들의 배열로 정의되어 있다고 하자.

```
sizeof (data) / sizeof (struct data_entry)
```

이 경우 위 표현식을 적으면 data 안에 포함된 원소의 수가 결과 값으로 나온다(data는 공식 매개변수나 외부에서 참조한 배열이 아니라 앞에서 정의한 배열이어야만 한다).

```
sizeof (data) / sizeof (data[0])
```

이 표현식도 똑같은 결과를 낳는다.

그러나 sizeof 연산자를 사용하여 프로그램에서 크기를 계산하거나 직접 입력해 넣는 일은 피하는 편이 좋다.

13.7.6 커맨드라인 인수

이따금 터미널에서 사용자가 간단한 정보를 입력해야 하는 프로그램들이 있다. 이를테면 계산하고 싶은 삼각수나, 사전에서 찾을 단어 등의 정보가 필요한 경우다.

이런 정보는 사용자에게 요청해 받는 대신, 프로그램이 실행될 때 제공해줄 수 있다. 바로 '커맨드라인 인수'가 이런 기능을 지원한다.

앞에서 말했듯이 main 함수의 특성은 그 이름이 특별하다는 데 있다. main에서 프로그램 실행이 시작된다. 사실, 여러분이 프로그램에서 보통 함수를 호출하는 것처럼 런타임 시스템은 프로그램 실행이 시작할 때 main 함수를 호출한다. main이 실행을 마치면 컨트롤은 런타임 시스템으로 돌아간다. 이때 런타임 시스템은 프로그램이 종료되었음을 알게 된다.

런타임 시스템이 main을 호출할 때, 인수 두 개가 함수로 넘어간다. 첫 번째 인수는 argc(argument count의 줄임말)라고 부르는 것이 관례다. 바로 커맨드라인에서 입력된 인수의 개수를 나타내는 정수 값이다. 두 번째 인수는 문자 포인터의 배열로, argv(argument vector의 줄임말)라고 부르는 것이 관례다. 이 배열에는 문자 포인터가 argc + 1개만큼 들어 있다. 이 배열에서 첫째 원소는 실행 중인 프로그램 이름을 향한 포인터이거나, 시스템에 따라 프로그램 이름을 얻을 수 없는 때는 널 스트링이다. 그 뒤를 따르는 원소들은 프로그램 실행을 시작한 명령어와 같은 줄에 지정된 값들을 가리킨다. argv의 마지막 포인터인 argv[argc]는 널로 정의된다.

커맨드라인 인수에 접근하려면 main 함수가 인수를 두 개 받겠다고 선언해야만 한다. 이 책에 나오는 모든 프로그램은 관례적으로 다음과 같이 선언한다.

```
int main (int argc, char * argv[])
{
   ...
}
```

이 argv의 선언은 'char의 포인터' 형인 원소를 담는 배열로 정의됨을 기억하자. 커맨드라인 인수를 쓰는 실용적인 예를 보자. 사전에서 단어를 검색하고 그 뜻을 표시하는 프로그램을 개발했다고 하자. 커맨드라인 인수를 사용하면 뜻을 찾고 싶은 단어를 다음 명령어로 프로그램 실행과 동시에 지정할 수 있다.

```
lookup aerie
```

이렇게 하면 커맨드라인에서 단어를 바로 입력하기 때문에 사용자에게 단어를 입력하라고 요구할 필요가 없어진다.

앞의 명령어가 실행되면, 시스템은 자동으로 main 함수에 'aerie' 문자 스트링을 가리키는 포인터를 argv[1]으로 넘긴다. argv[0]에는 프로그램 이름(이 경우 'lookup')을 가리키는 포인터가 담겨 있음을 기억하자.

main 루틴은 다음과 같이 구성되었다.

```
#include <Foundation/Foundation.h>

int main (int argc, char *argv[])
{
  struct entry dictionary[100] =
    { {  "aardvark", "a burrowing African mammal"     },
      {  "abyss",   "a bottomless pit"                },
      {  "acumen",  "mentally sharp; keen"            },
      {  "addle",   "to become confused"              },
      {  "aerie",   "a high nest"                     },
      {  "affix",   "to append; attach"               },
      {  "agar",    "a jelly made from seaweed"       },
      {  "ahoy",    "a nautical call of greeting"     },
      {  "aigrette", "an ornamental cluster of feathers" },
      {  "ajar",    "partially opened"                } };

  int   entries = 10;
  int   entryNumber;
```

```
    int  lookup (struct entry dictionary [], char search[],
              int entries);

    if ( argc != 2 )
    {
        NSLog (@"No word typed on the command line.");
        return (1);
    }

    entryNumber = lookup (dictionary, argv[1], entries);

    if ( entryNumber != -1 )
        NSLog (@"%s", dictionary[entryNumber].definition);
    else
        NSLog (@"Sorry, %s is not in my dictionary.", argv[1]);

    return (0);
}
```

main 루틴은 프로그램이 실행될 때 프로그램 이름 다음에 단어가 입력되었는지 확인한다. 만일 입력되지 않았거나, 혹은 하나 이상 입력되었다면 argc의 값이 2가 아닐 것이다. 이럴 때, 프로그램은 표준 오류에 오류 메시지를 내보내고 종료 상태를 1로 반환하며 종료한다.

argc가 2와 같다면, lookup 함수가 호출되어 argv[1]이 가리키는 단어를 사전에서 찾는다. 만일 단어가 검색되면 단어 정의가 표시된다.

커맨드라인 인수는 언제나 문자 스트링으로 저장됨을 기억하자. 만일 프로그램 power를 커맨드라인 인수 2와 16으로 다음과 같이 실행하면 어떻게 될까?

```
power 2 16
```

argv[1] 안에 문자 스트링 '2'의 포인터가 저장되고, argv[2] 안에 스트링 '16'을 가리키는 포인터가 저장된다. 만일 프로그램이 인수를 숫자로 해석하려면 (이 power 프로그램에서는 당연히 그렇게 해야 할 것이다) 프로그램이 직접 변환해 줘야 한다. 이런 변환 작업은 sscanf, atof, atoi, strtod, strtol 같은 루틴들이 수행하는데, 이것들은 모두 라이브러리로 제공된다. 2부에서 NSProcessInfo 클래스를 사용하여 C 스트링 대신 스트링 객체로 커맨드라인 객체에 접근하는 방법도 배울 것이다.

13.8 Objective-C가 동작하는 방식

여기서 C와 연관된 몇 가지 특징을 짚지 않고 이 장을 은근슬쩍 마칠 수는 없다. Objective-C가 C 언어를 근간으로 하기 때문에, 두 언어의 관계에 대해서 언급해 두는 편이 좋겠다. 이런 상세 구현 내용은 무시해도 되지만, 포인터를 메모리 주소라고 배우는 편이 포인터를 이해하는 데 도움이 되듯이, 알아두면 Objective-C의 동작을 이해하는 데 도움이 될 것이다. 그렇다고 무척 상세한 내용까지 다루지는 않는다. Objective-C와 C의 관계에 대한 네 가지 사실만 알아보고 넘어가자.

13.8.1 사실 1: 인스턴스 변수는 구조체에 저장된다

새 클래스와 그에 속한 인스턴스 변수를 정의하면, 이 인스턴스 변수들은 사실 구조체 안에 저장된다. 이를 통해 객체를 다룰 수 있게 된다. 실은 객체는 인스턴스 변수로 멤버들이 구성된 구조체다. 따라서 상속받은 인스턴스 변수와 클래스에, 새로 정의한 인스턴스 변수가 합쳐져 하나의 구조체를 형성한다. alloc으로 새 객체를 생성하면 구조체 하나를 담기에 충분한 메모리 공간이 예약된다.

구조체의 상속받은 멤버 중에 보호(protected) 멤버 isa(루트 객체에게서 상속받은 것이다)가 있는데, 이것이 객체가 속한 클래스를 식별한다. 이 멤버가 구조체의 일부이므로 (따라서, 객체의 일부이므로) 계속 객체에 담겨 있게 된다. 런타임 시스템은 언제든 isa 멤버를 들여다보면 (심지어 객체가 포괄적인 id 객체 변수에 대입되었을지라도) 객체의 클래스가 무엇인지 알 수 있다.

객체의 구조체에 속한 멤버를 @public으로 지정해 주면 직접 접근할 수도 있다(10장 「변수와 데이터 형에 대하여」를 참고하라). 예를 들어, Fraction 클래스의 멤버인 numerator와 denominator를 @public으로 지정했다면, 다음 표현식을 이용하여 Fraction 객체인 myFract의 numerator 멤버에 직접 접근할 수 있다.

```
myFract->numerator
```

그렇지만 이 방법에는 강하게 반대한다. 10장에서 언급했듯이, 이것은 데이터 캡슐화에 어긋나기 때문이다.

13.8.2 사실 2: 객체 변수는 사실 포인터다
Fraction과 같은 객체 변수를 다음과 같이 정의해보자.

```
Fraction *myFract;
```

이는 사실 myFract라는 포인터 변수를 정의하는 것이다. 이 변수는 클래스 이름인 Fraction 형의 무엇인가를 가리키도록 정의되었다. 자, 다음과 같이 Fraction의 새 인스턴스를 생성한다.

```
myFract = [Fraction alloc];
```

이 식으로 메모리에 새 Fraction 객체를 저장할 공간(구조체를 위한 공간)을 할당하고 반환되는 구조체의 포인터를 포인터 변수 myFract 안에 저장한다.

이제 다음과 같이 한 객체를 다른 객체에 대입하면 포인터가 복사되는 것이다.

```
myFract2 = myFract1;
```

이러면 두 변수 모두 메모리의 어딘가에 저장된 동일한 구조체를 가리키게 된다. myFract2로 참조한(가리키는) 멤버 중 하나에 변화를 가하면, myFract1이 참조하는 동일한 인스턴스 변수(구조체 멤버)에 변화를 가한 셈이 된다.

13.8.3 사실 3: 메서드는 함수고, 메시지 표현식은 함수 호출이다
메서드는 사실 함수다. 메서드를 호출하면, 수신자의 클래스에 연결된 함수를 호출하는 셈이다. 함수에 건네는 인수들은 수신자(self)와 메서드의 인수들이다. 따라서, 함수에 인수를 건네는 것, 반환 값, 자동 혹은 정적 변수와 관련된 모든 규칙은 함수에도 메서드에도 모두 동일하게 적용된다. Objective-C 컴파일러는 클래스 이름과 메서드 이름을 조합해서 각 함수에 맞는 고유한 이름을 생성한다.

13.8.4 사실 4: id 형은 일반 포인터 형이다

객체는 메모리 주소인 포인터로 참조되기 때문에 id 변수에 자유롭게 할당할 수 있다. id를 반환하는 메서드는 결과적으로 메모리의 어느 객체를 가리키는 포인터를 반환하는 것이다. 그 후, 그 값을 어느 객체 변수에든 대입할 수 있다. 객체는 언제나 isa 멤버를 보유하기 때문에 id 형인 일반 객체 변수에 저장해도 클래스를 언제든 확인할 수 있다.

13.9 연습문제

1. 부동소수점 값 10개로 구성된 배열의 평균을 구하여 그 결과를 반환하는 함수를 작성하라.

2. Fraction 클래스의 reduce 메서드는 분수를 약분하기 위해 분자와 분모의 최대공약수를 찾는다. 이 메서드를 프로그램 13.5의 gcd 함수를 사용하도록 수정하라. 함수 정의를 어디에 두어야 할까? 함수를 정적으로 만들었을 때 장점이 있는가? gcd 함수를 사용하는 방식과 이전처럼 코드를 메서드에 직접 작성하는 방식 가운데 어느 쪽이 낫다고 생각하는가? 그 이유는 무엇인가?

3. '에라토스테네스의 체(Sieve of Eratosthenes)'라고 알려진 알고리즘은 소수(prime number)를 생성한다. 알고리즘의 절차는 아래에 제시했다. 이 알고리즘을 구현하는 프로그램을 작성하여, n = 150까지 이르는 모든 소수를 찾아라. 이전에 소수를 계산하는 알고리즘과 이 알고리즘을 비교하면 어떤가?
1 단계: 정수 배열 p를 정의한다. p의 모든 원소 Pi가 0과 2 <= i <= n 이 되도록 설정한다.
2 단계: i를 2로 설정한다.
3 단계: 만일 i > n 이면 알고리즘은 종료된다.
4 단계: 만일 Pi가 0이면 i는 소수다.
5 단계: 모든 양의 정수 j에 대해 i x j <= n이면 Pixj를 1로 설정한다.
6 단계: i에 1을 더하고 3단계로 간다.

4. 배열로 넘겨지는 Fraction을 모두 더하여 그 결과를 Fraction으로 반환하는 함수를 작성하라.

5. struct date에 대한 typedef 정의인 Date를 작성하여 다음과 같은 선언이 가능하게 만들어라.

   ```
   Date todaysDate;
   ```

6. 앞에서 언급했듯이, Date 클래스를 정의하는 편이 date 구조체를 정의하는 것보다 더 객체 지향 프로그래밍의 개념에 일치한다. 적절한 세터, 게터 메서드와 함께 Date 클래스를 정의하라. 또한 dateUpdate라는 메서드를 작성하여 인수 다음 날짜를 반환하도록 하라.
   Date를 구조체 대신 클래스로 정의하여 생기는 장점이 있는가? 단점은 무엇인가?

7. 다음과 같은 정의가 있다.

   ```
   char *message = "Programming in Objective-C is fun";
   char message2[] = "You said it";
   int  x = 100;
   ```

   다음의 각 NSLog 호출 모음이 유효한지, 그리고 다른 호출 모음과 동일한 출력 결과가 나오는지 알아보라.

   ```
   /*** set 1 ***/
   NSLog (@"Programming in Objective-C is fun");
   NSLog (@"%s", "Programming in Objective-C is fun");
   NSLog (@"%s", message);

   /*** set 2 ***/
   NSLog (@"You said it");
   NSLog (@"%s", message2);
   NSLog (@"%s", &message2[0]);

   /*** set 3 ***/
   NSLog (@"said it");
   NSLog (@"%s", message2 + 4);
   NSLog (@"%s", &message2[4]);
   ```

8. 프로그램을 작성하여 그 자신의 모든 커맨드라인 인수를 터미널에 각각 한 줄로 표시하라. 따옴표 안에 공백을 포함한 문자 인수가 들어가면 어떻게 되는지 알아보라.

9. 다음 중 어느 명령문이 "This is a test"를 출력하는가? 그 이유를 설명하라.

```
NSLog (@"This is a test");
NSLog ("This is a test");

NSLog (@"%s", "This is a test");
NSLog (@"%s", @"This is a test");

NSLog ("%s", "This is a test");
NSLog ("%s", @"This is a test");

NSLog (@"%@", @"This is a test");
NSLog (@"%@", "This is a test");
```

10. 프로그램 13.14의 exchange 함수를 블록으로 재작성하고 테스트하라.

14장

Programming in Objective-C

Foundation 프레임워크 소개

프레임워크는 프로그램을 쉽게 개발하도록 논리적으로 묶어 놓은 클래스, 메서드, 함수, 문서의 모음이다. Mac OS X에서는 프레임워크가 90개 이상 제공된다. 프레임워크들을 사용하면 맥의 주소록(Address Book), CD 굽기, DVD 재생하기, 퀵타임(QuickTime)으로 동영상 재생하기, 음악 재생하기 같은 기능을 손쉽게 다룰 수 있다.

그 중 프로그램 개발의 기본 혹은 기초를 제공하는 프레임워크가 바로 Foundation 프레임워크다. 2부의 주제 Foundation 프레임워크는 숫자나 스트링 같은 기본 객체, 객체의 컬렉션인 배열, 딕셔너리, 세트 등을 사용하게끔 해준다. 또 이 프레임워크를 통해 날짜와 시간을 다루거나, 자동 메모리 관리 기능과 하부 파일 시스템을 사용하고, 객체를 저장(아카이빙)하며, 사각형 같은 기하학 데이터 구조를 다룰 수 있다.

Application Kit 프레임워크는 인터랙티브 그래픽 애플리케이션을 개발하는 데 쓰는 방대한 양의 클래스와 메서드 모음을 담고 있다. 이것들을 사용해서 텍스트, 메뉴, 툴 바, 표, 문서, 페이스트보드(pasteboard), 창을 쉽게 다룰 수 있다. Mac OS X에서 '코코아'란, Foundation 프레임워크와 Application Kit 프레임워크, 그리고 세 번째 프레임워크인 코어 데이터를 통칭하는 용어다. '코코아터치'는 Foundation 프레임워크와 코어 데이터, UIKit 프레임워크를 통칭하는 용어다. 3부 「코코아와 코코아터치, 그리고 iOS SDK」에서 이 주제에 대해 상세히 설명한다. 또한 부록 D 「참고자료」에서 많은 자료를 찾을 수 있다.

14.1 Foundation 문서

Foundation 프레임워크 문서는 (로컬 사본을 다운 받았다면) 여러분의 컴퓨터에도 저장되어 있고, 애플의 웹사이트에서도 찾아볼 수 있다. 대부분의 문서는 브라우저에서 볼 수 있도록 HTML 파일이나 Acrobat PDF 파일로 제공된다. 이 문서에는 Foundation 프레임워크에 포함된 클래스와 구현된 메서드와 함수에 대한 설명을 모두 담고 있다. 필자는 Foundation 문서의 URL을 브라우저의 책갈피로 지정하여 필요하면 언제든 쉽게 정보를 찾아볼 수 있게 하였다.

Xcode를 사용하여 프로그램을 개발하면, 문서를 볼 수 있는 방법이 여러 가지 있다. 예를 들어 Xcode의 Help 메뉴에서 Documentation 창을 띄울 수 있다. 이 창에서 여러분의 컴퓨터에 저장된 문서나 온라인에서 제공되는 문서를 쉽게 찾아볼 수 있다. 그림 14-1은 Xcode Help 창에서 "NSString"을 검색한 결과다.

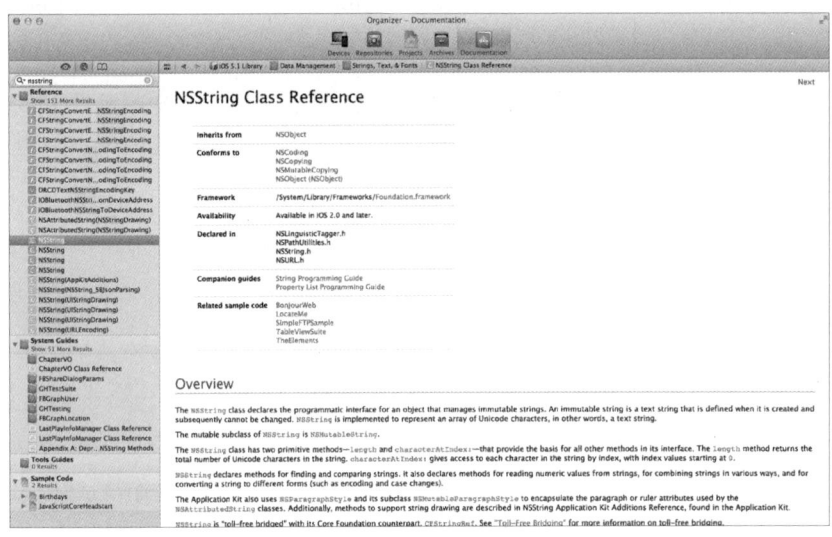

그림 14.1 Xcode로 문서 참고하기

만일 Xcode에서 파일을 편집하다가 특정 헤더 파일, 메서드, 클래스에 대한 문서를 곧바로 보고 싶다면 검색하고 싶은 클래스, 메서드 혹은 변수 위에서 옵션 키를 누른 채로 마우스를 클릭하면 된다. 선택한 사항에 대한 빠른 요약본을 볼 수 있다. 그림 14-2는 NSString 위에서 옵션 키를 누른 채로 클릭하면 뜨는 팝업 창을 보여준다.

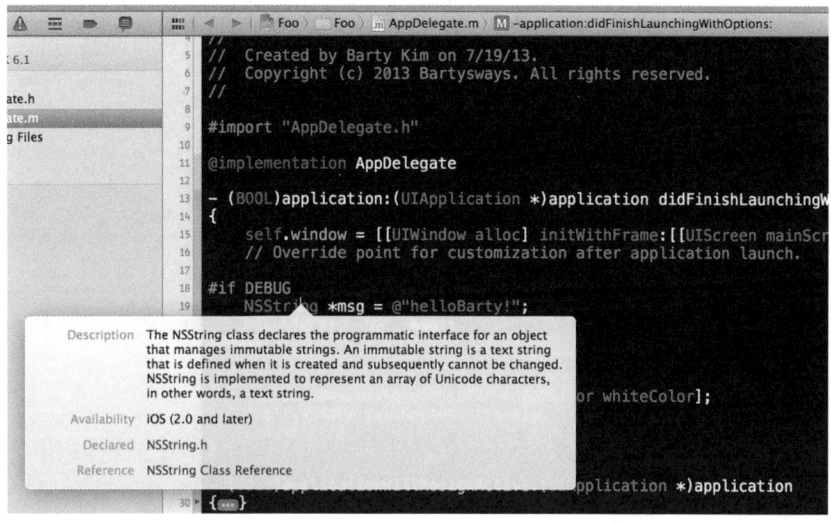

그림 14.2 NSString 빠르게 참조하기

이 Quick Help 팝업에서 하이퍼링크로 연결된 다른 참고자료, 관련 문서, 지정한 클래스나 메서드를 사용하는 샘플 코드를 볼 수 있다. 익숙해지면 정말 편리한 도구다!

View 〉 Utilities 〉 Show Quick Help Inspector를 선택하여 빠른 도움말을 항상 띄워둘 수 있고, 코드를 입력하거나 항목을 선택하면 바로 갱신된 정보를 표시해준다. 기본 설정에서는 그림 14-3과 같이 Quick Help 메뉴가 가장 우측 영역에 표시된다.

Mac OS X 참고문서는 http://developer.apple.com/library/mac/navigation/index.html을 찾아 들어가면 온라인에서도 문서를 볼 수 있다. 이 웹사이트에서는 메모리 관리, 스트링, 파일 관리 같이 특정 프로그램 이슈를 다루는 다양한 문서들도 제공한다.

만일 Xcode로 특정 문서 모음을 구독하지 않는다면, 온라인 문서가 하드디스크에 저장된 문서보다 더 최신 정보를 담고 있을 것이다.

이것으로 Foundation 프레임워크에 대한 소개를 간단히 마치겠다. 이제, 프

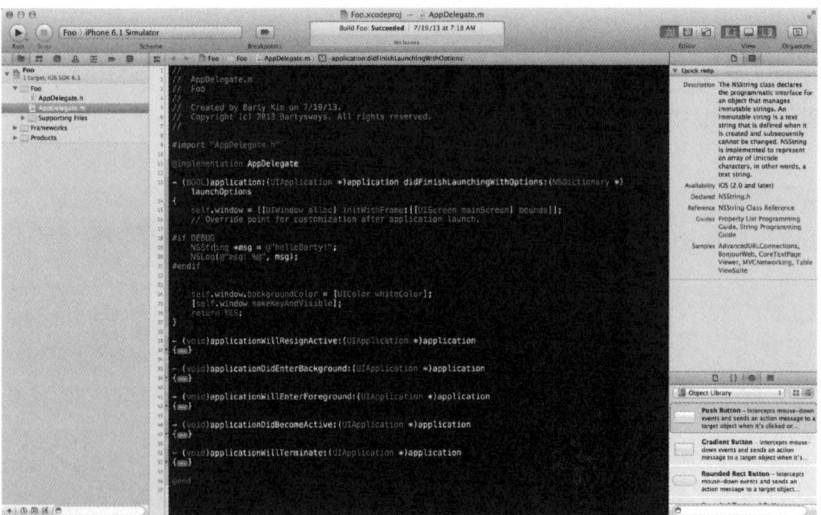

그림 14.3 Quick Help가 View 구획에 표시되었다.

레임워크에 들어 있는 몇몇 클래스에 대해 알아보고 애플리케이션에서 어떻게 사용할지 배워 보자.

15장

Programming in Objective-C

숫자, 스트링, 컬렉션

이 장에서는 Foundation 프레임워크가 제공하는 기본 객체를 어떻게 다룰지 설명한다. 객체에는 숫자와 스트링, 컬렉션이 포함되는데, 컬렉션은 배열, 딕셔너리, 세트의 형태로 객체를 묶어서 다룰 수 있다.

Foundation 프레임워크는 많은 클래스, 메서드, 함수를 제공한다. Mac OS X에서는 헤더 파일이 125개 가까이 제공된다. 간편하게 다음처럼 임포트해도 된다.

```
#import <Foundation/Foundation.h>
```

Foundation.h 파일이 다른 Foundation 헤더 파일을 거의 모두 임포트하기 때문에, 올바른 헤더 파일을 임포트하는지 염려할 필요가 없다. 지금까지 살펴본 각 예제에서 그랬듯이 Xcode는 자동으로 이 헤더 파일을 프로그램에 넣어준다.

이 명령문을 쓰면 컴파일 시간이 많이 늘어난다. 그러나 '미리 컴파일된' 헤더를 사용하면 이 추가 시간을 없앨 수 있다. 이 파일은 컴파일러가 미리 처리한 파일들이다. 모든 Xcode 프로젝트는 미리 컴파일된 헤더를 사용하도록 기본 설정되어 있다.

15.1 숫자 객체

지금까지 다룬 정수, 부동소수점 수, long 같은 모든 숫자 형은 Objective-C 언어의 기본 데이터 형이었다. 다시 말해, 이것들은 객체가 아니었다. 그러므로 이것에 메시지 같은 것을 보내는 일은 불가능하다. 그런데 이런 형 값을 객체로 다뤄야 할 때가 있다. 예를 들어, Foundation 객체인 NSArray는 값을 저장할 수 있는 배열을 생성하도록 해준다. 이 값들은 객체여야 하기 때문에 이 배열들에 기본 데이터 형을 바로 저장할 수는 없다. 그 대신, 기본 숫자 데이터 형을 저장하려면(char 데이터 형도 포함) NSNumber 클래스를 사용하여 이 데이터 형들에게서 객체를 생성 할 수 있다(프로그램 15.1을 보라).

프로그램 15.1

```
// 숫자 작업하기

#import <Foundation/Foundation.h>

int main (int argc, char *argv[])
{
    @autoreleasepool {
        NSNumber *myNumber,*floatNumber,*intNumber;
        NSInteger myInt;

        // integer 값
        intNumber = [NSNumber numberWithInteger: 100];
        myInt = [intNumber integerValue];
        NSLog (@"%li", (long) myInt);

        // long 값
        myNumber = [NSNumber numberWithLong: 0xabcdef];
        NSLog (@"%lx", [myNumber longValue]);

        // char 값
        myNumber = [NSNumber numberWithChar: 'X'];
        NSLog (@"%c", [myNumber charValue]);

        // float 값
        floatNumber = [NSNumber numberWithFloat: 100.00];
        NSLog (@"%g", [floatNumber floatValue]);

        // double 값
        myNumber = [NSNumber numberWithDouble: 12345e+15];
        NSLog (@"%lg", [myNumber doubleValue]);
```

```
        // 잘못된 접근
        NSLog (@"%li", (long) [myNumber integerValue]);

        // 두 숫자가 같은지 비교
        if ([intNumber isEqualToNumber: floatNumber] == YES)
            NSLog (@"Numbers are equal");
        else
            NSLog (@"Numbers are not equal");

        // 두 숫자의 크기 비교
        if ([intNumber compare: myNumber] == NSOrderedAscending)
            NSLog (@"First number is less than second");
    }
    return 0;
}
```

프로그램 15.1 출력 결과

```
100
abcdef
X
100
1.2345e+19
-9223372036854775808
Numbers are equal
First number is less than second
```

NSNumber 클래스에는 초깃값이 있는 NSNumber 객체를 생성하는 메서드가 많다. 다음 예를 보자.

```
intNumber = [NSNumber numberWithInteger: 100];
```

이 코드는 값이 100인 정수에게서 객체를 생성한다.

NSNumber 객체에서 받아 오는 값은 그 안에 저장된 값과 데이터 형이 일치해야 한다. 자, 프로그램에서 다음 메시지 표현식을 보자.

```
myInt = [intNumber integerValue];
```

이는 intNumber에 저장된 정수 값을 받아 NSInteger 형 변수 myInt에 저장한다는 의미다. 여기서 NSInteger는 객체가 아니고 기본 데이터 형의 typedef다. 64비트 빌드의 경우 long 형의 typedef이고, 32비트 빌드이면 int 형의 typedef

다. unsigned integer를 다룰 때도 비슷한 typedef인 NSUInteger가 존재한다.

NSLog 호출에서 NSInteger myInt를 long 형으로 형 변환하고, 포맷 캐릭터 %li를 사용하여 32비트 아키텍처에서 컴파일되더라도 값이 잘 건네지고 표시되도록 하였다.

각 기본 값에 대해서는 NSNumber 객체를 생성하고 지정한 값으로 설정하는 클래스 메서드가 존재한다. 이 메서드들은 numberWithLong:과 numberWithFloat:처럼 numberWith로 시작하고, 그 뒤에 데이터 형이 붙는다. 게다가 인스턴스 메서드를 사용하여 이미 생성해 놓은 NSNumber 객체의 값을 원하는 대로 지정할 수 있다. 인스턴스 메서드들은 initWithLong:과 initWithFloat:처럼 모두 initWith로 시작한다.

표 15.1은 NSNumber 객체의 값을 설정하는 클래스와 인스턴스 메서드, 그에 해당하는 값을 받는 인스턴스 메서드의 목록이다.

> **노트**
>
> Xcode 4.2 이전에서는 사용하는 메서드의 종류가 중요했다. 클래스 메서드는 오토릴리스된 객체를 생성하고, (iOS에서는) alloc을 사용하면 작업을 마치고 나서 메모리를 직접 정리해줘야 하는 객체를 생성했다. Objective-C에 ARC(자동 레퍼런스 카운팅:Automatic Reference Counting)의 등장으로 메모리 관리가 자동으로 처리되어 메서드의 형태를 골라 사용해야하는 이유가 사라졌다.

생성 및 초기화 클래스 메서드	초기화 인스턴스 메서드	값을 받는 인스턴스 메서드
numberWithChar:	initWithChar:	charValue
numberWithUnsignedChar:	initWithUnsignedChar:	unsignedCharValue
numberWithShort:	initWithShort:	shortValue
numberWithUnsignedShort:	initWithUnsignedShort:	unsignedShortValue
numberWithInteger:	initWithInteger:	integerValue
numberWithUnsignedInteger:	initWithUnsignedInteger:	unsignedIntegerValue
numberWithInt:	initWithInt:	intValue
numberWithUnsignedInt:	initWithUnsignedInt:	unsignedIntValue
numberWithLong:	initWithLong:	longValue

numberWithUnsignedLong:	initWithUnsignedLong:	unsignedLongValue
numberWithLongLong:	initWithLongLong:	longlongValue
numberWithUnsignedLongLong:	initWithUnsignedLongLong:	unsignedLongLongValue
numberWithFloat:	initWithFloat:	floatValue
numberWithDouble:	initWithDouble:	doubleValue
numberWithBool:	initWithBool:	boolValue

표 15.1 NSNumber 생성과 값을 받는 메서드

프로그램 15.1로 돌아가자. 프로그램은 이제 클래스 메서드를 사용하여 long, char, float, double 형 NSNumber 객체를 생성한다. 다음 코드로 double 형 객체를 생성한다.

```
myNumber = [NSNumber numberWithDouble: 12345e+15];
```

다음 코드로 값을 (틀리게) 받아내기를 시도한다.

```
NSLog (@"%li", (long) [myNumber integerValue]);
```

출력 결과로 -9223372036854775808가 출력되게 된다. 하지만 접근이 유효하지 않았기 때문에 여러분은 다른 결과를 얻게 될 것이다. 게다가 시스템은 아무런 오류 메시지도 생성하지 않는다. 일반적으로 NSNumber 객체에 값을 저장하고 나서 값을 받을 때 일치하는 형으로 받는 것은 여러분에게 달려 있다.

if 문 안에서 다음 메시지 표현식을 적어 넣는다.

```
[intNumber isEqualToNumber: floatNumber]
```

이 메시지 표현식은 isEqualToNumber:를 사용하여 NSNumber 객체 두 개에 담긴 숫자를 비교한다. 프로그램은 여기서 반환되는 불리언 값을 보아 두 값이 같은지 확인한다.

compare: 메서드를 사용하여 한 숫자 값이 다른 숫자 값보다 작은지, 큰지,

아니면 같은지를 테스트할 수 있다.

```
[intNumber compare: myNumber]
```

이 메시지 표현식은 intNumber에 저장된 숫자 값이 myNumber에 저장된 숫자 값보다 작다면 NSOrderedAscending 값을 반환하고, 두 숫자가 같을 때에는 NSOrderedSame 값을 반환하고, 첫 번째 숫자가 두 번째 숫자보다 크다면 NSOrdered Descending을 반환한다. 반환되는 값들은 NSObject.h 헤더 파일에 정의되어 있다. 이 파일은 Foundation.h를 임포트할 때 같이 불러진다.

앞에서 생성한 NSNumber 객체의 값은 다시 초기화할 수 없으니, 이에 주의하자. 예를 들어, 다음 명령문으로 NSNumber 객체인 myNumber에 저장된 정수 값을 설정해 줄 수는 없다.

```
NSNumber *myNumber = [[NSNumber alloc] initWithInt:50];
...
[myNumber initWithInt:1000];
```

프로그램이 실행되면 이 명령문은 오류를 발생시킨다. 모든 숫자 객체는 새로 생성되어야만 한다. 이 말은, 표 15.1의 첫째 열에 나열된 NSNumber 클래스 메서드 중 하나를 호출하거나 위 예제의 첫 번째 줄과 같이 alloc의 결과에서 둘째 열에 나열된 메서드 중 하나를 호출해야만 한다는 것을 의미한다.

다음 규칙을 보고, numberWithInt:와 numberWithInterger:의 차이점을 확실히 이해하자.

1. numberWithInt:로 정수를 만들면, intValue 메서드로 값을 받아와야 하고, %i 형식 문자를 사용하여 값을 표시할 수 있다.
2. numberWithInteger:를 사용하여 정수를 만들면, integerValue 메서드로 값을 받아와야 하고, stringWithFormat:과 같은 메서드에 사용하거나 값을 표시할 때는 long으로 형변환 처리를 해줘야 한다. 이런 경우 형식 문자는 %li를 사용한다.

numberWithUnsignedInt:와 numberWithUnsignedInteger:를 사용할 때도

비슷한 규칙을 따르면 된다.

최근 확장된 Objective-C 언어에서는 @표현법을 써서 프로그램 내에서 숫자 객체를 생성하는 것을 허용하고 있다. 프로그램 15.2 통해 문법이 어떻게 사용되는지 살펴보자.

프로그램 15.2

```objc
// 리터럴 숫자 객체

#import <Foundation/Foundation.h>

int main (int argc, char * argv[])
{
  @autoreleasepool {
    NSNumber        *myNumber, *floatNumber, *intNumber;
    NSInteger        myInt;

    // integer 값

    intNumber = @100;
    myInt = [intNumber integerValue];
    NSLog (@"%li", (long) myInt);

    // long value 값

    myNumber = @0xabcdefL;
    NSLog (@"%lx", [myNumber longValue]);

    myNumber = @'X';
    NSLog (@"%c", [myNumber charValue]);

    // float value값

    floatNumber = @100.0f;
    NSLog (@"%g", [floatNumber floatValue]);
  }

  return 0;
}
```

프로그램 15.2 출력 결과

```
100
abcdef
X
100
```

프로그램 15.2에서는 간단한 객체를 통해 숫자 객체글 생성하는 것을 보았다. 하지만 다음과 같은 복잡한 표현법에서도 사용이 가능하다.

```
NSNumber *center = @((start + end) / 2.0);
```

표현법이나 변수가 사용 되었다면, @ 다음으로 괄호를 사용해야 한다는 점을 알아두자. 앞으로 이 장에서 NSNumber를 다시 만나게 될 것이다. 다음 절로 넘어가기 전에 NSDecimalNumber 클래스의 문서를 한번 보자. NSNumber의 서브클래스로 객체 단위의 숫자 연산을 처리하는 메서드를 제공한다.

15.2 스트링 객체

스트링 객체는 이미 이전에 만났다. Objective-C에서는 다음과 같이 문자 스트링을 따옴표로 묶으면 문자 스트링 객체를 생성하게 된다.

```
@"Programming is fun"
```

Foundation 프레임워크에서 제공하는 NSString이라는 클래스를 이용하면 문자 스트링 객체를 다룰 수 있다. C 스타일 스트링은 char 문자로 구성되어 있는 반면, NSString 객체는 unichar 문자로 이루어져 있다. unichar 문자는 유니코드 표준에 따른 멀티바이트 문자다. 이것을 사용하여 문자를 수백만 개 담는 문자 세트를 다룰 수도 있다. 다행스럽게도 NSString 클래스가 문자의 내부 표현을 자동으로 처리해 주기 때문에 이를 고민할 필요가 없다.* 이 클래스가 보유한 메서드를 사용하면 '지역화되는(localized)' 애플리케이션을 더 손쉽게 개발할 수 있다. 지역화란, 애플리케이션이 전 세계의 다양한 언어로 동작하도록 만드는 작업이다.

이미 알다시피, Objective-C에서는 따옴표로 묶인 문자 스트링 앞에 @을 붙여서 문자 스트링 상수 객체를 생성할 수 있다. 따라서 다음 표현식은 문자 스트링 상수 객체를 생성한다.

---

* 현재, unichar 문자열은 16비트를 사용하고 있지만, 유니코드 표준은 보다 크기가 큰 문자열을 제공한다. 그래서 앞으로는 unichar 문자열은 16비트보다 커질 수도 있다. 기본적으로는 절대 유니코드 문자열의 크기에 대한 추측은 하지 말아야 한다.

```
@"Programming is fun"
```

특히, 유의할 점은 이 문자 스트링 상수 객체가 NSConstantString 클래스에 속한다는 것이다. NSConstantString 클래스는 스트링 객체 클래스인 NSString 의 서브클래스다.

15.2.1 NSLog 함수에 대하여

프로그램 15.3는 NSString 객체를 정의하고 초깃값을 설정하는 방법을 보여 준다. 또 형식 문자 %@를 사용하여 NSString 객체를 표시하는 방법도 알려준다.

프로그램 15.3

```
#import <Foundation/Foundation.h>

int main (int argc, char *argv[])
{
  @autoreleasepool {
     NSString *str = @"Programming is fun";

     NSLog (@"%@", str);
  }
   return 0;
}
```

프로그램 15.3 출력 결과

```
Programming is fun
```

다음 코드를 작성해서 스트링 상수 객체인 "Programming is fun"을 NSString 변수인 str에 대입한다.

```
NSString *str = @"Programming is fun";
```

그 다음 NSLog를 사용하여 이 변수의 값을 표시한다.

NSLog 포맷 문자인 %@는 NSString 객체뿐 아니라 다른 객체를 표시하는 데 도 사용할 수 있다. 예를 들어 다음과 같은 코드가 있다고 하자.

```
NSNumber *intNumber = @100;
```

다음과 같이 NSLog를 호출한다.

```
NSLog (@"%@", intNumber);
```

다음과 같은 결과가 출력된다.

```
100
```

15.2.2 description 메서드

심지어 %@ 형식 문자를 사용하여 배열, 딕셔너리, 세트에 담긴 전체 내용을 표시할 수 있다. 사실, 직접 만든 클래스에서도 상속받은 description 메서드를 재정의해 주기만 하면 이 포맷 문자로 객체를 표시할 수 있다. 만일 이 메서드를 재정의하지 않으면 NSLog는 클래스 이름과 객체의 메모리 주소를 표시한다. NSObject 클래스에서 상속받은 description 메서드는 기본적으로 이렇게 구현되어 있다.

다음 예제는 Fraction 클래스의 구현 부분에 추가하여 Fraction 객체를 표시할 때 사용할 description 메서드이다. NSString의 stringWithFormat: 메서드를 사용한다. NSLog 함수와 유사한 이 메서드는 콘솔에 결과를 표시하는 NSLog 함수와 달리, 지정한 형식의 스트링을 결과 값으로 반환한다.

```
-(NSString *) description
{
    return [NSString stringWithFormat: @"%i/%i", numerator, denominator];
}
```

노트

stringWithFormat:과 같은 메서드는 받을 인수의 개수가 가변적이다. (이 경우 형식 문자와 형식대로 표현할 데이터가 인수다.) 이런 인수들은 콤마로 구분지어 건네준다.

이 메서드를 Fraction 클래스에 정의하고, Fraction 객체 f1과 f2가 적절히 설정되었다고 하자. 다음 명령문을 보자.

```
sum = [f1 add: f2];
NSLog (@"The sum of %@ and %@ is %@", f1, f2, sum);
```

이 명령문은 다음과 같은 결과를 한 줄로 표시할 것이다.

```
The sum of 1/2 and 1/4 is 3/4
```

description 메서드를 여러분의 클래스에 추가하면 좋은 디버깅 도구를 하나 더한 것이다. 여러분의 객체를 좀 더 의미있게 표시할 수 있게 된다.

15.2.3 수정 가능한 객체와 수정 불가능한 객체

다음과 같은 표현식으로 내용을 바꿀 수 없는 객체가 생성된다.

```
@"Programming is fun"
```

이런 객체는 '수정 불가능한(immutable)' 객체라고 부른다. NSString 클래스는 수정할 수 없는 객체를 다룬다. 그런데 스트링 내 문자를 바꿔야 한다면 어떻게할까? 예를 들어, 스트링에서 문자 몇 개를 삭제하거나, 검색한 뒤 대치하는 작업을 해야 할 때가 있다. 이런 스트링은 NSMutableString에서 처리한다.

프로그램 15.4에는 프로그램에서 수정할 수 없는 문자 스트링을 다루는 기본 방법이 나와 있다.

프로그램 15.4

```
// 기본 스트링 작업

#import <Foundation/Foundation.h>

int main (int argc, char *argv[])
{
  @autoreleasepool
  {
    NSString   *str1 = @"This is string A";
    NSString   *str2 = @"This is string B";
    NSString   *res;
    NSComparisonResult   compareResult;

    // 문자 개수 세기
    NSLog (@"Length of str1: %lu", [str1 length]);

    // 스트링 복사하기
    res = [NSString stringWithString: str1];
    NSLog (@"copy: %@", res);
```

```
        // 스트링을 다른 스트링 뒤에 붙여 복사하기
        str2 = [str1 stringByAppendingString: str2];
        NSLog (@"Concatentation: %@", str2);

        // 두 개의 스트링이 같은지 비교
        if ([str1 isEqualToString: res] == YES)
            NSLog (@"str1 == res");
        else
            NSLog (@"str1 != res");

        // 두 개의 스트링 크기 비교
        compareResult = [str1 compare: str2];

        if  (compareResult == NSOrderedAscending)
            NSLog (@"str1 < str2");
        else if (compareResult == NSOrderedSame)
            NSLog (@"str1 == str2");
        else    // NSOrderedDescending
            NSLog (@"str1 > str2");

        // 대문자로 변환
        res = [str1 uppercaseString];
        NSLog (@"Uppercase conversion: %s", [res UTF8String]);

        // 소문자로 변환
        res = [str1 lowercaseString];
        NSLog (@"Lowercase conversion: %@", res);

        NSLog (@"Original string: %@", str1);
    }
    return 0;
}
```

프로그램 15.4 출력 결과

```
Length of str1: 16
Copy: This is string A
Concatentation: This is string AThis is string B
str1 == res
str1 < str2
Uppercase conversion: THIS IS STRING A
Lowercase conversion: this is string a
Original string: This is string A
```

프로그램 15.4은 먼저 수정 불가능한 NSString 객체 세 개(str1, str2, res)를 선언한다. 처음에 나오는 객체 두 개는 문자 스트링 상수 객체로 초기화된다. 이는 다음과 같이 선언한다.

```
NSComparisonResult compareResult;
```

이렇게 compareResult를 선언하여 프로그램에서 이후에 스트링을 비교한 결과를 담는다.

length 메서드를 사용하여 스트링에 든 문자 개수를 셀 수 있다. 이 메서드는 NSUInteger 형의 unsigned 정수 값을 반환한다. 출력 결과에서 다음 스트링에 문자가 16개 있음을 확인할 수 있다.

```
@"This is string A"
```

다음 명령문은 다른 스트링의 내용으로 새 문자 스트링을 생성한다.

```
res = [NSString stringWithString: str1];
```

이렇게 생성된 NSString 객체는 res에 대입되고 결과를 확인하고자 화면에 표시된다. 스트링 내용은 메모리상의 동일한 스트링을 향한 다른 참조를 만들 때가 아니라, 바로 이때 복사된다. 즉, str1과 res는 다른 스트링 객체 두 개를 참조하고 있기 때문에 다음처럼 간단하게 대입할 때와는 다르다.

```
res = str1;
```

이 코드는 그저 메모리상의 동일한 객체에 대한 다른 참조를 생성할 뿐이다. stringByAppendingString: 메서드로 문자 스트링 두 개를 합칠 수 있다. 다음 표현식을 보자.

```
[str1 stringByAppendingString: str2]
```

str1의 문자에 str2의 문자를 이어서 구성한 스트링 객체를 새로 생성하고 그 객체를 반환한다. 원본 스트링 객체인 str1과 str2는 이 작업에서 영향을 받지 않는다 (이것들은 수정 불가능한 스트링 객체이기 때문에 영향을 받을 수도 없다).

그 다음에는 isEqualToString: 메서드를 사용하여 두 문자 스트링이 동일한지 테스트한다. 동일하다는 의미는 두 스트링이 똑같은 문자를 갖고 있다는 얘기다. compare: 메서드를 사용해서 두 문자 스트링의 순서를 정할 수도 있다. 이 메서드는 예를 들어, 스트링 배열을 정렬하고 싶을 때 사용한다. 비교 결과는 앞서 두 NSNumber 객체를 비교하는 데 사용했던 compare:와 마찬가지로 나온다. 비교한 결과, 첫 번째 스트링이 어휘순에서 앞선다면 NSOrderedAscending이 될 것이고, 두 스트링이 같다면 NSOrderedSame이 되고, 첫째 스트링이 둘째 스트링보다 어휘순으로 뒤라면 NSOrderedDescending이 된다. 대소문자를 구별하지 않고 두 스트링을 비교하고 싶다면 compare: 대신 caseInsensitiveCompare:를 사용한다. 이때 스트링 객체 @"Gregory"와 @"gregory"는 caseInsensitiveCompare:으로 비교하면 동일한 스트링으로 간주된다.

프로그램 15.4에서 마지막으로 사용했던 NSString의 메서드 uppercaseString과 lowercaseString은 각각 문자를 대문자로 만들고 소문자로 만든다. 다시 말하지만, 출력 결과의 마지막에서 확인할 수 있듯이, 원본 스트링에는 이 변환 작업이 영향을 끼치지 않는다.

str1과 str2가 수정 불가능한 스트링 객체로 선언되었음을 이해하자. 이 말은, 이들이 참조하는 스트링 객체에 포함된 문자들은 바꿀 수 없다는 것이다. 그러나, str1과 str2의 참조는 변경될 수 있다. 다시 말하면, 이들 두 변수는 다른 수정 불가능한 스트링 객체를 참조하도록 다시 대입될 수 있다는 것이다. 이는 굉장히 중요한 것이다. 그림으로 다시 살펴보자. 그림 15.1은 변수 res와 str1이 선언되고 초기화된 직후의 모습이다. 변수 res는 아무런 초깃값도 설정되지 않았으므로, 비어 있다. 반면, str1은 메모리 어딘가에 저장된 상수 문자 스트링 객체 @"This is string A"를 가리키고 있다.

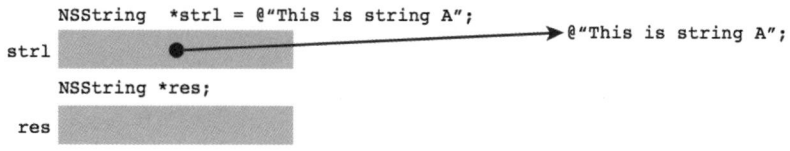

그림 15.1 수정 불가능한 스트링 객체 선언 및 초기화

프로그램 15.4에서 str1에 uppercaseString 메시지를 보내면, str1의 문자에서 소문자가 있는 경우 대문자로 변경하여 스트링을 새로 생성하여 받게 된다. 그

림 15.2는 이를 보여준다.

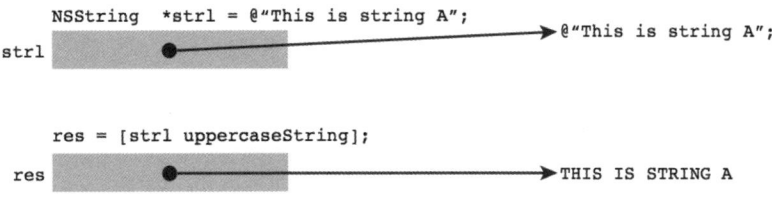

그림 15.2 스트링 객체에 uppercaseString 메시지 보내기

str1이 여전히 원래 스트링 객체를 가리키고 있고, 스트링 객체가 새로 생성되었음에 주의하자.

lowercaseString 메시지를 str1에 보내는 것도 동일하게 동작한다. str1의 모든 대문자가 소문자로 변경되어 새 스트링 객체가 생성된다. 새로 생성된 스트링 객체의 참조가 res 변수에 저장된다. 그림 15.3은 이를 보여준다. 이제 더 이상 앞 단계에서 생성했던 대문자 스트링의 참조가 존재하지 않음에 주의하자. 시스템의 메모리 관리에서 정리해줄 테니 걱정할 필요는 없다.

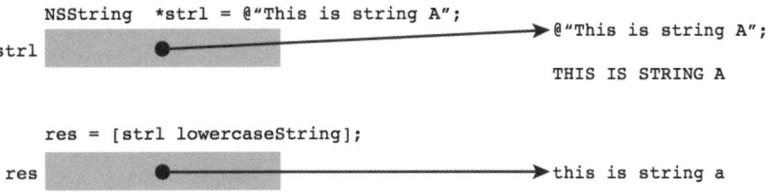

그림 15.3 스트링 객체에 lowercaseString 메시지 보내기

프로그램 15.5는 스트링을 다루는 추가 메서드들을 설명한다. 이 메서드들을 사용하여 스트링에서 일부 스트링을 뽑아낼 수 있고, 특정 스트링이 다른 스트링에서 나타나는지 검색할 수도 있다.

어떤 메서드는 범위를 지정하여 스트링의 일부를 표시해 주어야 한다. 범위는 시작 지점의 인덱스 번호와 문자 수로 구성된다. 스트링의 첫 세 글자를 지정하려면 (0, 3)으로 표현할 수 있다. 인덱스 번호는 0에서 시작한다. NSString 클래스의 일부 메서드는 (다른 Foundation 클래스들도) NSRange 데이터 형을 사용해서 범위를 나타낸다. NSUInteger 형으로 정의된 location, length라는 두 멤버를 갖는 구조체를 typedef로 정의한 것이다. 프로그램 15.5는 이 데이터 형을 사용한다.

> **노트**
>
> 13장 「하부 C 언어 기능」에서 구조체에 대해 설명한다. 그러나 이 장에서 설명하는 내용만으로도 구조체를 다루기에 충분한 정보를 얻을 수 있다.

프로그램 15.5

```objc
// 기본 스트링 작업 - 계속

#import <Foundation/Foundation.h>

int main (int argc, char *argv[])
{
  @autoreleasepool {
      NSString   *str1 = @"This is string A";
      NSString   *str2 = @"This is string B";
      NSString   *res;
      NSRange    subRange;

      // 스트링에서 처음부터 세 번째까지 문자 추출하기
      res = [str1 substringToIndex: 3];
      NSLog (@"First 3 chars of str1: %@", res);

      // 인덱스 5부터 끝까지 문자 추출하기
      res = [str1 substringFromIndex: 5];
      NSLog (@"Chars from index 5 of str1: %@", res);

      // 인덱스 8부터 13까지 문자 (6 개) 추출하기
      res = [[str1 substringFromIndex: 8] substringToIndex: 6];
      NSLog (@"Chars from index 8 through 13: %@", res);

      // 동일한 작업을 쉽게 하는 방법
      res = [str1 substringWithRange: NSMakeRange (8, 6)];
      NSLog (@"Chars from index 8 through 13: %@", res);

      // 스트링 안에서 스트링 찾기
      subRange = [str1 rangeOfString: @"string A"];
      NSLog (@"String is at index %lu, length is %lu",
          subRange.location, subRange.length);

      subRange = [str1 rangeOfString: @"string B"];

      if (subRange.location == NSNotFound)
         NSLog (@"String not found");
      else
         NSLog (@"String is at index %lu, length is %lu",
```

```
                    subRange.location, subRange.length);
    }
    return 0;
}
```

프로그램 15.5 출력 결과

```
First 3 chars of str1: Thi
Chars from index 5 of str1: is string A
Chars from index 8 through 13: string
Chars from index 8 through 13: string
String is at index 8, length is 8
String not found
```

substringToIndex: 메서드는 지정한 인덱스 번호 바로 앞까지 있는 스트링을 추출해 새로 생성한다. 인덱스가 0에서 시작하기 때문에 인수를 3으로 넘기면 스트링에서 문자 0, 1, 2번을 추출하고, 결과 스트링을 반환한다. 인덱스 번호를 인수로 받는 스트링 메서드에 유효하지 않은 번호를 넘길 경우 "Range or index out of bounds."이라는 오류 메시지가 발생한다.

substringFromIndex: 메서드는 지정한 인덱스 위치부터 스트링의 마지막에 있는 스트링을 추출하여 반환한다.

```
res = [[str1 substringFromIndex: 8] substringToIndex: 6];
```

이 표현식은 메서드 두 개를 결합하여 스트링의 문자 일부를 추출하는 방법을 보여 준다. 먼저 substringFromIndex:를 사용해 인덱스 8번부터 스트링의 끝까지 문자를 추출한다. 그 다음에 substringToIndex를 사용하여 처음 여섯 문자를 추출한다. 여기까지 하면 원래 스트링의 {8, 6} 범위에 있는 스트링이 추출된다.

substringWithRange: 메서드는 이 두 단계의 작업을 한 번에 해결해 준다. 이 메서드는 범위를 받아 지정 범위 내 문자를 담아 스트링으로 반환한다. 자, 이 특별한 함수를 보자.

```
NSMakeRange (8, 6)
```

위와 같은 인수로 범위를 생성하고 결과를 반환한다. 이 결과는 substringWithRange: 메서드의 인수로 주어진다.

또 다른 스트링에서 스트링 하나의 위치를 찾으려면 rangeOfString: 메서드를 쓴다. 만일 지정한 스트링이 수신자 안에서 발견되면 그 스트링이 수신자에서 정확히 어느 위치에 있는지 나타내는 범위가 반환된다. 그러나 스트링이 발견되지 않는다면 반환되는 범위의 location 멤버는 NSNotFound로 설정된다.

그러면 다음 명령문은 어떤 결과를 낼까?

```
subRange = [str1 rangeOfString: @"string A"];
```

메서드가 반환하는 NSRange 구조체를 NSRange 변수인 subRange에 저장한다. subRange는 객체 변수가 아니라 구조체 변수이라는 점에 주의하자(프로그램에서 subRange를 선언할 때 별표를 사용하지 않는다). 이 구조체의 멤버는 구조체 멤버 연산자인 .을 사용하여 받을 수 있다. 따라서 subRange.location은 구조체의 멤버 location의 값을 건네주고 subRange.length는 length 멤버를 건네준다. 이 값들은 NSLog 함수에 전해져 화면에 표시된다.

15.2.4 수정 가능한 스트링

NSMutableString을 써서 문자를 바꿀 수 있는 스트링 객체도 만들 수 있다. 이 클래스는 NSString의 서브클래스이기 때문에 NSString이 지닌 메서드를 모두 사용할 수 있다.

수정 가능한 스트링 객체와 수정 불가능한 스트링 객체에 대해 이야기할 때에는, 사실 스트링에 포함된 실제 문자를 바꾸는 작업을 말하는 것이다. 프로그램이 실행되는 동안에 수정 가능한 스트링 객체나 불가능한 스트링 객체 모두, 언제나 다른 스트링 객체로 설정할 수 있다. 이는 프로그램 15.4을 논의하며 강조했다. 다음 예를 살펴보자.

```
str1 = @"This is a string";
   ...
str1 = [str1 substringFromIndex: 5];
```

이때, str1은 먼저 문자 스트링 상수 객체로 설정된다. 그리고 프로그램의 뒷

부분에서 다시 str1이 다른 스트링의 일부로 설정된다. 이런 경우, str1은 수정 가능한 스트링 객체이거나 수정 불가능한 스트링 객체일 수 있다. 이 점을 반드시 이해하자.

프로그램 15.6는 프로그램에서 수정 가능한 스트링을 다루는 방법을 보여 준다.

프로그램 15.6

```
// 기본 스트링 작업 - 수정 가능한 스트링

#import <Foundation/Foundation.h>

int main (int argc, char *argv[])
{
  @autoreleasepool {
     NSString   *str1 = @"This is string A";
     NSString   *search, *replace;
     NSMutableString  *mstr;
     NSRange    substr;

     // 수정 불가능한 스트링으로부터 수정 가능한 스트링 만들기
     mstr = [NSMutableString   stringWithString:str1];
     NSLog (@"%@", mstr);

     // 문자 집어넣기
     [mstr insertString:@" mutable" atIndex:7];
     NSLog (@"%@", mstr);

     // 맨 뒤에 넣는 경우 병합하기
     [mstr insertString:@" and string B" atIndex:[mstr length]];
     NSLog (@"%@", mstr);

     // appendString 직접 사용
     [mstr appendString:@" and string C"];
     NSLog (@"%@", mstr);

     // 범위로 주어진 서브스트링 지우기
     [mstr deleteCharactersInRange: NSMakeRange(16, 13)];
     NSLog (@"%@", mstr);

     // 스트링의 범위 찾아 삭제하기
     substr = [mstr rangeOfString:@"string B and "];

     if (substr.location != NSNotFound)
     {
        [mstr deleteCharactersInRange: substr];
        NSLog (@"%@", mstr);
     }

     // 수정 가능한 스트링 직접 설정하기
```

```
            [mstr setString: @"This is string A"];
            NSLog (@"%@", mstr);

            // 특정 범위를 다른 스트링으로 대치하기
            [mstr replaceCharactersInRange:NSMakeRange(8, 8)
                            withString:@"a mutable string"];
            NSLog (@"%@", mstr);

            // 검색과 대치
            search = @"This is";
            replace = @"An example of";

            substr = [mstr  rangeOfString:search];

            if (substr.location != NSNotFound)
            {
                [mstr replaceCharactersInRange:substr
                                withString:replace];
                NSLog (@"%@", mstr);
            }

            // 모두 찾아 대치하기
            search = @"a";
            replace = @"X";

            substr = [mstr rangeOfString:search];

            while (substr.location != NSNotFound)
            {
                [mstr replaceCharactersInRange:substr
                                withString:replace];
                substr = [mstr rangeOfString:search];
            }

            NSLog (@"%@", mstr);

      }
      return 0;
  }
```

프로그램 15.6 출력 결과

```
This is string A
This is mutable string A
This is mutable string A and string B
This is mutable string A and string B and string C
This is mutable string B and string C
This is mutable string C
This is string A
This is a mutable string
An example of a mutable string
```

```
An exXmple of X mutXble string
```

다음 명령문은 실행 도중에 내용을 바꿀 수 있는 문자 스트링 객체를 담는 변수 mstr를 선언한다.

```
NSMutableString *mstr;
```

다음 명령문은 mstr를 str1에 있는 문자의 복사본인 "This is string A"가 담긴 스트링 객체로 설정한다.

```
mstr = [NSMutableString stringWithString: str1];
```

stringWithString: 메서드가 NSMutableString 클래스에 보내지면, 수정 가능한 스트링 객체가 반환된다. 반면 프로그램 15.6처럼 NSString 객체에 보내면 수정 불가능한 객체가 반환된다.

insertString:atIndex: 메서드는 수신자에서 지정된 인덱스 번호에 문자 스트링을 삽입한다. 여기서는, @"mutable"을 인덱스 7번에 (혹은 8번째 문자 앞에) 삽입한다. 수정 불가능한 스트링 객체 메서드와 달리 수신자 자체가 수정되어 값이 따로 반환되지 않는다. 수신자가 수정 가능한 스트링 객체이기 때문이다.

두 번째로 호출된 insertString:atIndex: 메서드는 length 메서드를 사용하여 한 문자 스트링을 다른 스트링 뒤에 삽입한다. appendString: 메서드는 이 작업을 좀 더 쉽게 수행한다.

deleteCharactersInRange: 메서드를 사용하여 지정된 번호의 문자를 스트링에서 삭제할 수 있다. 다음 스트링에 범위 {16, 13}이 적용되면,

```
This is mutable string A and string B and string C
```

인덱스 16번(혹은 17번째 문자)부터 13개짜리 문자인 "string A and "를 삭제한다. 그림 15.4는 이것을 설명한다.

프로그램 15.6에서 그다음 줄을 보면 rangeOfString: 메서드를 사용하여 스트링을 찾고 삭제하는 방법이 나온다. 먼저 스트링 @"string B and"가 mstr에 있

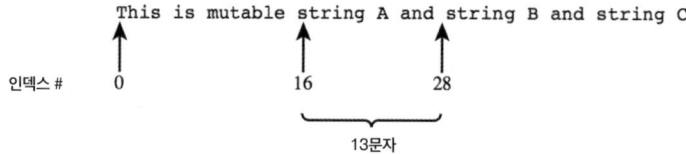

그림 15.4 스트링의 인덱싱

는지 확인한 뒤, deleteCharactersInRange: 메서드에 rangeOfString:이 반환하는 범위를 사용하여 문자를 지운다.

setString: 메서드를 사용하여 수정 가능한 스트링 객체의 내용을 직접 설정해 줄 수 있다. 이 메서드를 적용하여 mstr 객체를 @"This is string A"로 설정한 다음, replaceCharactersInRange: 메서드로 스트링 일부를 다른 스트링으로 대치한다. 이때 스트링 크기가 동일하지 않아도 괜찮다. 대치될 스트링과 바꿀 스트링은 크기가 같아도 되고 달라도 된다.

```
[mstr replaceCharactersInRange:NSMakeRange(8, 8)
              withString:@"a mutable string"];
```

이 명령문은 8 글자인 "string A"를 16 글자인 "a mutable string"으로 대치한다.

프로그램 15.6에서 남은 명령줄들은 검색하고 대치하는 방법을 보여 준다. 먼저 @"This is a mutable string"을 담고 있는 mstr에서 @"This is"를 찾아낸다. 검색 스트링에서 이 스트링을 찾아서 @"An example of "로 대치한다. 최종 결과를 보면 mstr가 @"An example of a mutable string"으로 바뀌어 있다.

이제 검색된 결과를 모두 바꾸는 기능을 구현한다. 검색 스트링은 @"a"로 설정되고 대치될 스트링은 @"X"로 설정되었다.

스트링을 바꿀 때 주의해야 할 점이 두 가지 있다. 먼저 대체될 스트링에 검색된 스트링이 포함되어 있다면(예를 들어, "a"를 "aX"로 대체하는 경우) 반복문은 종료되지 않고 무한 반복될 것이다.

또한, 대체할 스트링이 비어 있다면, 검색된 스트링이 모두 삭제될 것이다. 빈 문자 스트링 상수 객체는 따옴표 두 개를 바로 붙여서 작성해주면 된다.

```
replace = @"";
```

물론, 특정 스트링이 나올 때마다 삭제하고 싶다면 앞서 살펴본 deleteCharactersInRange: 메서드를 사용해도 된다.

마지막으로 NSMutableString 클래스는 replaceOccurrencesOfString:withString:options:range: 메서드를 포함하는데, 이 메서드를 사용하면 스트링에서 검색된 결과를 모두 바꿀 수 있다. 사실, 프로그램 15.6에 나오는 while 문은 다음과 같은 명령문 하나로 대체할 수 있다.

```
[mstr replaceOccurrencesOfString:search
      withString:replace
        options:nil
          range:NSMakeRange(0, [mstr length])];
```

이 명령문을 사용하면 동일한 결과가 나오는 것은 물론 메서드 자체가 무한 반복되는 걸 방지해 주니 훨씬 안전하다.

NSString 클래스에는 수정 불가능한 스트링 객체에 쓸 수 있는 메서드가 100개 이상 있다. 표 15.2에 그중 자주 사용되는 메서드들을 요약했으며, 표 15.3에서는 NSMutableString 클래스가 제공하는 추가 메서드를 일부 목록으로 제공한다. 다른 NSString 메서드(경로 이름을 다루거나 파일 내용을 스트링으로 읽어 오는 메서드 등)는 앞으로 소개할 것이다. NSString 클래스의 문서를 보면 사용 가능한 다양한 메서드를 더 잘 이해할 수 있을 것이다.

메서드	설명
+ (id)stringWithContentsOfFile:path encoding:enc error:err	스트링을 새로 생성하고, 그 값을 문자 인코딩 enc를 써서 path에 있는 파일의 내용물로 설정한다. 만일 오류가 발생하면 err로 오류를 반환한다.
+ (id)stringWithContentsOfURL:url encoding:enc error:err	스트링을 새로 생성하고, 그 값을 문자 인코딩 enc를 써서 url에 있는 파일의 내용으로 설정한다. 만일 오류가 발생하면 err로 오류를 반환한다.
+ (id)string	빈 스트링을 새로 생성한다.
+ (id)stringWithString:nsstring	새 스트링을 생성하고 nsstring으로 설정한다.
+ (NSString *) stringWithFormat:format,arg1, arg2, arg3...	스트링을 새로 생성하고 그 값을 format으로 지정한 형식과 인수 arg1, arg2, arg3, … 로 지정한다.
– (id)initWithString:nsstring	새로 생성된 스트링을 nsstring으로 설정한다.

메서드	설명
- (id)initWithContentsOfFile:path encoding:enc error:err	새로 생성된 스트링을, 문자 인코딩 enc를 써서 path에 지정된 파일의 내용으로 설정한다. 만일 오류가 발생하면 err로 오류를 반환한다.
- (id)initWithContentsOfURL: url encoding:enc error:err	새로 생성된 스트링을, 문자 인코딩 enc를 써서 url에 지정된 파일의 내용으로 설정한다. 만일 오류가 발생하면 err로 오류를 반환한다.
- (NSUInteger)length	스트링에 포함된 문자의 개수를 반환한다.
- (unichar)characterAtIndex:i	인덱스 i에 있는 유니코드 문자를 반환한다.
- (NSString *)substringFromIndex:i	i번 문자부터 끝까지 이르는 스트링의 일부를 반환한다.
- (NSString *)substringWithRange: range	지정한 범위에 속하는 스트링 일부를 반환한다.
- (NSString *)substringToIndex:i	스트링의 앞부분에서 i번 문자 앞까지 이르는 스트링의 일부를 반환한다.
- (NSComparator *)caseInsensitiveCompare:nsstring	대소문자는 무시하고 두 스트링을 비교한다.
- (NSComparator *)compare:nsstring	두 스트링을 비교한다.
- (BOOL)hasPrefix:nsstring	스트링이 nsstring으로 시작하는지 확인한다.
- (BOOL)hasSuffix:nsstring	스트링이 nsstring으로 끝나는지 확인한다.
- (BOOL)isEqualToString:nsstring	두 스트링이 동일한지 확인한다.
- (NSString *)capitalizedString	각 단어의 첫 글자가 대문자인 스트링을 반환한다 (나머지 글자는 소문자로 전환된다).
- (NSString *)lowercaseString	소문자로 변환된 스트링을 반환한다.
- (NSString *)uppercaseString	대문자로 변환된 스트링을 반환한다.
- (const char *)UTF8String	UTF-8 C 스타일 문자 스트링을 반환한다.
- (double)doubleValue	스트링을 double 값으로 변환하여 반환한다.
- (float)floatValue	스트링을 float 값으로 변환하여 반환한다.
- (NSInteger)integerValue	스트링을 NSInteger 정수로 변환하여 반환한다.
- (int)intValue	스트링을 정수로 변환하여 반환한다.

표 15.2 자주 사용되는 NSString 메서드

표 15.2와 표 15.3에서 파일 경로를 지정하는 url은 NSURL 객체이고 path는 NSString 객체다. nsstring은 NSString 객체이고, i는 스트링 내 유효한 문자 번호를 나타내는 NSUInteger 값이다. enc는 NSStringEncoding 객체로 문자 인코딩을 나타내며, err는 NSError 객체로 발생된 오류를 나타낸다. size와 opt는 NSUInteger이고 range는 NSRange 객체로 스트링 내 유효한 문자 범위를 나타낸다.

표 15.3에 나오는 메서드는 NSMutableString 객체를 생성하거나 수정한다.

메서드	설명
+ (id)stringWithCapacity:size	문자를 size개 담을 스트링을 생성한다.
- (id)initWithCapacity:size	스트링의 초기 용량을 문자 size개로 초기화한다.
- (void)setString:nsstring	스트링을 nsstring으로 설정한다.
- (void)appendString:nsstring	nsstring을 수신자의 뒤에 붙인다.
- (void)deleteCharactersInRange:range	지정한 range에 속하는 문자들을 삭제한다.
- (void)insertString:nsstring atIndex:i	nsstring을 수신자의 인덱스 i부터 삽입해 나간다.
- (void)replaceCharactersInRange: range withString:nsstring	지정된 range에 자리잡은 문자를 nsstring으로 대치한다.
- (void)replaceOccurrencesOfString: nsstring withString:nsstring2 options:opts range:range	지정한 range와 옵션 opts에 따라 나타나는 nsstring을 모두 nsstring2로 대치한다. 선택사항으로는 검색이 범위의 끝 지점부터 시작되는 NSBackwardsSearch, nsstring이 범위의 시작 지점부터만 일치해야 하는 NSAnchoredSearch, 바이트 단위의 비교를 수행하는 NSLiteralSearch와 NSCaseInsensitiveSearch가 있다.

표 15.3 자주 사용되는 NSMutableString 메서드

NSString 객체는 이 책에서 앞으로도 광범위하게 사용한다. 스트링을 토큰으로 파싱할 필요가 있다면 Foundation의 NSScanner 클래스를 살펴보라.

15.3 배열 객체

Foundation 배열은 객체의 정렬된 컬렉션이다. 배열의 원소는 주로 특정한 하

나의 데이터 형으로 되어 있지만 여러 형일 때도 있다. 수정 가능한 스트링과 불가능한 스트링이 있는 것처럼, 배열도 수정 가능한 배열과 불가능한 배열이 있다. 수정 불가능한 배열은 NSArray 클래스가 다루며, 수정 가능한 배열은 NSMutableArray가 다룬다. 후자는 전자를 상속하기 때문에 그 메서드들도 상속받는다.

프로그램 15.7은 매달의 이름을 저장한 배열을 설정하고 출력한다.

프로그램 15.7

```
#import <Foundation/Foundation.h>

int main (int argc, char *argv[])
{
  int     i;
  @autoreleasepool {
     // 매월의 이름을 담고 있는 배열
     NSArray  *monthNames = [NSArray  arrayWithObjects:
        @"January", @"February", @"March", @"April",
        @"May", @"June", @"July", @"August", @"September",
        @"October", @"November", @"December", nil ];

     // 배열 안의 모든 원소를 나열한다.
     NSLog (@"Month    Name");
     NSLog (@"=====    ====");

     for (i = 0; i < 12; ++i)
        NSLog (@" %2i     %@", i + 1, [monthNames objectAtIndex: i]);
  }
  return 0;
}
```

프로그램 15.6 출력 결과

```
Month  Name
=====  ====
  1    January
  2    February
  3    March
  4    April
  5    May
  6    June
  7    July
  8    August
  9    September
 10    October
 11    November
 12    December
```

클래스 메서드 arrayWithObjects:를 사용하여 객체 목록을 원소로 갖는 배열을 만들 수 있다. 이때, 객체는 순서대로 나열되고 쉼표로 구분된다. 이 문법은 좀 독특하다. 메서드에서 받는 인수의 개수가 변할 수 있다. 목록이 끝났음을 표시하려면 마지막 값으로 nil을 지정해 주어야 하는데, 이 값은 배열에 실제로 저장되지는 않는다.

프로그램 15.7의 monthNames는 arrayWithObjects:에서 지정한 인수인 스트링 값 12개로 설정된다.

배열 원소들은 인덱스 번호로 식별된다. NSString 객체와 비슷하게 인덱스는 0부터 시작한다. 따라서, 원소 12개를 담는 배열에서 유효한 인덱스 번호는 0부터 11까지 있다. 인덱스 번호로 배열의 원소를 받으려면, objectAtIndex: 메서드를 사용한다.

프로그램은 for 문에서 objectAtIndex: 메서드를 사용하여 배열의 각 원소를 뽑아낸다. 읽어낸 원소는 NSLog를 통해 표시된다.

Objective-C는 다음과 같은 문법으로도 NSArray를 설정할 수 있게 해준다.

```
@[elem1, elem2, ... elemn]
```

이 경우에는 배열 끝에 nil을 넣주지 않는다.

Objective-C는 다음과 같은 방식으로 배열의 원소를 참조할 수 있게 해준다.

```
array[index]
```

이 새로운 문법은 아래 있는 기존의 표현과 동일하다.

```
[array objectAtIndex: index]
```

다음과 같은 방식으로 객체 참조를 배열 안에 저장할 수도 있다.

```
array[index] = object
```

위 표현은 다음과 같은 동작을 한다.

```
[array setObject: object forIndex: index]
```

프로그램 15.8은 15.7에서 했던, 배열을 정의하고 원소를 참조시키는 것을 또 다른 대안의 문법으로 재작성한 것이다.

프로그램 15.8

```objc
#import <Foundation/Foundation.h>

int main (int argc, char * argv[])
{
  int i; @autoreleasepool
  {
    // 매월의 이름을 담고 있는 배열
    NSArray *monthNames = @[@"January", @"February", @"March",
          @"April", @"May", @"June", @"July", @"August", @"September",
          @"October", @"November", @"December"];

    //배열 안의 모든 원소를 나열한다.
    NSLog (@"Month Name");
    NSLog (@"===== ====");

    for (i = 0; i < 12; ++i)
        NSLog (@" %2i %@", i + 1, monthNames[i]);
  }
  return 0;
}
```

프로그램 15.9은 0부터 9까지 10개의 숫자 객체를 담고 있는 배열을 만든다. 간단한 for 반복문으로 값을 받아 표시하고, 전체 배열이 NSLog의 형식 문자열에 %@를 사용해 표시된다. 이 장의 뒤에서, 빠른 열거로 알려진 다른 기술로 배열의 항목을 순차적으로 접근하는 방법도 배울 것이다.

프로그램 15.9

```objc
#import <Foundation/Foundation.h>

int main (int argc, char *argv[])
{
  @autoreleasepool {
    NSMutableArray  *numbers = [NSMutableArray array];
    int             i;

    // 숫자 0-9로 배열을 생성한다.
    for (i = 0; i < 10; ++i)
      numbers[i] = @(i);

    // 배열의 항목에 순차적으로 접근하여 값을 표시한다.
```

```
        for (i = 0; i < 10; ++i )
            NSLog (@"%@", numbers[i]);
        
        // NSLog가 하나의 %@ 포맷으로 표시한다.
        NSLog (@"====== Using a single NSLog");
        NSLog (@"%@", numbers);
    }
    return 0;
}
```

프로그램 15.9

```
2010-11-12 15:25:42.701 prog15.7[6379:903] 0
2010-11-12 15:25:42.704 prog15.7[6379:903] 1
2010-11-12 15:25:42.704 prog15.7[6379:903] 2
2010-11-12 15:25:42.704 prog15.7[6379:903] 3
2010-11-12 15:25:42.705 prog15.7[6379:903] 4
2010-11-12 15:25:42.705 prog15.7[6379:903] 5
2010-11-12 15:25:42.705 prog15.7[6379:903] 6
2010-11-12 15:25:42.706 prog15.7[6379:903] 7
2010-11-12 15:25:42.706 prog15.7[6379:903] 8
2010-11-12 15:25:42.706 prog15.7[6379:903] 9
2010-11-12 15:25:42.707 prog15.7[6379:903] ====== Using a single NSLog
2010-11-12 15:25:42.707 prog15.7[6379:903] (
    0,
    1,
    2,
    3,
    4,
    5,
    6,
    7,
    8,
    9
)
```

(NSLog가 출력하는 것을 모두 표시했는데, 첫 출력 모음과 두 번째 출력 모음의 차이를 보이기 위함이다.)

NSMutableArray의 메서드인 array는 수정가능한 빈 배열 객체를 생성한다. 이 배열 내 원소의 갯수는 정해지지 않았고, 원하는 대로 커질 수 있다.

정수와 같은 기본 데이터 형을 배열 같은 컬렉션에 넣을 수 없음을 기억하자. 그래서 0부터 9까지 각 i의 값을 NSNumber 객체로 만들었다.

addObject: 메서드는 배열의 끝에 객체를 하나 추가한다. 그래서 프로그램 15.9에서 다음과 같이 쓸 수 있다.

```
[numbers addObject: @(i)];
```

여기서는 i의 정수 값으로 생성한 NSNumber들을 추가한다.

프로그램은 for 반복문에 들어가 배열 내 저장된 숫자 객체를 표시한다.

마지막으로, 프로그램 15.9는 NSLog의 형식 스트링에 %@를 사용하여 numbers 배열 전체를 한 번에 표시한다.

> **노트**
>
> NSLog는 배열에 저장된 객체를 표시하는 방법을 어떻게 알고 있을까? NSLog는 배열의 각 원소에 대해 각각 해당하는 클래스에 description 메서드를 사용한다. 만일 NSObject에서 상속받은 기본 메서드가 사용되면 이미 언급했던 대로 그저 객체의 클래스와 주소가 표시될 것이다. 그러나, 이 경우 커스텀화 된 description 메서드가 NSNumber 클래스에 구현되어 의미 있는 결과가 표시된다.

Foundation 클래스 중 배열을 다루는 클래스를 쓰면 편리한 점이 많다. 그러나 숫자가 담긴 큰 배열들을 복잡한 알고리즘으로 다뤄야 할 때는 저수준 배열 구조를 쓰는 편이 메모리 사용과 실행 속도 면에서 나을 수 있다. 더 많은 정보는 13장의 '배열' 절을 참고하라.

15.3.1 주소록 만들기

주소록을 만들면서 지금까지 학습해 온 많은 내용을 모두 살펴보겠다.* 주소록에는 주소 카드가 있다. 단순하게 만들기 위해, 주소 카드에 사람 이름과 이메일 주소만 저장하자. 이 개념을 확장해서 주소나 전화번호 같은 정보도 쉽게 담을 수 있지만 그것은 연습문제로 남겨둔다.

AddressBook과 AddressCard 클래스를 만들텐데, 그림 15.5는 이 둘 사이의 관계를 보여준다.

---

* Mac OS X과 iOS에서 제공하는 AddressBook 프레임워크에는 주소록을 다루는 데 필요한 강력한 기능들이 있다.

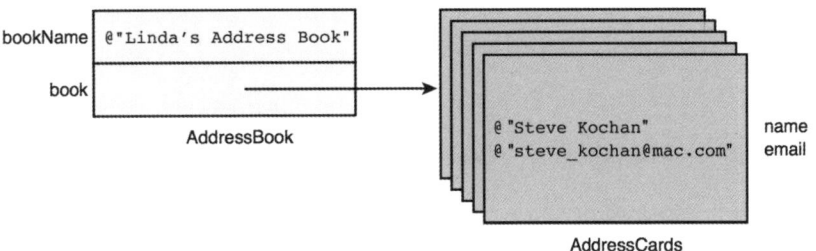

그림 15.5 AddressCards를 담고 있는 AddressBook

주소 카드 만들기

AddressCard라는 클래스를 만드는 작업으로 시작해보자. 새 주소 카드를 생성하고, 이름과 전화번호를 설정하고, 그 값들을 받아 오고, 카드를 출력하는 기능이 필요하다. 그래픽 환경에서는 컴퓨터 화면이나 iOS 장비의 창에 카드를 그려주는 편리한 메서드가 존재한다. 그렇지만 여기서는 간단한 콘솔 인터페이스에서 주소 카드를 표시할 것이다.

프로그램 15.10은 새 AddressCard 클래스의 인터페이스 파일을 보여 준다. 아직 접근자 메서드를 자동 생성(synthesize)하지는 않는다. 직접 작성하면서 귀중한 정보를 얻어 나갈 것이다.

프로그램 15.10 AddressCard.h 인터페이스 파일

```
#import <Foundation/Foundation.h>

@interface AddressCard: NSObject

- (void)setName:(NSString *)theName;
- (void)setEmail:(NSString *)theEmail;
- (NSString *)name;
- (NSString *)email;

- (void)print;

@end
```

인터페이스 파일과 마찬가지로 구현 파일도 간단하다.

프로그램 15.10 AddressCard.m 구현 파일

```
#import "AddressCard.h"

@implementation AddressCard
```

```
{
   NSString *name;
   NSString *email;
}

-(void) setName:(NSString *)theName
{
  name = [NSString stringWithString:theName];
}

-(void) setEmail:(NSString *)theEmail
{
  email = [NSString stringWithString:theEmail];
}

-(NSString *)name
{
   return name;
}

-(NSString *)email
{
   return email;
}

-(void) print
{
   NSLog (@"==================================");
   NSLog (@"|                                |");
   NSLog (@"|  %-31s |", [name UTF8String]);
   NSLog (@"|  %-31s |", [email UTF8String]);
   NSLog (@"|                                |");
   NSLog (@"|                                |");
   NSLog (@"|                                |");
   NSLog (@"|      0            0            |");
   NSLog (@"==================================");
}
@end
```

setName:과 setEmail: 메서드를 다음과 같이 정의해서 각 인스턴스 변수에 객체를 직접 대입할 수도 있다.

```
- (void)setName:(NSString *)theName
{
  name = theName;
}

- (void)setEmail:(NSString *)theEmail
```

```
{
  email = theEmail;
}
```

그러나 이렇게 하면 AddressCard 객체는 자신의 멤버 객체를 소유하지 않는다. (메서드로 건네지는 인수의 참조만 담고 있게 된다.) 8장 「상속」에서 Rectangle의 객체가 origin 객체를 소유한 것에 관해 객체가 소유권을 갖는 이유를 설명했다.

print 메서드는 명함 정리용 롤로덱스 카드를 닮은 모양으로 주소 카드를 예쁘게 표시하려고 노력한다. NSLog에서 사용된 %-31s는 31자 길이인 UTF8 C 스트링 필드를 좌측 정렬하여 표시하라는 의미다. 이를 통해 출력 결과에서 주소 카드의 오른쪽 끝에 맞춰 정렬될 수 있다. 이것은 오로지 예쁘게 보이기 위해 사용했다.

AddressCard 클래스를 가지고 주소 카드를 생성하고, 값을 설정하고, 화면에 표시하는 테스트 프로그램을 작성해보자.

프로그램 15.10 테스트 프로그램

```
#import "AddressCard.h"

int main (int argc, char *argv[])
{
  @autoreleasepool {
     NSString    *aName = @"Julia Kochan";
     NSString    *aEmail = @"jewls337@axlc.com";
     AddressCard  *card1 = [[AddressCard alloc] init];

     [card1 setName: aName];
     [card1 setEmail: aEmail];
     [card1 print];
  }
  return 0;
}
```

프로그램 15.10 출력 결과

```
====================================
|                                  |
| Julia Kochan                     |
| jewls337@axlc.com                |
```

다음은 새로운 setName:과 setEmail:인데, 작업을 좀 줄여준다.

```
- (void)setName:(NSString *)theName
{
  if (name != theName)
     name = [NSString stringWithString: theName];
}

- (void)setEmail:(NSString *)theEmail
{
  if (email != theEmail)
     email = [NSString stringWithString: theEmail];
}
```

여기서 if 테스트를 통해 이미 인스턴스 변수에 저장된 객체와 동일한 객체가 세터로 건내질 경우를 찾아낸다. 저장된 객체와 동일한 객체가 넘겨지면, 아무 작업도 수행하지 않는다.

자동 생성된 AddressCard 메서드

setName:, setEmail: 접근자 메서드를 작성하는 올바른 방법을 설명했다. 이제 이 중요한 원칙을 이해했으므로 시스템이 접근자 메서드를 자동 생성하도록 만들자. AddressCard 인터페이스 파일의 두 번째 버전을 살펴보자.

```
#import <Foundation/Foundation.h>

@interface AddressCard: NSObject

@property (copy, nonatomic) NSString *name, *email;
-(void) print;
@end
```

다음 코드는 프로퍼티의 '속성'인 copy, nonatomic를 나열한다.

```
@property (copy, nonatomic) NSString *name, *email;
```

copy 속성은 여러분이 직접 작성했던 버전처럼 세터 메서드에서 인스턴스 변수의 사본을 만들라는 의미다. 기본 값은 사본을 만드는 대신 단순하게 대입(기본 속성인 assign)하는데, 이는 앞에서도 설명했듯이 부적절한 접근법이다.

nonatomic 속성은 다중 스레드에서 동시에 한 인스턴스에 접근하려 할 때 발생할 수 있는 경쟁 조건에 대해 걱정할 필요가 없다고 지시한다. 18장 「객체 복사하기」에서 이에 대해 더 상세히 다룬다.

프로그램 15.11는 AddressCard를 새로 구현해 접근자 메서드를 자동 생성하도록 만든 파일이다. (이제 인스턴스 변수를 명시적으로 선언하는 대신, 프로퍼티로 변수를 나열했다.)

프로그램 15.11 자동 생성 접근자 메서드를 갖는 AddressCard.m 구현 파일

```
#import "AddressCard.h"

@implementation AddressCard

@synthesize name, email;

-(void) print
{
    NSLog (@"==================================");
    NSLog (@"|                                |");
    NSLog (@"|  %-31s |", [name UTF8String]);
    NSLog (@"|  %-31s |", [email UTF8String]);
    NSLog (@"|                                |");
    NSLog (@"|                                |");
    NSLog (@"|                                |");
    NSLog (@"|        0              0        |");
    NSLog (@"==================================");

}
@end
```

이제 AddressCard 클래스에 메서드를 추가한다. 이름과 이메일 필드를 한꺼번에 설정하면 편리할 것이다. 이를 위해 여기에 setName:andEmail:을 추가한다.* 새 메서드는 다음과 같다.

- (void)setName:(NSString *)theName andEmail:(NSString *)theEmail

---

* 초기화 메서드 ininWithName:andEmail:도 추가하면 편리하겠지만 여기서는 다루지 않는다.

```
{
    self.name = theName;
    self.email = theEmail;
}
```

다음 코드를 보자.

```
self.name = theName;
```

이는 다음 메시지 표현과 동일하다. 인스턴스 변수의 세터 메서드를 사용하는 것이다.

```
[self setName:theName];
```

반면, 다음 코드는 세터 메서드를 사용하지 않고, 인스턴스 변수에 인수의 값을 바로 대입한다.

```
name = theName;
```

(직접 작성한 메서드에서 값을 설정하는 대신) 자동 생성된 세터 메서드에 기대어 적절한 인스턴스 변수를 설정하게 하면 추상화 단계를 하나 더 올린 셈이다. 이를 통해 프로그램이 내부 데이터 구조에 덜 의존하게 된다. 또한 자동 생성 메서드의 속성에서 얻는 이득도 있다. 여기서는 인스턴스 변수에 값을 대입하는 대신 복사하는 속성을 사용하였다.

프로그램 15.11에서 새 메서드를 테스트한다.

프로그램 15.11 테스트 프로그램

```
#import "AddressCard.h"

int main (int argc, char *argv[])
{
    @autoreleasepool {
        NSString    *aName = @"Julia Kochan";
        NSString    *aEmail = @"jewls337@axlc.com";
        NSString    *bName = @"Tony Iannino";
        NSString    *bEmail = @"tony.iannino@techfitness.com";

        AddressCard    *card1 = [[AddressCard alloc] init];
```

```
        AddressCard    *card2 = [[AddressCard alloc] init];

        [card1 setName:aName andEmail:aEmail];
        [card2 setName:bName andEmail:bEmail];

        [card1 print];
        [card2 print];
    }
    return 0;
}
```

프로그램 15.11 출력 결과

```
=================================
|                               |
| Julia Kochan                  |
| jewls337@axlc.com             |
|                               |
|                               |
|                               |
|       0          0            |
=================================

=================================
|                               |
| Tony Iannino                  |
| tony.iannino@techfitness.com  |
|                               |
|                               |
|                               |
|       0          0            |
=================================
```

AddressBook 클래스

AddressCard 클래스는 정상 동작하는 것 같다. 그런데 AddressCard를 여러 개 다뤄야 한다면 어떻게 될까? 이제 AddressBook이라는 새 클래스를 정의하여 여러 AddressCard를 한데 모을 것이다. AddressBook 클래스는 주소록의 이름을 저장하고 AddressCard 묶음을 배열에 담을 것이다. 먼저 새 주소록을 생성하고, 새 주소 카드를 담고, 주소 카드가 얼마나 많이 있는지 확인하고, 내용을 표시하는 기능이 필요하다. 나중에는 주소록을 검색하고, 항목을 이동하고, 정렬하고, 내용을 복사하는 기능들도 필요할 것이다.

먼저 간단한 인터페이스 파일을 작성하자(프로그램 15.12을 보라).

프로그램 15.12 AddressBook.h 인터페이스 파일

```
#import <Foundation/Foundation.h>
#import "AddressCard.h"

@interface AddressBook: NSObject

@property(nonatomic, copy) NSString *bookName;
@property(nonatomic, strong) NSMutableArray *book;

- (id)initWithName:(NSString *)name;
- (void)addCard:(AddressCard *)theCard;
- (int)entries;
- (void)list;

@end
```

프로퍼티의 (weak와 반대인) strong 속성은 프로퍼티의 기본 설정이고, 객체 참조의 생명주기를 지정한다. 17장 「메모리 관리와 ARC」에서 더 상세히 설명한다.

initWithName: 메서드는 주소 카드가 담긴 초기 배열을 생성하고 주소록의 이름을 저장한다. addCard: 메서드는 AddressCard를 주소록에 추가한다. entries 메서드는 주소록에 든 주소 카드의 개수를 알려 주고, list 메서드는 전체 내용을 요약한 목록을 반환한다. 다음 프로그램 15.12는 AddressBook을 구현한 파일이다.

프로그램 15.12 AddressBook. 구현 파일

```
#import "AddressBook.h"

@synthesize bookName, book;

// AddressBook의 이름을 설정하고 빈 주소록을 생성한다.

-(id) initWithName: (NSString *) name
{
  self = [super init];

  if (self)
  {
     bookName = [NSString stringWithString: name];
     book = [NSMutableArray array];
  }

  return self;
```

```
}

-(id) init
{
  return [self initWithName: @"NoName"];
}

-(void) addCard: (AddressCard *) theCard
{
  [book addObject: theCard];
}

-(int) entries
{
   return [book count];
}

-(void) list
{
  NSLog (@"======== Contents of: %@ ========", bookName);

  for ( AddressCard *theCard in book )
     NSLog (@"%-20s    %-32s", [theCard.name UTF8String],
                  [theCard.email UTF8String]);

  NSLog (@"=================================================");
}
@end
```

initWithName: 메서드는 먼저 슈퍼클래스에 init 메서드를 호출하여 초기화를 수행한다. 그 다음, 스트링 객체를 생성하고(alloc을 사용하므로 스트링 객체를 소유한다), 건네받은 name으로 주소록 이름을 설정한다. 그 후 인스턴스 변수 book에 저장될 빈 배열(수정 가능한 배열이다)을 생성하고 초기화한다.

그리고 나서 AddressBook이 아닌 id 객체를 반환하도록 initWithName:을 정의한다. 만일 AddressBook의 서브클래스를 만들었다면 initWithName:의 반환 형과 수신자는 AddressBook 객체가 아니라 서브클래스 형일 것이다. 이런 이유로 반환 형을 일반 객체 형인 id로 정의하였다.

init 메서드를 오버라이드하여 누군가가 alloc과 init을 사용하는 경우에도 기본 이름인 "NoName"으로 주소록이 정상적으로 생성되도록 하였다. 여기서 initWithName: 메서드가 지정된 초기화 메서드이므로 init 메서드도 이를 사용해야 한다.

addCard: 메서드는 AddressCard 객체를 인수로 받아 주소록에 추가한다.

count 메서드는 배열의 원소 개수를 반환한다. entries 메서드는 이 count 메서드를 사용하여 주소록에 있는 주소 카드의 개수를 반환한다.

빠른 열거

list 메서드에 있는 for 문에서는 지금까지 보지 못한 새로운 구조를 사용한다.

```
for ( AddressCard *theCard in book )
    NSLog (@"%-20s %-32s", [theCard.name UTF8String],
                           [theCard.email UTF8String]);
```

이 반복문은 '빠른 열거(Fast Enumeration)'를 사용해 book 배열의 각 원소를 순서대로 가져온다. 문법은 매우 간단하다. 배열의 각 원소를 담을 변수를 하나 정의한다(AddressCard *theCard). 그 뒤에 키워드 in과 배열 이름을 적어 준다. for 문이 실행될 때, 지정한 변수에 배열의 첫 원소를 할당하고 반복문의 몸체를 실행한다. 그 후 배열의 두 번째 원소를 변수에 대입하고, 반복문의 몸체를 실행한다. 이 작업은 배열에 있는 모든 원소가 차례차례 변수에 대입되고 그때마다 배열의 몸체를 실행시킨다. 이는 마지막 원소까지 반복한다.

만일 theCard가 앞에서 AddressCard 객체로 이미 정의되었다면, for 문은 다음과 같이 더욱 단순해진다.

```
for ( theCard in book )
    ...
```

프로그램 15.12로 새 AddressBook 클래스를 테스트해보자.

프로그램 15.12 테스트 프로그램

```
#import "AddressBook.h"

int main (int argc, char *argv[])
{
    @autoreleasepool {
        NSString   *aName = @"Julia Kochan";
        NSString   *aEmail = @"jewls337@axlc.com";
        NSString   *bName = @"Tony Iannino";
        NSString   *bEmail = @"tony.iannino@techfitness.com";
        NSString   *cName = @"Stephen Kochan";
```

```
            NSString    *cEmail = @"steve@classroomM.com";
            NSString    *dName = @"Jamie Baker";
            NSString    *dEmail = @"jbaker@classroomM.com";

            AddressCard *card1 = [[AddressCard alloc] init];
            AddressCard *card2 = [[AddressCard alloc] init];
            AddressCard *card3 = [[AddressCard alloc] init];
            AddressCard *card4 = [[AddressCard alloc] init];

            // 주소록 카드를 새로 만든다.
            AddressBook   *myBook = [[AddressBook alloc]
                            initWithName: @"Linda's Address Book"];

            NSLog (@"Entries in address book after creation: %i",
                    [myBook entries]);

            // 주소 카드를 네 개 만든다.
            [card1 setName: aName andEmail: aEmail];
            [card2 setName: bName andEmail: bEmail];
            [card3 setName: cName andEmail: cEmail];
            [card4 setName: dName andEmail: dEmail];

            // 주소록에 카드를 추가한다.
            [myBook addCard: card1];
            [myBook addCard: card2];
            [myBook addCard: card3];
            [myBook addCard: card4];

            NSLog (@"Entries in address book after adding cards: %i",
                    [myBook entries]);

            // 주소록의 모든 항목을 나열한다.
            [myBook list];
        }
        return 0;
    }
```

프로그램 15.12 출력 결과

```
Entries in address book after creation: 0
Entries in address book after adding cards: 4


======== Contents of: Linda's Address Book ========
Julia Kochan             jewls337@axlc.com
Tony Iannino             tony.iannino@techfitness.com
Stephen Kochan           steve@classroomM.com
Jamie Baker              jbaker@classroomM.com
====================================================
```

프로그램은 주소 카드를 네 개 생성하고 Linda's Address Book이라는 이름으로 주소록을 생성한다. 그 후 addCard: 메서드를 써서 카드 네 개를 주소록에 추가한다. 그리고 list 메서드로 주소록의 내용을 나열하고 확인한다.

주소록에서 사람 찾기

주소록이 방대하면, 누군가를 찾으려고 주소록 전체 목록을 나열하고 싶지는 않을 것이다. 이때는 검색 메서드를 추가하는 편이 낫다. 이 메서드를 lookup:이라고 이름 붙이고, 검색할 이름을 인수로 받도록 만들자. 이 메서드는 주소록에서 맞는 이름(대소문자는 무시한다)을 찾을 경우에 그것을 반환한다. 만일 주소록에 이름이 없다면 nil을 반환한다.

여기 새로운 lookup: 메서드를 보자.

```
// 이름으로 주소 카드를 찾는다. 정확히 맞는 짝이 있다고 가정한다.
- (AddressCard *)lookup:(NSString *) theName
{
  for ( AddressCard *nextCard in book )
    if ([nextCard.name caseInsensitiveCompare:theName] == NSOrderedSame )
      return nextCard;

  return nil;
}
```

인터페이스 파일에서는 선언 부분에, 구현 파일에서는 정의 부분에 이 메서드를 넣자. 그러면 테스트 프로그램을 작성하여 이 lookup 메서드를 테스트해 볼 수 있다. 프로그램 15.13과 프로그램 15.13의 출력 결과로 새 메서드를 테스트한다.

프로그램 15.13 테스트 프로그램

```
#import "AddressBook.h"

int main (int argc, char *argv[])
{

  @autoreleasepool {
    NSString   *aName = @"Julia Kochan";
    NSString   *aEmail = @"jewls337@axlc.com";
    NSString   *bName = @"Tony Iannino";
    NSString   *bEmail = @"tony.iannino@techfitness.com";
```

```
        NSString    *cName = @"Stephen Kochan";
        NSString    *cEmail = @"steve@classroomM.com";
        NSString    *dName = @"Jamie Baker";
        NSString    *dEmail = @"jbaker@classroomM.com";
        AddressCard    *card1 = [[AddressCard alloc] init];
        AddressCard    *card2 = [[AddressCard alloc] init];
        AddressCard    *card3 = [[AddressCard alloc] init];
        AddressCard    *card4 = [[AddressCard alloc] init];

        AddressBook    *myBook = [AddressBook alloc]
                                    initWithName: @"Linda's Address Book"];
        AddressCard    *myCard;

        // 주소 카드를 네개 설정한다.
        [card1 setName: aName andEmail: aEmail];
        [card2 setName: bName andEmail: bEmail];
        [card3 setName: cName andEmail: cEmail];
        [card4 setName: dName andEmail: dEmail];

        // 주소록에 카드를 추가한다.

        [myBook addCard: card1];
        [myBook addCard: card2];
        [myBook addCard: card3];
        [myBook addCard: card4];

        // 이름으로 사람을 찾는다.
        NSLog (@"Stephen Kochan");
        myCard = [myBook lookup: @"stephen kochan"];

        if (myCard != nil)
            [myCard print];
        else
            NSLog (@"Not found!");

        // 다른 검색 시도
        NSLog (@"Haibo Zhang");
        myCard = [myBook lookup: @"Haibo Zhang"];

        if (myCard != nil)
            [myCard print];
        else
            NSLog (@"Not found!");
    }
    return 0;
}
```

프로그램 15.13 출력 결과

```
Lookup: Stephen Kochan
================================
|                        |
```

```
|  Stephen Kochan               |
|  steve@classroomM.com         |
|                               |
|                               |
|         0         0           |
=================================

Lookup: Haibo Zhang
Not found!
```

lookup: 메서드가 주소록에서 Stephen Kochan을 찾으면, 이 메서드는 결과로 나오는 주소 카드에 AddressCard의 print 메서드를 써서 화면에 표시한다. 두 번째로 검색한 Haibo Zhang은 발견되지 않았다.

이 검색 메시지는 이름 전체가 일치할 때만 찾아낸다는 면에서 매우 원시적이다. 이름의 일부라도 일치하는지 찾아서 다중 검색된 결과를 처리하는 방식이 더 나은 방법이다. 예를 들어, 메시지 표현식을 다음처럼 작성하면 'Steve Kochan'과 'Fred Stevens' 그리고 'steven levy'가 검색 결과로 나올 것이다.

```
[myBook lookup: @"steve"]
```

다중 검색된 결과가 있을 테니, 다음처럼 모든 검색 결과를 담는 배열을 만들어서 메서드 호출자에게 넘겨 주는 방법이 좋을 것이다(이 장의 연습문제 2번을 보라).

```
matches = [myBook lookup: @"steve"];
```

주소록에서 사람 지우기

사람을 추가하는 기능만 있고 삭제하는 기능은 없는 주소록이 있을까. removeCard: 메서드를 만들어 주소록에서 특정 AddressCard를 제거할 수 있다. 또 다른 기능도 넣어보자. 넘겨진 이름을 삭제하는 remove: 메서드를 만들자(연습문제 6을 보라).

인터페이스 파일에 몇 가지 변화를 가했으니 프로그램 15.14에서 새 메서드 removeCard:가 추가된 인터페이스 파일을 다시 한 번 보자.

프로그램 15.14 Addressbook.h 인터페이스 파일

```
#import "AddressCard.h"

@interface AddressBook:NSObject

@property(nonatomic, copy) NSString *bookName;
@property(nonatomic, strong) NSMutableArray *book;

- (id)initWithName:(NSString *)name;

- (void)addCard:(AddressCard *)theCard;
- (void)removeCard:(AddressCard *)theCard;

- (AddressCard *)lookup:(NSString *)theName;
- (int)entries;
- (void)list;

@end
```

다음은 구현 파일에 추가될 removeCard: 메서드다.

```
- (void)removeCard:(AddressCard *)theCard
{
  [book removeObjectIdenticalTo:theCard];
}
```

어떤 것을 동일한 객체로 볼지 판단할 때, 여기서는 메모리상 위치가 동일한지를 본다. 따라서 removeObjectIdenticalTo: 메서드는, 주소 카드 두 개가 동일한 정보를 보유했지만 메모리상 위치가 다르다면 두 주소 카드(예를 들어 AddressCard 객체의 사본을 만드는 경우)를 같다고 여기지 않는다.

덧붙여서 removeObjectIdenticalTo: 메서드는 인수와 동일한 객체를 모두 삭제한다. 그러나 배열에 동일한 객체가 여러 번 나타날 경우에만 이것이 문제가 될 것이다.

또한 removeObject: 메서드를 사용하고, 두 객체가 동일한지 확인하는 isEqual: 메서드를 직접 작성해서 좀 더 정교하게 객체의 동일 여부를 확인할 수 있다. 만일 removeObject:를 사용하면 시스템은 배열의 원소마다 isEqual: 을 자동으로 호출하여 두 객체를 비교한다. 이 경우 주소록이 AddressCard 객체를 원소로 담고 있으므로 isEqual:을 그 클래스에 추가해야 한다(NSObject에게서 상속받은 메서드를 재정의하게 된다). 그래야 이 메서드의 동일 여부를 결정할 수 있다. 이때는 두 객체의 이름과 메일 주소를 비교할 것이다. 만일 두 가지가 모두 동일하다면 YES를 반환하고, 그렇지 않으면 NO를 반환한다. 메서드 형태는 다음과 같을 것이다.

```objc
- (BOOL)isEqual:(AddressCard *)theCard
{
  if ([name isEqualToString: theCard.name] == YES &&
      [email isEqualToString: theCard.email] == YES)
    return YES;
  else
    return NO;
}
```

NSArray에 있는 다른 메서드, 예컨대 containsObject:와 indexOfObject: 같은 메서드 역시 isEqual:을 사용하여 두 객체가 동일한지 판단한다.

프로그램 15.14는 새 removeCard: 메서드를 테스트한다.

프로그램 15.14 테스트 프로그램

```objc
#import "AddressBook.h"

int main (int argc, char *argv[])
{
  @autoreleasepool {
     NSString    *aName = @"Julia Kochan";
     NSString    *aEmail = @"jewls337@axlc.com";
     NSString    *bName = @"Tony Iannino";
     NSString    *bEmail = @"tony.iannino@techfitness.com";
     NSString    *cName = @"Stephen Kochan";
     NSString    *cEmail = @"steve@classroomM.com";
     NSString    *dName = @"Jamie Baker";
     NSString    *dEmail = @"jbaker@classroomM.com";

     AddressCard *card1 = [[AddressCard alloc] init];
     AddressCard *card2 = [[AddressCard alloc] init];
     AddressCard *card3 = [[AddressCard alloc] init];
     AddressCard *card4 = [[AddressCard alloc] init];

     AddressBook  *myBook = [[AddressBook alloc]
                   initWithName: @"Linda's Address Book"];

     AddressCard  *myCard;

     // 주소 카드를 네 개 설정한다.
     [card1 setName: aName andEmail: aEmail];
     [card2 setName: bName andEmail: bEmail];
```

```
        [card3 setName: cName andEmail: cEmail];
        [card4 setName: dName andEmail: dEmail];

        // 주소록에 카드를 추가한다.
        [myBook addCard: card1];
        [myBook addCard: card2];
        [myBook addCard: card3];
        [myBook addCard: card4];

        // 이름으로 사람을 찾는다.
        NSLog (@"Lookup: Stephen Kochan");
        myCard = [myBook lookup: @"Stephen Kochan"];

        if (myCard != nil)
           [myCard print];
        else
           NSLog (@"Not found!");

        // 주소록에서 항목을 제거한다.
        [myBook removeCard: myCard];
        [myBook list];       // 제거되었는지 확인한다.
    }

    return 0;
}
```

프로그램 15.14 출력 결과

```
Lookup: Stephen Kochan
=================================
|                               |
| Stephen Kochan                |
| steve@classroomM.com          |
|                               |
|                               |
|                               |
|        0          0           |
=================================

======= Contents of: Linda's Address Book =========
Julia Kochan     jewls337@axlc.com
Tony Iannino     tony.iannino@techfitness.com
Jamie Baker      jbaker@classroomM.com
===================================================
```

주소록에 Stephen Kochan이 있는지 검색해 찾아낸 다음에 결과 Address Card를 새로 만든 removeCard: 메서드에 넘겨 삭제한다. 주소록 명단을 검색한 결과, 삭제되었음을 확인할 수 있다.

15.3.2 배열 정렬하기

주소록에 등록된 사람들이 많다면 알파벳 순서대로 정렬하면 편리할 것이다. AddressBook 클래스에 sort 메서드를 추가하고 NSMutableArray의 메서드인 sortUsingSelector:를 사용하면 쉽게 정렬할 수 있다. 이 메서드는 자신이 두 원소를 비교할 때 사용하는 셀렉터를 인수로 받는다. 배열에는 데이터 형에 관계없이 모든 종류의 객체가 들어갈 수 있다. 그러니 일반 정렬 메서드를 구현하는 유일한 방법은 프로그래머가 배열 내 원소들을 차례대로 놓을지 말지를 정하는 것이다. 이를 위해서, 배열의 두 원소를 비교할 메서드를 추가해야 한다.* 이 메서드가 반환하는 결과는 NSComparisonResult 형이다. 만일, 배열에서 첫째 원소를 둘째 원소보다 앞에 두게 하려면 정렬하는 메서드는 NSOrderedAscending을 반환하고, 두 원소가 동일하다고 여길 때는 NSOrderedSame을, 그리고 첫째 원소가 둘째 원소 보다 뒤에 나와야 하는 경우에는 NSOrderedDescending을 반환한다.

먼저, AddressBook 클래스의 새 정렬 메서드를 보자.

```
- (void)sort
{
  [book sortUsingSelector: @selector(compareNames:)];
}
```

9장 「다형성, 동적타이핑, 동적바인딩」에서 배웠듯이 다음 표현식은 SEL 형인 셀렉터를 주어진 메서드 이름으로 생성한다.

```
@selector (compareNames:)
```

sortUsingSelector:는 이 메서드를 사용하여 배열 안의 두 원소를 비교한다. 비교해야 할 때 지정한 메서드를 호출하는데, 이때 배열의 첫째 원소(메시지 수신자)에 메시지를 보내 그 원소와 인수를 비교하는 것이다. 반환 값은 앞에서 설명한 대로 NSComparisonResult 형이어야 한다.

주소록의 원소가 AddressCard 객체이기 때문에 AddressCard 클래스에 비교

---

* sortUsingFunction:context: 메서드를 사용하면 메서드 대신 함수로 비교할 수 있다.

메서드를 추가해야 한다. AddressCard 클래스로 돌아가 다음 compareNames: 메서드를 추가하자.

```objc
// 명시된 주소 카드에서 두 이름을 비교한다.

- (NSComparisonResult) compareNames: (id) element
{
  return [name compare: [element name]];
}
```

주소록에 있는 두 이름의 스트링을 비교하고 있으므로 NSString의 compare: 메서드를 사용해 비교할 수 있다.

sort 메서드를 AddressBook 클래스에 추가하고 compareNames: 메서드를 AddressCard 클래스에 추가했다면, 이제 테스트 프로그램을 작성하여 테스트할 수 있다(프로그램 15.15를 보라).

프로그램 15.15 테스트 프로그램

```objc
#import "AddressBook.h"

int main (int argc, char *argv[])
{

  @autoreleasepool {
    NSString  *aName = @"Julia Kochan";
    NSString  *aEmail = @"jewls337@axlc.com";
    NSString  *bName = @"Tony Iannino";
    NSString  *bEmail = @"tony.iannino@techfitness.com";
    NSString  *cName = @"Stephen Kochan";
    NSString  *cEmail = @"steve@classroomM.com";
    NSString  *dName = @"Jamie Baker";
    NSString  *dEmail = @"jbaker@classroomM.com";

    AddressCard   *card1 = [[AddressCard alloc] init];
    AddressCard   *card2 = [[AddressCard alloc] init];
    AddressCard   *card3 = [[AddressCard alloc] init];
    AddressCard   *card4 = [[AddressCard alloc] init];

    AddressBook   *myBook = [AddressBook alloc];

    // 주소 카드를 네 개 설정한다.
    [card1 setName: aName andEmail: aEmail];
    [card2 setName: bName andEmail: bEmail];
    [card3 setName: cName andEmail: cEmail];
    [card4 setName: dName andEmail: dEmail];
```

```
            myBook = [myBook initWithName: @"Linda's Address Book"];

        // 주소록에 카드를 추가한다.
        [myBook addCard: card1];
        [myBook addCard: card2];
        [myBook addCard: card3];
        [myBook addCard: card4];

        // 정렬되지 않은 주소록을 나열한다.
        [myBook list];

        // 정렬하고 다시 나열한다.
        [myBook sort];
        [myBook list];
    }
    return 0;
}
```

프로그램 15.15 출력 결과

```
======== Contents of: Linda's Address Book ========
Julia Kochan           jewls337@axlc.com
Tony Iannino           tony.iannino@techfitness.com
Stephen Kochan         steve@classroomM.com
Jamie Baker            jbaker@classroomM.com
===================================================

======== Contents of: Linda's Address Book ========
Jamie Baker            jbaker@classroomM.com
Julia Kochan           jewls337@axlc.com
Stephen Kochan         steve@classroomM.com
Tony Iannino           tony.iannino@techfitness.com
===================================================
```

오름차순 정렬이라는 점에 주목하자. 내림차순 정렬을 하고 싶은 경우에는 AddressCard 클래스의 comparesNames: 메서드를 수정해서 반환되는 값을 반대로 만들면 된다.

블록으로 정렬하기

NSArray와 NSMutableArray 클래스에 셀렉터 대신 블록을 받아 배열 내 원소를 비교하는 정렬 메서드들이 존재한다.

이런 NSArray의 메서드 형태는 일반적으로 다음과 같다.

- (NSArray *)sortedArrayUsingComparator:(NSComparator)block

반면 NSMutableArray의 정렬 메서드는 다음과 같은 형태를 지닌다.

- (void)sortUsingComparator:(NSComparator)block

NSComparator는 시스템 헤더 파일에 다음 typedef로 정의되어 있다.

typedef NSComparisonResult (^NSComparator)(id obj1, id obj2);

이를 영어로 번역하자면, NSComparator는 두개의 객체를 인수로 받고 NSComparisonResult 형의 값을 반환하는 블록이라는 뜻이다. 이 메서드는 블록을 사용하기 때문에 거대한 배열을 정렬할 때 더 빠르게 동작할 것이다. 성능상의 이유로 블록을 사용하는 메서드를 도입할 수 있다.

다시 말하면 이 블록은 두 객체를 인자로 받아 비교하고, 첫 번째 객체가 두 번째 객체보다 작은지, 같은지, 큰지를 나타내는 값을 반환하게 되어 있다. 이는 블록이 아닌 방식으로 처리하는 배열 정렬 메서드와 동일하다.

우리가 sortUsingComparator: 메서드에 인자로 넘기는 블록은 다음과 같이 주소 카드의 compareNames: 메서드를 호출한다.

```
-(void) sort
{
  [book sortUsingComparator:
      ^(id obj1, id obj2) {
          return [obj1 compareNames: obj2];
      } ];
}
```

이 코드도 잘 동작하지만, 한 번 더 생각해보면 이 코드는 sortUsingSelector: 메서드와 동일한 작업을 수행하므로 성능 개선이 전혀 없음을 알 수 있다. 따라서, 블록 내에서 다음과 같이 작업을 좀 더 수행하여 속도를 높여주는 방법이 더 나을 것이다.

```
- (void)sort
{
  [book sortUsingComparator:
```

```
        ^(id obj1, id obj2) {
            return [[obj1 name] compare: [obj2 name]];
        } ];
}
```

프로그램 15.15으로 돌아가 AddressBook의 sort 메서드를 방금 수정한 코드로 변경하자. 프로그램이 제대로 돌아가고, 주소록을 정상적으로 정렬하는지 확인하자.

블록 버전의 sort 메서드의 강점 중의 하나는, 비교되는 객체에 비교 메서드를 추가해야할 필요가 없다는 것이다. 여기서는 AddressCard 클래스인데, 기존 sort 메서드에서 compareNames: 메서드를 사용했음을 기억할 것이다.

또 다른 장점은, 주소 카드를 비교하는 방식을 변경하기로 했을 때, AddressCard 클래스를 수정하지 않고 sort 메서드만 변경하면 된다는 점이다.

Objective-C에서는 배열 객체를 다루는 메서드를 50개 이상 제공한다. 표 15.4와 표 15.5는 각각 수정 불가능한 배열, 수정 가능한 배열에서 자주 사용되는 메서드를 나열한다. NSMutableArray는 NSArray의 서브클래스이므로, 전자는 후자의 메서드를 모두 상속받는다.

표 15.4와 표 15.5에서 obj, obj1, obj2는 객체를 지칭한다. i는 NSUInteger 정수로, 배열에서 유효한 인덱스 번호다. selector는 SEL형의 셀렉터 객체다. size는 NSUInteger 정수다.

메서드	설명
+ (id)arrayWithObjects: obj1, obj2, ... nil	obj1, obj2, ...가 원소인 새 배열을 생성한다.
- (BOOL)containsObject:obj	배열에 obj가 있는지 확인한다(isEqual: 메서드를 사용한다).
- (NSUInteger)count	배열에 담긴 원소의 개수를 반환한다.
- (NSUInteger) indexOfObject: obj	obj를 담은 첫째 원소의 인덱스 번호를 반환한다 (isEqual: 메서드를 사용한다).
- (NSUInteger) indexOfObjectPassingTest: (BOOL(^)(id obj, NSUInteger idx, BOOL *stop)) block	(인덱스 번호 idx와) 각 객체 obj를 블록 block에 넘겨준다. 이 블록은 넘겨진 obj가 테스트를 통과하면 YES를 그렇지 않으면 NO를 반환한다. stop이 가리키는 변수를 YES로 지정하면 중단된다.
- (id) lastObject	배열 내 마지막 객체를 반환한다.

메서드	설명
– (id)objectAtIndex:i	원소 i에 저장된 객체를 반환한다.
– (void)makeObjectsPerform Selector:(SEL) selector	selector가 가리키는 메시지를 배열에 있는 모든 객체에게 보낸다.
– (void)enumerateObjectsUsingBlock:(void d (^)(id obj, NSUInteger idx, BOOL *stop)) block	배열 내 각 객체에 대해 obj와 인덱스 번호 idx를 블록에 넘겨 블록을 수행한다. 모든 객체가 열거되거나 stop이 가리키는 변수가 YES로 지정되면 중단된다.
– (NSArray *)sortedArrayUsing Selector:(SEL) selector	selector로 지정한 비교 메서드를 이용해 배열을 정렬한다.
– (NSArray *) sortedArrayUsingComparator: (NSComparator) block	block 블록으로 비교를 수행하여 배열을 정렬한다.
– (BOOL)writeToFile:path atomically:(BOOL) flag	지정한 파일로 배열을 쓴다. flag가 YES이면 임시 파일을 먼저 생성한다.

표 15.4 자주 사용되는 NSArray 메서드

메서드	설명
+ (id) array	빈 배열을 생성한다.
+ (id) arrayWithCapacity: size	초기 크기가 size인 배열을 생성한다.
– (id) initWithCapacity: size	새로 생성된 배열을 초기 크기가 size인 배열로 초기화한다
– (void) addObject: obj	배열의 끝에 obj를 추가한다.
– (void) insertObject:obj atIndex:i	배열의 원소 i에 obj를 추가한다.
– (void) replaceObjectAtIndex: i withObject:obj	배열의 원소 i를 obj로 교체한다.
– (void) removeObject: obj	배열에서 obj를 모두 제거한다.
– (void) removeObjectAtIndex: i	배열에서 i 원소를 제거하고 i+1부터 배열 끝까지 앞으로 한 칸씩 옮긴다.
– (void) sortUsingSelector: (SEL) selector	selector가 가리키는 비교 메서드로 배열을 정렬한다.
– (void) sortUsingComparator: (NSComparator) block	block 블록으로 비교를 수행하여 배열을 정렬한다.

표 15.5 자주 사용되는 NSMutableArray 메서드

NSValue 클래스

지금껏 봐온 대로, 배열과 같은 Foundation 컬렉션은 객체만 담을 수 있다. 이 말은 int와 같은 기본 데이터 형은 담을 수 없다는 것이다. 이 문제를 해결하려면 int 대신 NSNumber 객체들로 배열을 만들면 된다.

iOS 앱을 개발하면서 컬렉션에 담고 싶은 다른 형들도 있다. 이들 형은 C 언어에서 파생된 구조체로 객체가 아니다. 예를 들어, CGPoint(typedef 된 이름)를 사용하여 (x, y) 좌표를 정의할 수 있다. 예를 들어 직사각형의 원점을 지정하는데 이를 사용할 수 있다. 사실, 직사각형은 CGRect 형인데, 그 자체가 두 개의 다른 구조체를 담고 있는 구조체다. 그 중 하나는 직사각형의 원점을 정의하는 CGPoint고 다른 하나는 직사각형의 너비와 높이를 정의하는 CGSize다.

이 얘기를 하는 이유는, 이들을 컬렉션에 넣어야할 필요가 있다는 것을 주지하기 위함이다. 이들을 컬렉션에 직접 넣을 수는 없다. NSValue 클래스를 사용하면 이들 구조체를 객체로 변환하고, 변환된 객체를 컬렉션에 넣을 수 있다. 구조체와 같은 데이터 형을 객체로 변환하는 과정은 때로 래핑이라고 불린다. 예상했겠지만, 객체를 가져다가 하부 데이터 형태를 추출하는 작업은 종종 언래핑이라고 불린다.

표 15.6은 C 데이터 형을 객체로 바꾸는 래퍼 메서드와 그 반대 역할로 객체를 언래핑하는 메서드를 나열한다. 추가 정보는 NSValue 클래스의 문서를 참고하자.

Typedef된 데이터 형	설명	래퍼 메서드	언래퍼 메서드
CGPoint	x와 y 값으로 이루어진 점	valueWithPoint:	pointValue
CGSize	너비(width)와 높이(height)로 이루어진 크기	valueWithSize:	sizeValue
CGRect	원점(origin)과 크기(size)로 이루어진 직사각형	valuewithRect:	rectValue
NSRange	위치(location)와 길이(length)로 지정한 범위	valueWithRange:	rangeValue

표 15.6 NSValue 래핑과 언래핑 메서드 일부

CGPoint 구조체를 touchPoint라는 수정 가능한 배열에 추가하는 코드 조각을 보자.

```
CGPoint myPoint;
NSValue *pointObj;
NSMutableArray *touchPoints = [NSMutableArray array];
    ...
myPoint.x = 100;  // 포인트 (100, 200)로 설정하자
myPoint.y = 200;
    ...
pointObj = [NSValue valueWithPoint: myPoint];  // 객체 만들기
[touchPoints addObject: pointObj];
```

이 작업이 왜 필요한지 반드시 이해하자. myPoint가 구조체이므로, touch Points 배열에 바로 넣을 수 없다. 먼저 객체로 변환해야 한다. 이 작업은 valueWithPoint: 메서드를 사용한다.

touchPoints 배열의 마지막 점을 얻어 CGPoint 구조체로 다시 변환하길 원하면, 다음 코드를 사용한다.

```
myPoint = [[touchPoints lastObject] pointValue];
```

15.4 딕셔너리 객체

'딕셔너리'는 키-객체 짝으로 구성된 데이터의 모음이다. 사전에서 단어의 정의를 찾듯이 Objective-C 사전(딕셔너리)에서도 키로 값(객체)을 얻는다. 딕셔너리의 키는 고유해야 하며, 어느 객체 형이어도 좋지만 보통은 스트링이다. 키와 연계된 값도 객체 형이 어떻든 상관없지만 nil이어서는 안 된다.

딕셔너리 역시 수정할 수도 있고, 수정 불가능할 수도 있다. 수정 가능한 딕셔너리들은 동적으로 엔트리를 추가하거나 삭제할 수 있다. 특정 키를 사용하여 딕셔너리를 찾는 일도, 내용물을 열거하는 일도 가능하다. 프로그램 15.16에서는 수정 가능한 딕셔너리를 생성하여 Objective-C의 용어에 대한 소사전으로 사용한다. 이때 딕셔너리는 세 엔트리를 보유한다.

프로그램 15.16

```
#import <Foundation/Foundation.h>

int main (int argc, char * argv[])
{
    @autoreleasepool {
```

```
        NSMutableDictionary *glossary = [NSMutableDictionary dictionary];

        // 소사전에 항목 세 개를 저장한다
        [glossary setObject: @"A class defined so other classes can inherit from it"
                    forKey: @"abstract class" ];
        [glossary setObject: @"To implement all the methods defined in a protocol"
                    forKey: @"adopt"];
        [glossary setObject: @"Storing an object for later use"
                    forKey: @"archiving"];

        // 항목을 가져와서 보여준다
        NSLog (@"abstract class: %@", [glossary objectForKey: @"abstract class"]);
        NSLog (@"adopt: %@", [glossary objectForKey: @"adopt"]);
        NSLog (@"archiving: %@", [glossary objectForKey: @"archiving"]);
    }
    return 0;
}
```

프로그램 15.16 출력 결과

```
abstract class: A class defined so other classes can inherit from it
adopt: To implement all the methods defined in a protocol
archiving: Storing an object for later use
```

다음 표현식은 비어 있는 딕셔너리를 생성하는데, 이 딕셔너리는 수정할 수 있다.

```
[NSMutableDictionary dictionary]
```

setObject:forKey: 메서드를 사용하여 이 딕셔너리에 키-값 짝을 추가한다. 딕셔너리가 구성되고 나면, objectForKey: 메서드를 사용해 주어진 키 값을 받을 수 있다. 프로그램 15.16는 용어 소사전에 담긴 세 엔트리의 값을 어떻게 받아 오고 표시하는지를 보여 준다. 좀 더 실용적인 프로그램을 생각해 보면, 사용자가 단어를 입력하고 프로그램이 용어집에서 단어 정의를 검색하는 프로그램을 만들어도 좋을 것이다.

최근 Objective-C에 새로운 문법이 다음과 같이 추가되었다.

```
dict[key]
```

위의 문법은 다음 문법과 동일하다.

```
[dict objectForKey: key]
```

위 표현은 키/객체 짝을 딕셔너리에 저장하는 표현하는 방법으로써 다음과 같다.

```
dict[key] = object
```

다음과 같이 써도 된다.

```
[dict setObject: object forKey: key]
```

프로그램 15.17은 프로그램 15.16을 새로운 문법을 사용하여 엔트리를 딕셔너리로부터 가지고 오는 부분을 재작성한 것이다.

프로그램 15.17

```
#import <Foundation/Foundation.h>

int main (int argc, char * argv[])
{
  @autoreleasepool {
    NSMutableDictionary *glossary = [NSMutableDictionary dictionary];

    // glossary에 3개의 엔트리 저장하기
    glossary[@"abstract class"] =
            @"A class defined so other classes can inherit from it";
    glossary[@"adopt"] =
            @"To implement all the methods defined in a protocol";
    glossary[@"archiving"] =
            @"Storing an object for later use";

    // 가지고 와서 보여주기

    NSLog (@"abstract class: %@", glossary[@"abstract class"]);
    NSLog (@"adopt: %@", glossary[@"adopt"]);
    NSLog (@"archiving: %@", glossary[@"archiving"]);
  }
  return 0;
}
```

15.4.1 딕셔너리 열거하기

프로그램 15.18에는 dictionaryWithObjectsAndKeys: 메서드를 써서 딕셔너리를 초기 키-값 짝으로 정의하는 방법이 나온다. 여기서는 수정 불가능한 객체를 만들고, 빠른 열거 반복문을 써서 한 번에 한 키씩 딕셔너리에서 각 원소를 받아 왔다. 배열 객체와 달리, 딕셔너리 객체는 순서가 없다. 따라서, 딕셔너리의 내용을 나열할 때, 맨 앞에 위치한 키-객체 짝이 가장 먼저 추출되지 않을 수도 있다.

프로그램 15.18

```objc
#import <Foundation/Foundation.h>

int main (int argc, char *argv[])
{
  @autoreleasepool {
    NSDictionary *glossary = [NSDictionary dictionaryWithObjectsAndKeys:
      @"A class defined so other classes can inherit from it",
      @"abstract class",
      @"To implement all the methods defined in a protocol",
      @"adopt",
      @"Storing an object for later use",
      @"archiving",
      nil
    ];

    // 딕셔너리의 모든 키-값 짝을 표시한다.
    for ( NSString *key in glossary )
      NSLog (@"%@: %@", key, [glossary objectForKey: key]);

  }

  return 0;
}
```

프로그램 15.18 출력 결과

```
abstract class: A class defined so other classes can inherit from it
adopt: To implement all the methods defined in a protocol
archiving: Storing an object for later use
```

dictionaryWithObjectsAndKeys: 메서드로 넘어가는 인수는 각각 쉼표로 구분되는 객체-키 짝(이 순서대로)의 목록이다. 이 목록은 특별한 객체 nil로 마쳐야만 한다.

프로그램이 딕셔너리를 생성하고 나면, 반복문에서 딕셔너리의 내용물을 열거한다. 이미 언급했듯이 딕셔너리에서 매번 받는 키들은 따로 순서가 없다.

변화하지 않는 딕셔너리를 초기화할 때는 키-객체 짝을 나열 방식인 다음과 같은 문법을 사용할 수도 있다.

```
@{key1:object1, key2:object2, ..., keyn:objectn}
```

위 문법을 사용하여 프로그램 15.18을 다음과 같이 작성할 수 있다.

```
NSDictionary *glossary = @{
    @"abstract class":
    @"A class defined so other classes can inherit from it",
    @"adopt":@"To implement all the methods defined in a protocol",
    @"archiving":@"Storing an object for later use"
};
```

딕셔너리 내용이 알파벳 순서대로 표시되게 하려면 딕셔너리의 모든 키를 받은 뒤, 정렬하고, 순서대로 그 정렬된 키에 대한 값을 받아 오면 된다. 먼저 NSDictionary의 allKeys 메서드로 딕셔너리의 모든 키를 배열로 추출하고, 이 배열을 정렬한다. 그 다음, 정렬한 키의 배열을 열거하여 딕셔너리에서 해당하는 값을 받아오면 된다. 예를 들어, 미국 주의 이름을 키로 갖고, 해당하는 주도를 객체로 갖는 states라는 딕셔너리가 있다고 하자. 다음 코드 조각은 주 이름을 알파벳 순서로 정렬하여 해당하는 주도와 함께 표시한다.

```
NSArray *keys = [states allKeys];

keys = [keys sortedArrayUsingComparator: ^(id obj1, id obj2)
        {
          return [obj1 compare: obj2];
        } ];

for (NSString *aState in keys)
    NSLog (@"State: %@ Capital: %@", aState, states[aState]);
```

지금까지 딕셔너리를 다루는 기본적인 방법을 설명했다. 표 15.7과 표 15.8은 각각 수정 불가능한 딕셔너리와 수정 가능한 딕셔너리에서 자주 사용되는 메서드를 보여 준다. NSMutableDictionary는 NSDictionary의 서브클래스이므로 메서드를 상속받는다.

표 15.7과 15.8의 key, key1, key2, obj, obj1, obj2는 모두 객체이며, size는 NSUInteger 형의 양의 정수다.

메서드	설명
+(id) dictionaryWithObjectsAndKeys:obj1, key1, obj2, key2, ..., nil	키-객체 짝으로 딕셔너리를 생성한다. {key1, obj1}, {key2, obj2}, ...
-(id) initWithObjectsAndKeys: obj1, key1, obj2, key2,..., nil	새로 생성된 딕셔너리를 키-객체 짝으로 초기화한다. {key1, obj1}, {key2, obj2}, ...
-(NSArray *) allKeys	딕셔너리의 모든 키를 담고 있는 배열을 반환한다.
-(NSUInteger) count	딕셔너리에 들어 있는 엔트리 개수를 반환한다.
-(NSEnumerator *) keyEnumerator	딕셔너리의 모든 키에 해당하는 NSEnumerator 객체를 반환한다.
-(NSArray *) keysSortedByValueUsingSelector: (SEL) selector	selector가 지정하는 비교 메서드에 따라 정렬된, 딕셔너리의 키 배열을 반환한다.
-(NSEnumerator *) objectEnumerator	딕셔너리의 모든 값에 해당하는 NSEnumerator 객체를 반환한다.
-(id) objectForKey: key	지정한 key에 해당하는 객체를 반환한다.

표 15.7 자주 사용되는 NSDictionary 메서드

메서드	설명
+(id) dictionaryWithCapacity: size	초기 크기가 size인 수정 가능한 딕셔너리를 생성한다.
-(id) initWithCapacity: size	생성된 딕셔너리의 초기 크기를 size로 초기화한다.
-(void) removeAllObjects	딕셔너리에 든 모든 엔트리를 삭제한다.
-(void) removeObjectForKey: key	지정한 key에 해당하는 엔트리를 딕셔너리에서 삭제한다.
-(void) setObject: obj forKey: key	딕셔너리에 key 키로 obj를 추가한다. 만일 key가 존재하면 값을 대체한다.

표 15.8 자주 사용되는 NSMutableDictionary 메서드

15.5 세트 객체

'세트'는 고유한 객체들의 모음이며, 이 세트는 수정 가능하거나 불가능할 수 있다. 세트로는 멤버를 검색하고, (수정 가능한 세트의 경우) 추가 또는 삭제하는 일, 두 세트를 비교 혹은 교차, 결합할 수 있다.

이 절에서는 세 개의 세트 클래스(NSSet, NSMutableSet, NSIndexSet)를 간략히 살펴볼 것이다. 또한, NSCountedSet을 잠시 언급할 텐데, 필요한 경우 이 클래스도 사용할 수 있다.

프로그램 15.19에 세트로 하는 기본적인 작업들이 나온다. 프로그램이 실행되는 동안 세트 내용을 여러 번 표시하고 싶다고 해보자. 그래서 print라는 새 메서드를 만들기로 결정한다. Printing이라는 카테고리를 새로 만들어 NSSet 클래스에 print 메서드를 추가한다. NSMutableSet는 NSSet의 서브클래스이므로, 수정 가능한 세트 역시 새 print 메서드를 사용할 수 있다.

프로그램 15.19

```
#import <Foundation/Foundation.h>

// Printing 카테고리로 NSSet에 print 메서드를 추가한다.
@interface NSSet(Printing)
-(void) print;
@end

@implementation NSSet(Printing)
-(void) print
{
    printf ("{ ");

    for (NSNumber *element in self)
        printf (" %li ", (long) [element integerValue]);

    printf ("} \ n");
}
@end

int main (int argc, char *argv[])
{
    @autoreleasepool {
        NSMutableSet *set1 = [NSMutableSet setWithObjects:
            @1, @3, @5, @10, nil];
        NSSet *set2 = [NSSet setWithObjects: @-5, @100, @3, @5, nil];
```

```
            NSSet *set3 = [NSSet setWithObjects: @12, @200, @3, nil];

            NSLog (@"set1: ");
            [set1 print];
            NSLog (@"set2: ");
            [set2 print];

            // 일치 여부 확인
            if ([set1 isEqualToSet: set2] == YES)
               NSLog (@"set1 equals set2");
            else
               NSLog (@"set1 is not equal to set2");

            // 멤버십 테스트
            if ([set1 containsObject: @10] == YES)
               NSLog (@"set1 contains 10");
            else
               NSLog (@"set1 does not contain 10");

            if ([set2 containsObject: @10] == YES)
               NSLog (@"set2 contains 10");
            else
               NSLog (@"set2 does not contain 10");

            // 수정 가능한 세트 set1에서 객체 추가하고 제거한다.
            [set1 addObject:@4];
            [set1 removeObject:@10];
            NSLog (@"set1 after adding 4 and removing 10: ");
            [set1 print];

            // 두 개의 세트의 교차 구하기
            [set1 intersectSet: set2];
            NSLog (@"set1 intersect set2: ");
            [set1 print];

            // 두 개의 세트의 합 구하기
            [set1 unionSet:set3];
            NSLog (@"set1 union set3: ");
            [set1 print];

    }
    return 0;
}
```

프로그램 15.19 출력 결과

```
set1:
{  3 10 1 5 }
set2:
{  100 3 -5 5 }
set1 is not equal to set2
```

```
set1 contains 10
set2 does not contain 10
set1 after adding 4 and removing 10:
{  3 1 5 4 }
set1 intersect set2:
{  3 5 }
set1 union set3:
{  12 3 5 200 }
```

print 메서드는 앞에서 설명했던 빠른 열거 기법으로 세트에서 각 원소를 받아온다. 물론 print 메서드는 정수 멤버만 보유한 세트에만 동작하므로, 일반적이지는 않다. 그렇지만 이 메서드로 카테고리*를 통해 클래스에 메서드를 추가하는 방법을 다시 살피게 되니, 매우 좋은 예가 된다(print 메서드에서 C 라이브러리의 printf를 사용하여 세트의 원소를 한 줄에 표시했다).

setWithObjects:는 nil로 끝나는 객체 목록에서 새 세트를 생성한다. 세트를 세 개 만든 후, 프로그램은 print 메서드를 사용하여 처음 두 세트를 표시한다. 그 후 isEqualToSet:를 사용하여 set1과 set2가 같은지를 비교한다. 당연히 서로 다르다.

containsObject: 메서드를 사용하여 먼저 정수 10이 set에 들었는지 확인하고, 그 다음 set2에 들어 있는지도 확인한다. 메서드가 반환하는 불리언 값을 보니 첫 번째 세트에는 정수 10이 있고 두 번째 세트에는 없다.

그 다음으로 프로그램은 addObject:와 removeObject: 메서드를 사용하여 set1에서 4를 추가하고 10을 제거한다. 세트 내용을 표시하여 이 작업들이 성공했음을 확인한다.

intersect:와 union: 메서드를 쓰면 두 세트의 교차와 합을 계산할 수 있다. 둘 다 연산 결과가 메시지의 수신자를 대치한다.

Foundation 프레임워크에는 NSCountedSet라는 클래스도 있다. 이 세트들은 동일한 객체가 한 번 이상 나타나는 것을 표현할 수 있다. 그러나 세트에서 여러 번 나타나는 객체를 관리하는 게 아니라, 객체가 나타나는 횟수를 관리한다. 따라서, 객체가 세트에 처음 추가될 때, 횟수는 1이다. 이후에 이 세트에 객체를

---

* 더욱 일반적인 방법은 각 객체의 각 세트의 멤버를 디스플레이 해주는 description 메서드를 호출하는 것이다. 이것을 통해 세트에 어떤 타입의 객체가 있어도 가독성 높은 포맷으로 보여준다. 또한, NSLog를 %@와 함께 사용하면 '객체 프린트'하기 포맷으로 콘텐츠를 디스플레이 해 줄 수 있다.

추가하면 횟수가 증가되고, 객체를 제거하면 횟수가 감소된다. 만일 횟수가 0이면, 세트에서 실제 객체 자체가 제거된다. countForObject:는 세트에서 지정된 객체의 횟수를 반환한다.

NSCountedSet를 사용하는 예로 단어를 세는 프로그램이 있다. 텍스트에서 특정 단어가 검색될 때마다 카운트 세트에 단어 횟수가 추가된다. 텍스트 스캔이 완료되면 세트에서 각 단어와 횟수를 받아 텍스트에서 해당 단어가 몇 번 나타났는지 알아낼 수 있다.

이제까지 세트로 할 수 있는 기본적인 작업의 일부만 살펴보았다. 표 15.9과 표 15.10에 수정 불가능한 세트와 가능한 세트에서 자주 사용되는 메서드를 정리했다. NSMutableSet는 NSSet의 서브클래스이므로 메서드를 상속받는다.

표 15.9과 표 15.10에서 obj, obj1, obj2는 객체이며, nsset는 NSSet 객체이거나 NSMutableSet 객체다. 그리고 size는 NSUInteger 정수다.

메서드	설명
+ (id) setWithObjects: obj1, obj2, ..., nil	객체 목록에서 새 세트를 생성한다.
– (id) anyObject	세트에서 아무 객체나 반환한다.
– (id) initWithObjects: obj1, obj2, ..., nil	새로 생성된 세트를 객체 목록으로 초기화한다.
– (NSUInteger) count	세트에 담긴 멤버 개수를 반환한다.
– (BOOL) containsObject:obj	세트에 obj가 들어 있는지 아닌지를 반환한다.
– (BOOL) member:obj	세트에 obj가 들어 있는지 아닌지를 반환한다 (isEqual: 메서드를 사용한다).
– (NSEnumerator *) objectEnumerator	세트의 모든 객체에 대한 NSEnumerator를 반환한다.
– (BOOL) isSubsetOfSet:nsset	nsset에 수신자의 모든 멤버가 있는지 아닌지를 반환한다.
– (BOOL) intersectsSet:nsset	nsset에 수신자의 멤버 가운데 단 한 개라도 들어 있는지 아닌지를 반환한다.
– (BOOL) isEqualToSet:nsset	두 세트의 동일성 여부를 반환한다.

표 15.9 자주 사용되는 NSSet 메서드

메서드	설명
+ (id) setWithCapacity: size	멤버를 size만큼 저장할 수 있는 초기 용량으로 세트를 새로 생성한다.
– (id) initWithCapacity: size	새로 생성된 세트의 초기 크기를 size만큼으로 초기화한다.
– (void) addObject: obj	세트에 obj를 추가한다.
– (void) removeObject: obj	세트에서 obj를 삭제한다.
– (void) removeAllObjects	세트에 든 모든 멤버를 제거한다.
– (void) unionSet: nsset	nsset에 있는 각 멤버를 수신자에 추가한다.
– (void) minusSet: nsset	nsset의 모든 멤버를 수신자에서 제거한다.
– (void) intersectSet: nsset	nsset에 없는 수신자 멤버를 모두 제거한다.

표 15.10 자주 사용되는 NSMutableSet 메서드

15.5.1 NSIndexSet

다른 종류의 세트인 NSIndexSet을 살펴보자. 이 클래스를 사용하면 순서를 갖는 인덱스를 배열과 같은 다른 데이터 형으로 저장할 수 있다. 예를 들어 이 클래스를 사용하여, 객체 배열에서 지정한 특정 조건을 충족시키는 객체들의 인덱스 번호 목록을 효율적으로 생성할 수 있다. NSIndexSet 클래스는 수정 가능한 버전을 따로 갖고 있지 않음에 주의하자.

예를 들어 NSArray 메서드인 indexOfObjectPassingTest:는 블록을 받는다. 이 블록은 배열 내 각 원소에 대해 실행되며, 배열 원소와 인덱스 번호, BOOL 변수의 포인터를 넘겨받는다. 블록 내 코드는 원소를 특정 조건에 비교하여 조건에 부합하면 YES를, 그렇지 않으면 NO를 반환한다. 메서드가 YES를 반환하더라도, 배열 내 모든 원소가 처리될 때까지 계속 동작한다. BOOL 포인터 변수를 YES로 설정하면 언제든 처리를 중단할 수 있다. (포인터에 대한 설명은 13장을 참조하자.)

만일 indexOfObjectPassingTest가 해당하는 객체를 찾으면 (적어도 한 번 블록에서 YES를 반환했으면) 세트 내 해당하는 인덱스 중 가장 작은 것을 반환할 것이다. 찾지 못했다면, NSNotFound를 반환한다.

AddressBook 클래스의 lookup: 메서드를 수정하였다.

```
- (AddressCard *)lookup:(NSString *)theName
{
  NSUInteger result = [book indexOfObjectPassingTest:
    ^(id obj, NSUInteger idx, BOOL *stop)
      {
        if ([[obj name] caseInsensitiveCompare: theName] == NSOrderedSame) {
          return YES; // 일치하는 객체를 하나만 발견하면 충분하다.
        }
        else
          return NO; // 계속 찾는다.
      }];

  // 일치하는 객체를 찾았는지 확인
    if (result != NSNotFound) // 객체가 하나만 있어야 한다.
      return book[result];
    else
      return nil;
}
```

배열에서 일치하는 항목을 모두 찾고 싶다면, 블록 내에서 각 항목을 배열에 저장하고, stop 포인터를 YES로 설정하지 않아야 한다. 이런 식으로 indexOfObjectPassingTest: 메서드가 배열 내 모든 원소를 테스트하게 할 수 있다. 다음 코드로 예제를 보자.

```
-(NSIndexSet *) lookupAll: (NSString *) theName
{
    NSIndexSet *result = [book indexesOfObjectsPassingTest:
      ^(id obj, NSUInteger idx, BOOL *stop)
       {
         if([[obj name]caseInsensitiveCompare:theName] == NSOrderedSame)
           return YES; // 일치하는 값을 찾음. 계속 진행
         else
           return NO; // 계속 찾음
       }];

    // 결과를 반환

    return result;
}
```

lookupAll: 메서드를 두 번째 버전으로 변경하여 첫 번째 버전과 같이 조건에 부합하는 주소 카드의 배열을 반환하게 만드는 작업은 연습문제로 남겨놓

겠다. (힌트: indexesOfObjectsPassingTest: 메서드가 종료되면, 인덱스 세트의 각 인덱스를 열거하여 해당하는 원소를 반환할 배열에 추가하자.)

표 15.11은 NSIndexSet의 대표적인 메서드를 나열한다. 이 표에서 idx는 NSUInteger 정수이다. 참고 문서에서 이 클래스를 찾아 더 깊이 알게 되길 바란다.

메서드	설명
+ (NSIndexSet) indexSet	빈 인덱스 세트를 생성한다.
– (BOOL) containIndex: idx	인덱스 세트가 인덱스 idx를 포함하면 YES를 반환하고, 그 외의 경우는 NO를 반환한다.
– (NSUinteger) count	인덱스 세트 내의 인덱스 갯수를 반환한다.
– (NSUinteger) firstIndex	세트 내 첫 번째 인덱스, 혹 없는 경우 NSNotFound를 반환한다.
– (NSUinteger) indexLessThanIndex: idx	idx보다 작은 인덱스 중 가장 가까운 인덱스를 반환하거나, 없는 경우 NSNotFound를 반환한다. indexLessThanOrEqualToIndex:, indexGreaterThanIndex:, indexGreaterThanOrEqualIndex: 도 참고하자.
– (NSUinteger) lastIndex	세트 내 마지막 인덱스를 반환하거나, 세트가 빈 경우 NSNotFound를 반환한다.
– (NSIndexSet *) indexesPassingTest: (BOOL) (^) (NSUinteger idx, BOOL *stop) block	세트 내 각 원소에 블록을 적용한다. idx가 결과 NSIndexSet에 추가되면 YES를 반환하고 그 외의 경우는 NO를 반환한다. stop이 가리키는 변수를 YES로 설정하면 처리를 중단할 수 있다.

표 15.11 NSIndexSet 메서드 일부

15.6 연습문제

1. 참고문서에서 NSDate 클래스를 살펴보고, ElapsedDays라는 카테고리를 NSDate 클래스에 추가하자. 새 카테고리에 다음 메서드 선언에 따라 메서드를 추가하자.

   - (unsigned long) elapsedDays: (NSDate *) theDate;

새 메서드는 수신자와 메서드의 인수 사이에 며칠이 지났는지 반환한다. 테스트 프로그램을 작성하여 새 메서드를 테스트해보자.

2. 이 장의 AddressBook 클래스에서 만든 lookup: 메서드를 수정하여 이름을 부분 검색할 수 있도록 해보자. 다시 말해서 [myBook lookup: @"steve"]라는 표현식은 이름의 어느 부분에 steve라는 스트링이 있든 이 스트링을 포함한 카드를 검색해야 한다.

3. 연습문제 2의 결과를 사용하여, 주소록에서 일치하는 모든 검색 결과를 찾도록 만들자. 메서드를 고쳐서, 일치하는 주소 카드를 모두 배열로 반환하도록 만든다. 일치하는 카드가 없을 때는 nil을 반환한다. (이 장의 마지막 부분에서 제시한 예제는 NSIndexSet을 반환하는데, 여기서는 AddressCard의 배열을 반환하도록 고치자.)

4. AddressCard 클래스에 원하는 필드를 추가하자. 예를 들어, name을 성과 이름 필드로 분리하거나, 주소(국가, 시, 군, 구, 우편번호 등으로 분리), 전화번호 필드 등을 추가할 수 있다. 적절한 세터와 게터 메서드를 작성하고 print와 list 메서드에서 필드를 표시하자.

5. 연습문제 4를 완성한 다음에, 연습문제 3의 lookup: 메서드를 사용하여 주소록의 모든 필드를 검색할 수 있도록 만들어 보자. AddressBook 클래스가 AddressCard에 저장된 필드를 모두 알지 않아도 되도록 디자인하려면 어떤 방법이 있을까?

6. 다음 메서드 선언에 맞춰 removeName: 메서드를 AddressBook 클래스에 추가한다. 그리하여 주소록에서 사람을 삭제할 수 있도록 만들자.

   - (BOOL) removeName: (NSString *) theName;

연습문제 2에서 만든 lookup: 메서드를 사용하자. 만일 이름이 발견되지 않거나, 검색된 결과가 많을 경우 메서드는 NO를 반환한다. 만일 무사히 삭제하면 YES를 반환한다.

7. 1부에서 정의한 Fraction 클래스를 사용하여 아무 값이나 갖는 분수의 배열을 만들자. 그 후 다음 세가지 기법을 사용하여 분수의 값을 표시하자. 1) 일반 for 반복문, 2) 빠른 열거, 3) 그냥 %@.

8. 1부에서 정의한 Fraction 클래스를 사용하여 아무 값이나 갖는 분수의 배열을 만들자. 그 후 NSMutableArray 클래스의 sortUsingSelector: 메서드를 사용하여 배열을 정리하자. Fraction 클래스에 Comparison 카테고리를 추가하고 비교 메서드를 구현하라.

9. Song, Playlist, MusicCollection이라는 세 클래스를 새로 정의하자. Song 객체는 제목, 아티스트, 앨범, 재생시간 같은 특정 노래의 정보를 담는다. Playlist 객체에는 재생목록의 이름과 곡 모음을 담을 것이다. MusicCollection 객체에는 재생목록 모음과 컬렉션에 있는 모든 곡을 전부 담는 특별한 마스터 재생 목록 library가 담긴다. 이 세 클래스를 정의하고 다음 작업을 수행하는 메서드들을 작성하라.

- Song 객체를 생성하고 정보를 설정한다.
- Playlist 객체를 생성하고 재생목록에 곡을 추가하거나 제거한다. 마스터 재생목록에 새 곡이 포함되지 않았다면 이를 추가한다. 만일 곡이 마스터 재생목록에서 제거되면, 해당 음악 컬렉션의 다른 재생목록들에서도 모두 제거되어야 한다.
- MusicCollection 객체를 새로 생성하고 컬렉션에 재생목록을 추가하거나 제거한다.
- 곡, 재생목록, 전체 음악 컬렉션에 대한 정보를 찾고 표시한다.

모든 클래스에서 메모리 누수가 발생하지 않도록 하자!

> **노트**
>
> 아마 이 문제가 책 전체에서 가장 유익한 연습문제일 것이나 쉽지 않다. 그림 15.6은 샘플 MusicCollection인 myMusic이 어떻게 생겼는지 보여준다. 메인 재생목록인 library를 포함하여 세 개의 재생목록을 갖고 있다. library에는 5개의 곡이 담겨있고, playlist1에는 두 개, playlist2에는 한 개 담겨있다. 힌트를 좀 주자면, NSMutableArray 클래스를 잘 사용하고, 곡의 사본이 아니라 참조를 각 재생목록에 담아두도록 하자. (addObject: 메서드를 사용하면 된다.)

10. 정수 값을 갖는 NSNumber 객체들을 NSArray 배열에 넣고 각 정수와, 그 정수가 배열에 나타나는 횟수를 적은 빈도수 차트를 작성하라. NSCountedSet 객체를 사용하여 빈도수를 얻어 내라.

11. addCard: 메서드를 사용하여 주소록에 주소 카드를 추가하면, 누가 주소 카드를 소유하게 될까? 이 카드에 담겨있는 정보를 변경하면, 주소록에 담긴 그 카드에 영향을 미치게 될까? addCard: 메서드를 더 안전하게 구현할 방법을 생각해보자.

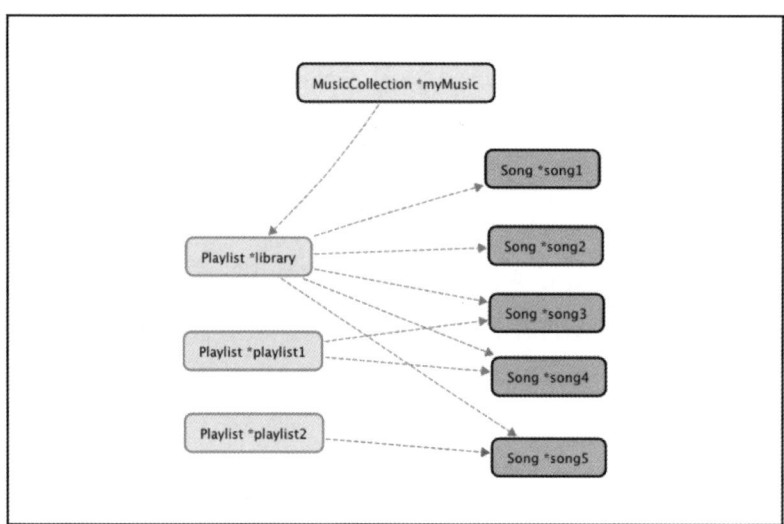

그림 15.6 뮤직 컬렉션 데이터 구조

16장

Programming in Objective-C

파일 다루기

Foundation 프레임워크는 우리가 파일 시스템에 접근하여 파일과 디렉터리에 기본적인 작업을 수행할 수 있게 해준다. 이런 작업은 NSFileManager에서 지원하는데, 여기에는 다음 일을 하는 메서드들이 들어 있다.

- 새 파일 생성하기
- 기존 파일 읽기
- 데이터를 파일로 쓰기
- 파일 이름 수정하기
- 파일 이동(삭제)하기
- 파일 존재 여부 확인하기
- 파일의 크기와 다른 속성 알아내기
- 파일 복사하기
- 두 파일을 비교하여 내용이 동일한지 확인하기

이 작업들은 대부분 디렉터리에도 적용된다. 예를 들어 디렉터리를 생성하거나, 디렉터리의 내용물을 읽거나, 삭제할 수 있다. 또 파일에 '링크'를 거는 기능도 있다. 이를 이용해 동일한 파일에 두 가지 이름을 붙여 두거나, 동일한 파일을 다른 디렉터리에 넣어둘 수 있다.

파일을 열고 다중 읽기-쓰기 작업을 수행하려면 NSFileHandle 클래스가 제공하는 메서드를 사용해야 한다. 이 클래스의 메서드는 다음 기능을 제공한다.

· 읽기, 쓰기, 업데이트(읽고 쓰기)를 하기 위해 파일 열기
· 파일 내 특정 위치 탐색하기
· 파일에서 특정 바이트를 읽어 오거나 파일에 특정 바이트 기록하기

NSFileHandle이 제공하는 메서드는 장치나 소켓에도 적용할 수 있다. 하지만, 이 장에서는 일반 파일 다루기만 초점을 맞춘다.

NSURL 클래스를 사용하면 애플리케이션에서 URL을 다룰 수 있게 된다. 인터넷에서 데이터를 읽는 간단한 예제로 이 클래스를 살펴볼 것이다.

NSBundle 클래스는 여러분의 애플리케이션 번들을 다루는 메서드를 제공한다. 여기에는 JPEG 이미지와 같은 특정 리소스의 번들을 찾는 능력이 포함된다. 이 클래스는 이 장의 뒷부분에서 간단히 다룬다.

16.1 파일과 디렉터리 다루기-NSFileManager

NSFileManager는 '경로명'을 사용하여 파일이나 디렉터리를 식별한다. 경로명은 NSString 객체로, 파일의 상대 경로명과 전체 경로명, 이렇게 두 가지가 있다. '상대' 경로명은 현재 디렉터리와 비교되어 표시된 경로다. 따라서, 파일명 copy1.m은 현 디렉터리에 있는 파일 copy1.m을 의미한다. 슬래시 문자(/)는 경로에 있는 디렉터리들을 구분해 준다. 예컨대 파일명 ch16/copy1.m도 상대 경로명으로, 현재 디렉터리에 속하는 디렉터리 ch16에 저장된 파일 copy1.m을 나타낸다.

전체 경로는 '절대' 경로라고도 하는데 슬래시 문자로 시작한다. 맨 앞에 나타나는 슬래시는 사실 루트 디렉터리를 지칭한다. 내 매킨토시에서 홈 디렉터리의 전체 경로명은 /Users/stevekochan이다. 이 경로명은 /(루트 디렉터리), Users, stevekochan라는 세 디렉터리를 지정한다.

특수 문자 틸데(~)는 사용자의 홈 디렉터리 약자로 사용한다. 따라서 ~linda는 사용자 linda의 홈 디렉터리 경로인 /Users/linda의 축약형이다. 이렇듯 틸데

문자 하나만 붙이면 현재 사용자의 홈 디렉터리를 가리킬 수 있다. 예컨대 ~/copy1.m이라는 경로는 현재 사용자의 홈 디렉터리에 있는 copy1.m을 참조하라는 뜻이다. 경로명에 있는 현재 디렉터리를 나타내는 '.'이나 부모 디렉터리를 나타내는 '..'과 같은 UNIX 스타일의 특수 경로 문자들은 Foundation 파일 처리 메서드에서 사용하기 전에 제거해야 한다. 이때 경로 유틸리티 모음을 사용할 수 있는데 이 유틸리티들은 이 장 후반부에서 다룰 것이다.

여러분의 프로그램에서 경로를 하드코딩하지 않도록 주의해야 한다. 이 장에서 앞으로 보겠지만, 메서드와 함수를 이용해 현재 디렉터리, 사용자의 홈 디렉터리, 임시 파일을 만드는데 쓸 디렉터리의 경로를 얻어올 수 있다. 가능한 한 이 메서드와 함수들을 사용해야 한다. 이 장의 뒷부분에서 Foundation에 있는 함수로 사용자의 Document 디렉터리 같은 특별한 디렉터리 목록들을 얻는 방법을 보게 된다. 이 함수는 Mac OS X 및 iOS 용 애플리케이션을 개발할 때 유용하다.

파일을 다루는 NSFileManager의 기본 메서드를 요약해 표 16.1에 담았다. 이 표에서 path, path1, path2, from, to는 모두 NSString 객체다. attr는 NSDictionary 객체다. err은 NSError 객체의 포인터인데, 이를 제공하면 특정 에러에 대한 추가 정보를 얻을 수 있다. 만일 err에 NULL을 지정했다고 해보자. 이때 기본 액션으로 BOOL을 반환하는 메서드를 이용했을 경우, 작업이 성공하면 YES를, 실패하면 NO를 반환할 것이다. 이 장에서는 이 객체를 다루지 않을 것이다.

메서드	설명
- (NSData *) contentsAtPath: path	파일에서 데이터를 읽는다.
- (BOOL) createFileAtPath: path contents: (NSData *) data attributes: attr	파일로 데이터를 기록한다.
- (BOOL) removeItemAtPath: path error: err	파일을 삭제한다.
- (BOOL) moveItemAtPath: from toPath: to error: err	파일의 이름을 변경하거나 위치를 바꾼다. (to가 이미 있어서는 안 된다.)
- (BOOL) copyItemAtPath: from toPath: to error: err	파일을 복사한다. (to가 이미 있어서는 안된다.)

- (BOOL) contentsEqualAtPath: path1 andPath: path2	두 파일의 내용을 비교한다.
- (BOOL) fileExistsAtPath: path	파일이 존재하는지를 확인한다.
- (BOOL) isReadableFileAtPath: path	파일이 있고, 읽을 수 있는지 확인한다.
- (BOOL) isWritableFileAtPath: path	파일이 있고, 기록이 가능한지 확인한다.
- (NSDictionary *) attributesOfItemAtPath: path error: err	파일 속성을 가져온다.
- (BOOL) setAttributesOfItemAtPath: attr error: err	파일 속성을 변환한다.

표 16.1 자주 사용되는 NSFileManager 파일 메서드

각 파일 메서드는 NSFileManager 클래스의 객체로 호출하는데, 이 객체를 생성하려면 그 클래스에 defaultManager 메시지를 보내면 된다.

```
NSFileManager *fm;
    ...
fm = [NSFileManager defaultManager];
```

예를 들어 파일 todolist를 현 디렉터리에서 삭제하려면 위와 같이 NSFileManager 객체를 생성한 뒤, 다음과 같이 removeFileAtPath: 메서드를 호출한다.

```
[fm removeItemAtPath: @"todolist" error: NULL];
```

반환된 값으로 파일 삭제가 성공했는지를 확인할 수 있다.

```
if ([fm removeItemAtPath: @"todolist" error: NULL] == NO) {
  NSLog (@"Couldn't remove file todolist");
  return 1;
}
```

새로 생성하는 파일이나 기존 파일에 대한 정보를 받거나 변경하는데 속성 딕셔너리를 사용하면, 다른 여러 가지 속성을 지정할 수 있고 파일 퍼미션도 지정할 수 있다. 파일을 생성할 때, 이 매개변수에 nil을 지정하면 파일의 기본 퍼미션이 설정된다. fileAttributesAtPath:traverseLink: 메서드는 지정한 파일의 속

성을 담은 딕셔너리를 반환한다. traverseLink: 매개변수는 심볼릭 링크에 대해 YES 혹은 NO를 나타낸다. 만일 파일이 심볼릭 링크이고 YES가 지정되었다면, 링크된 목적 파일의 속성이 반환된다. 만일 NO가 지정되었다면 링크 자체의 속성이 반환된다.

기존 파일의 속성 딕셔너리에는 파일의 소유자, 크기, 생성 날짜 같은 정보가 들어 있다. 딕셔너리에 담긴 각각의 속성은 키로 추출할 수 있는데 이 키들은 모두 Foundation/NSFileManager.h 파일에 정의되어 있다. 예를 들어, NSFileSize는 파일 크기에 대한 키다.

프로그램 16.1은 파일로 하는 기본 작업을 일부 보여준다. 이 예제는 현재 디렉터리에 test 파일이 있고 다음 세 줄짜리 텍스트가 있다고 가정한다.

```
This is a test file with some data in it.
Here's another line of data.
And a third.
```

프로그램 16.1

```objectivec
// 기본 파일 작업.
// 현재 디렉터리에 "testfile" 이라는 파일이 있다고 가정한다.

#import <Foundation/Foundation.h>

int main (int argc, const char * argv[]) {
    @autoreleasepool {
        NSString *fName = @"testfile";
        NSFileManager *fm;
        NSDictionary *attr;

        // 파일 매니저의 인스턴스를 생성한다.
        fm = [NSFileManager defaultManager];

        // testfile의 존재 여부를 먼저 확인한다.
        if ([fm fileExistsAtPath: fName] == NO) {
            NSLog(@"File doesn't exist!");
            return 1;
        }

        // 이제 복사본을 만들자.
        if ([fm copyItemAtPath:fName toPath:@"newfile" error:NULL] == NO) {
            NSLog(@"File Copy failed!");
            return 2;
        }

        // 두 개의 파일이 일치하는지 확인한다.
```

```
            if ([fm contentsEqualAtPath:fName andPath:@"newfile"] == NO) {
                NSLog(@"Files are Not Equal!");
                return 3;
            }

            // 사본의 이름을 변경하자.
            if ([fm moveItemAtPath:@"newfile" toPath:@"newfile2" error:NULL] == NO) {
                NSLog(@"File rename Failed");
                return 4;
            }

            // newfile2의 크기를 알아낸다.
            if ((attr = [fm attributesOfItemAtPath:@"newfile2" error:NULL]) == nil) {
                NSLog(@"Couldn't get file attributes!");
                return 5;
            }

            NSLog(@"File size is %llu bytes",
                  [[attr objectForKey:NSFileSize] unsignedLongLongValue]);

            // 원본 파일을 삭제한다.
            if ([fm removeItemAtPath: fName error: NULL] == NO) {
                NSLog(@"file removal failed");
                return 6;
            }

             NSLog(@"All operations were successful");

            // 새로 생성한 파일의 내용을 표시한다.
            NSLog(@"%@", [NSString stringWithContentsOfFile:
                @"newfile2" encoding:NSUTF8StringEncoding error:NULL]);
    }
    return 0;
}
```

프로그램 16.1 출력 결과

```
File size is 84 bytes
All operations were successful!

This is a test file with some data in it.
Here's another line of data.
And a third.
```

프로그램은 먼저 testfile의 존재 여부를 확인한다. 파일이 있다면, 사본을 만들고 두 파일이 동일한지 확인한다. 숙련된 UNIX 사용자는 copyItemAtPath:toPath:와 moveItemAtPath:toPath: 메서드에서 목적 디렉터리만 지정하면 파일을 해당 디렉터리로 이동이나 복사하지 못한다는 점에 주의해야 한다. 반드시 디렉터리 내의 파일명을 지정해 주어야 한다.

> **노트**
>
> Xcode에서 File 메뉴에서 'New File…'을 선택하여 testfile을 생성할 수 있다. 그때 뜨는 창의 왼쪽에서 Other를 선택하고 오른쪽에서 Empty File을 선택한다. 파일명으로 testfile을 입력하고 실행 파일과 동일한 디렉터리 내에 생성 하도록 설정한다. 디렉터리를 찾기 어렵다면, 이 절 뒷 부분에서 설명하는 currentDirectoryPath: 메서드를 사용하라. 혹은, 파일의 경로명 전체를 /Users/steve/testfile와 같이 지정할 수도 있다. (여기서 "steve"를 여러분의 이름으로 대치하라.)

moveItemAtPath:toPath:를 사용하여 한 디렉터리의 파일을 다른 디렉터리로 옮길 수 있다(디렉터리 전체를 옮기는 데도 쓸 수 있다). 만일 두 파일 경로가 동일한 디렉터리에 있다면(우리의 예처럼), 그저 파일 이름만 바꾸는 결과가 된다. 프로그램 16.1에서는 그저 이 메서드를 사용하여 newfile을 newfile2로 이름만 변경했다.

표 16.1에서 설명한 대로 복사, 변경, 이동을 할 때 목적 파일이 이미 있어서는 안된다. 만일 있다면 이 작업은 실패한다.

newfile2의 크기는 attributesOfItemAtPath:error: 메서드를 사용하여 알아낸다. 반환되는 딕셔너리가 혹시 nil은 아닌지 확인한 후, NSDictionary의 메서드인 objectForKey:와 키 NSFileSize를 사용하여 딕셔너리에서 파일 크기를 가져온다. 그 다음 딕셔너리에서 받은 정수 값을 표시한다.

프로그램은 removeItemAtPath:error: 메서드를 사용하여 testfile을 삭제한다.

마지막으로 NSString의 stringWithContentsOfFile:encoding:error: 메서드를 사용하여 newfile2의 내용을 읽어 스트링 객체에 집어넣는다. 이 스트링 객체는 NSLog의 인수로 건네져 표시된다. encoding 인자는 파일 내 문자 데이터가 어떻게 표시될지를 지정한다. 이 인자로 사용할 값들은 NSString.h 헤더 파일에 정의되어 있다. 일반 UTF8 ASCII 문자를 담고 있는 파일은 NSUTF8StringEncoding을 사용하면 된다.

프로그램 16.1에서 각 파일 작업이 성공했는지 확인한다. 그 중 하나라도 실패하면, NSLog로 오류를 기록하고 프로그램은 0이 아닌 종료 상태(exit status)를 반환하며 종료된다. 관례상 0이 아닌 값들은 프로그램 오류를 나타내는데,

각각 다른 오류 종류를 표시한다. 커맨드라인 툴을 작성한다면, 이 기법을 사용하면 셸 스크립트처럼 다른 프로그램이 반환 값을 확인할 수 있으므로 매우 유용하다.

16.1.1 NSData 클래스 사용하기

파일을 다루다 보면 이따금 데이터를 '버퍼(buffer)'라는 임시 저장 공간에 저장해야 할 때가 있다. 파일에 출력하고자 데이터를 모을 때도 저장 공간이 자주 사용된다. Foundation의 NSData 클래스를 이용하면, 버퍼를 생성하고, 파일 내용을 읽어 버퍼에 저장하고, 버퍼 내용을 파일로 기록하는 작업이 쉬워진다. 혹시라도 궁금해하는 독자를 위해 설명하자면, 32비트 애플리케이션의 경우 NSData 버퍼는 최대 2GB까지 저장할 수 있다. 64비트 애플리케이션은, 최대 8EB(exabyte, 다시 말해서 8,000,000,000GB)까지 저장할 수 있다.

이미 예상했겠지만, 수정 불가능한 저장 공간(NSData)과 수정 가능한 저장 공간(NSMutableData) 가운데 하나를 선택해 정의한다. 이 장과 다음 장에서 NSData 클래스의 메서드를 소개할 것이다.

프로그램 16.2는 파일 내용을 읽어 메모리의 버퍼에 저장하기가 얼마나 쉬운지 보여 준다.

프로그램은 newfile2의 내용을 읽어 새 파일인 newfile3에 기록한다. 어떤 면에서 보면, copyItemAtPath:toPath:error: 방식만큼 직접적이지는 않지만, 파일을 복사하는 작업을 구현한다고 할 수 있다.

프로그램 16.2

```
// 파일 복사하기
#import <Foundation/Foundation.h>

int main (int argc, char *argv[])
{
   @autoreleasepool {
      NSFileManager *fm;
      NSData *fileData;

      fm = [NSFileManager defaultManager];

      // newfile2 파일을 읽는다.
      fileData = [fm contentsAtPath:@"newfile2"];
```

```
        if (fileData == nil) {
            NSLog (@"File read failed!");
            return 1;
        }

        // newfile3에 데이터를 기록한다.
        if ([fm createFileAtPath:@"newfile3" contents:fileData
                      attributes:nil] == NO) {
            NSLog (@"Couldn't create the copy!");
            return 2;
        }

        NSLog (@"File copy was successful!");
    }
    return 0;
}
```

프로그램 16.2 출력 결과

```
File copy was successful!
```

    NSData의 contentsAtPath: 메서드는 경로명을 받아 지정된 파일의 내용을 읽어 생성한 저장 공간에 담는다. 그리고 저장 공간 객체를 결과로 반환한다. 만일 읽기를 실패하면(파일이 없거나, 읽기 권한이 없는 경우) nil을 반환한다.

    createFileAtPath:contents:attributes: 메서드는 지정한 속성으로 파일을 생성한다(혹 attributes 인수가 nil이라면 기본 속성으로 생성한다). 그런 뒤, 지정된 NSData 객체의 내용물이 파일에 기록된다. 우리 예제에서는, 이 데이터 영역에 앞서 읽은 파일의 내용이 들어 있다.

16.1.2 디렉터리 다루기

NSFileManager가 지원하는, 디렉터리를 다루는 메서드를 표 16.2에서 요약한다. 이 메서드들은 대부분 표 16.1에 나온 일반 파일에 사용되는 메서드와 동일하다.

메서드	설명
- (NSString *)currentDirectoryPath	현재 디렉터리 경로를 가져온다.
- (BOOL)changeCurrentDirectoryPath: path	현재 디렉터리를 변경한다.
- (BOOL)copyItemAtPath: from toPath: to error: err	디렉터리 구조를 복사한다. to가 이미 있어서는 안 된다.

- (BOOL)createDirectoryAtPath: path withIntermediateDirectories: (BOOL) flag attributes: attr	새 디렉터리를 생성한다.
- (BOOL)fileExistsAtPath: path isDirectory: (BOOL *) flag	파일이 디렉터리인지 확인한다(YES/NO 결과가 flag에 저장된다).
- (NSArray *)contentsOfDirectoryAtPath: path error: err	디렉터리의 내용을 나열한다.
- (NSDirectoryEnumerator *) enumeratorAtPath: path	디렉터리 내용을 열거한다.
- (BOOL)removeItemAtPath:path error: err	빈 디렉터리를 삭제한다.
- (BOOL)moveItemAtPath:from toPath: to error: err	디렉터리 이름을 변경하거나 디렉터리를 옮긴다. to가 이미 있어서는 안 된다.

표 16.2 자주 사용되는 NSFileManager 디렉터리 메서드

프로그램 16.3에 디렉터리를 다루는 기본 작업이 나와 있다.

프로그램 16.3

```
// 기본 디렉터리 작업

#import <Foundation/Foundation.h>

int main (int argc, char *argv[])
{
 @autoreleasepool {
    NSString *dirName = @"testdir";
    NSString *path;
    NSFileManager *fm;

    // 파일 매니저의 인스턴스를 생성한다.
    fm = [NSFileManager defaultManager];

    // 현재 디렉터리를 받아온다.
    path = [fm currentDirectoryPath];
    NSLog (@"Current directory path is %@", path);

    // 새 디렉터리를 생성한다.
    if([fm createDirectoryAtPath:dirName withIntermediateDirectories: YES
            attributes: nil error: NULL] == NO) {
        NSLog (@"Couldn't create directory!");
        return 1;
    }

    // 새 디렉터리의 이름을 변경한다.
    if ([fm moveItemAtPath:dirName toPath:@"newdir" error:NULL] == NO) {
        NSLog (@"Directory rename failed!");
```

```
            return 2;
        }
        
        // 새 디렉터리로 현재 디렉터리를 이동한다.
        if ([fm changeCurrentDirectoryPath: @"newdir"] == NO) {
            NSLog (@"Change directory failed!");
            return 3;
        }
        
        // 현재 디렉터리를 받아 표시한다.
        path = [fm currentDirectoryPath];
        NSLog (@"Current directory path is %@", path);
        
        NSLog (@"All operations were successful!");
    }
    return 0;
}
```

프로그램 16.3 출력 결과

```
Current directory path is /Users/stevekochan/progs/ch16
Current directory path is /Users/stevekochan/progs/ch16/newdir
All operations were successful!
```

프로그램 16.3은 꽤 자명하다. 먼저 현재 디렉터리 경로를 얻어온다.

노트

> 출력 결과는 필자가 프로그램을 터미널에서 돌렸을 때 현재 디렉터리를 보여준다. 만일 Xcode에서 이 프로그램을 구동했다면, 다음 경로가 현재 디렉터리로 나왔을 것이다. /Users/steve_kochan/Library/Developer/Xcode/DerivedData/prog2-cnoljvycenoopiddzwoyraybqlza/Build/Products/Debug. 여러분의 현재 디렉터리 경로는 필자의 것과 다를 것이므로 출력 결과를 확인하자. iOS 장치에서 여러분의 프로그램은 샌드박스라고 알려진 상황에서 돌아가는데, 파일에 대한 접근이 제한된다. 이 프로그램을 샌드박스상에서 돌리면, 현재 디렉터리가 /로 보일 것이다. 이 경로는 iOS 장치 전체의 파일 시스템 루트가 아니라, 구동 중인 애플리케이션의 루트 폴더다.

그 다음에는 현재 디렉터리에 testdir라는 새 디렉터리를 생성한다. 프로그램은 moveItemAtPath:toPath:error: 메서드를 사용하여 새 디렉터리의 이름을 testdir에서 newdir로 바꾼다. 이 메서드로 디렉터리 구조 전체(내용을 포함하여)를 파일 시스템의 한 위치에서 다른 위치로 옮길 수도 있음을 기억하자.

새 디렉터리의 이름을 바꾼 다음, 프로그램은 changeCurrentDirectoryPath: 메서드를 사용하여 새 디렉터리를 현 디렉터리로 만든다. 그 후 현재 디렉터리 경로를 표시하여 제대로 바뀌었는지 확인한다.

16.1.3 디렉터리 내용 열거하기

디렉터리 내용을 나열해야 할 때가 이따금 있다. 열거할 때는 enumeratorAtPath:나 directoryContentsAtPath: 메서드를 사용한다. enumeratorAtPath:는 지정된 디렉터리의 각 파일을 한 번에 하나씩 열거하며, 기본적으로 파일 중 하나가 디렉터리일 경우 디렉터리의 내용도 열거한다. 이 과정에서 skipDescendants 메시지를 열거 객체에 보내면, 디렉터리에 들어 있는 내용을 열거하는 작업을 동적으로 중단할 수 있다.

contentsOfDirectoryAtPath:error:는 지정된 디렉터리의 내용을 열거하고 파일 목록을 배열로 반환한다. 만일 디렉터리에 포함된 파일 중에 디렉터리가 있어도, 이 메서드는 그 디렉터리의 내용을 열거하지 않는다.

프로그램 16.4는 프로그램에서 이 메서드를 사용하는 방법을 보여 준다.

프로그램 16.4

```
// 디렉터리의 내용물을 열거한다.

#import <Foundation/Foundation.h>

int main (int argc, char *argv[])
{
  @autoreleasepool {
    NSString *path;
    NSFileManager *fm;
    NSDirectoryEnumerator *dirEnum;
    NSArray *dirArray;

    // 파일 매니저의 인스턴스를 생성한다.
    fm = [NSFileManager defaultManager];

    // 현재 작업 디렉터리 경로를 받아 온다.
    path = [fm currentDirectoryPath];

    // 디렉터리를 열거한다.
    dirEnum = [fm enumeratorAtPath: path];
```

```
        NSLog (@"Contents of %@", path);

        while ((path = [dirEnum nextObject]) != nil)
            NSLog (@"%@", path);

        // 디렉터리 열거의 다른 방법
        dirArray = [fm contentsOfDirectoryAtPath:
                    [fm currentDirectoryPath] error: NULL];

         NSLog (@"Contents using contentsOfDirectoryAtPath:error:");

        for ( path in dirArray )
            NSLog (@"%@", path);
    }
    return 0;
}
```

프로그램 16.4 출력 결과

```
Contents of /Users/stevekochan/mysrc/ch16:
a.out
dir1.m
dir2.m
file1.m
newdir
newdir/file1.m
newdir/output
path1.m
testfile

Contents using contentsOfDirectoryAtPath:error:
a.out
dir1.m
dir2.m
file1.m
newdir
path1.m
testfile
```

노트

여러분의 시스템에서는 출력 결과가 다를 수 있다.

다음 코드를 상세히 살펴보자.

```
dirEnum = [fm enumeratorAtPath: path];

NSLog (@"Contents of %", path);
while ((path = [dirEnum nextObject]) != nil)
  NSLog (@"%@", path);
```

디렉터리를 열거하는 작업은 파일 매니저 객체에 enumeratorAtPath: 메시지를 보냄으로써 시작한다. 여기서 파일 매니저 객체는 fm이다. enumeratorAtPath: 메서드는 NSDirectoryEnumerator 객체를 반환하고 이 객체는 dirEnum에 저장된다. 이제 이 객체에 nextObject 메시지를 보낼 때마다, 열거 중인 디렉터리 내 다음 파일에 대한 경로를 받는다. 열거할 파일이 더 존재하지 않으면 nil이 반환된다.

프로그램 16.4를 출력한 결과에서 두 열거 기법이 어떻게 다른지 볼 수 있다. enumeratorAtPath: 메서드는 newdir 디렉터리의 내용을 나열하는 반면, contentsOfDirectoryAtPath:error: 메서드는 나열하지 않는다. 만일 newdir에 하부 디렉터리가 있었다면, enumeratorAtPath:는 그 디렉터리들도 열거했을 것이다.

자, 설명했듯이 코드를 다음과 같이 변경하면 프로그램 16.4의 while 문을 실행하는 도중에 하부 디렉터리가 열거되지 않게 만들 수 있다.

```
while ((path = [dirEnum nextObject]) != nil) {
    NSLog (@"%@", path)

    [fm fileExistsAtPath:path isDirectory:&flag];

    if (flag == YES)
      [dirEnum skipDescendents];
}
```

여기서 flag는 BOOL 변수다. fileExistsAtPath:는 지정한 경로가 디렉터리일 경우에는 flag에 YES를 저장하고, 디렉터리가 아닐 경우에는 NO를 저장한다.

```
NSLog (@"%@", dirArray);
```

덧붙여 말하자면, dirArray의 내용 전체를 표시하려 할 때, 위의 코드처럼 빠른 열거를 쓰는 대신, 다음처럼 NSLog를 한 번 호출해 표시할 수도 있다.

16.2 경로 다루기- NSPathUtilities.h

NSPathUtilities.h 파일에는 경로를 다루는 함수와 NSString을 확장하는 카테고리가 들어 있다. 가능한 한 이 함수들과 메서드를 사용하여 파일 시스템의 구조, 특정 파일과 특정 디렉터리의 위치에서 프로그램을 독립시켜야 한다. 프로그램 16.5는 NSPathUtilities.h가 지원하는 몇몇 함수와 메서드를 사용하는 법을 보여준다.

프로그램 16.5

```objectivec
// 기본 경로 작업

#import <Foundation/Foundation.h>

int main (int argc, char *argv[])
{
  @autoreleasepool {
    NSString *fName = @"path.m";
    NSFileManager *fm;
    NSString *path, *tempdir, *extension, *homedir, *fullpath;
    NSArray *components;

    fm = [NSFileManager defaultManager];

    // 임시 작업 디렉터리를 얻어 온다.
    tempdir = NSTemporaryDirectory();

    NSLog (@"Temporary Directory is %@", tempdir);

    // 현재 디렉터리에서 기본 디렉터리를 추출한다.
    path = [fm currentDirectoryPath];
    NSLog (@"Base dir is %@", [path lastPathComponent]);

    // 현재 디렉터리의 fName 파일의 전체 경로를 생성한다.
    fullpath = [path stringByAppendingPathComponent: fName];
    NSLog (@"fullpath to %@ is %@", fName, fullpath);

    // 파일 확장자 얻어오기
    extension = [fullpath pathExtension];
    NSLog (@"extension for %@ is %@", fullpath, extension);

    // 사용자의 홈 디렉터리 얻어오기
    homedir = NSHomeDirectory ();
    NSLog (@"Your home directory is %@", homedir);

    // 경로를 각 요소로 분리한다.
    components = [homedir pathComponents];

    for ( path in components )
        NSLog (@"%@", path);
  }
  return 0;
}
```

프로그램 16.5 출력 결과

```
Temporary Directory is /var/folders/HT/HTyGLvSNHTuNb6NrMuo7QE+++TI/-Tmp-/
Base dir is examples
fullpath to path.m is /Users/stevekochan/progs/examples/path.m
extension for /Users/stevekochan/progs/examples/path.m is m
Your home directory is /Users/stevekochan
/
Users
stevekochan
```

노트

여러분의 시스템에서는 출력 결과가 달라 보일 것이다.

함수 NSTemporaryDirectory는 임시 파일을 생성하는 데 쓰는 시스템의 디렉터리 경로를 반환한다. 임시 파일을 이 경로에 생성했다면, 다 사용한 뒤 반드시 삭제해 줘야 한다. 또한, 파일명이 겹치지 않도록 주의해야 한다. 특히, 여러분의 애플리케이션이 동시에 여러 인스턴스를 실행시키고 있다면 더 신경 쓴다(이 장의 연습문제 5를 보라). 여러 명이 시스템에 로그인하여 동일한 프로그램을 실행하는 경우, 이런 일이 쉽게 발생한다. 임시 파일은 말 그대로 임시 파일이다. 여러분이 사용을 마치고 그대로 두더라도, 언젠가 시스템이 삭제할 것이다. 그러나, 이에 의존하지말고, 직접 지우도록 하자.

lastPathComponent 메서드는 경로에서 마지막 파일을 추출한다. 이 메서드는 절대 경로에서 기본 파일 이름만 받고자 할 때 매우 유용하다.

stringByAppendingPathComponent: 메서드는 경로의 끝에 파일명을 끼워 넣을 때 유용하다. 만일 수신자로 지정된 경로명이 슬래시로 끝나지 않는다면 이 메서드가 알아서 슬래시를 경로명에 끼워 넣어 추가된 파일명과 경로명을 분리해 준다. currentDirectoryPath 메서드와 stringByAppendingPathComponent: 메서드를 결합하여 현재 디렉터리에 있는 파일의 전체 경로를 생성할 수 있다. 이 기법이 프로그램 16.5에서 사용된다.

pathExtension 메서드는 제공한 경로에서 파일 확장자만 추출해 준다. 예제에서 본 파일 path.m의 확장자는 m이므로, 이 메서드는 m을 반환해 줄 것이다. 파일에 확장자가 없다면, 그저 빈 스트링을 반환한다.

NSHomeDirectory 함수는 현재 사용자의 홈 디렉터리를 반환한다. 특정 사용자의 홈 디렉터리가 필요하다면 NSHomeDirectoryForUser 함수에 사용자 이름을 인수로 써준다.

pathComponents 메서드는 지정한 경로에 들어 있는 각 요소를 담은 배열을 반환한다. 프로그램 16.5는 반환된 배열의 항목을 돌며 경로 요소들을 각각 다른 줄에 출력한다.

16.2.1 경로 작업에 자주 사용되는 메서드

표 16.3에 경로를 다룰 때 자주 사용하는 메서드를 요약했다. 이 표에서 components는 NSArray 객체로, 경로에 들어 있는 각 항목에 해당하는 스트링 객체를 담는다. path는 파일 경로를 나타내는 스트링 객체다. ext는 경로 확장자를 나타내는 스트링 객체다(예를 들어 @"mp4").

메서드	설명
+ (NSString *)pathWithComponents: components	components의 항목들을 이용해서 유효한 경로를 구성한다.
– (NSArray *)pathComponents	경로를 구성 항목들로 분리한다.
– (NSString *)lastPathComponent	경로에 있는 마지막 항목을 추출한다.
– (NSString *)pathExtension	경로의 마지막 항목의 확장자를 추출한다.
– (NSString *) stringByAppendingPathComponent: path	기존 경로의 끝에 path를 더한다.
– (NSString *) stringByAppendingPathExtension: ext	경로의 마지막 항목에 지정한 확장자를 더한다.
– (NSString *) stringByDeletingLastPathComponent	마지막 경로 항목을 삭제한다.
– (NSString *) stringByDeletingPathExtension	마지막 경로 항목의 확장자를 삭제한다.
– (NSString *) stringByExpandingTildeInPath	사용자의 홈 디렉터리(~)나, 지정한 사용자의 홈 디렉터리(~user)에 이르는 절대 경로를 반환한다. 틸데를 풀어 절대 경로를 작성하는 것을 틸데를 확장한다고 말한다.
– (NSString *) stringByResolvingSymlinksInPath	경로에 있는 심볼릭 링크를 푼다.
– (NSString *)stringByStandardizingPath	~, ..(부모 경로), .(현재 경로), 심볼릭 링크를 풀어 경로를 표준화한다.

표 16.4는 사용자, 사용자 홈 디렉터리, 임시 파일을 저장하는 디렉터리에 대한 정보를 제공하는 함수를 나열한다.

NSString *NSUserName (void)	현재 사용자의 로그인 이름을 반환한다.
NSString *NSFullUserName (void)	현재 사용자의 사용자 이름을 반환한다.
NSString *NSHomeDirectory (void)	현재 사용자의 홈 디렉터리 경로를 반환한다.
NSString *NSHomeDirectoryForUser (NSString *user)	user의 홈 디렉터리 경로를 반환한다.
NSString *NSTemporaryDirectory (void)	임시 파일을 생성할 때 사용할 수 있는 디렉터리의 경로를 반환한다.

표 16.4 자주 사용되는 경로 유틸리티 함수

Foundation 함수인 NSSearchPathForDirectoriesInDomains를 사용하여 애플리케이션 디렉터리 같이, 시스템에서 특별한 디렉터리들을 찾을 수 있다. 예를 들어, 다음 코드는 문서(Documents) 디렉터리에 saveFile이라는 파일의 경로를 반환하는 saveFilePath 메서드이다. 여러분의 애플리케이션에서 데이터를 파일로 저장하고 싶다면 이런 메서드를 사용하면 된다.

```
- (NSString *)saveFilePath
{
    NSArray *dirList = NSSearchPathForDirectoriesInDomains
                       (NSDocumentDirectory, NSUserDomainMask, YES);
    NSString *docDir = dirList[0];

    return [docDir stringByAppendingPathComponent: @"saveFile"];
}
```

노트

애플리케이션이 종료되더라도 유지되야 하는 데이터를 저장할 때, 문서(Documents) 디렉터리를 사용할 수 있다. NSSearchPathForDirectoriesInDomains 함수의 첫 인수는 경로를 찾고 싶은 디렉터리를 지정한다. 여러분의 앱에서 캐시(Caches) 디렉터리도 사용하고 싶은 경우가 있을 것이다. 이 디렉터리에도 데이터를 저장할 수 있다. 애플은 iOS 5에서는 개발자들에게 계속 저장되어 있어야 하는 데이터는 클라우드에 저장하기를 권하고, 지나치게 큰 데이터가 애플리케이션 디렉터리에 저장되면 삭제할 권한을 예약해두었다. 표 16.5 자주 사용되는 iOS 디렉터리 목록이다.

디렉터리	목적
Documents (NSDocumentDirectory)	애플리케이션에서 사용할 데이터 파일을 저장할 디렉터리. iOS에서 여기 기록된 파일은 iTunes에서 공유할 수 있고, 접근 가능하다.
Library/Caches (NSCachesDirectory)	애플리케이션이 여러 번 구동될 때에도 유지되야 하는 애플리케이션 지원 파일을 기록할 디렉터리. 이 디렉터리에 생성된 파일은 iTunes에서 백업하지 않는다.
tmp (use NSTemporaryDirecory())	애플리케이션이 종료되면 삭제될 임시 파일을 기록할 디렉터리. 더 이상 필요하지 않으면 이 디렉터리에 기록한 파일을 삭제해야 한다.
Library/Preferences	이 디렉터리는 애플리케이션에 해당하는 환경 설정 파일을 담는다. 환경 설정 파일은 NSUserDefaults 클래스를 사용하여 생성하고, 읽고, 변경할 수 있다.

표 16.5 자주 사용되는 iOS 디렉터리

이 함수에 건네지는 두 번째 인수는 나열할 디렉터리 목록을 지정하는 몇 가지 값 중 하나다. 예로, (이 예제에서와 같이) 사용자 디렉터리인지, 시스템 디렉터리인지, 아니면 모든 것을 나열할지 정할 수 있다. 마지막 인자는 틸데(~) 문자를 확장할지 여부를 지정한다.

NSSearchPathForDirectoriesInDomains 경로의 배열을 반환한다. 만일 사용자의 디렉터리만 검색했다면 이 배열에는 하나의 원소만 담겨 있을 것이고, 두 번째 인수로 지정한 값에 따라 하나 이상의 원소가 담겨 있을 수 있다.

> **노트**
> iOS 앱을 개발할 때는, NSSearchPathForDirectoriesInDomains 함수에 건네지는 두 번째 인자는 NSUserDomainMask여야 하고, 반환되는 배열에는 단 하나의 경로만 담겨 있다.

16.2.2 파일 복사하기와 NSProcessInfo 클래스 사용하기

프로그램 16.6은 간단한 파일 복사를 수행하는 커맨드라인 툴을 보여준다. 이 커맨드는 다음과 같이 사용한다.

```
copy from-file to-file
```

NSFileManager의 copyPath:toPath:handler: 메서드와 달리, 이 커맨드라인

툴은 to-file이 디렉터리 명이어도 된다. 이 경우, 파일은 to-file 디렉터리 안에 from-file이라는 이름으로 저장된다. 또한 메서드와 달리, 이미 to-file이 있어도 덮어쓰기가 허용된다. 이렇게 하면 표준 UNIX 복사 명령인 cp와 더 일치하게 된다.

커맨드라인에서 파일명은 main의 argc, argv 인수를 사용하여 가져올 수 있다. 이 두 인수는 각각 커맨드라인에 입력된 인수의 개수(커맨드 이름도 포함)와, C 스타일 문자 스트링의 배열을 가리키는 포인터다.

argv를 다룰 때 C 스트링 대신, Foundation 클래스인 NSProcessInfo를 사용한다. NSProcessInfo는 동작하는 프로그램(프로세스)에 대한 다양한 정보를 설정하고, 또 받아올 수 있는 메서드를 담고 있다. 표 16.6에 이 메서드들이 요약되어 있다.

프로그램 16.6

```objc
// 기본 복사 유틸리티 구현하기

#import <Foundation/Foundation.h>

int main (int argc, char *argv[])
{
  @autoreleasepool {
    NSFileManager *fm;
    NSString *source, *dest;
    BOOL isDir;
    NSProcessInfo *proc = [NSProcessInfo processInfo];
    NSArray *args = [proc arguments];

    fm = [NSFileManager defaultManager];

    // 커맨드라인의 인수 두 개를 확인한다.
    if ([args count] != 3) {
      NSLog (@"Usage: %@ src dest", [proc processName]);
      return 1;
    }

    source = [args objectAtIndex:1];
    dest = [args objectAtIndex:2];

    // 소스 파일을 읽을 수 있는지 확인한다.
    if ([fm isReadableFileAtPath:source] == NO) {
      NSLog (@"Can't read %@", source);
      return 2;
    }
```

메서드	설명
+ (NSProcessInfo *) processInfo	현재 프로세스에 대한 정보를 반환한다.
- (NSArray *) arguments	현재 프로세스의 인수를 NSString 객체의 배열로 반환한다.
- (NSDictionary *) environment	현재 (PATH, HOME과 같은) 환경 변수와 그 값을 나타내는 변수-값 묶음의 딕셔너리를 반환한다.
- (int) processIdentifier	운영체제가 동작 중인 각 프로세스를 구분하려고 부여한, 고유한 숫자인 프로세스 식별자를 반환한다.
- (NSString *) processName	현재 실행 중인 프로세스의 이름을 반환한다.
- (NSString *) globallyUniqueString	호출될 때마다 다른 고유한 스트링을 반환한다. 고유한 임시 파일명을 생성할 때 사용할 수 있다(연습문제 5를 보라).
- (NSString *) hostName	호스트 시스템의 이름을 반환한다(저자의 Mac OS X 시스템에서는 Steve-Kochans-Computer.local을 반환한다).
- (NSUInteger) operatingSystem	운영체제를 나타내는 숫자를 반환한다. (저자의 맥에서는 5를 반환한다.)
- (NSString *) operatingSystemName	운영체제의 이름을 반환한다(저자의 Mac에서는 NSMACHOperatingSystem 상수를 반환한다. 가능한 반환 값들은 NSProcessInfo.h에 정의되어 있다).
- (NSString *) operatingSystemVersionString	운영체제의 현재 버전을 반환한다(저자의 Mac OS X시스템에서는 'Version 10.6.7 (Build 10J869)'이 반환된다).
- (void) setProcessName: (NSString *) name	현재 프로세스의 이름을 name으로 설정한다. (사용자 디폴트 설정에서와 같이) 프로세스 이름을 추측하는 경우가 있으니, 사용할 때 주의해야 한다. .

표 16.6 NSProcessInfo 메서드

```
// 목적 파일이 디렉터리인지 확인한다.
// 만일 그렇다면 목적 파일 뒤에 소스를 붙인다.
[fm fileExistsAtPath: dest isDirectory: &isDir];

if (isDir == YES)
    dest = [dest stringByAppendingPathComponent:
           [source lastPathComponent]];

// 목적 파일이 이미 존재하면 삭제한다.
[fm removeItemAtPath: dest error: NULL];

// 이제 복사를 수행한다.
if ([fm copyItemPath: source toPath: dest error: NULL] == NO) {
   NSLog (@"Copy failed!");
   return 3;
```

```
        }
        NSLog (@"Copy of %@ to %@ succeeded!", source, dest);
    }
    return 0;
}
```

프로그램 16.6 출력 결과

```
$ ls -l            see what files we have
total 96
-rwxr-xr-x 1 stevekoc staff 19956 Jul 24 14:33 copy
-rw-r--r-- 1 stevekoc staff  1484 Jul 24 14:32 copy.m
-rw-r--r--1 stevekoc staff   1403 Jul 24 13:00 file1.m
drwxr-xr-x 2 stevekoc staff    68 Jul 24 14:40 newdir
-rw-r--r--1 stevekoc staff   1567 Jul 24 14:12 path1.m
-rw-r--r--1 stevekoc staff     84 Jul 24 13:22 testfile
$ copy             try with no args
Usage: copy src dest
$ copy foo copy2
Can't read foo
$ copy copy.m backup.m
Copy of copy.m to backup.m succeeded!
$ diff copy.m backup.m    compare the files
$ copy copy.m newdir      try copy into directory
Copy of copy.m to newdir/copy.m succeeeded!
$ ls -l newdir
total 8
-rw-r-r- 1 stevekoc staff 1484 Jul 24 14:44 copy.m
$
```

노트

프로그램을 구동할 때 여러분의 현재 디렉터리에 저장된 파일에 따라 출력 결과는 달라보일 것이다.

NSProcessInfo의 arguments 메서드는 스트링 객체의 배열을 반환한다. 배열의 첫째 원소는 프로세스 이름이고, 나머지 원소들은 커맨드라인에서 입력된 인수를 담는다.

먼저, 커맨드라인에 인수 두 개가 입력되었는지를 확인해야 한다. arguments 메서드에서 반환된 배열 args의 크기를 확인하여 알아낸다. 확인이 성공하면 프로그램은 args 배열의 소스 파일과 목적 파일 이름을 추출하여 그 값을 각각 source와 dest에 저장한다.

그런 뒤 프로그램은 소스 파일을 읽을 수 있는지 확인하여, 읽을 수 없다면 오류 메시지를 발행하고 프로그램을 종료한다.

다음 명령문은 dest로 지정된 파일이 디렉터리인지를 확인한다.

```
[fm fileExistsAtPath:dest isDirectory:&isDir];
```

앞에서 보았듯이 대답(YES 혹은 NO)은 변수 isDir에 저장된다.

만일 변수 dest가 디렉터리라면, 소스 파일 이름의 마지막 구성 요소를 디렉터리 명의 뒤에 덧붙이고 싶을 것이다. 경로 유틸리티 메서드인 stringByAppendingPathComponent:를 써서 이 작업을 수행할 수 있다. 따라서 source의 값이 스트링 ch16/copy1.m이고 dest의 값이 /Users/stevekochan/progs인 데다가, dest의 값에서 마지막 부분이 디렉터리였다면, dest의 값을 /Users/stevekochan/progs/copy1.m으로 바꾸게 된다.

copyPath:ToPath:handler: 메서드는 파일 덮어쓰기를 허용하지 않는다. 따라서, 오류를 피하기 위해 프로그램은 먼저 removeFileAtPath:handler: 메서드를 사용하여 목적 파일 삭제부터 시도한다. 이 메서드의 성공 여부는 크게 중요하지 않다. 목적 파일이 없다면 어찌 되었든 실패할 것이기 때문이다.

프로그램의 마지막에 도달하면, 모든 작업이 무사히 수행되었다고 볼 수 있다. 만일 성공했다면 이를 나타내는 메시지를 표시한다.

16.3 기본 파일 작업-NSFileHandle

NSFileHandle이 제공하는 메서드를 사용하면 파일을 좀 더 면밀하게 다룰 수 있다. 이 장 시작 부분에서 이 메서드들로 가능한 작업들을 나열한 것이 기억나는가?

파일을 다룰 때는 보통 다음과 같은 세 단계를 거친다.

1. 파일을 열고, 이어지는 I/O 작업에서 그 파일을 참조하는 NSFileHandle 객체를 얻는다.
2. 연 파일에 대해 I/O 작업을 수행한다.
3. 파일을 닫는다.

표 16.7에 자주 사용되는 NSFileHandle 메서드를 요약했다. 이 표에서 fh는 NSFileHandle 객체이고, data는 NSData 객체다. path는 NSString 객체이고, offset은 unsigned long long 형이다.

메서드	설명
+(NSFileHandle *) fileHandleForReadingAtPath: path	읽을 파일을 연다.
+ (NSFileHandle *) fileHandleForWritingAtPath: path	작성할 파일을 연다.
+ (NSFileHandle *) fileHandleForUpdatingAtPath: path	업데이트할 파일을 연다(읽기와 쓰기를 한다).
- (NSData *)availableData	장치나 채널에서 읽어올 수 있는 데이터를 반환한다.
- (NSData *)readDataToEndOfFile	파일의 끝까지 남은 데이터를 읽는다. 파일 크기는 최대 (UINT_MAX) 바이트다.
- (NSData *) readDataOfLength: (NSUInteger) bytes	지정한 특정 bytes 수만큼 파일에서 읽어들인다.
- (void)writeData: data	파일에 data를 기록한다.
- (unsigned long long)offsetInFile	현재 파일의 오프셋을 가져온다.
- (void)seekToFileOffset:offset	현재 파일의 오프셋을 설정한다.
- (unsigned long long)seekToEndOfFile	현재 파일의 오프셋을 파일 끝으로 설정한다.
- (void)truncateFileAtOffset: offset	파일 크기를 offset 바이트로 설정한다 (필요하다면 채워 넣는다).
- (void)closeFile	파일을 닫는다.

표 16.7 자주 사용되는 NSFileHandle 메서드

표에 나오지 않은 메서드로는 표준 입력, 표준 출력, 표준 오류, 널 장치를 위한 NSFileHandle을 가져오는 메서드들이 있다. 이것들은 fileHandleWithDevice의 형태로, Device가 StandardInput, StandardOutput, StandardError, NullDevice 가운데 하나다.

여기에 넣지 않은 또 다른 메서드로는 백그라운드에서 데이터를 읽고 쓰는, 즉 비동기 작업을 하는 메서드들이 있다.

NSFileHandle 클래스에는 파일을 생성하는 메서드가 없다. 파일 생성은 앞

에서 이미 살펴본 NSFileManager 메서드로 해야 한다. 따라서 fileHandleFor
WritingAtPath:와 fileHandleForUpdatingAtPath:는 모두 파일이 존재한다고 가
정하고, 파일이 없을 때는 nil을 반환한다. 두 메서드 모두, 파일 오프셋이 파일
의 맨 처음으로 설정되므로, 파일 쓰기(혹은 업데이트 모드에서 읽기) 작업은
모두 파일의 시작점에서 시작한다. 또한 UNIX 프로그래밍에 익숙하다면, 한
가지 알아 둘 점이 있다. 파일을 쓰기 위해 연다고 해서 파일이 잘리지는 않는
다. 파일을 자를 생각이라면 직접 해줘야 한다.

프로그램 16.7은 이 장을 시작할 때 만들었던 원본 testfile을 열어 내용을 읽
고, 그 내용을 testout이라는 파일에 복사한다.

프로그램 16.7

```
// 파일 핸들 기본 작업
// testfile이 현재 작업 디렉터리에 있다고 가정한다.

#import <Foundation/Foundation.h>

int main (int argc, char *argv[])
{
  @autoreleasepool {
      NSFileHandle *inFile, *outFile;
      NSData *buffer;

      // testfile을 읽기 위해 연다.
      inFile = [NSFileHandle fileHandleForReadingAtPath: @"testfile"];

      if (inFile == nil) {
          NSLog (@"Open of testfile for reading failed");
          return 1;
      }

      // 필요하다면 출력 파일을 생성한다.
      [[NSFileManager defaultManager] createFileAtPath: @"testout"
          contents: nil attributes: nil];

      // outfile을 기록을 위해 연다.
      outFile = [NSFileHandle fileHandleForWritingAtPath: @"testout"];

      if (outFile == nil) {
          NSLog (@"Open of testout for writing failed");
          return 2;
      }

      // 자료가 담겨 있는 경우에 대비해 파일의 내용을 잘라낸다.
      [outFile truncateFileAtOffset: 0];
```

```
        // inFile에서 데이터를 읽어 outFile에 기록한다.
        buffer = [inFile readDataToEndOfFile];

        [outFile writeData: buffer];

        // 두 파일을 닫는다.
        [inFile closeFile];
        [outFile closeFile];

        // 파일의 내용을 확인한다.

        NSLog(@"%@", [NSString stringWithContentsOfFile: @"testout" encoding:
                    NSUTF8StringEncoding error: NULL]);
    }
    return 0;
}
```

프로그램 16.7 출력 결과

```
This is a test file with some data in it.
Here's another line of data.
And a third.
```

readDataToEndOfFile: 메서드는 데이터를 한 번에 최대 (limits.h 파일에 정의되어 있고 FFFFFFFF16과 동일한) UINT_MAX 바이트만큼 읽는다. 여러분이 어떤 프로그램을 작성하더라도 이 정도 크기면 충분히 크다. 또한, 작업을 쪼개 더 작은 크기로 읽거나 쓸 수 있다. 또한 반복문을 만들어 readDataOfLength: 메서드를 사용하여 버퍼를 가득 채워 버퍼와 파일을 한꺼번에 전송할 수도 있다. 예를 들어 버퍼 크기가 8,192(8kb)이거나 131,072(128kb)일 수 있다. 보통 2의 거듭제곱이 사용되는데, 하부 운영체제가 I/O 작업을 그 크기의 데이터 단위로 처리하기 때문이다. 여러분의 시스템에서 다른 크기를 시험하여 무엇이 가장 성능이 좋은지 알아 봐도 좋겠다.

읽기 메서드가 파일 끝에 도달할 때까지 아무 데이터도 읽지 못했다면 비어 있는 NSData 객체(바이트가 없는 버퍼)를 반환할 것이다. 버퍼에 length 메서드를 적용해 0과 같은지 확인하여 파일에서 읽어올 데이터가 남아있는지 확인할 수 있다.

업데이트를 하려고 파일을 열면, 파일 오프셋이 파일의 시작점으로 설정되어 있을 것이다. 파일에서 검색하여 오프셋을 바꾼 후에, 읽기나 쓰기 작업을 할 수 있다. 따라서 databaseHandle이 핸들인 파일에서 10번째 바이트를 찾으려면, 다음처럼 메시지 표현식을 작성한다.

```
[databaseHandle seekToFileOffset: 10];
```

파일의 상대적 위치를 잡으려면, 현재 파일 오프셋을 얻은 다음, 거기에서 더하거나 빼야 한다. 따라서, 파일에서 128바이트를 건너뛰려면 다음과 같은 명령문을 작성한다.

```
[databaseHandle seekToFileOffet:
    [databaseHandle offsetInFile] + 128];
```

파일에서 정수 다섯 개만큼 돌아가려면 다음을 작성한다.

```
[databaseHandle seekToFileOffet:
    [databaseHandle offsetInFile] - 5 * sizeof(int)];
```

프로그램 16.8은 한 파일의 내용을 다른 파일에 붙여 넣는다. 읽기 작업을 위해 둘째 파일을 열어, 파일 끝을 찾고 첫째 파일의 내용을 두 번째 파일에 기록한다.

프로그램 16.8

```objc
// fileA를 fileB 끝에 붙인다.

#import <Foundation/Foundation.h>

int main (int argc, char *argv[])
{
  @autoreleasepool {
    NSFileHandle *inFile, *outFile;
    NSData *buffer;

    // fileA를 읽기 위해 연다.
    inFile = [NSFileHandle fileHandleForReadingAtPath: @"fileA"];

    if (inFile == nil) {
        NSLog (@"Open of fileA for reading failed");
        return 1;
    }

    // fileB를 업데이트하기 위해 연다.
```

```
        outFile = [NSFileHandle fileHandleForWritingAtPath: @"fileB"];

        if (outFile == nil) {
            NSLog (@"Open of fileB for writing failed");
            return 2;
        }

        // outFile의 끝으로 이동한다.
        [outFile seekToEndOfFile];

        // inFile을 읽어 outFile에 그 내용을 기록한다.
        buffer = [inFile readDataToEndOfFile];
        [outFile writeData: buffer];

        // 두 파일을 닫는다.
        [inFile closeFile];
        [outFile closeFile];

        // 내용을 확인한다.
        NSLog(@"%@", [NSString stringWithContentsOfFile: @"fileB"
            encoding: NSUTF8StringEncoding error: NULL]);
    }
    return 0;
}
```

프로그램 16.8 실행 전 fileA의 내용

```
This is line 1 in the first file.
This is line 2 in the first file.
```

프로그램 16.8 실행 전 fileB의 내용

```
This is line 1 in the second file.
This is line 2 in the second file.
```

프로그램 16.8 출력 결과

```
Contents of fileB
This is line 1 in the second file.
This is line 2 in the second file.
This is line 1 in the first file.
This is line 2 in the first file.
```

출력 결과를 보면 첫째 파일의 내용이 둘째 파일 끝에 잘 붙었음을 확인할 수 있다. 게다가 seekToEndOfFile:은 탐색하고 난 뒤 현재 파일의 오프셋을 반환한다. 여기서는 이 값을 무시하지만, 필요하다면 이 정보를 사용하여 파일 크기를 얻어 올 수도 있다.

16.4 NSURL 클래스

NSURL 클래스는 프로그램에서 URL 주소를 쉽게 다루도록 해준다. 예를 들어 인터넷상의 파일을 나타내는 HTTP 주소가 있다면, 메서드 호출 몇 번만 해주면 해당 파일의 콘텐츠를 쉽게 읽을 수 있다. Foundation의 여러 메서드에서 NSURL 객체를 인자로 받는다. NSURL이 @"http://www.apple.com"과 같은 스트링은 아니지만, URLWithString: 메서드를 사용하여 스트링 객체에서 NSURL 객체를 쉽게 만들 수 있음을 기억하자.

프로그램 16.9는 웹 주소에서 HTML 컨텐츠를 읽어들이는 방법을 보여준다.

프로그램 16.9

```
// URL에 저장된 파일의 내용을 읽는다.

#import <Foundation/Foundation.h>

int main (int argc, const char * argv[]) {
  @autoreleasepool {
    NSURL *myURL = [NSURL URLWithString: @"http://classroomM.com"];

    NSString *myHomePage = [NSString stringWithContentsOfURL: myURL
                encoding: NSASCIIStringEncoding error: NULL];

    NSLog(@"%@", myHomePage);

  }
  return 0;
}
```

프로그램 16.9 출력 결과 일부

```
<!DOCTYPE html PUBLIC "-//W3C//DTD XHTML 1.0 Transitional//EN" "http://www.w3.org/TR/xhtml1/DTD/xhtml1-transitional.dtd">
<html xmlns="http://www.w3.org/1999/xhtml"><head>
<meta http-equiv="Content-Type" content="text/html; charset=iso-8859-1" />
<meta http-equiv="Content-Style-Type" content="text/css" />
<meta name="google-site-verification" content="J75b1yb6mDQItzHDxWDph1bNC8rVuc0OzLj8gzlj9y8" />
<title>iPhone Online Course and iPhone Programming Training - Home</title>
  ...
```

인터넷에서 데이터를 가져오는 것이 굉장히 쉽다는 것을 알았을 것이다. 또, 웹 주소에서 프로퍼티 리스트로 저장된 딕셔너리가 있다면, dictionaryWithContentsOfURL: 메서드를 사용해 읽을 수 있다. 혹은, 배열이 프로퍼티 리스트로 저장되어 있다면, arrayWithContentsOfURL: 메서드를 사용한다. 웹 주소에서 어느 형의 데이터든 읽고 싶다면 dataWithContentsOfURL: 메서드를 사용할 수 있다.

16.5 NSBundle 클래스

애플리케이션을 생성하면, 시스템은 애플리케이션에 관련된 모든 데이터를 애플리케이션 번들이라는 패키지에 저장한다. 이 데이터는 이미지, 지역화된 스트링, 아이콘 등과 같은 리소스를 포함한다. 여러분의 앱 내에서 이 리소스에 접근하려면 NSBundle 클래스와 친숙해져야 한다.

애플리케이션에 이미지나 텍스트파일 같은 리소스를 쉽게 추가할 수 있다. Xcode의 좌측 영역에 파일을 드래그하면 된다. 팝업이 뜨면 보통, 해당 리소스를 여러분의 프로젝트에 복사하여 프로젝트가 모든 리소스를 다 포함하고 있도록 만들어주는 것이 좋다.

다음 코드로 여러분의 애플리케이션 번들 내에 저장된 instructions.txt라는 파일의 경로를 가져올 수 있다.

```
NSString *txtFilePath = [[NSBundle mainBundle]
            pathForResource:@"instructions" ofType:@"txt"];
```

mainBundle 메서드는 애플리케이션 번들이 위치한 디렉터리를 알려준다. 이 메서드는 Mac OS X용 애플리케이션과 iOS용 애플리케이션에서 모두 사용 가능하다. pathForResource:ofType: 메서드는 이 디렉터리에서 특정 파일을 찾아 그 파일의 경로를 반환한다. 그런 다음, 여러분의 앱에서 다음과 같은 명령문으로 파일의 콘텐츠를 읽을 수 있다.

```
NSString *instructions = [NSString stringWithContentsOfFile:txtFilePath
    encoding:NSUTF8StringEncoding error:NULL];
```

여러분의 애플리케이션 번들에서 birdImages 디렉터리 내 jpg 확장자를 갖는 모든 JPEG 이미지를 찾고싶다면, pathsForResourcesOfType:inDirectory 메서드를 다음과 같이 사용하면 된다.

```
NSArray *birds = [[NSBundle mainBundle] pathsForResourcesOfType:@"jpg"
        inDirectory: @"birdImages"];
```

이 메서드는 경로명의 배열을 반환한다. 만일 JPEG 파일이 애플리케이션 내 하위 디렉터리에 저장되어 있지않다면 inDirectory: 파라미터의 값으로 @""를 지정한다.

NSBundle 클래스에는 더 공부할 메서드들이 존재한다. 세부 내용은 참고 문서를 찾아보자.

16.6 연습문제

1. 프로그램 16.6에서 개발한 복사 프로그램을 수정하여, 마치 표준 UNIX cp 명령처럼 소스 파일을 하나 이상 받아 디렉터리에 복사할 수 있도록 만들어라. 그러려면 다음 명령문은 copy1.m, file1.m, file2.m을 progs 디렉터리에 복사해야 한다.

   `$ copy copy1.m file1.m file2.m progs`

   소스 파일을 하나 이상 지정할 때 마지막 인수는 기존에 존재하는 디렉터리라는 점에 주의하자.

2. 인수를 두 개 받는 myfind라는 커맨드라인 툴을 작성하라. 첫째 인수는 검색을 시작할 디렉터리이고, 둘째 인수는 찾을 파일명이다. 따라서, 다음 명령문은 /Users에서 proposal.doc 파일 찾기를 시작한다.

   ```
   $ myfind /Users proposal.doc
   /Users/stevekochan/MyDocuments/proposals/proposal.doc
   $
   ```

(앞쪽과 같이) 파일을 찾으면 파일의 전체 경로를 출력시키고, 찾지 못했다면 적절한 메시지를 출력하게 만들자.

3. 표준 UNIX 툴인 basename과 dirname을 여러분만의 버전으로 작성해 보라.

4. NSProcessInfo를 이용해서, 게터 메서드들에 의해 반환되는 모든 정보를 표시하는 프로그램을 작성하라.

5. 이 장에서 설명한 NSPathUtilities.h 파일의 NSTemporaryDirectory 함수와, NSProcessInfo의 globallyUniqueString 메서드를 사용하여 NSString의 카테고리인 TempFiles를 생성한다. 호출될 때마다 다른 파일 이름을 반환하는 temporaryFileName 메서드를 정의하라.

6. 프로그램 16.7을, 한 번에 kBufSize 바이트씩 읽고 쓰게끔 수정하라. kBufSize는 프로그램의 초반에 정의된다. kBufSize보다 큰 파일을 사용하여 프로그램을 테스트해보자.

7. 파일을 열어 내용을 한 번에 128바이트씩 읽어들여서, 읽은 내용을 터미널에 써라. NSFileHandle의 fileHandleWithStandardOutput 메서드를 사용하여 터미널에 출력하는 핸들을 가져올 수 있다.

8. 다음 URL에 딕셔너리가 프로퍼티 리스트로 저장되어있다. http://bit.ly/aycNwd. 이 딕셔너리의 내용을 읽어 표시하는 프로그램을 작성하라. 이 딕셔너리에 어떤 데이터가 들어있는가?

17장

Programming in Objective-C

메모리 관리와 ARC

NSMutableArray 클래스를 사용해서 배열을 만들고 객체를 추가하고 제거할 수 있었음을 다시 떠올려보자. 프로그램 실행 시작위치에서 파일의 내용을 읽어 배열에 넣어야 한다고 하자. myData라는 새 배열을 만들고, 프로퍼티 리스트(19장 「아카이빙」에서 상세히 다룬다)의 형태로 저장된 파일의 컨텐츠로 초기화하고 싶다고 하자. 이 작업은 다음 코드와 같이 NSArray의 arrayWithContentsOfFile: 메서드 하나로 처리할 수 있다.

```
NSSArray *myData = [NSArray arrayWithContentsOfFile:@"database1"];
```

이 코드는 파일을 읽고 파싱하여 원소들을 새로 생성한 배열에 넣고, 이 배열의 참조를 반환해준다. 이 참조가 myData 변수에 저장된다.

myData에 있는 데이터를 처리한 후, 다른 파일에 있는 데이터를 읽어 비슷하게 처리하고 싶다고 하자. 다음과 같은 명령문을 실행하면 된다.

```
myData = [NSArray arrayWithContentsOfFile:@"database2"];
```

여기서 변수 myData는 두 번째 파일의 내용을 담고 있는 다른 배열을 참조하도록 변경된다. 그럼 첫 번째 배열에는 무슨 일이 생길까? 이제 더 이상 그 객체에 참조를 갖고 있지 않다(myData를 변경할 때 참조를 잃게 된다). 그럼 첫 번째 배열의 원소에는 어떤 일이 생길까? 그리고 데이터를 읽어 처리하는 이 작업이 수백 아니 수천 개의 다른 파일에서 반복되어야 한다고 해보자. 더는 참조되지 않고 필요하지 않은 배열 객체들과 원소들에 무슨 일이 생길까? 사용하지 않더라도 이들 객체는 메모리 공간 어딘가 자리를 차지하고 있다. 뭔가 "청소하는" 작업을 해주지 않으면, 참조하지 않는 객체들로 메모리가 가득 찰 것이고, 결국 더 이상 작업할 메모리 공간이 없어 애플리케이션이 중단될 수도 있을 것이다.

이 장에서 조금 높은 수준의 내용인, 메모리 관리의 개념을 다룬다. 메모리 관리는 사용하지 않는 메모리를 정리하여 (재활용하여) 다시 사용할 수 있게 하는 것이다. 만일 객체가 더 이상 사용되지 않으면, 그 메모리를 재사용하도록 하자. 이 말은 굉장히 쉬워 보인다. 그러나, 그렇게 간단한 문제가 아니다. 누군가가 이 간단한 사실을 알아내야 한다. 이 말은, 누군가가(이 누군가는 여러분일 수도 있고, 컴퓨터일 수도 있고, 둘 모두일 수도 있다) 언제 객체가 더 이상 사용되지 않아 객체가 차지하고 있는 메모리 공간을 재사용할 수 있는지 결정해야 한다는 것이다.

이 수고를 덜기 위해 몇몇 메모리 관리 기법들이 개발되었다. 그 중 두 개는 자동화된 방법이다. 컴퓨터가 객체를 추적하여 필요에 따라 메모리를 해제해준다. 세 번째 메서드는 하이브리드 접근법을 택한다. 시스템이 일부 작업을 처리하고, 프로그래머인 여러분이 시스템에게 더 이상 객체가 사용되지 않음을 부지런히 알려주는 것이다.

Xcode 4.2의 출시 전까지는, 메모리 관리가 상당한 논란거리였고, 프로그래머에게 깊은 이해와 사전 숙고를 요구했다. 프로그래머는 레퍼런스 카운트, 리테인, 릴리스, 오토릴리스의 세계를 조심스럽게 탐험해야 메모리를 신중히 사용하고, 실수로 이미 파괴된 객체의 레퍼런스를 사용하다가 애플리케이션이 안타깝게 크래쉬내는 것을 피할 수 있었다.

자동 레퍼런스 카운팅(Automatic Reference Counting) 혹은 ARC라는 기능이 Xcode 4.2에서 추가됨에 따라, 프로그래머가 더 이상 메모리 관리에 대해 신경 쓸 필요가 없어졌다. 모든 게 알아서 처리된다! 물론, 학습이 필요한 예외 케이스가 존재한다. (이런 경우에 대한 상세한 내용은 애플의 문서를 참고하길 추천한다.) 그러나 전반적으로 ARC는 iOS 개발자들을 위해 하늘에서 내려온 선물이라 할 수 있다. 그 증거로, 이 장에 오기까지 필자가 메모리 관리에 대해 언급해야할 필요가 없었다. 이 책의 이전 판에서는 책 전반에 걸쳐 독자들이 적절한 메모리 관리 기법을 온전히 이해하고, 신중히 사용하도록 하기 위해 온갖 노력을 들여야 했다.

이 장에서, Cocoa와 iOS 개발자들이 사용할 수 있는 몇 가지 메모리 기법의 개요를 배울 것이다. 또한, 수동 메모리 관리 기법이 어떻게 동작하는지도 간단히 살펴볼 것이다. 예전 코드를 지원해야 하거나, 어떤 이유로 인해 현재 사용 가능한 자동 메모리 관리 기능을 사용하지 않기로 결정한 경우 이 기법이 필요할 것이다.

비록, 객체의 생명 주기(와 메모리 사용이 끝난 후 릴리스해주는 것 같은 작업)에 대해 더 이상 걱정할 필요가 없어졌지만, 여러분이 작성하는 애플리케이션의 종류에 따라, 메모리를 신중히 사용하는 것은 여전히 중요하다. 예를 들어, 인터랙티브하게 그림을 그릴 수 있는 애플리케이션을 개발하여 프로그램이 실행되는 동안 많은 객체가 생성된다면, 프로그램이 돌아가는 동안 계속해서 메모리를 소비하지 않도록 주의를 기울여야 한다. 이런 경우, 여러분이 지능적으로 리소스를 관리하여 필요없이 객체를 생성하는 일이 없도록 하는 것을 책임져야 한다.

Objective-C 개발자가 사용 가능한 메모리 관리 모델은 세 가지가 존재한다.

1. 자동 가비지 컬렉션
2. 수동 레퍼런스 카운팅 및 오토릴리스 풀
3. 자동 레퍼런스 카운팅 (ARC)

17.1 자동 가비지 컬렉션

Objective-C 2.0부터는 '가비지 컬렉션' 이라는 기법으로 메모리 관리를 할 수 있다. 가비지 컬렉션을 사용하면, 시스템이 자동으로 어떤 객체가 어떤 객체를 소유하는지에 대한 정보를 끊임없이 알아내고, 프로그램이 실행되는 동안 메모리 공간이 필요하면 더는 참조되지 않는 객체들을 자동으로 메모리에서 해제한다(혹은 가비지 컬렉팅한다).

iOS 런타임 환경에서는 가비지 컬렉션이 지원되지 않는다. 따라서 이 플랫폼에서 프로그램을 개발할 때는 가비지 컬렉션을 사용할 수 없다. 그리고 OS X 10.8(마운틴 라이온)에서 가비지 컬렉션을 더 이상 사용하지 않길 권고하고 있고, 가까운 미래에는 더 이상 지원하지 않을 것이다. 애플은 자동 가비지 컬렉션을 사용하기보다는 ARC를 사용하길 조언하고 있다.

17.2 수동 레퍼런스 카운팅

ARC나 가비지 컬렉션 없이 애플리케이션을 만들거나, ARC로 이전할 수 없는 코드를 지원해야 한다면, 수동 메모리 관리를 알고 있어야 한다. 이는, 레퍼런스 카운트가 어떻게 동작하는지 알아야 함을 의미한다.

기본 개념은 다음과 같다. 객체가 생성되면 초기 레퍼런스 카운트가 1로 설정된다. 매번 객체가 지속되도록 해야할 때마다 레퍼런스 카운트를 1씩 증가시켜 참조를 생성하게 된다. 이 작업은 다음과 같이 retain 메시지를 객체에 보내 수행한다.

```
[myFraction retain];
```

더 이상 객체가 필요하지 않으면, release 메시지를 보내 레퍼런스 카운트를 1씩 줄여준다.

```
[myFraction release];
```

객체의 레퍼런스 카운트가 0이 되면, 시스템이 해당 객체가 더 이상 사용되지 않음을 알 수 있다. (이론상으로, 더 이상 애플리케이션의 어디서도 참조하지 않음을 의미하기 때문이다.) 그래서 해당 객체가 차지하고 있던 메모리 공간을 해제한다. 이 과정은 객체에 dealloc 메시지를 보내 처리한다. 많은 경우, NSObject에서 상속받은 dealloc 메서드를 사용한다. 그런, dealloc 메서드를 재정의하여 여러분의 객체가 생성하거나 리테인한 인스턴스 변수나 다른 객체를 릴리스 해줘야 할 수도 있다. 예를 들어 여러분의 클래스에서 NSArray 객체를 인스턴스 변수로 쥐고 있었고 이 객체를 alloc으로 생성했다면, 여러분의 객체가 제거될 때, 이 배열도 릴리스 해줄 책임을 지게 된다. 이 작업을 dealloc에서 한다.

이 수동 레퍼런스 카운팅 전략이 성공적으로 돌아가려면 프로그램이 돌아가는 동안 레퍼런스 카운트가 적절히 증가하고 감소하도록 프로그래머, 즉 여러분이 수고해야 한다. 시스템이 일부를 처리해주긴 하지만, 여러분의 일 전체를 해결해주진 않는다.

수동 레퍼런스 카운팅을 사용할 때는, Foundation 프레임워크의 몇몇 메서드가 객체의 레퍼런스 카운트를 증가시킬 수 있음에 주의해야 한다. 예로, NSMutableArray의 addObject: 메서드로 객체를 배열에 추가하거나, UIView의 addSubview: 메서드로 뷰를 추가하면 레퍼런스 카운트가 증가한다. 마찬가지로 객체의 레퍼런스 카운트를 감소시키는 메서드도 존재한다. removeObjectAtIndex:와 removeFromSuperView가 한 예다.

객체가 파괴된 뒤에(레퍼런스 카운트가 0이 되어 dealloc이 호출된 뒤에), 그 객체를 참조하는 것은 유효하지 않다. 이런 참조는 종종 길 잃은 포인터(dangling pointer) 참조라고 불린다. 이런 길 잃은 포인터에 메시지를 보내면 예상치 못한 동작이 일어나는데, 애플리케이션이 강제 종료될 수도 있다. 때로 프로그래머가 적절히 객체의 리테인과 릴리스를 추적하지 못해 이미 할당해제된 객체에 release 메시지를 보내는 경우도 있다. 이것은 객체를 초과 릴리스 했다고 부르는데, 이 경우도 보통 애플리케이션이 강제 종료된다.

17.2.1 객체 참조와 오토릴리스 풀

먼저 객체를 (alloc으로) 생성하고 그 객체를 반환하는 메서드를 작성해야 한다고 하자. 여기서 딜레마에 빠지게 된다. 메서드는 객체 사용을 마쳤지만, 그 객체를 반환해줘야 하므로 릴리스할 수 없다. NSAutoreleasePool 클래스는 이런 문제를 해결하기 위해 만들어졌다. 이후에 릴리스해야할 객체를 오토릴리스 풀이라는 객체에 담아 관리한다. 이후라는 시점은 이 풀에 drain 메시지를 보내 풀이 드레인되는 때다.

객체를 오토릴리스 풀이 관리하는 객체 목록에 추가하려면 다음과 같이 객체에 autorelease 메시지를 보낸다.

```
[result autorelease];
```

Foundation, UIKit, AppKit 프레임워크의 클래스를 사용할 때는 이들 프레임워크의 클래스들이 오토릴리스된 객체를 생성하고 반환해줄 수 있으므로, 반드시 오토릴리스 풀을 생성해야 한다. 다음과 같은 명령문으로 오토릴리스 풀을 생성할 수 있다.

```
@autoreleasepool {
  statements
}
```

ARC를 활성화시키지 않고 새 프로젝트를 생성하면 Xcode에서 main의 시작부에 이 명령문이 포함된 채로 템플릿 파일을 생성한다.

오토릴리스 블록의 마지막 부분에 도달하면, 시스템은 풀을 드레인하게 된다. 이 결과로 autorelease를 받아 오토릴리스 풀에 포함된 모든 객체에 release 메시지가 보내진다. 이미 알고 있듯이, 이들 객체 중 레퍼런스 카운트가 0이 된 객체는 dealloc 메서드를 받고 메모리가 해제될 것이다.

여기에서 알아두어야 할 것은 오토릴리스 풀은 실제 오브젝트를 포함하고 있지 않고, 객체의 레퍼런스만 가지고 있는데, 풀이 드레인될 때 해제된다.

새로 생성된 모든 객체가 오토릴리스 풀에 추가되는 것은 아니다. 사실, alloc, copy, mutableCopy, new라는 이름으로 시작하는 메서드로 생성된 객체는 오토릴리스되지 않는다. 이런 경우, 그 객체를 소유하는 것이다. 객체를 소유하면 그 객체를 다 사용한 뒤에 객체가 사용하던 메모리 공간을 릴리스해줄 책임이 있다. 이는 객체에 release 메시지를 보내 처리한다. 혹은 autorelease 메시지를 보내 오토릴리스 풀에 더할 수도 있다.

프로그램 3.3의 메인 루틴을 수동 레퍼런스 카운팅을 사용하면 다음과 같아 보일 것이다.

```
int main (int argc, char * argv[]) {
  @autoreleasepool {
    Fraction *frac1 = [[Fraction alloc] init];
    Fraction *frac2 = [[Fraction alloc] init];

    // 첫 번째 분수에 2/3를 저장한다.
```

```
        [frac1 setNumerator: 2];
        [frac1 setDenominator: 3];

        // 두 번째 분수에 3/7을 저장한다.
        [frac2 setNumerator: 3];
        [frac2 setDenominator: 7];

        // 분수를 보여준다.
        NSLog (@"First fraction is:");
        [frac1 print];

        NSLog (@"Second fraction is:");
        [frac2 print];

        [frac1 release];
        [frac2 release];

    }

    return 0;
}
```

alloc으로 생성한 두 개의 분수 객체를 main 마지막에 release 했음에 주목하자. 애플리케이션이 종료되면 사용한 메모리가 모두 해제되긴 하지만, 이 예제에서 보여주는 것은 여러분이 소유하고, 사용이 끝난 객체는 릴리스해 준다는 것이다.

프로그램 7.5에서 사용한 Fraction 클래스의 add: 메서드를 보자.

```
- (Fraction *)add:(Fraction *)f
{
    // 두 분수를 더하려면...
    // a/b + c/d = ((a*d)+(b*c)) / (b * d)
    // result는 덧셈의 결과를 저장한다.

    Fraction *result = [[Fraction alloc]init];

    result.numerator = numerator * f.denominator + denominator * f.numerator;
    result.denominator = denominator * f.denominator;

    [result reduce];
    return result;
}
```

수동 메모리 관리를 사용하면, 이 메서드에서 문제가 발생할 것이다. 반환하는 객체는 alloc으로 생성하고 계산이 수행된 후 반환한다. 메서드가 객체를 반환해야 하므로 릴리스할 수 없다. 여기서 릴리스하면 객체가 바로 메모리에서 제거될 것이다. 아마 이 문제를 해결하는 가장 좋은 방법은 객체를 오토릴리스 하여 값은 반환하고 객체의 릴리스는 풀이 빠질 때까지 뒤로 미루는 것이다. autorelease 메서드가 수신자를 반환하므로 다음과 같이 중첩 명령문을 사용할 수 있다.

```
Fraction *result = [[[Fraction alloc] init] autorelease];
```

또는 반환할 때도 가능하다.

```
return [result autorelease];
```

17.3 이벤트 루프와 메모리 할당

코코아와 iOS 애플리케이션은 런 루프 혹은 이벤트 루프(run loop, event loop) 이라는 것 안에서 동작한다. 이벤트는 사용자가 (아이폰의 버튼을 누르는) 특정 액션을 취하거나 (네트워크로부터 데이터를 받거나 하는) 암묵적인 액션에 따라 발생하는 무언가다. 새 이벤트를 처리하려면, 시스템은 오토릴리스 풀을 새로 생성하고 여러분의 프로그램에서 처리할 수 있도록 몇몇 메서드를 호출할 것이다. 이벤트 처리를 완료하면, 메서드로부터 반환되어 시스템은 다음 이벤트가 발생하길 기다린다. 그러나 시스템은 그 전에 먼저 오토릴리스 풀을 뺀다. 이벤트 처리 과정에서 생성한 오토릴리스된 객체는 따로 리테인하지 않았다면 제거될 것이다. 수동 레퍼런스 카운팅을 사용할 때는, 오토릴리스 풀과 이벤트 루프의 끝부분에서 풀이 빠지는 상황에서 여러분의 객체의 생존 여부에 대해 생각해야 한다.

다음 iOS 애플리케이션의 인터페이스 부분을 살펴보자. 여기서 MyView 클래스는 data라는 프로퍼티를 갖고 있다.

```
#import <UIKit/UIKit.h>

@interface myView:UIView
@property (nonatomic, retain) NSMutableArray*data;
@end
```

data 프로퍼티의 (ARC를 쓰지 않는 코드에서만 인식 가능한) retain 속성은 세터 메서드가 프로퍼티에 대입되는 어느 객체든 기존 객체를 먼저 릴리스하고 새 객체를 유지해야 한다는 것을 의미한다. 우리가 구현부에 data 프로퍼티에 대한 접근자 메서드를 자동 생성했다고 해보자. 또, 이 뷰가 메모리에 불려질 때마다, 시스템이 호출하는 viewDidLoad 라는 메서드가 있다고 가정하자. (이에 대해서는 iOS 애플리케이션 프로그래밍을 배울 때 더 알게 될 것이다. 일단은 상세 내용은 크게 중요하지 않다.)

viewDidLoad 메서드 안에서 data 배열을 생성하고 싶다고 하자. 다음 코드를 이 메서드 안에 추가하면 될 것이다.

```
data = [NSMutableArray array];
```

Foundation 메서드가 기본으로 오토릴리스된 객체를 생성한다는 것을 설명했듯이, array 메서드는 오토릴리스된 배열을 생성하는데, 이를 바로 인스턴스 변수 data에 대입했다. 여기서 문제는, 이 배열이 현재 이벤트 처리가 끝나자마자 파괴될 것이라는 데 있다. 이 배열이 이벤트 루프가 끝날 때 빠질 오토릴리스 풀 안에 생성되었기 때문이다. 이 배열이 이벤트 루프가 끝난 후에도 생존하게 하려면, 몇 가지 방법이 있다. 다음 코드는 제대로 동작하는 세 가지 방법이다.

```
data = [[NSMutableArray array] retain];   // 풀이 빠져도 살아남는다.
data = [[NSMutableArray alloc] init];     // 오토릴리스 되지 않는다.
self.data = [NSMutableArray array];       // 세터 메서드를 사용한다.
```

마지막 경우, data 프로퍼티가 retain 속성을 가지고 있기에 오토릴리스된 배열이 리테인된다(self.data에 값을 대입하면 세터 메서드를 사용한다). 세 가지 경우 모두 dealloc을 재정의하여 myView 객체가 제거될 때 배열을 릴리스해줘야 한다.

```
- (void)dealloc {
  [data release];
  [super dealloc];
}
```

(super를 호출하여 상속받은 객체를 릴리스한다. 수동 메모리 관리를 사용할 때 번거로운 점은 [super dealloc] 호출을 여러분의 객체를 모두 릴리스한 뒤 호출해줘야 한다는 것이다.) 많은 경우 새 객체를 프레임워크 메서드로 만들었다면, 오토릴리스된 객체거나 alloc으로 생성했을 것이다. 만일 여러분의 애플리케이션이 이벤트 루프가 끝나기 전에 많은 객체를 생성하고, 풀이 빠지게 되는 상황이라면, alloc을 사용하는 것이 좋을 것이다. 이렇게 하면, 이벤트 처리가 끝나길 기다릴 필요 없이, 객체의 사용이 종료되는 때에 객체를 릴리스하면 된다.

수동 레퍼런스 카운팅 환경에서 프로퍼티에 (기본값) atomic이나 nonatomic 속성을 줄 수 있을 뿐만 아니라, (기본값) assign이나 retain 혹은 copy를 부여해 줄 수 있다.

이 세 가지 속성이 세터 메서드로 값을 프로퍼티에 설정할 때 어떻게 구현되는지 보자.

```
self.property = newValue;
```

assign 속성은 다음과 같이 동작한다.

```
property = newValue;
```

retain 속성은 다음과 같이 동작한다.

```
if (property != newValue) {
  [property release];
  property = [newValue retain];
}
```

copy 속성은 다음과 같이 동작한다.

```
if (property != newValue) {
  [property release];
  property = [newValue copy];
}
```

17.4 수동 메모리 관리 규칙 요약

ARC나 가비지 컬렉션 없이 개발할 때 기억해야 할 규칙이다.

- 다른 이에 의해 제거되지 않아야 하는 객체는 retain해야 한다. 객체 사용이 끝났다면 release 해주도록 하자.
- 객체에 release 메시지를 보낸다고 객체가 반드시 파괴되지는 않는다. 객체의 레퍼런스 카운트가 0이 될 때, 객체는 파괴된다. 시스템은 객체에 dealloc 메시지를 보내 메모리를 해제한다.
- copy, mutableCopy, alloc, new 메서드로 생성하거나 직접 리테인한 객체는 릴리스해줘야 한다. 여기에는 retain이나 copy 속성을 갖는 프로퍼티도 해당한다. dealloc 메서드를 재정의하여 객체가 제거될 때, 인스턴스 변수를 릴리스할 수 있다.
- 오토릴리스 풀은 풀 자신이 빠질 때, 객체를 자동으로 릴리스해준다. 시스템은 풀 내에 들어있는 객체가 오토릴리스 된 횟수 만큼 release 메시지를 날려준다. 오토릴리스 풀 내 레퍼런스 카운트가 0이 된 각 객체는 dealloc 메시지를 받고 파괴된다.
- 메서드에서 객체가 더 이상 필요하지 않지만, 반환해야할 필요가 있는 경우 autorelease 메시지를 보내, 후에 릴리스해야 할 필요가 있음을 지시하자. autorelease 메시지는 객체의 레퍼런스 카운트에 영향을 미치지 않는다.
- 애플리케이션이 종료하면, 여러분이 만든 객체가 사용하는 메모리는 오토릴리스 풀과 상관없이 모두 릴리스된다.
- 코코아나 iOS 애플리케이션을 개발할 때, 오토릴리스 풀은 프로그램이 구동되는 동안 생성되고 빠질 것이다. (매 이벤트마다 발생한다.) 이 경우 오토릴리스된 객체가 오토릴리스 풀이 빠질 때, 자동 할당을 피하려면 리테인해야 한다. 레퍼런스 카운트가 오토릴리스 메시지를 받은 횟수보다 큰 객체는 풀이 릴리스되더라도 살아남는다.

17.5 자동 레퍼런스 카운팅 (ARC)

자동 레퍼런스 카운팅(ARC)은 수동 레퍼런스 카운팅의 잠재적인 함정을 모두 제거해준다. 내부적으로는 레퍼런스 카운트를 여전히 관리하고 추적한다. 그러나 시스템이 객체를 언제 리테인하고, 오토릴리스하고, 릴리스할지를 결정한다. 여러분이 걱정할 필요가 전혀 없다.

메서드에서 생성한 객체를 반환할 때도 걱정할 필요 없다. 컴파일러가 객체의 메모리가 어떤 식으로 관리되어야 할지 알아내고, 필요에 따라 반환하는 객체를 오토릴리스하거나 리테인하는 코드를 알맞게 생성할 것이다.

17.6 Strong 변수

기본적으로 모든 객체 포인터 변수는 strong 변수다. 이 말은, 이런 변수에 객체를 대입하면 자동으로 리테인한다는 것이다. 게다가 참조하던 이전 객체는 대입 전에 릴리스된다. 마지막으로, strong 변수는 기본적으로 0으로 초기화된다. 인스턴스 변수든, 로컬 변수든, 글로벌 변수든 모두 0으로 초기화된다.

다음 코드는 두 개의 Fraction 객체를 생성하고 설정한다.

```
Fraction *f1 = [[Fraction alloc]init];
Fraction *f2 = [[Fraction alloc]init];

[f1 setTo:1 over:2];
[f2 setTo:2 over:3];
```

이제 수동 메모리 관리로 다음 코드를 작성하면, f1에 담긴 Fraction 객체 참조를 f2에 복사할 것이다.

```
f2 = f1;
```

f2에서 참조하던 Fraction 객체는 그 결과로 사라질 것이다. 이렇게 하면 메모리 누수가 발생한다. 변수가 더 이상 참조되지 않기에 릴리스할 수 없는 것이다.

ARC를 사용하면 f1과 f2는 모두 strong 변수다. 따라서, 이전 대입은 사실 다음과 같이 동작하게 된다.

```
[f1 retain];    // 새 값을 리테인한다.
[f2 release];   // 기존 값을 릴리스 한다.
f2 = f1;        // 참조를 복사한다.
```

물론 이 작업은 모두 컴파일러가 알아서 처리하므로 여러분이 이를 보지는 않을 것이다. 그저 대입 명령문만 작성하고 모든 걸 잊어버려도 된다.

모든 객체 변수가 기본 값이 strong 변수이므로, 따로 선언해줄 필요가 없다. 그러나 __strong 키워드를 변수에 지정해서 명시해줄 수 있다.

```
__strong Fraction *f1;
```

프로퍼티의 기본 값은 strong이 아니다. 기본 속성은 unsafe_unretained (assign과 같음)이다. 프로퍼티의 strong 속성은 다음과 같이 선언한다.

```
@property(strong, nonatomic) NSMutableArray *birdNames;
```

컴파일러는 이렇게 선언된 strong 프로퍼티의 대입 시 리테인하여 객체가 이벤트 루프가 끝나도 살아남도록 한다. unsafe_unretained(assign)이나 weak 프로퍼티에는 이런 작업을 취하지 않는다.

17.7 Weak 변수

때로 두 객체 사이에 서로 참조하는 관계를 만들어야 할 때가 있다(간단히 두 객체 사이의 관계일 수도 있고, 순환 구조를 만드는 객체의 연쇄 구조일 수도 있다). 예를 들어, iOS 애플리케이션은 뷰라는 객체로 화면상에 그래픽을 표시한다. 뷰는 계층구조로 관리된다. 따라서 하나의 뷰는 이미지를 표시할 수 있고, 이 이미지 뷰 안에 이미지의 제목을 표시할 수 있다. 이때 이미지 뷰를 메인 뷰로 설정하고, 제목은 서브뷰로 설정할 수 있다. 메인 뷰가 나타나면 서브뷰도 자동으로 보여진다. 메인 이미지 뷰를 부모 뷰로 보고 제목 뷰를 자식 뷰로 생각할 수 있을 것이다. 메인 이미지 뷰가 서브 뷰를 소유하는 개념이다.

이 뷰 구조를 다룰 때, 부모 뷰는 자신의 서브뷰를 참조를 쥐고 있고 싶을 것이다. 그런데 서브뷰 입장에서도 자신의 부모 뷰가 누군지 알면 굉장히 편리할 것이다. 따라서 부모 뷰는 서브 뷰의 참조를 갖고, 서브 뷰도 자신의 부모 뷰의 참조를 갖게 된다. 이런 순환 참조는 문제를 야기할 수 있다. 예를 들어, 부모 뷰를 파괴하면 어떻게 되겠는가? 서브 뷰의 부모 뷰 참조가 더 이상 유효하지 않게된다. 사실, 존재하지 않는 부모 뷰에 접근하려 하면, 애플리케이션이 강제 종료될 것이다.

두 객체가 서로 강한 참조를 가지고 있게 되면, 리테인 사이클이 발생하게 된다. 시스템은 참조가 있는 객체는 파괴하지 않는다. 따라서 두 객체가 서로 강한 참조를 갖고 있게 되면 둘 중 어느 누구도 파괴되지 않을 것이다.

이 문제는 다른 종류의 객체 변수를 만들어 두 객체 사이에 다른 식의 참조, 즉 약한 참조를 만드는 것으로 해결한다. 이 경우, 약한 참조는 자식에서 부모 쪽으로 만들어진다. 왜 그럴까? 그 이유는 다른 객체를 소유하는 경우(이 경우는 부모 뷰)에 강한 참조가 되어야 하고 소유되는 객체는 약한 참조여야 한다고 생각하기 때문이다.

부모 뷰가 자신의 서브 뷰를 강한 참조로 가지고, 서브뷰는 부모 뷰를 약한 참조로 가지면 더 이상 리테인 사이클이 생기지 않는다. 약한 참조는 자신이 참조하는 객체의 할당 해제를 막지 않는다.

weak 변수를 선언하면 몇 가지 일이 일어난다. 시스템은 해당 변수에 대입된 레퍼런스를 추적한다. 이 참조된 객체가 할당 해제되면 weak 변수는 자동으로 nil로 설정된다. 이를 통해 이 변수에 실수로 메시지를 보냈을 때 발생할 수 있는 강제 종료를 막아준다. 이 변수가 nil로 설정되면, nil 객체에 메시지를 보내도 아무 일도 일어나지 않으므로 강제 종료가 방지된다.

weak 변수를 선언하려면 __weak 키워드를 사용한다.

```
__weak UIView *parentView;
```

또는 다음과 같이 프로퍼티에 weak 속성을 지정할 수도 있다.

```
@property (weak, nonatomic) UIView *parentView;
```

weak 변수는 델리게이트를 사용할 때도 유용하다. 델리게이트의 참조를 담고 있는 변수를 weak 변수로 만들면, 델리게이트 객체가 할당 해제될 때 변수가 0(nil)이 되도록 보장한다. 다시 말하지만, 이를 통해 ARC 이전에 많은 프로그래머들에게 골치거리였던 시스템 크래쉬의 한 종류를 방지할 수 있다.

weak 변수는 iOS 4나 Mac OS X v10.6까지는 지원되지 않으니 주의하자. 이 경우 unsafe_unretained(혹은 assign) 프로퍼티 속성을 사용하거나 변수는 __unsafe_unretained로 선언해야 한다. 그러나, 이들 변수는 참조하는 객체가 할당해제 되더라도 자동으로 0으로 처리되지 않는다.

17.8 @autoreleasepool 블록

지금껏 이 책의 모든 예제에서 컴파일러가 @autoreleasepool 지시어를 메인 루틴 내부에 생성했었다. 이 지시어는 명령문 블록을 담고 있는데, 오토릴리스 풀 컨텍스트를 정의한다. 이 컨텍스트 내에 생성된 모든 객체는 오토릴리스 되고 (ARC를 사용하여 자동으로 처리된다) 이 오토릴리스 풀 블록이 종료될 때 (컴파일러가 블록 범위 바깥까지 객체의 생존을 보장하도록 처리하지 않는 한) 자동으로 파괴된다.

여러분의 프로그램이 임시 객체를 많이 생성하면 (반복문 내에 코드를 수행하면 이런 일이 자주 발생할 것이다) 여러 개의 오토릴리스 풀 블록을 생성하면 좋을 것이다. 예를 들어, 다음 코드 조각은 오토릴리스 풀 블록을 생성하여 for 문이 반복 실행될 때마다 생성할 임시 객체를 관리하는 방법을 보여준다.

```
for (i = 0; i < n; ++i) {
  @autoreleasepool {
      ... // 임시 객체의 여러 가지 작업
  }
}
```

이 장의 앞부분에서 언급한 대로, 코코아와 iOS 애플리케이션은 이벤트 루프 안에서 돌아간다. 새 이벤트의 처리를 준비하면서 시스템은 새로운 오토릴리스 풀 컨텍스트를 생성하고 여러분의 애플리케이션에서 이벤트를 처리하도록 몇몇 이벤트를 호출할 수 있다. 여러분이 이벤트 처리를 마치고 메서드에서 반환하면, 시스템은 다음 이벤트가 발생하길 기다린다. 그러나 그전에 오토릴리스 컨텍스트 풀이 끝나게 되니 오토릴리스된 객체들은 파괴될 수도 있다.

다시 말하지만, ARC에서는 이 모든 게 내부적으로 돌아가므로 여러분이 염려할 필요는 없다.

17.9 메서드 이름과 ARC 없이 컴파일한 코드

ARC는 ARC로 컴파일하지 않은 코드와도 잘 동작한다. 오래된 프레임워크를 링킹하면 이런 일이 생길 수 있다. 비 ARC 코드가 표준 코코아 명명 규칙을 따르기만 하면, 모든 것은 문제없이 돌아갈 것이다. 이 말은, ARC가 메서드 호출을 볼 때, 메서드의 이름을 확인한다는 얘기다. 만일 이름이 alloc, new, copy, mutableCopy, init이라면 메서드가 메서드 호출자에게 객체의 소유권을 넘겨준다고 가정한다.

여기서 "단어"란 camelCase라고 알려진 형태로 쓰여진 "단어"를 말하는 것이다. 이건 새로운 단어가 나올 때마다 첫 자를 대문자로 시작하는 방식이다. 따라서 컴파일러는 allocFraction, newAddressCard, initWithWidth:andHeight: 는 객체의 소유권을 반환하고, newlyWeds, copycat, initials는 반환하지 않는다. 다시 말하지만, ARC에서 이는 자동으로 처리되니 표준 명명 규칙을 따르지 않는 메서드를 사용하지 않는 한, 걱정할 필요 없다. 그런 경우, 컴파일러에게 이름이 표준을 따르지 않더라도 명시적으로 메서드가 객체의 소유권을 반환한다는 것을 알려줄 수 있다.

만일 이 절의 첫 문단에 얘기한 특수 단어로 시작하는 이름의 프로퍼티를 자동생성하려 한다면, 컴파일러는 오류를 뱉어낼 것이다.

18장

Programming in Objective-C

객체 복사하기

이 장에서는 객체를 복사하는 작업에 관련된 세세한 사항을 다룬다. 얕은 복사와 깊은 복사라는 개념을 소개하고 Foundation 프레임워크에서 사본을 만드는 법을 설명할 것이다.

8장 「상속」에서 다음과 같은 단순한 대입 명령문으로 한 객체를 다른 객체에 대입하면 어떤 일이 발생하는지 설명했다.

```
origin = pt;
```

이 예제에서 origin과 pt는 모두 두 정수 인스턴스 변수 x와 y를 갖는 XYPoint 객체다.

대입이란 것이 그저 객체 pt의 주소를 origin에 복사해 넣는 것뿐임을 기억하자. 대입 연산이 끝나면, 두 변수는 메모리의 동일한 주소를 가리키게 된다. 다음 메시지로 인스턴스 변수를 바꾸면, 변수 origin과 pt가 참조하는 XYPoint 객체의 x, y 좌표가 바뀌게 된다. 둘 다 메모리에서 동일한 객체를 참조하기 때문이다.

```
[origin setX: 100 andY: 200];
```

Foundation 객체들도 마찬가지다. 한 변수를 다른 변수에 대입하면 그저 객체참조가 하나 더 생길 뿐이다(17장 「메모리 관리와 ARC」에서 설명했듯이 레퍼런스 카운트가 올라가지는 않는다). 따라서 dataArray와 dataArray2가 모두 NSMutableArray 객체라면, 다음 명령문은 두 변수가 동시에 참조하는 동일한 배열에서 첫째 원소를 제거한다.

```
dataArray2 = dataArray;
[dataArray2 removeObjectAtIndex: 0];
```

18.1 copy와 mutableCopy 메서드

Foundation 클래스에는 객체의 사본을 생성해 주는 copy와 mutableCopy라는 메서드가 있다. 객체를 복사하기 위해서는, 사본을 만들기 위한 프로토콜인 NSCopying을 따르는 메서드를 구현해야 한다. 만일 여러분의 클래스가 객체의 수정 가능한 사본과 불가능한 사본을 구분하여 만든다면, NSMutableCopying 프로토콜을 따르는 메서드도 구현해야 한다. 이 방법은 이 절의 뒷부분에서 배운다.

Foundation 클래스의 copy 메서드로 돌아가자. NSMutableArray의 두 객체 dataArray2와 dataArray가 주어졌다고 하자.

```
dataArray2 = [dataArray mutableCopy];
```

이 명령문은 메모리 안에서 dataArray 사본을 생성하여 모든 원소를 복사한다. 그 후, 다음 명령문을 실행한다.

```
[dataArray2 removeObjectAtIndex: 0];
```

이로써 dataArray2의 첫째 원소는 제거되지만, dataArray의 첫째 원소는 그대로 유지된다. 프로그램 18.1은 이 점을 보여 준다.

프로그램 18.1

```
#import <Foundation/Foundation.h>

int main (int argc, char *argv[])
```

```
{
  @autoreleasepool {
    NSMutableArray *dataArray = [NSMutableArray arrayWithObjects:
        @"one", @"two", @"three", @"four", nil];
    NSMutableArray *dataArray2;

    // 간단한 대입
    dataArray2 = dataArray;
    [dataArray2 removeObjectAtIndex: 0];

    NSLog (@"dataArray:  ");
    for ( NSString *elem in dataArray )
        NSLog (@"    %@", elem);

    NSLog (@"dataArray2: ");
    for ( NSString *elem in dataArray2 )
        NSLog (@"    %@", elem);

    // 복사하고 복사본의 첫 원소를 삭제한다.
    dataArray2 = [dataArray mutableCopy];
    [dataArray2 removeObjectAtIndex: 0];

    NSLog (@"dataArray:  ");
    for ( NSString *elem in dataArray )
        NSLog (@"    %@", elem);

    NSLog (@"dataArray2: ");
    for ( NSString *elem in dataArray2 )
        NSLog (@"    %@", elem);

  }
  return 0;
}
```

프로그램 18.1 출력 결과

```
dataArray:
    two
    three
    four
dataArray2:
    two
    three
    four
dataArray:
    two
    three
    four
dataArray2:
    three
    four
```

프로그램은 수정 가능한 배열 객체인 dataArray를 정의하고 배열의 네 원소를 스트링 객체인 @"one", @"two", @"three", @"four"로 설정한다. 이미 이야기 했듯이 다음과 같이 대입문을 작성해도 그저 메모리에서 동일한 배열을 가리키는 참조를 하나 더 만들 뿐이다.

```
dataArray2 = dataArray;
```

dataArray2에서 첫째 객체를 제거하고 두 배열 객체의 원소들을 출력하면 당연히 첫 번째 원소(스트링 @"one")가 두 배열 객체 레퍼런스에서 사라진다.

그 다음에는 dataArray의 수정 가능한 사본을 만들어 dataArray2에 대입한다. 이제 메모리에 각기 다른 수정 가능한 배열 두 개가 생성되었고 둘 다 원소를 세 개씩 담고 있다. 여기서 dataArray2의 첫째 원소를 제거해도, dataArray의 내용에는 아무런 영향이 없다. 프로그램의 출력 결과에서 마지막 부분을 보면 이를 확인할 수 있다.

객체의 수정 가능한 사본을 만든다고 해서 복사되는 객체도 수정할 수 있어야 하는 것은 아니다. 수정 불가능한 사본도 마찬가지다. 수정 가능한 객체에서 수정 불가능한 사본을 만들 수도 있다.

18.2 얕은 복사와 깊은 복사

프로그램 18.1에서는 dataArray의 원소를 수정 불가능한 스트링으로 채워 넣는다(스트링 상수 객체는 수정할 수 없다는 사실을 기억하자). 프로그램 18.2에서는 여기에 수정 가능한 스트링을 대신 집어넣어 배열 안의 스트링 값을 바꿀 수 있도록 만들 것이다. 프로그램 18.2를 보고 출력된 결과를 이해해보자.

프로그램 18.2

```
#import <Foundation/Foundation.h>

int main (int argc, char *argv[])
{
  @autoreleasepool{
    NSMutableArray *dataArray = [NSMutableArray arrayWithObjects:
      [NSMutableString stringWithString:@"one"],
```

```
                [NSMutableString stringWithString:@"two"],
                [NSMutableString stringWithString:@"three"],
                 nil
            ];
        NSMutableArray *dataArray2;
        NSMutableString *mStr;

        NSLog (@"dataArray:   ");
        for ( NSString *elem in dataArray )
            NSLog (@"   %@", elem);

        // 사본을 만들고, 스트링 중 하나를 바꾼다.
        dataArray2 = [dataArray mutableCopy];

        mStr = [dataArray objectAtIndex: 0];
        [mStr appendString: @"ONE"];

        NSLog (@"dataArray:   ");
        for ( NSString *elem in dataArray )
            NSLog (@"   %@", elem);

        NSLog (@"dataArray2:   ");
        for ( NSString *elem in dataArray2 )
            NSLog (@"   %@", elem);
    }
    return 0;
}
```

프로그램 18.2 출력 결과

```
dataArray:
   one
   two
   three
dataArray:
   oneONE
   two
   three
dataArray2:
   oneONE
   two
   three
```

다음 명령문을 작성해 dataArray의 첫째 원소를 가져왔다.

```
mStr = dataArray[0];
```

그런 다음, 다음 명령문을 사용하여 이 원소에 스트링 @"ONE"을 덧붙였다.

```
[mStr appendString:@"ONE"];
```

원래 배열과 사본 배열의 첫째 원소 값을 살펴보자. 둘 다 수정되었다. dataArray에서 첫째 원소가 바뀐 이유는 이해할 만하다. 그런데 사본까지 바뀐 까닭은 무엇일까? 컬렉션에서 원소를 받아 올 때, 해당 원소의 새 복사본이 아니라 레퍼런스를 새로 받아온다. 따라서 objectAtIndex: 메서드가 dataArray에 호출되었을 때, 반환된 객체는 dataArray의 첫째 원소와 메모리상에서 동일한 객체다. 따라서 출력 결과에서 볼 수 있듯이, 이후에 스트링 객체 mStr를 수정하면 dataArray의 첫째 원소도 바뀌는 효과가 나타난다.

그러면 복사한 배열은 어떻게 되는 것일까? 왜 사본 배열의 첫 원소도 바뀌었을까? 기본적으로 '얕은 복사'가 수행되기 때문이다. 따라서 배열을 mutableCopy 메서드로 복사하면, 새 배열 객체를 담을 메모리 공간이 할당되고 각 원소가 새 배열에 복사되어 들어간다. 그러나 원래 배열에서 각 원소를 복사하여 새 위치에 넣는 일은 사실 원소의 레퍼런스를 복사하여 다른 배열에 집어넣는 것이다. 그래서 최종적으로 두 배열의 원소들은 메모리에서 동일한 스트링을 참조하게 된다. 이는 이 장 초반에 다룬, 객체를 다른 객체에 대입하는 작업과 마찬가지다.

배열의 각 원소를 구별되는 복사본으로 만들려면, '깊은 복사(deep copy)'를 수행해야 한다. 이 말은 배열 내 객체의 레퍼런스 만이 아니라 각 객체 내용의 사본까지 만든다는 의미다(배열의 원소가 배열 객체라는 말이 무슨 뜻일지 생각해 보라). 그러나 Foundation 클래스에 있는 copy와 mutableCopy 메서드를 사용할 때는 기본적으로 깊은 복사를 하지 않는다. 19장 「아카이빙」에서 Foundation에 있는 아카이빙 기능으로 객체의 깊은 사본을 만드는 방법을 볼 것이다.

배열, 딕셔너리, 세트의 사본을 만들 때는 이 컬렉션들의 새로운 사본을 얻게 된다. 그러나 컬렉션 값에 변화를 주고 싶은데, 사본에는 영향을 끼치고 싶지 않다면 각 원소를 직접 복사해야 한다. 예를 들어 보자. 프로그램 18.2에서 dataArray2의 첫 번째 원소를 바꾸고 싶은데 dataArray는 그대로 두고 싶다면, 다음과 같이 (stringWithString: 같은 메서드를 사용하여) 새 스트링을 만들고 dataArray2의 첫 항목에 저장할 수 있다.

```
mStr = [NSMutableString stringWithString:dataArray2[0]];
```

그런 다음 mStr에 변화를 주고, replaceObject:atIndex:withObject: 메서드를 사용하여 배열에 추가할 수 있다.

```
[mStr appendString @"ONE"];
[dataArray2 replaceObjectAtIndex: 0 withObject: mStr];
```

배열의 객체를 바꾼 후에도 mStr와 dataArray2의 첫째 원소는 메모리에서 동일한 객체를 참조하고 있음을 알아챘을 것이다. 따라서 프로그램에서 mStr를 바꾸면, 배열의 첫 번째 원소도 바뀌게 될 것이다.

18.3 NSCopying 프로토콜 구현하기

만일 여러분의 클래스 가운데 하나에 대해, 예를 들어 주소록에 copy 메서드를 사용해보자.

```
newBook = [myBook mutableCopy];
```

그러면 다음과 유사한 오류 메시지를 보게 될 것이다.

```
*** -[AddressBook copyWithZone:]:  selector not recognized
*** Uncaught exception:
*** -[AddressBook copyWithZone:]: selector not recognized
```

이미 언급한 대로, 여러분의 클래스에 복사 기능을 구현하려면 NSCopying 프로토콜에 따른 메서드를 하나 혹은 둘 정도 구현해야 한다.

1부 「Objective-C 언어」에서 물리도록 사용한 Fraction 클래스에 copy 메서드를 추가하는 방법을 살펴볼 것이다. 여기서 복사할 때 쓰는 기법은 다른 클래스에서도 대개 잘 작동할 것이다. 그 클래스가 Foundation 클래스의 서브클래스라면 좀 더 복잡한 전략을 구현해야 할 수도 있다. 슈퍼클래스가 이미 자신의 복사 전략을 구현해 놓았을지 모르니 그 점도 알아두어야 한다.

기억하는가? Fraction 클래스는 정수 인스턴스 변수 numerator와 denominator를 담고 있었다. 이 객체들 가운데 하나를 복사하려면, 새 분수를 담을 공간을 할당하고 그저 두 정수의 값을 새 분수 안으로 복사해 넣으면 된다.

NSCopying 프로토콜을 구현할 때는, 클래스에서 copyWithZone: 메서드를 구현해야만 copy 메시지에 응답할 수 있다(copy 메시지는 그저 인수를 nil로 하여 copyWithZone: 메시지를 여러분의 클래스에 보내준다). 이전에도 말했지만, 만일 수정 가능한 사본과 불가능한 사본을 구분하고 싶다면, NSMutableCopying 프로토콜에 따라 mutableCopyWithZone: 메서드도 구현해야 한다. 두 메서드를 모두 구현했다면 copyWithZone: 메서드는 수정 불가능한 사본을 반환하고, mutableCopyWithZone:은 수정 가능한 사본을 반환해야 한다. 객체의 사본을 수정할 수 있게끔 만든다고 해서 복사되는 객체도 수정 가능해야 하는 것은 아니다(반대 상황도 마찬가지다). 수정이 불가능한 객체에서 수정이 가능한 사본을 만들어야 할 때도 충분히 있을 만하다(예로, 스트링 객체를 생각해보자).

여기에서 @interface는 다음과 같을 것이다.

```
@interface Fraction: NSObject <NSCopying>
```

Fraction은 NSObject의 서브클래스이고 NSCopying 프로토콜을 따른다.

구현 파일인 Fraction.m에 다음과 같이 새로운 메서드 정의를 추가하자.

```
- (id)copyWithZone:(NSZone *)zone
{
    Fraction *newFract = [[Fraction allocWithZone:zone]init];

    [newFract setTo:numerator over:denominator];

    return newFract;
}
```

zone 인수는 프로그램에서 생성하고 다룰 수 있는 또 다른 메모리 영역(NSZone)과 관련되어 있다. 메모리를 많이 할당하는 프로그램을 작성하는 데다가, 이 메모리들을 존으로 묶어 할당을 최적화하고 싶다면? NSZone을 사용해 직접 영역을 다룰 수 있다.* copyWithZone: 에 넘기는 값을 받아 메모리 할당 메서드인 allocWithZone:에 넘겨 준다. 이 메서드는 지정한 존에 메모리를 생성한다.

새 Fraction 객체를 생성한 후, 수신자의 numerator와 denominator 변수를 그 객체에 복사한다. copyWithZone: 메서드는 객체의 새로운 사본을 반환해 준다. 이 작업은 여러분의 메서드에서 처리한다.

프로그램 18.3은 새 메서드를 테스트한다.

프로그램 18.3

```
// 분수 복사하기

#import "Fraction.h"

int main (int argc, char *argv[])
{
    @autoreleasepool {
        Fraction *f1 = [[Fraction alloc] init];
        Fraction *f2;

        [f1 setTo:2 over:5];
        f2 = [f1 copy];

        [f2 setTo:1 over:3];

        [f1 print];
        [f2 print];
    }
    return 0;
}
```

프로그램 18.3 출력 결과

```
2/5
1/3
```

프로그램은 Fraction 객체인 f1을 생성하고 2/5로 설정한다. 그 후, 여러분의 객체에 copyWithZone: 메시지를 보내는 copy 메서드를 호출하여 사본을 만든다. 이 메서드는 새 Fraction 객체를 만들어 f1 값을 복사하여 넣은 뒤, 결과를 반환한다. main에서 그 결과를 f2에 대입한다. 그 이후에 f2의 값을 분수 1/3로

---

* (옮긴이) NSZone은 메모리 영역을 지정하고 관리할 때 사용하는 구조체다. 많은 수의 객체를 동시에 생성하는 경우, 별도의 존을 만들어 메모리 영역을 지정하면 이들 객체가 메모리상 서로 가까이 생성되어 약간의 최적화 효과가 있다. 일반적인 경우는 애플리케이션마다 생성되는 기본 존을 사용하면 된다.

설정하여 원래 분수 f1에 아무런 영향이 없는지 확인한다. 다음 코드를 보자.

```
f2 = [f1 copy];
```

프로그램에서 위 코드를 다음과 같이 바꿔주면 다른 결과가 나올 것이다.

```
f2 = f1;
```

여러분의 클래스에서 서브클래스가 만들어진다면, copyWithZone: 메서드가 상속될 것이다. 그런 경우 메서드에서 다음 코드를 바꿔줘야 한다.

```
Fraction *newFract = [[Fraction allocWithZone: zone]init];
```

이를 다음 코드로 변경해 주어야 한다.

```
id newFract = [[[self class] allocWithZone: zone] init];
```

이렇게 하면 copy의 수신자인 클래스에서 새 객체를 생성해낼 수 있다. 예를 들어, 이 클래스의 서브클래스를 만들어 NewFraction이라는 이름을 붙였다고 하자. 그 결과로는 Fraction 객체 대신에 상속된 메서드에서 NewFraction 객체가 새로 생성되어야 한다.

만일 슈퍼클래스에도 NSCopying 프로토콜을 구현한 클래스를 위해서 copyWithZone: 메서드가 작성되어 있다고 하자. 그럴 때는 먼저 슈퍼클래스에 copy 메서드를 호출하여 상속받은 인스턴스 변수를 복사한 후에 클래스에 여러분이 추가한 인스턴스 변수를 (존재한다면) 복사하는 코드를 포함시켜야 한다.

여러분의 클래스에서 얕은 복사를 구현할지, 깊은 복사를 구현할지 결정해야만 한다. 결정한 후 문서화하여 여러분의 클래스를 쓰는 사용자들에게 알려 주기만 하면 된다.

18.4 세터 메서드와 게터 메서드에서 객체 복사하기

세터 메서드와 게터 메서드를 구현할 때는 인스턴스 변수에 무엇을 저장하는지, 또 무엇을 읽어오는지, 그리고 이 값들을 보호할 필요가 있는지를 생각해 봐야 한다. 예를 들어, AddressCard 객체 중 하나의 이름을 세터 메서드를 이용해 이름을 설정하는 상황을 생각해보자.

```
newCard.name = newName;
```

newName이 새 카드의 이름을 담은 스트링 객체라고 가정하자. 그리고 세터 루틴 안에서 매개변수를 해당하는 인스턴스 변수에 그냥 대입만 했다고 하자.

```
- (void) setName:(NSString *)theName
{
  name = theName;
}
```

이제 나중에 프로그램이 newName에 저장된 문자를 일부 바꾼다면 어떻게 될까? (newName이 수정 가능한 스트링 객체라면 이런 일이 발생할 수 있을 것이다. 수정 가능한 스트링 객체가 NSString의 서브클래스이므로, NSString이 사용되는 곳에는 어디든 사용가능하다.) 주소 카드에서 대응하는 필드도 동일한 스트링 객체를 참조하기 때문에, 둘 다 의도하지 않게 바뀔 것이다.

이제까지 봤지만, 안전한 방법은 세터 루틴에서 객체 사본을 만들어 이런 예상치 못한 상황을 막는 것이다.

세터 메서드를 자동 생성하지 않았다면, 다음과 같이 copy를 사용하는 setName: 메서드를 작성하면 된다.

```
-(void) setName: (NSString *) theName
{
  name = [theName copy];
}
```

15장 「숫자, 스트링, 콜렉션」에서 봤듯이, copy를 프로퍼티 선언의 속성으로 지정해주면, 자동 생성된 메서드는 클래스의 (여러분이 작성했거나, 상속받은) copy 메서드를 사용할 것이다.

```
@property(nonatomic, copy)NSString *name;
```

따라서, 위 property 선언은 적절한 @synthesize 지시어와 함께 사용하면 다음 메서드와 동일하게 동작할 것이다.

```
- (void)setName:(NSString *)theName
{
    if (theName != name)
        name = [theName copy];
}
```

여기서 nonatomic을 사용하면 시스템에게 프로퍼티 접근자를 '뮤텍스(mutex : mutually exclusive, 상호 배타적)' 락으로 보호하지 말라고 지시한다. 스레드 안전 코드(threadsafe code)를 작성하는 사람들은 뮤텍스 락을 사용하여 두 스레드가 동시에 동일한 코드를 실행해도 처절한 문제가 발생하지 않도록 한다. 그러나 이 락들은 프로그램 동작을 느리게 만들 수 있다. 그러니 코드가 단일 스레드에서만 작동한다면, 락을 쓰지 않아도 된다.

만일 nonatomic이 지정되지 않거나 기본 설정인 atomic을 지정해 주었다면, 인스턴스 변수는 뮤텍스 락으로 보호될 것이다. 이를 통해, 인스턴스 변수에 독점적인 접근 권한을 부여하여 멀티쓰레드 애플리케이션에서 동일한 인스턴스 변수에 동시에 여러 쓰레드에서 접근할 때 발생할 수 있는 경쟁 조건을 방지해 준다.

> **노트**
> 프로퍼티에 mutableCopy라는 속성은 없다. copy 속성을 사용하면 수정 가능한 인스턴스 변수이더라도 copyWithZone: 메서드가 실행되어 수정 불가능한 객체의 사본이 생성될 것이다.

게터 루틴에서도 '인스턴스 변수의 값을 보호'해야 하는 것은 동일하다. 만일 수정 가능한 객체를 반환하면, 반환한 값을 바꿔도 인스턴스 변수의 값에는 영향을 주지 않아야 한다. 이렇게 하려면, 인스턴스 변수의 사본을 만들어서 반환한다.

copy 메서드를 구현하는 작업으로 돌아오자. 복사하는 인스턴스 변수가 수정 불가능한 객체(예를 들어, 수정이 불가능한 스트링 객체)를 담는다면, 객체 내용을 새로 복사할 필요가 없을 수도 있다. 그럴 때는 그저 객체를 리테인하고 새 레퍼런스를 생성하는 것으로 충분하다. 예를 들어, 멤버가 name과 email

인 AddressCard 클래스의 copy 메서드를 구현하고 있다고 하자. 다음과 같이 copyWithZone:를 구현하면 충분할 것이다.

```
- (AddresssCard *)copyWithZone:(NSZone *)zone
{
    AddressCard *newCard = [[AddressCard allocWithZone: zone] init];

    [newCard assignName:name andEmail:email];
    return newCard;
}

- (void)assignName:(NSString *)theName andEmail:(NSString *)theEmail
{
    name = theName;
    email = theEmail;
}
```

여기서는 인스턴스 변수를 복사할 때 setName:andEmail: 메서드를 사용하지 않았는데, 이 메서드가 인수의 새 사본을 만들기 때문에 이 예제의 목적과는 맞지 않아서이다. 그 대신 새 메서드 assignName:andEmail:을 사용하여 두 변수를 대입하기만 한다.

복사된 카드의 소유자는 원본 name과 email 멤버를 수정할 수 없으니 여기서는 인스턴스 변수를 (완전한 사본을 만드는 것 대신) 대입하는 것만으로 충분하다. 두 인스턴스 변수가 기본 값인 "strong" 변수이므로, 간단히 대입만 하더라도, 해당 객체의 또 다른 사본을 생성하게 된다. 이에 대해서는 17장에 자세히 설명하였다.

18.5 연습문제

1. AddressBook 클래스에 NSCopying 프로토콜에 따라 copy 메서드를 구현하라. mutableCopy 메서드도 구현하는 편이 올바르다고 생각하는가? 그 이유는 무엇인가? 또, 다른 누군가가 AddressBook의 book 속성의 세터 메서드를 사용하면 어떤 일이 발생할지 생각해보라. 누가 이 세터의 인자로 건네지는 주소록을 소유해야 하는가? 이를 어떻게 고치면 될까?

2. 8장에서 정의한 Rectangle과 XYPoint 클래스를 수정하여 NSCopying 프로토콜을 따르도록 만들자. 두 클래스에 copyWithZone: 메서드를 추가한다. Rectangle을 수정해서 자신의 XYPoint 멤버인 origin을 복사할 때 XYPoint의 copy 메서드를 사용하도록 하자. 여기서 이 클래스들이 수정 가능한 사본과 불가능한 사본을 모두 구현하는 게 맞는가? 그렇다면 그 이유를 설명하라.

3. NSDictionary 딕셔너리 객체를 생성하고 키-객체 묶음을 몇 개 채워 넣자. 그 다음에 수정 가능한 사본과 불가능한 사본을 모두 만들자. 이 사본들이 깊은 복사인가, 얕은 복사인가? 답을 검증하라.

19장

Programming in Objective-C

아카이빙

아카이빙은 Objective-C 용어로, 하나 이상인 객체를 나중에 복구할 수 있는 형식으로 저장하는 절차다. 보통은 나중에도 읽을 수 있도록 객체를 파일에 작성하는 작업과 관련 있다. 이 장에서는 데이터를 아카이빙하는 두 가지 방법을 살펴본다. 바로 '프로퍼티 리스트'와 '키-값 코딩'이다.

19.1 XML 프로퍼티 리스트로 아카이빙하기

Mac OS X은 XML 프로퍼티 리스트(혹은 'plist')를 사용하여 사용자 기본 환경 설정, 애플리케이션 설정, 구성 설정 정보 등을 저장한다. 따라서, 이 리스트들을 생성하고 읽어 들이는 방법을 알면 매우 유용하다. 이것들은 보관할 목적으로 사용되지만, 데이터 구조에 대한 프로퍼티 리스트를 생성하려 하면, 특정 클래스들은 리테인되지 않고 동일한 객체에 대한 다중 레퍼런스가 저장되지 않는다. 또한 객체를 수정할 수 있는 성질이 보존되지 않는다는 한계가 있다.

> **노트**
> '옛 스타일' 프로퍼티 리스트는 데이터를 XML 프로퍼티 리스트와는 다른 형식으로 저장한다. 가능하다면 여러분의 프로그램에서 XML 프로퍼티 리스트를 사용하는 편이 좋다.

사용하는 객체가 NSString, NSDictionary, NSArray, NSDate, NSData, NSNumber 형이라면, 이 클래스들에 구현된 writeToFile:atomically: 메서드를 사용하여 데이터를 파일에 기록할 수 있다. 파일에 딕셔너리나 배열을 기록하는 경우, 이 메서드는 데이터를 XML 프로퍼티 리스트 형식으로 기록한다. 프로그램 19.1은 15장 「숫자, 스트링, 컬렉션」에서 생성한 간단한 용어집 딕셔너리를 프로퍼티 리스트 파일로 저장하는 방법을 보여 준다.

프로그램 19.1

```
#import <Foundation/Foundation.h>

int main (int argc, char *argv[])
{
  @autoreleasepool {
    NSDictionary *glossary = @{
       @"abstract class":
           @"A class defined so other classes can inherit from it.",
       @"adopt":
           @"To implement all the methods defined in a protocol",
       @"archiving":
           @"Storing an object for later use. "
    };
    if ([glossary writeToFile: @"glossary"  atomically: YES] == NO)
      NSLog (@"Save to file failed!");

  }
  return 0;
}
```

writeToFile:atomically: 메시지를 여러분의 딕셔너리 객체 glossary에 보내면, glossary 파일에 프로퍼티 리스트의 형태로 딕셔너리가 저장된다. atomically 매개 변수는 YES로 설정되었다. 이는 임시 백업 파일에 먼저 기록하고, 기록이 성공하면 최종 데이터를 지정한 파일명인 glossary로 옮기기를 원한다는 의미다. 이것은 기록하다가 시스템이 크래시를 내는 일이 있을 때 파일에 오류가 생기지 않도록 방지하는 보호책이다. 이 경우 원본 glossary 파일이 (이미 존재했다면) 손상되지 않는다.

프로그램 19.1에서 생성한 glossary 파일 내용을 살펴보면 다음과 같을 것이다.

```
<?xml version="1.0" encoding="UTF-8"?>
<!DOCTYPE plist PUBLIC "-//Apple Computer//DTD PLIST 1.0//EN"
```

```
                    "http://www.apple.com/DTDs/PropertyList-1.0.dtd">
<plist version="1.0">
<dict>
        <key>abstract class</key>
        <string>A class defined so other classes can inherit from it.</string>
        <key>adopt</key>
        <string>To implement all the methods defined in a protocol</string>
        <key>archiving</key>
        <string>Storing an object for later use. </string>
</dict>
</plist>
```

이 XML 파일이 키(⟨key⟩...⟨/key⟩)와 값(⟨string⟩...⟨/string⟩)의 묶음으로 기록된 것을 보아 딕셔너리가 파일로 기록되었음을 알 수 있다.

딕셔너리로 프로퍼티 리스트를 작성하면 딕셔너리의 키는 모두 NSString 객체여야 한다. 배열의 원소나 딕셔너리 값은 NSString, NSArray, NSDictionary, NSData, NSDate, NSNumber 객체 중 하나가 될 것이다.

파일에서 XML 프로퍼티 리스트를 읽어들이려면 dictionaryWithContentsOfFile:과 arrayWithContentsOfFile: 메서드 중 하나를 사용한다. 데이터를 읽어 들이려면 dataWithContentsOfFile: 메서드를 사용하고, 파일에서 스트링 객체를 읽어들일 때는 stringWithContentsOfFile: 메서드를 사용한다. 프로그램 19.2는 프로그램 19.1에서 기록한 용어집을 다시 읽어 내용을 표시한다.

프로그램 19.2

```
#import <Foundation/Foundation.h>

int main (int argc, char * argv[])
{
   @autoreleasepool {
      NSDictionary *glossary;

      glossary = [NSDictionary dictionaryWithContentsOfFile: @"glossary"];

      for (NSString *key in glossary )
         NSLog (@"%@: %@", key, glossary[key]);
   }
   return 0;
}
```

> **프로그램 19.2 출력 결과**
>
> archiving: Storing an object for later use.
> abstract class: A class defined so other classes can inherit from it.
> adopt: To implement all the methods defined in a protocol

Objective-C 프로그램에서 프로퍼티 리스트를 생성해야만 하는 것은 아니다. 프로퍼티 리스트는 어디서 만들어 오든 상관없다. 프로퍼티 리스트는 간단한 문서 편집기로도 작성할 수 있고, Mac OS X 시스템의 /Developer/Application/Utilities 디렉터리에 있는 Property List Editor를 사용해도 된다.•

19.2 NSKeyedArchiver로 아카이빙하기

스트링, 배열, 딕셔너리만이 아니라 어느 형식의 객체든 파일에 기록할 수 있는 좀 더 유연한 방법이 있다. 일단 NSKeyedArchiver 클래스를 사용하여 '키를 갖는' 아카이브를 생성해야 한다.

Mac OS X 10.2부터 키가 있는 아카이브를 지원해 왔다. 그전에는 NSArchiver 클래스로 '시퀀셜 아카이브(sequential archive)'를 만들어야 했다. 시퀀셜 아카이브는 아카이브의 데이터를 읽을 때, 기록된 순서대로 읽어들여야만 한다.

키가 있는 아카이브는 아카이브의 각 필드에 이름이 있다. 여러분은 객체를 아카이브 할 때, 객체에 이름 혹은 '키'를 부여해 주는 것이다. 아카이브에서 데이터를 다시 가져올 때 동일한 키를 사용하여 가져온다. 이런 식으로, 순서에 상관없이 객체를 아카이브에 기록하고 읽어들일 수 있다. 게다가 클래스에 새 인스턴스 변수가 추가되거나 제거되더라도, 프로그램에서 처리할 수 있다.

프로그램 19.3은 NSKeyedArchiver 클래스의 archiveRootObject:toFile 메서드를 사용하여 디스크에 있는 파일에 용어집을 기록한다.

프로그램 19.3

```
#import <Foundation/Foundation.h>

int main (int argc, char * argv[])
```

• Xcode 4.x부터는 별도의 애플리케이션이 제공되지 않습니다. 대신 Xcode 자체에서 편집할 수 있다.

```
{
  @autoreleasepool {
    NSDictionary *glossary = @{
        @"abstract class":
            @"A class defined so other classes can inherit from it.",
        @"adopt":
            @"To implement all the methods defined in a protocol",
        @"archiving":
            @"Storing an object for later use. "
    };
    [NSKeyedArchiver archiveRootObject:glossary
                                toFile:@"glossary.archive"];
  }
  return 0;
}
```

프로그램 19.3은 터미널에 아무것도 출력하지 않는다. 그러나 다음 명령문을 작성해보자.

```
[NSKeyedArchiver archiveRootObject:glossary
                            toFile:@"glossary.archive"];
```

이 문장은 glossary 딕셔너리를 파일 glossary.archive에 기록한다. 파일에는 어느 경로명이든 지정할 수 있다. 이 경우 파일은 현재 디렉터리에 기록된다.

생성한 아카이브 파일은 프로그램 19.4와 같이 NSKeyedUnarchiver 클래스의 unarchiveObjectWithFile: 메서드로 프로그램에 읽어 들일 수 있다.

프로그램 19.4

```
#import <Foundation/Foundation.h>

int main (int argc, char *argv[])
{
  @autoreleasepool {
    NSDictionary *glossary;

    glossary = [NSKeyedUnarchiver unarchiveObjectWithFile:
                    @"glossary.archive"];

    for ( NSString *key in glossary )
        NSLog (@"%@: %@",  key, [glossary objectForKey: key]);
  }
  return 0;
}
```

프로그램 19.4 출력 결과

```
abstract class: A class defined so other classes can inherit from it.
adopt: To implement all the methods defined in a protocol
archiving: Storing an object for later use.
```

다음 명령문은 지정한 파일을 열어 내용을 읽는다.

```
glossary = [NSKeyedUnarchiver unarchiveObjectWithFile:
                @"glossary.archive"];
```

이 파일은 이전 아카이브 작업에서 저장했어야 한다. 파일의 전체 경로명을 지정하거나 예제에서 사용한 것처럼 상대 경로명을 지정해도 된다.

프로그램은 용어집을 읽어들이고 나서, 내용을 열거하여 제대로 복구되었는지 확인한다.

19.3 인코딩 메서드와 디코딩 메서드 작성하기

NSString, NSArray, NSDictionary, NSSet, NSDate, NSNumber, NSData와 같은 Objective-C의 기본 객체는 앞서 설명한 방식으로 아카이브하고 복원할 수 있다. 배열에 스트링이나 다른 배열이 저장된 상황처럼 객체가 중첩되어 있을 때도 앞서 설명한 방식으로 충분하다.

이 말은 Objective-C 시스템이 AddressBook 객체를 어떻게 아카이브해야 하는지 모르기 때문에, 이 기법으로 AddressBook 객체를 직접 아카이브할 수 없다는 의미다. 만일 다음 코드를 프로그램에 추가하여 이 객체를 아카이브해보자.

```
[NSKeyedArchiver archiveRootObject:myAddressBook
    toFile:@"addrbook.arch"];
```

이제 프로그램을 실행시켜 보면 다음과 같은 메시지를 보게 된다.

```
*** -[AddressBook encodeWithCoder:]: selector not recognized
*** Uncaught exception: <NSInvalidArgumentException>
*** -[AddressBook encodeWithCoder:]: selector not recognized archiveTest:
received signal: Trace/BPT trap
```

이 오류 메시지를 보면 시스템이 AddressBook 클래스에서 encodeWithCoder: 메서드를 찾으려 했지만 그런 메서드는 정의한 적이 없다는 사실을 알 수 있다.

앞서 나열한 객체 외에 다른 객체를 아카이브하려면 시스템에게 여러분의 객체를 어떻게 아카이브 혹은 '인코드'해야 할지 알려 주어야 한다. 객체들을 언아카이브하거나 '디코드'하는 방법도 알려 주어야 한다. 이를 위해서 클래스를 정의하는 부분에 NSCoding 프로토콜에 따른 encodeWithCoder:와 initWithCoder: 메서드를 추가해야 한다. 주소록 예제에서는, AddressBook과 AddressCard 클래스에 이 메서드들을 추가해 줘야 한다.

encodeWithCoder: 메서드는 아카이버가 지정된 클래스의 객체를 인코드해야 할 때마다 호출된다. 이 메서드는 어떻게 인코드해야 할지 알려준다. 비슷한 방식으로 initWithCoder:도 지정한 클래스의 객체를 디코드해야 할 때마다 호출된다.

일반적으로 인코더 메서드는 저장하고 싶은 객체에 있는 모든 인스턴스 변수를 아카이브하는 방법을 지정해 주어야 한다. 다행스럽게도 이 작업을 도와주는 메서드들이 있다. 앞서 설명한 기본 Objective-C 클래스들은 encodeObject:forKey: 메서드를 사용하면 된다. (정수나 부동소수점 등) 기본 하부 C 데이터 형은, 표 19.1에 나열된 메서드 중에서 선택해 사용한다. 디코더 메서드 initWithCoder:는 반대로 동작한다. 기본 Objective-C 클래스를 디코드할 때는 decodeObject:forKey: 메서드를 사용하고, 기본 데이터 형은 표 19.1에서 적절한 디코더 메서드를 찾아 쓴다.

인코더	디코더
encodeBool:forKey:	decodeBool:forKey:
encodeInt:forKey:	decodeInt:forKey:
encodeInt32:forKey:	decodeInt32:forKey:
encodeInt64: forKey:	decodeInt64:forKey:
encodeFloat:forKey:	decodeFloat:forKey:
encodeDouble:forKey:	decodeDouble:forKey:

표 19.1 키가 있는 아카이브에서 기본 데이터형 인코딩 메서드와 디코딩 메서드

프로그램 19.5는 AddressCard와 AddressBook 클래스에 인코딩 메서드와 디코딩 메서드를 추가한다.

프로그램 19.5 Addresscard.h 인터페이스 파일

```
#import <Foundation/Foundation.h>

@interface AddressCard:NSObject<NSCoding, NSCopying>

@property(copy, nonatomic) NSString *name, *email;

- (void) setName:(NSString *)theName andEmail:(NSString *)theEmail;
- (NSComparisonResult)compareNames:(id)element;
- (void)print;

// NSCopying 프로토콜을 위한 추가 메서드
- (void)assignName:(NSString *)theName andEmail:(NSString *)theEmail;

@end
```

다음은 AddressCard 클래스에 더한 두 메서드를 구현한 것이다.

```
- (void)encodeWithCoder:(NSCoder *)encoder
{
  [encoder encodeObject:name forKey:@"AddressCardName"];
  [encoder encodeObject:email forKey:@"AddressCardEmail"];
}

- (id) initWithCoder:(NSCoder *)decoder
{
  name = [decoder decodeObjectforKey:@"AddressCardName"];
  email = [decoder decodeObjectforKey:@"AddressCardEmail"];

  return self;
}
```

인코딩 메서드 encodeWithCoder:에 인수로 NSCoder 객체를 건넨다. NSObject에게서 AddressCard를 직접 상속받으므로, 상속받은 인스턴스 변수의 인코딩에 대해 걱정하지 않아도 된다. 만일 걱정해야 하는 경우이고, 클래스의 슈퍼클래스가 NSCoding 프로토콜을 따른다면 다음 명령문으로 먼저 상속된 인스턴스 변수를 인코딩해야 한다.

```
[super encodeWithCoder:encoder];
```

주소록에는 두 인스턴스 변수 name과 email이 있다. 이것들은 모두 NSString 객체이기 때문에 각 변수를 인코딩할 때 encodeObject:forKey:를 사용할 수 있다. 이 메서드를 사용하면 이 두 변수가 아카이브에 추가된다.

encodeObject:forKey: 메서드는 객체를 인코드하고, 지시된 키의 항목에 객체를 저장한다. 나중에 그 키를 이용해 객체를 찾을 수 있다. 키 이름은 데이터를 인코딩할 때 쓰는 키와 디코딩할 때 쓰는 키가 같다면 아무 이름이나 붙일 수 있다. 유일하게 충돌이 발생하는 경우는 인코딩되는 객체의 서브클래스에서 동일한 키를 사용할 때 뿐이다. 이를 방지하려면 프로그램 19.5에서 했듯이 인스턴스 변수 이름 앞에 클래스 이름을 붙여서 아카이브의 키 이름으로 쓰는 것이다.

encodeObject:forKey:는 클래스에서 encodeWithCoder:를 구현한 객체면 모두 사용할 수 있다.

디코딩 절차는 이와 반대다. initWithCoder:에 넘겨진 인수는 이번에도 NSCoder 객체다. 이 인수에 대해서는 크게 걱정할 것이 없다. 그저, 이 인수가 아카이브에서 추출하고 싶은 각 객체를 위한 메시지를 받는다는 점만 기억하자.

여기서도 AddressCard 클래스가 NSObject에게서 직접 상속받기 때문에, 상속받은 인스턴스 변수의 디코딩을 걱정할 필요가 없다. 만일, 상속받은 변수가 있다면 디코더 메서드의 시작 부분에 다음 코드를 넣어야 할 것이다(여러분 클래스의 슈퍼클래스가 NSCoding 프로토콜을 따른다고 가정하였다).

```
self = [super initWithCoder: decoder];
```

각 인스턴스 변수는 decodeObjectForKey:를 호출하고 그 변수가 인코딩될 때 사용했던 키를 사용하여 디코드된다.

AddressCard 클래스와 유사하게 AddressBook 클래스에도 인코딩 메서드와 디코딩 메서드를 추가해준다. 인터페이스 파일에서 바꿔야 할 부분은 @interface 지시어에서 AddressBook이 이제 NSCoding 프로토콜을 따른다고 선언해주는 것뿐이다. 이렇게 바꿔주면 코드는 다음과 같을 것이다.

```
@interface AddressBook:NSObject <NSCoding, NSCopying>
```

이제 구현 파일에 포함할 메서드 정의를 보자.

```
- (void)encodeWithCoder:(NSCoder *)encoder
{
  [encoder encodeObject:bookName forKey:@"AddressBookBookName"];
  [encoder encodeObject:book forKey:@"AddressBookBook"];
}

- (id)initWithCoder:(NSCoder *)decoder
{
  bookName = [decoder decodeObjectForKey:@"AddressBookBookName"];
  book = [decoder decodeObjectForKey:@"AddressBookBook"];

  return self;
}
```

프로그램 19.6은 변경한 클래스를 테스트해 줄 프로그램이다.

프로그램 19.6 테스트 프로그램

```
#import "AddressBook.h"

int main (int argc, char *argv[])
{
  @autoreleasepool {
    NSString *aName = @"Julia Kochan";
    NSString *aEmail = @"jewls337@axlc.com";
    NSString *bName = @"Tony Iannino";
    NSString *bEmail = @"tony.iannino@techfitness.com";
    NSString *cName = @"Stephen Kochan";
    NSString *cEmail = @"steve@steve_kochan.com";
    NSString *dName = @"Jamie Baker";
    NSString *dEmail = @"jbaker@hitmail.com";

    AddressCard *card1 = [[AddressCard alloc]init];
    AddressCard *card2 = [[AddressCard alloc]init];
    AddressCard *card3 = [[AddressCard alloc]init];
    AddressCard *card4 = [[AddressCard alloc]init];

    AddressBook *myBook = [AddressBook alloc];

    // 주소 카드를 네 개 설정한다.

    [card1 setName:aName andEmail:aEmail];
    [card2 setName:bName andEmail:bEmail];
    [card3 setName:cName andEmail:cEmail];
    [card4 setName:dName andEmail:dEmail];

    myBook = [myBook initWithName:@"Steve's Address Book"];
```

```
        // 주소록에 카드를 추가한다.
        [myBook addCard: card1];
        [myBook addCard: card2];
        [myBook addCard: card3];
        [myBook addCard: card4];

        [myBook sort];

        if ([NSKeyedArchiver archiveRootObject:myBook toFile:
                @"addrbook.arch"] == NO)
            NSLog (@"archiving failed");
    }
    return 0;
}
```

이 프로그램은 주소록을 생성하여 파일 addrbook.arch에 아카이브한다. 아카이브 파일을 생성하는 과정에서 AddressBook과 AddressCard의 인코딩 메서드가 호출되었음에 주의하자. 이를 확인하고 싶다면 NSLog를 이 메서드들에 추가해 보라.

프로그램 19.7은 파일에서 주소록을 생성하기 위해 아카이브를 메모리로 읽어들이는 방법을 보여 준다.

프로그램 19.7

```
#import "AddressBook.h"

int main (int argc, char *argv[])
{
    AddressBook         *myBook;
    @autoreleasepool {
        myBook = [NSKeyedUnarchiver unarchiveObjectWithFile: @"addrbook.arch"];

        [myBook list];
    }
    return 0;
}
```

프로그램 19.7 출력 결과

```
======== Contents of: Steve's Address Book =========
Jamie Baker         jbaker@hitmail.com
Julia Kochan        jewls337@axlc.com
Stephen Kochan      steve@steve_kochan.com
Tony Iannino        tony.iannino@techfitness.com
====================================================
```

주소록을 언아카이빙하는 과정에서 두 클래스에 추가된 디코딩 메서드가 자동으로 호출되었다. 프로그램에 주소록을 다시 읽어들이기가 얼마나 쉬운지 알아챘을 것이다.

이미 언급했듯이, encodeObject:forKey: 메서드는 내장되어 있는 클래스와, NSCoding 프로토콜에 따른 인코딩 메서드와 디코딩 메서드를 구현해 준 클래스에 대해서 동작한다. 여러분의 인스턴스가 정수나 부동소수점 수 같은 기본 데이터 형을 포함한다면, 이것들을 인코딩하고 디코딩할 방법을 알고 있어야 한다(표 19.1을 보라).

NSString, int, float라는 세 인스턴스 변수를 보유한 클래스 Foo를 간단하게 정의해보자. 이 클래스는 아카이빙할 때 쓸 세터 메서드 하나와 게터 메서드 세 개 그리고 인코딩/디코딩 메서드 두 개를 갖고 있다.

```
@interface Foo: NSObject <NSCoding>

@property (copy, nonatomic) NSString *strVal;
@property int intVal;

@property float floatVal;

@end
```

다음은 이것들을 구현한 파일이다.

```
@implementation Foo

@synthesize strVal, intVal, floatVal;

- (void)encodeWithCoder:(NSCoder *)encoder
{
  [encoder encodeObject:strVal forKey:@"FoostrVal"];
  [encoder encodeInt:intVal forKey:@"FoointVal"];
  [encoder encodeFloat:floatVal forKey:@"FoofloatVal"];
}

- (id)initWithCoder:(NSCoder *)decoder
{
  strVal = [decoder decodeObjectForKey:@"FoostrVal"];
  intVal = [decoder decodeIntForKey:@"FoointVal"];
  floatVal = [decoder decodeFloatForKey:@"FoofloatVal"];

  return self;
```

}
@end

인코딩 루틴은 앞에서 본 것과 같이 encodeObject:forKey: 메서드를 사용하여 먼저 스트링 값 strVal을 인코드한다.

프로그램 19.8에서는 Foo 객체를 하나 생성해 파일에 저장한 후, 불러들여 언아카이빙한 뒤, 이를 표시한다.

프로그램 19.8 테스트 프로그램

```
#import <Foundation/Foundation.h>
#import "oo.h" // Foo의 정의

int main (int argc, char *argv[])
{
   @autoreleasepool {
      Foo *myFoo1 = [[Foo alloc] init];
      Foo *myFoo2;

      [myFoo1 setStrVal: @"his is the string";
      [myFoo1 setIntVal: 12345];
      [myFoo1 setFloatVal: 98.6];

      [NSKeyedArchiver archiveRootObject: myFoo1 toFile: @"oo.arch";

      myFoo2 = [NSKeyedUnarchiver unarchiveObjectWithFile: @"oo.arch";
      NSLog (@"%@\n%i\n%g" [myFoo2 strVal], [myFoo2 intVal],
                  [myFoo2 floatVal]);
   }
   return 0;
}
```

프로그램 19.8 출력 결과

```
This is the string
12345
98.6
```

다음 메시지들은 이 객체에 있는 세 인스턴스 변수를 아카이브한다.

```
[encoder encodeObject:strVal forKey:@"FoostrVal"];
[encoder encodeInt:intVal forKey:@"FoointVal"];
```

```
[encoder encodeFloat:floatVal forKey:@"FoofloatVal"];
```

표 19.1에는 char, short, long, long long 같은 몇몇 기본 데이터 형이 나오지 않았다. 이것들은 직접 데이터 객체의 크기를 알아내서, 그에 적절한 루틴을 사용해야 한다. 예를 들어 short int는 보통 16비트이고 int와 long은 32비트이거나 64비트일 수 있다. long long은 64비트다(13장 「하부 C 언어 기능」에서 설명한 sizeof 연산자를 사용하여 데이터 형의 크기를 알아낼 수 있다). 따라서 short int를 저장하려면 먼저 int에 넣고 encodeInt:forKey: 메서드로 아카이브한다. 아카이브에서 복원하려면 이 절차를 반대로 수행하면 된다. 즉, decodeIntForKey:를 사용하고 short int 변수에 대입하면 된다.

19.4 NSData를 사용하여 커스텀 아카이브 만들기

앞의 프로그램 예제들처럼 archiveRootObject:toFile: 메서드를 사용하여 객체를 직접 파일에 기록하고 싶지 않을 수도 있다. 예컨대, 객체의 전부나 일부를 모아, 한 아카이브 파일에 저장하고 싶은 경우가 있다. Objective-C에서 이를 하려면 일반 데이터 객체 클래스인 NSData를 사용하면 된다. 16장 「파일 다루기」에서 짧게 설명했다.

16장에서도 언급했지만 NSData 객체는 데이터를 저장할 메모리 공간을 예약하는데 사용한다. 이 데이터 공간은 보통 파일에 저장될 데이터의 임시 저장소가 되기도 하고 디스크에서 읽은 파일 내용을 담는 곳도 된다. 수정할 수 있는 데이터 공간을 생성하는 가장 쉬운 방법은 data 메서드를 사용하는 것이다.

```
dataArea = [NSMutableData data];
```

이 코드를 작성하면 프로그램이 실행되는 동안 필요에 따라 크기가 늘어나는 빈 버퍼 공간이 생성된다.

간단한 예제를 보자. 주소록을 아카이브하고 동일한 파일에 Foo 객체도 담으려 한다. 이 예제는 AddressBook과 AddressCard에 키가 있는 아카이브 메서드를 추가했다고 가정한다(프로그램 19.9를 보라).

프로그램 19.9

```objectivec
#import "AddressBook.h"
#import "Foo.h"

int main (int argc, char *argv[])
{
  @autoreleasepool {
    Foo *myFoo1 = [[Foo alloc] init];
    NSMutableData *dataArea;
    NSKeyedArchiver *archiver;
    AddressBook *myBook;

    // 프로그램 19.7의 코드를 이곳에 추가하여
    // Address Book 클래스의 인스턴스인 myBook이
    // 네 개의 주소 카드를 담도록 한다

    myFoo1.strVal = @"This is the string";
    myFoo1.intVal = 12345;
    myFoo1.floatVal = 98.6;


    // 데이터 영역을 설정하고 NSKeyedArchiver 객체에 이것을 연결한다.
    dataArea = [NSMutableData data];

    archiver = [[NSKeyedArchiver alloc]
                initForWritingWithMutableData: dataArea];

    // 이제 객체를 아카이브할 수 있다.
    [archiver encodeObject:myBook forKey:@"myaddrbook"];
    [archiver encodeObject:myFoo1 forKey:@"myfoo1"];
    [archiver finishEncoding];

    // 아카이브된 데이터 영역을 파일로 기록한다.
    if ([dataArea writeToFile:@"myArchive" atomically: YES] == NO)
        NSLog (@"Archiving failed!");
  }
  return 0;
}
```

NSKeyedArchiver 객체를 생성하고 난 후, initForWritingWithMutableData: 메시지를 보내 아카이빙한 데이터를 기록할 공간을 지정한다. 이 공간은 앞서 만들었던 NSMutableData 객체인 dataArea 영역이다. archiver에 저장된 NSKeyedArchiver 객체는 이제 인코딩 메시지를 받아 프로그램의 객체를 아카이브할 수 있다. 사실 finishEncoding 메시지를 받을 때까지, 이 객체는 인코딩 메시지로 받은 것을 지정된 데이터 공간에 모두 아카이브하여 저장한다.

여기서는 두 객체를 인코드한다. 첫 번째 객체는 주소록이고 두 번째는 Foo 객체다. 앞서 AddressBook과 AddressCard, Foo 클래스에 인코더와 디코더 메서드를 구현하였으므로 encodeObject:forKey:를 사용할 수 있다(이 개념은 매우 중요하니 꼭 이해하자).

두 객체를 아카이빙하고 나면, archiver 객체에 finishEncoding 메시지를 보낸다. 이 지점이 지나고 나서는 더는 다른 객체를 인코드할 수 없다. 그러므로 아카이빙 과정을 마칠 때 이 메시지를 보내야 한다.

dataArea라는 이름으로 구분한 저장 공간은 이제 아카이브된 객체를 파일에 기록할 수 있는 형태로 담는다.

```
[dataArea writeToFile: @"myArchive" atomically: YES]
```

이 메시지 표현식은 writeToFile:atomically: 메시지를 데이터 스트링에 보내, 그 데이터를 myArchive라는 이름으로 지정한 파일에 저장하라고 요청해 준다.

if 문에서 볼 수 있듯이, writeToFile:atomically: 메서드는 BOOL 값을 반환한다. 파일 기록이 성공하면 YES를 반환하고, 실패하면 NO를 반환한다 (지정한 파일의 경로명이 유효하지 않거나, 파일 시스템이 꽉 찬 경우일 것이다).

아카이브 파일에서 데이터를 복원하는 일은 쉽다. 그저 데이터를 저장했던 과정을 반대로 밟아 나가면 된다. 먼저, 이전과 같은 데이터를 생성해야 한다. 그리고는 아카이브 파일을 그 데이터 공간에 읽어들인다. 그 다음에는 NSKeyed Unarchiver 객체를 만들어서 지정된 공간에 데이터를 디코드하라고 지시한다. 아카이브한 객체를 추출하고 또 디코드하려면 디코드 메서드를 호출해 줘야만 한다. 이 작업을 마치면 NSKeyedUnarchiver 객체에 finishDecoding 메시지를 보낸다.

프로그램 19.10에서 이 모든 작업을 볼 수 있다.

프로그램 19.10

```
#import "AddressBook.h"
#import "Foo.h"

int main (int argc, char *argv[])
{
    @autoreleasepool {
```

```
        NSData *dataArea;
        NSKeyedUnarchiver *unarchiver;
        Foo *myFoo1;
        AddressBook *myBook;
        // 아카이브를 읽어 NSKeyedUnarchiver 객체를 연결한다.

        dataArea = [NSData dataWithContentsOfFile: @"myArchive"];

        if (! dataArea) {
           NSLog (@"Can't read back archive file!");
           return 1;
        }

        unarchiver = [[NSKeyedUnarchiver alloc]
                   initForReadingWithData: dataArea];

        // 이전에 아카이브에 저장했던 객체를 디코드한다.
        myBook = [unarchiver decodeObjectForKey:@"myaddrbook"];
        myFoo1 = [unarchiver decodeObjectForKey:@"myfoo1"];

        [unarchiver finishDecoding];

        // 복원이 성공했는지 확인한다.
        [myBook list];
        NSLog (@"%@\n%i\n%g", [myFoo1 strVal],
                 [myFoo1 intVal], [myFoo1 floatVal]);
     }
     return 0;
}
```

프로그램 19.10 출력 결과

```
======== Contents of: Steve's Address Book ========
Jamie Baker          jbaker@hitmail.com
Julia Kochan         jewls337@axlc.com
Stephen Kochan       steve@steve_kochan.com
Tony Iannino         tony.iannino@techfitness.com
====================================================
This is the string
12345
98.6
```

출력된 결과를 보면 아카이브 파일에서 주소록과 Foo 객체를 성공적으로 복원했음을 알 수 있다.

19.5 아카이버를 사용하여 객체 복사하기

프로그램 18.2에서 수정 가능한 스트링 원소를 담은 배열 사본을 만들면서 배열의 얕은 사본이 어떻게 만들어지는지 확인하였다. 이를 통해 실제 스트링 자체는 복사되지 않고 스트링을 가리키는 레퍼런스들만 복사되었음을 알게 되었다.

   Foundation에 있는 아카이빙 기능을 쓰면 객체의 깊은 사본을 만들 수 있다. 한 예로, 프로그램 19.11은 버퍼에 dataArray를 아카이빙하고 나서 언아카이빙한 다음, 그 결과를 dataArray2에 대입했다. 이로써 dataArray를 dataArray2에 복사한다. 이 과정에서는 파일을 사용할 필요가 없다. 아카이빙과 언아카이빙 과정은 모두 메모리상에서 일어날 수 있다.

프로그램 19.11

```objc
#import <Foundation/Foundation.h>

int main (int argc, char *argv[])
{
  @autoreleasepool {
    NSData         *data;
    NSMutableArray *dataArray = [NSMutableArray arrayWithObjects:
        [NSMutableString stringWithString:@"one"],
        [NSMutableString stringWithString:@"two"],
        [NSMutableString stringWithString:@"three"],
        nil
     ];

    NSMutableArray *dataArray2;
    NSMutableString *mStr;

    // 아카이버를 사용해 깊은 사본을 만든다.
    data = [NSKeyedArchiver archivedDataWithRootObject:dataArray];
    dataArray2 = [NSKeyedUnarchiver unarchiveObjectWithData:data];

    mStr = [dataArray2 objectAtIndex: 0];
    [mStr appendString: @"ONE"];

    NSLog (@"dataArray: ");
    for ( NSString *elem in dataArray )
      NSLog (@"%@", elem);

    NSLog (@"\ndataArray2: ");
    for ( NSString *elem in dataArray2 )
        NSLog (@"%@", elem);
```

```
        }
        return 0;
}
```

프로그램 19.11 출력 결과

```
dataArray:
one
two
three

dataArray2:
oneONE
two
three
```

출력 결과를 보면 알 수 있듯 dataArray2의 첫째 원소를 바꿔도 dataArray의 첫째 원소에는 아무런 영향이 미치지 않는다. 그 이유는 아카이빙과 언아카이빙 과정을 거쳐 스트링의 새 사본을 만들었기 때문이다.

프로그램 19.11에서는 다음 두 줄짜리 코드로 복사가 이루어진다.

```
data = [NSKeyedArchiver archivedDataWithRootObject:dataArray];
dataArray2 = [NSKeyedUnarchiver unarchiveObjectWithData:data];
```

다음처럼 한 줄짜리 명령문으로 복사해 중간에 대입하는 과정을 없앨 수도 있다.

```
dataArray2 = [NSKeyedUnarchiver unarchiveObjectWithData:
        [NSKeyedArchiver archivedDataWithRootObject:dataArray]];
```

이 기법을 사용하여 객체의 깊은 사본을 만들거나, 혹은 NSCopying 프로토콜을 지원하지 않는 객체를 복사할 수 있다.

19.6 연습문제

1. 6장 '의사 결정하기'에 있는 프로그램 6.10A는 소수표를 만든다. 프로그램을 수정하여 숫자를 NSMutableArray 객체에 저장한 다음, 결과 배열을 primes.pl 파일에 XML 프로퍼티 리스트로 기록하도록 만들자. 그 후 파일 내용을 확

인한다.

2. 연습문제 1에서 생성한 XML 프로퍼티 파일을 읽어 그 값을 배열 객체에 저장하는 프로그램을 작성하라. 배열의 모든 원소를 표시하여 복원 과정이 성공 했는지 확인한다.

3. 프로그램 19.2를 수정하여 /Library/Preferences 폴더에 저장된 XML 프로퍼티 리스트(.plist 파일) 중 하나의 내용을 표시하라.

4. 다음과 같은 커맨드라인으로 아카이브로 저장된 AddressBook을 읽고, 입력한 이름을 검색하는 프로그램을 작성하라.

```
$ lookup gregory
```

20장

Programming in Objective-C

코코아와 코코아 터치 소개

지금까지 작성한 프로그램들은 사용자 인터페이스가 간단했다. 모두 NSLog 루틴에 기대어 콘솔에 메시지를 표시하였다. 이 루틴은 매우 유용하지만, 그만큼 기능이 제한되어 있다. 맥이나 아이폰에서 사용했던 프로그램들은 우리가 만든 프로그램처럼 낯설거나 어색해 보이지 않았을 것이다. 사실, 맥의 명성은 사용자 친화적인 다이얼로그와 쉬운 사용 방식이 기반을 이룬다. 다행스럽게도 Xcode와 그 안에 포함된 인터페이스 디자인 도구를 결합하면 여러분도 충분히 명성에 걸맞는 프로그램을 만들 수 있다. 이런 조합으로 편집이나 디버깅 도구는 물론 온라인 문서에 편리하게 접근하여 프로그램을 개발할 수 있는 강력한 환경을 조성해 주며, 그뿐 아니라 복잡한 그래픽 사용자 인터페이스(GUI)를 손쉽게 개발할 환경도 마련된다.

여러분에게 풍부한 사용자 경험을 제공하는 Mac OS X 애플리케이션을 만들도록 지원해 주는 프레임워크를 코코아라고 부른다. 이는 세 프레임워크로 구성되어 있다. 바로 이미 낯익은 Foundation 프레임워크와 데이터베이스 기반으로 데이터를 쉽게 저장하고 관리하는 Core Data 프레임워크, 그리고 Application Kit(혹은 AppKit) 프레임워크다. Application Kit 프레임워크에서는 창, 버튼, 목록 등에 연관된 클래스들이 제공된다.

20.1 프레임워크 계층도

맨 아래에 있는 하드웨어와 최상위에 있는 애플리케이션을 분리하는 계층을 하나씩 설명할 때, 보통 도표를 사용한다. 그림 20.1 역시 그런 도표 가운데 하나다.

'커널'은 '장치 드라이버'의 형태로 하드웨어와 저수준 통신을 할 수 있게 한다. 커널은 시스템 자원을 관리한다. 자원에는 실행, 메모리 관리와 전원, 기본 I/O 작업 수행 등을 조율하는 프로그램들이 포함된다.

이름에서 알 수 있듯이 '코어 서비스'는 위 레이어에서 사용하는 저수준 핵심 (core) 기술을 지원한다. 예를 들어 컬렉션, 네트워킹, 디버깅, 파일 관리, 폴더, 메모리 관리, 스레드, 시간, 전원 등을 여기서 지원한다.

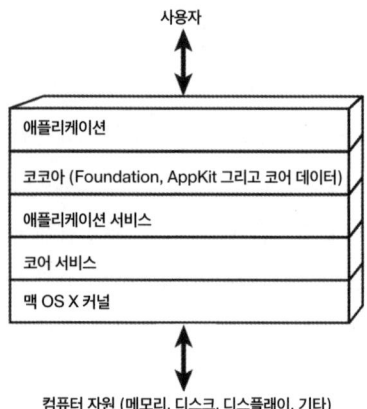

그림 20.1 애플리케이션 계층도

'애플리케이션 서비스' 계층은 Quartz, OpenGL, QuickTime 등을 포함하여 인쇄와 그래픽 렌더링을 지원한다.

애플리케이션 바로 밑에는 코코아 계층이 존재한다. 이미 말했듯이, '코코아'에는 Foundation과 Core Data, AppKit 프레임워크가 들어 있다. Foundation은 컬렉션, 스트링, 메모리 관리, 파일 시스템, 아카이빙 등을 다루는 클래스를 제공한다. AppKit에는 Mac OS X의 강점인 뷰, 윈도, 도큐먼트 같이 풍성한 사용자 인터페이스를 만드는 클래스들이 들어 있다.

이 설명을 듣고 나면, 몇몇 계층 사이에는 중복되는 기능이 있다고 생각하게 될 것이다. 컬렉션은 코코아와 코어 서비스 계층에 모두 존재한다. 그러나 엄밀히 말하면 코코아가 코어 서비스 계층을 기반으로 한다. 또한, 이따금 특정 계층을 건너뛰거나 연결하는(bridged) 일도 있다. 예를 들어 Foundation 클래스 가운데 파일 시스템을 다루는 클래스를 보자. 이 클래스는 애플리케이션 서비스 계층을 건너뛰고 바로 코어 서비스 계층의 기능을 사용한다. 대부분 Foundation 프레임워크는 (보통 절차적 언어 C로 작성된) 저수준 코어 서비스 계층에 정의된 데이터 구조를 객체 지향으로 매핑한다.

20.2 코코아 터치

아이폰, 아이팟 터치, 아이패드와 같은 iOS 장치에는 Mac OS X의 축소 버전을 구동시키는 컴퓨터가 담겨 있다. 가속도 센서 같이 전화기에만 고유한 기능은 아이폰에만 있다. 이는 MacBook이나 iMac과 같은, 다른 Mac OS X 컴퓨터에서는 볼 수 없다.

> **노트**
> 사실, 맥 노트북에는 가속도 센서가 들어 있어서 컴퓨터를 떨구면 하드디스크가 멈춘다. 그러나 여러분의 프로그램에서는 이 가속도 센서에 직접 접근할 수 없다.

코코아 프레임워크는 Mac OS X 데스크톱과 노트북 컴퓨터용 애플리케이션을 개발하고자 고안되었다. 반면 코코아 터치 프레임워크는 iOS 장치에서 실행할 애플리케이션을 개발할 용도로 고안되었다.

코코아와 코코아 터치 모두 Foundation 프레임워크와 Core Data 프레임워크를 공통으로 갖는다. 그러나 코코아 터치에서는 UIKit이 AppKit을 대체하여 창, 뷰, 버튼, 텍스트 필드 같은 동일한 형의 객체를 지원한다. 게다가 코코아 터치에는 가속도 센서, 자이로스코프, GPS와 WiFi 신호로 위치를 찾는 삼각 측정, 터치 기반 인터페이스 등을 다루는 클래스를 제공한다. 또한 필요 없는 클래스는 제거하였다.

이것으로 코코아와 코코아 터치에 대한 짧은 소개를 마친다. 다음 장에서는 iOS SDK의 일부인 시뮬레이터를 사용하여 아이폰용 애플리케이션을 작성하는 방법을 배워볼 것이다.

21장

Programming in Objective-C

iOS 애플리케이션 만들기

이 장에서 간단한 아이폰 애플리케이션 두 개를 개발할 것이다. 첫 번째 개발에서는 인터페이스 빌더를 사용할 때 반드시 알아야 할 개념들을 설명한다. 여기에는 연결 짓기, '델리게이트', '아웃렛', '액션' 이해하기가 포함된다. 두 번째에서는 분수 계산기를 만들 것이다. 이 프로그램을 만들 때 첫 번째 프로그램을 개발하며 배운 내용과 이 책에서 배운 내용을 모두 동원할 것이다. 다른 iOS 장치에서 돌아가는 애플리케이션을 개발할 때도, 여기서 배운 동일한 원칙을 사용할 수 있다.

21.1 iOS SDK

아이폰 애플리케이션을 만들려면 Xcode와 iOS SDK를 인스톨해야 한다. 이 SDK는 애플의 웹사이트에서 무료로 구할 수 있다. SDK를 다운로드하려면 먼저 애플 개발자로 등록해야 한다. 이 역시 무료다. http://developer.apple.com 에서 적절한 지점을 찾아 들어가면 각 링크를 발견할 수 있을 것이다. 이 사이트에 익숙해지면 여러모로 유용하다.

이 장에서 설명하는 내용은 Xcode 4.5와 iOS OS 6에 해당하는 iOS SDK를 기반으로 한다. Xcode나 iOS SDK의 이후 버전은 모두 여기서 설명하는 것과 호환될 것이다. 혹 화면이 달라 보인다면, 여러분이 사용하는 Xcode가 다른 버전일 수 있다. 그런 경우 포럼(http://classroomM.com/objective-c)에서 최신 정보를 찾아볼 수 있다.

21.2 첫 번째 아이폰 애플리케이션

첫 번째 프로그램은 아이폰 화면에 검은색 창을 띄우고 사용자가 누를 버튼을 넣는다. 버튼을 누르면 텍스트가 표시된다.

> **노트**
> 두 번째 프로그램이 훨씬 재미있다! 첫 번째 프로그램에서 배운 지식을 활용하여 분수 연산을 수행하는 간단한 계산기를 만들 것이다. 초반에 만든 Fraction 클래스와 수정된 Calculator 클래스를 쓰면 된다. 이번에는 계산기가 분수를 어떻게 다뤄야 할지를 알아야 한다.

첫 번째 프로그램에 바로 들어가자. 모든 내용을 설명하기에는 지면이 부족하기 때문에, 이 장에서는 상세하게 설명하지는 않는다. 그 대신 다른 코코아 도서나 iOS 프로그래밍 도서에서 더 많은 개념을 학습할 수 있도록 각 단계를 훑어보며 필요한 기반을 제공할 것이다.

그림 21.1은 아이폰 용 첫 번째 애플리케이션이 아이폰 시뮬레이터에서 동작하는 모습이다 (시뮬레이터에 대해서는 곧 더 설명할 것이다).

이 프로그램은 '1'이라는 이름이 붙은 버튼을 누르면 해당 숫자가 화면에 표시 되도록 디자인되었다(그림 21.2가 결과이다). 이게 이 프로그램이 하는 모든 일이다! 이 간단한 애플리케이션을 통해 두 번째 분수 계산 프로그램을 만드는 데 필요한 기반을 다진다.

지금까지 이 책을 읽어 왔고, Xcode를 사용하여 프로그램을 입력하고 테스트해 왔다면 이제 Xcode는 꽤 익숙할 것이다. 이번에는 표, 레이블, 버튼 같은 UI 항목을 아이폰 스크린과 유사한 윈도에 배치시켜서 사용자 인터페이스를 디자인하는 Xcode의 기능을 사용할 것이다. 여느 강력한 개발 툴과 마찬가지로 이 기능을 잘 사용하려면 먼저 익숙해져야 한다.

> **노트**
> Xcode 4 이전에는, UI 디자인 작업을 인터페이스 빌더라는 분리된 애플리케이션에서 담당했다.

그림 21.1 첫 번째 아이폰용 애플리케이션   **그림 21.2** 아이폰 애플리케이션 결과

애플은 아이폰 시뮬레이터를 아이폰 SDK에 넣어 배포한다. 시뮬레이터는 아이폰의 홈 스크린, 사파리 웹 브라우저, 주소록 프로그램 등을 포함하여 아이폰 환경의 대부분을 복제한다. 시뮬레이터를 사용하면 애플리케이션을 더 쉽게 디버그할 수 있다. 즉, 시뮬레이터만 있다면 애플리케이션의 각각의 버전을 실제 아이폰 장치에 다운로드해 거기서 디버그하지 않아도 된다. 이를 통해 많은 시간과 노력을 절약할 수 있다.

iOS 기기에서 애플리케이션을 실행하려면 먼저 iOS 개발자 프로그램에 등록하고 일정 금액을 애플에 지불해야 한다(이 글을 쓰고 있는 지금은 99달러다). 그러면 iOS 기기에 애플리케이션을 설치하고 테스트하도록 해주는 iPhone Development Certificate를 얻을 수 있는 활성화 코드를 받게 된다. 안타깝지만, 개인의 iOS 장치에서만 사용할 애플리케이션을 개발할 때도 이 과정을 거쳐야 한다. 우리가 개발한 프로그램은 아이폰 장치가 아니라 아이폰 시뮬레이터에서만 로드되고 테스트된다는 점을 유념하자.

21.2.1 아이폰 애플리케이션 프로젝트 새로 만들기

첫 번째 애플리케이션을 개발하는 시점으로 다시 돌아가자. iOS SDK를 설치하고 Xcode를 실행하자. File 메뉴에서 New Project를 선택한다. iOS OS 아래에서 Application을 선택하자(만일 왼쪽 부분에서 이게 나타나지 않는다면, iOS SDK를 설치하지 않았다는 의미다). 이제 창이 그림 21.3과 같아 보일 것이다.

다양한 종류의 애플리케이션을 개발할 때 시작점이 되어 주는 템플릿들이 있다. 표 21.1에 이것들을 정리해 놓았다.

애플리케이션 종류	설명
Master-Detail	네비게이션 컨트롤러를 사용하는 애플리케이션. 이런 애플리케이션으로는 주소록이 있다. iPad와 같이 큰 화면을 가진 장치에서는 스플릿 뷰 기반의 애플리케이션을 생성한다.
OpenGL Game	게임과 같은 OpenGL 그래픽 기반 애플리케이션.
Tabbed Application	탭 바를 사용하는 애플리케이션. 예로 음악 프로그램이 있다.
Utility Application	앞뒤 면이 있는 애플리케이션. 주식 프로그램이 그 예다.
Single View Application	단일 뷰를 가지고 시작하는 애플리케이션. 이 뷰에 그림을 그리고 윈도에 이 뷰를 표시한다.
Empty Application	메인 아이폰 윈도만 가지고 시작하는 프로그램. 이 메인 윈도에서 어느 프로그램이든 시작할 수 있다.
Page-based Application	페이지 뷰 컨트롤러를 사용하여 페이지를 표시하는 애플리케이션.

표 21.1 iOS 애플리케이션 템플릿

New Project 윈도로 돌아가서 맨 오른쪽 위에서 Single View Application을 선택하고 Next 버튼을 누르자. 다음에 뜨는 창에 Product Name을 iPhone_1로 입력하고 Company Identifier는 원하는 아무거나, Device Family는 iPhone으로, Use Automatic Reference Counting은 선택하고, Use Story Board와 Include Unit Tests는 선택하지 말자. 이제 화면이 그림 21.4와 같을 것이다.

노트

여러분이 전형적인 루트나 com.company 같은 특정 회사 식별자를 정하고 싶을지도 모르겠다. 이것은 리버스 도메인 네임이라고 하며, 여러분의 애플리케이션에서 번들 식별자의 기본으로 쓰이게 된다.

Objective-C 2.0

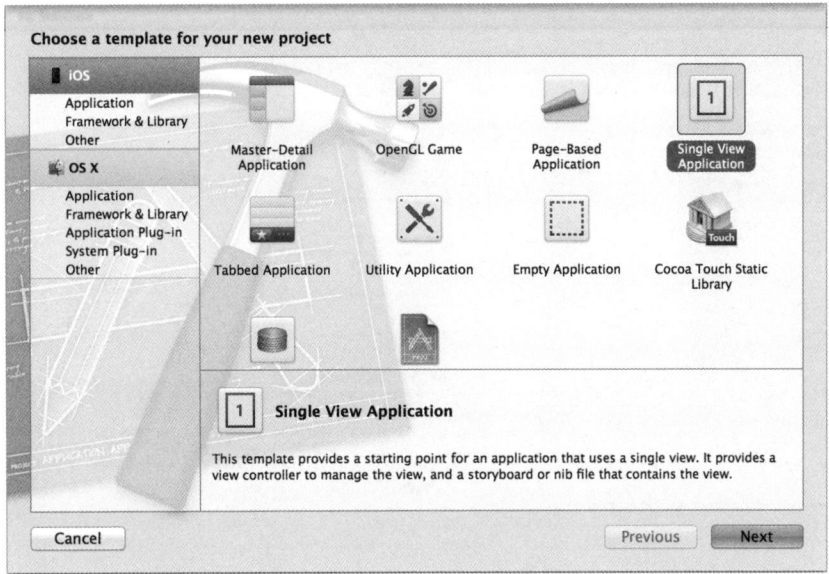

그림 21.3 새 iOS 프로젝트 시작하기

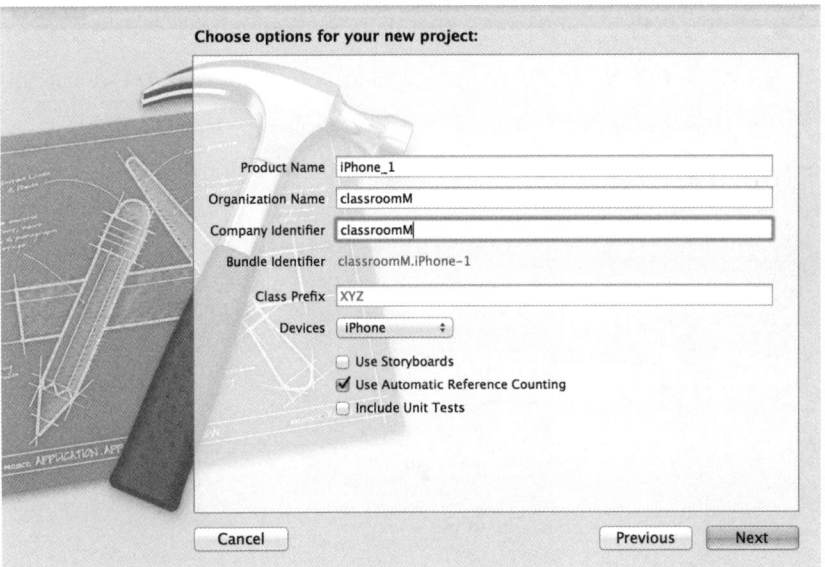

그림 21.4 프로젝트 옵션 선택하기

Next 버튼을 누르자. 이제 새 프로젝트 폴더가 어디에 생성될지 지정할 수 있다. Source Control 체크 박스는 신경쓰지 않아도 된다. 이제 화면이 그림 21.5와 같을 것이다.

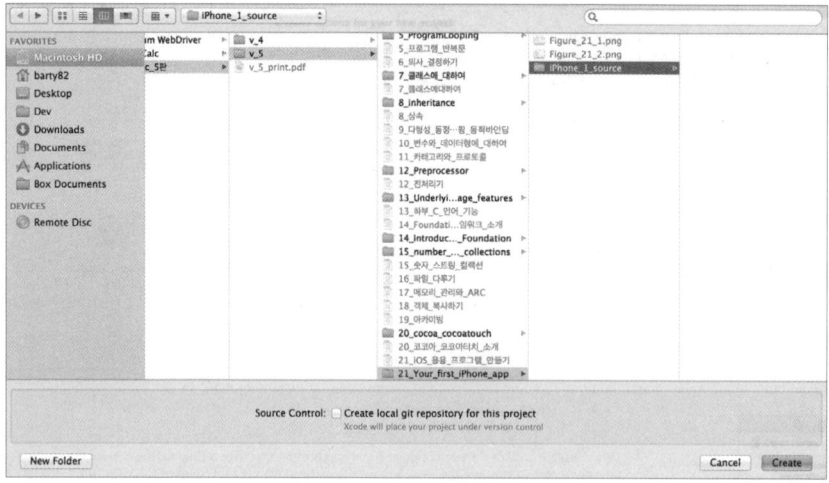

그림 21.5 프로젝트 폴더를 저장할 곳을 지정한다

이제 Create 버튼을 누르자. Xcode로 만든 이전 프로젝트에서 익숙히 보았듯이, 새 프로젝트는 여러분이 사용할 파일들의 템플릿을 보유한 채로 생성될 것이다. 그림 21.6에서 이를 확인할 수 있다. iPhone_1 폴더는 다음 다섯 개 파일을 담고 있다. iPhone_1AppDelegate.h, iPhone_1AppDelegate.m, iPhone_1ViewController.h, iPhone_1ViewController.m, MainWindow.xib. 가장 우측 영역에는 그 밖의 다른 것들 외에 여러분의 애플리케이션이 지원하는

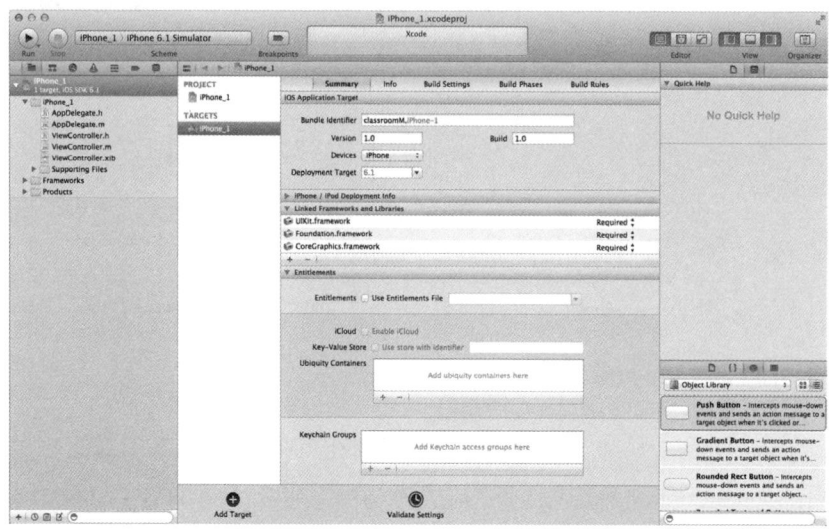

그림 21.6 새 iOS 프로젝트 iPhone_1이 생성되었다.

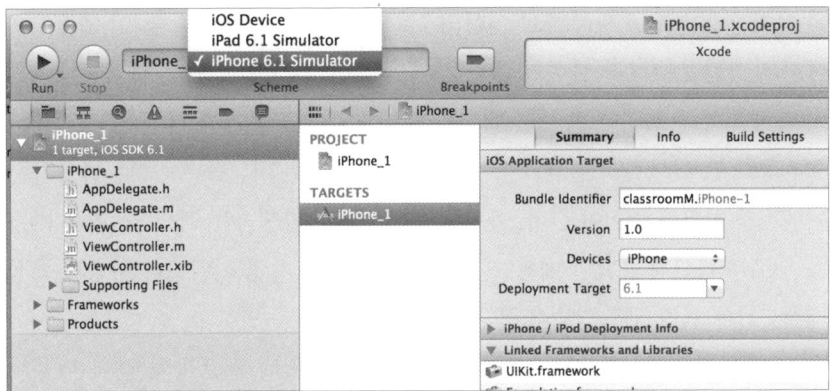

그림 21.7 iPhone Simulator 선택하기

화면의 방향과 애플리케이션의 아이콘을 담고 있다. 여기서는 이 부분은 무시한다.

여러분이 어떻게 설정하고 이전에 Xcode를 어떻게 사용했는지에 따라, 윈도가 그림 21.6과 완전히 같지는 않을 수 있다. 현재 여러분의 레이아웃을 그대로 계속 사용하거나, 이 그림과 유사하도록 변경해도 무방하다.

Xcode 맨 위의 좌측에 Scheme이라고 이름 붙은 드롭다운 버튼이 보일 것이다. 현재 우리는 아이폰에서 직접 돌아갈 프로그램을 개발하는 것이 아니다. 그러니 SDK가 프로그램을 아이폰 시뮬레이터로 실행시키도록 설정해야 한다. Scheme 드롭다운에서 그림 21.7과 같이 iPhone simulator를 선택하자.

21.2.2 코드 입력하기

이제 프로젝트 파일을 일부 수정할 차례다. AppDelegate가 이미 생성되어 있음에 주목하자. 애플리케이션 델리게이트 서브클래스는 모든 iOS 애플리케이션마다 하나씩 생성된다. 일반적으로, 이 클래스에는 애플리케이션의 구동을 조절하는 메서드가 담겨있다. 여기에는 애플리케이션이 시작되었을 때, 백 그라운드 상태로 진입하고, 빠져나올 때, 메모리를 과도하게 사용하고 있다는 통지를 받았을 때, 종료될 때가 포함된다. 이 장의 두 예제에서는 이 클래스에 손대지 않을 것이다.

자동으로 만들어진 두 번째 클래스는 ViewController이다. Xcode는 해당하는 .h와 .m 파일에 인터페이스와 구현부를 생성해준다. 뷰 컨트롤러는 여러분의 아이폰 화면에 표시할 하나 이상의 "뷰"를 관리할 책임을 진다. 이 애플리케이션은 그림 21.1에서 보여진 대로 하나의 뷰만 존재한다. 많은 애플리케이션이 다양한 뷰를 표시하고, 이를 관리할 다수의 뷰 컨트롤러를 가진다.

우리의 뷰 컨트롤러 클래스는 1이라고 이름 붙은 버튼을 누를 때 발생하는 이벤트를 처리해 주어야 한다. 아이폰의 윈도에서 발생하는 액션, 이 경우 버튼을 누르는 액션에 응답할 메서드를 정의해야 한다. 이런 이벤트와 수행될 특정 메서드간에 연결 짓는 방법을 곧 보게 될 것이다.

또한, 여러분의 객체에는 아이폰 윈도에 있는 몇몇 컨트롤에 값이 대응되는 인스턴스 변수도 포함할 것이다. 이런 인스턴스 변수로는 레이블 이름이나, 수정 가능한 텍스트 박스에 표시되는 텍스트가 있다. 이 변수들은 '아웃렛(outlet)'이라고 한다. 이 인스턴스 변수들과 아이폰의 윈도 안에 있는 실제 컨트롤을 연결하는 방법을 배울 것이다.

첫 번째 프로그램에서 1이라고 이름 붙은 버튼을 누를 때 이 액션에 응답할 메서드가 필요하다. 또한, 우리는 아이폰 윈도의 맨 위에 레이블을 만들었는데, 여기에 표시할 텍스트를 담을 아웃렛 변수도 필요하다.

ViewController.h 파일을 수정하여 새 UILabel 변수인 display를 추가하고, 버튼을 누를 때 응답하도록 click1 액션 메서드를 선언한다. 인터페이스 파일은 프로그램 21.1처럼 되어야 한다(파일의 앞부분에 자동으로 들어가는 주석은 생략했다).

프로그램 21.1 ViewController.h

```
#import <UIKit/UIKit.h>

@interface iPhone_1ViewController : UIViewController

@property (strong, nonatomic) IBOutlet UILabel *display;

- (IBAction) click1;

@end
```

아이폰 애플리케이션에서 〈UIKit/UIKit.h〉가 헤더 파일을 임포트한다는 사실을 주목하자. 이 헤더 파일은 Foundation.h가 NSString.h와 NSObject.h같이 필요한 헤더 파일들을 임포트하는 방식과 유사하게, 다른 UIKit 헤더 파일을 임포트한다.

UILabel 클래스의 프로퍼티 display를 추가하였다. 이는 실제 레이블에 연결될 아웃렛 프로퍼티이다. 이 프로퍼티의 텍스트 필드를 설정하면, 윈도에 있는 레이블에 해당하는 텍스트가 업데이트된다. UILabel 클래스에 정의된 다른 메서드를 쓰면 레이블의 색상, 줄 수, 폰트 크기와 같은 속성을 설정하거나 받아올 수 있다.

여기서 설명하지 않았지만, iOS 프로그래밍에 대해 더 배울수록 인터페이스에 있는 다른 클래스들을 사용하고 싶을 것이다. 이런 클래스들의 이름(UITextField, UIFont, UIView, UITableView, UIImageView, UIImage, UISlider, UIButton)은 어떤 목적으로 사용하는지를 알려 주는 실마리가 된다.

display 프로퍼티는 아웃렛이고, 프로퍼티 선언에서 IBOutlet 구분자가 사용되었음을 알 수 있다. 사실 IBOutlet은 UIKit 헤더 파일인 UINibDeclarations.h에 정의된 대로 아무것도 아니다(말 그대로 전처리기가 소스 파일에서 대치해 없애 버린다). 그러나 Xcode가 어떤 변수를 아웃렛으로 사용되고, 인터페이스에서 적절한 UI 원소와 연결할 수 있는지 알아낼 때, 헤더 파일을 읽어 IBOutlet을 찾기 때문에 구분자를 사용해야 한다.

click1 메서드는 IBAction형의 값을 반환하도록 정의되었다(이것은 UINibDeclarations.h 헤더 파일에 void로 정의되어 있다). IBOutlet과 마찬가지로, Xcode는 헤더 파일을 읽을 때 이 구분자를 사용하여 액션으로 쓸 수 있는 메서드를 찾는다.

이제 ViewController.m 구현 파일을 수정할 차례다. 다음 코드는 display 프로퍼티의 접근자 메서드를 자동생성한다.

이제 구현 파일을 수정하고 @synthesize 명령어를 넣고 click1 메서드 정의를 프로그램 21.1처럼 만들자. (Xcode가 구현 파일에 추가한 메서드 중, 우리가 수정하지 않을 부분은 표시하지 않았다.)

프로그램 21.1 ViewController.m

```
#import "ViewController.h"

@interface ViewController ()

@end
```

```
@implementation ViewController

@synthesize display;

- (IBAction)click1
{
  display.text = @"1";
}

- (void)viewDidLoad
{
  [super viewDidLoad];
  // 뷰가 로딩이 끝나고 나면 특히 nib 파일에 관한 추가 설정을 한다.
}

- (void)didReceiveMemoryWarning
{
  [super didReceiveMemoryWarning];
  // 다시 생성될 수 있는 자원을 지워준다.
}

@end
```

Xcode 확장자를 통해서 프라이빗 메서드와 프로퍼티를 클래스에 선언할 수 있다는 것을 기억하자.

```
@interface ViewController()
@end
```

프라이빗 메서드는 클래스에서 구현 부분에서만 사용할 수 있다. (11장 「카테고리와 프로토콜」에서 확장자를 다루고 있다.)

click1 메서드는 UILabel의 text 프로퍼티를 사용하여 아웃렛 변수 display를 스트링 1로 설정한다. 버튼을 누르면 이 메서드가 호출되도록 둘을 연결한다. 그러면 아이폰의 윈도에 1을 표시할 수 있다. 연결을 만들려면 Xcode에 포함된 인터페이스 디자인 도구를 사용하는 방법을 배워야 한다.

21.2.3 인터페이스 디자인하기

그림 21.4와 Xcode의 메인 윈도에서 ViewController.xib 파일을 보자. xib 파일은 (전통적으로 "nib" 파일이라 불렸는데, 이전에는 파일 확장자가 nib이었기 때문이다.) 프로그램에서 사용자 인터페이스에 대한 정보를 모두 담는다. 이 정

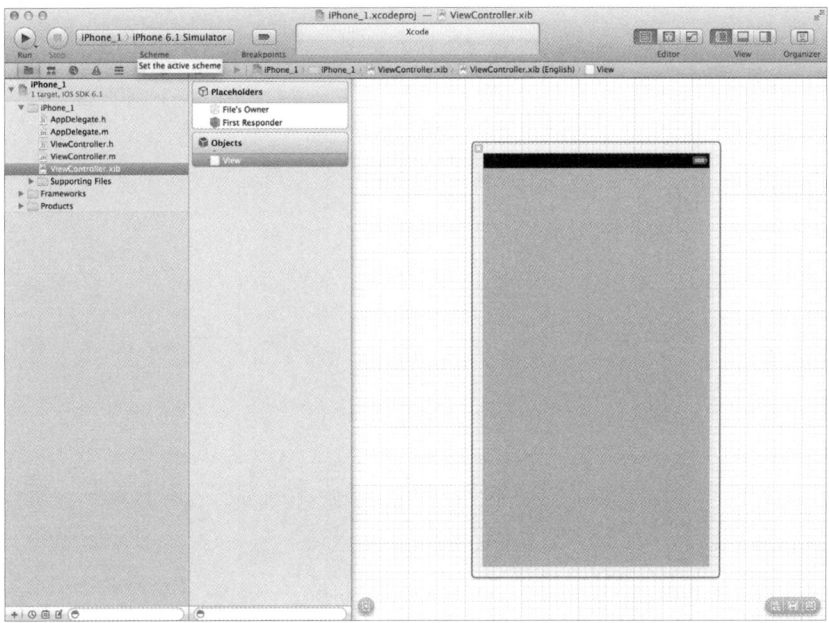

그림 21.8 UI 디자인 영역

보에는 윈도, 버튼, 레이블, 탭 바, 텍스트 필드 등이 다 들어간다. 물론, 아직 사용자 인터페이스를 만들지 않았다! 바로 다음 단계에서 사용자 인터페이스를 만들 것이다.

좌측 영역에서 ViewController.xib 파일을 선택하자. 그러면 인터페이스 디자인 도구가 그림 21.8과 같이 나타날 것이다. 우측 영역에서는 아이폰의 메인 윈도가 보이는데, 기본적으로 빈 화면에 회색 배경 색을 가지고 있다.

노트

여기 창에서는 화면이 긴 iPhone 5를 보여주고 있다. 만약 iPhone 4(혹은 이전 버전)을 지원하기 원한다면 보다 작은 스크린 길이의 창 레이아웃을 고려해야 한다.

View 〉 Utilities 〉 Show Attributes Inspector, Show Object Library를 선택하자. 여러분의 창은 이제 그림 21.9와 같이 보일 것이다.

(여러분의 화면과 그림 21.9를 일치하게 만들려면, Editor와 툴바에 선택된 다양한 설정을 살펴보아야 한다. 이 그림은 속성 인스펙터(Attributes Inspector)를 우상단 영역에 배치시켰고, 객체 라이브러리(Object Library)를 아이콘 모드로 우하단 영역에 위치시켰다.)

그림 21.9 ViewController.xib

우리가 먼저 할 일은 아이폰의 윈도를 검정색으로 지정하는 것이다. 이를 위해, 가운데 영역에서 아이폰의 윈도를 선택하자.

인스펙터(Inspector)의 View 부분을 보면, Background라는 이름의 속성을 발견할 것이다. Background 옆에 회색 사각형을 클릭하면, 색을 선택할 수 있도록 팝업 윈도가 뜰 것이다. 여기서 검정색을 선택하면, 인스펙터의 Background 속성이 회색에서 검정색으로 바뀐다.

아이폰의 윈도를 표시하고 있는 중간 영역을 보자. 그림 21.10처럼 검정색으로 바뀌었을 것이다.

Object Library 영역에서 객체를 아이폰 윈도로 드래그해서, 새 객체를 추가할 수 있다. 레이블 객체를 하나 드래그해보자. 그림 21.11과 같이 레이블이 윈도의 좌상단에 가까이 오면, 마우스를 놓자.

윈도 안에서 레이블을 움직이면 파란색 가이드라인이 나타날 것이다. 때로는, 이 라인이 나타나, 윈도에 이미 자리를 잡은 다른 객체에 맞게 객체를 배치하도록 도와준다. 또는 이 라인을 보면서 애플의 인터페이스 가이드라인에 따라, 객체가 다른 객체나 윈도 경계에서 충분히 거리를 두도록 배치한다.

Objective-C 2.0 ─

그림 21.10 아이폰 윈도 색을 검정으로 바꾸기

그림 21.11 레이블 추가하기

21장 iOS 애플리케이션 만들기 **543**

원한다면 언제든 레이블을 드래그하여 윈도 내 다른 위치로 옮길 수 있다.

이제 이 레이블의 속성을 설정해 주자. 윈도에서 방금 만든 레이블을 클릭하여 선택한다. 인스펙터 창이 자동으로 바뀌어 윈도에서 현재 선택된 객체에 대한 정보를 표시하는지 확인하자.

윈도 배경색을 바꾼 것처럼 레이블의 배경색을 파란색으로 바꾸자. (원하는 색을 골라도 무관하다.) 이 레이블에 기본적으로 아무 텍스트도 표시하지 않으려면 Text의 값을 빈 스트링으로 설정하면 된다(이 말은, 인스펙터의 창에서 이 텍스트 필드에 있는 Label 스트링을 삭제한다는 의미다).

정렬(Alignment) 속성에서 right-justfied(우측 정렬)을 선택한다. 마지막으로 레이블의 크기를 바꿔준다. 윈도로 돌아가서 레이블의 코너를 댕겨서 크기를 재조정한다. 크기를 재조정하고 위치를 다시 잡아서 그림 21.12와 유사하게 만들자.

그림 21.12 레이블 속성과 크기 바꾸기

드디어 인터페이스에 버튼을 추가할 차례다. 객체 라이브러리 창에서 Round Rect Button 객체를 클릭하고 드래그하여 인터페이스 창에 넣고, 그림 21.13에

그림 21.13 인터페이스에 버튼 추가하기

서 보듯이 윈도의 좌측 하단 구석에 놓자. 버튼 이름은 두 가지 방식으로 바꿀 수 있다. 버튼을 더블 클릭해 텍스트를 입력하거나, 인스펙터 영역의 Title 필드를 설정해 주면 된다. 어느 방식으로 하든 여러분의 윈도가 그림 21.13처럼 보이도록 하자.

이제 display 인스턴스 변수에 연결할 레이블이 생겼으므로 프로그램에서 변수를 설정하면 레이블의 텍스트도 변경될 것이다.

또한 1이라는 이름의 버튼을 누르면, click1 메서드가 호출되도록 설정하였다. 이 메서드는 display의 텍스트 필드 값을 1로 설정한다. 이 변수가 레이블에 연결될 것이기 때문에, 레이블도 업데이트될 것이다. 정리하는 의미로 이 과정을 다시 보자.

1. 사용자가 1이라는 이름이 붙은 버튼을 누른다.
2. 이 이벤트로 click1 메서드가 수행된다.
3. click1 메서드는 인스턴스 변수의 text 프로퍼티를 수정하여 스트링 1을 표시

하게 한다.
4. UILabel 객체인 display가 아이폰 윈도 안의 레이블에 연결되어 있으므로, 이 레이블도 해당하는 텍스트 값, 즉 1로 업데이트된다.

이 과정을 밟아 나가려면 그저 연결만 두 개 만들어 주면 된다. 어떻게 하면 되는지 살펴보자.

먼저, 소스 코드를 세 번째 영역에 표시하자. View > Utilities > Hide Utilities 를 선택하고, 다시 View > Assistant Editor > Show Assistant Editor를 선택하자. Xcode가 그림 21.14와 같아졌는지 확인하자.

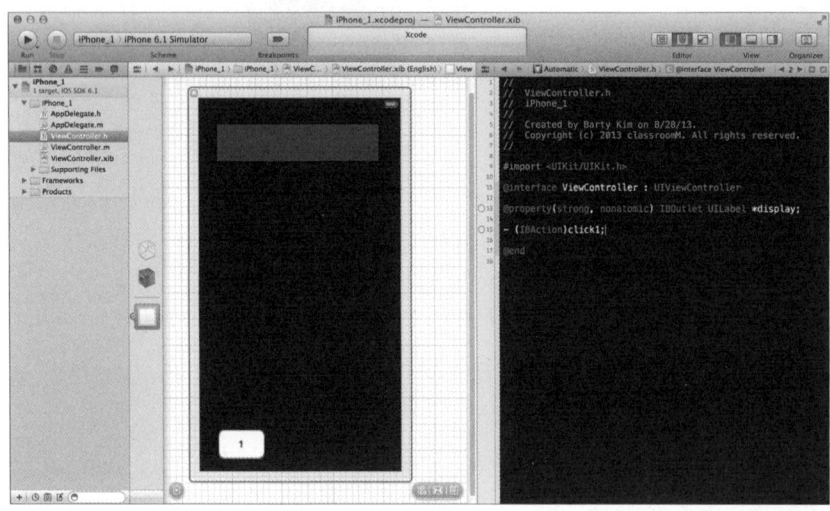

그림 21.14 인터페이스 옆에 소스 코드 보여주기

이제 IBAction 메서드 click1과 버튼을 연결하자. 컨트롤 키를 누른 채로 버튼을 클릭하고, 화면에 나타나는 파란 선을 우측 영역에 표시된 click1 메서드에 드래그하여 연결하면 된다. (구현 부분이나 인터페이스 부분 어디든 메서드에 드래그하여 연결할 수 있다.) 그림 21.15는 이를 보여준다.

이제 display 변수를 레이블에 연결할 차례다. 아이폰의 윈도에서 레이블을 선택하고, 컨트롤 키를 누른 채로 드래그하여 파란 선을 인터페이스 파일의 display 프로퍼티 선언에 연결하자. 그림 21.16은 이를 보여준다.

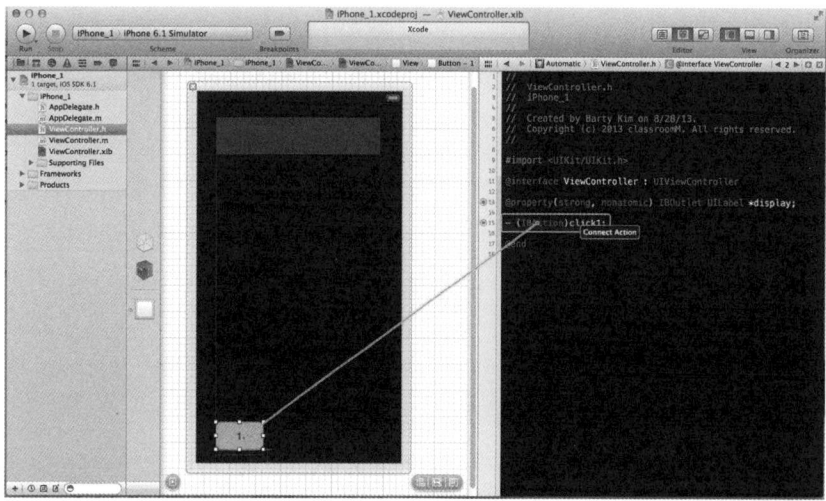

그림 21.15 버튼에 액션 추가하기

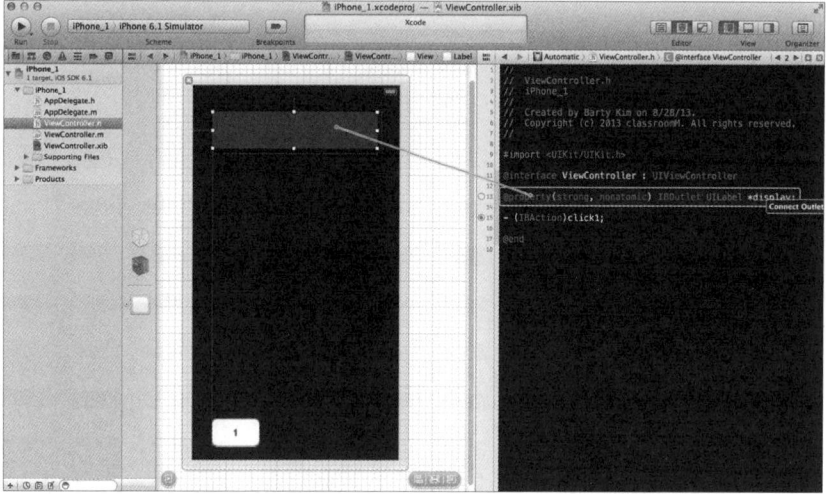

그림 21.16 아울랫 변수 연결하기

마우스를 놓으면 연결이 완성된다.

자 이것으로 끝이다! Product 〉 Run을 고르거나 툴바에서 Run을 누르자. 모든 게 잘 돌아간다면, 프로그램이 정상적으로 빌드되어 실행이 시작될 것이다. 실행이 시작될 때, 프로그램은 여러분의 컴퓨터에 나타나는 아이폰 시뮬레이터에 로드될 것이다. 시뮬레이터 창은 이 장 앞부분의 그림 21.1처럼 나타날 것이다. 시뮬레이터에서는 버튼을 누르는 대신에 그저 마우스로 클릭하면 된다. 그렇게 하면, 앞서 정리했던 과정을 밟고 연결까지 마친 결과로, 그림 21.2와 같이 디스플레이의 맨 위 레이블에 스트링 1이 표시될 것이다.

21.3 아이폰 분수 계산기

다음 예제는 조금 더 복잡하지만, 앞서 예제에서 배운 개념들이 동일하게 적용된다. 이 예제를 만들면서 모든 단계를 보여 주지 않고, 각 단계를 요약하고 디자인 방법 개요만 살펴볼 것이다. 물론 코드는 모두 보여준다.

먼저 이 애플리케이션이 어떻게 동작하는지 보자. 그림 21.17은 이 애플리케이션이 시뮬레이터에서 실행된 직후의 모습이다.

그림 21.17 실행된 분수 계산기

그림 21.18 연산키 입력하기

그림 21.19 두 분수의 곱셈 결과

계산기 프로그램에서는 첫 입력으로 분자가 입력되고, Over라는 키를 누른 후 입력하면 분모가 입력된다. 따라서 분모 2/5를 입력하려면 먼저 2를 누르고 Over를 누른 다음 5를 눌러야 한다. 이 계산기는 다른 계산기와 달리 화면에 분수를 보여 준다. 즉, 2/5는 2/5로 표시될 것이다.

분수를 하나 입력한 뒤에 각각 적절히 +, -, ×, ÷로 이름 붙은 키를 눌러 덧셈, 뺄셈, 곱셈, 나눗셈 연산을 입력한다.

두 번째 분수를 입력한 뒤에, 일반 계산기와 같이 = 키를 눌러 연산을 완료한다.

> **노트**
> 이 계산기는 분수 두 개 사이에서 단일 연산만 하도록 디자인되었다. 이 제한을 없애는 일은 연습문제로 남겨 두었다.

화면은 키가 입력되면서 계속 업데이트된다. 그림 21.18은 분수 4/6가 입력되고 곱셈 키가 입력된 후의 화면이다.

그림 21.19에는 4/6와 2/8를 곱한 결과가 나온다. 결과로 1/6이 나왔는데, 이로써 결과 값이 약분되었음을 확인할 수 있다.

21.3.1 Fraction_Calculator 프로젝트 새로 시작하기

이 두 번째 프로그램 예제는 새 프로젝트에서 시작할 것이다. 이전과 동일하게 New Project 창에서 Single View Application을 선택하자. 프로젝트를 Fraction_Calculator라 이름 지어주자.

프로젝트가 생성되면, 두 개의 클래스 템플릿이 정의되어 있을 것이다. AppDelegate.h와 AppDelegate.m은 애플리케이션의 델리게이트 클래스를 정의하고, ViewController.h와 ViewController.m은 뷰 컨트롤러 클래스를 정의한다. 이 장의 첫 예제와 마찬가지로, 후자에서 모든 작업을 수행할 것이다.

21.3.2 뷰 컨트롤러 정의하기

이제 ViewController 클래스의 코드를 작성하자. 먼저 인터페이스 파일에서 시작한다. 프로그램 21.2는 이를 보여준다.

프로그램 21.2 ViewController.h 인터페이스 파일

```
#import <UIKit/UIKit.h>

@interface ViewController : UIViewController

@property (strong, nonatomic) IBOutlet UILabel *display;
```

```
- (void)processDigit:(int)digit;
- (void)processOp:(char)theOp;
- (void)storeFracPart;

// 숫자 키
-(IBAction)clickDigit: (UIButton *) sender

// 산술 연산 키
- (IBAction)clickPlus;
- (IBAction)clickMinus;
- (IBAction)clickMultiply;
- (IBAction)clickDivide;

// 기타 키
- (IBAction)clickOver;
- (IBAction)clickEquals;
- (IBAction)clickClear;

@end
```

클래스에는 분수를 만드는 변수들(currentNumber, firstOperand, isNumerator)과 표시해 주는 스트링 변수(displayString)가 있다. 그리고 두 분수 사이에서 실제 계산을 수행할 Calculator 객체(myCalculator)도 있다. 숫자 키 0~9 중 어느 키든 눌렀을 때 이를 처리할 단일 메서드 clickDigit:를 정의한다. 또한 수행될 연산을 저장할 메서드(clickPlus, clickMinus, clickMultiply, clickDivide)와 = 키가 눌렸을 때 실제 연산을 수행할 메서드(clickEquals), 현재 연산을 제거할 메서드(clickClear) 그리고 Over 키를 눌렀을 때, 분자와 분모를 구분해 주는 메서드(clickOver)도 정의한다. 몇몇 메서드(processDigit:, processOp:, storeFracPart)는 이미 언급한 메서드를 돕는 용도로 정의된다.

프로그램 21.2는 이 컨트롤러 클래스를 구현한 파일이다. 인스턴스 변수를 구현부에 선언했음에 주의하자. 프로퍼티를 선언하고 접근자 메서드를 자동생성 할 수도 있다. 어느 방법이든 잘 동작한다. 이 접근법을 선택한 이유는 인스턴스 변수를 프라이빗으로 만들어 클래스 내부에서만 사용한다는 것을 명확히 하기 위함이다.

프로그램 21.2 ViewController.m 구현 파일

```
#import "Fraction_CalculatorViewController.h"

@implementation Fraction_CalculatorViewController
```

```
{
  char op;
  int currentNumber;
  BOOL firstOperand, isNumerator;
  Calculator *myCalculator;
  NSMutableString *displayString;
}

@synthesize display;

- (void)viewDidLoad {

    // 애플리케이션 실행 후 사용자화하려면 여기에 코드를 추가한다.
    firstOperand = YES;
    isNumerator = YES;
    displayString = [NSMutableString stringWithCapacity: 40];
    myCalculator = [[Calculator alloc] init];
}

- (void) processDigit:(int)digit
{
    currentNumber = currentNumber * 10 + digit;

    [displayString appendString:
        [NSString stringWithFormat: @"%i", digit]];
    display.text = displayString;
}

- (IBAction) clickDigit:(UIButton *)sender
{
    int digit = sender.tag;

    [self processDigit: digit];
}

- (void) processOp:(char)theOp
{
    NSString *opStr;

    op = theOp;

    switch (theOp) {
        case '+':
            opStr = @" + ";
            break;
        case '-':
            opStr = @" − ";
            break;
        case '*':
            opStr = @" ∞ ";
            break;
        case '/':
```

```objc
            opStr = @" ÷ ";
            break;
    }
    
    [self storeFracPart];
    firstOperand = NO;
    isNumerator = YES;
    
    [displayString appendString: opStr];
    display.text = displayString;
}

- (void) storeFracPart
{
    if (firstOperand) {
        if (isNumerator) {
            myCalculator.operand1.numerator = currentNumber;
            myCalculator.operand1.denominator = 1; // e.g. 3 * 4/5 =
        }
        else
            myCalculator.operand1.denominator = currentNumber;
    }
    else if (isNumerator) {
        myCalculator.operand2.numerator = currentNumber;
        myCalculator.operand2.denominator = 1; // e.g. 3/2 * 4 =
    }
    else {
        myCalculator.operand2.denominator = currentNumber;
        firstOperand = YES;
    }
    
    currentNumber = 0;
}

- (IBAction) clickOver
{
    [self storeFracPart];
    isNumerator = NO;
    [displayString appendString: @"/"];
    display.text = displayString;
}

// 산술 연산 키
- (IBAction) clickPlus
{
    [self processOp: '+'];
}

- (IBAction) clickMinus
{
    [self processOp: '-'];
}
```

```
- (IBAction) clickMultiply
{
   [self processOp: '*'];
}

- (IBAction) clickDivide
{
   [self processOp: '/'];
}

// 기타 키
- (IBAction) clickEquals
{
   if ( firstOperand == NO ) {
      [self storeFracPart];
      [myCalculator performOperation: op];

      [displayString appendString: @" = "];
      [displayString appendString: [myCalculator.accumulator
         convertToString]];
      display.text = displayString;

      currentNumber = 0;
      isNumerator = YES;
      firstOperand = YES;
      [displayString setString: @""];
   }
}

- (IBAction) clickClear
{
   isNumerator = YES;
   firstOperand = YES;
   currentNumber = 0;
   [myCalculator clear];

   [displayString setString: @""];
   display.text = displayString;
}

@end
```

계산기의 윈도는 여전히 이전 애플리케이션처럼 레이블 하나만 포함할 뿐이다. 이 레이블을 계속 display라고 부르겠다. 사용자가 숫자를 하나씩 입력하면 그에 따라 숫자를 만들어야 한다. 변수 current_Number에는 현재 진행 중인 숫자가 들어 있고, BOOL 변수 firstOperand는 입력 중인 피연산자가 첫 번째인지 혹은 두 번째인지에 대한 정보를 담았고, isNumerator는 사용자가 현재 피연산자의 분자를 입력하는지 아니면 분모를 입력하는지에 대한 정보를 담았다.

계산기의 숫자 버튼을 누르면 clickDigit: 메서드에 식별할 수 있는 정보가 건네진다. 그를 통해 어느 버튼을 눌렀는지 구분할 수 있다. 이를 위해 속성 인스펙터에서 버튼의 Tag 속성을 각 숫자 버튼에 대한 고유한 값으로 설정한다. 여기서는, 해당 숫자로 각각 태그를 설정하면 좋을 것이다. 즉, 0이 붙은 버튼의 태그는 0이 되고, 이름이 1인 버튼의 태그는 1로 설정되는 식이다. clickDigit: 에 넘겨지는 sender 매개변수에 tag 메시지를 보내 버튼의 태그 값을 가져올 수 있다. 다음과 같이 clickDigit: 메서드를 써서 이 작업을 수행한다.

```
- (IBAction)clickDigit:(UIButton *)sender
{
  int digit = sender.tag;

  [self processDigit: digit];
}
```

프로그램 21.2에는 첫 번째 프로그램보다 버튼이 더 많다. 뷰 컨트롤러 구현 파일에서 복잡한 것들은 대부분 분수를 만들고 표시하는 일과 관련 있다. 앞서 언급한 대로, 숫자 버튼 0~9를 누르면 clickDigit: 액션 메서드가 실행된다. 이 메서드는 processDigit: 메서드를 호출하여 지금 currentNumber 변수에 들어 있는 숫자 뒤에 입력받은 숫자를 붙여 넣는다. processDigit: 메서드는 숫자를 붙여 넣을 뿐 아니라 displayString 변수에 저장되는 현재 디스플레이 스트링에도 숫자를 더한다. 그리고 텍스트 레이블(display)을 업데이트한다.

```
- (void) processDigit:(int)digit
{
  currentNumber = currentNumber * 10 + digit;
  [displayString appendString:
         [NSString stringWithFormat: @"%i", digit]];
  display.text = displayString;
}
```

= 키를 누르면 clickEquals: 메서드가 호출되어 연산이 수행된다. 계산기는 두 분수의 연산을 수행하고 결과를 누산기(accumulator)에 저장한다. 이 누산기는 clickEquals 메서드에서 그 결과를 가져와서 display에 더한다.

21.3.3 Fraction 클래스

Fraction 클래스는 앞 예제에서 봤을 때와 크게 달라진 것이 없다. 여기에다 convertToString 메서드가 새로 더해져 분수를 스트링으로 표현할 수 있다. 프로그램 21.2는 Fraction 인터페이스 파일이고, 구현 파일이 뒤따른다.

프로그램 21.2 Fraction.h 인터페이스 파일

```
@interface Fraction : NSObject

@property int numerator, denominator;

- (void) print;
- (void) setTo:(int)n over:(int)d;
- (Fraction *) add:(Fraction *)f;
- (Fraction *) subtract:(Fraction *)f;
- (Fraction *) multiply:(Fraction *)f;
- (Fraction *) divide:(Fraction *)f;
- (void) reduce;
- (double) convertToNum;
- (NSString *) convertToString;

@end
```

프로그램 21.2 Fraction.m 구현 파일

```
#import "Fraction.h"

@implementation Fraction

@synthesize numerator, denominator;

- (void) setTo:(int)n over:(int)d
{
   numerator = n;
   denominator = d;
}

- (void) print
{
   NSLog (@"%i/%i", numerator, denominator);
}

- (double) convertToNum
{
   if (denominator != 0)
      return (double) numerator / denominator;
   else
      return NAN;
}
```

```objc
- (NSString *) convertToString
{
    if (numerator == denominator)
        if (numerator == 0)
            return @"0";
        else
            return @"1";
    else if (denominator == 1)
        return [NSString stringWithFormat: @"%i", numerator];
    else
        return [NSString stringWithFormat: @"%i/%i",
                numerator, denominator];
}

// 수신자에 Fraction을 더한다.

- (Fraction *) add:(Fraction *)f
{
    // 두 분수를 더하려면:
    // a/b + c/d = ((a*d) + (b*c)) / (b * d)
    
    // result에는 덧셈의 결과가 저장된다.
    Fraction   *result = [[Fraction alloc] init];
    
    result.numerator = numerator * f.denominator +
            denominator * f.numerator;
    result.denominator = denominator * f.denominator;
    
    [result reduce];
    return result;
}

- (Fraction *) subtract:(Fraction *)f
{
    // 두 분수를 빼려면:
    // a/b - c/d = ((a*d) - (b*c)) / (b * d)
    
    Fraction *result = [[Fraction alloc] init];
    
    result.numerator = numerator * f.denominator –
        denominator * f.numerator;
    result.denominator = denominator * f.denominator;
    
    [result reduce];
    return result;
}

- (Fraction *) multiply:(Fraction *)f
{
    Fraction *result = [[Fraction alloc] init];
    
    result.numerator = numerator * f.numerator
```

```
      result.denominator = denominator * f.denominator;
      [result reduce];

      return result;
   }

   -(Fraction *) divide: (Fraction *) f
   {
      Fraction *result = [[Fraction alloc] init];

      result.numerator = numerator * f.denominator
      result.denominator = denominator * f.numerator];
      [result reduce];

      return result;
   }

   - (void) reduce
   {
      int u = numerator;
      int v = denominator;
      int temp;

      if (u == 0)
         return;
      else if (u <0)
         u = -u;

      while (v != 0)
      {
         temp = u % v;
         u = v;
         v = temp;
      }

      numerator /= u;
      denominator /= u;
   }

   @end
```

convertToString: 메서드는 분수의 분자와 분모를 확인하여 좀 더 보기 좋은 결과를 만들어낸다. 만일 분자와 분모가 동일하면(그러나 0의 경우는 제외하고), @"1" 을 반환한다. 만일 분자가 0이면 스트링 @"0"이 반환된다. 분모가 1이면 정수이므로 분모를 표시할 필요가 없다.

convertToString: 안에서 쓴 stringWithFormat: 메서드는 주어진 포맷 스트링 (NSLog과 동일)과 쉼표로 분리한 인수 리스트로 스트링을 만들어 반환한다.

NSLog 함수에 인수를 건넬 때 했던 것처럼 인수를 원하는 수만큼 쉼표로 구분해서 이 메서드에 넘긴다.

21.3.4 분수를 다루는 Calculator 클래스

이제 Calculator 클래스를 살펴볼 시간이다. 책 앞부분에서 개발했던 Calculator 클래스와 거의 유사하다. 그러나 지금은, 우리의 계산기가 분수를 어떻게 다뤄야 할지 알고 있어야 한다. 새 Calculator 클래스 인터페이스 파일과 구현 파일을 보자.

프로그램 21.2 Calculator.h 인터페이스 파일

```
#import <UIKit/UIKit.h>
#import "Fraction.h"

@interface Calculator : NSObject

@property (strong, nonatomic) Fraction *operand1, *operand2, *accumulator;

-(Fraction *) performOperation:(char)op;
-(void) clear;

@end
```

프로그램 21.2 Calculator.m 구현 파일

```
#import "Calculator.h"

@implementation Calculator

@synthesize operand1, operand2, accumulator;

- (id) init
{
   self = [super init];

   if (self)
   {
       operand1 = [[Fraction alloc] init];
       operand2 = [[Fraction alloc] init];
       accumulator = [[Fraction alloc] init];
   }

   return self;
}

-(void) clear
```

```
    {
        accumulator.numerator = 0;
        accumulator.denominator = 0;
    }

    - (Fraction *) performOperation: (char) op
    {
        Fraction *result;

        switch (op)
        {
            case '+':
                result = [operand1 add: operand2];
                break;
            case '-':
                result = [operand1 subtract: operand2];
                break;
            case '*':
                result = [operand1 multiply: operand2];
                break;
            case '/':
                result = [operand1 divide: operand2];
                break;
        }

        accumulator.numerator = result.numerator;
        accumulator.denominator = result.denominator;

        return accumulator;
    }

    @end
```

21.3.5 UI 디자인하기

이 프로젝트에서 ViewController.xib라는 닙(nib) 파일이 있다. 이 파일을 선택하고, 그림 21.17처럼 버튼과 레이블을 배치하여 여러분의 인터페이스를 디자인하자. (물론 여러분이 원하는 대로 인터페이스를 디자인해도 좋다.)

각 숫자 버튼에서 clickDigit: 메서드를 연결해주자. 각 버튼에서 컨트롤 클릭 후 여러분의 뷰 컨트롤러의 인터페이스나 구현 파일의 clickDigit: 메서드까지 드래깅을 이어주면 된다. 또한, 각 숫자 버튼에 인스펙터 영역의 Tag 값을 버튼 제목에 해당하는 숫자로 지정하자. 숫자 버튼의 타이틀이 0이라면, 태그 값도 0으로 설정해 주고, 숫자 버튼의 타이틀이 1이라면 태그 값도 1로 설정해 준다.

View 윈도에 있는 남은 버튼도 드래그하여 해당하는 연결을 만들자. 이제 끝이다! 인터페이스의 디자인이 끝났고, 분수 계산기 프로그램은 작동할 준비가 되었다!

21.4 요약

그림 21.20는 분수 계산기 프로젝트에 관련된 파일을 모두 볼 수 있는 Xcode 프로젝트 윈도의 모습이다.

아이폰 분수 계산기 프로그램을 만들면서 여러분이 따라온 각 단계를 요약해 보았다.

1. Single View Application을 새로 만들었다.
2. UI 코드를 ViewController.h와 .m 파일에 입력했다.
3. Fraction과 Calculator 클래스를 프로젝트에 추가했다.
4. ViewController.xib 파일을 열어 UI를 만들었다.
5. View 윈도의 배경을 검정색으로 만들었다.
6. View 윈도 내에 레이블과 버튼을 생성하고 배치하였다.

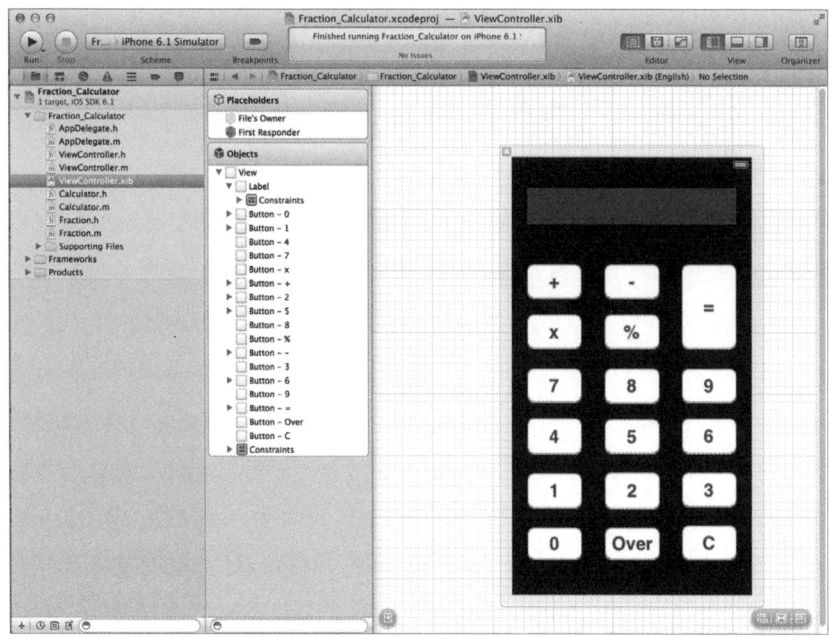

그림 21.20 분수 계산기 프로젝트 파일

7. View 윈도에서 생성한 레이블을 컨트롤 클릭하고 UILabel IBOutlet 프로퍼티인 display에 드래그하였다.

8. View 윈도우 내의 각 버튼에서 컨트롤 클릭 후, 적절한 IBAction 메서드에 드래그하여 연결한다. 각 숫자 버튼은 clickDigit: 메서드를 선택했다. 또한, 각 숫자 버튼의 tag 버튼 속성을 각 버튼에 해당되는 숫자(0~9)로 지정하여 어느 버튼을 눌렀는지를 clickDigit: 메서드가 식별하도록 만들었다.

애플리케이션 컨트롤러에서 처리할 때보다 좀 더 작업해야 하지만, 뷰 컨트롤러를 사용하는 방법은 꽤 배울 만한 가치가 있다. iOS 애플리케이션을 개발하는 과정을 짧게나마 소개했는데, 이것이 여러분 자신의 아이폰 애플리케이션을 개발하는 데 좋은 시작점이 되길 바란다. 이미 말했지만 UIKit에는 많은 기능이 있으며, 여러분이 탐험할 부분이 많이 남아 있다.

우리가 만든 분수 계산기 프로그램에는 제약이 몇 가지 있다. 다음 연습문제에서 이 제약들을 보완해보자.

21.5 연습문제

1. 분수 계산기에 Convert 버튼을 추가하라. 이 버튼을 누르면, Fraction 클래스의 convertToNum 메서드가 호출되어 분수 결과를 숫자로 표현한다. 결과를 스트링으로 변환하여 계산기의 화면에 표시하자.

2. 분수 계산기를 수정해서 분자가 입력되기 전에 - 키를 누르면 음의 분수를 입력할 수 있도록 만들어라.

3. 첫 번째 혹은 두 번째 항의 분모에 0이 입력되면, 분수 계산기의 디스플레이에 Error 스트링을 표시하자.

4. 분수 계산기에서 계산이 연속해서 이뤄지도록 수정하자. 예를 들어, 다음 연산을 입력할 수 있도록 만든다.

1/5 + 2/7 - 3/8 =

5. 애플리케이션에 아이콘을 추가하여 아이폰의 홈 스크린에 나타나게 만들 수 있다. 아이콘을 표시하려면 그림 21.6에 나왔듯이 App Icons 영역에 아이콘으로 쓸 이미지를 드래그하면 된다. (아이폰 3GS나 그 이전의) 일반 크기 아이콘은 57×57 픽셀이다. (아이폰 4 이후의) 레티나 디스플레이 아이폰의 아이콘 이미지 파일은 114×114 픽셀이어야 한다.

인터넷에서 적절한 계산기 이미지를 찾아, 분수 계산기가 이 이미지를 애플리케이션 아이콘으로 사용하도록 만들자.

6. 계산기의 버튼에 여러분이 원하는 이미지를 넣어 새로운 스타일을 제공해주자. 먼저 프로젝트에 (좌측 영역에 드래그하여) 이미지를 추가한다. 그 다음 인스펙터 영역에서 버튼의 종류를 Custom으로 지정하고, 방금 프로젝트에 추가한 파일로 Image를 지정한다. 그림 21.21은 이런 커스텀 이미지를 사용하는 분수 계산기를 보여준다. 이 계산기는 애플의 앱스토어에서 공짜로 받을 수 있고, 소스 코드는 이 책의 포럼에서 받을 수 있다.(http://classroomM.com/objective-c)

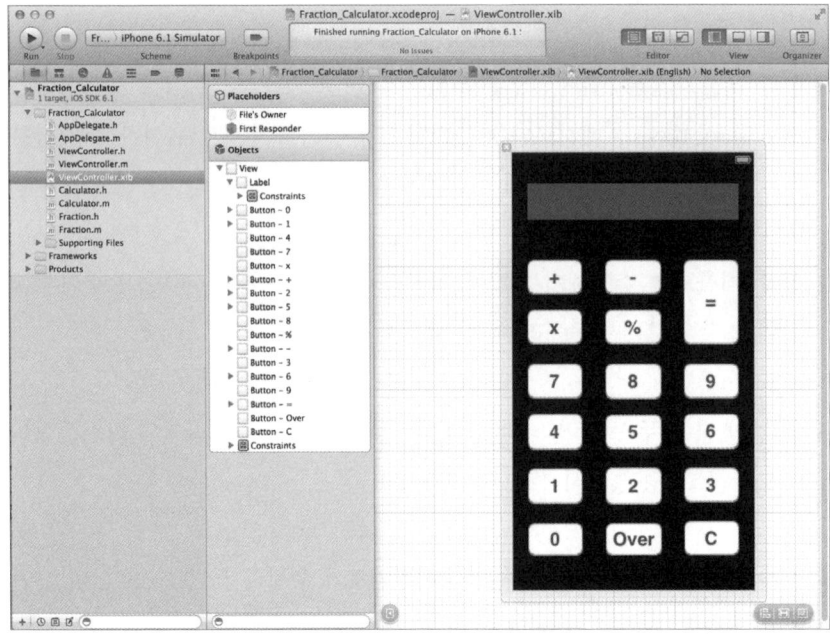

그림 21.21 커스텀 버튼을 갖춘 분수 계산기

부록 A

Programming in Objective-C

용어집

이 용어집에서는 이 책에서 만나는 여러 용어의 비공식적인 정의를 정리한다. 이 가운데 일부는 Objective-C 언어에서 발생했고, 다른 용어들은 객체 지향 프로그래밍에서 그 어원을 찾을 수 있다. 객체 지향 프로그래밍에서 비롯된 경우, Objective-C 언어에 적용되도록 용어의 의미를 설명했다.

가비지 컬렉션(garbage collection) 참조되지 않는 객체를 메모리에서 자동으로 해체시켜 주는 메모리 관리 시스템이다. iOS 런타임 환경에서는 지원하지 않는다.*

객체(object) 배열과 관련된 메서드의 모음이다. 객체에 메시지를 보내 그 메서드 중 하나를 실행할 수 있다.

객체 지향 프로그래밍(object-oriented programming) 클래스와 객체에 기반을 두고 이들 객체에 액션을 수행하는 프로그래밍 방법이다.

게터 메서드(getter method) 인스턴스 변수의 값을 받아오는 접근자 메서드이다. ☞ 세터 메서드.

---

* (옮긴이) OSX 10.9인 매버릭스에서는 Mac OSX에서도 지원하지 않고 ARC를 사용하도록 권유하고 있다.

공식 프로토콜(*formal protocol*) @protocol 지시어로 선언된 이름으로 그룹지어진, 관련된 메서드의 모음이다. 다른 클래스들은 모든 필요한 메서드를 구현하여 (혹은 상속 받아) 공식 프로토콜을 채택할 수 있다. ☞ 비공식 프로토콜.

구상 서브클래스(*concrete subclass*) 추상 클래스의 서브클래스이다. 구상 클래스에서 인스턴스를 생성할 수 있다.

구조체(*structure*) 다양한 데이터 형의 멤버를 담을 수 있는 집합적인 데이터 형이다. 구조체는 다른 구조체에 대입될 수 있고, 함수나 메서드의 인수로 건네지거나 반환될 수 있다.

구현 부분(*implementation section*) 해당하는 인터페이스 부분(혹은 프로토콜 정의)에서 선언된 메서드의 실제 코드(구현)을 담고 있는 클래스 정의 부분이다.

국제화(*internationalization*) 지역화 참조

널 문자(*null character*) 값이 0인 문자다. 널 문자 상수는 '\0'으로 표시한다.

널 포인터(*null pointer*) 유효하지 않은 포인터 값이다. 보통 0으로 정의한다.

노티피케이션(*notification*) 특정 이벤트가 발생할 때 통지를 받기로 등록된 객체에 메시지를 보내는 과정이다.

다형성(*polymorphism*) 동일한 메시지를 다른 클래스의 객체가 받을 수 있는 기능이다.

데이터 캡슐화(*data encapsulation*) 객체의 데이터는 객체 자신의 인스턴스 변수에 저장되고 객체의 메서드로만 접근할 수 있다는 개념이다. 데이터가 온전하도록 유지한다.

델리게이트(delegate) 다른 객체의 액션을 수행하도록 지정된 객체다.

동적 바인딩(dynamic binding) 컴파일 시가 아닌 런타임 시에 객체에 호출할 메서드를 결정하는 것을 말한다.

동적 타이핑(dynamic typing) 객체가 어느 클래스에 속하는지를 컴파일 시가 아닌 런타임 시에 결정하는 것이다. ☞ 정적 타이핑.

딕셔너리(dictionary) Foundation 프레임워크에서 NSDictionary와 NSMutable Dictionary 클래스로 구현되어 있는 키-값 묶음의 컬렉션이다.

런타임(runtime) 프로그램이 실행되는 시기이다. 또한 프로그램의 인스트럭션 수행을 책임지는 매커니즘을 뜻한다.

레퍼런스 카운트(reference count) 리테인 카운트. 루트 객체(rootobject) 상속 계층도에서 최상위 객체로, 부모 클래스가 없다.

리테인 카운트(retain count) 객체가 참조된 횟수를 나타내는 횟수이다. 객체에 retain 메시지를 보내면 증가되고 release 메시지를 보내면 감소된다.

링킹(linking) 하나 또는 그 이상의 객체 파일을 실행할 수 있는 프로그램으로 변환하는 과정이다.

메서드(method) 클래스에 속한 프로시저로, 클래스 객체나 그 클래스의 인스턴스에 메시지를 보내 실행시킬 수 있다. ☞ 클래스 메서드, 인스턴스 메서드.

메시지(message) 객체(수신자)에 보내는 메서드와 그에 해당하는 인수다.

메시지 표현식(message expression) 대괄호로 둘러싸인 표현식으로, 객체(수신자)와 그 객체에 보낼 메시지를 나타낸다.

명령문(*statement*) 세미콜론이 뒤에 붙은 하나 이상의 표현식이다.

명령문 블록(*statement block*) 중괄호로 묶인 하나 이상의 명령문이다. 지역 변수는 명령문 블록 안에서 선언될 수 있고, 이 경우 변수의 범위는 그 블록으로 제한된다.

문자 스트링(*character string*) 널 문자로 종료되는, 연속된 문자이다.

문자 스트링 상수(*constant character string*) 큰따옴표로 묶인, 연속되는 문자이다. 만일 @ 문자가 앞에 나오면 NSConstantString 형인 문자 스트링 상수 객체를 정의한다.

배열(*array*) 순서가 있는 값의 모음이다. 배열은 Objective-C의 기본 형으로 정의되거나 Foundation 프레임워크의 NSArray, NSMutableArray 클래스를 통해 객체로 구현된다.

부모 클래스(*parent class*) 다른 클래스가 상속받는 클래스이다. 수퍼클래스라고도 한다.

부합(*conform*) 클래스가 구현이나 상속을 통해 프로토콜에서 필요한 모든 메서드를 받아들이면 프로토콜에 부합한다고 한다.

분산 객체(*Distributed Objects*) 한 프로그램 내의 Foundation 객체와 다른 컴퓨터, 다른 프로그램의 Foundation 객체가 서로 통신할 수 있도록 하는 기능이다.

블록(*block*) 애플이 추가한 C 언어 확장. 블록은 함수와 유사한 문법을 지니고 있으며, 정의된 범위 내의 변수 값을 붙잡아둔다. 또, 변수에 대입되거나, 메서드 및 함수에 인수로 건네질 수도 있다. 블록은 다른 스레드나 프로세서에 효율적으로 디스패치될 수 있다.

비공식 프로토콜(*informal protocol*) 카테고리, 보통 루트 클래스의 카테고리로 선언된, 논리적으로 관련 있는 메서드의 모음이다. 공식 프로토콜과 달리 비공식 프로토콜의 경우 모든 메서드를 구현해야 하는 것은 아니다. ☞ 공식프로토콜.

비트필드(*bitfield*) 각자 지정된 필드 길이를 찾는 정수를 하나 이상 갖는 구조체이다. 비트필드는 다른 구조체 멤버에 접근하는 것과 마찬가지로 다룰 수 있다.

상속(*inheritance*) 루트 객체에서 시작하여 서브클래스에 이르기까지 클래스의 메서드와 인스턴스 변수를 건네주는 작업이다.

서브클래스(*subclass*) 자식 클래스라고도 알려진 서브클래스는 자신의 부모나 수퍼클래스에서 메서드와 인스턴스 변수를 상속받는다.

세터 메서드(*setter method*) 인스턴스 변수의 값을 설정하는 접근자 메서드다. ☞ 게터 메서드.

세트(*set*) Foundation 프레임워크에서 NSSet, NSMutableSet, NSCountedSet 클래스로 구현되어 있는, 순서가 없는 독특한 객체들의 컬렉션이다.

셀렉터(*selector*) 객체가 실행할 메서드를 선택하는 데 사용되는 이름이다. 컴파일된 셀렉터는 SEL형이고 @selector 지시어로 생성할 수 있다.

수신자(*receiver*) 메시지를 받는 객체다. 수신자는 호출되는 메서드 내에서 self로 참조할 수 있다.

수정 가능한 객체(*mutable object*) 값이 변할 수 있는 객체다. Foundation 프레임워크는 수정 가능한 배열, 세트, 스트링 딕셔너리와 그에 대응되는 수정 불가능한 객체를 지원한다. ☞ 수정 불가능한 객체.

수정 불가능한 객체(*immutable object*) 값이 수정될 수 없는 객체다. Foundation

프레임워크의 NSString, NSDictionary, NSArray 객체가 그 예다. ☞ 수정 가능한 객체.

수퍼클래스(super class) 특정 클래스의 부모 클래스이다. ☞ super.

아카이빙(archiving) 객체의 데이터 표현을 저장해 두었다가 후에 복원할 수 있도록 변환하는 과정이다.

아크(ARC) 자동 레퍼런스 카운팅(Automatic Reference Counting) 참조.

오토릴리스 풀(autorelease pool) ARC 등장 이전에 NSAutoreleasePool 클래스에서 관리하던 객체. 이제 @autoreleasepool 지시어로 구현된다. 오토릴리스 풀은 릴리스를 지연시켜 둔 객체를 추적하고 관리한다. iOS와 코코아 애플리케이션에서 지연된 릴리스는 보통 런 루프의 끝에서 수행된다.

외부 변수(extern variable) 전역 변수.

유니코드 문자(Unicode character) 수백만 개의 문자가 들어 있는 문자 모음에서 문자를 표현하는 표준이다. NSString과 NSMutableString 클래스는 유니코드 문자를 담고 있는 스트링을 다룬다.

인스턴스 메서드(instance method) 클래스의 인스턴스에 호출되는 메서드다. ☞ 클래스 메서드.

인스턴스 변수(instance variable) 인터페이스 부분에서 선언된 (혹은 부모에서 상속 받은) 변수이며, 객체의 모든 인스턴스에 포함되어 있다. 인스턴스 메서드는 자신의 인스턴스 변수에 직접 접근할 수 있다.

인스턴스(instance) 클래스의 실제 표현이다. 보통 인스턴스는 클래스 객체에 alloc이나 new 메시지를 보내 생성한다.

인터페이스 부분(interface section) 클래스, 수퍼클래스, 인스턴스 변수, 메서드를 선언하는 부분이다. 각 메서드의 경우 인수 형과 반환 형도 선언된다. ☞ 구현 부분.

인터페이스 빌더(Interface Builder) Mac OS X용 애플리케이션 그래픽 유저 인터페이스 제작 도구이다. Xcode 4.x의 등장으로 Xcode에 통합됐다.

자동 레퍼런스 카운팅 (Automatic Reference Counting, ARC) Xcode 4.2에 추가된 기능으로, 컴파일러가 객체에 연계된 메모리를 관리하는 시스템이다. Xcode 4.2 이전에 iOS 개발자들은 수동으로 메모리를 관리했어야 했고, 이를 위해 retain, release, autorelease, dealloc 메서드를 사용해야 했다.

자동 변수(automatic variable) 명령문 블록에 들어서고 나갈 때 자동으로 생성되고 릴리스되는 변수다. 자동 변수는 자신이 정의된 블록 내로 범위가 제한되고 기본 초기 값을 갖지 않는다. 키워드 auto가 앞에 나오기도 한다.

자동 생성 메서드(synthesized method) 컴파일러가 자동으로 생성해준 세터나 게터 메서드다. Objective-C 2.0에 추가되었다.

전역 변수(global variable) 메서드와 함수 바깥에서 정의된 변수로, 동일한 소스파일 내의 어느 메서드나 함수, 그리고 그 변수를 extern으로 선언한 다른 소스 파일에서 접근할 수 있다.

전처리기(preprocessor) 소스코드에서 #로 시작하는 특별한 전처리 명령문을 담고 있는 라인을 먼저 처리하는 프로그램이다. 보통은 #define으로 매크로를 정의하거나 #import와 #include로 다른 소스 파일을 포함하거나, #if, #ifdef, #ifndef로 소스 라인을 조건에 따라 추가하는 기능들을 수행한다.

절차적 프로그래밍 언어(procedural programming language) 데이터 세트에 작업을 수행하는 프로시저와 함수로 정의된 프로그래밍 언어다.

접근자 메서드(*accessor method*) 인스턴스 변수의 값을 가져오거나 설정하는 메서드다. 이 메서드를 사용하여 인스턴스 변수의 값을 설정하거나 가져오면, 데이터 캡슐화 방법론에 부합하게 된다.

정적 변수(*static variable*) 범위가 자신이 정의된 블록이나 모듈로 제한된 변수다. 정적 변수는 기본 초깃값이 0이고 메서드나 함수 호출 간에 그 값을 유지한다.

정적 타이핑(*static typing*) 컴파일 시에 어느 객체가 어느 클래스에 속했는지 명시적으로 구분하는 것이다. ☞ 동적 타이핑.

정적 함수(*static function*) static 키워드로 선언된 함수로, 동일한 소스 파일에 정의된 함수와 메서드에서만 접근할 수 있다.

존(*zone*) 데이터와 객체를 생성하기 위해 지정된 메모리 공간이다. 한 프로그램이 더 효과적인 메모리 관리를 위해 여러 개의 존을 사용할 수 있다.

지시어(*directive*) Objective-C에서 @ 부호로 시작하는 특별한 구조다. @interface, @implementation, @end, @class 등이 지시어의 예다.

지역 변수(*local variable*) 자신이 선언된 블록으로 범위가 제한되어 있는 변수다. 변수는 메서드, 함수, 명령문 블록에 대한 지역 변수일 수 있다.

지역화(*localization*) 프로그램이 특정 지역에서 사용하기 적합하도록 만드는 과정이다. 보통 메시지를 그 지역의 언어로 번역하고 지역에 맞는 시간대, 통화 기호, 날짜 형식 등을 처리해준다. 때로 지역화라는 이름은 언어 번역만을 의미하고, 국제화는 언어 외의 다른 부분을 변경하는 과정을 설명할 때 사용된다.

지정된 초기화 메서드(*designated initializer*) 클래스나 서브클래스의 다른 모든 초기화 메서드가 최종적으로 호출하게 되는 메서드다. 서브클래스에서는 super 메시지를 통해 호출한다.

추상 클래스(*abstract class*) 서브클래스를 더 쉽게 만들도록 정의된 클래스이다. 인스턴스는 추상 클래스가 아니라 서브클래스에서 만들어진다. ☞ 구상 클래스.

카테고리(*category*) 특정 이름별로 분류된 메서드의 모음이다. 카테고리는 클래스의 메서드 정의를 모듈화 할 수 있으며, 기존 클래스에 새 메서드를 추가할 때도 사용할 수 있다.

캡슐화(*encapsulation*) 데이터 캡슐화 참조.

컬렉션(*collection*) Foundation 프레임워크 객체이며, 배열, 딕셔너리, 세트로 되어 있다. 관련된 객체들을 분류하거나 다루는 데 사용된다.

컴파일 시(*compile time*) 소스 코드가 분석되고 저수준 형식인 오브젝트 코드로 변환되는 시기이다.

컴포짓 클래스(*composite class*) 다른 클래스들의 객체들로 구성된 클래스이다. 보통 서브클래스 대신 사용된다.

코코아(*Cocoa*) Foundation, Core Data, Application Kit 프레임워크로 구성된 개발 환경.

코코아 터치(*Cocoa Touch*) Foundation, Core Data, UIKit 프레임워크로 구성된 개발 환경.

클래스 객체(*class object*) 특정 클래스를 나타내는 객체다. 클래스 메서드를 호출하기 위해 클래스 이름을 메시지의 수신자로 사용할 수 있다. 그 외의 경우 class 메서드를 클래스에 호출하여 클래스 객체를 생성할 수 있다.

클래스 메서드(*class method*) 클래스 객체에 호출되는 메서드이며, 메서드 이름 앞에 더하기 부호(+)가 붙는다. ☞ 인스턴스 메서드.

클래스(class) 인스턴스 변수와 이 변수에 접근할 수 있는 메서드의 모음이다. 클래스가 정의된 뒤, 프로그래머가 그 클래스의 인스턴스(객체)를 생성할 수 있다.

클러스터(cluster) 비공개(private) 구상 클래스를 모아 그룹 짓는 추상 클래스이다. 사용자에게 추상 클래스로 간소화된 인터페이스를 제공한다.

팩토리 객체(factory object) 클래스 객체 참조.

팩토리 메서드(factory method) 클래스 메서드 참조.

포워딩(forwarding) 메시지와 그 인수를 다른 메서드에서 실행하도록 넘기는 과정이다.

포인터(pointer) 다른 객체나 데이터 형을 참조하는 값이다. 포인터는 특정 객체나 값의 메모리상의 주소로 구현되어 있다. 클래스의 인스턴스는 그 객체 데이터가 자리잡은 메모리 주소를 가리키는 포인터다.

프레임워크(framework) 관련된 클래스, 함수, 프로토콜, 문서, 헤더 파일 및 기타 리소스의 모음이다. 예를 들어 코코아 프레임워크는 Mac OS X에서 돌아가는 인터랙티브 그래픽 애플리케이션을 개발하는데 사용된다.

프로토콜(protocol) 프로토콜을 채택하거나 받아들이려는 클래스가 구현해야 하는 메서드의 목록이다. 프로토콜은 클래스 간 인터페이스를 표준화하는 방법을 제공한다. ☞ 공식 프로토콜, 비공식 프로토콜.

프로퍼티 리스트(property list) 여러 다른 형식의 객체를 표준화된 형식에 담은 것이다. 프로퍼티 리스트는 보통 XML 형식으로 저장된다.

프로퍼티 선언(*property declaration*) 인스턴스의 속성을 지정하는 방식으로, 메모리 누수가 없고 스레드에 안전한 접근자 메서드를 컴파일러가 생성하게 한다. 프로퍼티 선언은 런타임시 동적으로 로드될 접근자 메서드의 속성을 정의하는 데도 사용할 수 있다.

함수(*function*) 이름으로 구분되는 명령문 블록으로, 하나 이상의 인수를 값으로 건네 받을 수 있으며 선택적으로 값을 반환할 수 있다. 지역(static) 함수는 자신이 정의된 파일에서만 호출되며, 전역(global) 함수는 다른 파일에서 정의된 함수나 메서드에서 호출 할수있다.

헤더 파일(*header file*) #import 문이나 #include 문을 사용하여 프로그램에 포함되는 파일이며, 공통 정의, 매크로, 변수 선언 등을 포함한다.

Application Kit 애플리케이션의 유저 인터페이스를 개발하기 위한 프레임워크이며, 메뉴, 툴 바, 윈도 등의 객체를 포함한다. 코코아의 일부로 보통 AppKit이라고 불린다.

ARK 자동 레퍼런스 카운팅(Automatic Reference Counting) 참조.

Foundation 프레임워크(*Foundation framework*) 애플리케이션 개발의 기본을 형성하는 클래스, 함수, 프로토콜의 모음이며, 메모리 관리, 파일 및 URL 접근, 아카이빙 작업, 컬렉션, 스트링, 숫자, 날짜 객체 등의 기본 기능을 제공한다.

gcc 자유 소프트웨어 재단(Free Software Foundation, FSF)에 의해 개발된 컴파일러의 이름이다. gcc는 C, Objective-C, C++ 등 많은 프로그래밍 언어를 지원한다.

gdb gcc로 컴파일된 프로그램을 위한 표준 디버깅 툴이다. 현재는 lldb와 공존한다.

id 모든 형의 객체를 가리키는 포인터를 담을 수 있는 일반 객체 형이다.

isa 모든 객체가 상속받는 루트 객체에 정의된 특별한 인스턴스 변수. isa 변수는 객체가 런타임 시에 어떤 클래스에 속하는지 구별하는 데 사용한다.

nil id형의 객체로, 유효하지 않은 객체를 나타내는 데 사용된다. 값은 0으로 정의되어 있다. nil에 메시지를 보낼 수 있다.

NSObject Foundation 프레임워크의 루트 객체이다.

self 메서드 내에서 메시지의 수신자를 참조할 때 사용하는 변수이다.

super 메서드 안에서 수신자의 부모 클래스를 참조하는데 사용되는 키워드이다.

UIKit iOS 장치용 애플리케이션을 개발하는 데 사용되는 프레임워크다. 윈도, 버튼, 레이블과 같은 UI 요소들을 다루기 위한 클래스를 제공할 뿐 아니라, 가속도 센서나 터치 인터페이스와 같은 장치 특정 기능을 다루는 클래스도 정의한다. UIKit는 코코아 터치의 일부다.

Xcode Mac OS X과 iOS 용 프로그램을 개발할 때 사용하는 컴파일 및 디버깅 도구

XML Extensible Markup Language의 줄임말이다. OS X에서 생성된 프로퍼티 리스트의 기본 형식이다.

부록 B

Programming in Objective-C

Address Book 애플리케이션 소스코드

2부 「Foundation 프레임워크」에서 작업했던 주소록 예제의 인터페이스 파일과 구현 파일을 편하게 참고하도록 소스코드 전체를 이곳에 싣는다. AddressCard, AddressBook 클래스 정의가 포함된다. 이들 클래스를 여러분의 시스템에 구현, 확장해서 더 강력하고 실용적인 프로그램을 작성해보자. 그 과정에서 Objective-C 언어를 학습하고, 프로그램 생성하기, 클래스 및 객체 다루기, Foundation 프레임워크 작업하기 등의 작업에 친숙해질 것이다.

AddressCard 인터페이스 파일

```
#import <Foundation/Foundation.h>

@interface AddressCard   : NSObject <NSCopying, NSCoding>

@property (nonatomic, copy) NSString *name, *email;

-(void) setName: (NSString *) theName andEmail: (NSString *) theEmail;
-(void) assignName: (NSString *) theName andEmail: (NSString *) theEmail;
-(NSComparisonResult) compareNames: (id) element;

-(void) print;

@end
```

AddressBook 인터페이스 파일

```
#import <Foundation/Foundation.h>
```

```
#import "AddressCard.h"

@interface AddressBook: NSObject <NSCopying, NSCoding>

@property (nonatomic, copy) NSString *bookName;
@property (nonatomic, strong) NSMutableArray *book;

-(id)    initWithName: (NSString *) name;
-(void) sort;
-(void) addCard: (AddressCard *) theCard;
-(void) sort2;
-(void) removeCard: (AddressCard *) theCard;
-(int)  entries;
-(void) list;
-(AddressCard *) lookup: (NSString *) theName;

@end
```

AddressCard 구현 파일

```
#import "AddressCard.h"

@implementation AddressCard

@synthesize name, email;

-(void) setName: (NSString *) theName andEmail: (NSString *) theEmail
{
    self.name = theName;
    self.email = theEmail;
}

// 지정한 주소 카드의 이름을 비교한다
-(NSComparisonResult) compareNames: (id) element
{
    return [name  compare: [element name]];
}

-(void) print
{
    NSLog (@"==================================");
    NSLog (@"|                                |");
    NSLog (@"|  %-31s |", [name UTF8String]);
    NSLog (@"|  %-31s |", [email UTF8String]);
    NSLog (@"|                                |");
    NSLog (@"|                                |");
    NSLog (@"|                                |");
    NSLog (@"|       0          0             |");
    NSLog (@"==================================");

}

-(id) copyWithZone: (NSZone *) zone
```

```
    id newCard = [[[self class] allocWithZone: zone] init];

    [newCard assignName: name andEmail: email];
    return newCard;
}

-(void) assignName: (NSString *) theName andEmail: (NSString *) theEmail
{
    name = theName;
    email = theEmail;
}

-(void) encodeWithCoder: (NSCoder *) encoder
{
    [encoder encodeObject: name forKey: @"AddressCardName"];
    [encoder encodeObject: email forKey: @"AddressCardEmail"];
}

-(id) initWithCoder: (NSCoder *) decoder
{
    name = [decoder decodeObjectForKey: @"AddressCardName"];
    email = [decoder decodeObjectForKey: @"AddressCardEmail"];

    return self;
}
@end
```

AddressBook 구현 파일

```
#import "AddressBook.h"

@implementation AddressBook

@synthesize book, bookName;

// 빈 주소록을 생성하고 이름을 설정한다

-(id) initWithName: (NSString *) name
{
    self = [super init];

    if (self) {
        bookName = [NSString stringWithString: name];
        book = [NSMutableArray array];
    }

    return self;
}

-(id) init
{
    return [self initWithName: @"Unnamed Book"];
```

```objc
}

// 수정 가능한 사본을 생성하는 book 세터 메서드

-(void) setBook: (NSArray *) theBook
{
    book = [theBook mutableCopy];
}

-(void) sort
{
    [book sortUsingSelector: @selector(compareNames:)];
}

// 블록을 사용해 정렬하기

-(void) sort2
{
   [book sortUsingComparator:
      ^(id obj1, id obj2) {
          return [[obj1 name] compare: [obj2 name]];
      }];
}
-(void) addCard: (AddressCard *) theCard
{
    [book addObject: theCard];
}

-(void) removeCard: (AddressCard *) theCard
{
    [book removeObjectIdenticalTo: theCard];
}

-(NSUInteger) entries
{
    return  [book count];
}

-(void) list
{
    NSLog (@"======= Contents of: %@ ========", bookName);

    for ( AddressCard *theCard in book )
        NSLog (@"%-20s    %-32s", [theCard.name UTF8String],
               [theCard.email UTF8String]);


    NSLog (@"============================================");
}

// 이름으로 주소록 검색. 정확히 일치하는 이름을 찾는다

-(AddressCard *) lookup: (NSString *) theName
```

```
{
    for ( AddressCard *nextCard in book )
        if ( [[nextCard name] caseInsensitiveCompare: theName]
            == NSOrderedSame )
                return nextCard;

    return nil;
}

-(void) encodeWithCoder: (NSCoder *) encoder
{
    [encoder encodeObject:bookName forKey: @"AdressBookBookName"];
    [encoder encodeObject:book forKey: @"AddresBookBook"];
}


-(id) initWithCoder: (NSCoder *) decoder
{
    bookName = [[decoder decodeObjectForKey: @"AddressBookBookName"];
    book = [decoder decodeObjectForKey: @"AddressBookBook"];

    return self;
}

// NSCopying 프로토콜 메서드

-(id) copyWithZone: (NSZone *) zone
{
    id newBook = [[[self class] allocWithZone: zone] init];

    [newBook setBookName: bookName];

    // 다음은 주소록을 얕은 복사한다.

    newBook setBook: book];

    return newBook;
}
@end
```

부록 C

Programming in Objective-C

iOS 7에 새로 도입된 기능

김현태

애플은 매해 여름 세계 개발자 콘퍼런스(WWDC)를 통해 새로운 기술들을 선보이곤 한다. 2013년에도 어김없이 iOS 7과 새 OS X인 매버릭스(Mavericks)의 소프트웨어 개발 도구(SDK: Software Development Kit)를 발표했다. 업계 관련 개발자들은 콘퍼런스에서 발표된 자료와 제공된 베타 버전 코드를 갖고 자신의 프로젝트에 열심히 적용하고 있을 것이다. 콘퍼런스에서 발표된 iOS 7과 매버릭스에서 사용 가능한 Objective-C의 내용은 크게 다음과 같이 세 부분으로 나눌 수 있다.

- 모듈
- 향상된 생산성
- ARC의 발전

하지만 이 부록에서 세 가지 주제를 모두 다루지는 않을 것이며, 모듈처럼 개발자들이 바로 적용할 수 있는 내용 일부를 정리했다. 모듈과 새로운 데이터 형 그리고 발전된 Foundation 프레임워크 클래스가 그것이다. Objective-C는 프로그래밍 언어이기 때문에 여기서 다루는 내용은 당분간 크게 변하지 않을 테니, 곰곰이 살펴보길 바란다.

C.1 모듈 (Modules)

애플의 앱 시장이 급속도로 성장할 수 있었던 이유는 뭘까? 여러 가지 있겠지만, 개발자 시각에서 보면, 다른 사람이 작성한 코드를 쉽게 자신의 소스 코드에 삽입해서 사용할 수 있는 라이브러리나 모듈화된 SDK와 같은 것이 큰 역할을 하지 않았을까 싶다.

 C 계열의 언어를 사용해 프로그래밍 해본 경험이 한 번이라도 있는 사람이라면 아마 '#include'나 '#import' 정도는 어떤 의미인지 알 것이다. 심지어 커맨드 창에 'Hello world'를 한 번이라도 출력해 보았다면, '#include'나 '#import' 지시어 없이는 프로그램이 실행되지 않는다는 것을 알 수 있을 것이다. 그런데 대부분의 사람은 그 지시어가 의미하는 대략은 알지만, 정확히 어떻게 동작하는지 알고자 노력하는 사람은 많지 않다. 이 지시어는 타인이 작성한 소스 코드를 자신이 사용하고자 하는 부분에 포함시켜 주는 역할을 하는데, 실제로 이 과정에서 어떤 일이 일어나는지 아래의 예를 통해 살펴보자.

프로그램 부록 C-1 MyApp.h 인터페이스 파일

```
#import <UIKit/UIKit.h>

@interface MyApp : UIView
@end
```

프로그램 부록 C-1 MyApp.m 구현 파일

```
#import "MyApp.h"
#import <iAd/iAd.h>

@implementation MyApp

- (id)initWithFrame:(CGRect)frame
{
    self = [super initWithFrame:frame];
    if (self) {
        // Initialization code
    }
    return self;
}

@end
```

프로그램 부록 C-1을 보면 MyApp 클래스는 UIView를 상속받은 클래스이며, 구현 파일에서는 iAd.h 파일을 임포트하고 있다. 짧은 길이의 프로그램이기 때문에 크게 이해하기 어렵지 않을 것이다. 하지만 코드는 짧아도 내부적으로는 복잡한 처리가 일어난다. 전처리* 시간에 위 소스 코드는 UIView.h 파일과 iAd.h에 작성된 모든 텍스트를 그대로 가져다 붙여 넣는다. 그뿐 아니라 UIView.h와 iAd.h 파일 안에서도 임포트하고 있는 파일이 있다면 함께 붙여 넣게 될 것이다. 예를 들어 보자. UIKit 프레임워크의 코드는 11,000줄이 넘는다. iOS 앱을 개발할 때 대부분 파일이 UIKit를 임포트하고 있는데, 모든 파일이 기본으로 11,000줄 이상의 코드를 담고 컴파일을 하게 되는 것이다.

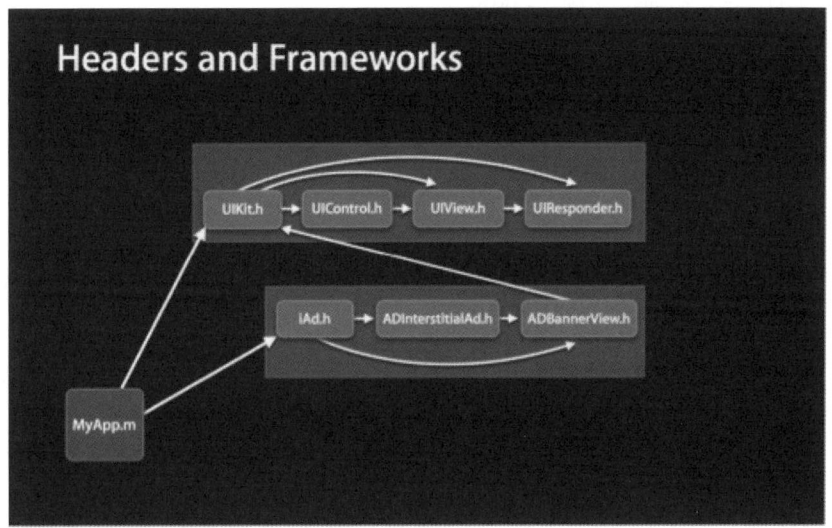

부록-1 임포트를 했을 때 일어나는 처리를 보여주는 다이어그램

이 메커니즘은 성능에 문제가 있을 뿐 아니라 헤더 파일이 쉽게 깨질 수도 있다. 다음 예를 통해 깨지기 쉬운 헤더 파일에 대해 알아보자.

프로그램 부록-2 AppDelegate.m 구현 파일

```
#define readonly 0x01
#import <iAd/iAd.h>
```

* 컴파일러가 컴파일 하기 전

```
@implementation AppDelegate
//…
@end
```

위 소스 코드와 같이 'readonly'라는 문자를 '0x01'과 같은 16진수 표기법으로 대치했다고 해보자. 해당 파일은 아무런 문제가 없어 보이며, 기존 컴파일러도 아무런 경고 표시 없이 컴파일을 시도할 것이다. 하지만 실제 컴파일을 시도해보면 에러가 난다. 전처리 때에 다음과 같은 작업이 내부에서 진행되기 때문이다.

```
@interface ADBannerView : UIView
@property (nonatomic, 0x01) ADAdType adType;

- (id)initWithAdType(ADAdType)type
/* … */
@end

@implementation AppDelegate
//…
@end
```

라이브러리 파일의 내용을 구현 파일에 붙여 넣은 다음 프로퍼티의 옵션인 'readonly'가 16진수로 바뀌면서 컴파일 에러가 나게 된다. 해당 에러는 컴파일러가 먼저 경고 메시지나 에러를 감지해야 하는 부분이다. 이런 경우가 발생하면 개발자가 버그를 찾기란 대단히 어렵다.

이런 문제점들을 해결하기 위해 기존 컴파일 과정에서는 프리컴파일드 헤더 'Precompiled Headers(PCH)'라고 불리는 메커니즘을 사용했다. PCH 파일은 Xcode에서 프로젝트를 생성하면 자동으로 생성되는 파일 중 하나다.

PCH는 실제 프로젝트를 빌드하기 전에 라이브러리 소스를 미리 컴파일을 해주는 역할을 하고, 위에 제시한 문제들을 피하고자 했다. 하지만 이 파일에 포함된 라이브러리는 전역에서 작동하기 때문에 물리적 패키지 구분이 없는 Cocoa 프로젝트와 iOS 프로젝트에서는 한계를 보인다.

이러한 문제를 해결하기 위해 Objective-C는 "모듈"이라는 메커니즘을 적용했다. 모듈은 프레임워크의 인터페이스와 구현 부분을 캡슐화시켜 주며, 미리 컴파일하기 때문에 프로젝트 빌드 때에 프로덕션 코드와 함께 컴파일을 하지 않는다.

모듈을 사용하는 방법은 쉽다. Xcode 5의 빌드 세팅에서 다음 그림과 같이 모듈 옵션을 Yes로 변경한 후에 기존에 사용하던 '#import' 지시어를 '@import'로 바꾸기만 하면 이 모든 혜택을 누릴 수 있다.

부록-2 Xcode 5의 빌드 세팅에서 'modules'로 검색할 때 나오는 화면

@import 지시어는 프레임워크를 통째로 임포트시킬 수 있을 뿐만 아니라 각 파일만 따로 컴파일할 수도 있다.

```
@import UIKit; // 프레임워크 전체 임포트 하기
@import iAd.ADBannerView; // 기존의 #import <iAd/ADBannerView.h>와 같음
```

모듈은 라이브러리 소스를 미리 컴파일하기 때문에 실제 소스 빌드 때 깨지기 쉬운 헤더 파일과 같은 이슈는 생기지 않는다. 하지만 안타깝게도 iOS 7과 OS X 10.9 SDK 이상 버전에서부터 사용할 수 있다. 아직은 사용자가 만든 프레임워크에서 이용할 수 없는 등 미흡한 부분이 있지만, 향후 애플에서 해결해 주리라 생각한다.

다음 쪽의 그림은 WWDC 2013 세션[*]에서 소개된, 모듈을 사용할 때의 성능 향상을 보여주는 슬라이드다.

마지막으로 다시 모듈에 대해서 정리를 하자면, 모듈은 프레임워크를 사용할 때 텍스트를 복사/붙여 넣기 식의 임포트가 아닌 의미 있는 처리를 한다. 성능을 향상시켜 주는 메커니즘이며, 깨지기 쉬운 헤더 파일과 같은 문제에 대해 더 이상 염려하지 않도록 해준다.

---

* WWDC 2013에서 발표한 세션 404 'Advance Objective-C'

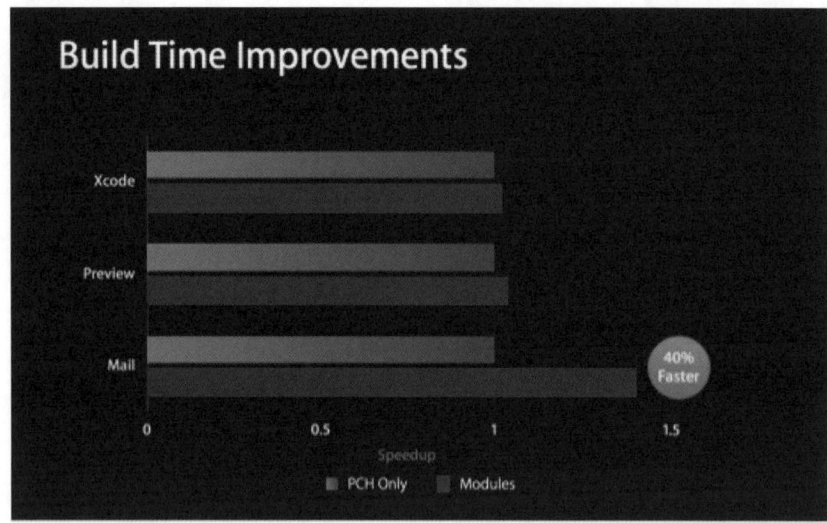

부록-3 향상된 빌드 타임을 나타내주는 그래프

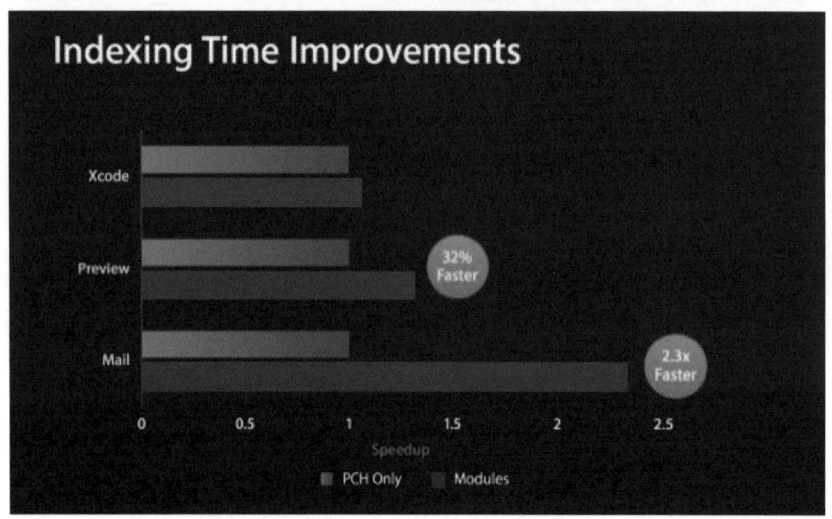

부록-4 향상된 인덱싱 타임을 나타내주는 그래프

C.2 Instancetype 데이터 형

애플에서 새로운 데이터 형을 발표했다. 이 데이터 형은 오직 메서드 반환 값으로만 사용될 수 있으며, id와 거의 같은 역할을 한다. 4.1.5에서 id라는 데이터 형을 소개했는데, instancetype 데이터 형은 id와 마찬가지로 다형성과 동적 바

인딩에 중요한 역할을 한다. 이미 id와 같은 데이터 형이 존재하는데 왜 또 다른 형태의 데이터 형이 필요한지 다음의 예를 통해 알아보자.

```
NSDictionary *dic = [NSArray arrayWithObjects @"Hello", @"world", nil];
NSLog(@"%d", dic.count);
```

예제를 보면 서로 다른 데이터 형을 대입하려 하므로 당연히 에러가 나거나 경고 메시지를 기대할 것이다. 심지어 빌드를 했을 때는 에러가 나타나리라 생각할 것이다. 하지만 Xcode 5 이전 버전으로 테스트하면 알 수 있듯이 아무런 에러 없이 정상 작동한다. 이유가 무엇일까? 데이터 형은 전적으로 컴파일러가 책임지고 있으며, +[NSArray arrayWithObjects:] 정적 메서드가 반환하는 데이터 형이 id이기 때문이다. 그렇다면 정적 메서드에서 id 데이터 형 말고 NSArray 데이터 형을 직접 반환하면 되지 않을까 하는 궁금증이 생길지도 모르겠다. 만약 id 데이터 형을 사용하지 않고 다른 데이터 형을 사용하게 된다면 '상속'이라는 콘셉트에서 문제가 생기게 된다. 상속을 받은 서브 클래스에서는 해당 메서드를 사용할 수 없기 때문이다.

4장과 9장에서 설명하듯이, id는 객체 지향 관점에서 보았을 때 꼭 필요한 데이터 형이다. 하지만 너무 포괄적인 특징 때문에 코드의 가독성이 떨어지고 디버깅하는 단계에서 적지 않은 문제를 일으킨다.

애플은 이 문제를 해결하기 위해서 instancetype 데이터 형을 들고 나왔다. 위에서 언급했듯이 오직 메서드 반환 값의 데이터 형으로만 사용할 수 있으며, instancetype 데이터 형은 메서드가 반환하는 데이터 형으로 취급된다. 예를 들어 메서드가 어떤 값을 반환을 한다면, id 데이터 형 자체를 반환하는 것이 아니라 'return' 다음에 쓰인 데이터 형을 반환한다는 것이다.

iOS 7에서 NSArray나 NSDictionary 같은 데이터 형의 헤더 파일을 열면 기존에 id로 선언되어 있던 모든 데이터 형이 instance 데이터 형으로 변경되어 있을 것이다. 따라서 향후 메서드 반환 값을 id가 아닌 instancetype 데이터 형을 사용해 개발한다면 예상되는 디버깅 시간을 줄일 수 있을 것이다.

C.3 향상된 Foundation 프레임워크

iOS 앱을 개발할 때 Foundation은 기본적으로 반드시 필요한 프레임워크다. 개발에서 흔히 사용되는 NSArray와 NSData 클래스에 추가된 기능 그리고 커다란 변화가 있었던 네트워킹 관련 클래스에 대해서 알아보자. 변화된 부분 모두를 다루진 못하겠지만, 어떤 부분이 추가되었고, 변경되었는지 간단히 살펴보겠다.

C.3.1 NSArray

Objective-C 프로그래밍을 할 때 NSArray를 사용하여 스택(Stack)이나 큐(Queue) 데이터 구조를 구현한 경험이 있을 것이다. lastObject 같은 메서드가 많이 사용된다. 하지만 지금까지 왜 firstObject라는 메서드가 없을까 궁금했는데, 이번에 애플에서 firstObject 메서드를 퍼블릭하게 공개했다. 한 iOS 관련 블로그 사이트[*]에 따르면 firstObject는 iOS 4.0부터 프라이빗으로 정의되었다고 한다. 그런데 iOS 7이 되고서야 퍼블릭으로 공개가 되었다.

지금까지는 NSArray 클래스 인스턴스에서 첫 번째 객체를 가져오기 위해 다음과 같은 코드를 사용했다면,

```
NSMutableArray *queue = [NSMutableArray new];

if (queue.count > 0)
{
    id firstObject = queue[0];
}
```

이제는 다음과 같이 사용할 수 있다.

```
NSMutableArray *queue = [NSMutableArray new];

id firstObject = [queue firstObject];
```

작은 변화이지만 워낙 많이 사용되는 부분이기에 반가운 소식이 아닐 수 없다.

---

[*] http://www.raywenderlich.com/

C.3.2 NSData

NSData 클래스 역시 많이 사용되는 클래스 중 하나다. Foundation 클래스의 하나로 가공되지 않은 바이트를 숨겨주며, 처리하는 여러 가지 유용한 메서드도 함께 제공하고 있다. 흔히들 iOS 앱을 개발하면서 사진과 같은 바이트 데이터를 전송할 때 HTTP 통신으로 Base64 인코딩하여 송수신할 것이다. 이제까지는 NSData 클래스에는 인코딩하는 메서드가 없었기 때문에 서드 파티 라이브러리를 사용하거나, 코드를 직접 짜서 써야만 했다.

iOS 7에는 NSData 클래스에 Base64 인코딩과 디코딩을 다루는 네 가지의 메서드가 포함되었다.

```
- (id)initWithBase64EncodedString:(NSString *)base64String
    options:(NSDataBase64DecodingOptions)options;

- (NSString *)base64EncodedStringWithOptions:
    (NSDataBase64EncodingOptions)options;

- (id)initWithBase64EncodedData:(NSData *)base64Data
    options:(NSDataBase64DecodingOptions)options;

- (NSData *)base64EncodedDataWithOptions:
    (NSDataBase64EncodingOptions)options;
```

NSData를 초기화시켜 주는 생성자 메서드 두 개와 NSString 데이터 형이나 NSData 형으로 인코딩 해주는 메서드 두 개가 추가되었다. 이 두 쌍의 메서드는 같은 처리를 한다. 첫 번째 두 메서드는 UTF-8 인코딩 처리가 되어 있을 때 사용하면 된다.

C.3.3 NSURLSession

NSURLSession은 새로 만들어진 클래스다. 기존의 NSURLConnection 클래스를 대체하는 클래스이며, HTTP 및 다양한 프로토콜 통신을 제공한다. 필자의 눈을 가장 먼저 사로잡은 기능은 기존 버전에서는 불가능했던 백그라운드 다운로드 기능이다. NSURLConnection은 원래 Safari 브라우저에서 사용할 목적으로 만들어진 클래스라고 한다. 이 클래스는 모바일 시대에서 마주친 여러 가지 한계를 극복하기 위해 새로 만들어졌고, 이 네트워크 관련 클래스들에 대해 간략하게 살펴보겠다.

> **노트**
>
> 아이폰 앱은 안드로이드 앱과는 달리 개발 자유도가 떨어진다고 알려졌다. 그 이유 중 하나로 데몬으로 앱을 돌리는 행위와 같은 멀티태스킹 기능 지원이 거의 없다는 점을 들곤 한다. 하지만 이번 iOS 7에서는 여러 가지 부분에서 멀티태스킹 기능을 보강했다.

먼저 NSURLConnection과 NSURLSession의 사용 방법이 어떻게 달라졌는지 코드를 살펴 보자. 다음 코드는 WWDC 2013 705세션[*]에서 발표한 코드다.

```
//NSURLConnection 예제
id<NSURLConnectionDelegate> myDelegate = [[MyDelegate alloc] init];

for (int i = 0; i < 10; i++)
{
    NSURL *myURL = [NSURL URLWithString:@"http://www.apple.com"];

    NSURLRequest *myRequest = [NSURLRequest requestWithURL:myURL];
    [myRequest setAllowsCellularAccess:NO];

    NSURLConnection *conn;
    conn = [NSURLConnection connectWithRequest:myRequest
                                      delegate:myDelegate];
}
```

위 소스 코드는 URLConnection을 생성해서 URL 요청을 열 번 하는 소스 코드다. 똑같은 역할을 하는 NSURLSession 클래스의 사용법은 다음과 같다.

```
//NSURLSession 예제
id<NSURLSessionDelegate> myDelegate = [[MyDelegate alloc] init];

NSURLSessionConfiguration *myConfiguration = [NSURLSession
                                              defaultSessionConfiguration];
myConfiguration.allowsCellularAccess = NO;

NSURLSession *mySession = [NSURLSession
                           sessionWithConfiguration:myConfiguration
delegate:myDelegate
delegateQueue:[NSOperationQueue mainQueue]];

for (int i = 0; i < 10; i++)
{
    NSURL *myURL = [NSURL URLWithString:@"http://www.apple.com"];
    NSURLSessionDataTask *task;
```

---

[*] Session 705, 'What's new in foundation Networking'

```
    Task = [mySession dataTaskWithRequest:myURL];
}
```

위 코드를 비교하면 알겠지만, NSURLSession은 NSURLConnection에 비해 한 번만 생성하고 NSURLSessionDataTask 클래스 인스턴스를 통해 같은 작업을 하는 모습을 보여준다. 또한, NSURLSessionConfiguration과 같은 클래스를 통해 캐시, 쿠키, 크리덴셜 정보 저장* 등 세션의 정책을 설정할 수도 있다. 위 코드에서는 기본 설정으로 구현되었다. 그리고 NSURLConnection에서 제공하지 않은 '이어받기' 기능도 NSURLSessionTask 클래스를 통해 가능해졌다.

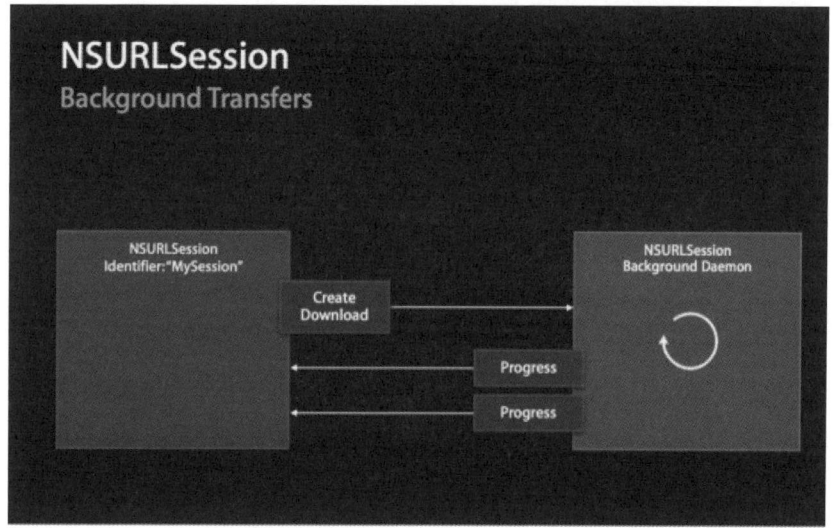

부록-5 NSURLSession 생성과 다운로드 처리를 보여주는 다이어그램

그림 부록-5는 위에서 잠깐 언급한 백그라운드 작업에 관한 내용을 설명하고 있는 다이어그램이다. 왼쪽의 네모가 NSURLSession을 가리킨다. 식별자와 함께 생성해서 다운로드 태스크를 시작하게 되는 장면이다. 실제 태스크는 그림과 같이 NSURLSession의 백그라운드 데몬에서 작업을 하고 중간마다 진행도를 전달해주는 모습이다. 만약 NSURLSession이 백그라운드로 빠지거나 앱이 완전히 종료된다 해도, 다음 그림 부록-6과 같이 식별자를 통해 재접속이 이

---

* IT 업계에서 말하는 크리덴셜 정보란 통상적으로 서비스를 접근하기 위해 필요한 정보를 뜻한다. 아이디나 비밀번호가 될 것이다.

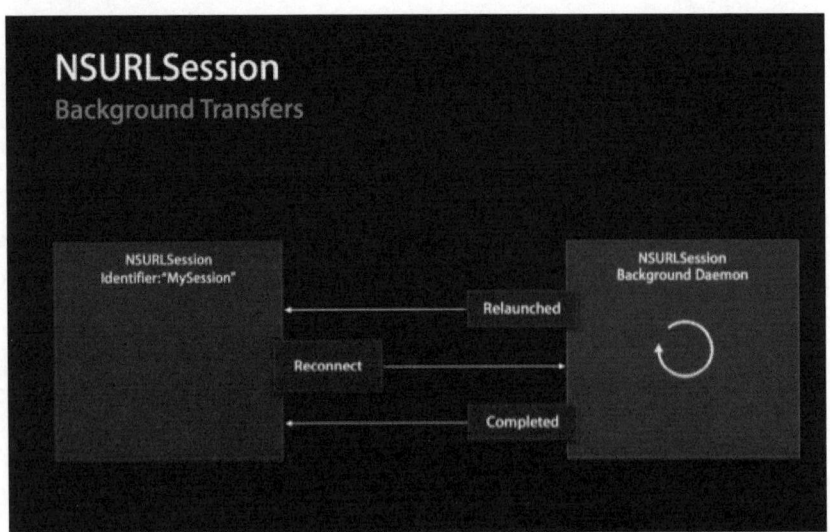

부록-6 NSURLSession이 다시 생성되어 재 접속하는 장면

루어지고 하던 일을 계속할 수 있게 해준다.

NSURLSession API는 iOS 7, OS X 10.9 이상에서 사용할 수 있다.

이 짧은 글로 많은 주제를 다루지 못하지만, 애플에서 발표한 공식 기술 문서를 보면 어떤 부분이 추가되었는지 쉽게 알 수 있을 것이다. 이전부터 있었던 NSNetServices 클래스나 Single sign-on 그리고 iCloud 크리덴셜 싱크 기능 강화되었으니 꼭 한번 확인하길 바란다.

찾아보기

기호

-- (감소 연산자) 95
   배열의 포인터 341-354
   선/후 352-353
- (빼기 부호)
   메서드 43
   산술 표현식 68
!= (같지 않다) 90
283
% (나머지 연산자) 73-75
&
   비트 AND 연산자 255-257
   주소 연산자 333
*
   간접 참조 연산자 334
   객체 참조 481
   산술 표현식 68
, (콤마 연산자) 360
. (점 연산자) 159-161
/ (나눗셈 연산자) 70
/* */ (주석) 22
// (주석) 22
: (콜론)
   메서드 44
   조건 연산자 146
; (세미콜론) 24
? (물음표), 조건 연산자 147
@ 25
^
   배타적 OR 연산자 258-260
   블록 319
{ } (중괄호) 24
| (파이프)
   비트 포함 논리합 254
   비트 포함 OR 연산자 257
|| (OR 연산자) 121
~ (1의 보수 연산자) 254, 258-260
~ (틸데), 홈 디렉터리 446
\n (새줄 문자) 26
+ (더하기 부호)
   메서드 43
   산술 표현식 68
++ (증가 연산자) 95
   배열의 포인터 350-354
   선/후 352-353
+= (증가 후 대입 연산자) 79
〈 (보다 작다) 90
〈〈 (왼쪽 시프트 연산자) 254, 260-262
〈= (보다 작거나 같다) 90
-= (감소 후 대입 연산자) 79
== 90
-〉 (구조체 포인터 연산자) 338-339
〉 (보다 크다) 90
〉= (보다 크거나 같다) 90
〉〉 (오른쪽 쉬프트 연산자) 254, 261-262
10개의 숫자 객체 프로그램 402-403
16진수 표기법 255
1부터 5까지 세는 프로그램 예제 102-103
1의 보수 연산자 (~) 254, 258-260
4 x 5 행렬 307
50 + 25 프로그램 27

ㄱ

가비지 컬렉션 479
가져오기
   파일 24,151
   헤더 파일 372, 534-535
간접 참조 333-337
간접 참조 연산자(*) 334, 357
감소 연산자(--) 95
   배열의 포인터 341-354
   선/후 352-353
감소 후 대입 연산자(-=) 79
값
   메모리 상의 객체 199
   배열
      대입하기 303-304
      저장하기 303
   변수
      대입하기 146-147
      블록 바깥에서 수정하기 323
      표시하기 26-28
   정수 포인터 325-326
   정의된 참조 288
   지역 변수 169, 311
   참/거짓 142-143
   초기 값 대입하기 328
   함수 반환하기
      개요 313
      반환 값 선언 생략하기 315
      생략하기 315
      선언하기 315
      최대 공약수 프로그램 314-315
   define 문 283-286
값 연산자 값 표현식 프로그램
   else if 문 127-130
   switch 문 137-140
같음 (==) 연산자 90
같지 않다 (!=) 연산자 90
개발자 프로그램 532
객체
   값 설정하기 50
   깊은 사본 만들기 524-526
   데이터 형 변환하기 428-429
   동적 바인딩 215-217
   디코드하기
      데이터 형 513, 518-519
      메서드 511
      절차 515
      주소록 예제 프로그램 514
      테스트 프로그램 516
   딕셔너리
      개요 429
      소사전 프로그램 429-430
      수정 가능한/수정 불가능 434
      알파벳 순서로 정렬 433
      열거하기 426-427
      키 값 가져오기 430
      키 추가하기 430
   메서드 34
      반환하기 175
      생성하기 175
   배열의 끝에 추가하기 427
   복사하기
      copy 메서드 494-496
      mutableCopy 메서드 494-496
      NSCopying 프로토콜 499-502
      게터 메서드 502
      깊은 사본 498-499, 524-526

세터 메서드 502-503
수정 가능한 스트링 496-498
수정 불가능한 스트링 496-497
얕은 복사 496
복합 279-280
상수 24
세트
  개요 435
  객체 추가하기/제거하기 437
  교차 437
  동일성 확인 438
  순서를 갖는 인덱스 439-441
  연산 프로그램 435-437
  합 436
  횟수를 세는 438
수동 레퍼런스 카운팅 480-481
  감소시키기 481
  길 잃은 포인터 참조 481
  메서드 475
  오토릴리스 풀 481-484
  증가시키기 480
  할당 해제하기 480
숫자 479-480
  값 가져오기 377
  값 수정하기 377
  비교하기 377
  생성 메서드 377
  생성하기 378
  저장된 값 가져오기 378
  프로그램 376-377
  double 객체 만들기 376
  NSNumber 메서드 목록 378
  numberWithInt:와 numberWithInteger: 메서드 377
스트링
  만들기 382
  수정 가능한 → 수정 가능한 스트링 객체 참조
  수정 불가능한 → 수정 불가능한 스트링 객체 참조
  표시하기 383
  프로그램 383-384
  description 메서드 383-389
  NSString 클래스 382
  unichar 문자 382
아카이브하기 → 객체 아카이브하기 참조
이름 정하기 41-42
인코드하기 513
  데이터 형 514,520

메서드 513
절차 515
주소록 예제 프로그램 514
테스트 프로그램 516-517
커스텀 아카이브 520
임시 491-492
정적 타이핑 218-219
초기화하기 233-237
  메서드 접두어 init 234
  문법 233-237
  배열 234
  테스트하기 236
  init 메서드 재정의하기 235-236
컴파일 시와 런타임 시 확인 217-218
클래스
  메서드에 응답하기 223-224
  생성하기 222
  소유 222
  테스트하기 224-225
클래스 소유 199
  값 설정하기 199
  메모리 참조 199
  메서드에 값 넘기기 201
  인스턴스 변수 테스트하기 196
  프로토콜 따르기 273-277
ARC 488
객체 디코드하기
  데이터 형 513, 518-519
  메서드 511
  절차 515
  주소록 예제 프로그램 514
  테스트 프로그램 516
객체 생성하기 45-47
객체 아카이브하기
  깊은 사본 만들기 524-525
  디코드하기
    데이터 형 512
    메서드 513
    절차 521
    주소록 예제 프로그램 514-519
    테스트 프로그램 519
  인코드하기
    데이터 형 512
    메서드 513
    절차 514-515
    주소록 예제 프로그램 514-519
    테스트 프로그램 519
  커스텀 아카이브
    객체 인코딩하기 521-522

데이터 복원하기 522-523
수정 가능한 데이터 영역 521
아카이브 과정 완료하기 522
인코딩 메시지 저장하기 522
주소록 프로그램 522-523
파일에 데이터 기록하기 522
키를 갖는 아카이브 515
  만들기 511
  미리 선언된 509
  읽기 509-510
  지원 509
XML 프로퍼티 리스트 507
  만들기 507-509
  쓰기 508
  읽기 509
객체 인코드하기 512
  데이터 형 513
  메서드 513
  절차 510
  주소록 예제 프로그램 514-519
  커스텀 아카이브 520
  테스트 프로그램 519
거짓 값 142-145
게터 메서드 58-59
  객체 복사하기 502
  Rectangle 클래스 194
경로명 446
  경로 끝에 추가하기 460
  끝에 파일명 추가하기 459
  디렉터리 찾기 460
  마지막 파일 추출하기 459
  마지막 항목
    제거하기 460
    추출하기 460
  배열 반환하기 459
  분리하기 460
  사용자 정보 반환하기 460
  상대 446
  생성하기 460
  심볼릭 링크 460
  임시 디렉터리 460
  전체 446
  파일 확장자 460
  표준화하기 460
  하드코딩 447
  홈 디렉터리 460
  확장자
    제거하기 459
    추가하기 459

추출하기 459
NSPathUtilities.h 458
곱셈 연산자 74
공백 (표현식) 130
구조체
    구조체 안에 만들기 328-31
    문법 324
    변수
        구조체 정의에 따라 선언하기 326
        초기 값 대입하기 327
        이름 생략하기 332
        인스턴스 변수 저장하기 365
        초기화하기 327-328
        포인터 337-339
        표현식 평가하기 327
    date
        정의하기 324-325
        초기화하기 327
        포인터 332-336
        프로그램 326
        month 값 테스트하기 326
        todaysDate/purchaseDate 변수 선언하기 331
구조체 포인터 연산자(-)) 338-339
구현 파일
    개요 37
    문법 46
    인스턴스 변수 선언하기 51-53
    카테고리 267-270
    클래스 정의하기 155-156
    AddressBook 클래스 405-406
    Fraction 클래스 555-557
    Fraction_CalculatorViewController 클래스 550-553
길 잃은 포인터 참조 481
깊은 사본 498-499, 524-525
끝내기
    데이터 형 변환 249
    반복문 90, 107-108
    함수 310

ㄴ

나눗셈 연산자 69
나머지 연산자(%) 74-75
낙타표기법 492
논리 AND 연산자 121

ㄷ

다중 인수 162-168
    메시지 수신자에 더하기 162-163
    문법 162
    이름 없는 164
    점 연산자 159
    참조 165
    이름 158
    Fraction 클래스 158-164
    setTo:over: 메서드 162-163
다중 프로토콜 274
다차원 배열 307-309
    4 x 5 행렬 308
    선언하기 308-309
    초기화하기 308-309
    표기법 307-309
다형성
    정의 211-212
    Complex 클래스 예제 212-213
대소문자 구별 22
    변환 매크로 292
    이름 41-42
    클래스 이름 41-42
    define 문 283
대입 연산자 78
대입 연산자 (=) 78
더하기 산술 표현식 68
더하기 부호(+)
    메서드 43
덧셈 연산자 68
덧셈 프로그램 28
데니스 리치 1
데이터 캡슐화
    인스턴스 변수 55-59
    메서드 만들기 55-59
    세터/게터 58-59
데이터 형 63-68
    나열 67
    문자 포인터 332-337, 340-341
    변환 252-253
        규칙 예제 252-253
        형 변환 연산자 252-254
    수식어
        counter 66
        long 66-67
        long long 66
        short 66
    숫자 변환 77-78
    열거
    변수 선언하기 246
    식별자 246
    정수 246
    정의 246
    정의하기 250
    month 프로그램 248-249
    인코드하기/디코드하기 513, 518-519
    BOOL 144
    char
        개요 64
        분석 프로그램 129-130
        스트링 객체 지우기 388-389
        유니코드 382
        정의 64
    double 68
    float 64, 73-75
        개요 64
        정의 64
    id 67
        동적 바인딩 215-217
        정적 타이핑 218-219
        컴파일 시와 런타임 시 비교 217-218
        포인터 367
    int 데이터 형 → int 데이터 형 참조
    typedef 문 251-252
델리게이션 277
델리게이트
    메서드 277
    서브클래스 537
도움
    포럼 지원 웹사이트 6
도움말 372-373
    Quick Help 373-374
동일성 확인
    세트 435
    스트링 객체 382-383
    표현식 288
동적 바인딩 215-217
    메서드 목록 215
    메서드 호출하기 220-221
디렉터리 446-451
    경로명 460
        경로 끝에 추가하기 460
        끝에 파일명 추가하기 459
        디렉터리 찾기 461
        마지막 파일 추출하기 459
        마지막 항목 제거하기 460
        마지막 항목 추출하기 460
        배열 반환하기 459

분리하기 460
사용자 정보 반환하기 460
상대 446
생성하기 460
심볼릭 링크 460
임시 디렉터리 460
전체 446
파일 확장자 459
표준화하기 460
하드코딩 447
홈 디렉터리 459
확장자 제거하기 460
확장자 추가하기 460
확장자 추출하기 460
NSPathUtilities.h 459
열거하기 456-457
임시 파일 460
작업 프로그램 449-450
찾기 451
파일 삭제하기 447
파일 옮기기 450
현재 경로 표시하기 461
홈 446-447, 459-460
Caches 462
Documents 462
iOS 462
NSFileManager 클래스 메서드 446-448
디렉티브
딕셔너리
개요 429
소사전 프로그램 429-430
속성 448-449
속성 딕셔너리 448-449
수정 가능한/수정 불가능한 434
알파벳 순서로 정렬 433
열거하기 426-427
키 값 가져오기 430
키 추가하기 430
프로퍼티 리스트
만들기 508-509
읽기 509

ㄹ

래핑 428-429
레이블 (인터페이스)
속성 542
위치 542
추가하기 541
크기 조절하기 544

레이어 (프레임워크) 528
건너뛰기 529
애플리케이션 서비스 528
커널 528
코어 서비스 528
코코아 528
레퍼런스 카운팅
수동 수동 레퍼런스 카운팅 참조
자동 ARC 참조
ARC 없이 컴파일한 코드 482
strong 변수 488
weak 변수 489-491
델리게이트 490
선언하기 488
지원 489
strong으로 참조하는 객체 488
루트 클래스 182
루틴
NSLog 24
% 문자 28
문구 표시하기 24
배열 399-400
변수 값 표시하기 27-29
스트링 객체 382
scanf 96, 130
루프
이벤트 484-486

ㅁ

매크로
대소문자 변환 292
불러오기 292-294
소문자 테스트하기 292
조건 연산자 291
define 문 283-286
SQUARE 290-292
메모리 관리
가비지 컬렉션 479-480
개요 479
단점 480
iOS 지원 480
객체 참조 199
규칙 487
릴리스하기 51
수동 레퍼런스 카운팅 480-481
감소시키기 480
길 잃은 포인터 참조 481
메서드 480
오토릴리스 풀 481-484

증가시키기 480
할당 해제하기 480
strong 변수 488
오토릴리스 풀
드레인 후에도 살아남는 객체 → 오토릴리스 풀 참조
블록 491-492
정의 24
이벤트 루프 484-486
포인터 356-357
ARC 488
ARC 없이 컴파일한 코드 492
strong 변수 488
weak 변수 489
strong으로 참조하는 객체 488
메모리 릴리스하기 51
메서드
+/- 부호 43
객체 33
반환하기 175
생성하기 175
선택하기 186-187
게터 58-59
객체 복사하기 502
Rectangle 클래스 194
낙타표기법 492
다중 인수 162-168
메시지 수신자에 더하기 162-163
문법 162
분수 덧셈 테스트 프로그램 167-168
이름 162
이름 없는 164
점 연산자 159
참조 166
setTo:over: 메서드 예제 162-163
다형성
정의 211-212
Complex 클래스 예제 211-214
델리게이션(위임) 224
동적 바인딩 215-217
메서드 호출하기 220
목록 222
메서드 선택하기 186-187
문법 35-36
배열 317-318, 422-423
상속 181-184
객체 선택하기 186-187
재정의하기 202-206
클래스 확장하기 187-189

선언하기
　　반환 값 43-44
　　인수 44-45
　　클래스와 인스턴스 51-53
　　세터 58-59
　　　　객체 복사하기 502
　　　　Rectangle 클래스 195
　　수신자 구분하기 174
　　예제 34-35
　　이름 선택하기 41, 162
　　인스턴스 38
　　인자 36, 170, 463
　　접근자
　　　　세터/게터 58-59
　　　　자동 생성하기 → 접근자 메서드 자동생성하기 참조
　　접두어 init 237
　　지역 변수
　　　　값 169, 311
　　　　인수 이름 169-170
　　　　정의 169-170
　　　　static 170-171, 312
　　카테고리 272
　　　　객체/카테고리 이름 짝 272
　　　　구현 파일 267-270
　　　　메서드 재정의하기 202
　　　　상속 274
　　　　이름 없는 271-272
　　　　정의 265
　　　　프로토콜 따르기 277-278
　　　　MathOps 예제 267-270
　　콜론(:) 44
　　클래스 객체 응답 222-223
　　클래스와 인스턴스 34-37
　　프로토콜
　　　　객체 따르기 273-276
　　　　기존 정의 확장하기 276-277
　　　　다중 274
　　　　델리게이션 277
　　　　따르기 274
　　　　비공식 277-279
　　　　서브클래스 274
　　　　이름 276-277
　　　　정의 273
　　　　정의하기 273-275
　　　　카테고리 따르기 277-278
　　　　NSCopying 499-502
　　함수와 관계 366
add:

메시지 수신자에 보낼 인수 166-167
분수 테스트 프로그램 166-167
참조 166
Fraction 클래스 객체 참조 166
result 객체 175-176
self 키워드 174
addCard: 412
addObject: 427
allKeys 433
alloc 48
anyObject 438
appendString: 395
ARC 488
archiveRootObject:toFile: 520
arrayWithCapacity: 427
arrayWithObjects: 401,427
attributesOfItemAtPath: 448
availableData 468
calculate: 170-171
capitalizedString 398
caseInsensitiveCompare: 398
changeCurrentDirectoryPath: 453
characterAtIndex: 398
clickDigit: 550-551
clickEquals 550-551
closeFile 468
compare: 379
compareNames: 423-425
conformsToProtocol: 275-277
containIndex: 441
containsObject: 426, 436-437
contentsAtPath: 447
contentsEqualAtPath: 448
convertToNum 116-117
copy 494-496
copyItemAtPath: 447
copyWithZone: 273, 500
　　zone 인수 500
count
　　AddressBook 클래스 413
　　NSArray 클래스 399, 588
　　NSDictionary 클래스 432
　　NSIndexSet 클래스 439
　　NSSet 클래스 435
createDirectoryAtPath: 454
createFileAtPath: 447
currentDirectoryPath 454
data 517
dealloc 485

decodeObjectForKey: 515
deleteCharactersInRange: 395, 399
denominator 55-56
description 383-389
dictionaryWithCapacity: 434
dictionaryWithObjectsAndKeys: 433-434
doubleValue 398
encodeWithCoder: 514-518
entries 411
enumerateObjectsUsingBlock: 427
enumeratorAtPath: 453, 456
environment 465
fileExistsAtPath: 448, 453
fileHandleForReadingAtPath: 467
fileHandleForUpdatingAtPath: 467
fileHandleForWritingAtPath: 467
firstIndex 441
floatValue 379
globallyUniqueString 465
hasPrefix: 398
hasSuffix: 398
hostName 465
indexesPassingTest: 441
indexLessThanIndex: 441
indexOfObject: 426
indexSet 439
init 49,186
　　재정의하기 202-206
initVar 202-204
initWith: 235-236
initWithCapacity: 399, 434, 439
initWithCoder: 513-520
initWithContentsOfFile:encoding:error: 398
initWithContentsOfURL:encoding:error: 398
initWithName: 412
initWithObjects: 438
initWithObjectsAndKeys: 433
initWithString: 397
insertString:atIndex: 395
integerValue 398
intersect: 437
intersectSet: 439
intValue 398
isEqualToSet: 438
isEqualToString: 398
isReadableFileAtPath: 448
isSubsetOfSet: 438
isWritableFileAtPath: 438
keyEnumerator 434

lastIndex 441
lastObject 426
lastPathComponent 460-461
length 387
lookup: 416-418
lowercaseString 388
member: 438
minusSet: 439
moveItemAtPath: 447, 450, 454
mutableCopy 494-496
mutableCopyWithZone: 500
new 59
NSArray 클래스 399, 588
NSDictionary 클래스 432
NSFileHandle 클래스 467-473
NSFileManager 클래스 446-452
NSIndexSet 클래스 439-441
NSMutableArray 클래스 427
NSMutableDictionary 클래스 434
NSNumber 클래스 376-382
NSObject 클래스 221
NSPathUtilities.h 클래스 458
NSProcessInfo 463
NSSet class 435
NSString 클래스의 목록 397-398
NSValue 클래스 428-429
objectAtIndex: 401, 427
objectEnumerator 434, 438
objectForKey: 430, 451
offsetInFile 468
operatingSystem 465
operatingSystemName 465
operatingSystemVersionString 465
origin 197
pathComponents 461-467
pathExtension 460
pathWithComponents 461
performSelector: 222
print
   주소 카드 404
   NSSet 클래스 435
processDigit: 550
processIdentifier 465
processInfo 464
processName 465
rangeOfString: 392
readDataOfLength: 468
readDataToEndOfFile 468
reduce

만들기 169
선언하기 172
정의하기 172-173
프로그램 172
removeAllObjects 434, 439
removeCard: 418-421
removeItemAtPath: 447, 450, 454
removeObject: 427, 439
removeObjectAtIndex: 427
removeObjectIdenticalTo: 419
replaceCharactersInRange:withString: 396
replaceObjectAtIndex:withObject: 427
respondsToSelector: 222
seekToEndOfFile: 472
seekToFileOffset: 468
selector 지시어 221
setAttributesOfItemAtPath: 448
setDenominator: 42
setEmail: 406
setName: 406
setName:andEmail: 409
setNumerator: 42
setObject: 430,434
setOrigin: 197
setProcessName: 465
setSide: 190
setString: 399
setTo:over: 162-163
setWithCapacity: 439
setWithObjects: 438
side 189
sortedArrayUsingComparator: 425, 427, 433
sortUsingComparator: 425, 427
sortUsingSelector: 422, 427
string 382-399
stringByAppendingPathComponent: 459-461
stringByAppendingPathExtension: 461
stringByDeletingLastPathComponent 460
stringByDeletingPathExtension 461
stringByExpandingTildeinPath 461
stringByResolvingSymlinksInPath 461
stringByStandardizingPath method 461
stringWithCapacity: 399
stringWithContentsOfFile: 397, 470, 509
stringWithContentsOfURL:encoding:err or: 397
stringWithFormat: 397
stringWithString: 397

substringFromIndex: 392, 398
substringToIndex: 392, 398
substringWithRange: 392-393, 398
truncateFileAtOffset: 468
unarchiveObjectWithFile: 511-512
union: 437
unionSet: 439
uppercaseString 398
UTF8String 398
writeData: 468
writeToFile: 427
메서드 재정의하기 202-206
카테고리 272
init 메서드 235-236
메서드에서 객체 반환하기 175
명령문
{ } (중괄호) 24
전처리기 283
   정의하기 → define 문 참조
   else 118-121
   endif 294-299
   if 297-298
   ifdef 297-298
   import 292-294
break 108-109
반복문 104
switch 문 137-140
continue 109
do
   문법 107-108
   실행 107-108
   정수 숫자 뒤집기 107-108
   while 문 비교 107-108
else if
   값 연산자 값 표현식 프로그램 135
   개요 127
   문법 127-128
   부호 함수 프로그램 128
   숫자 연산자 숫자 표현식 프로그램 131-133
else if 문
   문자 분석 프로그램 129
for
   200번째 삼각수 예제 89
   개요 89
   문법 90
   삼각수 예제 표 87
   조건 90-91
   중첩 98-100

초기 값 95
키보드 입력 96-98
if
　문법 113-114
　복합 관계 테스트 121-124
　조건 컴파일 294-295
　중첩 125-126
　else-if 구문 → else if 문 참조
　if-else 구문 118-121
if-else 118-121
null 359
switch
　값 연산자 값 표현식 프로그램 134-135
　문법 137
　break 문 108-109
　case 값 137-138
typedef 251-252
　데이터 형 329
　변수 선언하기 330
　정의 329-330
undef 298
while
　1부터 5까지 세는 프로그램 예제 102-103
　문법 103
　정수 숫자 뒤집기 106
　최대 공약수 프로그램 104-105
　do 반복문 비교 107-108
문구 표시
Programming is fun! 프로그램 9
And programming in Objective-C is even more fun! 프로그램 25-26
문법
　@ 25
　_ (언더스코어) 41
　{ } (중괄호) 24
　객체 초기화하기 233-227
　공백 120
　구조체 324
　구현 파일 46
　다중 인수 162
　다차원 배열 307-309
　대소문자 구별 22
　메서드 34-36
　명령문 27
　블록 319-320
　상수 25
　새줄 문자 26
　인수 311
　인터페이스 파일 43

조건 연산자 146
주석
　/**/ 23
　// 23
　장점 23
　정의 23
　줄 위치 22
클래스 확장 271
프로그램 종료하기 25
프로퍼티 158-159
함수 309
define 문 283
do 반복문 107-108
else if 문 127
for 문 90
if 문 113-114
switch 문 137-140
while 문 103
문자
　개요 64
　분석 프로그램 129-130
　스트링 객체 지우기 393-394
　유니코드 382
　포인터 332-337, 340-341
물음표 (?), 조건 연산자 146
뮤텍스 락 504

ㅂ

반복문
　끝내기 88, 107-108
　숫자 세기 예제 89
continue 문 109
do
　문법 107-108
　실행 107-108
　정수 숫자 뒤집기 107-108
　while 문 비교 107-108
for
　200번째 삼각수 예제 89
　개요 89
　문법 90
　삼각수 예제 표 87
　조건 90-91
　중첩 98-100
　초기 값 95
　키보드 입력 96-98
while
　1부터 5까지 세는 프로그램 예제 102-103
　문법 103

　정수 숫자 뒤집기 106
　최대 공약수 프로그램 104-105
　do 반복문 비교 107-108
반복문에서 키보드 입력 96-97
반환 값
　선언하기 43-44
　함수
　　개요 313
　　생략하기 315
　　선언하기 315
　　최대 공약수 프로그램 314-315
배열
　값 저장하기 302
　다른 변수에 대입하기 302
　다차원 307-309
　　4 x 5 행렬 309
　　선언하기 305-306
　　초기화하기 305-306
　　표기법 302-303
　문자 306-307
　빠른 열거 414
　선언하기 302
　원소 시작 302
　정의 302
　차례로 접근하기 302-304
　첨자 302
　초기화하기 305
　포인터 341-348
　　문자열 347-348
　　문자열 복사 버전 2 353-354
　　배열 순차적으로 처리하기 342-344
　　정수 배열의 원소 합을 계산하는 함수 345-346
　　증가 / 감소 연산자 350
　　첫 원소 설정하기 302
　　포인터 비교하기 344-345
　　함수에서 포인터로 참조하기 340-341
피보나치 수 프로그램 304
함수, 메서드에 넘기기 317-319
Foundation
　10 개의 숫자 객체 프로그램 402-403
　개요 399
　객체 데이터 형 변환 428-429
　끝에 객체 추가하기 401
　만들기 399
　블록으로 정렬하기 424-425
　셀렉터로 정렬하기 422-423
　수정 가능한 배열 생성하기 400
　월 이름 프로그램 400-401

찾아보기　599

인덱스 번호로 원소 가져오기 401
정렬하는 메서드 427
주소록 만들기 → 주소록 만들기 참조
표시하기 404-407
배열 정렬하기
　메서드
　　NSArray 클래스 399, 588
　　NSMutableArray 클래스 427
　블록 424-425
　셀렉터 422-423
배열 차례로 접근하기 302-304
배타적 OR 연산자 258
버튼 (인터페이스)
　액션 추가하기 538-540
　추가하기 544
버퍼 452-454
번들 474-475
범위
　변수 237-238
　인스턴스 변수 239-340
　　상속 230
　　지시어 238
　함수 317
변수
　값
　　대입하기 146-147
　　표시하기 27-29
　객체 정의하기 366
　객체 참조 51-52
　구조체
　　구조체 정의에 따라 선언하기 326
　　초기 값 대입하기 327
　메모리 주소 356
　불리언 변수
　　소수 표 만들기 140-141
　　정의 140
　　참/거짓 값 142-143
　　BOOL 데이터 형 145
　블록
　　값 수정하기 323
　　대입하기 323
　　접근하기 320
　　선언하기 322
　아웃렛
　　연결하기 546
　　정의 538
　열거 데이터 형 246
　이름 정하기 41-42
　인스턴스

_ (언더스코어) 41
범위 237
상속 181-184
선언하기 38, 51-53
이름 41
저장하기 365
접근자 메서드 자동 생성하기 239
접근하기 55-59
지시어 237
프로퍼티 239
테스트하기 196
origin 197
Printer 클래스 예제 238
전역 240-243
　소문자 g 240
　외부 242
　정의 242
정수 int 데이터 형 참조
정수 포인터 332-334
정의하기 48
정적 243-246
정적 타이핑 218-219
지역
　값 169, 311
　인수 이름 169-170
　자동 312
　정의 169-170
　함수 309
　static 170-171, 312
purchaseDate 331
strong 488-489
sum 27
todaysDate 331
typedef 문 251-252
weak 489-491
　델리게이트 490
strong으로 참조하는 객체 488
변환 (데이터 형) 249-250
　규칙 252-254
　끝내기 249
　예제 248-249
　형 변환 연산자 252
별표 (*)
　객체 참조 51-52
　산술 표현식 68
보다 작거나 같다 (<=) 연산자 90
보다 작다 (<) 연산자 90
보다 크거나 같다 (>=) 연산자 90
보다 크다 (>) 연산자 90

복사하기
　객체
　　게터 메서드 502
　　깊은 사본 498-499, 524-526
　　세터 메서드 502-503
　　수정 가능한 스트링 496-498
　　수정 불가능한 스트링 496-497
　　얕은 복사 496
　　copy 메서드 494-496
　　mutableCopy 메서드 494-496
　　NSCopying 프로토콜 499-502
　분수 500-502
　파일 445, 445, 450-451
복합 관계 테스트 121-124
　연산자 121
복합 리터럴 358
복합 클래스 279-280
부분 (프로그램) 39
부호 함수
　정의 127
　else if 프로그램 128
분수 계산기 아이폰 애플리케이션
　개요 532
　분수 곱셈 예제 548
　분수 입력하기 548
　숫자 버튼 누르기 554
　실행 후 시뮬레이터에서 보기 547
　연산 끝내기 549
　템플릿 549
　프로젝트 파일 560
　Fraction_Calculator 시작하기 549
분수 약분 프로그램
　add: 메서드 바깥 175
　add: 메서드 내 175
분수 프로그램 아이폰 분수 계산기 애플리케이션 참조
　다수의 분수 49-53
　만들기 162-163
　분수 약분하기 169
　선언하기 171-172
　정의하기 172
　add: 메서드 내 168
　add: 메서드 바깥 173
　분수 복사하기 501-502
　클래스 제외 35-36
　Fraction 클래스 → Fraction 클래스 참조
불러오기
　매크로 292-294
불리언 변수

소수 표 만들기 140-141
정의 140
참/거짓 값 142-143
BOOL 데이터 형 145
뷰 490
뷰 컨트롤러 540
브래드 콕스 1
블록
  개요 319
  문법 319-320
  배열 정렬하기 422-423
  변수
    값 수정하기 323
    대입하기 323
    접근하기 320
  오토릴리스 풀 491-492
  장점 319
  전역으로 정의 321
비공식 프로토콜 277-279
비트 AND 연산자 254-256
비트 연산자
  1의 보수 258-259
  2진-16진 표기법 변환 255
  배타적 OR 258
  비트 연산자 나열 254
  오른쪽 시프트 261-262
  왼쪽 시프트 260-261
  포함 OR 257-258
  프로그램 예제 259
  AND 255-257
빠른 열거 414
빼기 부호 (-)
  산술 표현식 68
  메서드 43
뺄셈 연산자 68

ㅅ

삭제하기
  디렉터리의 파일 446
  수정 가능한 스트링 객체 392-393
  스트링 객체에서 문자 392-393
  주소 카드 418-421
  파일 446
산술 표현식
  * 68
  숫자 데이터 형 변환 77-78
  숫자 세기 반복문 예제 89
  연산자
    -- (감소) 95

++ (증가) 94
+= (증가 후 대입) 79
-= (감소 후 대입) 79
관계 90-91
나머지 74-75
대입 78
우선순위 68-71
정의 64
형변환 77-78
정수 71-73
Calculator 클래스 80-81
Fraction 클래스 → Fraction 클래스 참조
삼각수 계산하기
  블록 321-322
  calculateTriangularNumber 함수 311-312
삼각수 예제 표 87
상대 경로명 446
상대 파일 위치 471
상속
  객체 소유하기 197-202
    값 설정하기 198
    메모리 참조 199
    메서드에 값 넘기기 198
    인스턴스 변수 테스트하기 196
  객체 이름 선택하기 186-187
  루트 클래스 181
  메서드 184-187
    재정의하기 202-206
    추가하기 187-192
  서브클래스 182-183
    생성하기 189-192
    장점 206
    정의 206
  슈퍼클래스 182-183
    인스턴스 변수 181-184
    정보 저장하기 193
  카테고리 274
  프로그램 예제 185
  부모 클래스 194
  class 지시어 193-194
상수
  문자 스트링 포인터 349-350
  심볼릭 이름 → define 문 참조
  정의 64
  표현식 64
새 iOS 프로그램 시작하기 534
새줄 문자 26
샵 부호 (#) 283
서브스트링 만들기 391-392

범위 391
  스트링에서 391
  스트링에서 다른 스트링 찾기 391
  시작하는 문자 391
  지정한 인덱스의 문자 391
서브클래스
  델리게이트 537
  상속 182-183
  생성하기 189-191
  장점 206
  정의 206
  프로토콜 274
선언하기
  다차원 배열 308-309
  메서드
    반환 값 43-44
    인수 44-45
    클래스와 인스턴스 51-53
  배열 304
  변수 329
  수정 불가능한 스트링 객체 434
  스트링 객체
    수정 가능한 392
    수정 불가능한 496-497
  외부 변수 241-242
  인스턴스 변수 38, 51-53
  클래스 156-157
    클래스 정의 분리하기 156
  포인터 334
  프로토타입 선언 315-317
  함수 309
    반환 값 313
    인수 형 315
display 프로퍼티 539
weak 변수 489-491
선택하기
  메서드 186-187
  객체 186-187
  이름 41-43
세미콜론(;) 24
세터 메서드
  객체 복사하기 502-503
  Rectangle 클래스 195
세트
  개요 435
  객체 추가하기/제거하기 437
  교차 437
  동일성 확인 435
  순서를 갖는 인덱스 439-441

연산 프로그램 435-437
합 436
횟수를 세는 438
소문자와 대문자 21
소사전 프로그램
만들기 429-431
아카이빙하기 507
읽기 509-510
소수
정의 142
표 만들기 145
속성
딕셔너리 448-449
레이블 542
수동 레퍼런스 카운팅 480-481
감소시키기 480
길 잃은 포인터 참조 481
메서드 480
오토릴리스 풀 491
객체 추가하기 482
드레인 후에도 살아남는 객체 484-485
드레인하기 481
블록 491-492
소유한 객체 릴리스하기 483
오토릴리스되는 객체 481-484
main 루틴 예제 482
증가시키기 480
할당 해제하기 480
strong 변수 488
수식어
long 66-67
long long 66
short 66
unsigned 66
수신자 구분하기 174
수정 가능한 데이터 영역 만들기 452
수정 가능한 딕셔너리 434
수정 가능한 배열 만들기 402
수정 가능한 스트링 객체
객체 복사하기 496-498
내용 설정하기 395
다른 스트링 끝에 삽입하기 395
다른 스트링 앞에 삽입하기 395
문자 지우기 395-396
삭제하기 392-393
선언하기 392
수정 불가능한 스트링과 비교 395
정의 385
찾아 삭제하기 395

프로그램 찾고 대치하기 395-396
NSMutableString 클래스 392
수정 불가능한 딕셔너리 434
수정 불가능한 스트링 객체
객체 복사하기 496-497
다른 스트링에서 새로 만들기 387
대소문자 변환 292
동일성 확인 382-383
메시지 보내기 388
문자 길이 세기 386
문자 스트링 합치기 386
서브스트링 만들기 391-392
범위 391
스트링에서 391
스트링에서 다른 스트링 찾기 392
시작하는 문자 391
지정한 인덱스의 문자 391
선언하기 496-497
수정 가능한 스트링과 비교 395
정의 385
참조 388
초기화 387
프로그램 385-389
수정하기
블록 바깥에서 수정하기 323
순차적으로 저장된 아카이브 510
숫자 객체 376-381
값
가져오기 378
수정하기 380
만들기 377
메서드 378-379
비교하기 380
저장된 값 가져오기 379
프로그램 376-377
double 객체 만들기 379
NSNumber 메서드 목록 378
numberWithInt: 와 numberWithInteger: 메서드 377
숫자 변환
데이터 형 77-78
인수 311
숫자 세기 반복문 예제 89
숫자 연산자 숫자 표현식 프로그램 131-133
슈퍼클래스 182-183
스레드 안전 코드, 뮤텍스 락 504
스트링 객체
만들기 382
문자 395-396

수정 가능한
객체 복사하기 496-498
내용 설정하기 395
다른 스트링 끝에 삽입하기 395
다른 스트링 앞에 삽입하기 395
문자 지우기 395-396
삭제하기 392-393
선언하기 392
수정 불가능한 스트링과 비교 395
정의 385
찾아 삭제하기 395
프로그램 찾고 대치하기 395-396
NSMutableString 클래스 392
수정 불가능한
객체 복사하기 496-497
다른 스트링에서 새로 만들기 387
대소문자 변환 292
동일성 확인 382-383
메시지 보내기 388
문자 길이 세기 386
문자 스트링 합치기 386
서브스트링 생성하기 391-392
선언하기 496-497
수정 가능한 스트링과 비교 392
정의 385
참조 388
초기화 387
프로그램 385-386
표시하기 385
description 메서드 384-389
NSString 클래스 382
unichar 문자 382
개요 382
메서드 목록 397-398
슬래시 (/), 나눗셈 68
시뮬레이터 (iOS) 537
버튼 누르기 554
분수 계산기 표시하기 548
선택하기 537
시스템 의존성 294-295
시작하기
Xcode 11
실행하기 터미널 18

O

아웃렛 변수
정의 538
아이폰 애플리케이션
네이티브 2

델리게이트 서브클래스 537
버튼을 누르면 텍스트 표시하기
   개요 532
   검정 창 만들기 540
   버튼 액션 추가하기 544
   소스 코드 표시하기 544
   실행하기 544
   절차 개요 543
   display 변수와 label 연결하기 544
   iPhone_1ViewController.h 클래스 538
   iPhone_1ViewController.m 클래스 539-540
분수 계산기
   개요 532
   분수 곱셈 예제 548
   분수 입력하기 548
   숫자 버튼 누르기 554
   실행 후 시뮬레이터에서 보기 547
   연산 끝내기 549
   인터페이스 디자인 558
   절차 개요 556-557
   템플릿 549
   프로젝트 파일 560
   Calculator 클래스 558-559
   Fraction 클래스 555-557
   Fraction_Calculator 시작하기 549
   Fraction_CalculatorViewController 클래스 550-553
뷰 컨트롤러 537
새 프로젝트 시작하기 534
시뮬레이터 537
   버튼 누르기 554
   분수 계산기 표시하기 548
   선택하기 537
아웃렛
   연결하기 546
   정의 538
아이폰 시뮬레이터 선택하기 537
인스턴스 변수 이름과 프로퍼티 이름 539
인터페이스 디자인 540-544
   가이드라인 542
   검정 창 만들기 542
   레이블 543-546
   버튼 액션 추가하기 546-547
   버튼 추가하기 545
   사용자 인터페이스 디자인 영역 540
   Attributes Inspector 541
템플릿 534-535
프로젝트 옵션 고르기 535

프로젝트 폴더 위치 535
헤더 파일 불러오기 538
display 프로퍼티
   선언하기 539
   접근자 메서드 자동생성하기 539-540
IBAction 식별자 538
IBOutlet 식별자 538
iOS
   SDK 531
   개발자 프로그램 532
아이폰용 네이티브 애플리케이션 2
아카이브 데이터 복원하기 520
애플
   개발자 웹사이트 531
   아이폰 iPhone 애플리케이션 참조
   iOS iOS 참조
   Objective-C 인수 1
애플리케이션
   계층도 528
   번들 474-475
   아이폰 → iPhone 애플리케이션 참조
   애플리케이션 서비스 528
   커널 528
   코어 서비스 528
애플리케이션 서비스 528
얕은 복사 496
언래핑 428-429
역사
   라이선스 1
   애플의 인수 2
   탄생 1
   표준 규격 1
연산자
   -- (감소 연산자) 95, 341-354
      선/후 352-353
   & (주소) 333
   * (간접 참조) 334
   , (콤마) 360
   ++ (증가 연산자) 94, 350-354
      선/후 352-353
   += (증가 후 대입) 79
   -= (감소 후 대입) 79
   -> (구조체 포인터) 338-339
   관계 90-91
   나머지 74-75
   대입 및 산술 조합 78
   복합 118
   비트
      1의 보수 258-289

      2진-16진 표기법 변환 255
      AND 255-257
      배타적 OR 258
      오른쪽 시프트 261-262
      왼쪽 시프트 260-261
      포함 OR 257-259
      프로그램 예제 259
   우선순위 68-69
   점(.)
      다중 인수 159
      프로퍼티 접근하기 157-159
   정의 64
   조건
      매크로 291
      변수 값 대입하기 146-147
      문법 146
   형 변환 77-78, 252
   sizeof 360-362
열거 데이터 형
   변수 선언하기 246
   식별자 246
   정수 246
   정의 246
   정의하기 250
   month 프로그램 248-249
열거하기
   디렉터리 456-457
   딕셔너리 426-427
예약어 41-42
예외 던지기 228
예외 처리 226
   비정상 종료 막기 226
   예외 던지기 228
   catch 블록 여러 개 사용하기 229
   catch 표현식 프로그램 228
   Fraction 클래스 예제 227
오른쪽 시프트 연산자 ( ))) 261-262
오토릴리스 풀 481-484
   객체
      드레인 후에도 살아남는 객체 484-485
      소유한 객체 릴리스하기 483
      오토릴리스하기 491-492
      추가하기 482
   드레인하기 481
   메인 루틴 예 482
   블록 491-492
   정의 24
   availableData 메서드 468
외부 변수 235-236

왼쪽 시프트 연산자 (〈〈) 260-261
요소 그룹짓기 → 배열, 구조 참조
원 너비/원주 예제 285
원치 않는 결과가 발생하는 상황 대비 134
원하는 삼각수를 계산하는 예제 93
월 이름 프로그램 400-401
웹사이트
    애플 개발자 531
    포럼 지원 6
    Mac OS X 참고 문서 372-373
    Xcode 개발 도구 10
유니코드 문자 382
유사 표현 307-309
윤년 프로그램 123-124
의사 결정 구문
    불리언 변수 정의 140
    조건 연산자 문법 146
    else if 문 개요 127
    if 문 문법 113-114
    switch 문
        break 문 108-109
        case 값 137-140
의사 결정 구조
    불리언 변수 140
        소수 표 만들기 140-141
        참/거짓 값 142-143
        BOOL 데이터 형 145
    소수 표 만들기 140-141
    조건 연산자
        변수 값 대입하기 146-147
    else if 문
        값 연산자 값 표현식 프로그램 135
        문법 127
        문자 분석 프로그램 129
        부호 함수 프로그램 128
        숫자 연산자 숫자 표현식 프로그램 131-133
    if 문
        복합 관계 테스트 121-124
        절대값 프로그램 114-115
        중첩 125-126
        else-if 구문 → else if 문 참조
    if-else 문 118-121
    switch 문
        값 연산자 값 표현식 프로그램 137-140
        문법 137-140
의존성 (시스템) 294-295
이름
    구조체 생략하기 332

대소문자 구분 42
메서드 158
    변수 41-42
    복합 리터럴 358
    선택하기 46
    예약어 42
    인수 164, 170-171
    인스턴스 변수 239-240, 538
    전처리기 정의 295
이벤트 루프 484-486
이진 표기법 255
이차원 배열 308
인덱스 숫자 302
인수
    가변 316
    다중
        메시지 수신자에 더하기 162-163
        문법 162
        이름 164
        이름 없는 164
        참조 166
        클래스 객체 참조하기 166
    메서드 34
    숫자 변환 311
    커맨드라인 362-363
    형식 문자열 29
    define 명령문 283-284
    zone 500
인스턴스
    객체 복사하기 502
인스턴스 메서드 41
    클래스와 인스턴스 34-37
인스턴스 변수
    _ (언더스코어) 41
    문법 32-34
    범위 237
        상속 181-184
        지시어 237
        Printer 클래스 예제 238
    선언하기 38, 51-53
    아웃렛
        연결하기 546
        정의 538
    이름
        _ (언더스코어) 239
        프로퍼티 이름 239
    저장하기 365
    접근자 메서드 자동 생성하기 239
    접근하기 55-59

세터/게터 58-59
테스트하기 196
프로퍼티 239
origin 197
인자
    다중 162-168
        분수 덧셈 테스트 프로그램 167-168
        setTo:over: 메서드 162-163
    메서드 이름의 콜론 44
    문법 311
    선언하기 44-45
    이름 164, 170-171
    포인터 340-341
    형 선언하기 315
    argc 464
    argv 464
인터페이스 디자인 540-544
    가이드 라인 542
    검정 창 만들기 540
    레이블
        속성 542
        위치 542
        추가하기 541
        크기 조절하기 544
    버튼
        액션 추가하기 538-540
        추가하기 544
    분수 계산기 아이폰 애플리케이션 554
    사용자 인터페이스 디자인 영역 540
    Attributes Inspector 541
인터페이스 디자인하기 540-544
    가이드 라인 542
    검정 창 만들기 540
    레이블
        속성 542
        위치 542
        추가하기 541
        크기 조절하기 544
    버튼
        추가하기 544
    분수 계산기 아이폰 애플리케이션 554
    사용자 인터페이스 디자인 영역 540
    Attributes Inspector 541
인터페이스 파일
    개요 43
    문법 43
    반환 값 43-44
    이름 선택하기 41
    인수 44

클래스
  선언하기 40, 151-152
  인스턴스 메서드 비교 41
  정의 확장하기 178
  클래스와 인스턴스 41
  AddressBook 클래스 411-413
  AddressCard 클래스 405-407
  Fraction 클래스 558
  Fraction_CalculatorViewController 클래스 550-553
인터페이스/구현 파일 분리 154-157
  구현 파일 155-156
  인터페이스 파일 154-155
읽기
  키를 갖는 아카이브 509-510
  파일 508
  XML 프로퍼티 리스트 507
임시 객체 491-492
임시 파일 디렉터리 460

ㅈ

자동 레퍼런스 카운팅 → ARC 참조
자동 생성 접근자 메서드
  AddressCard 클래스 405-407
자동 지역 변수 312
자유 소프트웨어 재단 1
저장하기
  배열 값 303
  인스턴스 변수 365
전역 변수 240-243
  소문자 g 240
  외부 242
  정의 242
전처리기
  명령문 283
    정의하기 → define 문 참조
    else 294-295
    endif 297-298
    if 297-298
    ifdef 297-298
    import 292-294
  여러 줄의 코드 289
  조건 컴파일
    시스템 의존성 294-295
    이름 정의하기 295
    프로그램 디버깅하기 296
    개요 294
    if 문 297-298
    undef 문 298

전체 경로명 446
절대 값 프로그램 114-115
점(.) 연산자
  다중 인수 159
    프로퍼티 접근하기 159
접근자 메서드
  세터/게터 58-59
  자동 생성 239
    AddressCard 클래스 405-407
    display 프로퍼티 539
    synthesize 지시어 158-159
접근자 메서드 자동 생성하기 239
  display 프로퍼티 539-540
  synthesize 지시어 158-159
접근하기
  블록 변수 320
  인스턴스 변수 55-59
  메서드 만들기 55-59
  상속받은 237
  세터/게터 58-59
  프로퍼티 160-161
  Foundation 프레임워크 문서 372-373
정수 → int 데이터 형 참조
정수 산술 71-73
정수 숫자 뒤집기 프로그램
  do 문 107-108
  while 문 106
정의된 값 참조 289
정의된 이름 → define 문 참조
  값 285
  동일성 확인 288
  문자 그대로 텍스트 치환 287
    대소문자 변환 292
    소문자 테스트하기 292
    조건 연산자 291
    Fraction 클래스 558
    SQUARE 290-293
  원 너비/원주 예제 285
  인수 290-291
  정의 취소하기 298
  추가하기 (Xcode) 293-294
  표현식
    유효성 287
    포함 286-287
정의하기
  객체 변수 366
  배열을 가리키는 포인터 342
  블록 319
  열거 데이터 형 246

클래스 153-157
프로토콜 273-275
AddressCard 클래스 405-407
정적 변수 243
정적 지역 변수 312
정적 타이핑 218-219
정적 함수 317
조건
  for 문 90
조건 연산자
  매크로 291
  변수 값 대입하기 146-147
  문법 146
조건 컴파일
  개요 294
  시스템 의존성 294-295
  이름 정의하기 295
  프로그램 디버깅하기 296
  if 문 297-298
  undef 문 298
조건 컴파일 디버깅하기 296
주석
  /**/ 23
  // 23
  장점 23
  정의 23
  define 문 283
주소 연산자(&) 333
주소록 만들기
  개요 404
  디코드하기 514
  순서대로 가져오기 414
  이름
    삭제하기 418-421
    찾기 416-418
  인코드하기 512
  주소 카드
    더하기 412
    만들기 404-405
    블록으로 정렬하기 424-425
    삭제하기 418-421
    셀렉터로 정렬하기 422-423
    숫자 세기 412
    이름 설정하기 405
    이름과 이메일 동시에 설정하기 409-410
    이메일 설정하기 408
    자동생성하기 408-410
    출력하기 405
    테스트 프로그램 407-408

커스텀 아카이브
    만들기 520-523
    복원하기 522-523
콘텐츠 나열하기 414-415
프로그램 412-414
AddressCard 클래스 405-407
중괄호 ({ }) 24
중첩
    for 문 98-100
    if 문 125-126
중첩하기
증가 연산자 (++) 95
    배열의 포인터 350-354
    선/후 352-353
증가 후 대입 연산자 (+=) 79
지시어
    인스턴스 변수 범위 237
    catch 226
    class 193-194
    optional 279
    package 238
    private 238
    protected 238-239
    protocol 273
    public 238-239
    selector 221
    synthesize 158-159
    try 226
지역 변수
    값 169, 311
    인수 이름 169-170
    자동 312
    정의 169-170
    함수 309
    static 170-171, 312
직사각형 만들기 330-331

ㅊ

참 값 142-143
첨자 302
초기 값 대입하기 328
초기화
    배열 305-306
초기화하기
    객체 48, 233-237
        메서드 만들기 235
        메서드 접두어 init 237
        문법 233-237
        배열 305-306

init 메서드 재정의하기 235-236
구조체 327
다차원 배열 308-309
수정 불가능한 스트링 객체 434
최대 공약수 프로그램 104-105
추상 클래스 206-207
추상 프로토콜 277-279

ㅋ

카테고리
    객체/카테고리 짝 272
    구현 파일 267-270
    메서드 재정의하기 272
    상속 274
    이름없는 → 클래스 확장 참조
    정의 265
    프로토콜 따르기 277-278
    MathOps 예제 267-270
    NSComparisonMethods 279
캐럿 (^) 314
    배타적 OR 연산자 258-260
    블록 319
캐릭터 배열 306-307
캡슐화
    인스턴스 변수 55-59
    메서드 만들기 55-59
    세터/게터 58-59
커널 524
커맨드라인 인수 362-363
커스텀 아카이브
    객체 인코딩하기 521-522
    데이터 복원하기 522-523
    수정 가능한 데이터 영역 만들기 521
    아카이브 과정 완료하기 522
    인코딩 메시지 저장하기 522
    파일에 데이터 기록하기 522
컴파일 시
    런타임 확인 비교 217-218
컴파일 시와 런타임 시 비교 217-218
코어 서비스 528
코코아
    개요 527
    프레임워크 528
코코아 터치 529
콜론 (:)
    메서드 44
    조건 연산자 146
콤마 연산자 (,) 360
크기

레이블 544
파일 449
클래스
    개요 33
    객체
        메서드에 응답하기 223-224
        질문하기 221
        테스팅 프로그램 224-225
    다형성
        정의 211-214
        Complex 클래스 예제 211-214
    메서드 → 메서드 참조
    상속
        객체 메서드 선택하기 186-187
        객체 복사하기 502
        객체 소유하기 197-202
        루트 클래스 181
        메서드 재정의하기 202-206
        메서드 추가하기 184-187
        부모 클래스 추가하기 194
        서브클래스 → 서브클래스 참조
        서브클래스의 장점 206
        인스턴스 변수/메서드 181-184
        정보 저장하기 193
        프로그램 예제 185
        class 지시어 193-194
    선언하기 40
    이름
        대소문자 구분 42
        정하기 41-42
        인스턴스 41
    인스턴스 변수 선언하기 38
    인터페이스/구현 파일 분리 154-157
        구현 파일 155-156
        인터페이스 파일 154-155
        자동 생성 접근자 메서드 160-161
        정의하기 157-159
    추상 206-207
    프로퍼티 접근하기 157-159
    확장 271-272
    확장하기 178
        메서드 추가하기 184-187
        서브클래스 생성하기 189-191
        정보 저장하기 178
    AddressBook
        구현 파일 412-413
        인터페이스 파일 412
        프로그램 412-413
        count 메서드 413

initWithName: 메서드 412
lookup: 메서드 416-418
sortUsingSelector: 메서드 422, 427
AddressCard
   구현 파일 409
   인터페이스 파일 408
   접근자 메서드 자동생성하기 409
   compareNames: 메서드 422-425
   encodeWithCoder: 518
   print 메서드 405-406
   removeCard: 메서드 418-421
   setEmail: 메서드 406
   setName: 메서드 406
   setName:andEmail: 메서드 409
Calculator
   분수 계산기 애플리케이션 549
   숫자 연산자 숫자 표현식 프로그램 131-133
Complex 212-213
Foo 518-519
   매크로 291
Fraction 549-554
   구현 파일 550-553
   인터페이스 파일 549-550
   clickDigit: 메서드 550
   clickEquals 메서드 550
   convertToNum 메서드 116-117
   processDigit: 메서드 550
Fractions 38-39
   분수 계산기 아이폰 애플리케이션 549
   분수 덧셈 테스트 프로그램 167-168
   분수 복사하기 500-502
   예외 처리하기 226-228
   확장하기 178
   add: 메서드 165-166
   add: 메서드 바깥에서 분수 약분하기 173
   add: 메서드 안에서 분수 약분하기 168
   calculate: 메서드 170-171
   MathOps 카테고리 추가하기 267-270
   reduce 메서드 169, 172-173
   result 객체 175-176
   setTo:over: 메서드 162-163
GraphicObject
   카테고리 예제 277-278
   Drawing 프로토콜 274
IBAction 538
IBOutlet 538
iPhone_1ViewController.h 클래스 538
iPhone_1ViewController.m 클래스 539-540

NSArray
   정렬하는 메서드 399, 588
   초기화 메서드 235
sortedArrayUsingComparator: 메서드 425, 427, 433
NSAutoreleasePool 482
NSBundle 474-475
NSCountedSet 435
NSData
   버퍼 452-453
   커스텀 아카이브 520
NSDictionary 432
NSFileHandle 467-473
NSFileManager
   객체 생성하기 445
   디렉터리 메서드 446-448
   파일 메서드 447-448
NSIndexSet
   개요 439
   메서드 439-441
NSKeyedArchiver 510
NSKeyedUnarchiver 511-512
NSMutableArray 427
   정렬하는 메서드 426
   sortUsingComparator: 메서드 425, 427
NSMutableDictionary
   메서드 434
   빈 수정 가능한 딕셔너리 만들기 430
NSMutableSet 436
NSMutableString 392
NSNumber 378
   메서드 목록 378
   생성 메서드 377
NSPathUtilities.h 458
   메서드 459-460
   함수 460
NSProcessInfo 463-467
   메서드 465
   프로그램 464-465
NSSet 435
   메서드 434
NSString
   개요 382
   메서드 목록 397-398
   unichar 문자 382
NSValue 428-429
Printer 238
Rectangle
   게터 메서드 195

   선언하기 195
   세터 메서드 195
   정보 저장하기 178
   정의하기 194
   origin/setOrigin: 메서드 197
   Square 서브클래스 189-190
   XYPoint 서브클래스 192-194
Square 189-190
   선언 189
   정의 189-190
   프로그램 191
   setSide: 메서드 190
   side 메서드 189
UILabel 538
XYPoint
   선언하기/정의하기 192-194
   프로그램 194-195
   class 지시어 193-194
클래스 객체에 질문하기 221
   객체 생성하기 222
   메서드에 응답하기 223-224
클래스 확장하기 178
   메서드 추가하기 184-187
   서브클래스 생성하기 189-191
   정보 저장하기 178
키를 갖는 아카이브 515
   생성하기 508
   읽기 509-510
   정의 507
   지원 509
키워드
   extern 241
   self 174
   static 170-171, 312

ㅌ

터미널
   단점 22
   실행하기 17
   아이콘 19
   프로그램 만들기 18-21
      창 20
      컴파일하고 실행하기 19-20
      프로그램 입력하기 21
템플릿 (iOS 애플리케이션) 534-535
틸데 (~), 홈 디렉터리 446

ㅍ

파일

경로명
  경로 끝에 추가하기 460
  끝에 파일명 추가하기 459
  디렉터리 찾기 460
  마지막 파일 추출하기 459
  마지막 항목 제거하기 460
  마지막 항목 추출하기 460
  배열 반환하기 459
  분리하기 460
  사용자 정보 반환하기 460
  상대 446
  생성하기 460
  심볼릭 링크 460
  임시 디렉터리 460
  전체 446
  파일 확장자 459
  표준화하기 460
  하드코딩 447
  홈 디렉터리 459
  확장자 제거하기 460
  확장자 추가하기 460
  확장자 추출하기 460
  NSPathUtilities.h 458
구현
  인스턴스 변수 선언하기 51-53
  카테고리 277-278
  클래스 정의하기 155-156
  Fraction 클래스 558
  Fraction_CalculatorViewController 클래스 550-553
닫기 467
데이터 반환하기 467
데이터 쓰기 446, 451, 467
디렉터리 삭제하기 447
디렉터리간 파일 옮기기 450
버퍼 452-453
복사하기 445, 450-451
불러오기 22-23, 156-157
사이에 내용 붙여넣기 471-472
삭제하기 446
상대 파일 위치 471
속성 딕셔너리 448-449
연산 프로그램 435-437
열기 467
오프셋 469-470, 468
이름 변경하기 447
인터페이스 → 인터페이스 파일 참조
인터페이스/구현 파일 분리 154-157
  구현 파일 155-156

인터페이스 파일 154-155
읽기 446, 467
작업 처리 프로그램 468-469
존재 여부 확인 448
커스텀 아카이브 → 커스텀 아카이브 참조
크기 449
테스트 만들기 449
프로그램
  객체 생성하기 45-47
  객체 참조 51-52
  객체 초기화하기 233-227
  변수 정의하기 47
  main 루틴 47
헤더 가져오기 372, 534-535
확장자 15
NSFileManager 메서드 446-452
xib 540
파일 닫기 467
파일 열기 467
파일이름 변경하기 447
퍼센트 기호 (%) 28
편집하기
  프로그램 16
포럼 지원 웹사이트 6
포인터 326
  & (주소 연산자) 333
  * (간접 참조 연산자) 334
  간접 참조 333-337
  구조체 337-339
  길 잃은 포인터 참조 481
  메모리 주소 356
  문자 347-348
  배열 341-346
    문자열 347-348
    문자열 복사 버전 2 353-354
    배열 순차적으로 처리하기 342-344
    정수 배열의 원소 합을 계산하는 함수 345-346
    증가 / 감소 연산자 350
    첫 원소 설정하기 302
    포인터 비교하기 344-345
    함수에서 포인터로 참조하기 340-341
  빼기 354
  상수 문자 스트링 349-350
  선언하기 333
  인수 340
  정수 333-334
  프로그램 예제 334-335
  id 데이터 형 367

포인터 빼기 354
포함 OR 연산자 (|) 254, 257-258
표시하기
  문구
    Programming is fun! 프로그램 9
    And programming in Objective-C is even more fun! 문구 25
  변수 값 27-29
  스트링 객체 383
  프로그램 결과 50
  현재 경로 디렉터리 461
표현식
  공백 130
  데이터 형 변환
    규칙 252-254
    끝내기 249
    숫자 데이터 형 변환 77-78
    예제 252-254
    형 변환 연산자 252
  복합 관계 121
    연산자 124
    윤년 프로그램 123-124
  산술
    나머지 연산자 74-75
    대입 연산자 78
    숫자 세기 반복문 예제 89
    연산자 90-91
    연산자 우선순위 68-71
    정수 산술 71-73
    형변환 연산자 77-78
    Calculator 클래스 80-81
    Fraction 클래스 → Fraction 클래스 참조
  상수 64
  숫자 연산자 숫자 평가 프로그램 131-136
define 문
  유효성 287
  포함 286-287
프레임워크
  건너뛰기 529
  레이어 528
  애플리케이션 서비스 528
  정의 4
  커널 528
  코어 서비스 528
  코코아 529
  Application Kit 395
  Foundation → Foundation 프레임워크 참조
프로그램
  10개의 숫자 객체 402-403

1부터 5까지 세는 while 문 예제 102-103
200번째 삼각수 예제 89
50 + 25 28-29
값 연산자 값 표현식
　　switch 문 137-140
값 연산자 값 표현식 프로그램
　　else if 문 135
객체 반환하기/생성하기 175-178
객체 복사하기
　　수정 가능한 스트링 496-498
　　수정 불가능한 스트링 496-497
구현 파일
　　개요 38
　　문법 43
　　인스턴스 변수 선언하기 51-53
　　클래스 정의하기 155-156
깊은 사본 524-526
데이터 형 예제 65
디렉터리
　　열거하기 456-457
　　작업 449-450
딕셔너리 프로퍼티 리스트
　　만들기 508-509
　　읽기 509
메서드 재정의하기 202-206
문자
　　분석 129-130
　　스트링 포인터 349-350
반복문 중첩하기 98-100
배열
　　문자 배열 306-307
　　피보나치 수 304
버퍼 452-453
부분 38
분수
　　다수 49-53
　　클래스 제외 35-36
　　Fraction 클래스 558
분수 약분하기
　　add: 메서드 내 168
　　add: 메서드 바깥 173
비트 연산자 254
삼각수 계산하기
　　블록 321-322
　　calculateTriangularNumber 함수 311-312
삼각수 예제 표 87
상속 예제 184-185
서브스트링 생성하기 391-392
세트 435-439

소사전
　　만들기 429-431
　　아카이브하기 507
　　읽기 509-510
소수 표 만들기 140-141
숫자 연산자 숫자 표현식 131-133
스트링 객체 382-383
　　수정 가능한 385
　　수정 불가능한 385
원 너비/원주 예제 285
원치 않는 결과가 발생하는 상황 대비 134
원하는 삼각수를 계산하는 예제 93
윤년 123-124
이름 41-42
인터페이스
　　클래스 정의 확장하기 178
인터페이스 파일
　　개요 43
　　메서드 반환 값 43-44
　　문법 43
　　이름 선택하기 41
　　인수 44
　　클래스 선언하기 40, 151-152
　　클래스와 인스턴스 43-44
절대값 114-115
정수 배열의 원소 합을 계산하는 함수 345-346
정수 숫자 뒤집기 107-108
　　while 문 102
종료하기 25
주소 카드 404-405
주소록 → 주소록 만들기 참조
최대공약수 104-105
최대공약수 함수 형태 314-315
컴파일 시와 런타임 시 확인 217-218
클래스 객체 테스트하기 224-225
터미널로 만들기
　　단점 22
　　아이콘 19
　　창 20
　　컴파일하고 실행하기 19-20
　　프로그램 입력하기 21
파일
　　불러들이기 22-23
　　작업 468-469
포인터, 정수 변수 325-326
프로그램 부분
　　개요 38
　　객체 값 설정하기 50

객체 생성하기 45-47
객체 참조 51-52
객체 초기화하기 48-49, 51-52
변수 정의하기 47
　　main 루틴 47
홀수/짝수 118-121
And programming in Objective-C is even more fun! 문구 25
BOOL 데이터 형 141
date 324-326
months
　　열거 데이터 형 248-249
　　이름 393-394
NSProcessInfo 클래스 463-467
Programming is fun! 9
Square 클래스 189-190
　　빌드하고 실행하기 18
　　새 프로젝트 시작하기 11
　　애플리케이션 종류 선택하기 11
　　절차 개요 18
　　제품명/종류 13
　　파일 확장자 15
　　편집하기 16
　　프로젝트 창 13
　　프로젝트 폴더 선택하기 14
　　Xcode 아이콘 10
XYPoint 클래스 192-194
프로그램 만들기
　　터미널 18-21
　　단점 22
　　아이콘 19
　　창 20
　　컴파일하고 실행하기 19-20
　　프로그램 입력하기 21
　　Xcode
　　빌드하고 실행하기 18
　　새 프로젝트 시작하기 11
　　아이콘 10
　　애플리케이션 종류 선택하기 11
　　절차 개요 18
　　제품명/종류 13
　　파일 확장자 15
　　편집하기 16
　　프로젝트 창 13
　　프로젝트 폴더 선택하기 14
프로그램 부분
　　개요 38
　　객체
　　값 설정하기 50

생성하기 49-50
참조 52
초기화하기 49
결과 표시하기 51
변수 정의하기 47
main 루틴 47
프로그램 실행하기
    터미널 19-20
    Xcode 16-18
프로그램 종료하기 25
프로그램 컴파일하기
    터미널 19-20
    Xcode 16-18
프로토콜
    객체 따르기 273-275
    기존 정의 확장하기 276-277
    다중 274
    델리게이션 277
    따르기 274
    비공식 277-279
    서브클래스 274
    이름 276-277
    정의 273
    정의하기 273-275
    카테고리 따르기 277-278
    Drawing 274
    NSCopying 273-274
    UITableViewDataSource 277
    UITableViewDelegate 277
프로토타입 선언 315-317
프로퍼티
    이름 538
    인스턴스 변수 239
    접근하기 157-159
    display
        선언하기 539
        접근자 메서드 자동-생성하기 539-540
프로퍼티 리스트 → XML 프로퍼티 리스트 참조
피보나치 수 프로그램 304

ㅎ

하드코딩한 경로명 447
함수
    값 반환하기
        개요 313
        반환 값 선언 생략하기 315
        최대 공약수 프로그램 314-315
    끝내기 310
    메서드와 관계 366

문법 309
반환 형
    생략하기 315
    선언하기 313
배열
    건네주기 317-319
    포인터로 참조하기 346
    범위 317
인수
    가변 316
    숫자 변환 311
    커맨드라인 362-363
    포인터 340-341
    형 선언하기 315
정적 317
지역 변수 169-170
최대 공약수 프로그램 314-315
프로토타입 선언 315-317
arraySum 345-346
calculateTriangularNumber 311-312
copyString 348
exchange 339-340
main 482
    NSPathUtilities.h 클래스 458
    printMessage 310
행렬
    4 x 5 307
    표기법 307-309
헤더 파일 불러오기 375,539
형 변환 연산자 77-78, 252
형식 문자열 인자 29
홀수/짝수 프로그램 118-121
홈 디렉터리 446-447, 459-460
확장
    클래스 265-266
확장자
    파일 15

A

add: 메서드
    결과 객체 169-171
    메시지 수신자에 매개변수 더하기 162-163
    분수 덧셈 테스트 프로그램 167-168
    참조 160
    Fraction 클래스 객체 참조 166
    self 예약어 174
addCard: 메서드 412
addObject: 메서드 413, 427 ,429, 436
AddressBook 클래스

구현 파일 412-413
메서드
    addCard: 412
    count 413
    entries 411
    initWithName: 412
    lookup: 416-418
    sortUsingSelector: 422, 427
인터페이스 파일 412
프로그램 412-413
AddressCard 클래스
구현 파일 409
메서드
    접근자 메서드 자동생성하기 409
    compareNames: 422-425
    encodeWithCoder: 518
    print 405-406
    removeCard: 418-421
    setEmail: 406
    setName: 406
    setName:andEmail: 409
인터페이스 파일 408
allKeys 메서드 433
alloc 메서드 48, 485
And programming in Objective-C is even more fun! 프로그램 25
AND 연산자 (&&) 255-257
anyObject 메서드 438
appendString: 메서드 395
Application Kit 프레임워크 371
ARC (자동 레퍼런스 카운팅) 51, 378, 486
    ARC 없이 컴파일한 코드 492
    strong 변수 488
ARC 없이 컴파일한 코드 482
archiveRootObject:toFile: 메서드 520
argc 인자 464
arguments 메서드 466
argv 인자 464
array 메서드 427
arraySum 함수 243-246
arrayWithCapacity: 메서드 427
arrayWithObjects: 메서드 401, 427
attributesOfItemAtPath: 메서드 448

B

break 문
    반복문 108
    switch 문 140

C

c 파일 확장자 15
C 프로그래밍 언어
    탄생 1
    Objective-C 비교 3
Caches 디렉터리 462
calculate: 메서드 170-171
calculateTriangularNumber 함수 311-312
Calculator 클래스
    분수 계산 애플리케이션 558-559
    숫자 연산자 숫자 표현식 프로그램 131-133
capitalizedString 메서드 398
caseInsensitiveCompare: 메서드 398
catch 지시어 226
cc 파일 확장자 15
CGPoint 구조체 329
CGPoint 메서드 428
CGRect 구조체 329
CGRect 메서드 428
CGSize 구조체 329
CGSize 메서드 428
changeCurrentDirectoryPath: 메서드 453
charPtr 포인터 335-336
class 지시어 193-194
clickDigit: 메서드 550
clickEquals 메서드 550
closeFile 메서드 468
compare: 메서드 379
compareNames: 메서드 423-425
Complex 클래스 212-213
conformsToProtocol: 메서드 275-277
containIndex: 메서드 441
containsObject: 메서드 426, 436-437
contentsAtPath: 메서드 447
contentsEqualAtPath: 메서드 448
contentsOfDirectoryAtPath: 메서드 456
continue 문 109
convertToNum 메서드 116-117
copy 메서드 494-496
copyItemAtPath: 메서드 447
copyString 함수 348
copyWithZone: 메서드 500
    zone 인수 500
count 메서드
    AddressBook 클래스 411-413
    NSArray 클래스 399, 588
    NSDictionary 클래스 432
    NSIndexSet 클래스 439
    NSSet 클래스 435

cpp 파일 확장자 15
createDirectoryAtPath: 메서드 445
createFileAtPath:contents:attributes: 메서드 447, 453
currentDirectoryPath 메서드 454

D

data 메서드 520
dataArray 객체 채우기
    수정 가능한 스트링 496-498
    수정 불가능한 스트링 496-497
date 구조체
    정의하기 324-325
    초기화하기 327
    포인터 337-339
    프로그램 326
    month 값 테스트하기 326
    todaysDate/purchaseDate 변수 선언하기 331
date 프로그램 326
datePtr 포인터 338
dealloc 메서드 485
decodeObjectForKey: 메서드 515
define 문 283-286
    대문자화 292
    동일성 확인 288
    매크로 290-292
        대소문자 변환 292
        소문자 테스트하기 292
        조건 연산자 291
        Fraction 클래스 558
        SQUARE 290-292
    문법 283
    문자 그대로 텍스트 치환 287
    여러 줄의 코드 289
    원 너비/원주 예제 285
    인수 공간 289-290
    정의된 값 참조 289
    주석 줄이기 288
    참/거짓 값 142-143
    표현식
        유효성 287
        포함 286-287
deleteCharactersInRange: 메서드 395, 399
denominator 메서드 55-56
description 메서드 383-389
dictionaryWithCapacity: 메서드 434
dictionaryWithObjectsAndKeys: 메서드 433-434

display 프로퍼티
    선언하기 539
    접근자 메서드 자동생성하기 539-540
do 문
    정수 숫자 뒤집기 프로그램 107-108
do 반복문
    문법 107
    실행 107
    while 문 비교 107
Documents 디렉터리 462
double 데이터 형 68
doubleValue 메서드 398
Drawing 프로토콜 274

E

else if 문
    값 연산자 값 표현식 프로그램 135
    개요 127
    문법 127-128
    문자 분석 프로그램 129
    부호 함수 프로그램 128
    숫자 연산자 숫자 표현식 프로그램 131-133
else 문 118-121
Empty Application 템플릿 534
encodeObject:forKey: 메서드 513, 514-516, 518
encodeWithCoder: 메서드 514-518
endif 문 294-299
entries 메서드 411
enumerateObjectsUsingBlock: 메서드 427
enumeratorAtPath: 메서드 453, 456
enviroment 메서드 457
exchange 함수 339-340
extern 키워드 241

F

fileExistsAtPath: 메서드 448, 453
fileHandleForReadingAtPath: 메서드 467
fileHandleForUpdatingAtPath: 메서드 467
fileHandleForWritingAtPath: 메서드 467
firstIndex 메서드 441
float 데이터 형 64, 73-75
    개요 64
    정의 64
floatValue 메서드 379
fnPtr 포인터 355-356
Foo 클래스 518-519
for 문
    200번째 삼각수 예제 89

개요 89
문법 90
삼각수 예제 표 87
중첩 98-100
초기 값 95
키보드 입력 96-98
조건 90-91
Foundation 프레임워크
  개요 326
  객체 복사하기
    게터 메서드 502
    깊은 사본 298-299, 524-526
    세터 메서드 502-503
    수정 가능한 스트링 496-498
    수정 불가능한 스트링 486-497
    얕은 복사 496
    copy 메서드 494-496
    mutableCopy 메서드 494-496
    NSCopying 프로토콜 499-502
  객체 아카이브하기 　 객체 아카이브하기
    참조
  경로명
    경로 끝에 추가하기 460
    끝에 파일명 추가하기 459
    디렉터리 찾기 461
    마지막 파일 추출하기 459
    마지막 항목 제거하기 460
    마지막 항목 추출하기 460
    배열 반환하기 459
    분리하기 460
    사용자 정보 반환하기 460
    생성하기 460
    심볼릭 링크 460
    임시 디렉터리 460
    임시 파일 디렉터리 460
    파일 확장자 460
    표준화하기 460
    홈 디렉터리 459
    확장자 제거하기 460
    확장자 추가하기 460
    확장자 추출하기 460
    NSPathUtilities.h 458
  디렉터리 460
    경로명 446
    속성 딕셔너리 448-449
    열거하기 456-457
    작업 프로그램 449-450
    찾기 451
    하드코딩된 경로명 447

    현재 경로 표시하기 461
    홈 디렉터리 460
    Caches 462
    Documents 462
    iOS 462
    NSFileManager 메서드 446-452
  딕셔너리
    개요 429
    소사전 프로그램 429-430
    수정 가능한/수정 불가능한 434
    알파벳 순서로 정렬 433
    열거하기 426-427
    키 값 가져오기 430
    키 추가하기 430
  문서 372-374
    Mac OS X 레퍼런스 라이브러리 372-374
    Quick Help 373
  배열
    10 개의 숫자 객체 프로그램 402-403
    개요 399
    끝에 객체 추가하기 401
    만들기 399
    블록으로 정렬하기 424-425
    셀렉터로 정렬하기 422-423
    수정 가능한 배열 생성하기 400
    월 이름 프로그램 400-401
    인덱스 번호로 원소 가져오기 401
    정렬하는 메서드 427
    주소록 만들기 　 주소록 만들기 참조
    표시하기 404-407
  번들 474-475
  세트
    개요 435
    순서를 갖는 인덱스 439-441
    연산 프로그램 435-437
    횟수를 세는 438
  숫자 객체 376-381
    값 가져오기 378
    값 수정하기 380
    비교하기 380
    생성 메서드 377
    생성하기 378
    저장된 값 가져오기 378
    프로그램 376-377
    double 객체 만들기 376
    NSNumber 메서드 목록 378
    numberWithInt: 와 numberWithInteger:
    메서드 377
  스트링 객체

    만들기 392
    수정 가능한 → 수정 가능한 스트링 객체
      참조
    수정 불가능한 → 수정 불가능한 스트링
      객체 참조
    프로그램 385-389
    description 메서드 383-389
    NSString 클래스 382
    unichar 문자 382
  파일
    경로명 446
    닫기 467
    데이터 반환하기 467
    데이터 쓰기 446, 451, 467
    디렉터리 삭제하기 447
    디렉터리간 옮기기 450
    버퍼 452-453
    복사하기 445, 450-451
    사이에 내용 붙여넣기 471-472
    삭제하기 447
    상대 파일 위치 471
    속성 딕셔너리 448-449
    열기 467
    오프셋 469-470, 468
    이름 변경하기 447
    읽기 446, 467
    작업 처리 프로그램 468-469
    존재 여부 확인 448
    크기 449
    테스트 만들기 449
    하드코딩된 경로명 447
    홈 디렉터리 459
    NSFileManager 메서드 446-452
  헤더 파일 불러오기 375, 539
fraction calculator 아이폰 애플리케이션
  인터페이스 디자인 559
  절차 개요 560
  Calculator 클래스 558-559
  Fraction 클래스 555-557
    구현 파일 550-553
    인터페이스 파일 555
  Fraction_CalculatorViewController 클래
    스 550-553
    구현 파일 550-553
    인터페이스 파일 550
Fraction 클래스 555-557
  분수 계산기 아이폰 애플리케이션 549
  분수 복사하기 500-502
  분수 약분하기 169

만들기 162-163
선언하기 171-172
정의하기 172
　add: 메서드 내 168
　add: 메서드 바깥 173
선언하기 171-172
예외 처리 226-228
인터페이스 파일 558
정의하기 172
초기화하기
　초기화 메서드 305-306
　테스트하기 236
확장하기 178
add: 메서드 165-166
　메시지 수신자에 인수 더하기 162-163
　분수 덧셈 테스트 프로그램 167-168
　참조 166
　result 객체 175-176
　self 키워드 174
calculate: 메서드 170-171
convertToNum 메서드 116-117
implementation file 550-553
MathOps 카테고리 추가하기 267-270
setTo:over: 메서드 162-163
Fraction_CalculatorViewController 클래스 550-553
　구현 파일 550-553
　인터페이스 파일 560
　clickDigit: 메서드 550
　clickEquals 메서드 550
　processDigit: 메서드 550

G

gcd 함수 313-314
globallyUniqueString 메서드 465
GNUStep 1
goto 문 359
GraphicObject 클래스
　Drawing 프로토콜 274
GraphicsObject 클래스
　카테고리 예제 277-278

H

h 파일 확장자 15
hasPrefix: 메서드 398
hasSuffix: 메서드 398
hostName 메서드 465

I

IBAction 클래스 538
IBOutlet 클래스 538
id 데이터 형 67
　동적 바인딩 215-217
　정적 타이핑 218-219
　컴파일 시와 런타임 시 확인 217-218
　포인터 367
if 문
　문법 113-114
　복합 관계 테스트 121-124
　　연산자 124
　　윤년 프로그램 123-124
　　절댓값 프로그램 114-115
　조건 컴파일 297-298
　중첩 125-126
　else if 구문
　　값 연산자 값 표현식 프로그램 135
　　개요 127
　　문법 127-128
　　문자 분석 프로그램 129
　　부호 함수 프로그램 128
　　숫자 연산자 숫자 표현식 프로그램 131-133
　if-else 구문 118-121
ifdef 문 288-289
if-else 문 118-121
import 문 292-294
indexesPassingTest: 메서드 441
indexLessThanIndex: 메서드 441
indexOfObject: 메서드 426
indexOfObjectPassingTest: 메서드 426, 439
indexSet 메서드 439
init 메서드 49, 186
　만들기 235
　재정의하기 235-236
　테스트하기 236-237
initVar 메서드 202-204
initWith: 메서드 235-236
initWithCapacity: 메서드 399, 434, 439
initWithCoder: 메서드 513-520
initWithContentsOfFile: 메서드 398
initWithContentsOfURL: 메서드 398
initWithName: 메서드 412
initWithObjects: 메서드 438
initWithObjectsAndKeys: 메서드 433
initWithString: 메서드 397
insertObject:atIndex: 메서드 427
insertString:atIndex: 메서드 395
instancesRespondToSelector: 메서드 222
int 데이터 형 27-28
　개요 64
　변환 77-79
　비트 연산자
　　1의 보수 258-259
　　2진-16진 표기법 변환 255
　　나열 255
　　배타적 OR 258
　　오른쪽 시프트 261-262
　　왼쪽 시프트 260-261
　　포함 OR 257-258
　　프로그램 예제 259
　　AND 255-257
　수식어
　　long 66-67
　　long long 66
　　short 66
　　unsigned 66
　열거 데이터 형 246
　포인터 325-326
integerValue 메서드 398
intersect: 메서드 437
intersectSet: 메서드 439
intPtr 포인터 333-334
intValue 메서드 398
iOS
　가비지 컬렉션 지원 479
　개발자 프로그램 532
　디렉터리 462
　버튼을 누르면 텍스트 표시하기
　　개요 532
　　검정 창 만들기 540
　　버튼 액션 추가하기 544
　　소스 코드 표시하기 544
　　실행하기 544
　　절차 개요 560
　　display 변수와 label 연결하기 544
　　iPhone_1ViewController.h 클래스 538
　　iPhone_1ViewController.m 클래스 539-540
　분수 계산기 애플리케이션
　　개요 528
　　분수 곱셈 예제 548
　　분수 입력하기 548
　　숫자 버튼 누르기 554
　　실행 후 시뮬레이터에서 보기 547
　　연산 끝내기 548
　　인터페이스 디자인 559

절차 개요 560
템플릿 548
프로젝트 파일 560
Calculator 클래스 558-559
Fraction 클래스 555-557
Fraction_Calculator 시작하기 549
Fraction_CalculatorViewController 클래스 550-553
애플리케이션
　델리게이트 서브클래스 537
　뷰 490
　뷰 컨트롤러 540
　새 프로젝트 시작하기 534
　아웃렛 542-547
　아이폰 시뮬레이터 2, 537, 548, 554
　인스턴스 변수 이름과 프로퍼티 이름 539
　인터페이스 디자인 559
　템플릿 534-535
　프로젝트 옵션 고르기 535
　프로젝트 폴더 위치 535
　헤더 파일 불러오기 539
　display 프로퍼티 선언하기 539
　display 프로퍼티 접근자 메서드 자동생성 하기 539-540
　IBAction 식별자 538
　IBOutlet 식별자 538
　SDK 531
iPhone_1ViewController.h 클래스 538
iPhone_1ViewController.m 클래스 539-540
isEqualToSet: 메서드 438
isEqualToString: 메서드 398
isKindOfClass: 메서드 222
isMemberOfClass: 메서드 222
isReadableFileAtPath: 메서드 448
isSubclassOfClass: 메서드 222
isSubsetOfSet: 메서드 438
isWritableFileAtPath: 메서드 438

K

keyEnumerator 메서드 434

L

lastIndex 메서드 441
lastObject 메서드 426
lastPathComponent 메서드 460-461
length 메서드 387
LinuxSTEP 2
long long 수식어 66
long 수식어 66-67

lookup: 메서드 416-418
lowercaseString 메서드 388

M

m 파일 확장자 15
Mac OS X
　참고 문서 372-373
　코코아 터치 529
　Cocoa 527
main 함수
　오토릴리스 풀 예제 482
　추가하기 310
　프로그램 부분 47
makeObjectsPerformSelector: 메서드 427
Master-Detail 템플릿 534
MathOps 카테고리 추가하기 267-270
member: 메서드 438
minusSet: 메서드 439
mm 파일 확장자 15
month 열거 데이터 형 프로그램 248-249
moveItemAtPath: 메서드 447, 450, 454
mutableCopy 메서드 494-496
mutableCopyWithZone: 메서드 500

N

new 메서드 59
NEXTSTEP 1
nib 파일 540
NSArray 클래스 399, 588
　정렬하는 메서드 399
　초기화 메서드 305-306
NSAutoreleasePool 클래스 482
NSBundle 클래스 474-475
NSCoding 프로토콜 513
NSComparisonMethods 카테고리 279
NSCopying 프로토콜 273-274, 494-499
　분수 복사하기 500-502
　클래스 상속 499
　copyWithZone: 메서드 500
NSCountedSet 클래스 435
NSData 클래스
　버퍼 452-453
　커스텀 아카이브 520
NSDictionary 클래스 432
NSFileHandle 클래스 467-473
NSFileManager 클래스
　객체 생성하기 445
　디렉터리 메서드 446-448
　파일 메서드 447-448

NSFullUserName 함수 462
NSHomeDirectory 함수 462
NSHomeDirectoryForUser 함수 462
NSIndexSet 클래스
　개요 439
　메서드 439-441
NSKeyedArchiver 클래스 510
NSKeyedUnarchiver 클래스 511-512
NSLog 루틴
　% 문자 28
　문구 표시하기 24
　배열 399-401
　변수 값 표시하기 27-29
　스트링 객체 382-383
NSMutableArray 클래스 427
　정렬하는 메서드 427
　sortUsingComparator: 메서드 425, 427
NSMutableCopying 프로토콜 500
NSMutableDictionary 클래스
　메서드 434
　빈 수정 가능한 디셔너리 만들기 430
NSMutableSet 클래스 436
NSMutableString 클래스 392
NSNumber 클래스 376
　메서드 목록 378
　생성 377
NSObject 클래스
　메서드 221
NSPathUtilities.h 클래스
　메서드 458
　함수 458
NSPathUtility.h 클래스 458
NSProcessInfo 클래스 463-467
　메서드 464
　프로그램 463
NSRange 메서드 428
NSSearchPathForDirectoriesInDomains 함수 462
NSSet 클래스
　메서드 435
　print 메서드 435
NSString 클래스
　개요 382
　메서드 목록 397-398
　unichar 문자 382
NSTemporaryDirectory 함수 460
NSUserName 함수 462
NSValue 클래스 428-429
null 문 359

numerator 메서드 54-55

O

o 파일 확장자 15
objectAtIndex: 메서드 401, 427
objectEnumerator 434, 438
objectForKey: 메서드 430, 451
Objective-C
  라이선스 1
  버전 2.0 2
  애플의 인수 2
  탄생 1
  표준 규격 1
  C 프로그래밍 언어 비교 3
offsetInFile 메서드 468
OpenGL Game 템플릿 534
OPENSTEP 1-2
operatingSystem 메서드 465
operatingSystemName 메서드 465
operatingSystemVersionString 메서드 465
optional 지시어 279
OR 연산자 (||) 121
origin 메서드 197
origin 인스턴스 변수 197
outlet 변수
  연결하기 546

P

package 지시어 238
Page-based Application 템플릿 534
pathComponents 메서드 461
pathExtension 메서드 460
pathWithComponents: 메서드 461
performSelector: 메서드 222
pl 파일 확장자 15
print 메서드
  주소 카드 404
  프로그램 결과 표시하기 51
  NSSet 클래스 435
Printer 클래스 238
printMessage 함수 310
printVar: 메서드 184
private 지시어 238
processDigit: 메서드 550
processIdentifier 메서드 465
processInfo 메서드 464
processName 메서드 465
Programming is fun! 프로그램 9
protected 지시어 238-239

protocol 지시어 275-277
public 지시어 238-239
purchaseDate 변수 331

Q

Quick Help 373-374

R

rangeOfString: 메서드 392
readDataOfLength: 메서드 468
readDataToEndOfFile 메서드 468
Rectangle 클래스
  게터 메서드 194
  선언하기 195
  세터 메서드 195
  정보 저장하기 178
  정의 189-190
  origin 메서드 197
  setOrigin: 메서드 197
  Square 서브클래스 189-190
  XYPoint 서브클래스
    선언하기/정의하기 192-194
    프로그램 194-195
  XYPoint 클래스
    class 지시어 193-194
reduce 메서드
  만들기 169
  선언하기 172
  정의하기 172-173
  프로그램 172
removeAllObjects 메서드 434, 439
removeCard: 메서드 418-421
removeItemAtPath: 메서드 447, 450, 454
removeObject: 메서드 427, 439
removeObjectAtIndex: 메서드 427
removeObjectIdenticalTo: 메서드 419
replaceCharactersInRange:withString: 메서드 396
replaceObjectAtIndex:withObject: 메서드 427
respondsToSelector: 메서드 222
return 문 313

S

scanf 루틴 96, 130
SDK (iOS) 527
seekToEndOfFile 메서드 472
seekToFileOffset: 메서드 468
selector 지시어 221
self 키워드 174

setAttributesOfItemAtPath: 메서드 448
setDenominator: 메서드 42
setEmail: 메서드 406
setName: 메서드 406
setName:andEmail: 메서드 409
setNumerator: 메서드 42
setObject: 메서드 430, 434
setOrigin: 메서드 197
setProcessName: 메서드 465
setSide: 메서드 190
setString: 메서드 399
setter 메서드 56-57
setTo:over: 메서드 162-163
setWithCapacity: 메서드 439
setWithObjects: 메서드 438
short 수식어 66
side 메서드 189
Single View Application 템플릿 531
sizeof 연산자 360-362
sortedArrayUsingComparator: 메서드 425, 427, 433
sortedArrayUsingSelector: 메서드 419
sortUsingComparator: 메서드 425, 427
sortUsingSelector: 422, 427
SQUARE 매크로 290-292
Square 클래스 189-190
  선언 189
  정의 189-190
  프로그램 191
  setSide: 메서드 190
  side 메서드 189
static 키워드 170-171, 312
string 메서드 391
stringByAppendingPathComponent: 메서드 459-461
stringByAppendingPathExtension: 메서드 461
stringByDeletingLastPathComponent 메서드 460
stringByDeletingPathExtension 메서드 461
stringByExpandingTildeInPath 메서드 461
stringByResolvingSymlinksInPath 메서드 461
stringByStandardizingPath 메서드 461
stringWithCapacity: 메서드 399
stringWithContentsOfFile: 메서드 397, 470, 509
stringWithContentsOfURL:encoding:error: 메서드 397
stringWithFormat: 메서드 397
stringWithString: 메서드 397

strong 변수 483-484
substringFromIndex: 메서드 392, 397
substringToIndex: 메서드 392, 397
substringWithRange: 메서드 392-393, 397
sum 변수 27
switch 문
    값 연산자 값 표현식 프로그램 134-135
    문법 137-140
    break 문 108-109
    case 값 135-136
synthesize 지시어 158-159

T

Tabbed Application 템플릿 534
todaysDate 변수 331
truncateFileAtOffset: 메서드 468
try 지시어 226
typedef 문 251-252
    변수 323
    정의 322-323

U

UILabel 클래스 538
UITableView 클래스 277
UITableViewDataSource 프로토콜 277
UITableViewDelegate 프로토콜 277
unarchiveObjectWithFile: 메서드 511-512
undef 문 298-299
union: 메서드 437
unionSet: 메서드 439
unsigned 수식어 66
uppercaseString 메서드 398
UTF8String 메서드 398
Utility Application 템플릿 534

W

weak 변수 489-491
    델리게이트 490
    선언하기 489-491
    지원 490
    strong으로 참조하는 객체 488
while 문 102
    1부터 5까지 세는 프로그램 예제 102-103
    문법 103
    정수 숫자 뒤집기 프로그램 106
    최대 공약수 프로그램 104-105
writeData: 메서드 468
writeToFile: 메서드 427

X

Xcode
    가비지 컬렉션 켜기 479
    개발 도구 웹사이트 10
    시작하기 11
    아이콘 10
    아이폰 애플리케이션 535
        델리게이트 서브클래스 537
        분수 계산기 분수 계산기 애플리
        케이션 참조
        뷰 컨트롤러 540
        새 프로젝트 시작하기 534
        아웃렛 542
        아이폰 시뮬레이터 선택하기 537
        인터페이스 디자인 559
        템플릿 549
        프로젝트 옵션 고르기 535
        프로젝트 폴더 위치 535
        헤더 파일 불러오기 539
        display 프로퍼티 선언하기 539
        display 프로퍼티 접근자 메서드 자동생성
        하기 539-540
        IBAction 식별자 538
        IBOutlet 식별자 538
        iPhone_1ViewController.h 클래스 538
    인터페이스/구현 파일 분리 154-157
    정의된 이름 추가하기 295
    프로그램 만들기
        빌드하고 실행하기 18
        새 프로젝트 시작하기 11
        애플리케이션 종류 선택하기 11
        절차 개요 18
        제품명/종류 13
        편집하기 16
        프로젝트 창 13
        프로젝트 폴더 선택하기 14
        파일 확장자 15
    Foundation 프레임워크 문서 372-373
xib 파일 540
XML 프로퍼티 리스트 507
    만들기 507-509
    쓰기 508
    읽기 509
XYPoint 서브클래스
    선언하기/정의하기 192-194
    프로그램 194-195
    class 지시어 193-194

Z

zone 인수 500